한 권으로 끝내는
올인원 **피그마**

한 권으로 끝내는 올인원 피그마

© 2025. 오시내 All rights reserved.

1판 1쇄 발행 2025년 12월 4일

지은이 오시내
펴낸이 장성두
펴낸곳 주식회사 제이펍

출판신고 2009년 11월 10일 제406-2009-000087호
주소 경기도 파주시 회동길 159 3층 / **전화** 070-8201-9010 / **팩스** 02-6280-0405
홈페이지 www.jpub.kr / **투고** submit@jpub.kr / **독자문의** help@jpub.kr / **교재문의** textbook@jpub.kr
소통기획부 김정준, 이상복, 안수정, 박재인, 박새미, 송영화, 김은미, 나준섭, 권유라
소통지원부 민지환, 이승환, 김정미, 박예은 / **디자인부** 이민숙, 최병찬

기획 및 진행 송영화 / **교정·교열** 이정화 / **표지 및 내지 디자인** 이민숙
용지 타라유통 / **인쇄** 한길프린테크 / **제본** 일진제책사

ISBN 979-11-94587-86-6 (13000)
책값은 뒤표지에 있습니다.

※ 이 책은 저작권법에 따라 보호를 받는 저작물이므로 무단 전재와 무단 복제를 금지하며,
   이 책 내용의 전부 또는 일부를 이용하려면 반드시 저작권자와 제이펍의 서면 동의를 받아야 합니다.
※ 잘못된 책은 구입하신 서점에서 바꾸어드립니다.

제이펍은 여러분의 아이디어와 원고를 기다리고 있습니다. 책으로 펴내고자 하는 아이디어나 원고가 있는 분께서는
책의 간단한 개요와 차례, 구성과 지은이/옮긴이 약력 등을 메일(submit@jpub.kr)로 보내주세요.

한 권으로 끝내는
올인원 피그마

오시내 지음

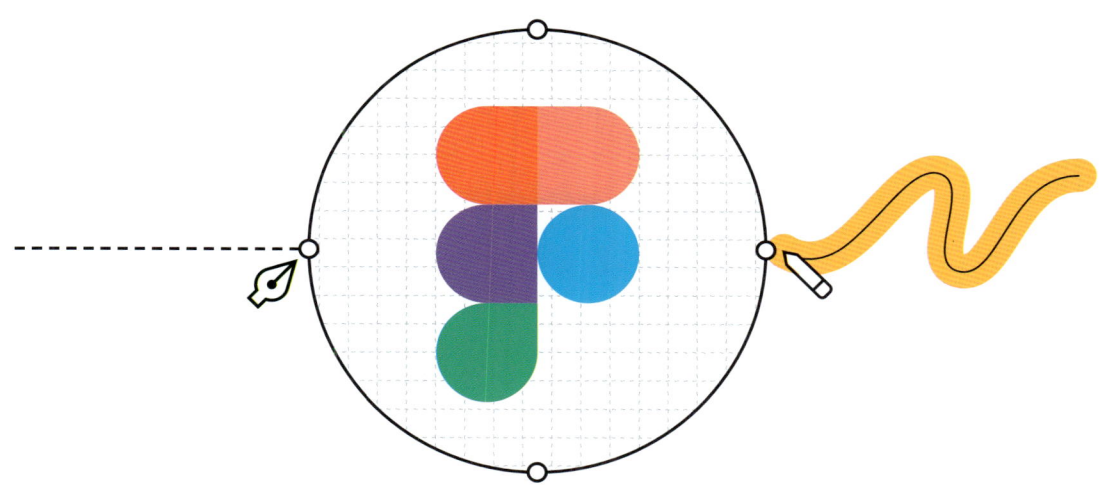

※ 드리는 말씀
- 이 책에 기재된 내용을 기반으로 한 운용 결과에 대해 지은이, 소프트웨어 개발자 및 제공자, 제이펍 출판사는 일체의 책임을 지지 않으므로 양해 바랍니다.
- 이 책에 등장하는 회사명, 제품명은 일반적으로 각 회사의 등록상표 또는 상표입니다. 본문 중에는 ™, ⓒ, ® 등의 기호를 생략했습니다.
- 이 책에서 소개한 URL 등은 시간이 지나면 변경될 수 있습니다.
- 이 책은 피그마 영문 버전을 기준으로 작성하였습니다.
- 이 책 실습에 필요한 예제 파일은 다음 링크에서 다운로드할 수 있습니다.
  - https://bit.ly/jpub_figma

추천사 x / 머리말 xii / 이 책에 대하여 xiv

PART I 피그마 소개 1

CHAPTER 01 왜 피그마를 사용해야 하는가? 3
- LESSON 01 웹 앱 개발을 이해하기 위한 UI/UX 4
- LESSON 02 웹 개발을 위한 전체적인 프로세스 7
- LESSON 03 협업을 위해 디자이너가 개발 공부를 해야 하는 이유 9
- LESSON 04 협업을 위해 개발자가 피그마를 공부해야 하는 이유 10

CHAPTER 02 피그마 설치 및 인터페이스 11
- LESSON 01 피그마 설치법 12
  - 피그마 웹사이트 회원 가입 12 • 피그마 데스크톱 애플리케이션 다운로드 17
  - 모바일용 피그마 애플리케이션 다운로드 19
- LESSON 02 피그마 인터페이스 확인 20
  - 전체 인터페이스 확인 20 • 메인 메뉴 22 • 툴 박스의 종류 23
  - 패널의 종류 26 • 인터페이스 다크 모드 설정 28
- LESSON 03 Dev Mode 사용을 위한 계정 업그레이드 29

PART II 개발자 핸드오프 31

CHAPTER 03 피그마 디자인 요소 확인 33
- LESSON 01 피그마 디자인 구성 요소의 종류 34
- LESSON 02 이동 툴과 레이어 패널을 이용한 요소 선택 35
- LESSON 03 디자인 콘텐츠 간의 간격 확인 38
- LESSON 04 멀티 에디트 기능 39
  - 모든 프레임 요소 크기 변경하기 39 • 다른 레이어의 텍스트를 한 번에 바꾸기 41

CHAPTER 04　스타일 확인　43

LESSON 01　색상 스타일　44
색상 스타일 제작하기　44　•　색상 스타일 적용 및 해제하기　49
색상 스타일 그룹 제작하기　51　•　색상 스타일 제작 시 바로 그룹 제작하기　52

LESSON 02　텍스트 스타일　56
텍스트 스타일 제작하기　56　•　텍스트 스타일 적용 및 해제하기　59

LESSON 03　그리드 스타일　61
그리드 제작하기　62　•　그리드 스타일 등록하기　65

LESSON 04　이펙트 스타일　69
이펙트의 종류　69　•　이펙트의 스타일 등록　76　•　이펙트의 스타일 적용　78

CHAPTER 05　협업　81

LESSON 01　코멘트 툴 사용법　82
코멘트 달기　82　•　코멘트 확인　83　•　코멘트에 댓글 달기　84
전체 코멘트 확인　85　•　코멘트 숨기기　85　•　해결한 코멘트를 패널에서 숨기기　86
코멘트 삭제하기　87

LESSON 02　파일 공유 방법　88
팀으로 초대하기　88　•　파일 주소 보내기　95　•　파일을 직접 공유하기　98

LESSON 03　프로토타입 미리 보기　100
프로토타입 모드로 파일 보기　100　•　프로토타입 모드 공유하기　102

CHAPTER 06　이미지 저장하기　103

LESSON 01　이미지 포맷　104
피그마에서 불러올 수 있는 이미지 포맷　104　•　피그마로 GIF 포맷 불러오기　105

LESSON 02　이미지 내보내기　109
디자인 파일에서 이미지 내보내기　109　•　해상도 개념 알아보기　114
해상도에 따른 이미지 내보내기　120　•　프레임 선택하고 이미지로 내보내기　124
기획서를 PDF로 내보내기　126

LESSON 03　GIF보다는 APNG 사용　132
GIF 파일 내보내기　132　•　APNG 파일 내보내기　136

CHAPTER 07　CSS 코드 확인　139

LESSON 01　Dev Mode를 이용한 코드 확인　140
Dev Mode 팀 파일로 변경　140　•　Dev Mode 사용하기　143
Dev Mode 기능 확인하기　147

LESSON 02　VS Code 연결　151
VS Code와 피그마 연결　151　•　VS Code에서 피그마 디자인 활용　154

LESSON 03　제플린과 피그마 연결　157
제플린에 가입하고 피그마 연동하기　158　•　피그마에서 제플린 플러그인 설치하기　162
제플린에 연결된 피그마 파일 보기　165

PART III 개발에 맞춘 구성 요소 제작 167

CHAPTER 08 컴포넌트 제작 169
- LESSON 01 컴포넌트 사용법 — 170
- LESSON 02 인스턴스를 원본 컴포넌트로 변경 — 173
- LESSON 03 인스턴스 해제 — 176
- LESSON 04 에셋 패널 활용하기 — 179
- LESSON 05 컴포넌트 안의 인스턴스 — 182

CHAPTER 09 오토레이아웃 187
- LESSON 01 패딩과 마진 — 188
  - 패딩 실습하기 190
  - 패딩과 마진 실습하기 194
- LESSON 02 Space Between을 위한 Auto — 200
- LESSON 03 오토레이아웃 크기 단위 — 204
- LESSON 04 오토레이아웃 정렬 기능 — 210
- LESSON 05 Ignore auto layout — 212

CHAPTER 10 반응형 웹 개발을 위한 기술 217
- LESSON 01 정렬과 Constraints — 218
  - 오토레이아웃 정렬 218
  - 컴포넌트 정렬 220
  - 프레임 정렬 224
- LESSON 02 min-width와 max-width — 230
  - min-width 230
  - min-height 234
  - 자손 요소에 min-width 적용하기 237
  - max-width 240
  - max-height 243
  - 자손 요소에 max-width 적용하기 246
  - 사이즈 응용 예제 248
- LESSON 03 오토레이아웃 wrap — 256
- LESSON 04 Dev Mode와 VS Code를 이용한 코딩 처리 — 262

PART IV 프로토타입 제작 289

CHAPTER 11 베리언트 소개하기 291
- LESSON 01 베리언트 이해 292
- LESSON 02 체크박스 만들기 295
- LESSON 03 토글 스위치 만들기 301
- LESSON 04 로그인 버튼 만들기 305
- LESSON 05 인풋 필드 만들기 308
- LESSON 06 베리언트 컴포넌트명이 다른 경우 발생하는 에러 312

CHAPTER 12 프로토타입 315
- LESSON 01 프로토타입과 인터랙션 개념 정리 316
  - 프로토타입 패널 316 · 기기 선택 318 · 연결 만들기 321
  - 인터랙션 창 321 · 프로토타입 실행 324
- LESSON 02 베리언트를 활용한 로그인 페이지 프로토타입 326
- LESSON 03 이미지 슬라이더 프로토타입 335
- LESSON 04 오버레이 프로토타입 349
- LESSON 05 포지션 프로토타입 353
  - Fixed 기능 구현 354 · Sticky 기능 구현 358 · Scroll to 프로토타입 361

CHAPTER 13 변수 프로토타입 365
- LESSON 01 변수의 종류 366
  - 색상 변수 등록 367 · 숫자 변수 등록 374 · 숫자 변수 오토레이아웃 수치 등록 380
  - 문자열 변수 등록 385 · 변수의 그룹 처리 390 · 불리언 변수 등록 393
- LESSON 02 문자열 변수 프로토타입 398
  - 변수에 따른 문자열 변경 398 · 문자열 변수와 Variants 408
  - 버튼의 활성/비활성 처리 416
- LESSON 03 숫자 변수 프로토타입 423
  - 숫자 변수를 사용한 온도계 423 · 숫자 변수를 사용한 볼륨 조절 435
- LESSON 04 조건문 프로토타입 444
  - 조건을 이용한 볼륨 조절 445 · 상품 판매 배너 개수 조절 457
- LESSON 05 변수 모드 469
  - 변수 모드를 이용한 상품 배너 470 · 변수 모드를 이용한 다크 모드 처리 487

PART V 반응형 웹 제작 501

CHAPTER 14 기획서 제작 503

LESSON 01 프레젠테이션 툴 제작 · 504
프레임 사이즈 선정 505 • 공통 구역 컴포넌트로 제작 505

LESSON 02 하이퍼링크 기능 활용 · 509
예제 파일 불러오기 509 • 글자에 하이퍼링크 적용하기 510
요소에 하이퍼링크 적용하기 512

LESSON 03 정보 설계와 작업 흐름도를 위한 Autoflow 플러그인 · 515
정보 설계 연결선 처리 515 • 작업 흐름도 연결선 처리 519

LESSON 04 스타일 가이드 · 521
예제 파일 불러오기 521 • 색상 가이드 522 • 폰트 가이드 522
로고 가이드 525 • 아이콘 가이드 526

LESSON 05 표 제작 · 529
플러그인을 이용한 표 제작 529 • 스토리보드 제작을 위한 표 제작 536

LESSON 06 와이어프레임 제작 · 540
Wireframe Generator 541 • Forms 543 • Handy Components 545
제공 와이어프레임 사용하기 546

CHAPTER 15 디자인 구현 553

LESSON 01 스타일 가이드 제작 · 554
색상 스타일 등록 555 • 글자 스타일 등록 558 • 그리드 스타일 등록 561

LESSON 02 반응형 웹을 위한 컨스트레인츠 · 575
헤더 영역의 컨스트레인츠 575 • 푸터 영역의 컨스트레인츠 578
사이즈별로 처리하기 580

LESSON 03 데스크톱 프로토타입 · 585
메인 메뉴 제작 585 • 메인 이미지 제작 599 • 탭 바 제작 606
영상 재생 611 • 슬라이드 제작 617

LESSON 04 모바일 프로토타입 · 624
메인 이미지 제작 624 • 캐러셀 제작 630 • 드로어 제작 636

LESSON 05 핸드오프 전 체크할 사항 · 643
레이어 정리 643 • 컴포넌트 및 그룹 확인 644
수치와 영역 644 • 내보내기 645

웹 앱 프로젝트에서 가장 큰 어려움은 기술이 아니라 사람 사이의 협업에서 비롯됩니다. 기획자·디자이너·개발자가 각자의 언어로 일하다 보면, 서로의 의도를 완전히 이해하지 못해 설명이 부족하다고 느끼거나 오해가 생기는 일이 종종 있습니다. 이 책은 그러한 현실 속에서 피그마가 어떻게 기획·디자인·개발을 잇는 협업의 허브가 될 수 있는지를 제시합니다. 단순히 디자인 툴을 설명하는 데 그치지 않고, 실제 프로젝트에서 어떻게 피그마를 통해 한 흐름으로 연결될 수 있는지를 보여줍니다. 특히 UX/UI 디자이너에게는 디자인의 완성도를 넘어, 개발 현실성까지 함께 고려할 수 있는 시각을 넓혀줍니다. 피그마를 통해 기획·디자인·개발이 하나의 언어로 연결되는 과정을 알고 싶은 이들에게 이 책을 권합니다.

권혜민, 인하공업전문대학 IT융합공학부 조교수

피그마는 이제 디자인, 기획, 개발을 모두 아우르는 필수 협업 도구로 자리 잡았습니다. 과거에는 기획 문서를 바탕으로 디자인을 제작하고, 이를 다시 개발자에게 전달하는 과정에서 정보 누락과 소통 부재로 인해 의도와 다르게 구현되는 일이 빈번했습니다. 특히 프런트엔드 개발자는 시각적 디자인을 실제 UI로 구현하는 과정에서 픽셀 단위의 정밀한 간격과 사양을 맞추는 데 늘 어려움을 겪었습니다.

그러나 피그마는 단순한 디자인 툴을 넘어 실시간 협업이 가능한 플랫폼으로 진화했습니다. 특히 'Dev Mode'를 통해 디자인과 코드의 간극을 최소화하고 커뮤니케이션 효율을 높이고, 개발자가 결과물을 바로 코드로 활용할 수 있도록 지원함으로써 이제는 개발자에게도 필수적인 도구로 자리매김하고 있습니다.

이 책은 피그마에 익숙하지 않은 사람도 쉽게 이해할 수 있도록 시각적 예시와 함께 다양한 기능을 친절하게 설명합니다. 프런트엔드 개발자에게는 디자인 의도와 UX/UI 요소를 직접 해석하고 구현하는 능력을 키우는 데 큰 도움이 될 것입니다.

박재성, 네이버 Platform UX System Dev 리더

피그마는 이제 단순한 디자인 툴을 넘어, 기획자·디자이너·개발자가 한 공간에서 아이디어를 시각화하고 함께 조율하는 '협업 플랫폼'이 되었습니다. 하지만 실제로는 여전히 각자의 언어로 일하면서 그 차이를 좁히기 어려워하는 팀이 많습니다. 이 책은 그 간극을 좁히는 실질적인 해답을 제시합니다. 단순히 기능을 나열하거나 툴 사용법을 설명하는 수준이 아니라, 한 프로젝트를 처음부터 끝까지 만들어가며 협업의 맥락 속에서 피그마의 진짜 쓰임을 이해하도록 이끌어줍니다.

특히 반응형 웹 실습을 통해 디자인과 개발의 경계가 어떻게 연결되는지 자연스럽게 체험할 수 있고, 각 역할이 서로의 작업을 이해하며 더 나은 결과를 만들어가는 과정을 구체적으로 보여줍니다. 실무 현장에서 피그마를 사용하는 팀이라면, 이 책이 협업의 효율을 극적으로 높여줄 것입니다.

서민정, SK AX PM

이제는 피그마가 실무에서 필수 프로그램이 된 시대입니다. 디자인과 개발의 경계가 점점 모호해지면서 피그마는 협업의 중심으로 자리 잡았습니다. 이 책은 그러한 변화 속에서 피그마를 제대로 이해하고 실무에 활용할 수 있도록 돕는 최고의 길잡이입니다.

유튜브 오쌤의 니가스터디를 통해 쌓아온 저자의 풍부한 강의 경험이 녹아 있으며, 기본 사용법은 물론 Dev Mode, 반응형 구성, 변수 활용 등 실무 핵심을 단계별로 나누어 체계적으로 설명하고 있습니다. 600페이지가 넘는 방대한 분량 속에 '왜 이렇게 해야 하는가'를 명확히 짚어주는 친절한 설명과 실전 예제가 가득하여, 피그마를 제대로 이해하고 싶은 모든 기획자·디자이너·개발자에게 자신 있게 추천합니다.

이민희, 디자인 강사, 유튜브 '이미니강사' 채널 운영

약 20년 전 제가 처음 웹 개발에 입문했을 때만 해도 웹 시안 디자인은 모두 포토샵으로 작업했습니다. 그 시절에는 포토샵만 잘 다뤄도 충분히 일할 수 있던, 말 그대로 포토샵의 시대였습니다.

그 후 스마트폰이 등장하면서 상황이 달라졌습니다. 포토샵으로 디자인을 하면 여러모로 불편함이 따르기 시작했고, 그때 등장한 것이 프로토타입 툴이었습니다. 어도비Adobe의 Adobe XD가 큰 인기를 얻던 시기에 피그마Figma가 등장했고, 이제는 누구도 Adobe XD를 언급하지 않을 만큼 피그마가 업계의 표준이 되었습니다. 실제로 2024년 가장 배워보고 싶은 툴이 무엇인지 조사한 결과에서도 피그마가 1위를 차지했습니다.

피그마의 인기가 높아지면서 많은 디자이너가 피그마를 배우기 시작했습니다. 그러나 업무 중에 실제로 받은 피그마 파일들을 살펴보면, 여전히 포토샵 시절의 방식에서 크게 벗어나지 못한 경우가 많았습니다. 이러한 현실을 보며 저는 디자이너들에게 피그마를 단순한 디자인 툴로만 사용하지 말고, 기획과 개발까지 연결되는 도구로 활용하라고 강조해왔습니다. 디자인을 넘어 개발의 흐름을 이해할 때 더 좋은 결과물이 나온다는 것을 현장에서 수없이 경험했기 때문입니다.

그러던 중 피그마가 2023년부터 올해까지 매년 Figma Config 행사에서 새롭게 발표된 기능들을 보며, 저는 피그마가 단순히 디자인 툴을 넘어 개발 친화적인 협업 플랫폼으로 진화하고 있음을 실감했습니다. 그 순간 저는 많은 피그마 책들이 여전히 디자인 중심에 머물러 있다는 것을 깨달았습니다. 저는 항상 팀원들이 프로젝트에 대한 이해가 충분한 상태에서 작업해야 한다고 생각했지만, 각각의 팀원은 모두 자기 일을 처리하는 데만 몰두하기 때문에 의사소통이 잘 되지 않는 상황을 종종 보았습니다. 그래서 저는 기획자, 디자이너, 개발자 모두가 함께 볼 수 있는 실무형 피그마 책을 만들어야겠다고 마음먹었습니다.

이 책에는 다른 피그마 도서에서 다루지 않았던 개발자 핸드오프, Dev Mode, 반응형 웹을 위한 오토 레이아웃, 베리언트를 활용한 프로토타입, 변수를 이용한 인터랙션 구현을 중점적으로 다룹니다. 마지막 파트에서는 반응형 웹 프로젝트까지 실습하며, 기획브터 디자인, 개발로 이어지는 협업의 전 과정을 담았습니다.

이 책이 피그마를 단순한 디자인 툴이 아닌, 팀 전체의 언어로 연결하는 도구로 이해하는 데 도움이 되길 바랍니다. 피그마와 함께 성장하며, 더 완성도 높은 웹과 앱을 만들어가는 여러분이 되시길 바랍니다.

오시내

이 책에 대하여

이 책은 피그마를 활용해 기획부터 디자인, 개발까지 연결하는 웹 제작 과정을 실습 중심으로 다룬 기술서입니다. 기본적인 피그마 사용법보다는 기획자·디자이너·개발자가 함께 협업하며 반응형 웹을 구현하는 과정에 초점을 맞췄습니다.

끊임없이 변화하는 웹 개발 환경 속에서 이 책은 기획자는 더 명확하게, 디자이너는 더 효율적으로, 개발자는 더 정확하게 일할 수 있도록 돕습니다. PPT로 기획서를 만들던 기획자는 피그마로 시각적이고 논리적인 기획서를 제작하는 방법을 배우게 됩니다. 디자이너는 UI/UX 원칙을 반영한 실무형 디자인 감각을 키우고, 개발자는 디자이너의 결과물을 Dev Mode로 효율적으로 핸드오프handoff하는 법을 익힐 수 있습니다. 마지막에는 실제 반응형 웹 프로젝트를 완성하며 협업의 흐름을 자연스럽게 체득할 수 있습니다.

책의 구성

이 책은 5부 15장으로 나뉘어 있습니다. 각 장의 내용은 순차적으로 연결되어 있으므로 처음부터 차근히 따라 하는 것을 권장합니다. 각 장에서는 기능을 익히는 데 도움이 되는 실습 예제를 풍부하게 제공하며, 학습한 내용을 직접 적용해보며 실력을 쌓을 수 있습니다.

- **1부에서는** 피그마를 사용하는 이유와 설치, 인터페이스 구조를 다룹니다.
- **2부에서는** 실무 개발에 핸드오프를 하기 위한 다양한 기능과 협업을 알아봅니다.
- **3부에서는** 개발에 맞춘 구성 요소들을 알아봅니다.
- **4부에서는** 피그마가 제공하는 다양한 프로토타입 사용법을 알아봅니다.
- **5부에서는** 여행사를 주제로 한 유로바이크투어라는 반응형 웹 프로젝트를 만들어봅니다.

피그마는 처음엔 낯설 수 있지만, 꾸준한 실습이 최고의 학습법입니다. 한 장 한 장 실습을 따라가며 자신만의 디자인을 만들어보세요. 어느새 피그마의 진짜 재미와 실무 감각이 손에 익을 것입니다.

PART 1
피그마 소개

현재 웹 앱 개발 시장은 매우 빠르게 변하고 있습니다. 인공지능이 발달하면서 실무를 담당하는 웹 앱 관련 종사자들에게도 많은 변화가 있었습니다. 개발자들은 이제 챗GPT 없이는 개발이 어려워졌고, 기획자와 디자이너들은 피그마 없던 시절로 절대 돌아갈 수 없습니다. 그만큼 피그마는 웹 앱 개발에서 빠질 수 없는 필수 요소가 되었습니다.

1부에서는 피그마를 왜 사용해야 하는지와 웹 앱 개발 프로젝트 진행 시 협업을 할 때 피그마가 얼마나 많은 도움이 되는지 살펴보고자 합니다.

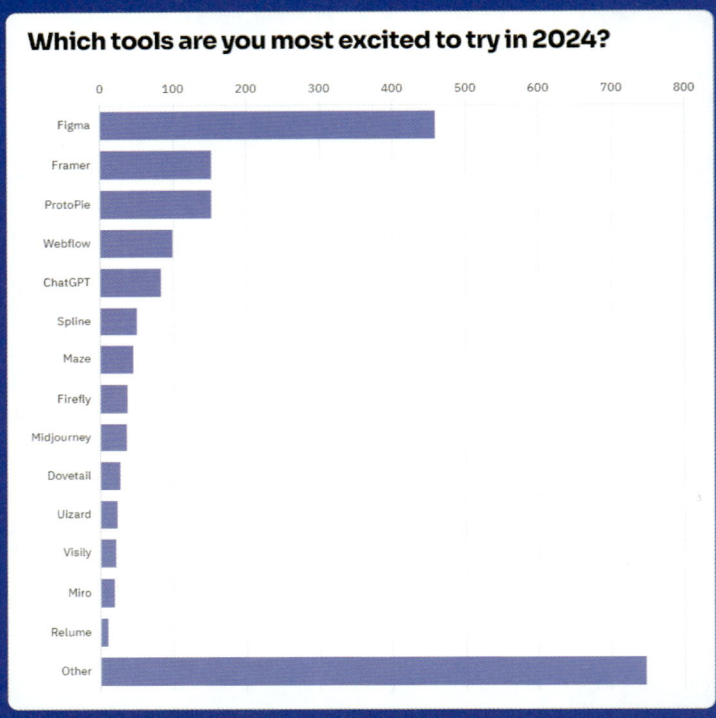

그림 0.1 2024년에 가장 사용해보고 싶은 도구는?(https://uxtools.co)

CHAPTER

왜 피그마를
사용해야 하는가?

- 웹 앱 개발을 이해하기 위한 UI/UX
- 웹 개발을 위한 전체적인 프로세스
- 협업을 위해 디자이너가 개발 공부를 해야 하는 이유
- 협업을 위해 개발자가 피그마를 공부해야 하는 이유

웹 앱 프로젝트를 진행해본 사람이라면, 협업이 원활하지 않은 순간을 수없이 경험했을 것입니다. 예를 들어, 기획자는 기획 의도를 잘 이해하지 못하는 디자이너나, 구현이 불가능하다고 말하는 개발자를 만나본 경험이 있을 것입니다. 디자이너는 기획안대로 디자인했을 뿐인데, 개발자가 말도 안 되는 디자인을 했다는 반응을 보이거나, 기획자가 UI/UX 개념을 이해하지 못한다고 지적하는 상황을 겪었을지도 모릅니다. 개발자라면 기획자나 디자이너가 컴퓨터로 안 되는 것이 어딨냐며, 개발이 불가능한 이유를 이해하지 못하는 모습을 보거나, 자신의 역량을 의심하는 눈초리를 받아본 적이 있을 것입니다.

이처럼 프로젝트에서는 개인의 역량보다 팀원 간 원활한 의사소통, 즉 협업이 매우 중요합니다. 그렇다면 프로젝트를 성공적으로 마치려면 협업을 효율적으로 도와주는 도구를 활용하는 것이 필요하겠죠? 그중 하나가 바로 **피그마**(https://ko.wikipedia.org/wiki/피그마)입니다. 많은 사람이 피그마를 디자이너용 프로그램으로 알고 있지만, 사실 그 이상의 기능을 제공합니다. 위키백과에서도 피그마를 데스크톱 애플리케이션들을 활성화하는 기능을 갖춘 인터페이스 디자인을 위한 협업 웹 애플리케이션이라고 설명하고 있습니다. 이제 1장에서 협업 도구로서 피그마가 어떤 장점을 갖고 있는지 살펴보겠습니다.

LESSON 01 | 웹 앱 개발을 이해하기 위한 UI/UX

제가 피그마 책을 집필한다고 했을 때, 관련 종사자들에게 가장 많이 들은 요청이 UI/UX 개념을 명확하게 정리해달라는 것이었습니다. 많은 팀원이 UI/UX에 대한 이해가 부족해 의사소통이 원활하지 않다고 느낀다고 합니다. 저 역시 업무를 하거나, 강의를 할 때 이러한 문제를 자주 경험했습니다. 웹 앱 개발을 제대로 하려면 모든 팀원이 UI/UX 개념을 정확히 이해하는 것이 필수라고 생각합니다.

UI user interface[1]는 사용자와 시스템이 상호작용할 수 있도록 만들어진 가상적 매개체를 의미합니다. 쉽게 말해, 사용자가 프로그램을 이용할 때 접하는 화면 요소를 뜻합니다. UX user experience[2]는 사용자가 시스템이나 제품을 이용하면서 느끼고 생각하는 총체적 경험을 의미합니다. 두 용어 모두 User(사용자)라는 단어로 시작한다는 점이 중요합니다. 즉, UI/UX를 고려한 웹 개발이란 사용자가 시스템을 이용할 때 불편함을 최소화하는 것을 의미합니다.

예를 들어 약관 동의 화면을 만든다고 가정해보겠습니다. 약관이 총 4개가 있으며, 모든 약관에 동의해야 다음 페이지로 이동할 수 있다고 하면, 사용자가 4개를 각각 체크하는 것보다 '모두 동의' 버튼을 추가하는 것이 훨씬 편리하겠죠? 저는 이러한 '모두 동의' 기능은 반드시 포함되어야 한다고 생각합니다. 실제로 저는 모바일 인증 과정에서 '모두 동의' 버튼이 없는 약관 동의 화면을 접할 때마다 불편함을 느끼며, "이건 UI 설계가 잘못되었다"라고 말하기도 합니다(그림 1.1 참고). 물론 해당 기능이 빠진 데는 다른 이유가 있을 수도 있지만, UI/UX를 이해하는 데 좋은 예시가 될 것입니다.

업무를 하다 보면 UI/UX에 대한 이해가 부족한 팀원을 자주 만나게 됩니다. 예를 들어 기획자가 UI/UX 원칙에 맞지 않는 기획을 가져왔다고 가정해봅시다. 이유를 묻자 '너무 뻔한 방식이 싫어서 색다르게 기획했다'라는 답이 돌아옵니다. 하지만 오랜 경험을 가진 개발자조차 이해하기 어려운 기획이라면, 사용자가 쉽게 이해할 수 있을까요? 결국 해당 기획은 수정되었습니다.

---

1 https://ko.wikipedia.org/wiki/사용자_인터페이스 참고
2 https://ko.wikipedia.org/wiki/사용자_경험 참고

또 다른 예로 디자이너가 작업한 디자인이 구현하기도 어렵고, 사용자 경험 측면에서도 적절하지 않은 경우를 생각해봅시다. 디자인된 화면의 프로세스 흐름이 지나치게 복잡해서, 기획자가 '이렇게 만들면 사용자도 이해하기 어렵고, 개발자들도 구현하기 힘들 것 같다'라고 의견을 냈습니다. 하지만 디자이너는 '이렇게 해야 예쁘고, 화면이 꽉 찬 느낌이 든다'라고 주장하며 개발을 요청합니다. 결국 개발자가 구현이 어렵다는 이유로 디자인을 수정해야 했습니다.

이러한 사례는 현업에서 흔히 접하는 문제입니다. 팀원 중 UI/UX에 대한 이해가 부족한 사람이 있다면 의사소통 문제를 넘어 프로젝트 일정까지 지연될 수 있습니다. 게다가 해당 팀원의 직급이 높다면, 상황은 더욱 복잡해집니다.

웹 앱 개발에서 팀원들의 UI/UX 이해도는 매우 중요합니다. 데스크톱과 모바일의 경계가 사라진 현재, 수많은 웹사이트와 애플리케이션들이 등장하고 있습니다. 기능이 비슷하거나 목적이 동일한 프로그램도 많습니다. 이런 환경에서 사용자에게 차별화된 경험을 제공하려면, 세련된 디자인뿐만 아니라 뛰어난 사용자 경험을 갖춘 웹사이트나 애플리케이션을 만들어야 합니다.

이런 이유로 웹 앱 개발자와 디자이너들은 UI 시스템의 중요성을 강조합니다. 디자인 확장이 유연하면서도 개발이 쉽고 성능이 뛰어난 UI 시스템을 갖추는 것이 핵심입니다.

UI 시스템은 단순한 화면 디자인을 넘어, 다양한 OS 환경과 기기에서 동일한 동작을 보장하는 정교한 프로그래밍 인터페이스를 포함해야 합니다(그림 1.1 참고). 또한, 내부 시스템과 기능을 연결하는 프레임워크와 컴포넌트 라이브러리도 함께 제공해야 합니다. 하지만 UI 시스템이 아무리 잘 정리되어 있어도, 필요한 요소를 쉽게 찾을 수 없다면 효율성이 떨어집니다.

그림 1.1 라인 디자인 시스템 사이트(https://designsystem.line.me)

이런 문제를 해결하는 도구가 바로 피그마입니다. 피그마는 기획에서 제공하는 UI 시스템을 효과적으로 정리하고, 다양한 OS 환경과 기기별 프레임을 제공하며, 디자인과 개발을 연결하는 기능을 갖추고 있습니다. 이미 많은 기업이 피그마를 활용해 UI 시스템을 구축하고 있습니다.

웹 앱 개발에 종사하는 분들이라면 하루라도 빨리 피그마를 배우는 것을 추천합니다. 저는 과거 기업에서 피그마 강의를 진행한 적이 있었는데, 다양한 기업에서 관심을 보였습니다. 많은 기업이 피그마의 중요성을 실감하고 있는 만큼, 개인도 적극적으로 학습할 필요가 있습니다. 또한, UI/UX에 대한 이해도 함께 높이는 것이 중요합니다. UI/UX는 말 그대로 사용자 경험을 의미합니다. 따라서 직접 사용자가 되어 다양한 웹사이트와 애플리케이션을 경험하며 배우는 것이 가장 효과적인 학습 방법입니다.

LESSON 02 | 웹 개발을 위한 전체적인 프로세스

웹 프로젝트의 기본적인 수행 순서는 그림 1.2와 같습니다. 이 방식은 폭포수 모델waterfall[3]로, 소프트웨어 개발 과정에서 각 단계가 물이 흐르듯 순차적으로 진행되는 방식입니다. 과거부터 널리 사용해온 방법으로, 일반적으로 요구사항 분석 → 설계 → 구현 → 테스트 → 유지 보수의 순서로 이루어집니다.

그림 1.2 웹 프로젝트의 기본적인 수행 순서

그러나 폭포수 모델의 가장 치명적인 단점은 각 단계가 완료된 후에야 다음 단계로 넘어갈 수 있기 때문에, 요구사항이나 설계 변경이 발생하면 큰 문제가 생길 수 있다는 점입니다. 이에 따라 최근에는 애자일agile,[4] 스크럼scrum,[5] 스프린트sprint 등 짧은 개발 주기를 갖는 방법론이 등장하며 점점 더 많이 활용되고 있습니다. 각각의 개념은 각주를 참고하여 학습하길 바랍니다.

폭포수 모델에서는 기획자가 요구사항을 분석하고 설계합니다. 이후 디자이너가 기획안을 바탕으로 디자인을 제작하고, 프런트엔드 개발자가 이를 퍼블리싱한 후, 최종적으로 백엔드 개발자가 데이터베이스를 정의하고 구현하는 방식으로 진행됩니다.

이 과정에서 프런트엔드 개발자는 디자이너가 만든 시안만 보고 작업하며, 백엔드 개발자는 프런트엔드 개발자가 넘긴 파일만 보고 구현하는 경우가 많습니다. 이처럼 단계별로 진행되다 보면 중간에 정보가

---

3 https://ko.wikipedia.org/wiki/폭포수_모델
4 https://ko.wikipedia.org/wiki/애자일_소프트웨어_개발
5 https://ko.wikipedia.org/wiki/스크럼_(애자일_개발_프로세스)

누락되거나, 의도와 다르게 구현되는 문제가 발생할 수 있습니다. 따라서 기획자가 중간에서 조율하는 역할을 철저히 수행해야 합니다.

이러한 개발 과정에서는 수많은 파일이 생성됩니다. 과거에는 각 파일을 개별적으로 관리해야 했지만, 피그마를 사용하면 하나의 파일에서 모든 내용을 관리할 수 있어 훨씬 효율적입니다.

예를 들어 기획자가 별도로 기획서 문서를 열지 않아도 디자인 파일 내에서 바로 확인할 수 있으며, 프런트엔드 개발자도 디자인을 보고 이해가 어려운 부분이 있으면 같은 파일 내에서 화면 설계를 찾아 참고할 수 있습니다. 이는 피그마가 등장하면서 가능해진 작업 방식입니다. 따라서 프로젝트에 참여하는 모든 팀원이 피그마를 익히는 것이 중요합니다.

이러한 내용을 5부 '반응형 웹 제작'에서 자세히 살펴볼 예정입니다. 2부부터 4부까지는 피그마의 기능을 상세히 배우고, 5부에서는 실제 반응형 웹 프로젝트를 제작하며 실습해보겠습니다.

LESSON 03 | 협업을 위해 디자이너가 개발 공부를 해야 하는 이유

과거에는 시각적으로 예쁜 디자인을 만드는 디자이너를 선호했다면, 최근에는 UI/UX 원칙을 반영한 디자인을 할 수 있는 디자이너가 더욱 환영받고 있습니다. 여기에 기본적인 코딩 지식까지 갖춘 디자이너라면 더욱 선호합니다. 그 이유는 피그마와 같은 프로토타이핑 툴이 개발 언어로 변환하여 구현을 지원하기 때문입니다. 이후 10장 4절 'Dev Mode와 VS Code를 이용한 코딩 처리'에서 피그마의 Dev Mode를 활용해 웹 퍼블리싱을 얼마나 효율적으로 할 수 있는지 자세히 살펴보겠습니다.

그러나 디자이너가 개발을 전혀 모르는 상태에서 과거처럼 포토샵 방식으로 디자인을 넘긴다면, 코드가 정확하게 변환되지 않습니다. 결국, 추가 수정 작업이 많아져 오히려 비효율적인 결과를 초래할 수 있습니다. 최근 프로토타입 기술도 빠르게 발전하고 있으며, 많은 프로토타이핑 용어가 자바스크립트JavaScript나 자바Java에서 유래했습니다. 실제로 2023년 6월에 변수, 이벤트, 조건문 등 다양한 기능이 피그마에 추가되었습니다.

이러한 변화 속에서 개발 지식이 없는 디자이너에게는 피그마가 오히려 복잡하고 어려운 툴이 될 수 있습니다. 그렇기 때문에 저는 실무와 강의에서 디자이너에게 기본적인 개발 공부의 필요성을 강조하고 있습니다.

LESSON 04
협업을 위해 개발자가 피그마를 공부해야 하는 이유

현재 수많은 기업이 디자인 작업을 피그마로 진행하고 있으며, 개발 과정에서 공유되는 디자인 파일 역시 대부분 피그마로 되어 있습니다. 과거에는 포토샵으로 디자인을 제공하는 경우가 많아 개발자들도 어느 정도 포토샵을 다룰 줄 알아야 했습니다. 이제는 그때처럼 개발자도 피그마를 익혀야 합니다.

특히, 피그마는 다양한 개발 언어를 지원하기 때문에, 개발 언어를 완벽히 익히지 못한 신입 개발자에게 더욱 추천할 만한 도구입니다. 피그마의 Dev Mode는 지속적으로 발전하고 있어, 복사&붙여넣기만으로도 상당 부분을 구현할 수 있습니다.

또한, 피그마는 개발자가 선호하는 다양한 협업 애플리케이션과 연동되기 때문에 개발 환경이 더욱 편리해집니다.

결과적으로, 피그마를 익힌 개발자와 익히지 않은 개발자는 실무에서 큰 차이를 보일 수밖에 없습니다. 따라서 개발자 역시 피그마를 배워야 합니다.

CHAPTER

피그마 설치 및 인터페이스

- 피그마 설치법
- 인터페이스 확인
- **Dev Mode** 사용을 위한 계정 업그레이드

1장에서 피그마를 왜 사용해야 하는지 충분히 설명했습니다. 이제는 본격적으로 피그마를 설치하고 사용하는 방법을 배워봐야겠죠? 2장에서는 피그마 설치 방법, 인터페이스 확인, 계정 업그레이드 방법을 다룰 예정입니다. 또한, 피그마가 2024년 6월 말 'Config 2024'에서 UI3로 업그레이드되었으므로, 최신 인터페이스 변화도 함께 살펴보겠습니다.

LESSON 01 피그마 설치법

피그마를 설치하려면 먼저 공식 웹사이트에서 회원 가입을 해야 합니다. 회원 가입을 완료한 후 다시 피그마 사이트에 접속하면 웹브라우저에서 바로 사용할 수 있습니다. 브라우저에서도 피그마를 사용할 수 있지만, 사용자 컴퓨터의 글꼴을 제대로 인식하지 못하는 문제가 발생할 수 있습니다. 따라서 데스크톱 애플리케이션을 설치하는 것을 추천합니다. 이제 피그마 설치 방법을 살펴보겠습니다.

피그마 웹사이트 회원 가입

피그마 웹사이트[1]에 접속해서 회원 가입을 해보겠습니다.

✚ 2025년 3월 기준 회원 가입이므로 추후 달라질 수 있습니다.

01 사이트 접속 후 회원 가입하기_ 그림 2.1은 피그마 사이트의 메인 화면입니다. 우측 상단이나 화면 중앙에 보이는 [Get started for free(지금 무료 시작하기)] 버튼을 클릭합니다. 일반적인 기능만 사용한다면 무료로 사용할 수 있습니다.

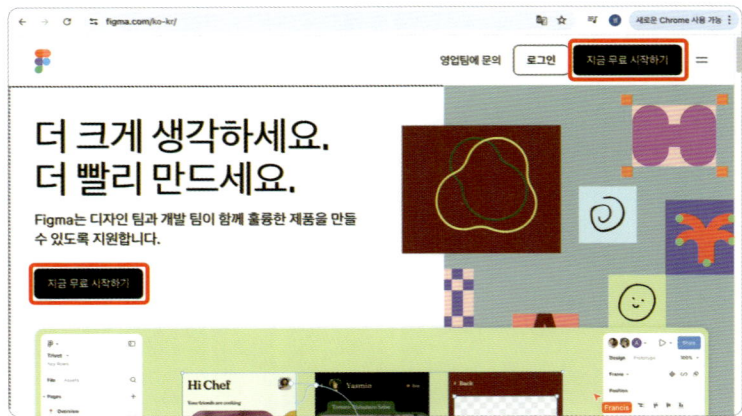

그림 2.1 피그마 공식 웹사이트(https://www.figma.com/)

---

[1] https://www.figma.com/

02 **이메일 로그인_** 이때 구글 계정이나 기존에 갖고 있던 이메일로 회원 가입을 하면 됩니다. 구글 계정을 사용하는 것을 권장합니다. 미리 그글 계정으로 로그인 되어 있다면 구글 계정을 선택합니다. 계정 등록을 완료 하고 피그마 서비스로 연결하면 그림 2.3과 같은 화면이 나타납니다.

✚ 다음 과정부터는 선택에 따라 달라질 수 있음을 미리 알려드립니다.

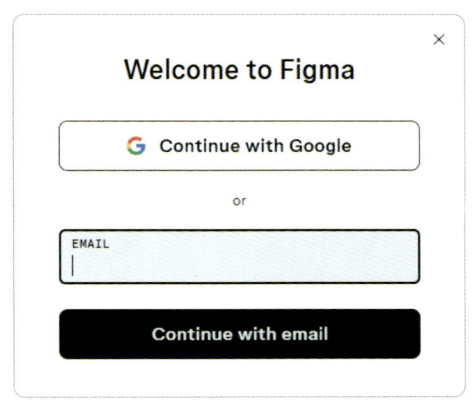

그림 2.2 피그마 회원 가입 창

03 **피그마에서 사용할 이름 작성_** 피그마에서 사용할 이름을 작성 후에 [Continue] 버튼을 클릭합니다.

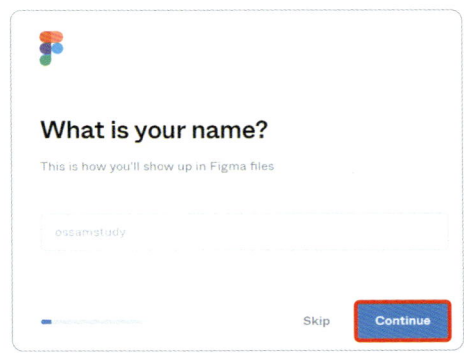

그림 2.3 피그마에서 사용할 이름 입력 창

04 **사용자 직업 선택_** 이 부분은 여러분의 직업을 선택하면 됩니다. 저는 **Student**로 선택했습니다. 크게 중요한 부분은 아니므로, 직업을 선택해주고 [Continue] 버튼을 클릭합니다.

✚ 앞으로 나오는 화면은 **Student**로 선택했을 때의 화면으로, 다른 직업을 선택했다면 화면이 다를 수 있습니다.

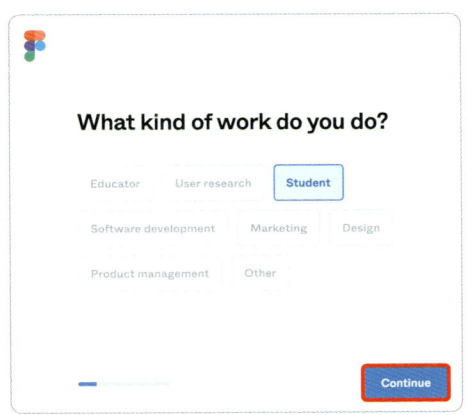

그림 2.4 직업 선택 창

05 직업과 관련된 파트 선택 1_

그림 2.5는 Student를 선택했을 때 나타나는 창입니다. Higher education은 미국 고등교육을 선택하는 것이므로, 저는 Bootcamp or online course를 선택한 후 [Continue] 버튼을 누르겠습니다.

✚ 학생으로 설정한 경우, 추후 Dev Mode를 사용하려면 학생 계정 업그레이드가 필요할 수 있습니다(학생 계정은 무료). 이 과정에서 추가 서류 제출을 요구할 수 있으므로, **Higher education** 옵션은 선택하지 않는 것이 좋습니다.

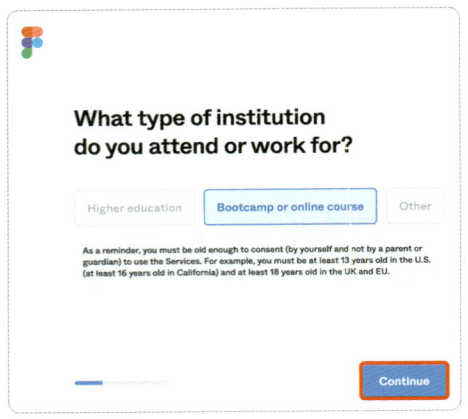

그림 2.5 직업 세부 선택 창

06 직업과 관련된 파트 선택 2_

이 부분은 사용자의 직업과 관련된 것을 체크하라는 파트입니다. 역시 크게 중요한 부분은 아니므로 관련된 것을 체크 후에 [Continue] 버튼을 눌러줍니다.

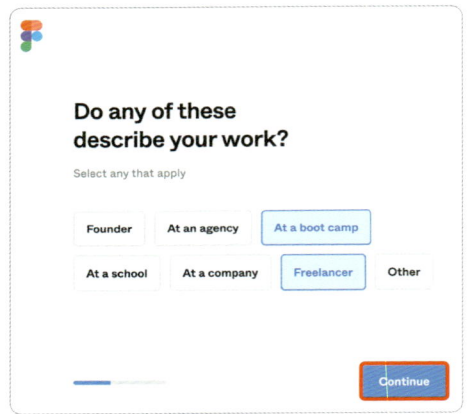

그림 2.6 직업과 관련된 부분 선택 창

07 협업하는 팀원 유형 선택_

협업할 팀원을 선정하는 파트인데, 저는 Students and educators를 선택했습니다. Nobody를 선택해서 혼자 사용한다고 해도 상관없습니다.

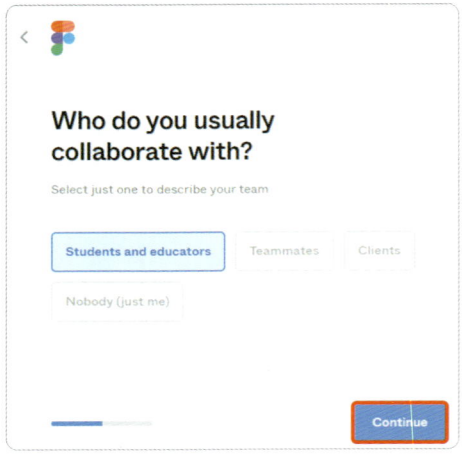

그림 2.7 팀원 유형 선택 창

08 협업 팀원 이메일 추가_ 협업할 팀원이 있다면 협업한 팀원의 피그마 계정 이메일을 추가하면 됩니다. 협업할 팀원이 없다면 [Skip] 버튼을 클릭합니다. 추후에 추가할 수 있는 부분이므로 넘어가겠습니다.

그리고 나머지 피그마 사이트 방문 목적, 피그마 사용 여부 등을 체크한 후 계정 유형을 선택합니다.

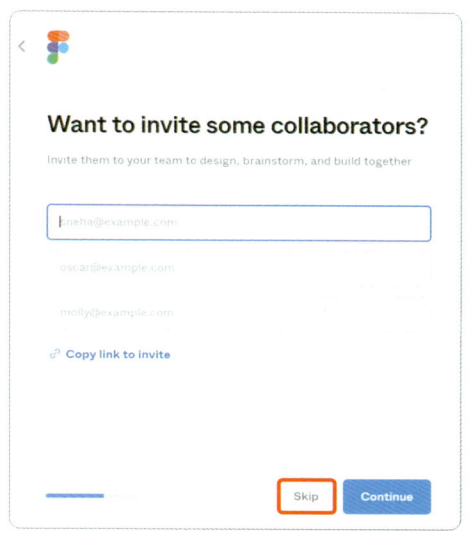

그림 2.8 협업 팀원 이메일 추가 창

09 피그마 계정 유형 선택_ 그림 2.9는 피그마 계정 유형을 선택하는 화면입니다. Starter 유형은 무료이지만 몇 가지 제한이 있습니다. 하나의 프로젝트당 최대 3개 파일만 사용할 수 있고, 저장 가능한 파일의 개수도 제한됩니다. 버전 히스토리는 30일까지만 보관되며, 팀 작업이 불가능합니다.

반면, Professional 버전을 선택하면 팀 작업이 가능하며, 파일 개수 및 버전 히스토리 제한이 없습니다. 그리고 그림 2.9에는 나오지 않지만, 이 책에서 중점적으로 살펴볼 Dev Mode를 지원합니다.

✚ 아래에 학생 계정을 신청하는 버튼이 있는데, 그 부분은 미리 가입한 독자들도 신청할 수 있도록 추후에 따로 안내하도록 하겠습니다.

우선 Starter로 선택한 상태에서 [Continue] 버튼을 클릭합니다.

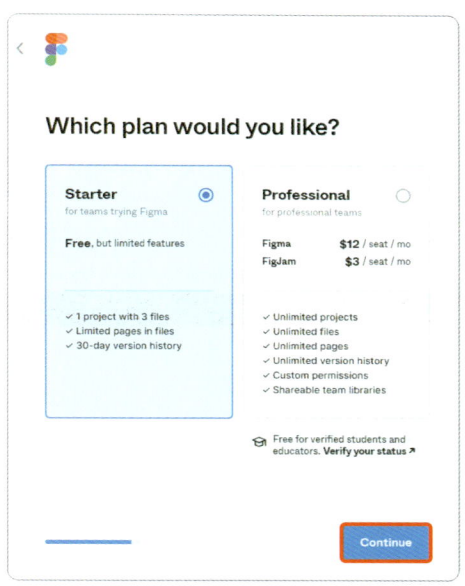

그림 2.9 피그마 계정 유형 선택 창

CHAPTER 02 피그마 설치 및 인터페이스 **15**

10 **시작할 인터페이스 선택_** 드디어 회원 가입의 마지막 단계입니다. 이제 시작할 인터페이스를 선택하면 됩니다. 세 가지 옵션 중 어느 것을 선택하더라도 모두 사용 가능합니다. FigJam은 기획을 위한 다양한 보드를 만들 수 있습니다. Figma Slides는 2024년 6월에 추가된 기능입니다.

이 책에서는 Figma Design 파트를 중점적으로 살펴볼 예정입니다. 그래서 Design width Figma를 선택하고 [Finish] 버튼을 클릭합니다.

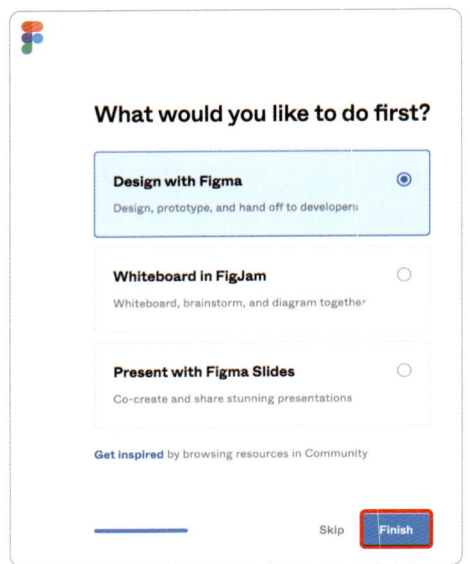

그림 2.10 시작할 인터페이스 선택 창

[Finish] 버튼을 누르면 그림 2.11과 같은 화면이 나타납니다. 이 화면에서는 피그마의 기본 사용법을 안내하는 파일이 열려 있습니다. 첫 화면으로 돌아가려면 뒤로 가기 버튼을 눌러주면 됩니다.

➕ 참고로, 그림 2.11은 UI2 버전의 인터페이스를 기준으로 한 화면입니다.

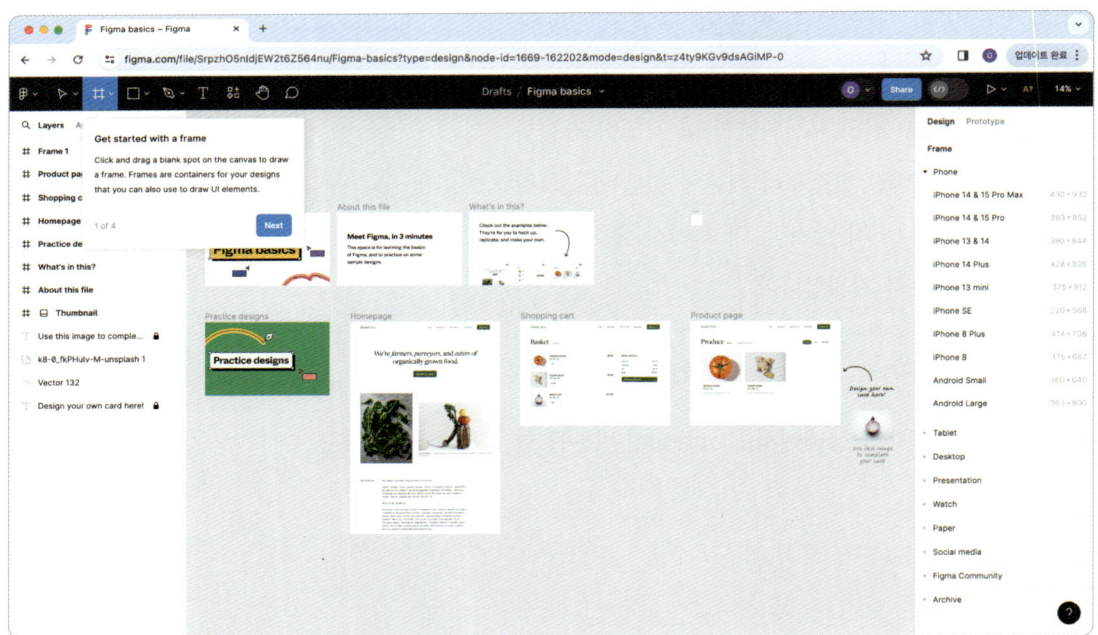

그림 2.11 웹브라우저 피그마 디자인 화면

피그마 데스크톱 애플리케이션 다운로드

웹브라우저에서 피그마를 이용해도 되지만, 웹브라우저는 피그마가 기본으로 제공하는 글꼴만 사용이 가능하므로 다운로드한 글꼴이 적용되지 않습니다. 따라서 피그마 데스크톱 애플리케이션을 다운받아서 사용하는 것이 좋습니다.

추후에 디자인 작업 시 웹브라우저용 피그마와 데스크톱 애플리케이션용 피그마를 둘 다 열어 효율적으로 작업할 수도 있습니다. 예를 들어 PC 데스크톱 사이즈의 웹사이트 메인 페이지 시안 디자인을 웹브라우저에 열어놓고 보면서 태블릿 사이즈의 메인 페이지 시안 디자인을 데스크톱 애플리케이션에서 작업할 수 있습니다. 어도비 포토샵 같은 경우 프로그램을 두 개로 열어서 보면서 디자인하는 것이 불가능합니다. 피그마는 따로 열어서 디자인할 수 있으니 매우 편리하겠죠? 거기에 복사/붙여넣기도 가능하니 매우 편리합니다.

01 **데스크톱 애플리케이션 다운로드_** 그림 2.12에서 좌측 상단에 보면 계정이 있는데 이 계정을 클릭합니다. 클릭하면 세부적인 설정을 할 수 있는 창이 뜨는데 거기서 [Get desktop app] 메뉴를 클릭합니다. 그러면 다운로드 폴더에 파일이 저장됩니다.

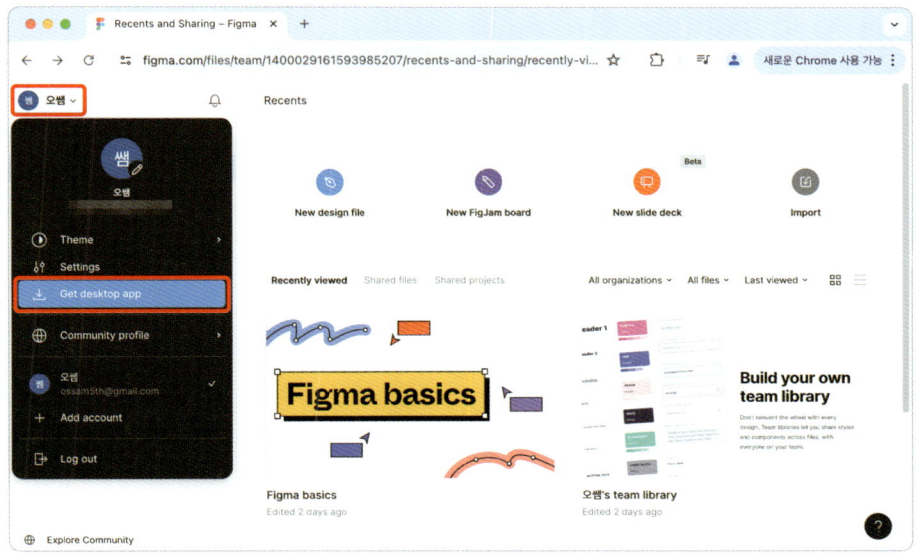

그림 2.12 웹브라우저 피그마 첫 화면

02 프로그램 설치_ 다운로드 폴더에 파일이 다운되어 있습니다. macOS용 파일은 Figma.dmg로 다운되고, Windows OS용 파일은 FigmaSetup.exe로 다운됩니다. 실행 파일을 더블클릭해서 프로그램을 설치하면 됩니다.

그림 2.13 macOS용 다운로드 파일

03 데스크톱 애플리케이션 실행_ 프로그램이 설치가 완료되면 피그마를 실행합니다. 처음 실행 시에는 웹브라우저에서 계정과 연결하라는 안내가 나타납니다. 안내에 따라 웹브라우저에서 계정을 연결한 후, 다시 피그마 프로그램으로 돌아오면 그림 2.14와 같이 프로그램이 실행됩니다.

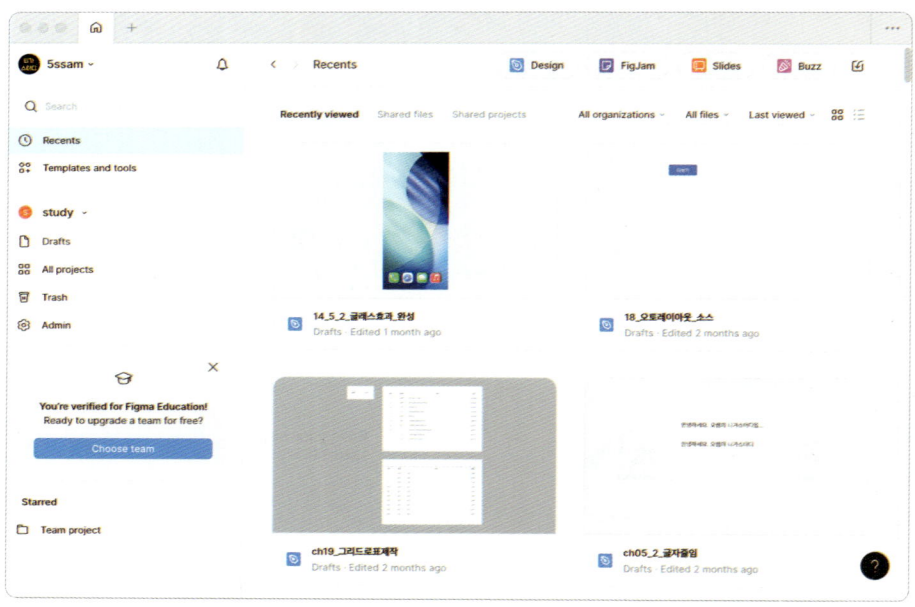

그림 2.14 데스크톱 애플리케이션 피그마

모바일용 피그마 애플리케이션 다운로드

피그마 애플리케이션은 모바일이나 태블릿에서도 다운로드할 수 있습니다. 프로토타입을 구현할 때 실제 기기에서 테스트하면 더 현실감 있게 확인할 수 있으므로, 해당 기기에 다운로드하여 사용해보는 것을 권장합니다.

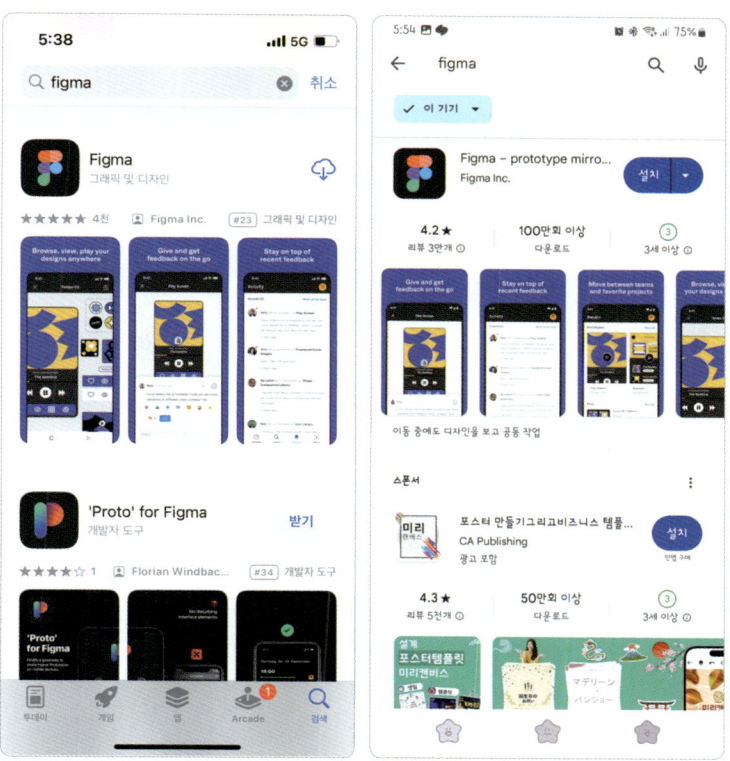

그림 2.15 앱스토어(iOS) 및 구글플레이(안드로이드) 피그마 애플리케이션 다운

LESSON 02 | 피그마 인터페이스 확인

피그마 첫 화면에서 [Design] 버튼을 클릭합니다. 그럼 디자인 파일의 첫 화면으로 들어갑니다.

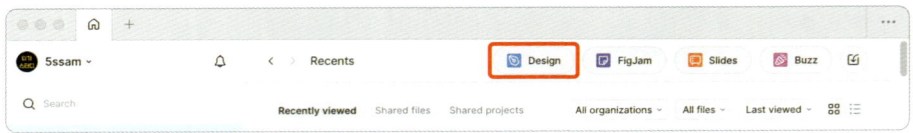

그림 2.16 데스크톱 애플리케이션 피그마 첫 화면

전체 인터페이스 확인

그림 2.17은 피그마 디자인 파일을 처음 열면 보이는 인터페이스 화면입니다. 이 책에서 계속 나올 명칭이므로 확인해주세요.

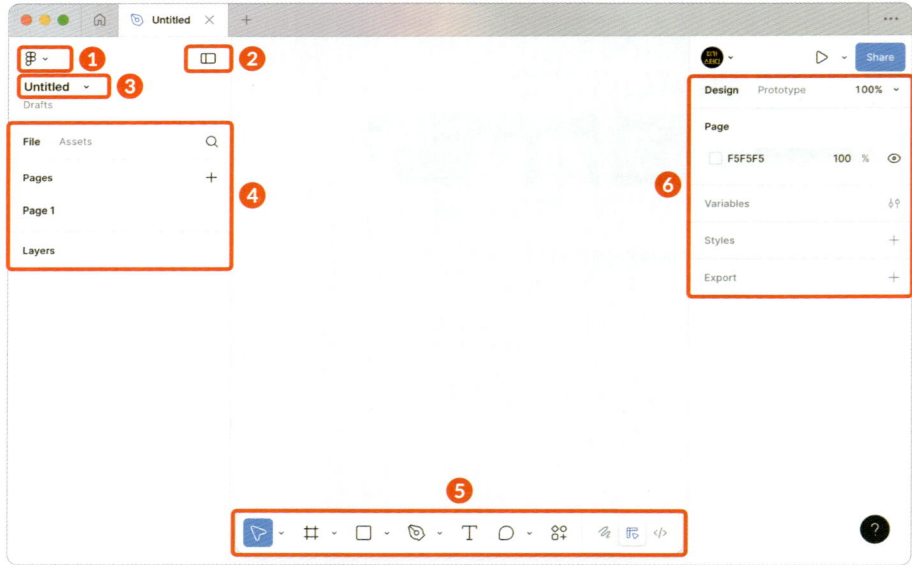

그림 2.17 피그마 디자인 파일 인터페이스 화면

① **메인 메뉴**: 피그마 기능을 전체적으로 드롭다운 메뉴로 처리했습니다.

② **UI 최소화 버튼**: 패널을 확대 혹은 축소시킬 수 있습니다.

③ **타이틀 부분**: 파일의 타이틀을 지정합니다.

④ **파일/에셋 패널**: 파일 패널에서는 페이지와 레이어로 나뉘며 디자인 콘텐츠를 확인할 수 있고, 에셋 패널에서는 저장된 컴포넌트를 확인할 수 있습니다.

⑤ **툴 박스**: 피그마 콘텐츠를 그릴 수 있는 툴들을 제공합니다.

⑥ **디자인/프로토타입 패널**: 콘텐츠의 세부 설정을 하는 디자인 패널과 프로토타입을 설정하는 프로토타입 패널로 나뉩니다.

레이어 패널 상단의 UI 최소화 버튼을 누르면 패널 부분을 확대 혹은 축소해서 볼 수 있습니다.

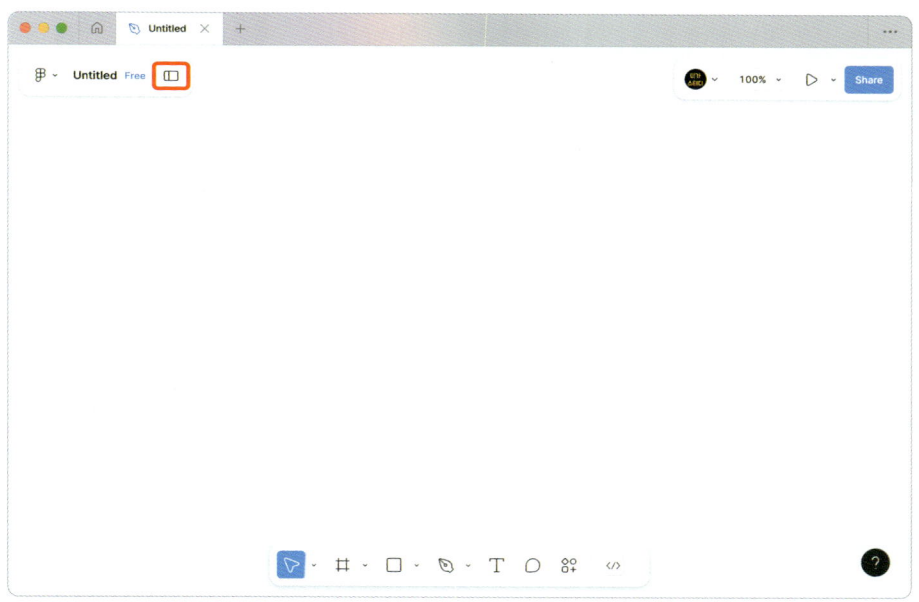

그림 2.18 축소된 인터페이스 화면

> **TIP** 피그마에서 2025년부터 한글 베타 버전을 지원합니다.

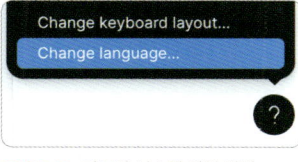

우측 하단의 물음표 아이콘을 누르고, [Change language(언어 변경)]를 선택합니다.

그림 2.19 피그마 시스템 언어 변경

메인 메뉴

좌측 상단에 있는 피그마 아이콘을 누르면 메인 메뉴를 확인할 수 있습니다. 대부분의 기능은 아이콘이나 마우스 우클릭을 하면 드롭다운 메뉴로 나타납니다. 하지만 모든 메뉴가 나오는 것은 아니므로 피그마 메인 메뉴에서 확인해보는 것이 좋습니다. 또는 Quick actions를 통해 빠른 메뉴 실행을 하는 것도 도움이 됩니다.

Quick actions 단축키: macOS `Command` + `/`   Window OS `Ctrl` + `/`

Quick action은 단축키를 입력하면 바로 기능을 검색할 수 있는 검색 창이 뜹니다. 검색된 기능을 클릭하면 기능을 바로 실행할 수 있습니다. 물론 기능 이름을 알고 있어야 합니다.

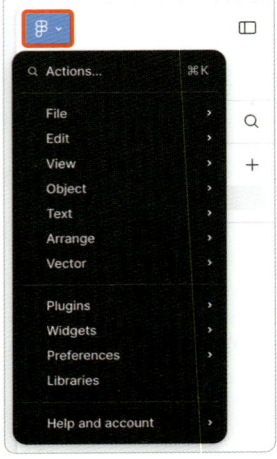

그림 2.20 피그마 메인 메뉴 드롭다운

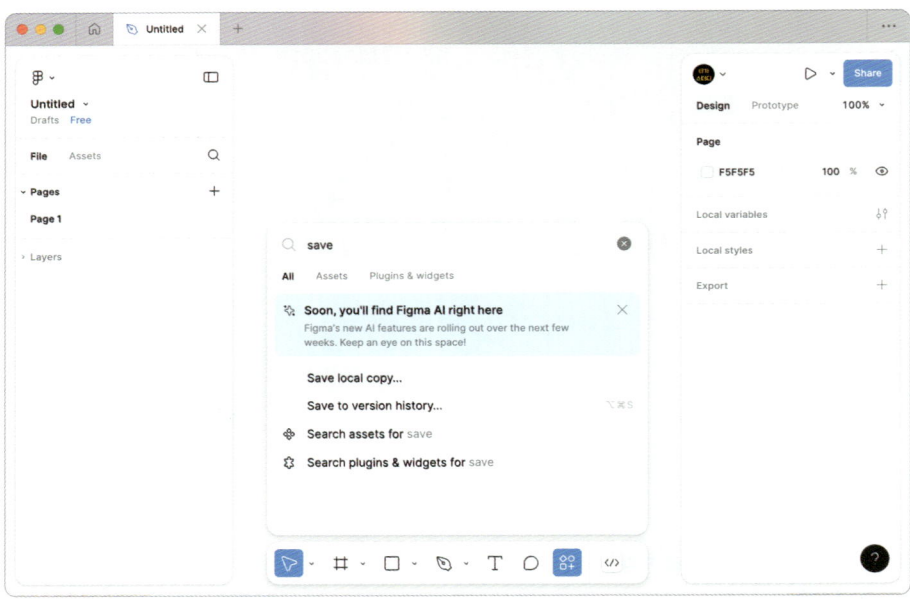

그림 2.21 Quick action 실행 화면

 툴 박스의 종류

콘텐츠를 그리거나 추가할 수 있는 툴tool의 종류를 살펴보겠습니다. 우선 디자인Design 모드를 먼저 살펴보겠습니다.

Move / Hand tool / Scale

그림 2.22 Move, Hand tool, Scale 드롭다운 메뉴

- **Move**(이동): 콘텐츠를 선택/이동/복사/크기 조절을 하는 데 이용합니다.
- **Hand tool**(손 도구): 손 모양 커서로 바꾸고 화면 이동을 해주는 툴입니다. 보통 툴보다는 단축키 Spacebar 로 사용합니다.
- **Scale**(확대/축소): 기준에 맞게 크기를 조절할 수는 있으나, Move(이동) 툴로 크기 조절이 충분히 가능하므로 자주 쓰는 툴은 아닙니다.

Frame / Section / Slice

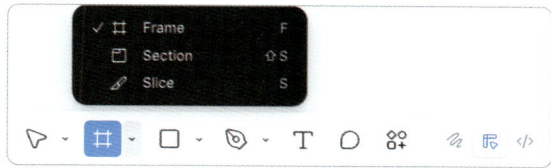

그림 2.23 Frame과 Section과 Slice의 드롭다운 메뉴

- **Frame**(프레임): 여러 콘텐츠를 묶는 기본 단위인 프레임을 제작하는 툴입니다.
- **Section**(섹션): 여러 프레임을 묶는 단위인 섹션을 제작하는 툴입니다.
- **Slice**(슬라이스): 저장하고자 하는 부분을 자르는 툴입니다.

Shape tools / Multimedia

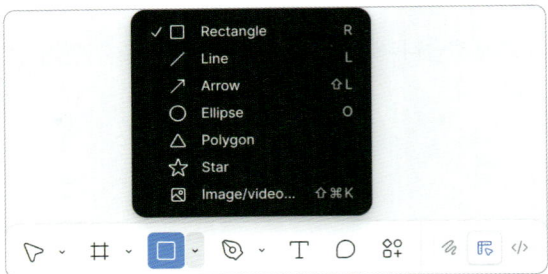

그림 2.24 도형 툴과 이미지 툴의 드롭다운 메뉴

- **Shape tools**(모양 도구): 도형 툴은 Rectangle(직사각형), Line(선), Arrow(화살표), Ellipse(타원), Polygon(다각형), Star(별)를 드래그하여 그립니다.
- **Multimedia**(멀티미디어): 멀티미디어는 이미지와 동영상을 불러올 수 있습니다. 이미지를 불러오는 것은 단축키를 외우는 것을 권장합니다.

이미지 불러오기 단축키: macOS [Command] + [Shift] + [K] Window OS [Ctrl] + [Shift] + [K]

Pen / Pencil

그림 2.25 Pen 툴과 Pencil 툴의 드롭다운 메뉴

- **Pen**(펜): 일러스트레이터처럼 점, 선, 면을 이용한 벡터 패스를 그리는 툴입니다.
- **Pencil**(연필): 마우스가 가는 대로 벡터 패스를 그리는 툴입니다.

Text / Comment / Action

그림 2.26 피그마 전체 툴

① **Text**(텍스트): 글자를 입력하는 툴입니다.

② **Comment**(댓글): 특정 부분에 코멘트를 달아 팀원들과 댓글도 달며 의사소통을 할 수 있는 툴입니다.

③ **Action**(작업): 컴포넌트component나 외부 플러그인, 위젯widget을 찾을 수 있는 툴입니다.

Dev Mode

Dev Mode 툴을 누르면 그림 2.27과 같은 화면으로 변경됩니다. Dev Mode는 개발 언어 관련 코드를 보여주는 화면이라고 생각하면 됩니다.

✚ 2025년 11월 기준 Dev Mode를 사용하려면 Professional 계정으로 업그레이드해야 합니다.

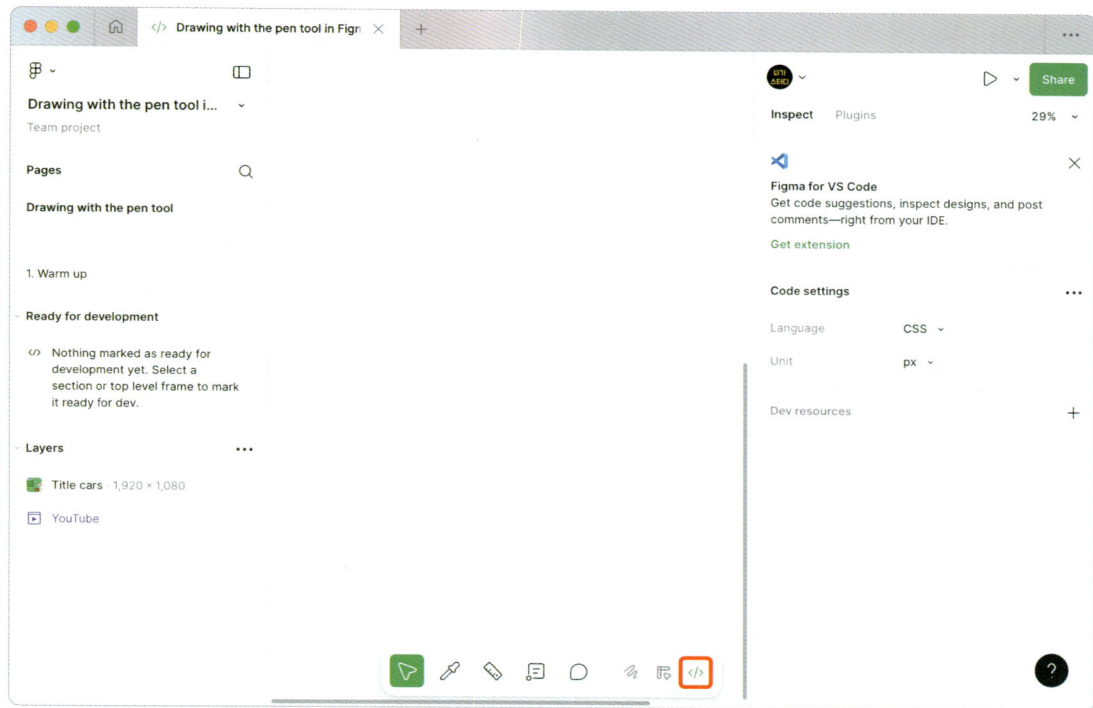

그림 2.27 Dev Mode가 활성화된 화면

Draw Mode

피그마가 2025년 5월에 Config 2025를 발표하면서 툴 박스에 드로 모드_{Draw Mode}가 추가되었습니다. 드로 모드는 일러스트레이터들이 그림을 그릴 때, 디자인 모드보다 도움이 되도록 펜 툴, 브러시 툴, 연필 툴을 지원합니다.

그림 2.28 Draw Mode가 활성화된 화면

 패널의 종류

패널은 콘텐츠의 기능을 표시하는 곳입니다. 콘텐츠별 기능을 한눈에 보고 수정할 수 있게 처리합니다.

파일 패널

파일 패널file panel은 크게 페이지page 파트와 레이어layer 파트로 나뉩니다. 레이어는 콘텐츠의 z축 위치인 깊이를 조절하는 부분입니다. 다른 그래픽 프로그램과 다른 점은 여러 페이지와 페이지 내부에 여러 프레임을 추가할 수 있다는 점입니다.

에셋 패널

에셋 패널asset panel은 제작한 컴포넌트를 쉽게 끌어다 쓸 수 있게 처리하는 패널입니다.

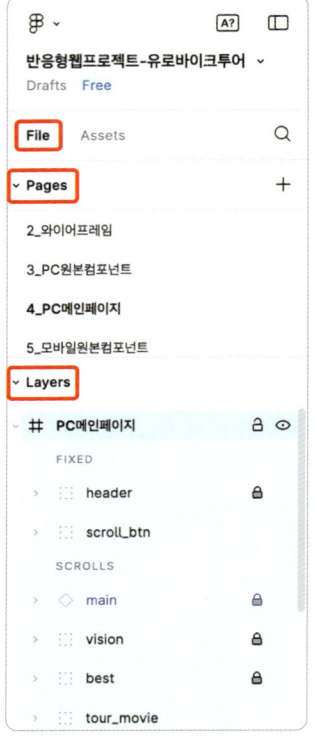

그림 2.29 파일 패널

그림 2.30 에셋 패널

디자인 패널

디자인 패널design panel은 콘텐츠의 세부사항을 변경할 수 있도록 도와주는 패널입니다. 그래서 어떤 콘텐츠를 선택했는지에 따라 보이는 모습이 다를 수 있습니다. 그림 2.31은 콘텐츠를 선택하지 않았을 때인데, 이때도 인터페이스 전반에 대한 설정을 할 수 있습니다. 그림 2.32는 프레임을 선택했을 때의 디자인 패널입니다. 두 화면이 다른 것을 확인할 수 있습니다.

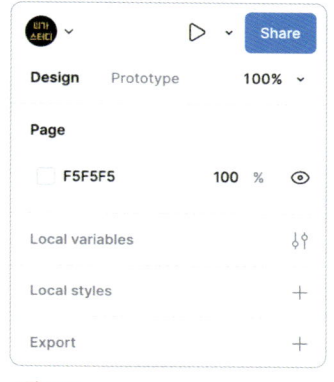

그림 2.31
콘텐츠를 선택하지 않은 디자인 패널

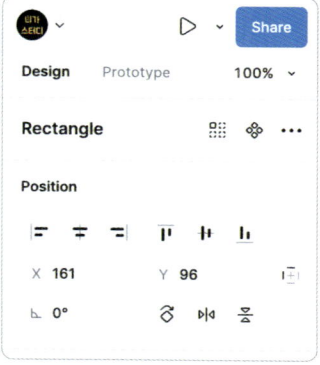

그림 2.32
프레임을 선택했을 때의 디자인 패널

프로토타입 패널

프로토타입 패널prototype panel은 디자인한 것을 실제와 유사하게 보여주는 프로토타입을 설정하는 패널입니다. 그림 2.33처럼 실제 기기에서 보는 것과 같은 프로토타입을 지정할 수 있습니다. 그림 2.34는 실제 구현된 화면처럼 인터랙션도 지정한 프로토타입 설정입니다.

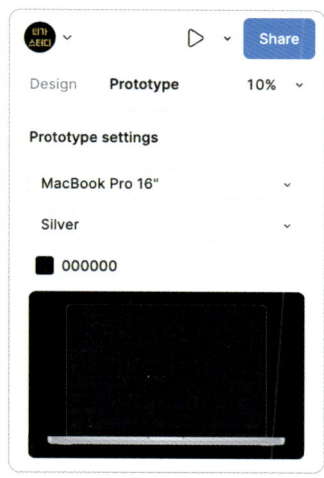

그림 2.33 프로토타입 패널 – 기기 설정

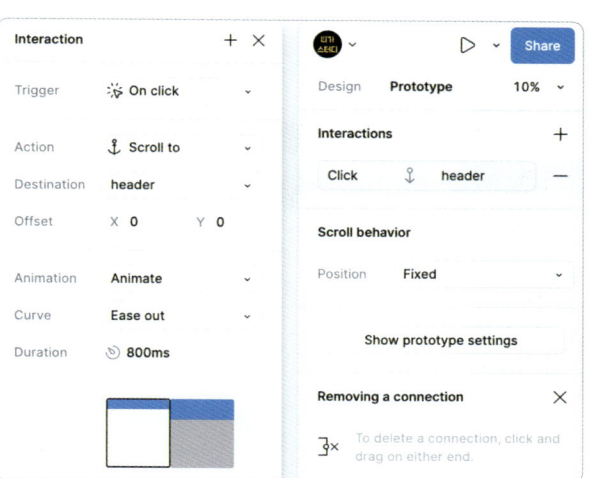

그림 2.34 프로토타입 패널 – 인터랙션 설정

지금까지 피그마의 기본적인 인터페이스를 확인해보았습니다. 이 책은 개발적 측면의 디자인을 중점적으로 다룬 책이라서 기초적인 내용은 다루지 않습니다. 신입이 아닌 웹 앱 관련 종사자라면 기초적인 내용 없이도 책을 따라 하는 데 크게 문제는 없을 겁니다. 하지만 기초적인 인터페이스 사용법이 필요한 독자라면 다음 영상으로 기초적인 부분을 공부하길 바랍니다.

> **TIP** 오쌤의 니가스터디 피그마 기초 영상
> 다음 링크나 QR 코드로 접속하면 동영상 강의를 들으실 수 있습니다.
> - https://bit.ly/ossam_figma

인터페이스 다크 모드 설정

기본적으로 피그마는 라이트 모드로 설정되어 있어 밝게 처리되어 있습니다. 이 책에서는 라이트 모드가 기본이라 라이트 모드로 진행할 예정입니다. 하지만 눈의 피로도를 낮추려면 다크 모드로 보는 것이 좋겠죠?

디자인 파일이나 피그잼 파일을 열지 않은 첫 인터페이스 화면에서 계정을 클릭 후 Theme로 들어가서 Dark를 선택하면 됩니다. 디자인 파일을 연 상태라면 메인 메뉴인 피그마 메인 메뉴를 누른 후 Preference(기본 설정) 메뉴로 들어가서 [Theme(테마)]를 찾아서 [Dark(다크)]를 선택하면 됩니다.

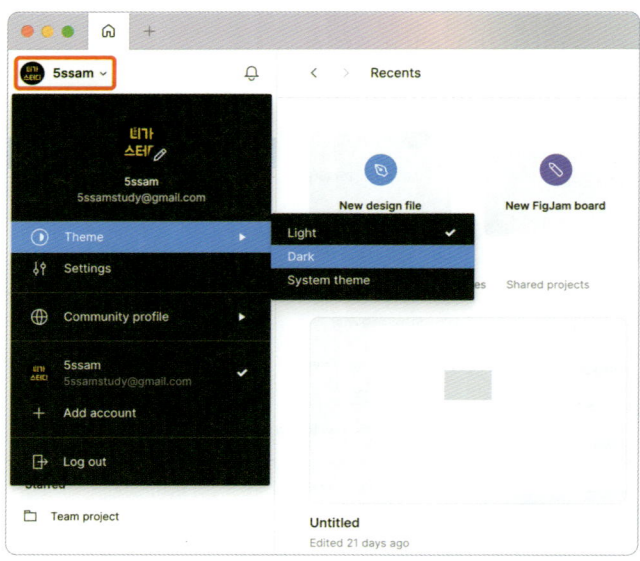

그림 2.35 메인 인터페이스에서의 다크 모드 설정

LESSON 03 | Dev Mode 사용을 위한 계정 업그레이드

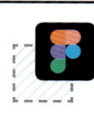

Starter 계정으로 회원 가입하면 Dev Mode를 사용할 수 없습니다. 따라서 Professional 계정으로 업그레이드해야 합니다. 하지만 학생이나 교육자라면 Education 계정을 통해 무료로 Dev Mode를 사용할 수 있습니다.

✚ 학생 및 교육자 무료 사용은 피그마의 운영 정책에 따라 달라질 수 있습니다.

먼저 피그마 에듀케이션 사이트에 접속합니다. 피그마 계정으로 로그인된 상태여야 하며, 중간에 있는 [Get verified] 버튼을 클릭합니다. 그러면 학생 또는 교육자임을 인증하는 폼이 나타납니다.

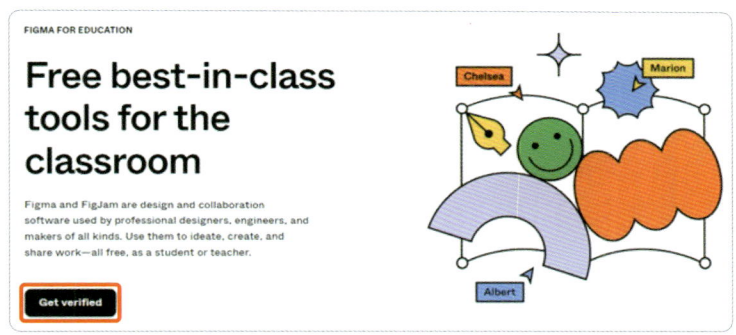

그림 2.36 피그마 에듀케이션 계정 관련 페이지(https://www.figma.com/education/)

폼 작성 시, 미국 교육 시스템에 해당하지 않는 경우라면 Bootcamp or Online Program을 선택하고, 학교 이름 항목에서는 School not listed를 선택합니다. 나머지는 본인이 실제로 다니는 학원이나 학교 정보를 입력하면 됩니다.

피그마 정책에 따르면, 허위로 자격을 신청할 경우 수수료가 부과될 수 있으니 주의해서 선택해야 합니다. 해당 조건에 부합하지 않는 경우라면 Professional 계정으로 업그레이드해 Dev Mode를 사용하길 바랍니다.

이 책에서는 Dev Mode 기능을 활용하므로, 계정 업그레이드가 필요합니다.

MEMO

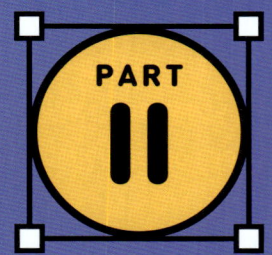

PART II
개발자 핸드오프

현업에서는 디자인 핸드오프라는 단어를 사용합니다. 'hand off'라는 것은 원래 손을 떠난다는 의미입니다. 업계 용어에 대입해서 설명하자면 개발자가 구현할 수 있도록 디자인 결과물을 떠나보내는 것을 의미합니다. 디자인 파일이 개발자에게 넘겨진 후에 그 파일을 피그마에서 어떻게 보는지를 2부에서 살펴보도록 하겠습니다. 개발자는 디자인을 어떻게 확인해야 하는지, 디자이너는 개발자가 어떤 관점으로 보는지를 확인하는 시간이 될 것입니다.

CHAPTER

피그마 디자인 요소 확인

- 피그마 디자인 구성 요소의 종류
- 이동 툴과 레이어 패널을 이용한 요소 선택
- 디자인 콘텐츠 간의 간격 확인
- 멀티 에디트 기능

개발자가 피그마로 제작된 결과물을 받으면, 먼저 디자인이 어떻게 구성되어 있는지 확인해야 합니다. 피그마는 다양한 디자인 구성 요소를 제공하므로, 적절한 요소를 정확히 선택하는 것이 중요합니다. 또한 개발 과정에서 요소 간 간격 조정도 핵심적인 부분입니다. 많은 개발자가 눈대중으로 간격을 확인한 후 구현했다가, 디자이너에게 지적을 받은 경험이 있을 것입니다. 따라서 이동 툴을 활용해 요소를 정확히 선택하고, 디자인 콘텐츠 간의 간격을 철저히 확인하는 것이 필요합니다. 3장에서는 피그마의 주요 디자인 요소와 요소 간 간격을 확인하는 방법을 자세히 살펴보겠습니다.

LESSON 01 피그마 디자인 구성 요소의 종류

피그마는 디자인 구성 요소를 레이어 패널에서 아이콘으로 분류합니다. 따라서 디자인을 선택하고, 레이어 패널에서 어떤 구성 요소인지 확인해야 합니다.

그림 3.1은 레이어 패널에서 확인할 수 있는 모든 디자인 구성 요소를 한 번에 정리한 것입니다. 그림 3.1에 보이는 순서대로 설명하겠습니다.

- **Frame**(#): 여러 콘텐츠를 묶는 기본 단위로, 포토샵/일러스트의 아트보드와 유사하다고도 볼 수 있으며, 더 작은 단위로도 사용 가능합니다.
- **Section**(⊟): 화면 단위이고 여러 프레임을 하나로 묶는 역할을 합니다. Section → Frame 순으로 보면 편합니다.
- **Shape**(□): 도형 툴로 그리는 도형들의 아이콘입니다. 그림 3.1에는 Rectangle만 처리했지만 도형의 완성 형태로 아이콘이 자동 처리됩니다.
- **Group**(⊞): 여러 콘텐츠를 이동 툴로 한 번에 선택 가능하도록 묶는 단위입니다.
- **Text**(T): 텍스트로 작성된 콘텐츠로 글꼴/문단 관련 정보가 담깁니다.
- **Component**(✦): 재사용 가능한 UI, 콘텐츠의 설계도라고 보면 됩니다.
- **Instance**(◇): Component의 복제본입니다.
- **AutoLayout**(▯): 여러 콘텐츠를 수직, 수평 나열을 편리하게 작업하기 위해 묶는 단위로 수직 아이콘과 수평 아이콘을 따로 제공합니다.
- **Image**(▨): 피그마에 삽입된 이미지 파일입니다.
- **Vector**(~): 펜 툴로 작업된 벡터 콘텐츠를 표시합니다. 그린 것에 따라 다를 수 있습니다.

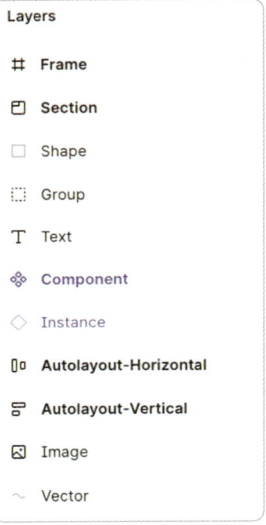

그림 3.1
레이어 패널 – 디자인 구성 요소 종류

몇 가지는 쉽게 이해가 되지만, Component와 Instance 등 이해가 잘되지 않는 구성 요소도 있을 것입니다. 이런 구성 요소들은 3부 '개발에 맞춘 구성 요소 제작'에서 자세하게 설명하겠습니다. 피그마에서 가장 중요한 부분이므로 더 자세히 공부해야 합니다.

이동 툴과 레이어 패널을 이용한 요소 선택

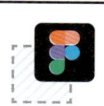

디자인된 요소들을 확인해야 하는 경우 이동 툴을 사용합니다. 이동 툴로 선택한 요소는 레이어 패널에서 활성화됩니다.

하지만 레이어 패널에서 요소가 잠겨 있는 경우에는 화면에서 선택이 불가능합니다. 그림 3.2에 자물쇠 모양 아이콘이 표시된 항목은 모두 잠겨 있으며, scroll_btn을 제외한 나머지 그룹들이 잠긴 상태입니다. 요소를 잠그거나 해제하는 방법은 간단합니다. scroll_btn 아래의 Vector 레이어처럼 자물쇠가 풀려 있는 아이콘을 클릭하면 잠기고, 잠금 아이콘을 다시 클릭하면 잠금이 해제됩니다.

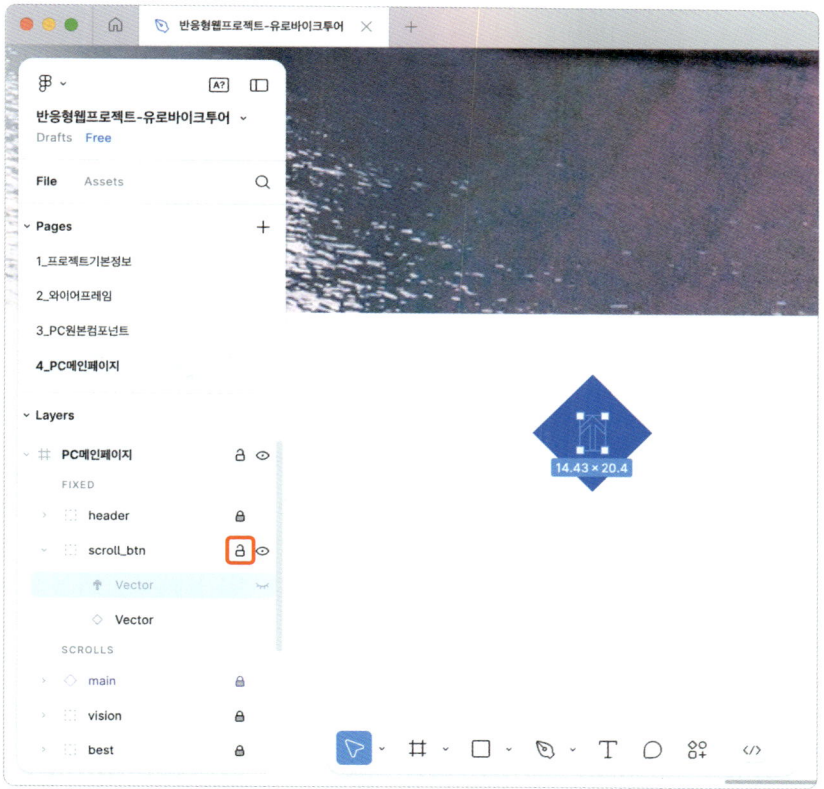

그림 3.2 특정 요소를 선택한 레이어 패널 1

또한, Vector 레이어에는 눈 감은 아이콘도 표시되어 있습니다. 이 아이콘이 활성화되어 있다면 해당 요소가 숨겨진 상태입니다. 눈 감은 아이콘을 다시 클릭하면 숨겨진 요소가 다시 표시됩니다.

디자이너가 디자인 파일을 개발자에게 넘길 때는 몇 가지 유의해야 할 사항이 있습니다. 불필요한 레이어는 삭제하고, 모든 잠긴 요소를 해제한 후 공유해야 합니다. 특히, [Share(공유하기)] 버튼을 사용해 편집 권한 없이 보기 전용 상태로 공유하는 경우, 반드시 잠금 해제를 해야 합니다. 잠금이 해제되지 않으면, 개발자가 디자인 요소를 선택할 수가 없기 때문입니다.

이때 레이어가 너무 많다면 일일이 잠금을 해제하는 것도 귀찮은 작업이겠죠? 따라서 모든 레이어를 한 번에 선택해 일괄적으로 처리하는 방법을 살펴보겠습니다.

먼저 모든 레이어를 선택합니다. 가장 위에 있는 레이어를 선택 후 [Shift] 키를 누르고 맨 아래 있는 레이어를 클릭하면 전부 선택됩니다. 그리고 마우스 오른쪽을 클릭하면 그림 3.3에서 보이는 드롭다운 메뉴가 나타납니다. 드롭다운 메뉴 중 [Lock/Unlock(잠금/잠금 해제)]을 누르면 모든 레이어에 있는 콘텐츠들을 잠그거나 해제할 수 있습니다. 현재 선택한 것 중 따로 잠기거나 해제되어 있는 콘텐츠도 모두 동일하게 처리됩니다. 이 기능은 자주 사용하므로 단축키를 외우는 것이 좋습니다.

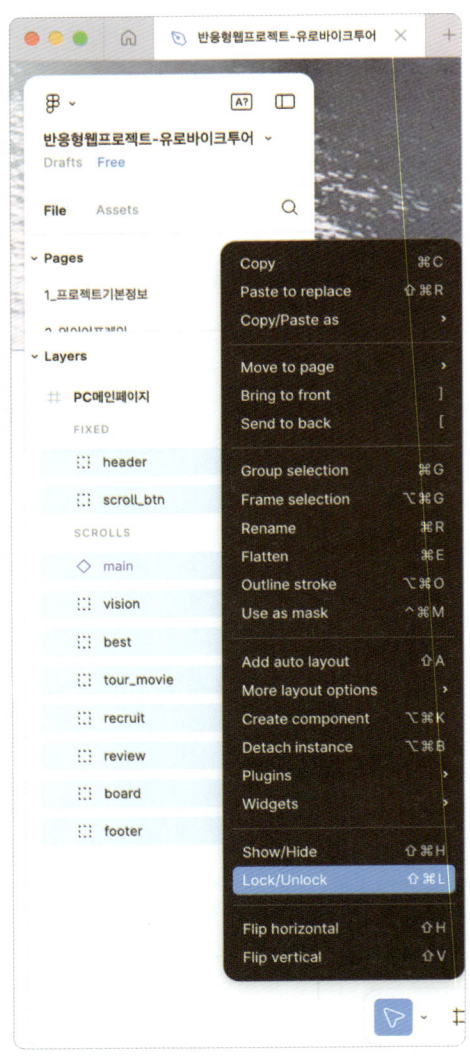

그림 3.3 특정 요소를 선택한 레이어 패널 2

그림 3.4는 파일에 대한 편집 권한 없이 받은 경우로, 실제 모든 레이어를 잠근 상태로 공유한 것입니다. 잠금 표시는 없지만 선택이 되지 않기 때문에 파일 확인이 어렵습니다. 개발자에게 핸드오프를 하는 디자이너는 잘 기억하고 있어야 하는 부분입니다.

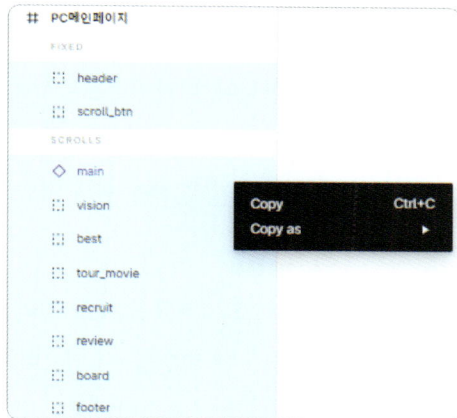

그림 3.4 주소로만 파일을 받은 경우의 드롭다운 메뉴

디자인 콘텐츠 간의 간격 확인

개발자가 디자인을 구현할 때, 요소 간 간격을 정확히 맞추는 것이 매우 중요합니다. 디자이너들은 1px의 오차까지도 눈으로 감지할 수 있는 능력을 갖추고 있기 때문입니다. 따라서 여백을 정확히 맞추지 않으면, 지속적인 수정 요청을 받을 가능성이 높습니다. 하지만 피그마는 콘텐츠 간 간격을 쉽게 확인할 수 있는 기능을 제공하므로, 이를 활용하면 보다 정확한 구현이 가능합니다.

그림 3.5는 리스트를 선택한 후, Alt/Option 키를 누른 상태에서 배경에 마우스를 가져갔을 때의 결과를 나타낸 이미지입니다. 이 방법을 사용하면 리스트와 배경 사이의 간격을 한눈에 확인할 수 있으며, 수치가 바로 표시되므로 더욱 정확한 구현이 가능합니다. 최근에는 포토샵 등 다른 프로그램에서도 이 기능을 지원하므로, 직접 확인해보는 것도 좋습니다.

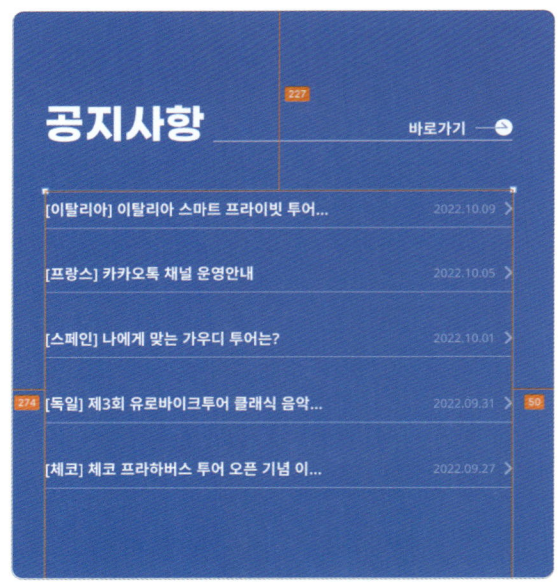

그림 3.5 콘텐츠 간의 간격 확인

또한, 피그마의 Dev Mode에서는 디자인 구성 요소와 간격 확인 기능이 추가되어 더욱 강력한 기능을 제공합니다. 이 기능에 대한 자세한 내용은 7장에서 살펴보겠습니다.

LESSON 04 | 멀티 에디트 기능

2024년 3월 초, 피그마에 멀티 에디트multi-edit 기능이 추가되었습니다. 이후 2024년 6월 말, 해당 기능의 이름이 Select Matching Layers(일치하는 레이어를 선택하세요)로 변경되었습니다. 이 책에서는 편의상 '멀티 에디트'라고 부르겠습니다.

멀티 에디트 기능이 나오기 전에는 컴포넌트 기능을 이용해 여러 요소를 일괄 변경할 수 있었습니다. 그러나 인스턴스를 변경하면 이후 수정사항이 자동으로 반영되지 않는 문제가 있었습니다. 이러한 불편함을 해결하기 위해 멀티 에디트 기능이 추가되었습니다.

멀티 에디트를 활용하면 다음과 같은 작업을 효율적으로 수행할 수 있습니다.

- 작업 영역 내의 모든 프레임이나 섹션을 선택하여 크기, 속성, 정렬 등을 일괄 수정할 수 있습니다.
- 하나의 텍스트 레이어에서 문자열을 수정하면, 선택한 모든 텍스트 레이어에 동일한 변경사항이 자동 적용됩니다.

모든 프레임 요소 크기 변경하기

모든 프레임에 있는 로고의 크기를 변경해보겠습니다.

예제 파일은 다음 링크에서 받을 수 있습니다.

– https://bit.ly/jpub_figma

먼저, 제공된 예제 파일에서 3장 폴더 안의 3_멀티에디트_소스파일.fig를 피그마로 불러옵니다. 피그마 첫 화면 인터페이스에서 Buzz 아이콘 옆의 [Import(가져오기)] 버튼( )을 눌러 파일을 가져오면 됩니다.

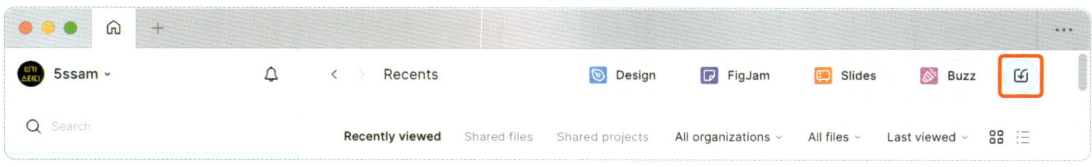

그림 3.6 피그마 인터페이스

01 로고 선택 후 멀티 에디트 아이콘 누르기_ 로고 옆의 아이콘이 너무 작아 크기를 변경해보겠습니다. 하지만 여러 페이지에서 동일한 로고를 사용하기 때문에, 하나씩 수정하는 것은 비효율적입니다.

❶ 우선, 메인페이지 - 라이트버전 프레임에서 로고 아이콘만 정확히 선택합니다. 만약 이동 툴로 직접 선택이 어렵다면, 레이어 패널에서 Isolation_Mode를 찾아서 선택하면 됩니다.

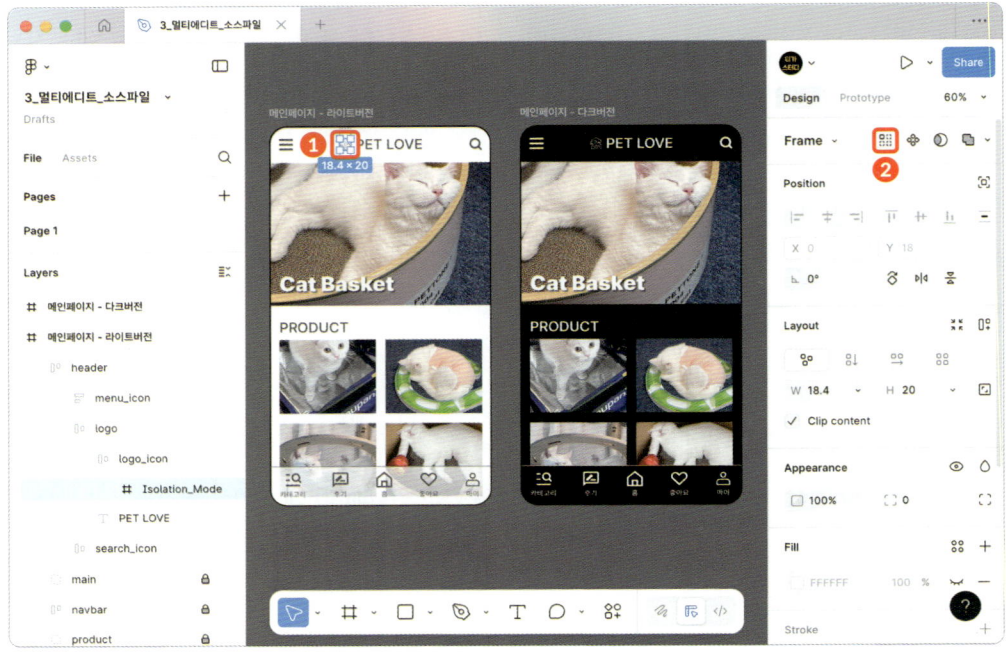

그림 3.7 제공 파일 로고 선택 화면

❷ 이제 디자인 패널에서 Select matching layers 아이콘()을 클릭합니다. 그러면 모든 프레임의 동일한 아이콘이 자동으로 선택된 것을 확인할 수 있습니다.

➕ 멀티 에디트 아이콘이 보이지 않는 경우, 더 보기 아이콘()을 눌러 **[Select matching layer]** 메뉴를 클릭합니다.

그림 3.8 멀티 에디트 처리 후 자동으로 로고 아이콘이 선택된 화면

02 모든 프레임이 선택된 상태에서 크기 변경_ 비율 고정 아이콘을 누른 후 로고의 높이를 40으로 변경했습니다. 그럼 모든 페이지의 로고 크기가 바뀌는 것을 확인할 수 있습니다.

그림 3.9 크기 변경 확인

다른 레이어의 텍스트를 한 번에 바꾸기

이미지뿐만 아니라 텍스트에도 동일하게 멀티 에디트 기능을 사용할 수 있습니다.

01 로고 선택 후 멀티 에디트 처리_ ❶ 로고의 텍스트 부분을 선택한 후, ❷ Select matching layers 아이콘(🔡)을 클릭합니다. 그러면 다른 프레임에 있는 텍스트도 자동으로 선택됩니다.

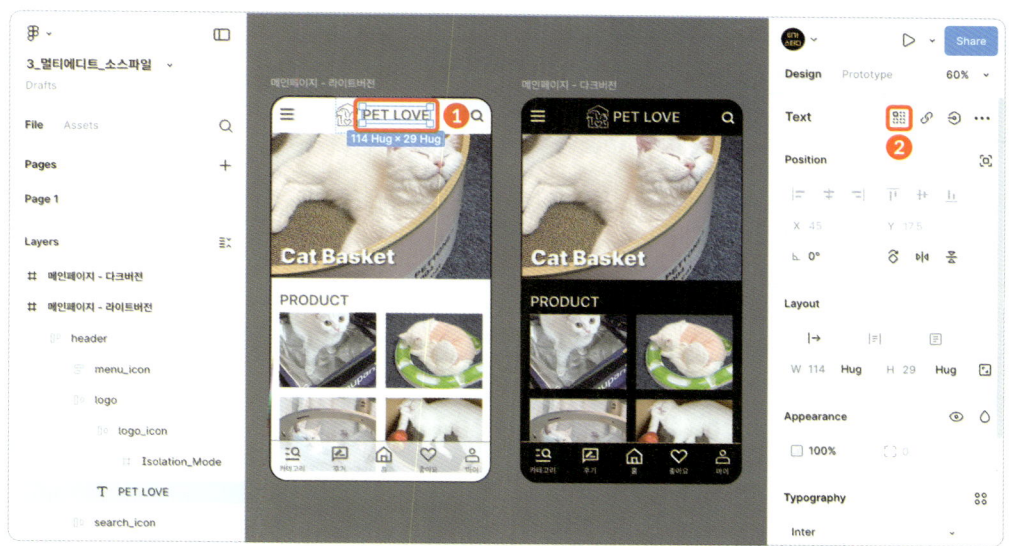

그림 3.10 로고 텍스트 선택

02 멀티 에디트 텍스트 처리_ 텍스트의 경우 Select matching layers 아이콘( ) 옆에 Multi-edit text(다중 편집 텍스트) 아이콘( )이 표시됩니다. 이 아이콘을 클릭하면 모든 선택된 텍스트를 한 번에 변경할 수 있습니다.

+ 아이콘이 나타나지 않는 경우, 더 보기 아이콘( )을 누른 후 [Multi-edit text] 메뉴를 선택합니다.

그림 3.11 멀티 에디트 텍스트 툴 선택

이제 Multi-edit text 아이콘( )을 클릭한 후 텍스트를 수정하면, 모든 프레임의 텍스트가 자동으로 변경되는 것을 확인할 수 있습니다.

그림 3.12 텍스트 변경

프로젝트에서는 여러 페이지에 걸쳐 동일한 요소가 반복적으로 사용되므로, 이처럼 한 번에 요소를 변경할 수 있는 기능은 실무에서 매우 유용하게 사용할 수 있습니다.

04

스타일 확인

- 색상 스타일
- 텍스트 스타일
- 그리드 스타일
- 이펙트 스타일

UI/UX 관점에서 웹사이트를 이용할 때, 사용자는 일관된 경험을 통해 같은 사이트에 머물러 있다는 느낌을 받아야 합니다. 만약 스타일이 일관되지 않아 마치 다른 사이트에 온 것 같은 인상을 준다면, 사용자 경험이 저하될 수 있습니다. 이러한 이유로, 많은 웹 앱 제작사는 오래전부터 스타일 가이드를 제작해왔습니다. 4장에서는 디자이너가 스타일의 통일성을 유지하는 방법을 배우고, 개발자라면 디자이너가 제작한 스타일 가이드를 확인하는 방법을 알아보겠습니다.

LESSON 01 색상 스타일

규모를 갖춘 기업의 웹사이트를 제작할 때, 해당 기업에서 스타일 가이드를 제공하는 경우가 많습니다. 디자이너는 지정된 색상, 폰트, 이미지 규정에 맞춰 디자인해야 하며, 이를 미리 설정해두는 것이 좋습니다.

보통 가장 많이 사용하는 색상을 주조색main color, 보조 역할을 하는 색상을 보조색sub color이라고 합니다. 이 색상들은 디자인에서 자주 활용되지만, 각 색상의 헥스 코드hex code라고 불리는 색 코드값을 모두 외우는 것은 쉽지 않습니다. 마치 우리가 지인의 휴대폰 번호를 모두 외우기 어렵기 때문에, 주소록에 저장해 검색 후 전화를 거는 것과 같습니다. 색상도 마찬가지로, 헥스 코드를 직접 기억하는 대신 스타일로 저장하고, 이름을 지정해 쉽게 불러올 수 있습니다.

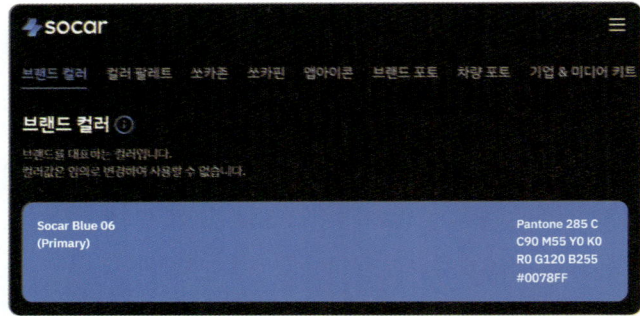

그림 4.1 웹사이트에서 제공하는 색상 가이드(소카 브랜드 컬러: https://design.socar.kr/brandasset)

색상 스타일 제작하기

피그마는 색상 스타일color style 기능을 제공하며, 콘텐츠 제작 시 지정된 색상을 쉽게 선택해 사용할 수 있도록 지원합니다. 따라서 이제 피그마에서 색상 스타일을 어떻게 생성하는지 살펴보겠습니다.

01 프레임 생성_ 피그마 첫 화면에서 [Design]을 선택합니다. 그런 다음, 하단의 ❶프레임 툴을 사용해 ❷드래그하여 ❸가로 500px, 세로 500px 크기의 프레임을 생성합니다.

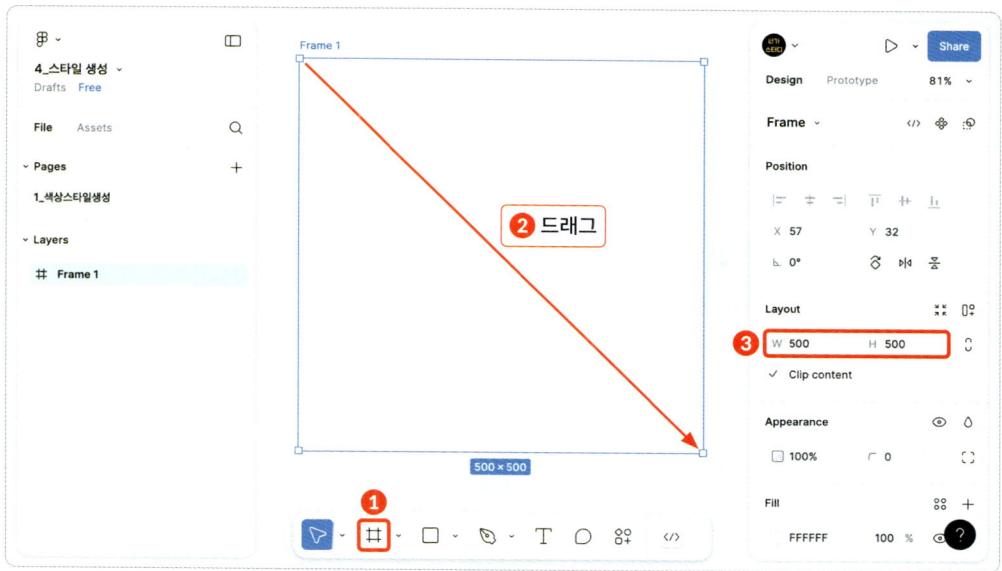

그림 4.2 피그마 프레임 생성

02 프레임에 도형 그리기_ 하단의 ❶ 직사각형 모양 도구를 선택한 후 ❷ 드래그합니다. 사이즈는 200×100으로 설정합니다. 그 후 도형이 3개가 되도록 Alt / Option 키를 눌러 ❸ 복제합니다.

+ 도형 옆 글자는 이해를 돕기 위한 것이므로 작성하지 않습니다.

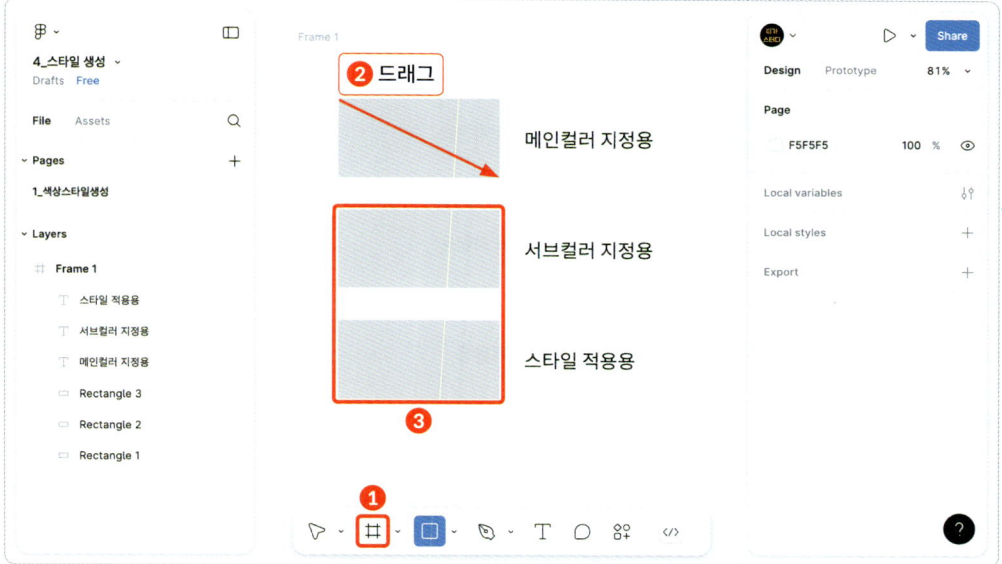

그림 4.3 프레임에 도형 3개 그리기

CHAPTER 04 스타일 확인 45

03 **도형 색 변경_** 맨 위의 사각형을 선택 후 디자인 패널에서 Fill 색상을 0957C3으로 변경합니다.

✚ 이때 헥스 코드에 #은 붙이지 않지만, 붙여도 적용은 됩니다.

그림 4.4 상단 사각형 메인 컬러 지정

중간의 사각형을 선택 후 디자인 패널에서 Fill 색상을 FF8A3C로 변경합니다.

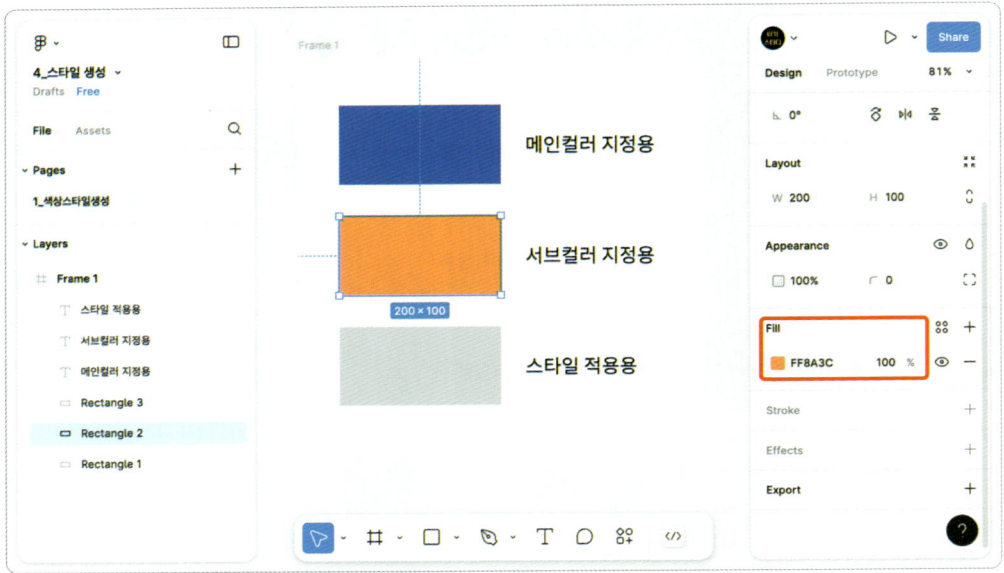

그림 4.5 중간 사각형 서브 컬러 지정

04 메인 컬러 색상을 스타일 등록_
상단에 메인 컬러가 지정된 사각형을 선택합니다. 그런 다음, ❶ 디자인 패널의 Fill 영역에 있는 아이콘(▦)을 클릭합니다. 그러면 Libraries 창이 열리며, 여기에서 ❷ 추가 아이콘(+)을 클릭하면 Style 창이 나타납니다. 여기에 ❸ 이름과 설명을 입력한 후, ❹ [Create Style(스타일 만들기)] 버튼을 클릭하면 색상 스타일이 등록됩니다.

✚ Style 창에서는 Variable(변수)로 색상을 처리할 수 있는데, 이 기능은 4부에서 다룰 프로토타입 변수 관련 내용에서 자세히 알아보겠습니다.

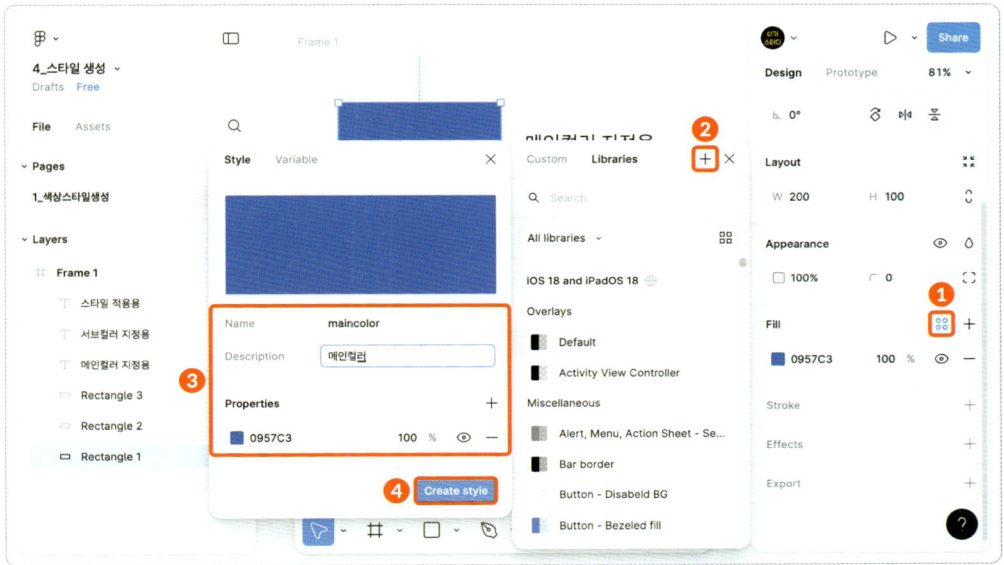

그림 4.6 메인 컬러 등록

등록된 색상은 둥근 아이콘으로 처리가 됩니다. 등록을 했으면 콘텐츠가 없는 빈 공간을 눌러 창을 해제합니다.

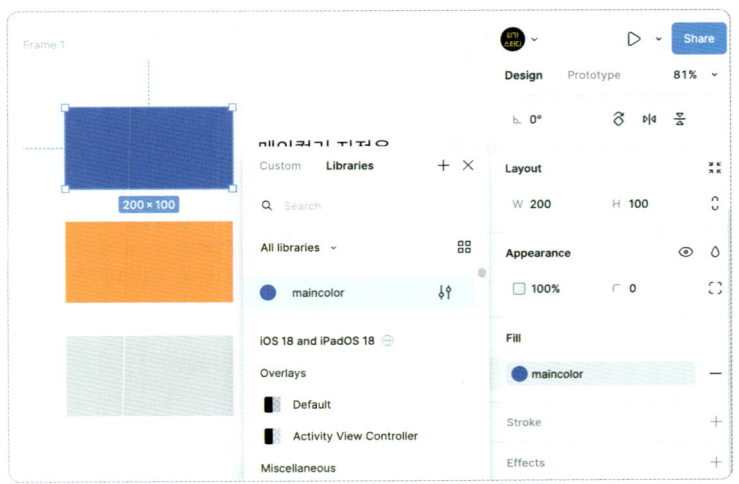

그림 4.7 메인 컬러 등록 화면

CHAPTER 04 스타일 확인

05 **서브 컬러 색상을 스타일 등록_** 중간에 서브 컬러를 지정해둔 사각형을 선택합니다. ❶디자인 패널의 Fill 부분의 아이콘(⋮⋮)을 클릭합니다. 그럼 Libraries 창이 뜨는데 거기서 ❷추가 아이콘(+)을 클릭합니다. Style 창이 뜨면, ❸이름과 설명을 작성합니다. 마지막으로 ❹[Create Style] 버튼을 누르면 등록됩니다.

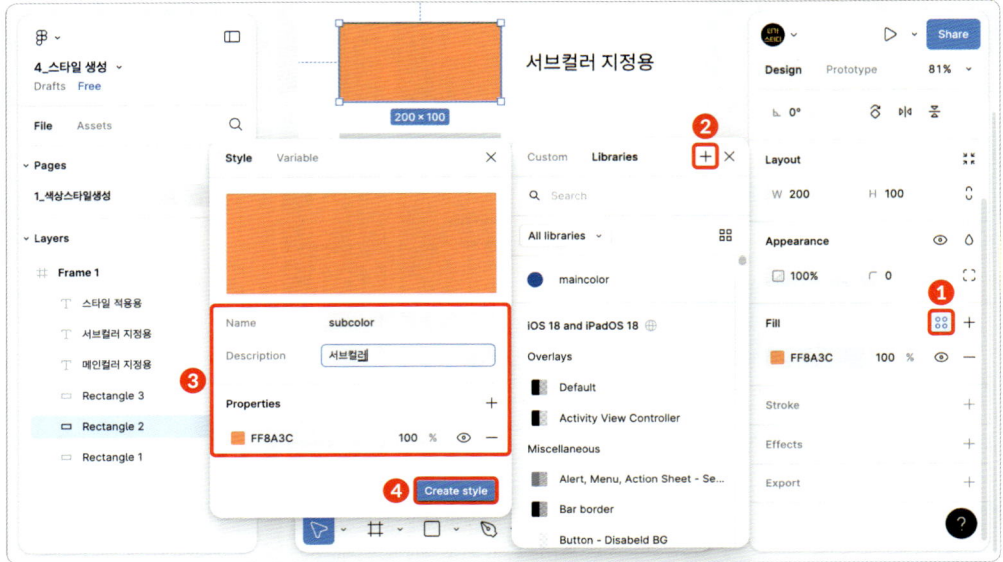

그림 4.8 서브 컬러 등록

역시 등록된 색은 둥근 아이콘으로 처리됩니다

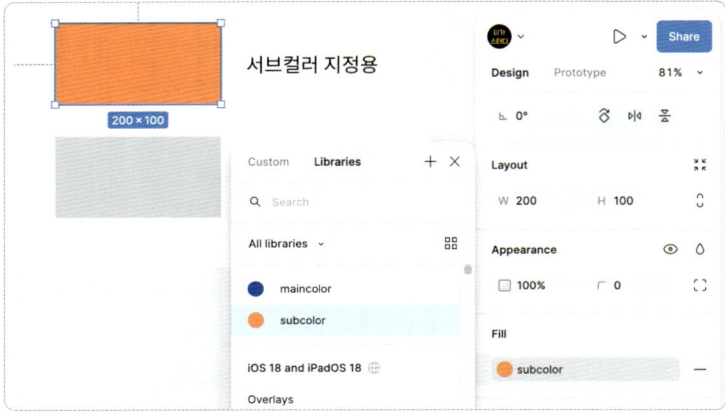

그림 4.9 서브 컬러 등록 화면

색상 스타일 적용 및 해제하기

그럼 메인 컬러와 서브 컬러를 모두 등록했으니 이번에는 적용을 해보겠습니다.

01 스타일 적용_ 맨 아래 사각형을 선택 후 ❶ 디자인 패널에서 스타일 아이콘(⊞)을 클릭합니다. Libraries 창이 뜨면 선택할 수 있는 스타일이 나타나는데 그중 ❷ [maincolor]를 클릭해보겠습니다.

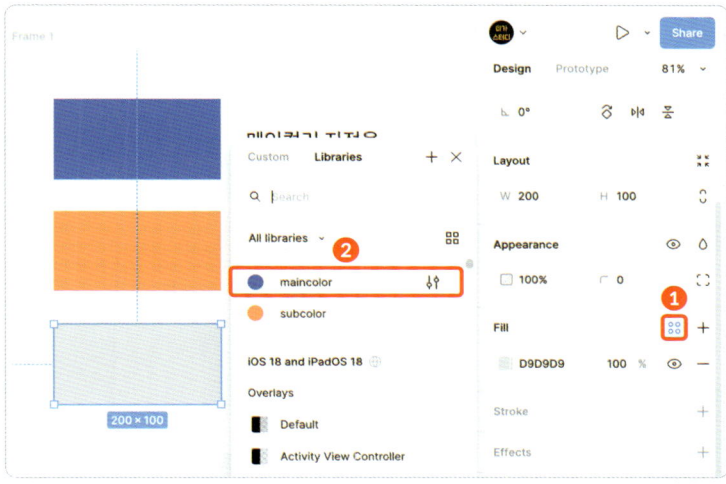

그림 4.10 메인 컬러 적용

그러면 프레임의 도형도 메인 컬러로 바뀌고, 디자인 패널에도 스타일로 등록된 것을 확인할 수 있습니다.

그림 4.11 메인 컬러 적용 화면

02 스타일 해제_ 프레임에 스타일을 적용하면 다른 색상을 선택할 수 없습니다. 그러므로 다른 색상을 적용하기 위해서는 스타일을 해제하고 원하는 색을 적용해야 합니다.

먼저 스타일이 적용된 사각형을 선택합니다. 맨 아래의 도형을 잡고 디자인 패널의 Fill 부분으로 갑니다. 그러면 체인 모양의 아이콘이 있는데, 스타일을 해제하는 Detach 아이콘(⊗)입니다. 이 아이콘을 누르면 스타일이 해제됩니다.

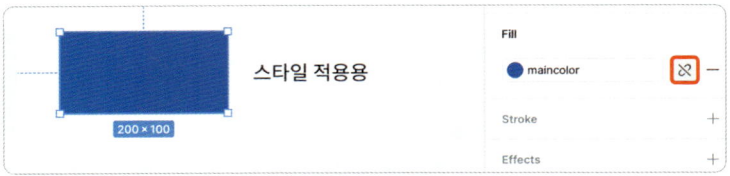

그림 4.12 Style Detach 적용 화면

스타일을 해제하고 나면 그림 4.13처럼 다른 색으로 변경이 가능합니다.

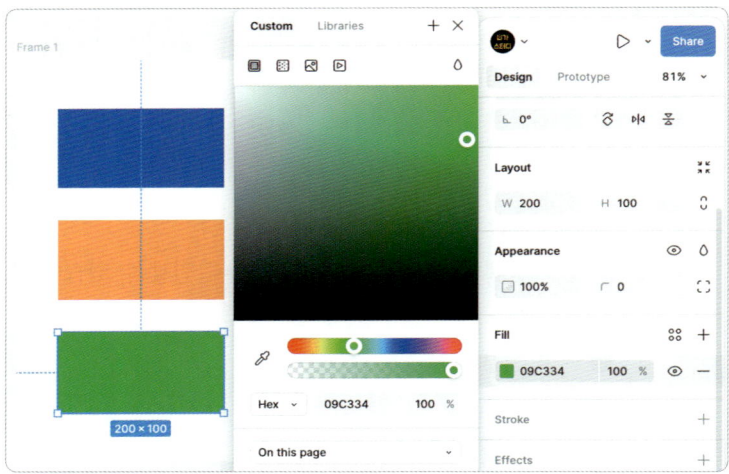

그림 4.13 다른 색상 적용 화면

색상 스타일 그룹 제작하기

스타일 가이드 제작 시 사용되는 색상이 많을 수도 있습니다. 이때 그룹으로 설정하면 훨씬 쉽게 찾을 수 있습니다. 이번에는 미리 제작한 색상 스타일을 그룹으로 만들어보겠습니다.

01 Color styles 확인하기_ 그림 4.14를 보면 디자인 패널에서 Color styles을 확인할 수 있습니다. 개발자도 디자이너가 핸드오프한 디자인 파일을 확인할 때 이와 같은 방식으로 스타일을 확인하면 됩니다.

✚ 오브젝트를 하나도 선택하지 않도록 빈 공간을 클릭하면 확인할 수 있습니다.

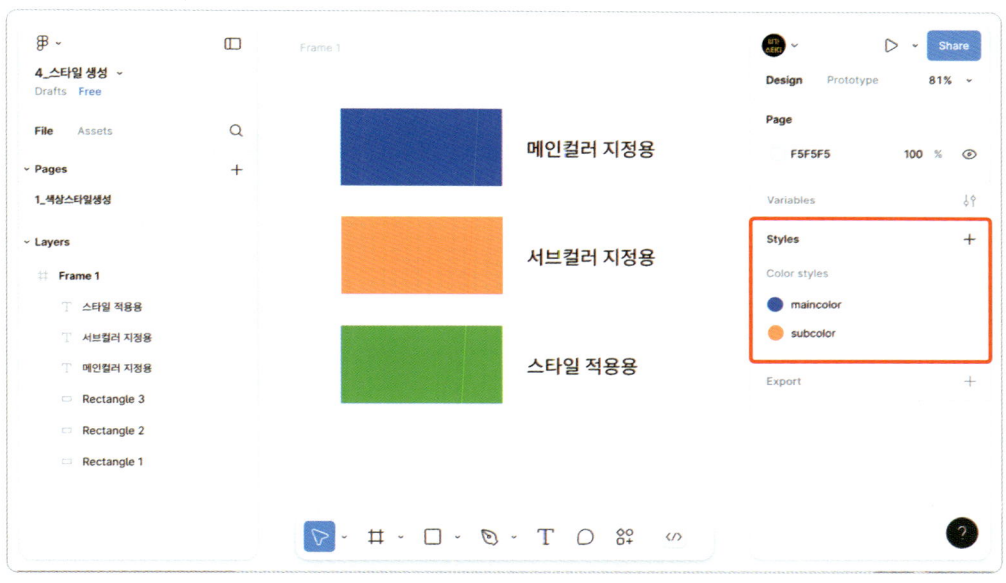

그림 4.14 Styles

02 색상 스타일 그룹 생성_ Color styles의 스타일 중 main color에서 마우스 오른쪽을 클릭합니다. 그러면 그림 4.15와 같이 드롭다운 메뉴가 나타납니다. Add new folder가 그룹을 생성하는 메뉴이고, Edit style은 선택된 스타일을 변경하는 메뉴입니다. 색상을 잘못 등록하거나 수정할 경우 여기서 변경하면 됩니다. Delete Style은 불필요한 스타일을 삭제할 때 사용합니다. 첫 번째 메뉴인 [Add new folder(새 폴더 추가)]를 클릭합니다.

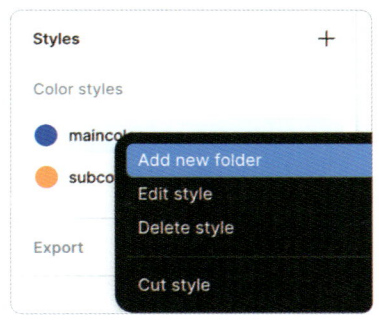

그림 4.15 색상 스타일 그룹 생성

그러면 그림 4.16과 같이 입력 창이 뜨는데 'system'이라고 적어 보겠습니다. 이제 maincolor 스타일이 system 그룹 내부에 들어와 있는 것을 확인할 수 있습니다.

그림 4.16 색상 스타일 그룹 생성 화면

03 드래그로 다른 색상 그룹 처리_ subcolor 스타일을 선택하여 드래그하면 이동할 수 있습니다. system 그룹 내부로 드래그하면 그림 4.17과 같이 스타일이 이동한 것을 확인할 수 있습니다.

그림 4.17 다른 색상 그룹 처리

색상 스타일 제작 시 바로 그룹 제작하기

이번에는 스타일 등록 시 처음부터 그룹을 지정해보겠습니다. 글자 색을 지정하는 스타일을 만들면서 실습해보겠습니다.

01 프레임 생성 후 글자 작성_ 프레임을 500×500으로 생성 후 레이어를 각각 다르게 지정하여 3개의 글자를 작성합니다. 글자 색을 등록할 것이므로 크기는 임의로 설정하면 됩니다.

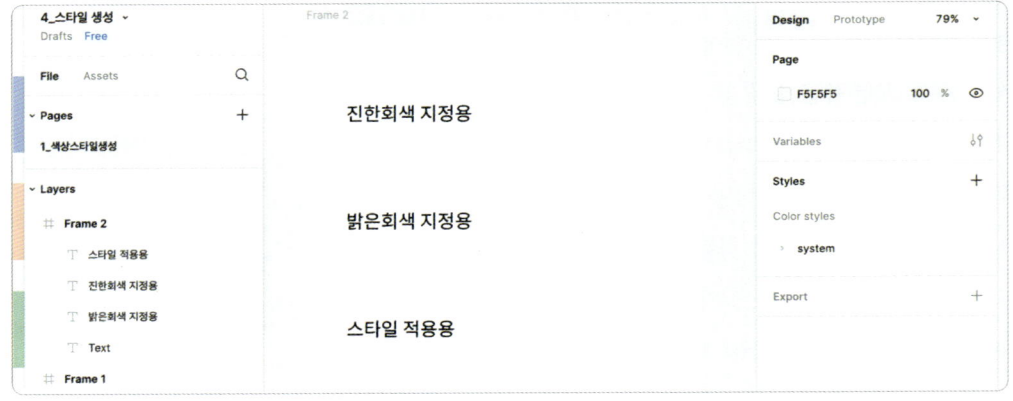

그림 4.18 프레임에 글자 처리

52 PART II 개발자 핸드오프

02 진한 회색 등록_

생성한 프레임에서 첫 번째 텍스트를 선택합니다. ❶디자인 패널의 Fill 영역에서 스타일 아이콘(⋮⋮)을 클릭합니다. 그러면 Libraries 창이 나타나는데, ❷여기서 추가 아이콘(+)을 클릭합니다. 이어서 Style 창이 열리면, ❸스타일 이름을 지정합니다. 이때 스타일 이름 지정이 매우 중요합니다. 그림 4.19에서는 text/darkgray로 설정되어 있으며, 이처럼 그룹명/스타일명 형식으로 작성해야 합니다. 이때 구분 기호를 반드시 슬래시(/)를 사용해야 올바르게 분류됩니다.

또한, 색상은 미리 지정하지 않아도 되며, Style 창의 Properties 영역에서 직접 변경할 수 있습니다. 여기서는 색상을 333333으로 변경하고 ❹[Create Style] 버튼을 클릭하면 스타일이 등록됩니다.

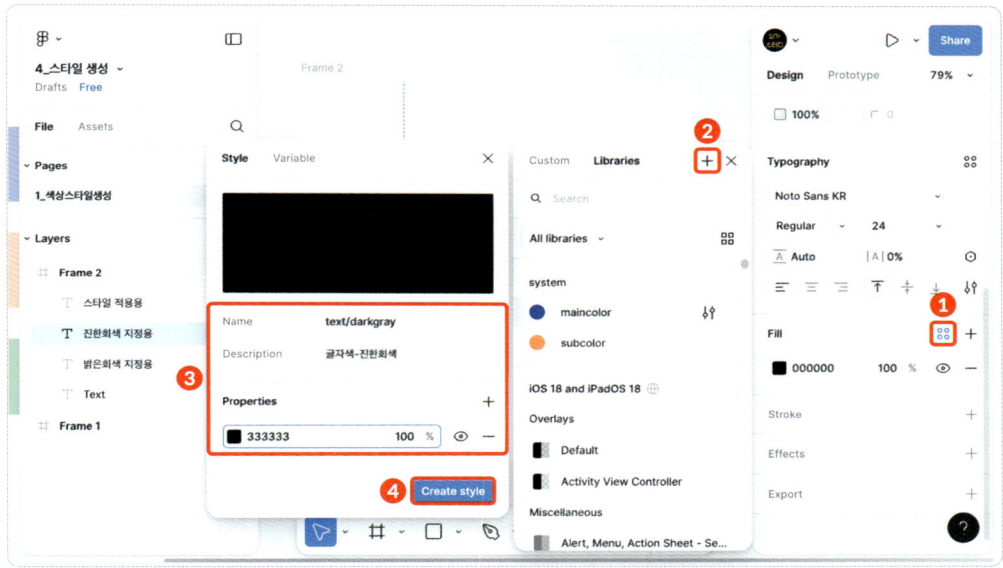

그림 4.19 첫 번째 글자에 색상 스타일 적용 화면

Libraries를 확인해보면 text 그룹에 darkgray가 추가되어 나타납니다.

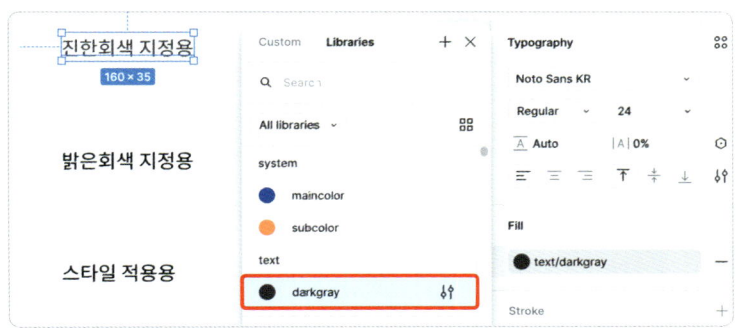

그림 4.20 색상 스타일 적용 화면

03 밝은 회색 등록_ 프레임의 두 번째 텍스트를 선택합니다. ❶디자인 패널의 Fill 영역에서 스타일 아이콘(❚❚)을 클릭합니다. 그러면 Libraries 창이 나타나는데, ❷여기서 추가 아이콘(➕)을 클릭합니다. 이어서 Style 창이 열리면 ❸이름과 설명, 색상을 지정합니다. 색상을 999999로 변경하고 ❹[Create Style] 버튼을 클릭하여 스타일을 등록합니다.

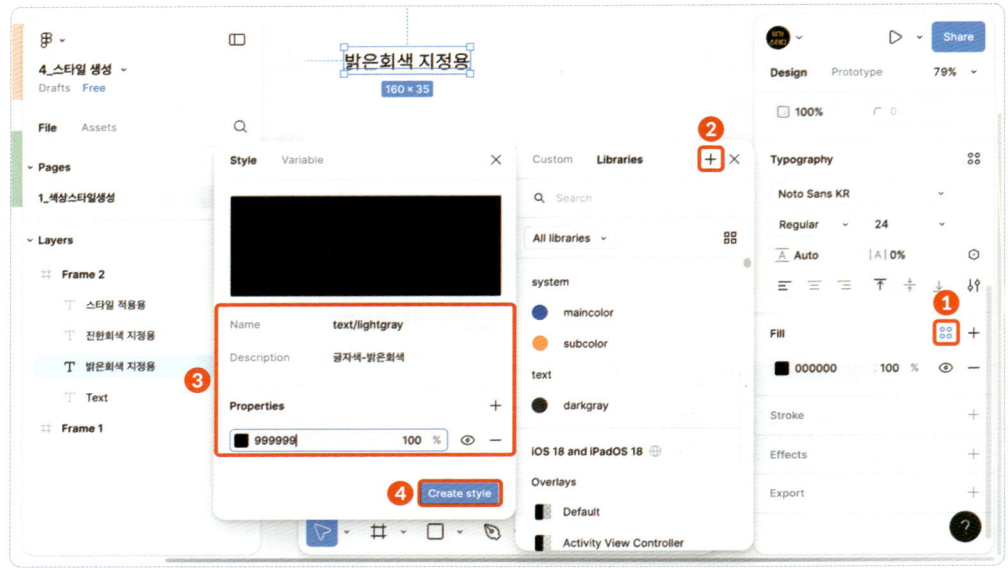

그림 4.21 두 번째 글자에 색상 스타일 적용 화면

04 Color styles 확인_ 콘텐츠가 없는 빈 공간을 클릭하면, Color styles을 확인할 수 있습니다. 그림 4.22와 같이 앞서 실습한 내용이 그룹별로 정리된 스타일 목록으로 생성된 것을 확인할 수 있습니다.

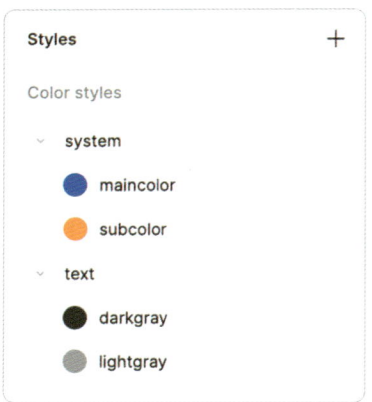

그림 4.22 Styles

05 **다른 텍스트 콘텐츠에 적용_** 맨 아래 텍스트를 선택 후 ❶ 디자인 패널의 Fill 영역에서 스타일 아이콘(︎)을 누릅니다. 그러면 Libraries 창이 나타나는데, ❷ text 그룹의 [lightgray]를 선택합니다.

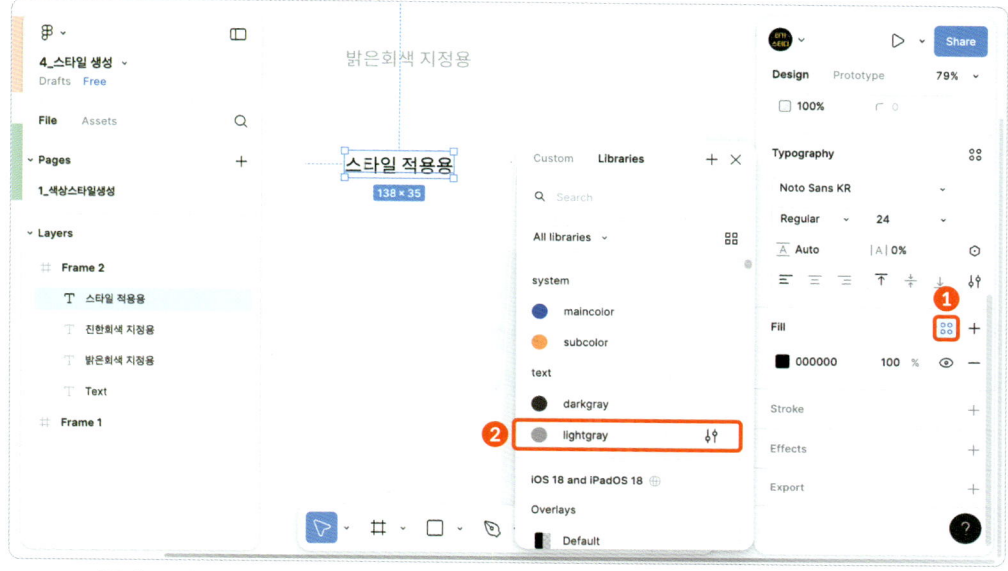

그림 4.23 다른 텍스트에 스타일 적용

마지막 텍스트에 스타일이 적용된 것을 확인할 수 있습니다. 스타일을 그룹화하면 스타일 가이드를 더욱 체계적으로 관리할 수 있어 매우 유용합니다.

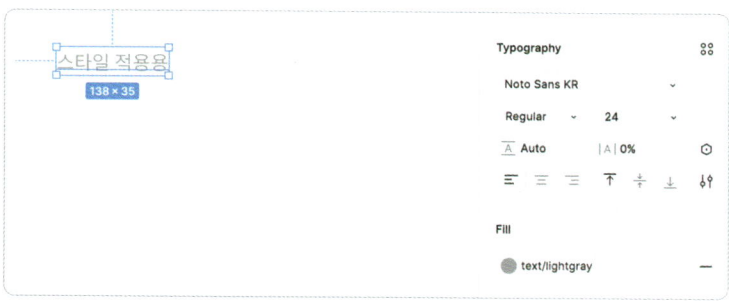

그림 4.24 다른 텍스트에 스타일 적용한 화면

LESSON 02 | 텍스트 스타일

규모를 갖춘 기업의 웹사이트를 제작할 때, 폰트 역시 기업에서 제공하는 스타일 가이드에 따라 지정됩니다. 디자이너는 지정된 폰트를 미리 스타일로 설정한 후 디자인하는 것이 좋습니다.

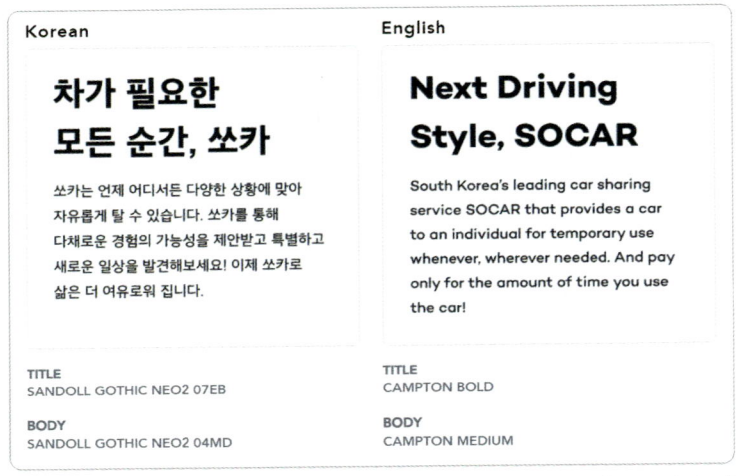

그림 4.25 웹사이트에서 제공하는 폰트 가이드(쏘카브랜드 - https://design.socar.kr/typography.html)

텍스트 스타일 제작하기

피그마는 텍스트 스타일text style 기능을 제공하여, 콘텐츠 제작 시 미리 정의한 텍스트 설정을 손쉽게 적용할 수 있도록 지원합니다. 따라서 지금부터 피그마에서 텍스트 스타일을 만드는 방법을 살펴보겠습니다.

01 **프레임에 텍스트 작성하기_** 프레임은 500×500 크기로 제작합니다. 그리고 글자는 그림 4.26처럼 각각 별도의 레이어로 5개 작성합니다. 웹사이트에서는 제목에 h2부터 h6까지의 태그를 주로 사용합니다. 따라서 제목 스타일도 일반적으로 h2~h6으로 구분하여 설정합니다.

➕ h1 태그는 보통 로고를 포함하는 용도로 사용되며 이미지로 처리되는 경우가 많아 스타일로 따로 제작하지는 않습니다.

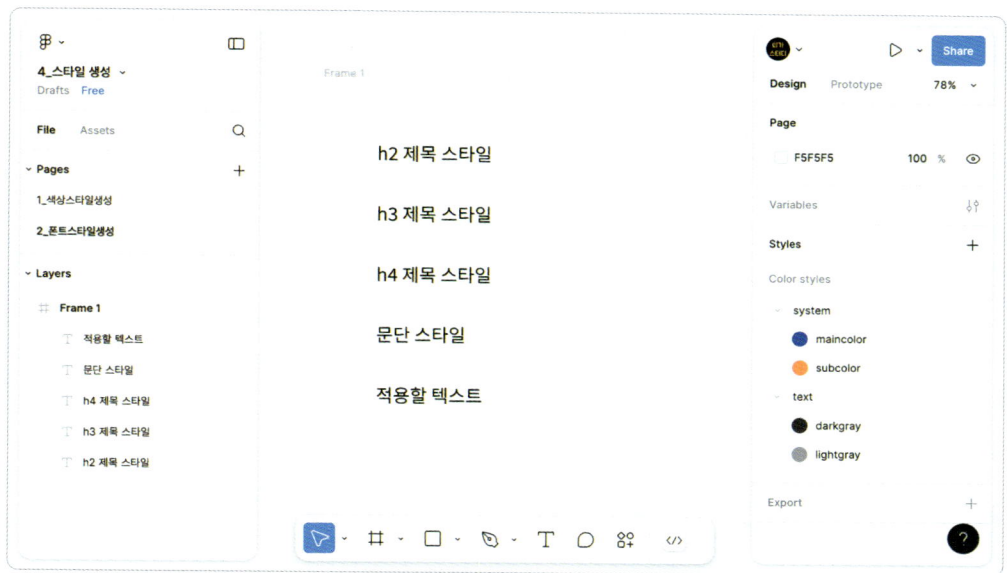

그림 4.26 프레임에 텍스트 작성

이 단계에서는 아직 글자 크기나 서체 등은 고민하지 말고, 텍스트만 입력해주세요.

02   디자인 패널에서 타이포그래피 설정하기_ 첫 번째 텍스트를 선택하고, 글꼴은 Noto Sans KR 로 설정합니다. 굵기는 Bold로 설정하고, 글자 크기는 32로 지정합니다. 같은 방식으로 두 번째 텍스트는 글꼴 Noto Sans KR, 굵기는 Bold, 글자 크기는 24로 지정합니다. 세 번째 텍스트는 글꼴 Noto Sans KR, 굵기는 Bold, 글자 크기는 20으로 지정합니다. 네 번째 텍스트는 글꼴 Noto Sans KR, 굵기는 Regular, 글자 크기는 16으로 지정합니다.

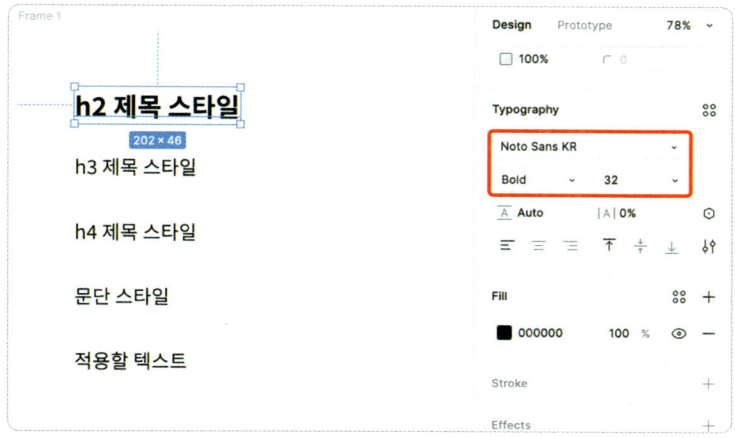

그림 4.27 h2 제목 스타일 지정

03 **텍스트 스타일 등록하기_** 텍스트 스타일은 바로 그룹으로 지정해보겠습니다. 첫 번째 텍스트를 선택한 후, ❶ 디자인 패널의 Typography 영역에서 스타일 아이콘(::)을 클릭합니다. ❷ Text Styles 창이 열리면, 추가 아이콘(+)을 눌러 Create new text style 창을 엽니다. ❸ 스타일 이름은 title/h2처럼 그룹명을 포함해 작성하고, 설명도 함께 입력합니다. ❹ [Create style] 버튼을 클릭하면 텍스트 스타일이 등록됩니다.

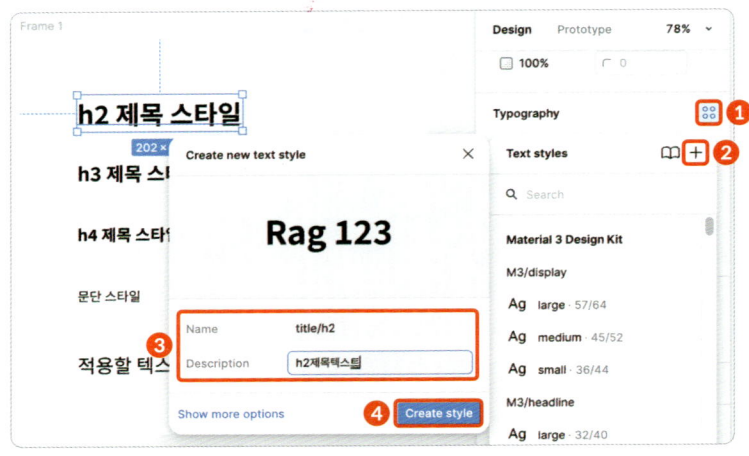

그림 4.28 h2 제목 스타일 등록

나머지 텍스트 역시 같은 방식으로 진행하며, 스타일 이름만 두 번째 텍스트는 title/h3, 세 번째 텍스트는 title/h4, 네 번째 텍스트는 paragraph/normal이라고 작성하고 설명도 함께 입력합니다.

04 **텍스트 스타일 확인하기_** 인터페이스에서 콘텐츠가 없는 빈 공간을 클릭하고 Text styles을 확인합니다. Text styles을 보면 각각의 그룹에 텍스트 스타일이 잘 등록된 것을 확인할 수 있습니다.

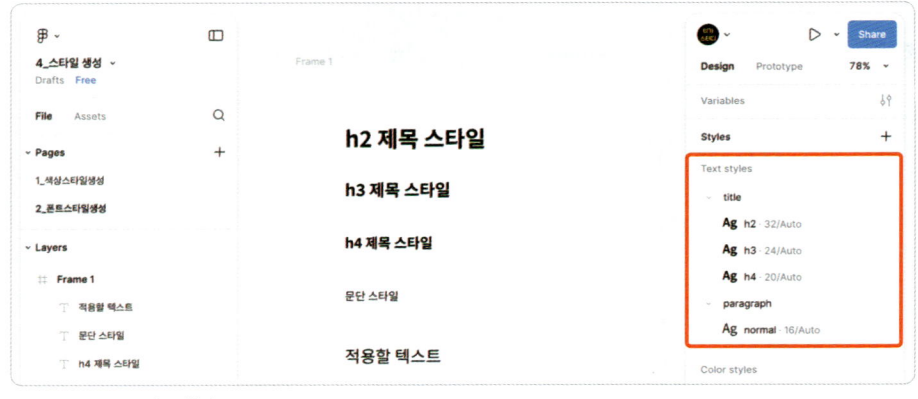

그림 4.29 Text styles 확인

텍스트 스타일 적용 및 해제하기

01 텍스트 스타일 적용하기_ 적용할 텍스트를 선택하고, 디자인 패널에서 Typography 부분으로 이동합니다. ❶ 스타일 아이콘(▦)을 클릭하면 등록되어 있는 스타일들을 확인할 수 있습니다. ❷ 그중 title 그룹의 h2를 선택해보겠습니다.

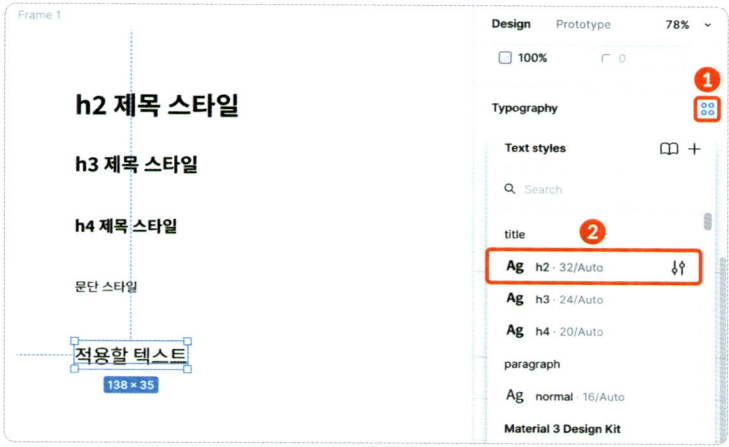

그림 4.30 Text Style 적용 화면

프레임의 텍스트에도 텍스트 스타일이 적용되어 있고, 디자인 패널에서도 스타일이 적용된 것을 확인할 수 있습니다. 텍스트 범위에서 가로 정렬이나 세로 정렬은 언제든지 바꿀 수 있습니다.

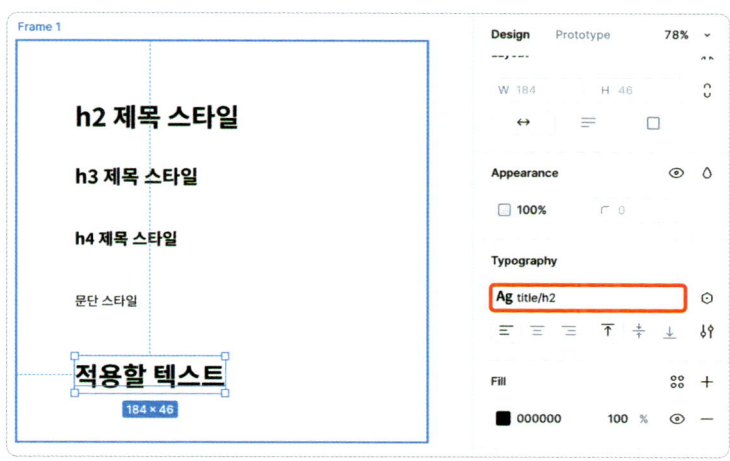

그림 4.31 Text Style 적용된 화면

02 텍스트 스타일 해제하기_ 스타일을 해제하려면 적용할 텍스트를 선택하고 디자인 패널에서 Detach 아이콘()을 클릭합니다.

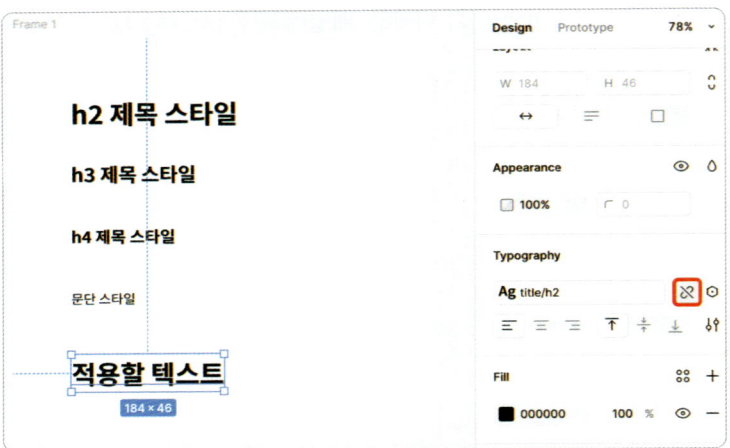

그림 4.32 텍스트 스타일 해제 화면

그러면 기존 텍스트 스타일은 남아 있지만, 디자인 패널에서 Typography 관련 사항을 변경할 수 있게 바뀝니다.

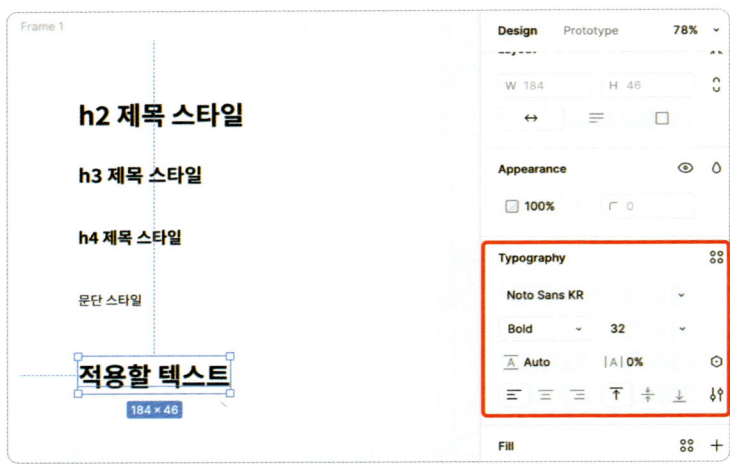

그림 4.33 텍스트 스타일이 해제된 화면

LESSON 03 | 그리드 스타일

일관성 있는 UI를 제작하려면, 각 페이지가 유사한 그리드 시스템을 유지하는 것이 중요합니다. 피그마는 그리드도 스타일로 설정할 수 있기 때문에, 먼저 그리드 관련 용어를 이해하고 있어야 활용이 수월합니다.

그림 4.34를 참고하여 주요 그리드 용어를 확인하고 넘어가겠습니다. 컬럼column은 한 행에 배치되는 콘텐츠 구성의 개수를 의미합니다. 마진margin은 뷰포트viewport[1] 기준으로 전체 좌우 여백을 말하며, 그림 4.34에서 좌우에 빈 흰 공간이 마진입니다. 거터gutter는 컬럼 사이의 간격을 의미합니다.

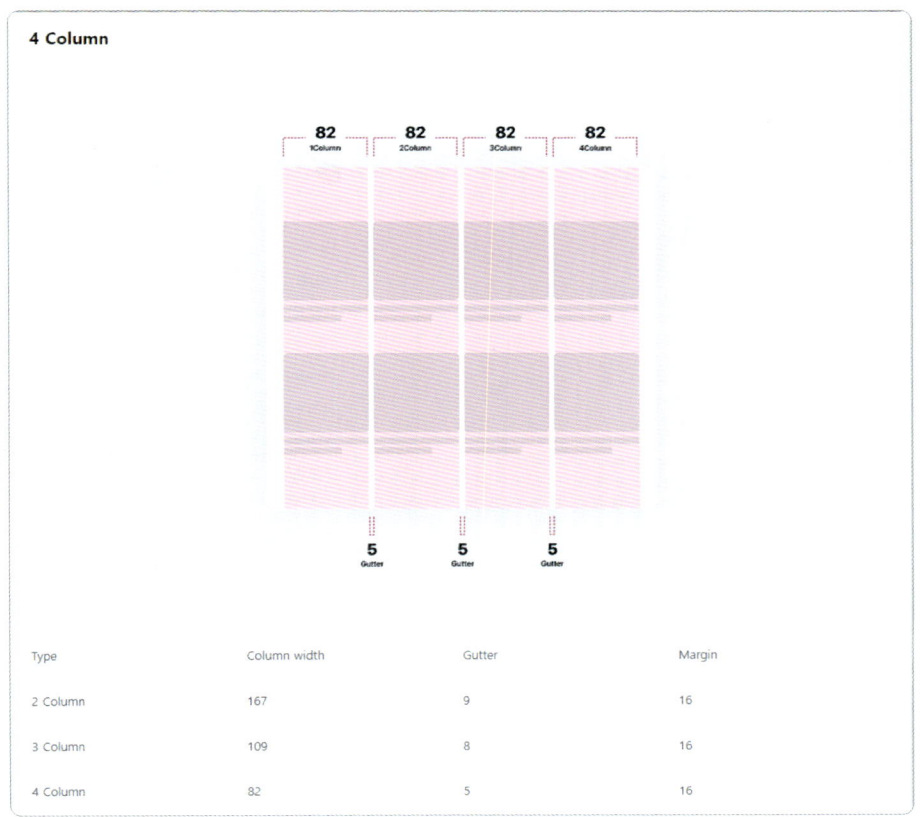

그림 4.34 그리드 레이아웃 시스템(라인 디자인 시스템 - https://designsystem.line.me/LDSM/foundation/layout-ex-en/)

---

[1] 전체 그래픽 공간 중 화면에 실제로 보여지는 부분. https://ko.wikipedia.org/wiki/뷰포트_(컴퓨터_과학)

그리드 제작하기

피그마는 그리드 스타일grid style 기능을 제공하여, 프레임 내에서 각 컬럼별 그리드를 시각적으로 확인할 수 있도록 지원합니다. 또한, 스타일로 등록하면 다른 페이지나 프레임에서도 동일한 그리드 스타일을 재사용할 수 있습니다.

✚ 기존 피그마에서는 '그리드 스타일'이라는 용어를 사용했으나, Config 2025 발표 이후부터는 이를 Layout guide style(레이아웃 가이드 스타일)로 변경했습니다. 이 책에서는 실무에서 널리 사용되는 표현에 따라 그리드 스타일이라는 용어를 계속 사용하겠습니다.

지금부터 모바일 환경을 기준으로 2~4컬럼 그리드를 제작해보겠습니다.

01 아이폰 13 mini 프레임 생성_ ❶프레임 툴을 누르고 Phone 카테고리에서 ❷iPhone 13 mini를 선택합니다. iPhone 13 mini의 사이즈는 375×812입니다. 모바일 기기장치들을 보면 전부 가로 폭이 다른 것을 확인할 수 있습니다. 그러므로 콘텐츠도 기기 사이즈에 반응해서 제작해야 하듯이, 그리드도 기기 사이즈에 반응해서 작업해야 합니다.

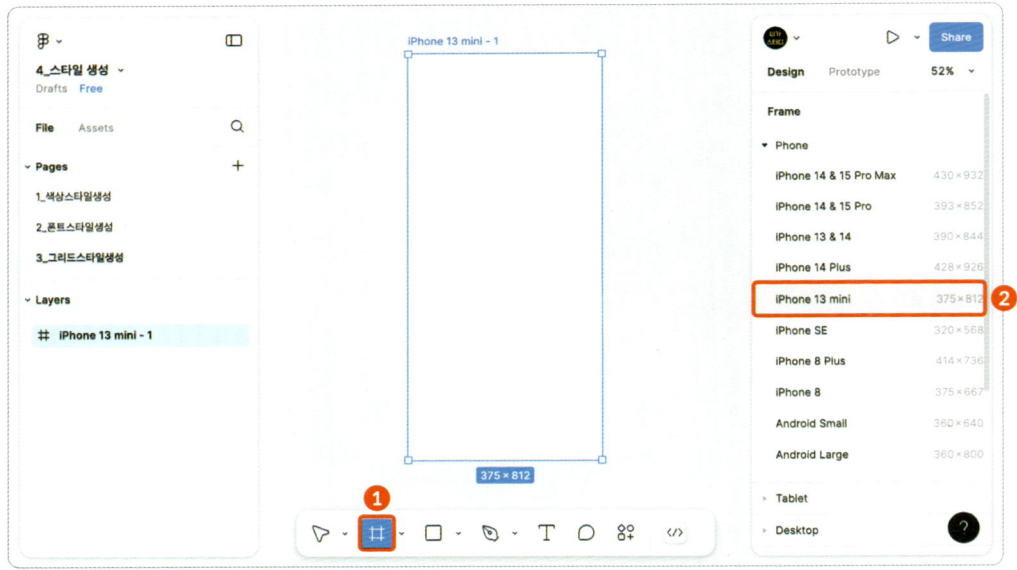

그림 4.35 아이폰 13 mini 프레임 생성

02 **Layout Guide 사용하기_** 디자인 패널의 Layout guide에서 ❶추가 아이콘(➕)을 클릭합니다. 그러면 기본적인 모눈종이 스타일의 Grid가 나타납니다. 컬럼 그리드를 사용할 것이므로 ❷그리드 아이콘(⊞)을 선택하면 창이 열립니다. ❸Grid 부분을 누른 후 Columns를 클릭합니다.

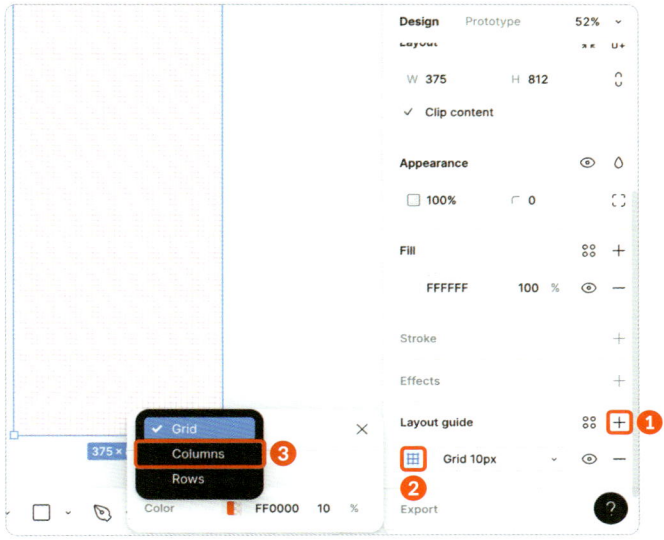

그림 4.36 Layout grid 화면

03 **Columns 제작하기_** Columns 창에서 Count는 컬럼의 개수를 의미하므로 4를 입력합니다. Width는 기기마다 다르게 적용할 것이므로 Auto로 두면 됩니다. Margin은 16, Gutter는 8로 입력합니다.

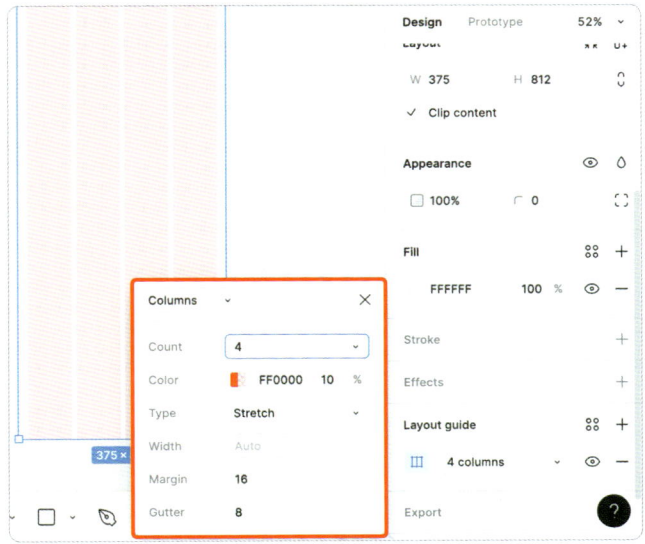

그림 4.37 Layout 컬럼 그리드 창 화면

디자인 패널에서 4 columns의 눈 아이콘(◉)을 눌러 보이지 않도록 설정합니다.

같은 방식으로 2개의 그리드를 추가로 제작하겠습니다. 다른 설정은 같고, Columns 창에서 Count, 즉 컬럼의 개수만 3과 2로 각각 입력합니다. 그리드 생성을 복습한다고 생각하며 다시 차근차근 따라해 보세요.

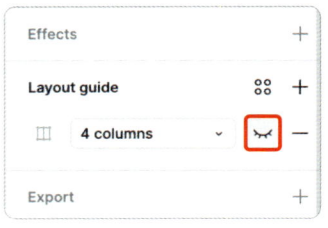

그림 4.38 Layout guide 디자인 패널

디자인 패널의 Layout guide에서 ❶추가 아이콘(＋)을 클릭합니다. ❷Columns 창에서 Count는 컬럼의 개수를 의미하므로 3을 입력합니다. ❸Width는 기기마다 다르게 적용할 것이므로 Auto로 두면 됩니다. Margin은 16, Gutter는 8로 입력합니다. 이 그리드 역시 보이지 않도록 ❹디자인 패널에서 3 columns의 눈 아이콘(◉)을 클릭합니다.

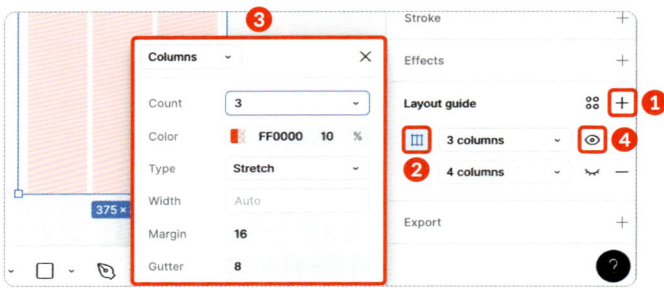

그림 4.39 Layout 컬럼 그리드 창 화면

디자인 패널의 Layout guide에서 ❶추가 아이콘(＋)을 클릭합니다. ❷Columns 창에서 Count는 컬럼의 개수를 의미하므로 2를 입력합니다. ❸Width는 기기마다 다르게 적용할 것이므로 Auto로 두면 됩니다. Margin은 16, Gutter는 8로 입력합니다.

이제 그림 4.40에서 보는 것처럼 총 3개의 컬럼 그리드가 제작되었습니다.

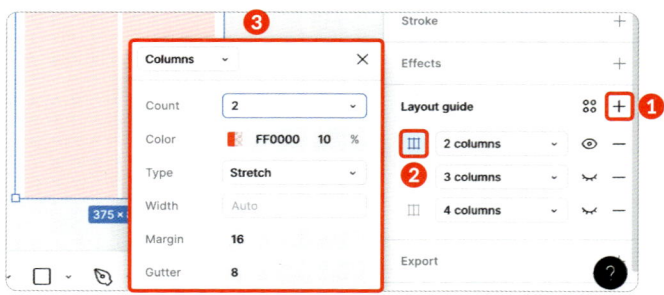

그림 4.40 Layout 컬럼 그리드 창 화면

그리드 스타일 등록하기

다른 프레임이나 페이지에서도 이 그리드 시스템을 이용하기 위해 스타일로 등록해보겠습니다.

01 그리드 스타일 적용하기_ 디자인 패널의 Layout guide에서 ❶스타일 아이콘(▦)을 클릭합니다. 그러면 Layout guidestyles 창이 열리는데, 여기서 ❷추가 아이콘(+)을 클릭합니다. Create new layout guidestyle 창이 뜨면 ❸이름과 설명을 작성합니다. 이번에도 그룹/스타일명 형식에 따라 mobile/column으로 이름을 지정합니다. 모두 작성하면 ❹[Create style] 버튼을 클릭해 스타일을 등록합니다.

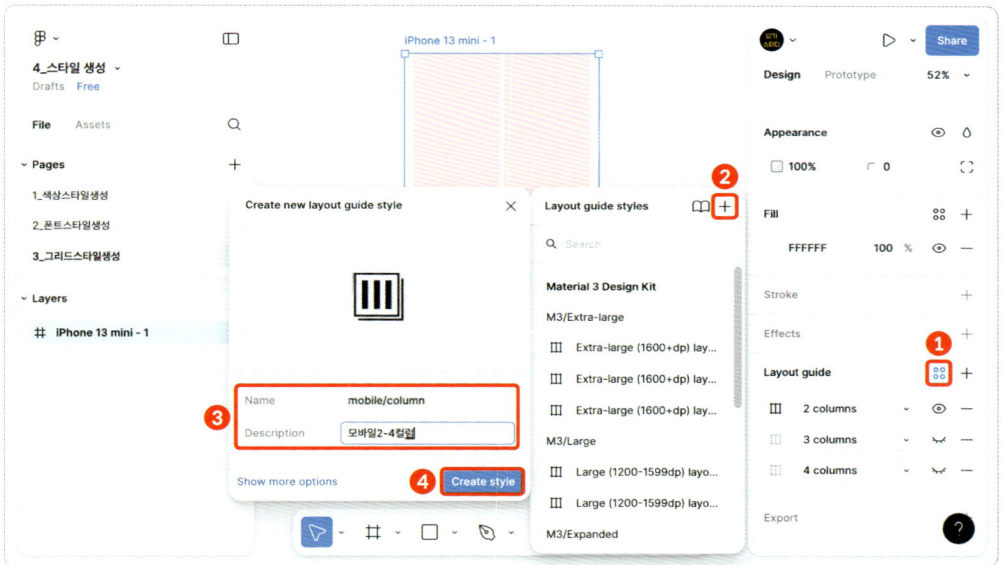

그림 4.41 Layout 컬럼 그리드 스타일 등록하는 화면

이제 그림 4.42와 같이 디자인 패널에 스타일이 등록된 것을 확인할 수 있습니다.

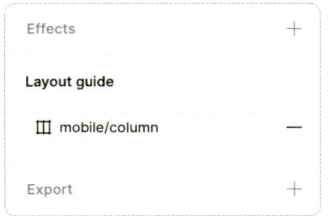

그림 4.42 Layout 컬럼 그리드 스타일 등록 화면

02 그리드 스타일 확인하기_ 인터페이스의 빈 공간을 클릭 후 디자인 패널을 보면 Styles에 Layout guide styles가 있는 것을 확인할 수 있습니다.

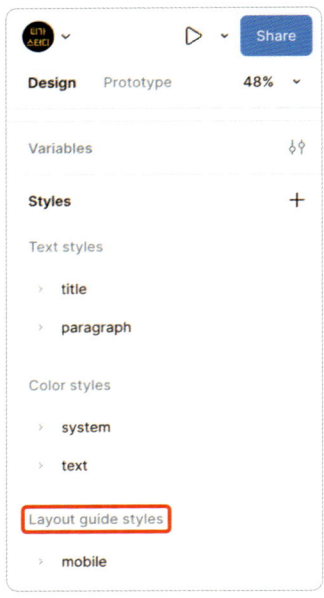

그림 4.43 Styles 화면

03 다른 프레임 생성하기_ ❶프레임 툴을 클릭하고, 디자인 패널에서 ❷iPhone 14 & 15 Pro Max를 클릭합니다. 제공되는 기기 사이즈 중에서 크기가 가장 커서 선택했습니다. 그림 4.44와 같이 인터페이스에 프레임이 들어간 것을 확인할 수 있습니다.

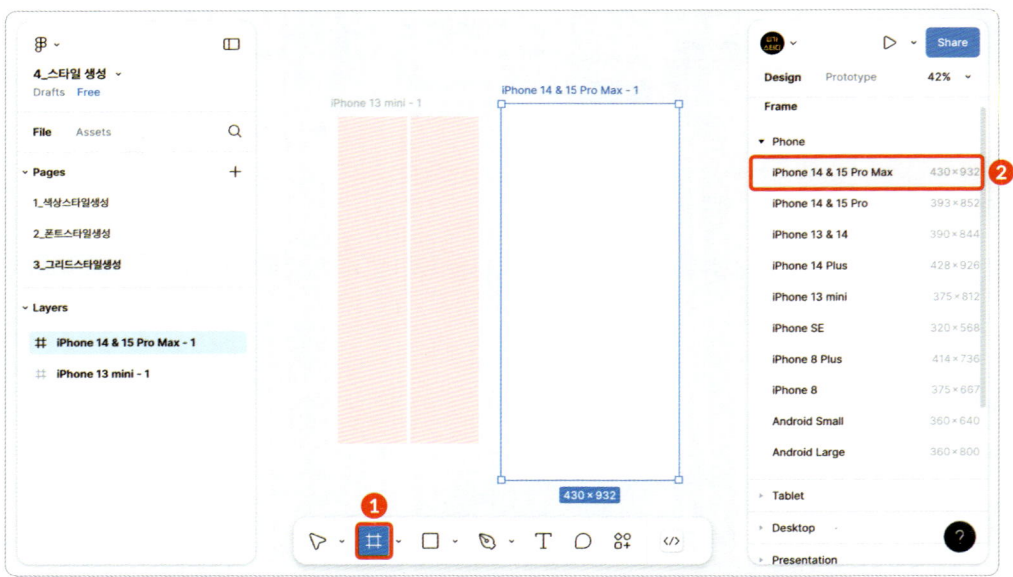

그림 4.44 프레임 생성

04 그리드 스타일 적용하기_ 프레임이 선택되어 있는 상태에서 디자인 패널로 갑니다. ❶Layout guide의 스타일 아이콘(⸬)을 클릭하면 Layout guidestyles 창이 열립니다. 거기서 등록되어 있는 ❷mobile 그룹의 column을 클릭합니다.

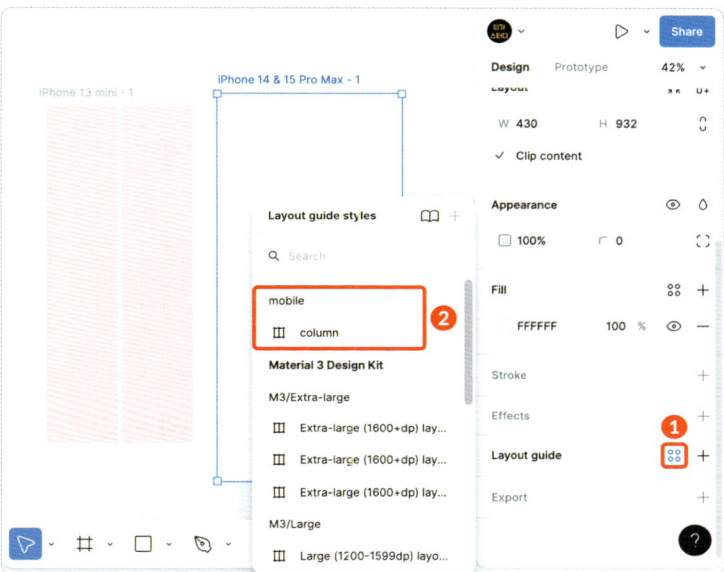

그림 4.45 그리드 스타일 적용하는 화면

그러면 프레임에도 그리드가 적용된 것을 확인할 수 있으며, 디자인 패널에도 적용된 것이 확인됩니다.

그림 4.46 그리드 스타일이 적용된 화면

05 다른 그리드 적용하기_
현재는 2 columns로 설정되어 있는데, 다른 컬럼으로 바꾸려면 디자인 패널에서 적용된 스타일인 ❶mobile/column을 클릭해 Layout guide styles 창을 열고, ❷column 스타일의 수정 아이콘(⚙)을 눌러, Edit layout guide style 창으로 이동합니다. ❸기존 2 columns의 눈 아이콘(👁)을 비활성화하고, 3 columns의 눈 아이콘(👁)을 활성화하면 됩니다.

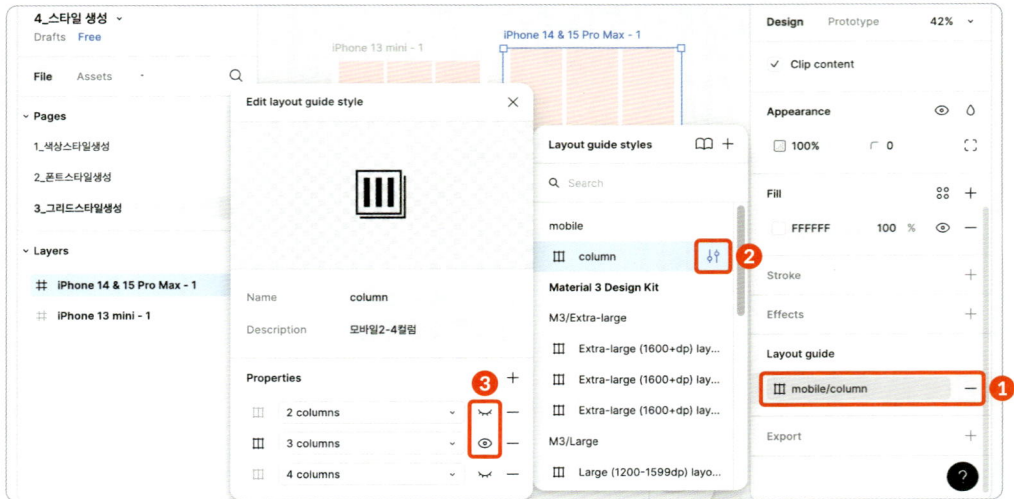

그림 4.47 다른 그리드 적용하는 화면

06 그리드 확인하기_
그림 4.48처럼 모든 프레임이 3 columns로 변경된 것을 확인할 수 있습니다. 인터페이스의 빈 영역을 클릭하면 Styles에서 등록된 Layout guide styles도 확인할 수 있습니다.

그림 4.48 그리드 적용 화면

LESSON 04 이펙트 스타일

이펙트 스타일effect style은 콘텐츠에 적용된 효과를 스타일로 등록해 재사용할 수 있도록 하는 기능입니다. 포토샵을 사용해본 독자라면, 레이어 스타일과 유사한 개념으로 이해하면 됩니다. 즉 그림자, 번짐 등과 같은 효과를 지정할 수 있습니다. 비록 디자인 시스템에서 이펙트 스타일을 필수로 정의하는 경우는 많지 않지만, 일관된 디자인을 유지하기 위해 스타일로 등록해 사용하는 것을 권장합니다.

그림 4.49 Drop shadow 디자인 시스템 예시

이펙트의 종류

피그마의 이펙트 기능은 포토샵의 레이어 스타일만큼 다양하지는 않습니다. 표 4.1에서 확인할 수 있듯이 총 4가지 효과만 제공합니다.

표 4.1 이펙트의 종류

이펙트	설명
Inner shadow	레이어의 안쪽 그림자 효과 처리
Drop shadow	레이어의 바깥쪽 그림자 효과 처리
Layer blur	레이어 자체를 번지게 하는 효과 처리
Background blur	효과가 들어간 레이어 뒤의 근간(부모)이 되는 레이어 부분을 번지게 처리 ('부모'와 '자손'에 대해서는 188쪽의 9장 LESSON 1 참고)

✚ Config 2025에서 피그마는 이펙트 항목에 Noise, Texture, Glass 효과를 새롭게 추가했습니다. 하지만 이 책에서는 기초부터 실무에 바로 적용할 수 있는 내용을 중심으로 설명하기 위해, 기존에 널리 사용되는 네 가지 이펙트만 다루도록 하겠습니다.

이 중에서도 Background blur는 다른 효과에 비해 다소 이해하기 어려울 수 있습니다. 피그마 공식 사이트에서 제공하는 이미지를 먼저 살펴보겠습니다.

그림 4.50을 보면, Background blur가 적용된 영역 뒤의 이미지가 흐려진 것을 확인할 수 있습니다. 이제 실습을 통해서 피그마에서 제공하는 이펙트의 종류를 확인해보겠습니다.

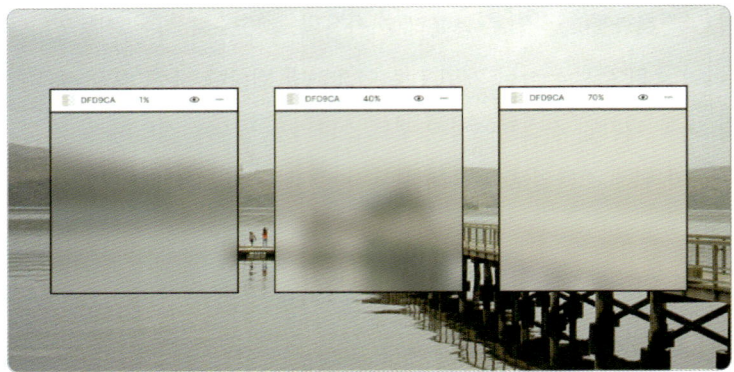

그림 4.50 Backgound Blur 예시(피그마 사이트 - https://help.figma.com/hc/en-us/articles/360041488473-Apply-shadow-or-blur-effects)

01 프레임에 도형과 이미지 처리_ 프레임을 500×500 사이즈로 생성한 후, 별 도형 2개와 사각형 2개를 그립니다. 그리고 사각형에 이미지를 마스크 처리합니다.

이미지 불러오기 단축키: macOS `Command` + `Shift` + `K` / Window OS `Ctrl` + `Shift` + `K`

그림 4.51 프레임에 도형과 이미지 처리

이미지는 제공된 예제 파일의 4장 폴더에 있는 스타일적용이미지.jpg를 사용하거나, 4_스타일생성_이펙트소스파일.fig 파일을 피그마에 불러와 사용해도 됩니다. 그림 4.52의 우측 상단 Buzz 아이콘 옆의 [Import] 버튼(⌾)을 클릭하면, .fig 확장자 파일을 불러올 수 있습니다.

✚ 앞으로는 파일 경로만 안내할 것이니, 이 방법을 꼭 기억하세요.

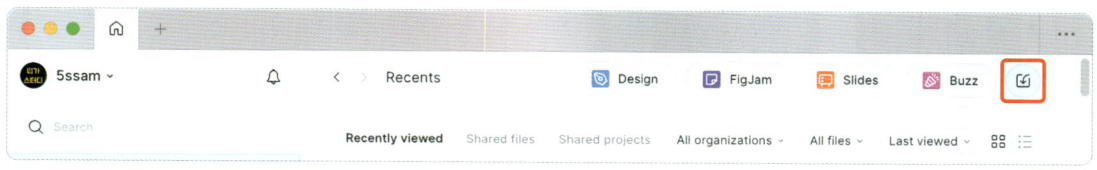

그림 4.52 피그마 앱 메인 화면

02 Drop shadow 효과 지정_
프레임의 ❶첫 번째 별 도형을 선택한 후, ❷디자인 패널의 Effects 영역에서 추가 아이콘(＋)을 누르면 바로 ❸Drop shadow가 적용됩니다.

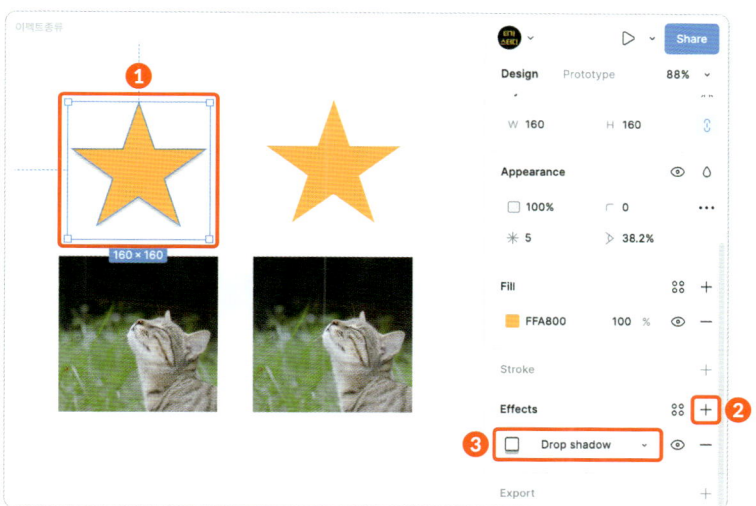

그림 4.53 Drop shadow 적용 화면

❶그림자 모양 아이콘(▢)을 클릭하면, ❷Effect의 세부 설정 창이 나타납니다. X는 그림자의 가로 방향(x축) 위치를 조절합니다. 양수 값이면 오른쪽, 음수 값이면 왼쪽으로 이동합니다. Y는 그림자의 세로 방향(y축) 위치를 조절합니다. 양수 값이면 아래쪽, 음수 값이면 위쪽으로 이동합니다. Blur는 그림자의 번짐 정도, Spread는 그림자의 퍼짐 정도를 설정합니다.

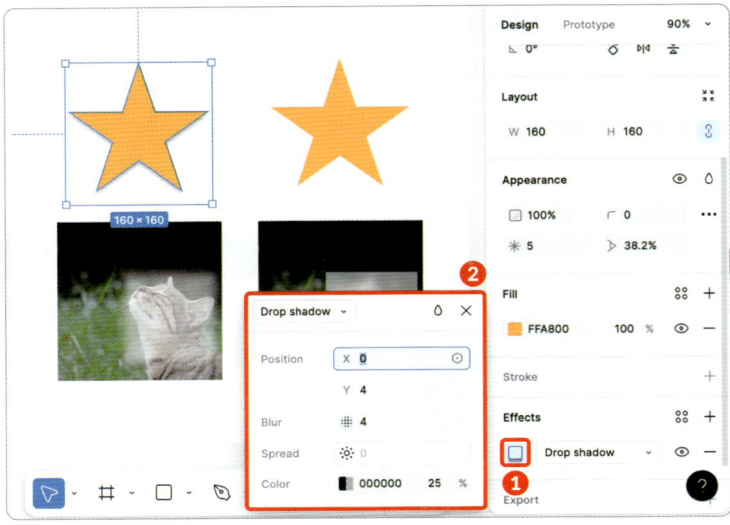

그림 4.54 Drop shadow 수정 화면

가장 아래에는 색상과 투명도를 지정할 수 있습니다. 여러분도 직접 다양한 수치를 변경하면서 효과를 경험해보세요.

03 Inner shadow 효과 지정_ ❶두 번째 별 도형을 선택한 후, ❷Effects 영역에서 추가 아이콘(+)을 클릭해 효과를 추가합니다. 그러면 기본으로 Drop shadow가 적용되는데, ❸해당 글자를 클릭하면 드롭다운 메뉴가 나타납니다. 드롭다운 메뉴에서 첫 번째에 있는 [Inner shadow]를 선택합니다.

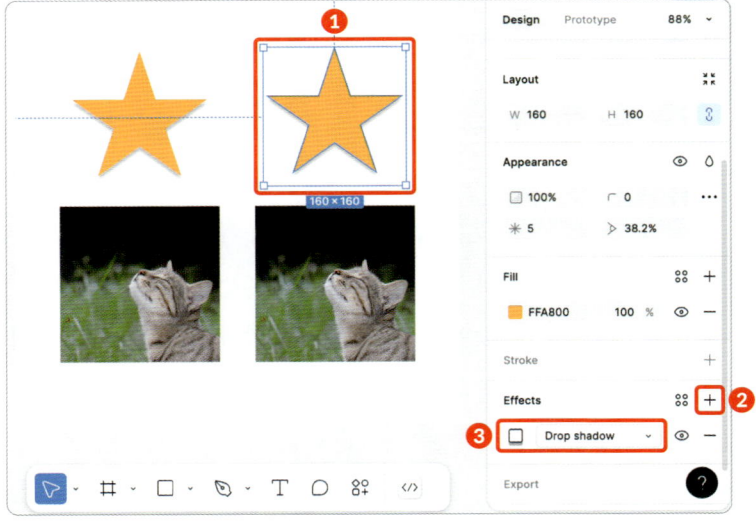

그림 4.55 Inner shadow 효과 화면

❶그림자 모양 아이콘(□)을 클릭하면, ❷Effect 세부 설정 창이 열립니다. Inner shadow의 세부 설정은 Drop shadow와 같으니 참고하여, 직접 다양하게 입력해보세요.

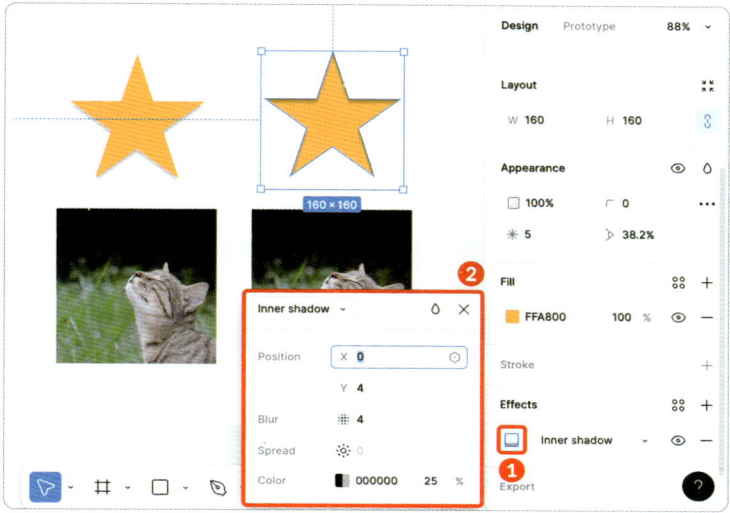

그림 4.56 Inner shadow 효과 수정 화면

04 Layer blur 효과 지정_ ❶사각형을 드래그하여 100×100 사이즈로 맞춥니다. ❷디자인 패널에서 Fill에 흰색으로 FFFFFF를 작성합니다. 뒤에 고양이가 보여야 하기 때문에 투명도를 50%로 지정합니다. ❸만든 사각형을 복사하여 오른쪽 그림에 붙여넣습니다.

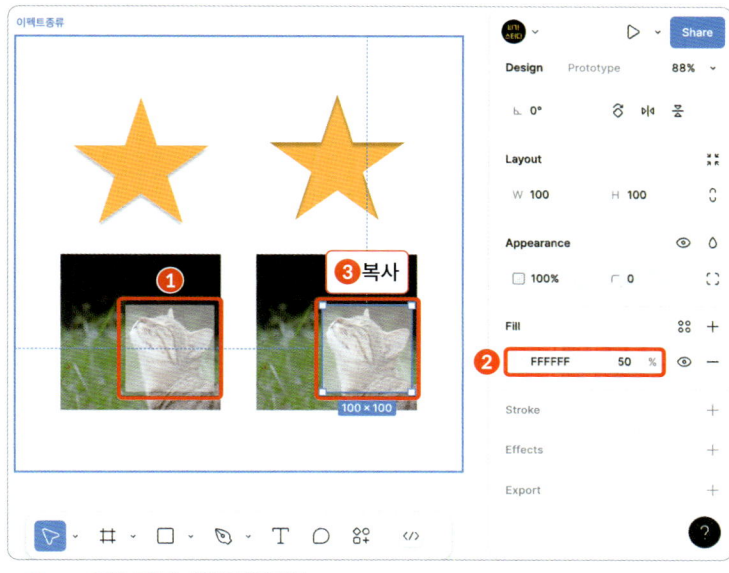

그림 4.57 50% 투명한 사각형 적용 화면

> **TIP 색 적용 방법**
> - 헥스 코드는 여섯 자리로 작성합니다. 여섯 글자 모두 작성해도 되지만 다른 방법도 있습니다.
> - FFFFFF라면 F 한 글자를 쓰고 Enter 키를 누릅니다. 그럼 여섯 글자로 자동으로 처리됩니다.
> - EDEDED라면 ED 두 글자를 쓰고 Enter 키를 누릅니다. 그럼 여섯 글자로 자동으로 처리됩니다.

❶ 왼쪽의 사각형을 선택한 후, ❷ 추가 아이콘(+)을 클릭합니다. 기본적으로는 Drop shadow가 적용되는데, 글자를 클릭해서 ❸ 드롭다운 메뉴를 열어 [Layer blur]를 클릭합니다.

✚ 현재 그림 4.58의 드롭다운 메뉴에는 네 가지 이팩트만 표시되지만, Config 2025를 발표하면서 Noise, Texture, Glass가 추가되었음을 안내해드립니다.

그림 4.58 Layer blur 적용 화면

❶ 블러 아이콘(▦)을 클릭하면 세부 설정 창이 열립니다. ❷ Blur라는 옵션이 있는데, 번짐 정도를 나타냅니다. 확인을 위해 수치를 10으로 변경해보겠습니다.

그림 4.59 Layer blur 수정 화면

Layer blur는 요소 자체에 번짐 효과가 들어갑니다. 뒤의 고양이는 선명하게 보이는 것을 확인할 수 있습니다.

그림 4.60 Layer blur 적용 화면

05 Background blur 효과 지정_ ❶오른쪽의 사각형을 선택한 후, ❷추가 아이콘(+)을 클릭합니다. 기본적으로는 Drop shadow가 적용되는데, 글자를 클릭해서 ❸드롭다운 메뉴를 열어 [Background blur]를 클릭합니다.

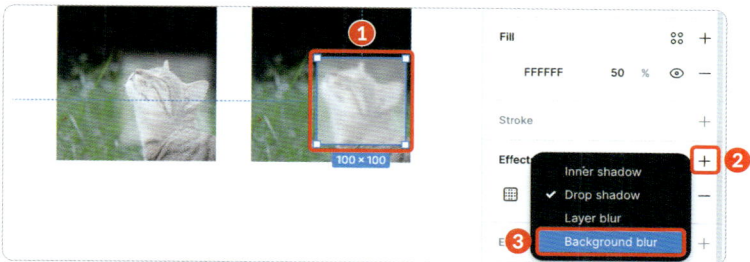

그림 4.61 Background blur 적용 화면

❶블러 아이콘(▦)을 클릭하면 세부 설정 창이 열립니다. 앞서 살펴본 것과 마찬가지로 ❷Blur라는 옵션으로 번짐 정도를 조절할 수 있습니다. 확인을 위해 수치를 10으로 변경해보겠습니다.

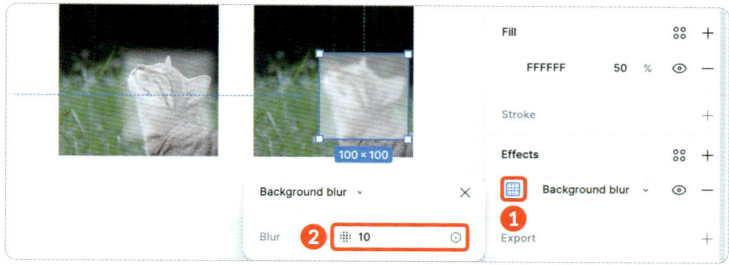

그림 4.62 Background blur 수정 화면

왼쪽의 Layer blur는 사각형 자체가 번지는데, 오른쪽의 Background blur는 뒤의 사진 부분이 번지는 것을 확인할 수 있습니다.

그림 4.63 Background blur 적용 화면

 이펙트의 스타일 등록

이번에는 효과 스타일을 등록해보겠습니다. 자주 쓰는 효과라면 스타일로 등록하고 사용하는 것이 유용합니다.

01 **스타일 변경**_ 그림자 스타일이 확실히 보이도록 변경하겠습니다. ❶그림자 모양 아이콘(□)을 클릭해 세부 설정 창으로 진입합니다. ❷X, Y, Blur를 모두 10으로 변경하겠습니다. 색은 그대로 두고, 투명도만 50%로 변경하겠습니다.

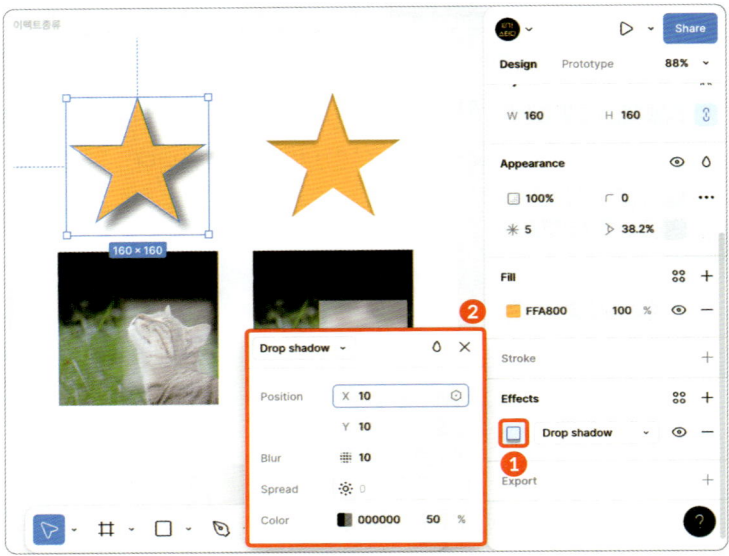

그림 4.64 Drop shadow 수정 화면

02 스타일 등록_ 디자인 패널의 Effect 영역에도 ❶ 스타일 아이콘(⋮⋮)이 있습니다. 그것을 클릭하면 Effect styles 창이 열리는데, ❷ 여기서 추가 아이콘(+)을 클릭합니다. ❸ 이름을 DropShadow/10-50% 라고 적고, 설명에 우측 하단방향 - 10이라고 적은 후 ❹ [Create style] 버튼을 클릭합니다.

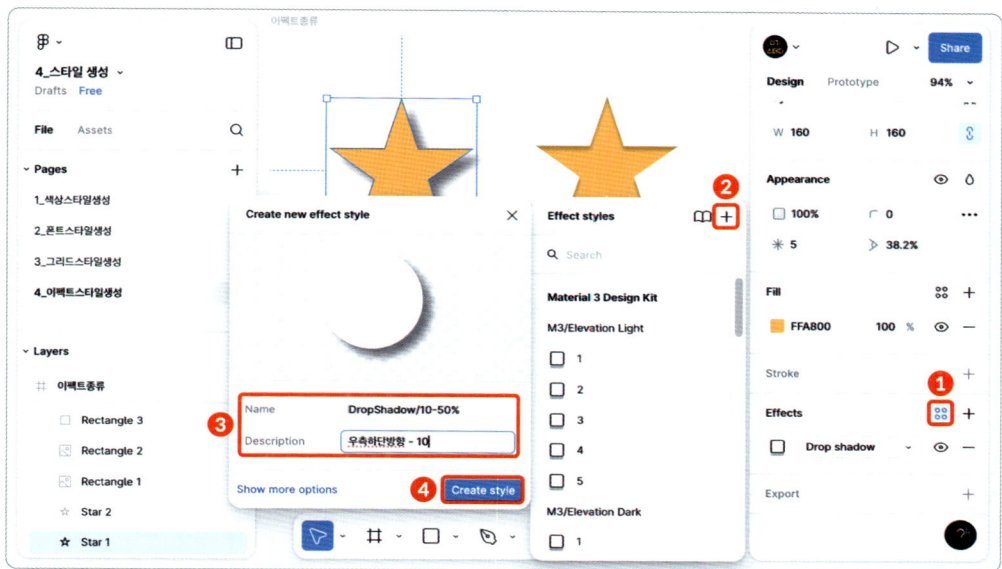

그림 4.65 Drop shadow 스타일 등록된 화면

스타일로 등록되면 그림 4.66처럼 디자인 패널이 바뀝니다.

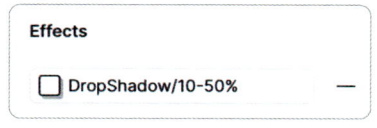

그림 4.66 Drop shadow 스타일 등록 화면

이펙트의 스타일 적용

다른 오브젝트 요소에 스타일을 적용해보겠습니다.

01 프레임에 글자 생성_ 프레임 툴로 500×500 사이즈 프레임을 제작한 후 이펙트 스타일이라고 이름을 변경합니다. ❶프레임에 텍스트 툴로 글자를 Drop Shadow Effect라고 작성 후, ❷디자인 패널에서 글자 설정과 Fill 색을 그림 4.67과 같이 수정합니다. 글자가 굵은 것이 효과 적용이 잘 보이므로 Black으로 변경해주세요. 글꼴은 Noto Sans KR, 크기는 36, Fill 색은 7E00CC로 변경합니다.

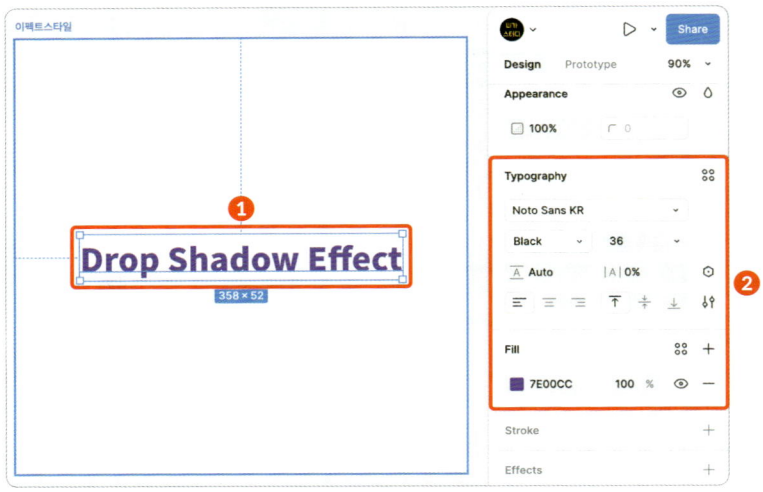

그림 4.67 프레임에 글자 작성

02 글자에 스타일 적용_ 디자인 패널에서 ❶스타일 아이콘(⸬)을 클릭한 후, Effect styles 창이 나타나면 등록된 ❷10-50% 스타일을 선택해 스타일을 적용합니다.

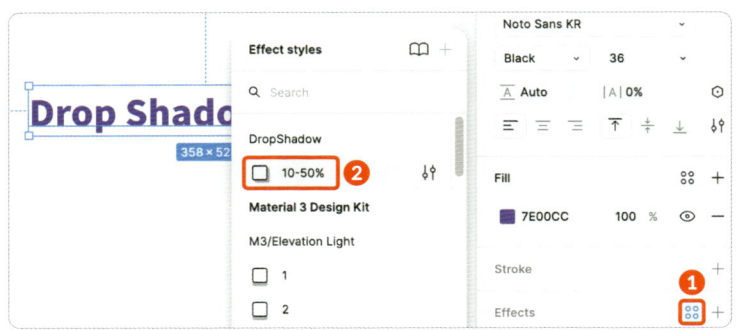

그림 4.68 글자에 스타일 적용

프레임에 있는 글자에도 그림자가 들어가고, 디자인 패널에도 스타일이 적용된 것을 확인할 수 있습니다.

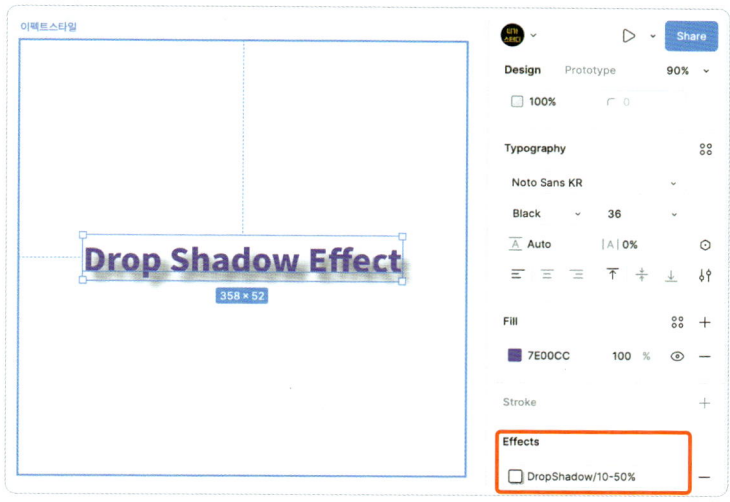

그림 4.69 글자에 스타일 적용

인터페이스에서 빈 공간을 클릭하면 Styles가 보이는데, Effect styles에도 등록된 것을 확인할 수 있습니다. 해제 및 수정은 다른 스타일과 동일한 방식으로 적용 가능합니다.

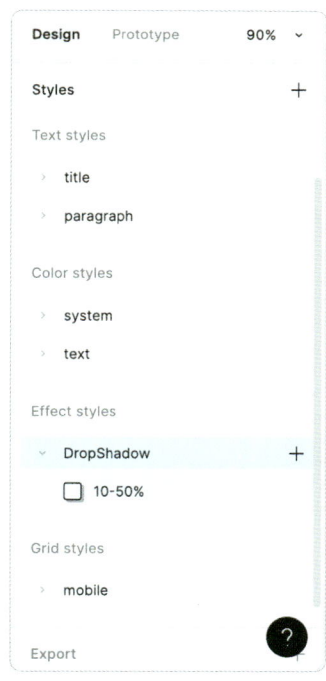

그림 4.70 Styles

MEMO

협업

- 코멘트 툴 사용법
- 파일 공유법
- 프로토타입 미리 보기

웹 앱 프로젝트 진행 시 협업은 매우 중요한 요소입니다. 최근에는 노션, 슬랙 등 다양한 협업 도구들이 등장하며 큰 인기를 얻고 있습니다. 하지만 완성된 디자인 파일에서 직접 협업할 수 있다면 더욱 효율적이겠죠? 피그마는 바로 그런 디자인 기반의 실시간 협업 기능을 제공합니다. 5장에서는 피그마를 활용한 협업 방법에 대해 자세히 알아보겠습니다.

LESSON 01
코멘트 툴 사용법

Comment(댓글) 툴은 디자인된 화면에서 정확한 위치에 설명이나 질문을 남길 수 있는 기능입니다. 또한 코멘트에 대해 다른 사용자가 답글을 달 수 있어, 팀 간 소통에 매우 유용하게 활용할 수 있습니다.

코멘트 달기

01 파일 불러와서 코멘트 툴 누르기_ 제공한 예제 파일의 5장 폴더에 있는 5_협업_소스파일.fig를 피그마로 불러옵니다. ❶하단 툴 박스에 있는 코멘트 툴을 선택합니다. ❷코멘트 툴을 선택하면 디자인 패널도 코멘트 패널로 변경됩니다.

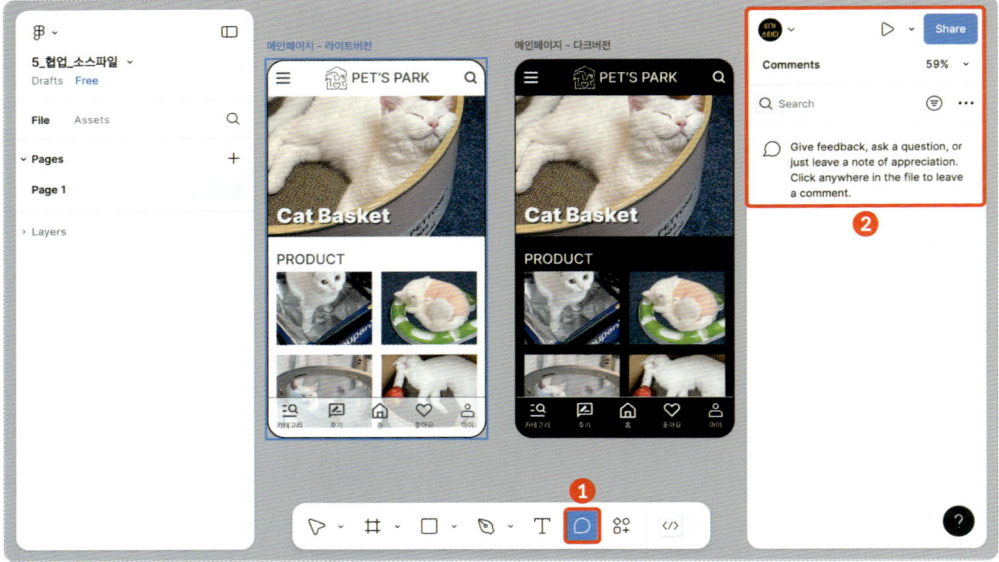

그림 5.1 코멘트 툴 선택

02 **코멘트 달기_** 수정을 요청하거나 설명이 필요한 부분을 클릭합니다. 그림 5.2는 PRODUCT 글자 옆을 클릭한 모습입니다. 그러면 코멘트 박스가 생성되는데, 'Product를 Review로 변경해주세요.'라고 작성하겠습니다. 요청사항을 모두 작성하면 전송 아이콘(↑)을 클릭합니다.

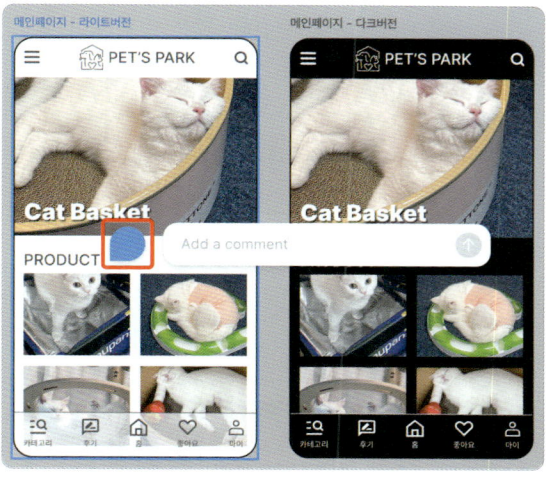

그림 5.2 코멘트 툴 클릭하는 화면

그림 5.3 코멘트 작성 화면

 ## 코멘트 확인

01 **코멘트 표시 확인하기_** 다른 팀원이 코멘트를 달면 그림 5.4와 같이 코멘트 툴이 생성됩니다.

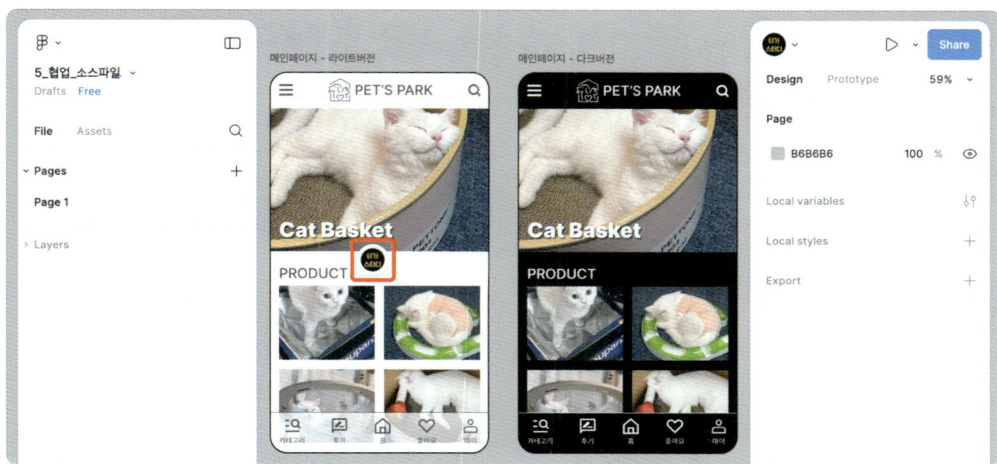

그림 5.4 코멘트 툴이 생성된 화면

02 **코멘트 확인하기_** 코멘트를 확인하는 방법은 2가지입니다. 코멘트에 마우스를 올리면 일부 내용을 볼 수 있습니다. 하지만 코멘트 내용 전체를 확인하려면 클릭을 해야 합니다. 코멘트에 마우스를 올렸을 때와는 다르게 클릭하면 대댓글reply도 달 수 있습니다.

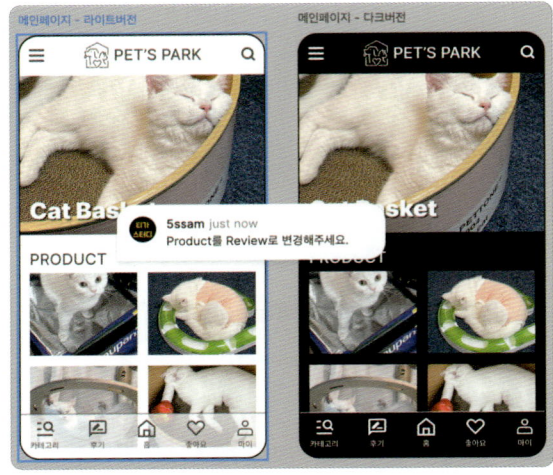

그림 5.5 코멘트에 마우스를 올린 상태의 화면

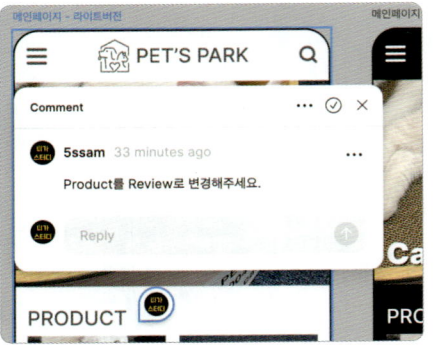

그림 5.6 코멘트를 마우스로 클릭한 상태의 화면

코멘트에 댓글 달기

01 **코멘트를 클릭한 창에서 대댓글 달기_** 그림 5.7과 같이 ❶ 기존 코멘트 아래 입력 창에 내용을 작성한 후, ❷ 전송 아이콘(⬆)을 클릭하면 댓글이 달립니다. 다른 사용자에게 공유된 화면이라 툴 박스 부분이 다릅니다.

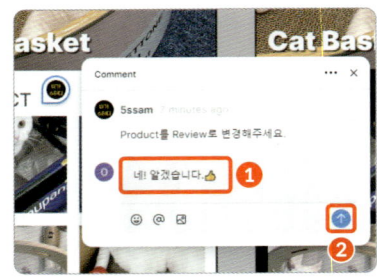

그림 5.7 코멘트에 대댓글 다는 화면

02 **댓글 확인_** 그림 5.8과 같이 2명이 작성한 코멘트를 확인할 수 있으며, 코멘트 아이콘에도 2명의 참여가 표시됩니다.

그림 5.8 댓글 완료된 화면

전체 코멘트 확인

한 파일에 코멘트가 많은 경우 한 번에 확인할 수 있는 기능도 있습니다. ❶코멘트 툴을 누르면, ❷디자인 패널이 코멘트 패널로 바뀌면서 파일에 있는 코멘트 내용을 모두 확인할 수 있습니다.

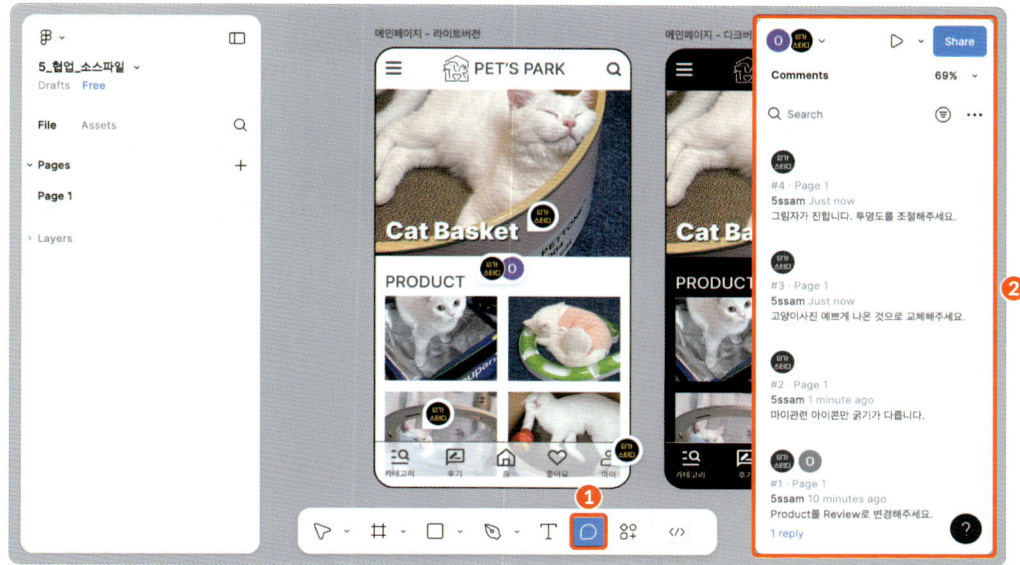

그림 5.9 전체 코멘트 확인 화면

 ## 코멘트 숨기기

코멘트 아이콘이 디자인을 가린다고 생각하면 숨길 수 있습니다.

코멘트가 있는 곳에서 마우스 오른쪽을 클릭합니다. 그러면 코멘트 드롭다운 메뉴가 나타납니다. 코멘트 드롭다운 메뉴의 맨 아래 부분의 [Hide comments]를 선택하면 코멘트가 숨겨집니다. 숨겨진 것이기 때문에 코멘트 툴을 누르면 다시 나타납니다.

그림 5.10 코멘트 드롭다운 메뉴

해결한 코멘트를 패널에서 숨기기

해결한 코멘트를 패널에서 숨길 수 있습니다.

01 **Mask as resolved 기능_** 코멘트 툴을 선택하면 디자인 패널에 코멘트 패널이 나타납니다. 해결한 문제는 Mask as resolved 아이콘을 눌러서 숨길 수 있습니다. 앞에서 살펴본 Hide comments는 코멘트를 모두 숨기는 기능이고, 코멘트 툴을 클릭하면 다시 나타납니다. 하지만 이 Mask as resolved는 일부러 다시 보이게 하지 않는 이상, 보이지 않으니 주의해야 합니다.

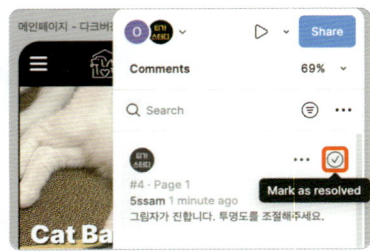

그림 5.11 코멘트 패널 1

02 **숨긴 것 다시 보이게 처리_** 코멘트 패널에서 상세 아이콘(◉)을 누르면 드롭다운 메뉴가 나타납니다. 이때 [Show resolved comments]를 누르면 해결한 코멘트도 보이게 됩니다.

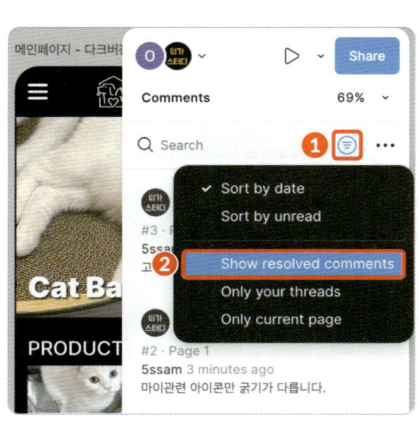

그림 5.12 코멘트 패널 2

그림 5.13 코멘트 패널 – 체크된 상태 표시

 **코멘트 삭제하기**

코멘트를 피그마에서 완전히 삭제하는 방법을 살펴보겠습니다.

01 코멘트 패널에서 삭제하기_ 각각의 코멘트에서 ❶ 더 보기 아이콘(...)을 클릭하고 ❷ [Delete tread]를 클릭합니다.

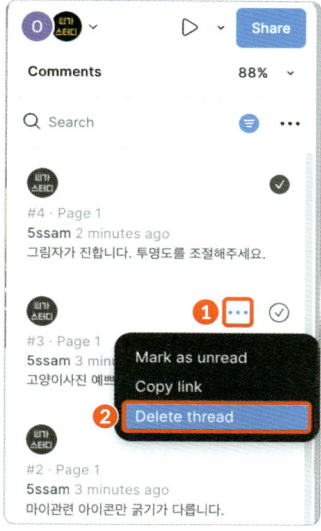
그림 5.14 코멘트 패널 세부 창 1

02 확인 창에서 Delete 버튼 클릭하기_ Delete comment 창이 뜨면 [Delete] 버튼을 클릭합니다. 이 버튼을 누르면 피그마에서 완전히 삭제되고, 되돌릴 수 없으니 신중하게 삭제해주세요.

✚ 다른 사람이 작성한 코멘트는 삭제할 수 없기 때문에, 작성자에게 직접 삭제를 요청해야 합니다.

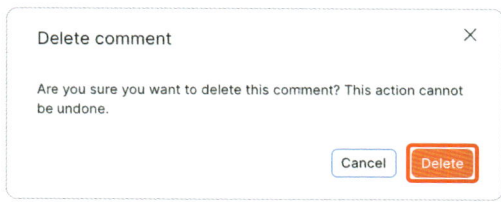
그림 5.15 코멘트 패널 세부 창 2

LESSON 02 | 파일 공유 방법

파일을 공유하는 방법은 세 가지가 있습니다. 팀에 초대하는 방법, 파일 주소(링크)를 보내는 방법, 파일을 컴퓨터에 다운로드해 전달하는 방법입니다. 하나씩 차근차근 세 가지 방법을 모두 살펴보겠습니다.

팀으로 초대하기

피그마는 팀team 기능을 통해 여러 사용자가 함께 작업할 수 있도록 지원합니다. 다만, 이 기능을 원활하게 사용하려면 계정을 업그레이드해야 하며, 업그레이드를 하지 않으면 팀원 초대에 제한이 있을 수 있습니다.

➕ 계정 업그레이드 방법은 2장에서 안내했습니다.

01 팀 생성하기_ 피그마 시작 화면으로 가서, 사용자의 팀을 클릭하면 드롭다운 메뉴가 나타납니다. 여기서 [Create new(새로 만들기)]를 클릭하여 새로운 팀을 생성해보겠습니다.

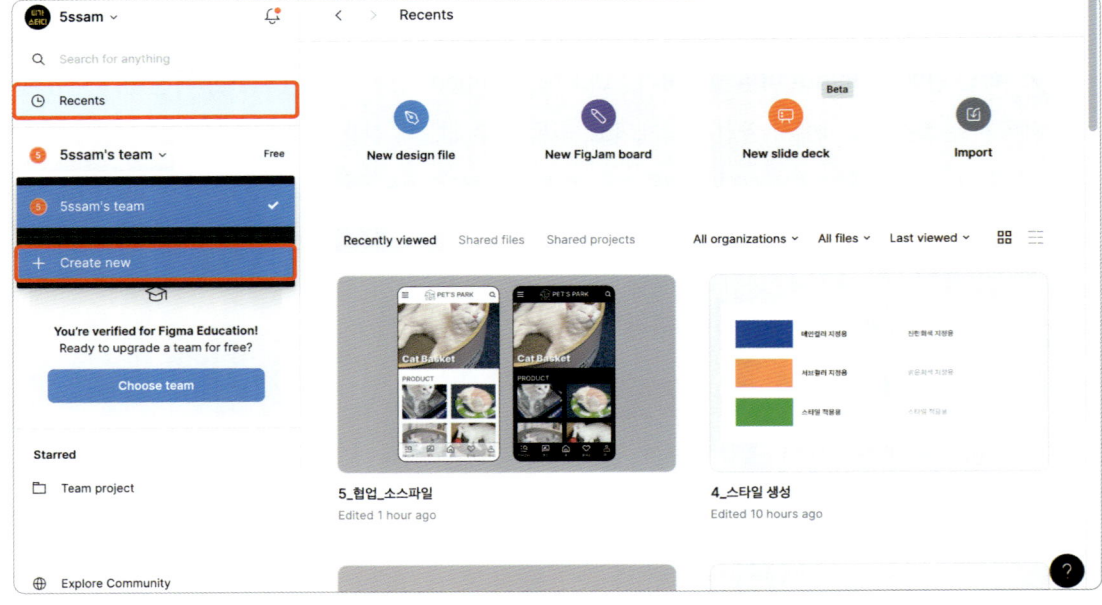

그림 5.16 Create new team 생성 화면

02 팀 이름 작성_ 첫 번째 단계로 ❶팀 이름을 작성하고 ❷[Create team(팀 만들기)] 버튼을 클릭합니다.

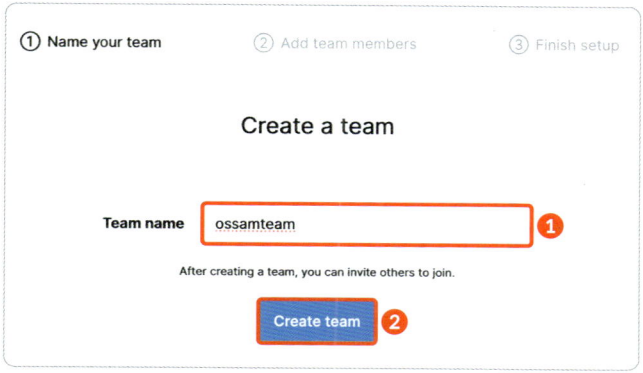

그림 5.17 Create new team – 팀 이름 생성

03 팀원 초대하기_ 다음으로 팀원을 초대하는 화면이 나타납니다. ❶팀원의 피그마 계정 이메일을 입력하고, ❷[Continue] 버튼을 클릭합니다.

✚ 팀을 생성할 때 팀원의 계정을 모른다면 [Skip for now]를 클릭하고 추후 입력할 수 있습니다.

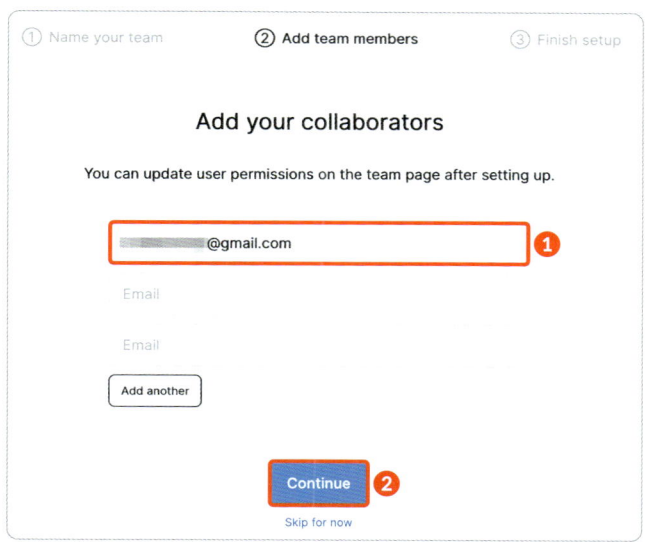

그림 5.18 Create new team – 팀원 초대

04 플랜 선택하기_ 마지막으로 플랜을 선택해야 합니다. Professional 계정으로 업그레이드한 경우에는 그림 5.19에서 [Upgrade and choose seats] 버튼을 클릭합니다.

반면, 2장에서 Education 계정으로 업그레이드한 경우 Education 아래의 [Upgrade for free] 버튼을 클릭합니다. 여기서는 [Choose Starter] 버튼을 누른 후 Education 계정으로 팀을 전환하는 과정을 안내합니다.

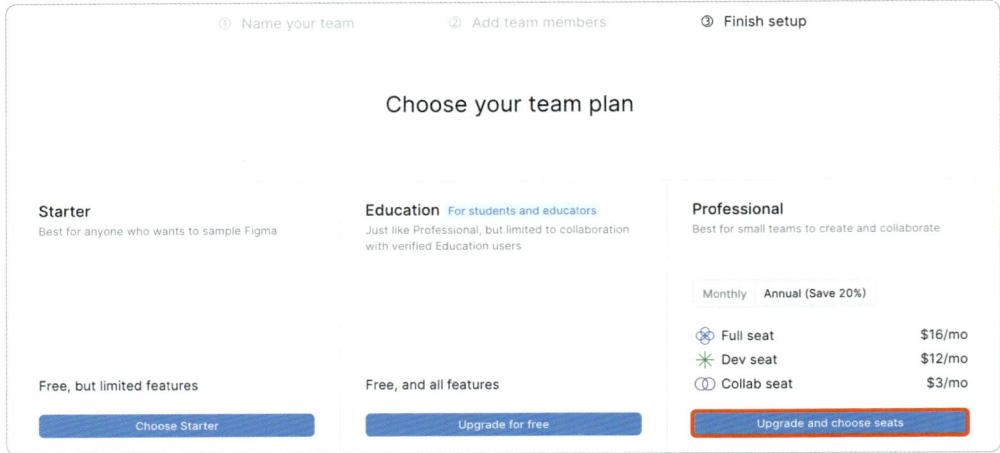

그림 5.19 Create new team – 플랜 선택

[Choose Starter] 버튼을 누르면, 그림 5.20과 같이 팀 계정으로 전환된 피그마의 첫 화면으로 돌아옵니다. 이때 팀 이름 옆에 ❶Free라는 툴팁이 표시되어 있고, 화면 하단에는 해당 팀 계정을 Education 계정으로 변경할 수 있다는 문구가 보입니다. ❷하단의 [Choose team] 버튼을 클릭합니다.

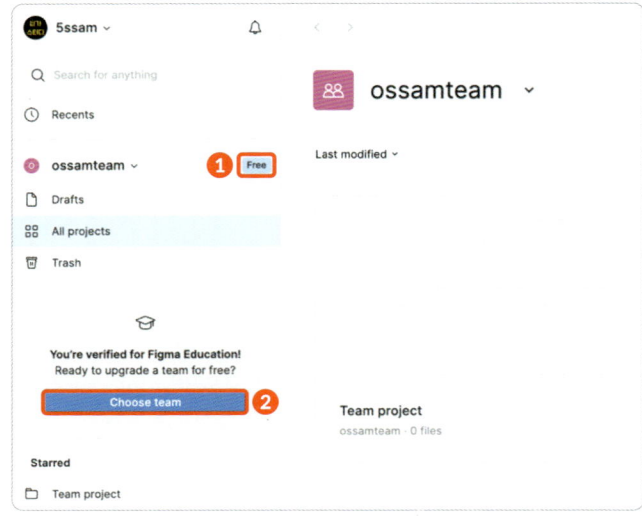

그림 5.20 팀 계정으로 처리된 피그마 첫 화면

그러면 Choose a team to upgrade for free라는 창이 나타납니다. 이곳에서 원하는 팀 계정 옆의 [Next] 버튼을 클릭합니다.

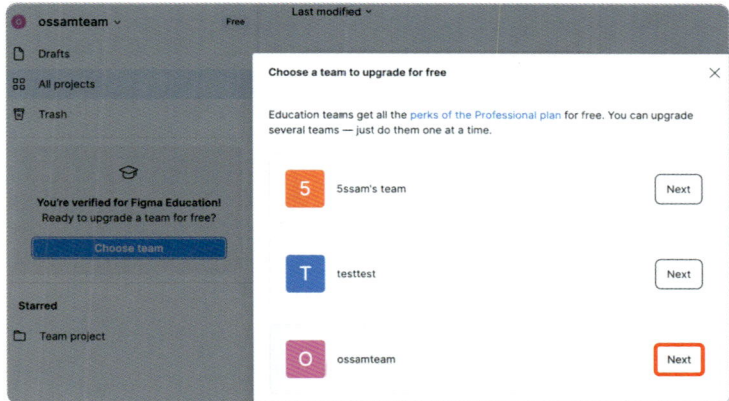

그림 5.21 팀 계정을 업그레이드하는 화면

다음 화면에서는 Education 플랜 사용 정책에 동의해야 합니다. ❶동의 항목에 체크한 뒤, ❷[Complete upgrade] 버튼을 클릭합니다.

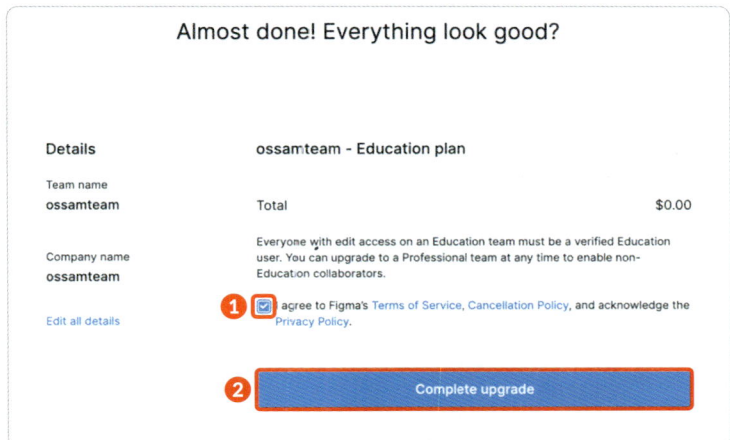

그림 5.22 Education 플랜을 완료하는 화면

05 팀 계정 확인하기_ 이제 다시 피그마의 첫 화면으로 돌아오면, 계정 옆에 표시되던 Free 라벨이 사라졌으며, 하단에 있던 업그레이드 관련 문구와 버튼도 없어진 것을 확인할 수 있습니다.

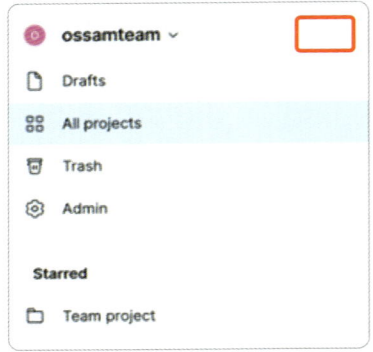

그림 5.23 Education 계정으로 업그레이드된 화면

06 파일을 팀 계정으로 옮기기_ 예제 파일의 5장 폴더에서 5_협업_소스파일.fig를 불러옵니다. 불러온 파일이 이미 있다면 바로 팀 계정으로 옮기면 됩니다. 해당 파일에서 마우스 오른쪽을 누른 후 드롭다운 메뉴에서 [Move file(파일 이동)] 메뉴를 클릭합니다.

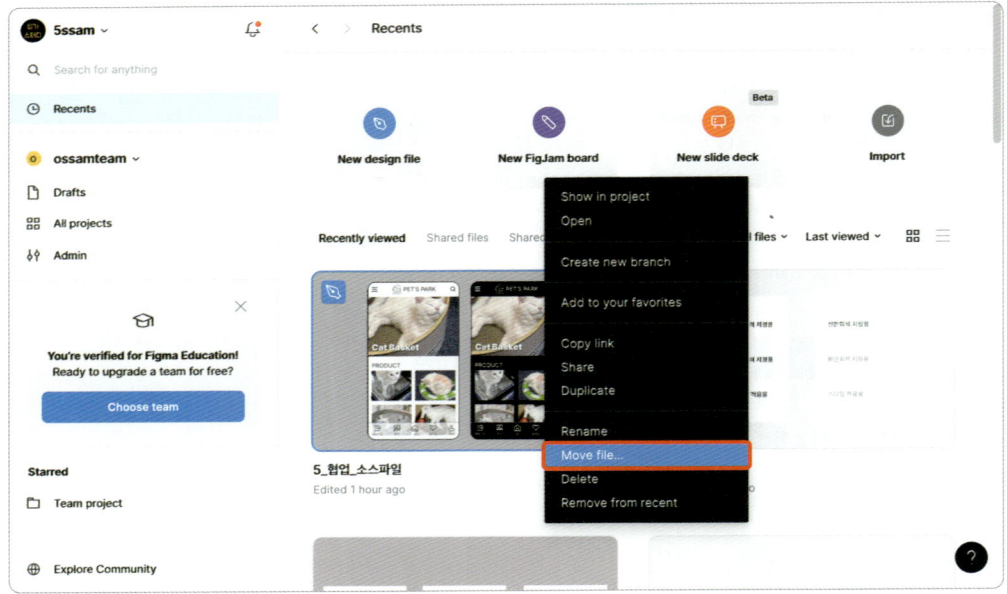

그림 5.24 기존 파일 화면

그럼 Move file 팝업 창이 뜨는데, ❶해당 팀을 선택한 후 ❷[Move(이동)] 버튼을 클릭합니다.

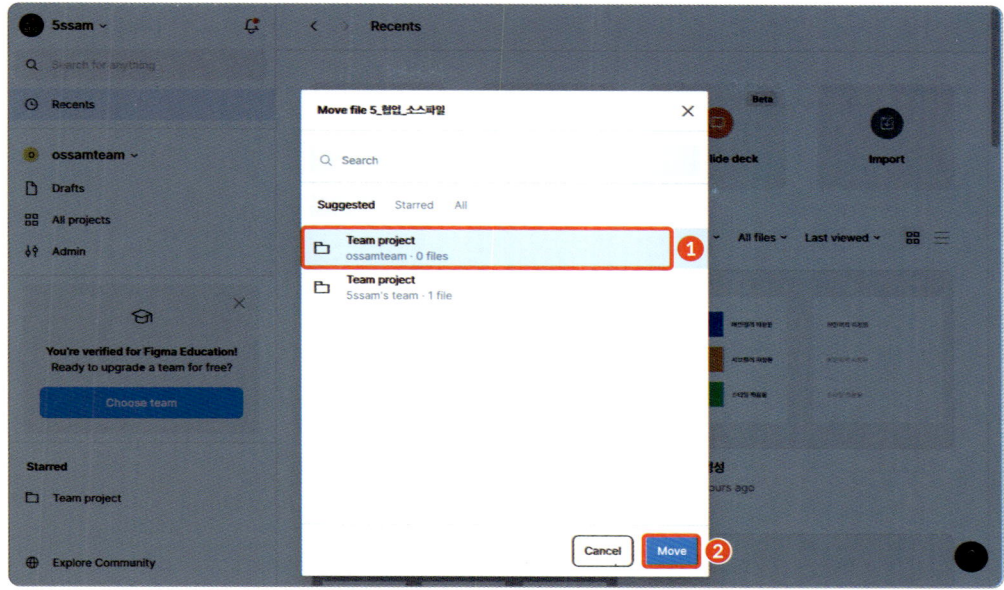

그림 5.25 Move file 팝업 창 화면

07 **파일 이동 확인하기_** 팀에서 [All projects(모든 프로젝트)] 메뉴를 선택하면 5_협업_소스파일.fig 파일이 들어가 있는 것을 확인할 수 있습니다.

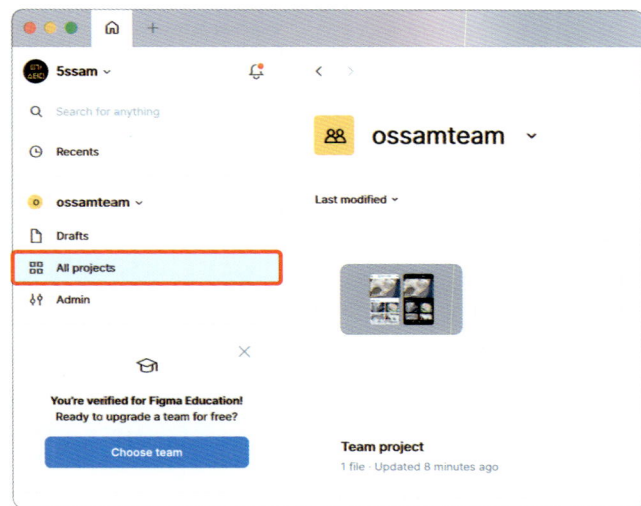

그림 5.26 피그마 앱 초기 화면 – All projects

08 **팀 초대 수락하기**_ 팀원으로 초대를 받으면 피그마 시작 화면에서 ❶종 모양 아이콘(🔔)에 알림이 나타나는데, 여기서 초대 메시지를 확인할 수 있습니다. 초대 메시지를 확인하고 ❷[Accept(수락)] 버튼을 클릭하면 팀에 들어가게 됩니다.

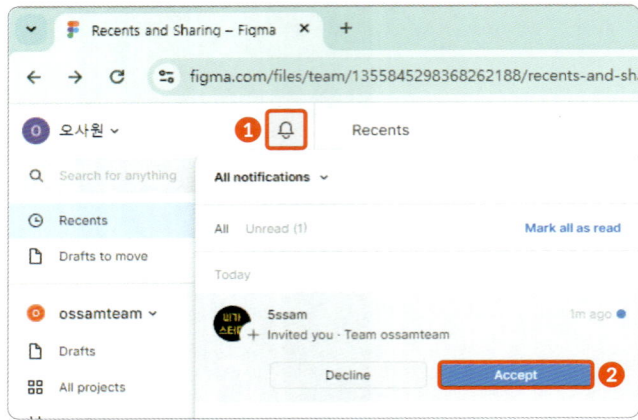

그림 5.27 다른 팀원의 피그마 초기 팀 화면

09 **팀 파일 확인하기**_ 팀을 수락했기 때문에 좌측에 팀이 나타나고, ❶[All projects(모든 프로젝트)]을 클릭하여 ❷파일을 함께 관리할 수 있습니다.

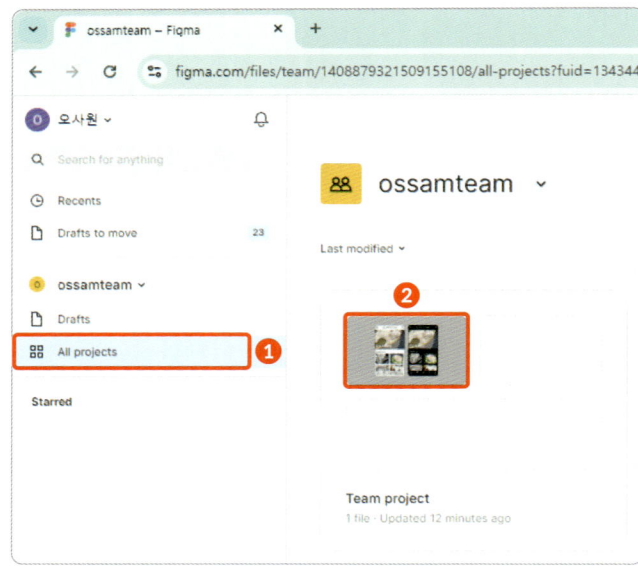

그림 5.28 팀 파일 확인

파일 주소 보내기

팀원에게 파일을 공유하는 목적은 함께 수정하고 협업하기 위함입니다. 하지만 개발자에게 전달하거나 클라이언트에게 보여줄 때는 수정 권한이 필요하지 않기 때문에, 파일 주소만 공유해도 충분합니다. 링크만 전달해도 코멘트 툴 사용이나 이미지를 다운로드할 수 있습니다.

01 Share 버튼 누르기_ ❶[Share(공유하기)] 버튼을 클릭하면 Share this file이라는 공유 창이 나타납니다. 여기서 공유에 대한 세부 설정을 완료한 뒤, ❷[Copy link(링크 복사)] 버튼을 클릭하면 파일 주소가 복사됩니다. 이 주소를 팀원이나 클라이언트에게 전달하면 간편하게 파일을 공유할 수 있습니다. 물론 이메일로 직접 초대하는 방법도 있지만, 링크만 공유해도 대부분의 경우 충분합니다.

공유 창 하단에는 추가 옵션도 있습니다. Copy Dev Mode link는 해당 파일을 개발자 모드로 공유할 수 있습니다. Publish to Community는 파일을 피그마 커뮤니티에 공개하여 모든 사용자가 열람할 수 있도록 합니다. Get embed code는 iframe 태그 형태로 코드를 생성해, 블로그나 노션 등에 파일을 삽입해서 보여줄 수 있습니다. 이 책에서는 이 옵션들은 다루지 않고, 링크 복사를 통해 공유하는 방법만 실습해보겠습니다.

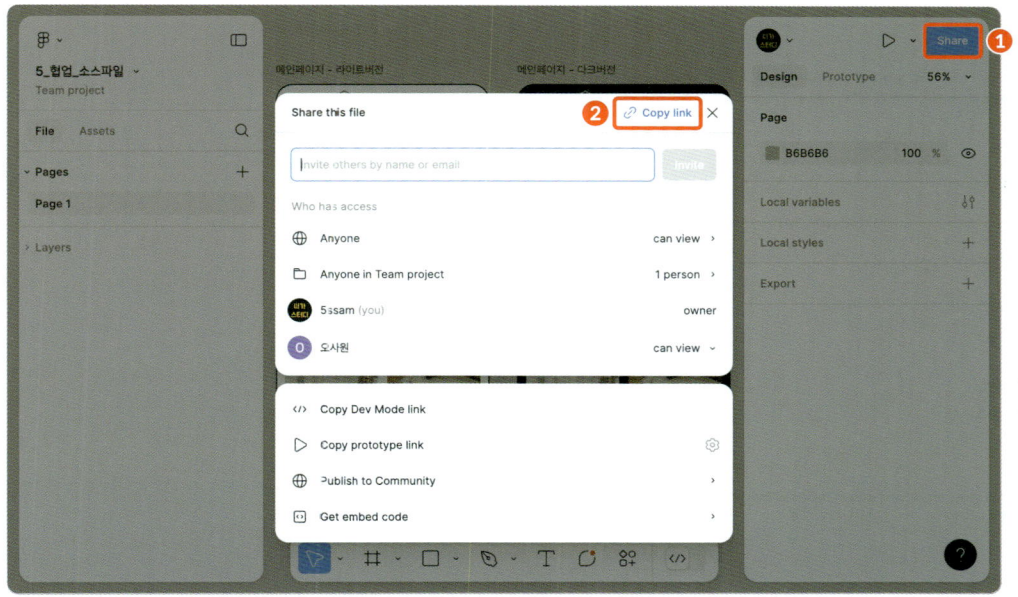

그림 5.29 Share this file 창

02 보기 옵션 선택_ Share this file 창에서 [can view]를 클릭하면 공유 옵션을 상세하게 변경할 수 있습니다.

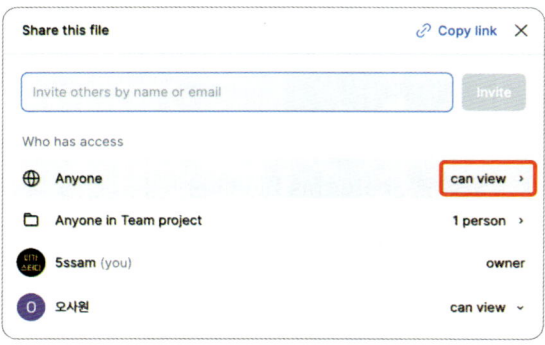

그림 5.30 Share this file에서 can view 누르는 화면

파일을 공유할 때, 수정 권한 여부를 설정할 수 있습니다.

- **Edit**: 파일을 수정할 수 있도록 공유합니다.
- **View**: 파일을 보기 전용으로 공유합니다.

옵션을 선택한 후에는 반드시 [Save] 버튼을 눌러야 설정이 적용됩니다.

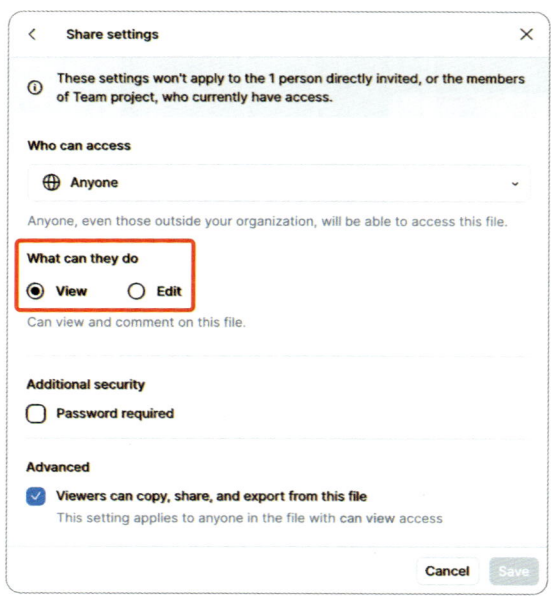

그림 5.31 Share Setting 화면 1

96 PART II 개발자 핸드오프

03 공유자 옵션 선택_ 공유할 대상에 대한 추가 옵션도 설정할 수 있습니다.

- **Anyone**: 주소만 알고 있으면 누구나 파일을 열람할 수 있습니다.
- **Only invited people**: 초대한 사람만 파일을 볼 수 있습니다.
- **Password required**: 주소와 비밀번호를 모두 알고 있는 경우에만 파일에 접근할 수 있습니다.

공유 목적에 따라 적절한 옵션을 설정하여 사용하세요.

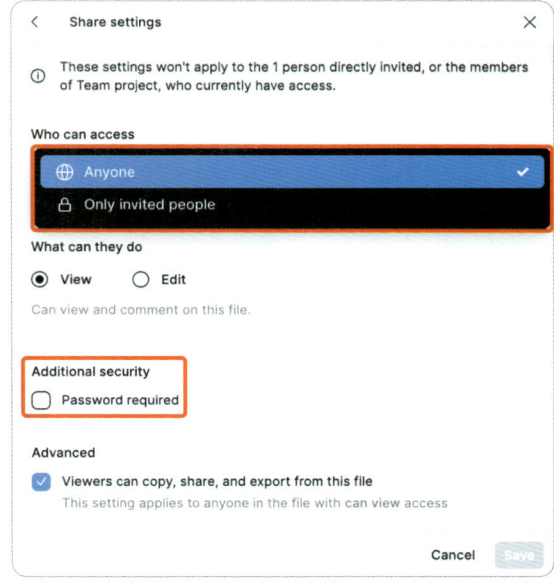

그림 5.32 Share Setting 화면 2

04 피그마 아이디가 없는 경우 주소 확인_ 그림 5.33은 피그마에 로그인하지 않은 사람이 공유된 링크를 확인했을 때 보이는 화면으로, 피그마에 로그인하라는 경고가 나타납니다. 이때는 파일을 확인만 할 수 있고, 코멘트도 작성할 수 없습니다.

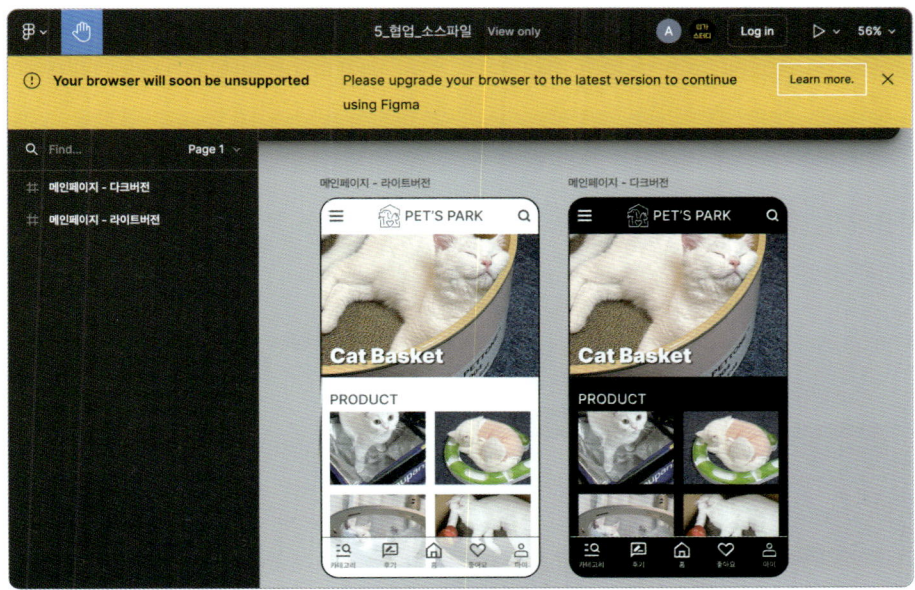

그림 5.33 로그인 안 된 주소 확인

05 피그마 아이디가 있는 경우 주소 확인_
피그마에 로그인되어 있을 때 공유된 링크로 접속한다면 코멘트 툴을 이용해 코멘트도 달 수 있고, export를 통해 이미지도 다운로드할 수 있습니다. 그리고 툴 박스에서 [Ask to edit(편집 권한 요청)] 버튼으로 파일 소유자에게 편집 허용 여부를 신청할 수 있습니다.

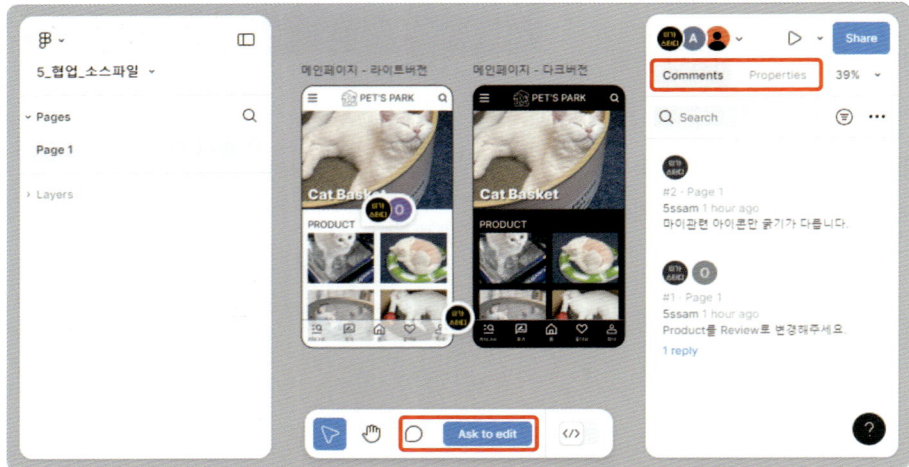

그림 5.34   로그인된 주소 확인

파일을 직접 공유하기

피그마 디자인 파일은 컴퓨터에 저장할 수 있으며, .fig 확장자로 저장됩니다. 특히 무료 계정은 저장 가능한 파일 수에 제한이 있기 때문에, 공유 목적이 아니더라도 항상 백업용으로 파일을 로컬에 저장해 두는 것을 추천합니다.

01 파일 메뉴 사용하기_
❶메인 메뉴 아이콘을 누른 후, ❷File 메뉴를 선택하고, ❸[Save local copy(로컬 복사본 저장)]를 클릭합니다.

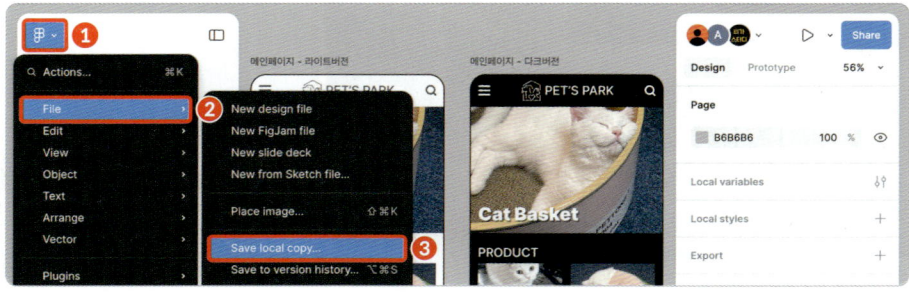

그림 5.35   메인 메뉴 화면

02 저장 위치 지정하기_ 다음은 저장 위치와 파일명을 설정합니다. 그림 5.36은 macOS 환경에서 저장하는 화면이며, Windows OS의 화면은 다를 수 있지만, 저장 위치와 파일명만 올바르게 지정하면 됩니다. 파일명을 변경하고 싶다면 이 단계에서 자유롭게 수정해도 됩니다

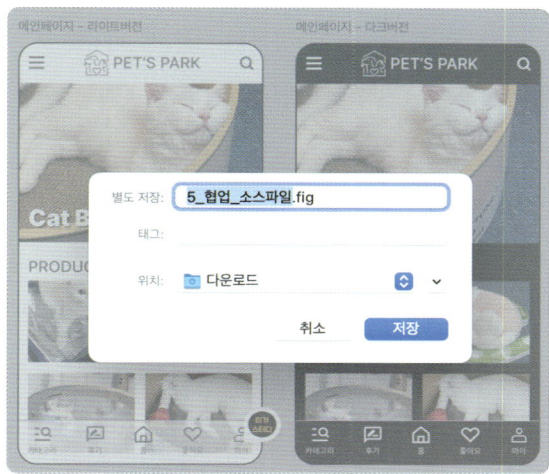

그림 5.36 저장 위치 지정

03 컴퓨터 내부의 파일 확인하기_ 저장한 후, 컴퓨터의 지정한 경로로 이동해보면 파일이 정상적으로 저장된 것을 확인할 수 있습니다.

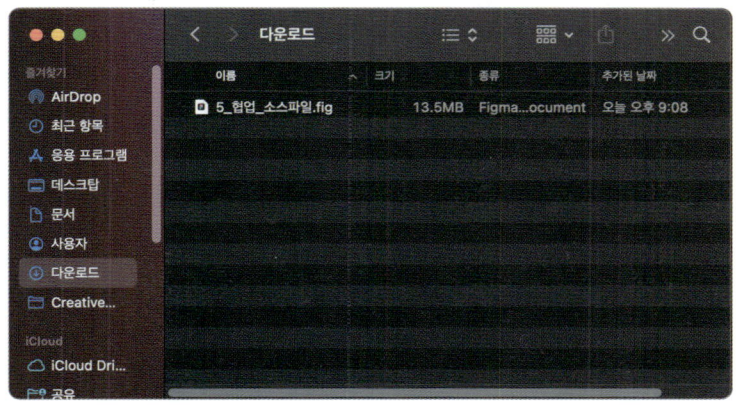

그림 5.37 저장 위치 확인

LESSON 03 프로토타입 미리 보기

프로토타입은 본래 이벤트나 트리거를 적용해 사용자 흐름을 확인할 때 사용하는 기능입니다.

➕ 자세한 내용은 **4부 '프로토타입 제작'**에서 다룰 예정입니다.

하지만 때로는 디자인의 세부 요소를 노출하지 않고, 프로토타입 형태로만 공유해 코멘트를 받거나 보기 전용으로 제공하고 싶을 수도 있습니다. 이럴 경우, 프로토타입 모드로 공유하는 것이 효과적입니다. 단, 프로토타입 공유 기능을 제대로 활용하려면 Free 계정이 아닌 Professional 계정으로 업그레이드해야 합니다.

➕ 학생 계정으로 가입한 경우에는 무료로 업그레이드가 가능합니다.

프로토타입 모드로 파일 보기

프로토타입으로 공유하려면, 먼저 파일을 프로토타입 모드로 전환해야 합니다.

01 **프로토타입 모드로 들어가기_** 우측 상단에 ❶플레이 아이콘(▷)을 클릭하면 바로 Present 모드로 전환할 수 있습니다. 아이콘 옆의 화살표를 클릭하면 그림 5.38과 같이 드롭다운 메뉴가 나타나며, 그중에서 ❷[Present]를 선택하면 됩니다.

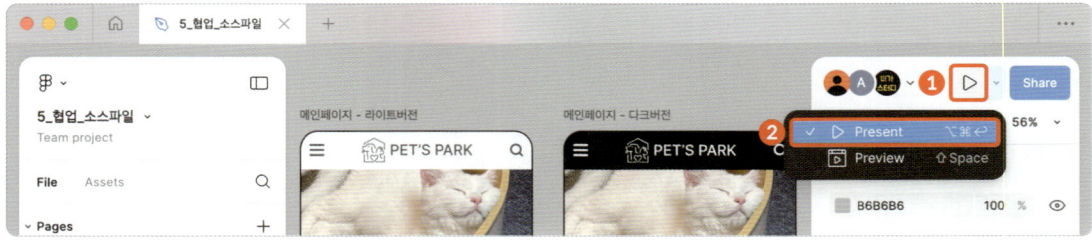

그림 5.38 프로토타입 모드 들어가는 화면

02 프로토타입 모드 화면 보기_ 그러면 프로토타입 화면이 표시됩니다. 이 화면이 제대로 보이려면, 프로토타입 패널에서 기기 설정을 지정해야 합니다.

✚ 기기 설정에 대한 자세한 내용은 **4부 '프로토타입 제작'**에서 다룰 예정입니다.

여기서는 공유 기능에 집중하므로, 공유 관련 부분만 살펴보겠습니다. 프로토타입 화면 우측 상단에 [Share prototype] 버튼을 클릭하면 공유 설정 창이 열립니다.

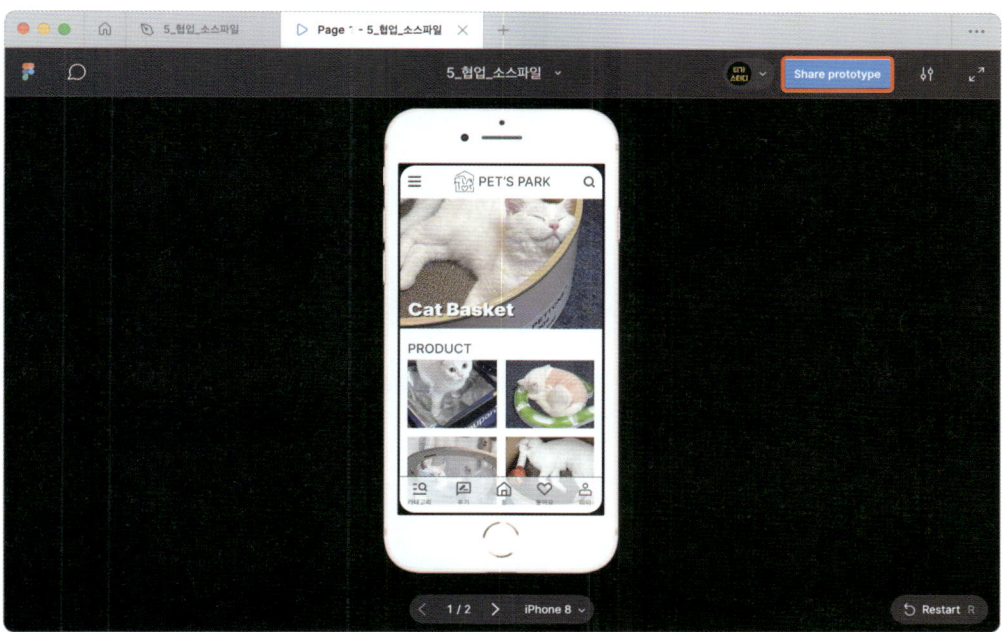

그림 5.39 프로토타입 모드 화면

프로토타입 모드 공유하기

01 프로토타입 모드 화면 보기_ 디자인 파일을 공유할 때와 거의 동일한 형태의 공유 창이 나타납니다. 특정 이메일로 초대하거나, 링크를 통해 공유할 수도 있습니다. 이 책에서는 링크 공유 방식을 사용해보겠습니다. 우측 상단의 [Copy link]를 클릭하면, 문구가 Link copied!로 바뀌며 링크가 복사되었음을 알려 줍니다.

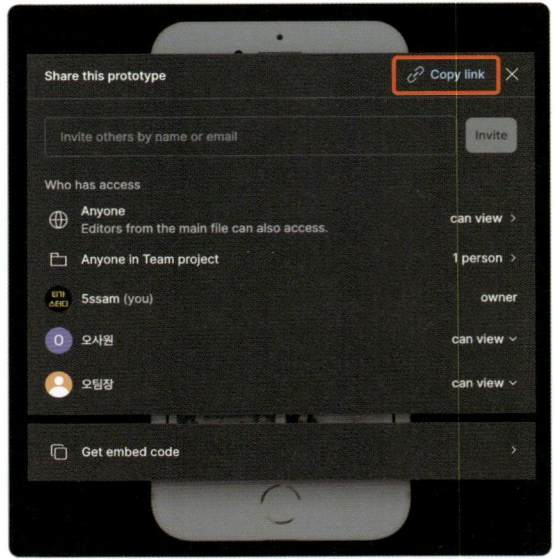

그림 5.40 Share this prototype 창

02 공유받은 주소를 브라우저에 붙이기_ 공유받은 사람이 해당 링크를 브라우저에 붙여넣으면 프로토타입 화면이 표시되며, 프로토타입 화면에서도 코멘트 툴을 사용할 수 있습니다.

지금까지 협업을 위한 코멘트 툴, 파일 공유 방법, 프로토타입 미리 보기 기능을 살펴보았습니다. 피그마는 기존 디자인 툴보다 훨씬 효율적으로 협업할 수 있는 환경을 제공합니다.

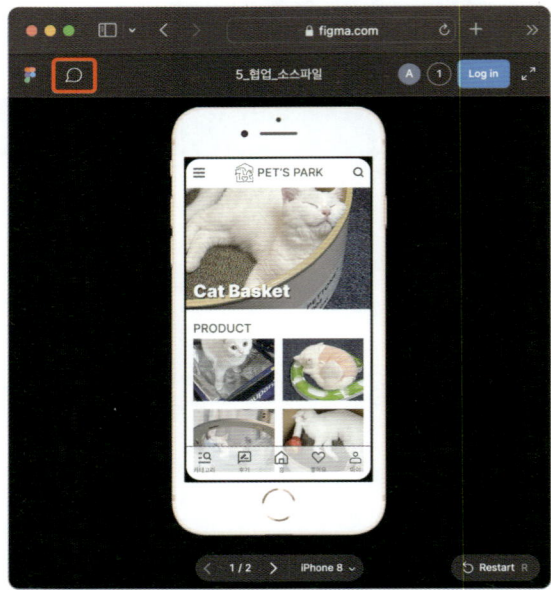

그림 5.41 브라우저 공유 화면

CHAPTER

이미지 저장하기

- 이미지 포맷의 종류
- 이미지 내보내기
- GIF보다는 APNG로 처리

피그마는 매우 효과적인 프로토타입 제작 도구입니다. 하지만 프로토타입은 어디까지나 실제 구현물이 아니라, 구현물에 최대한 가깝게 만든 시안일 뿐입니다. 따라서 실제로 구현이 필요할 때는 디자인 요소를 이미지로 내보내야 합니다. 이번 장에서는 피그마에서 어떤 이미지를 내보낼 수 있는지, 어떻게 하면 더 효과적으로 이미지를 내보낼 수 있는지 살펴보겠습니다.

LESSON 01 이미지 포맷

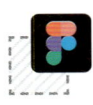

피그마에서 다룰 수 있는 이미지 포맷에 대해, 불러올 수 있는 이미지와 제작할 수 있는 이미지로 나눠서 살펴보겠습니다.

피그마에서 불러올 수 있는 이미지 포맷

표 6.1 피그마 이미지 포맷의 종류

이미지 포맷	설명
JPEG	정지 화상(이미지)을 위해서 만들어진 손실 압축 방법 표준입니다.
PNG	비손실 그래픽 파일 포맷 중 하나입니다.
GIF	비손실 그래픽 파일 포맷입니다. 애니메이션 기능을 지원합니다.
HEIC	고효율 이미지 파일 포맷의 파일 확장자입니다.
WebP	손실/비손실 압축 이미지 파일을 위한 이미지 포맷입니다. 애니메이션 기능을 지원합니다.
TIFF	앨더스(Aldus) 사와 마이크로소프트 사가 공동 개발한 이미지 저장 포맷입니다. Safari 브라우저에서만 사용 가능합니다.

피그마는 다양한 이미지 포맷을 지원하지만, 일반적으로는 JPG와 PNG가 가장 많이 사용됩니다. 웹 제작 시에도 가장 널리 쓰이며, 이미지 배포 사이트에서도 주로 사용되는 포맷입니다.

GIF 포맷은 애니메이션 기능을 지원하기 때문에, 피그마의 프로토타입 기능과 함께 사용하면 실제 동작하는 것처럼 보이는 인터랙티브한 시안 구현도 가능합니다.

또한, 피그마는 SVG(Scalable Vector Graphics) 파일과 같은 벡터 포맷도 지원합니다. SVG 파일을 피그마에 가져오면, 일반 이미지처럼 처리되지 않고 벡터 레이어로 변환되어 피그마 내에서 직접 편집이 가능한 요소로 다뤄집니다. 한편, 래스터 이미지(raster image)(JPG, PNG 등)는 Fill 속성으로 레이어에 적용되지만, SVG는 피그마에서 그린 도형과 동일하게 독립적인 벡터 객체로 작동합니다.

이처럼 피그마는 이미지 편집과 활용에 있어 다양한 포맷을 유연하게 지원합니다.

피그마로 GIF 포맷 불러오기

GIF 파일은 피그마의 프로토타입 모드에서도 실제로 움직이는 모습을 보여줄 수 있습니다. 지금부터 실습을 통해 GIF 파일을 피그마에 불러오는 방법을 살펴보겠습니다.

01 예제 파일 불러오기_ 예제 파일의 6장 폴더에서 6_GIF이미지_소스파일.fig 파일을 피그마로 불러옵니다. GIF 이미지를 그림 6.1에 보이는 회색 박스인 main_banner에 넣어보겠습니다.

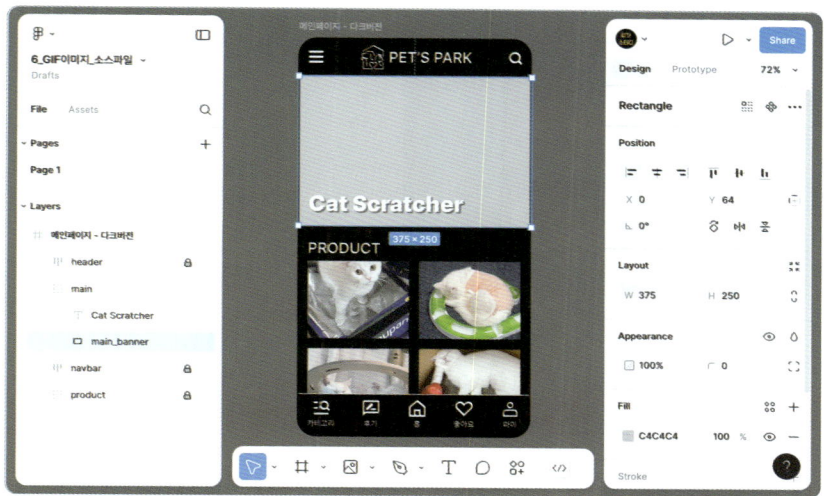

그림 6.1 예제 파일을 불러온 화면

02 GIF 파일 불러오기_ 이미지를 불러오는 단축키를 이용해 예제 파일의 6장 폴더에서 GIF이미지.gif 파일을 선택합니다.

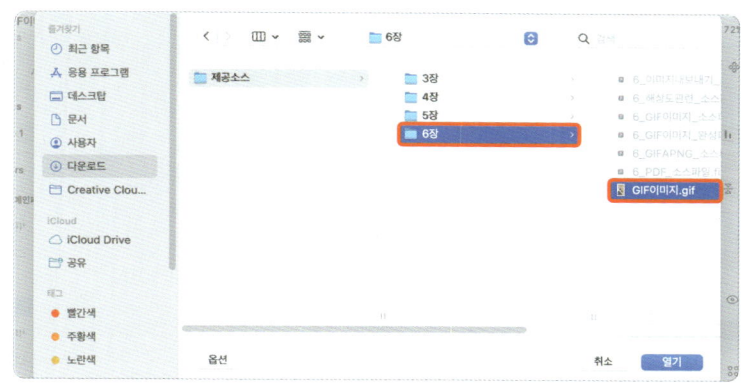

그림 6.2 GIF 파일을 불러오는 화면

03 GIF 파일 불러오기_ 마우스로 회색 사각형을 클릭하면 클리핑 마스크가 적용되어, 해당 사각형 안에 이미지가 들어가게 됩니다. 이때 main_banner 레이어의 아이콘이 이미지 아이콘과 다른, 영상 아이콘(▶)으로 표시됩니다. 이는 일반 이미지와 GIF 이미지가 서로 다르게 인식됨을 보여주는 예입니다.

그림 6.3 GIF 파일을 적용한 화면

04 위치 정리하기_ 주제가 Cat Scratcher인 만큼, 스크래처가 더 잘 보이도록 이미지 위치를 조정해보겠습니다. ❶먼저 레이어 패널에서 main_banner 레이어를 정확하게 선택합니다. ❷그다음 디자인 패널에서 Fill 항목의 GIF 부분을 클릭하면 Fill 세부 설정 창이 열립니다. ❸여기서 다시 Fill을 눌러 드롭다운 메뉴를 열고, 이미지 설정을 변경하겠습니다.

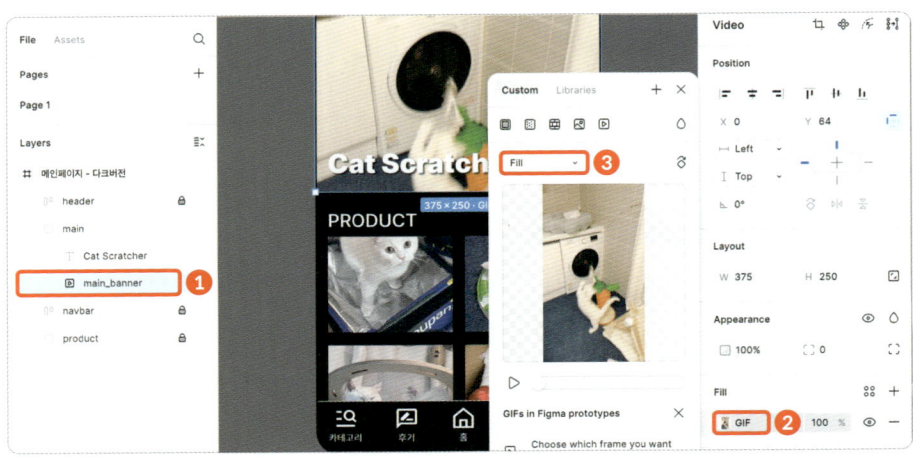

그림 6.4 디자인 패널의 Fill 화면

05 크롭 기능 처리_ 드롭다운 메뉴에서 Crop으로 변경하면, 이미지의 위치를 이동할 수 있습니다.

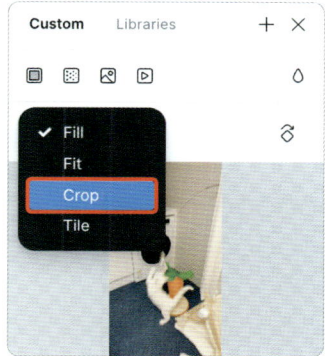

그림 6.5 크롭으로 변경하는 화면

06 위치 이동하기_ 이미지를 위쪽으로 드래그하여 스크래처가 더 잘 보이게 이동하겠습니다.

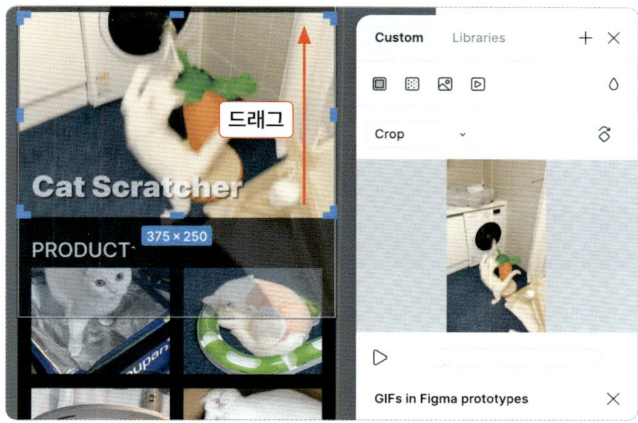

그림 6.6 크롭 상태에서 이미지를 위로 드래그 처리

07 위치 이동하기_ 다시 플레이 버튼(▷)을 눌러 프로토타입 모드로 확인해보겠습니다.

그림 6.7 프로토타입 Present 처리

08 프로토타입 확인하기_ 책에서는 이미지가 움직이는 모습을 확인할 수 없지만, 실제 피그마에서는 GIF 파일이 애니메이션으로 재생되는 것을 볼 수 있습니다. 다른 확장자들은 아직 애니메이션을 지원하지 않지만, GIF 파일은 움직이는 이미지를 표현할 수 있기 때문에 프로토타입에 생동감을 더하고자 할 때 유용하게 활용할 수 있습니다.

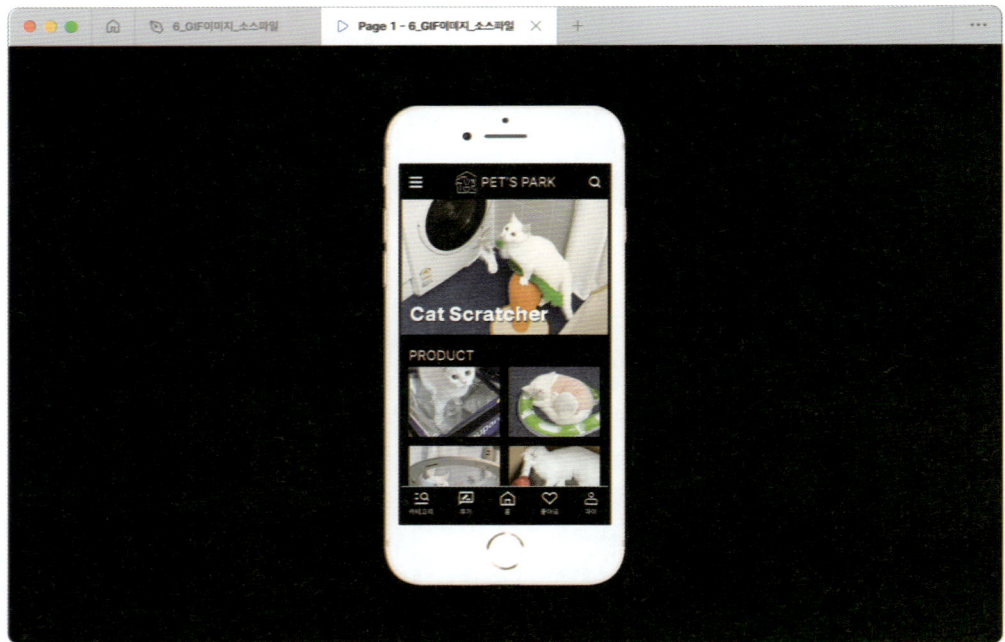

그림 6.8 프로토타입 미리 보기 화면

LESSON 02 이미지 내보내기

피그마에서 이미지를 내보내는 방법을 알아보겠습니다. 피그마는 JPG, PNG, SVG, PDF 확장자로 이미지를 내보낼 수 있습니다. 특히 SVG의 경우, 일러스트레이터와 달리 원래 지정한 크기로 정확하게 내보내므로 별도로 크기를 수정할 필요가 없습니다. 일러스트레이터에서는 SVG 크기가 명확히 지정되지 않으므로 코드를 수정해 크기를 지정해야 하는 불편함이 있습니다. 또한 피그마는 마케팅이나 기획 부서에서도 많이 활용되기 때문에, PDF 형식으로 내보내는 기능도 지원합니다.

디자인 파일에서 이미지 내보내기

01 예제 파일에서 이미지 선택하기_ 예제 파일의 6장 폴더에서 6_이미지내보내기_소스파일.fig를 피그마로 불러옵니다. ❶ 레이어 패널에서 header 내부에 있는 menu_icon, logo, search_icon을 Shift 키를 눌러 모두 선택합니다. ❷ 디자인 패널에서 Export 부분으로 가서 추가 아이콘(+)을 클릭합니다.

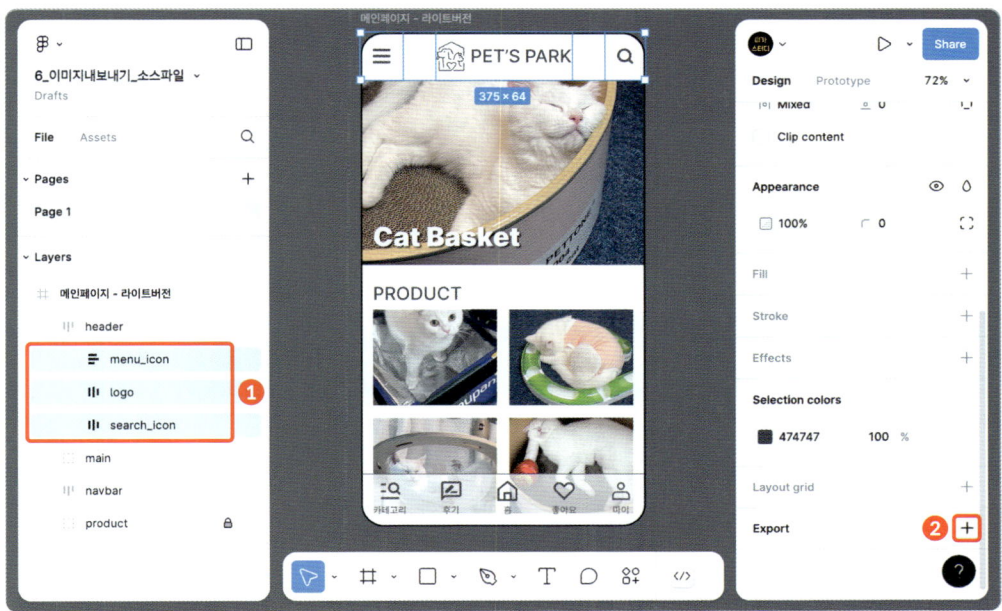

그림 6.9 소스 파일 화면

02 **SVG로 확장자 변경하기**_ 현재 선택한 요소들은 벡터로 구성되어 있습니다. 벡터는 SVG로 내보내는 것이 좋습니다. 그러므로 기본적으로 PNG가 선택되어 있는 것을 그림 6.10과 같이 SVG로 변경합니다.

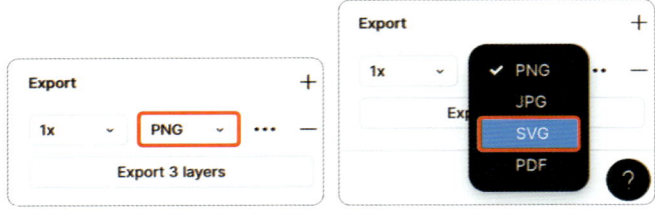

그림 6.10 Export - PNG를 SVG로 변경하기

03 **Export로 내보내기**_ 디자인 패널에서 [Export 3 layers] 버튼을 클릭합니다. 그러면 탐색기 창이 열리는데, 저장할 위치를 선택합니다. 이 책에서는 예제 파일의 6장 폴더 내부에 저장하겠습니다. ❶위치를 선택하고 ❷[Save] 버튼을 클릭합니다.

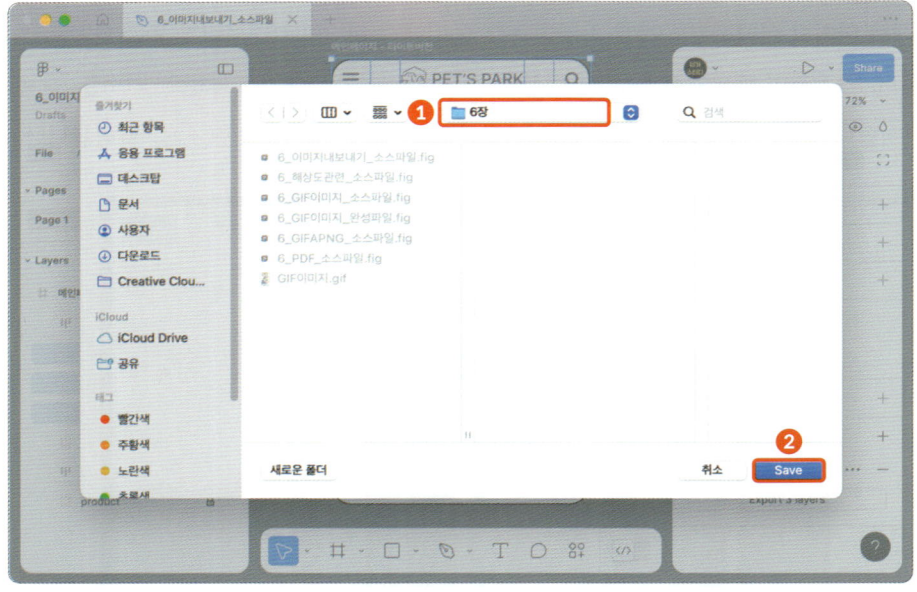

그림 6.11 컴퓨터로 내보내기

04 탐색기 확인하기_ 컴퓨터에서 해당 폴더로 이동해보면 SVG 파일로 저장된 것을 확인할 수 있습니다. 파일 크기를 살펴보면 이미지와는 달리 용량이 매우 작기 때문에 벡터로 되어 있는 것은 SVG로 내보내길 권장합니다.

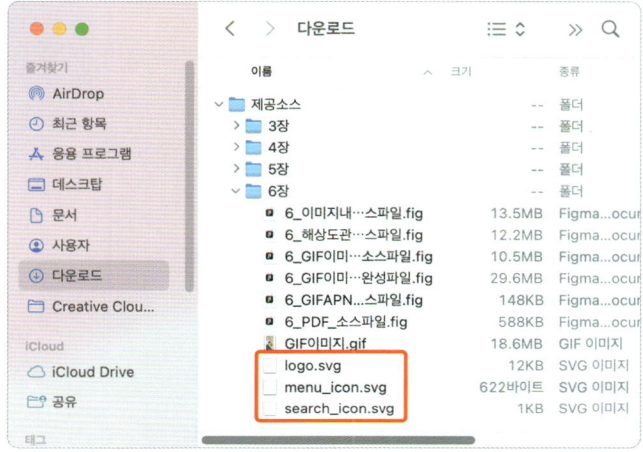

그림 6.12 컴퓨터로 내보내기

05 메인 이미지 JPG로 내보내기_ ❶레이어 패널에서 main_banner를 선택합니다. ❷그다음 디자인 패널에서 Export에서 추가 아이콘(➕)을 클릭합니다.

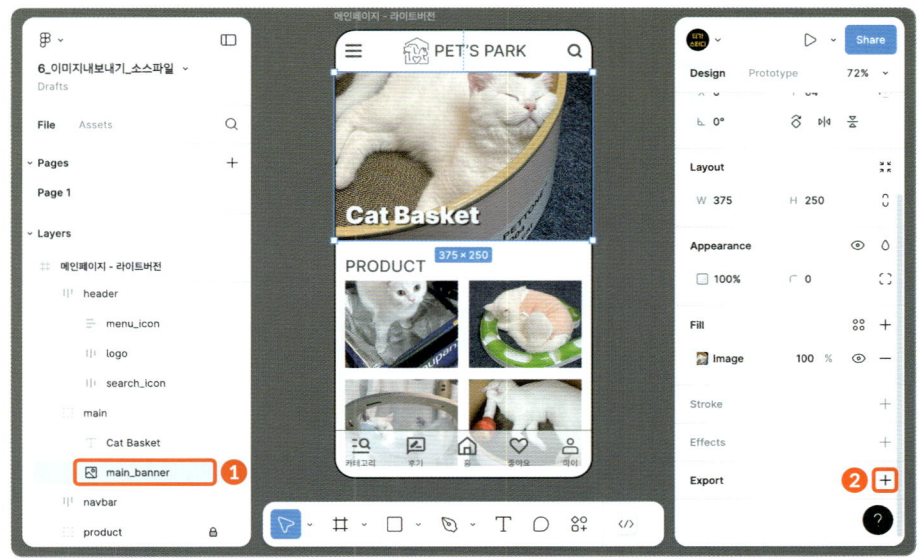

그림 6.13 메인 이미지 선택하는 화면

06 해상도별 이미지 추가하기_ 추가 아이콘(+)을 클릭하면 기본적으로 1x 해상도의 이미지만 나오지만, 모바일 해상도를 고려하여 앱 개발 시에는 1x뿐만 아니라 2x, 3x 해상도까지 함께 내보내는 것이 좋습니다.

✚ 자세한 해상도 개념은 뒤에서 상세히 설명하겠습니다.

2x, 3x 해상도를 추가하려면 다시 추가 아이콘(+)을 클릭하면 자동으로 설정됩니다. 이때 접미어Suffix는 파일명이 중복되지 않도록 하기 위해 붙이는 이름입니다.

✚ 특히 iOS 기반인 아이폰용 디자인에서는 파일명에 @2x, @3x를 붙이면 자동으로 인식되기 때문에, Suffix 입력란에 이와 같은 형식으로 작성합니다.

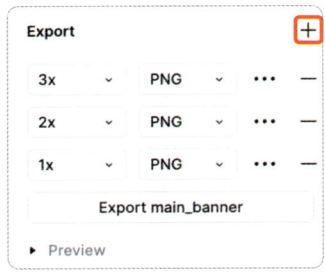

그림 6.14 Export - 1x, 2x, 3x 추가

모든 설정을 마쳤다면 [Export main_banner] 버튼을 클릭하여 이미지를 내보냅니다.

이미지 확장자 옆의 더 보기 아이콘(...)을 클릭하면 세부 설정을 확인할 수 있습니다. 내보낼 때 이름을 어떻게 할지 지정할 수 있습니다. 그림 6.15는 3x 이미지에는 @3x를 붙인다는 설정입니다.

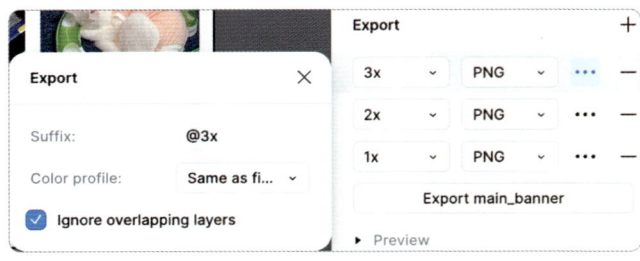

그림 6.15 Export 세부 설정 창

07 **Export로 PNG 내보내기_** 탐색기에서 ❶저장 위치를 먼저 지정한 후, ❷[Save] 버튼을 클릭해 저장합니다.

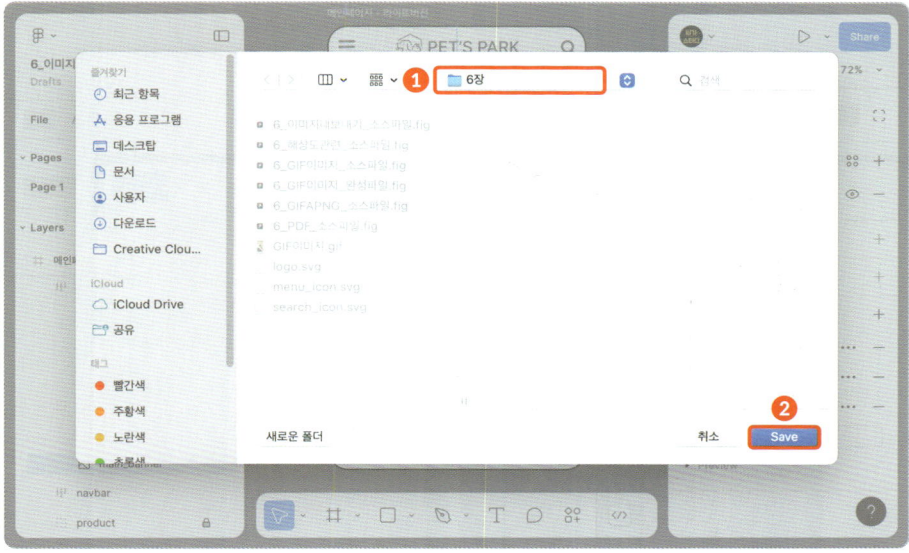

그림 6.16 탐색기 화면

08 **탐색기 확인해보기_** 컴퓨터의 해당 폴더를 살펴보면 main_banner가 3개의 png 파일로 저장된 것을 확인할 수 있습니다.

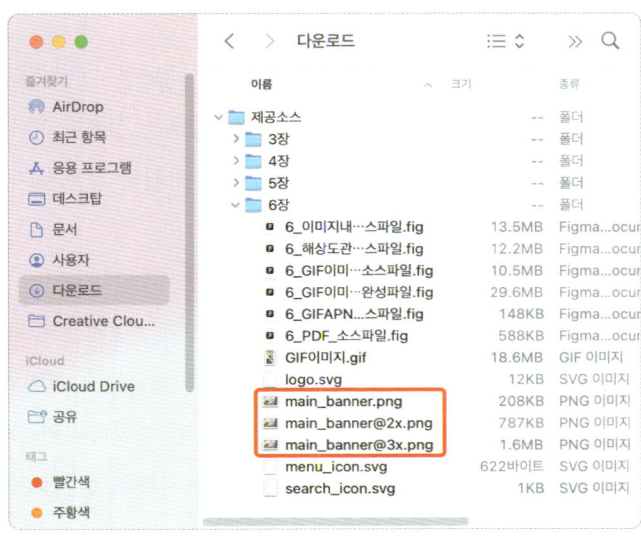

그림 6.17 탐색기 화면

CHAPTER 06 이미지 저장하기 113

09 한 번에 내보내기_ [Export] 버튼을 매번 개별적으로 눌러도 되지만, Export 항목이 체크된 이미지들을 한 번에 모두 내보내는 기능도 있습니다. 이때는 단축키를 사용하면 더욱 빠르고 효율적으로 작업할 수 있습니다.

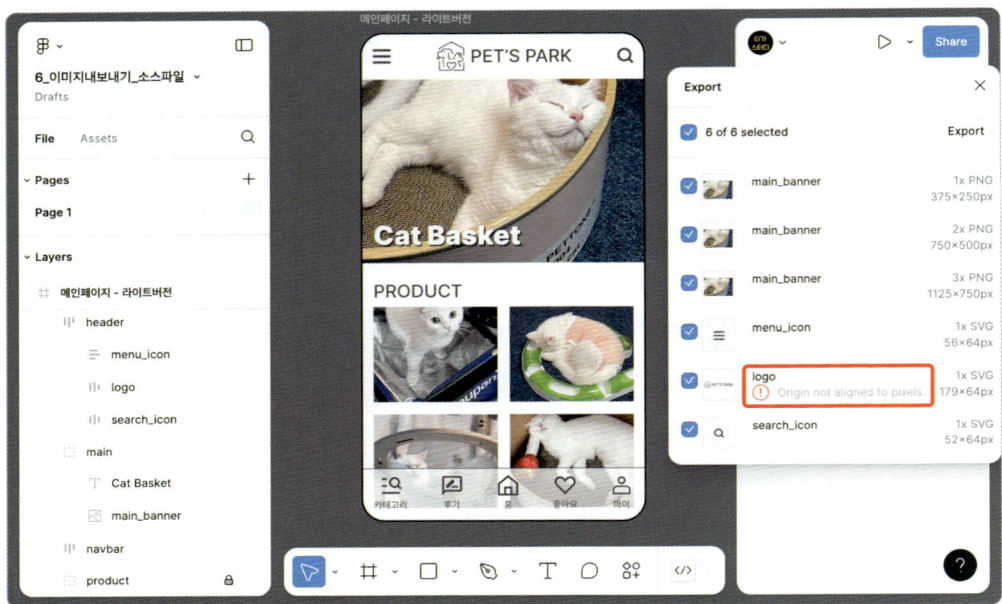

그림 6.18 Export 창

단축키를 누르면 Export 창이 열리며, 원하는 이미지만 선택하여 여러 개를 한 번에 내보낼 수 있습니다. 그림 6.18을 보면 logo 부분에서 문제가 발생한 것을 확인할 수 있습니다. 이런 경우는 정렬이 제대로 설정되지 않았거나, 벡터로 내보낼 수 없는 요소가 포함되어 있을 때 발생합니다. 하지만 현재 예제의 logo는 벡터로 잘 처리되기 때문에 문제없이 내보낼 수 있습니다.

해상도 개념 알아보기

앞에서 이미지 해상도를 설명하며 2x, 3x 같은 개념이 등장했습니다. 디자이너나 웹 앱 개발자라면 해상도 개념을 정확히 이해하고 작업하는 것이 중요합니다. 이 절에서는 해상도 개념을 자세히 살펴보겠습니다.

데스크톱에서의 해상도

해상도[1]란 화면이나 이미지에서 가로×세로 픽셀 수를 의미합니다. 예를 들어 1920×1080인 Full HD는 가로 1920픽셀, 세로 1080픽셀로 구성된 해상도입니다. 3840×2160인 4K UHD는 가로 3840픽셀, 세로 2160픽셀이며, 같은 화면 크기에서 픽셀 수가 많을수록 더 선명한 화면을 제공합니다.

웹 디자인에서 해상도와 함께 자주 사용하는 단위는 PPI(pixels per inch)[2]입니다. 이는 1인치당 몇 개의 픽셀이 배치되는지를 나타내는 단위입니다. 예를 들어 72PPI는 1인치에 72개의 픽셀이 들어간다는 뜻이며, 면적으로 환산하면 1인치×1인치 정사각형 안에 72×72=5,184픽셀이 들어갑니다.

그림 6.19를 보면, 같은 크기의 이미지라도 10PPI보다 20PPI에서 더 선명하게 보이는 것을 알 수 있습니다. 이는 픽셀 밀도가 높아질수록 같은 공간에 더 많은 픽셀이 배치되기 때문입니다. 그림 6.19는 이러한 PPI 개념을 시각적으로 이해하기 위한 이미지입니다.

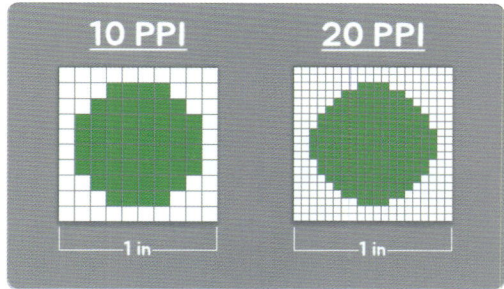

그림 6.19 해상도 이해를 위한 PPI 비교

단, 실제로 1인치 크기로 출력되는지는 기기나 환경에 따라 달라질 수 있습니다. 정리하자면, 해상도는 전체 픽셀 수를 의미하며, PPI는 픽셀이 얼마나 촘촘하게 해치되었는지(픽셀의 밀도)를 나타냅니다.

모바일에서의 해상도

모바일 기기는 화면의 크기가 작기 때문에 더 선명한 화면을 제공해야 가독성이 높아집니다. 이런 이유로 많은 스마트폰 제조사들은 지속적으로 해상도를 높여 왔습니다. 예를 들어 iOS 기기에서는 기본 해상도를 @1x로 기준 삼고, @2x, @3x처럼 해상도를 확대해 더 선명한 화면을 구현합니다. 안드로이드 기기는 해상도 구분 방식을 조금 다르게 적용합니다. MDPI, HDPI, XHDPI, XXHDPI, XXXHDPI 등으로

---

[1] https://ko.wikipedia.org/wiki/해상도
[2] https://ko.wikipedia.org/wiki/화소_밀도

분류하며, 이를 iOS 방식으로 환산하면 최근 출시된 삼성 스마트폰의 XXXHDPI의 경우 약 @4x 수준으로 볼 수 있습니다.

그림 6.20 데스크톱의 해상도

데스크톱의 경우 일반적으로 액정 해상도 밀도는 @1x 수준으로 간주됩니다. 하지만 실제 해상도 밀도는 모니터의 종류나 사양에 따라 달라질 수 있습니다. 데스크톱은 화면 크기가 크기 때문에 해상도가 다소 낮아도 콘텐츠를 무리 없이 볼 수 있지만, 해상도가 높아질수록 더 선명한 화면을 제공하며, 그만큼 가격도 비싸집니다.

그림 6.21 모바일의 해상도 개념

예를 들어 아이폰 4, 5, 6, 7, 8 시리즈는 약 2배 수준으로 응축된 해상도를 사용하고, 아이폰 X부터 plus 계열은 약 3배 수준의 고해상도를 지원합니다. 삼성이나 과거 LG 스마트폰들은 약 4배 수준의 고해상도 디스플레이를 탑재해 매우 선명한 화면을 제공합니다. 이제 스마트폰 액정이 깨졌을 때 수리비가 비싼 이유를 아시겠죠?

그림 6.22는 모바일 해상도 개념을 좀 더 쉽게 이해할 수 있도록 시각적으로 설명하고 있으니, 더 자세한 내용을 알고 싶다면 해당 자료를 참고하세요.

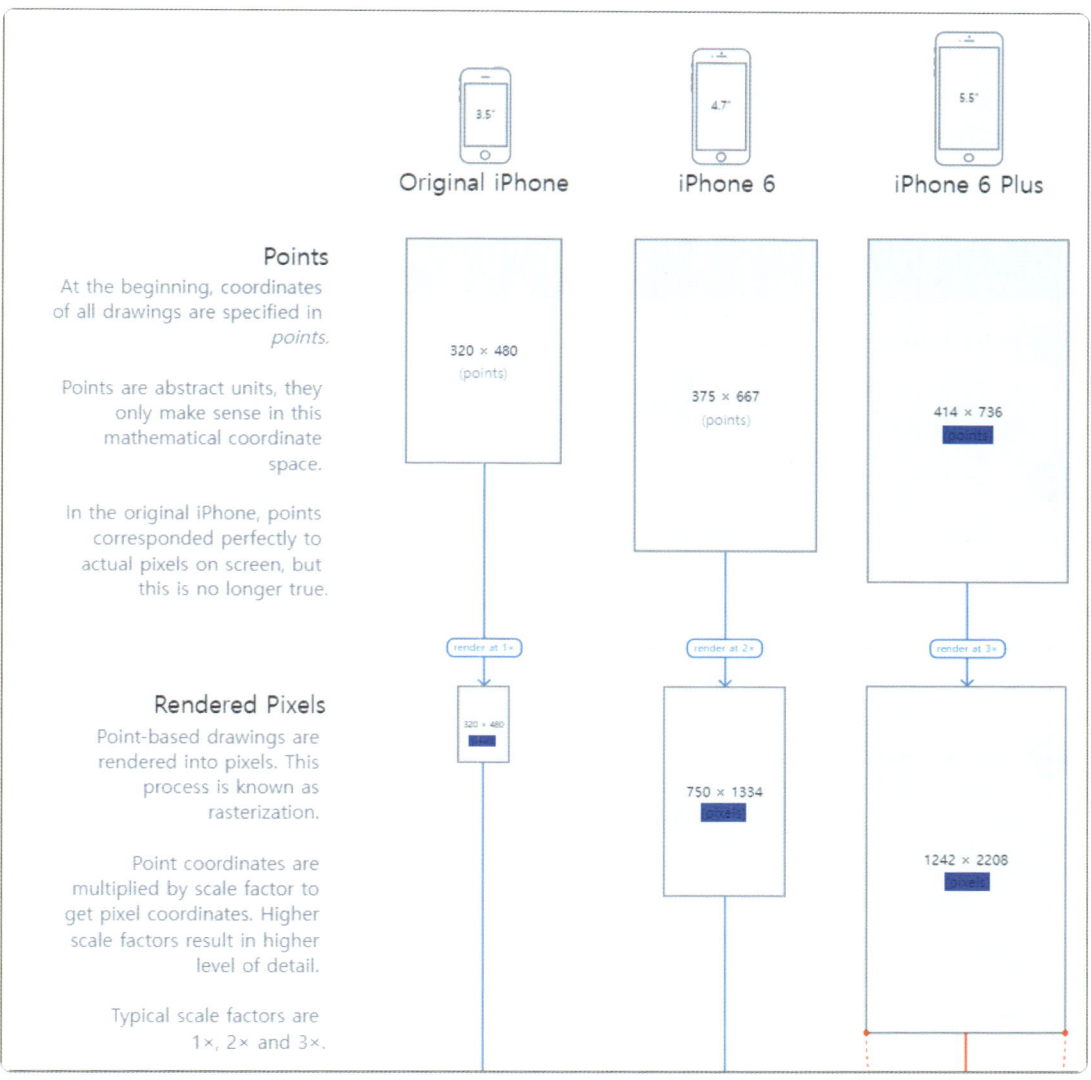

그림 6.22 아이폰 6와 plus 해상도 표시 - https://www.paintcodeapp.com/news/iphone-6-screens-demystified

물리적 해상도와 논리적 해상도

물리적 해상도physical resolutin는 단말기가 실제로 표현할 수 있는 물리적 화소(픽셀)의 기본 단위를 의미합니다. 반면, 논리적 해상도logical resolution는 디바이스의 실제 픽셀 수와 무관하게 모바일 웹 구현(HTML/CSS) 시 논리적으로 설정된 기준 단위입니다.

텍스트나 CSS로 처리되는 벡터 기반 요소들은 논리적 해상도에 맞춰 코딩해도 깨지지 않고 선명하게 표현됩니다. 하지만 이미지는 픽셀 단위로 구성되기 때문에, 논리적 해상도 기준에만 맞추면 깨져 보일 수 있습니다.

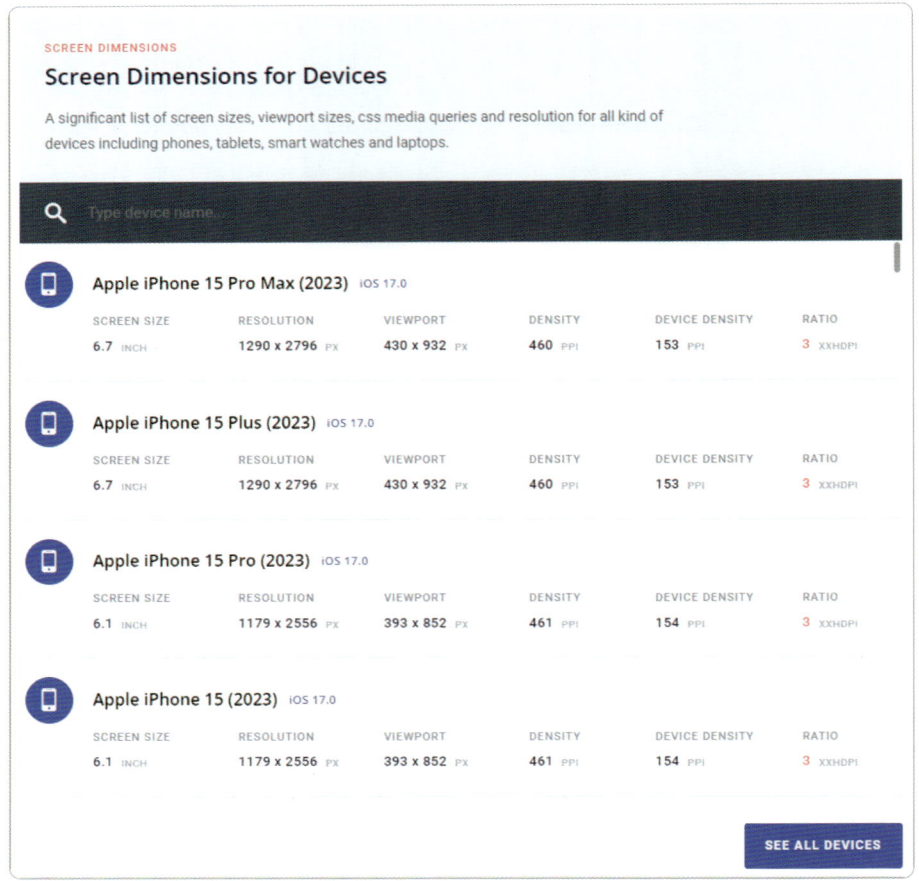

그림 6.23 물리적 해상도와 논리적 해상도를 확인하는 사이트 - https://yesviz.com/

표 6.2의 예시는 삼성 스마트폰으로 가정하고 @4x 기준으로 살펴보겠습니다. 여기서 이미지를 보면 @1x 또는 @2x 경우 상대적으로 선명하지 않게 보이는 것을 확인할 수 있습니다. 그래서 실무에서는 일반적으로 글자나 요소는 CSS로 처리(벡터 기반)하고, 이미지는 2배 크기로 작업하여 해상도 문제를 줄입니다.

표 6.2 CSS 코딩 시 볼 수 있는 논리적 해상도와 물리적 해상도

해상도	@1x용 이미지	@2x용 이미지	@3x용 이미지	@4x용 이미지
이미지				
논리적(코딩) 수치	300×200	300×200	300×200	300×200
물리적(이미지) 수치	300×200	600×400	900×600	1200×800

그렇다면 삼성 스마트폰이 @4x인데 왜 4배로 디자인하지 않느냐고 물어볼 수 있습니다. 그 이유는 4배 해상도로 디자인하게 되면 이미지 용량이 너무 커지고, 로딩 속도도 매우 느려지기 때문입니다. 표 6.2의 예시는 개념을 강조하기 위해 이미지 손상 정도를 과하게 표현한 것이며, 실제로는 이 정도로 심하지 않습니다.

아이폰은 기본이 @2x, @3x여서 2배 해상도로 작업해도 깨져 보이지 않습니다. 그래서 실무에서는 기본적으로 2배로 디자인하고, 해상도가 심하게 손상된 이미지만 3~4배로 다시 제작합니다. 사용자 입장에서는 이미지가 조금 깨져 보이는 것보다 느리게 로딩되는 것을 더 불편하게 느낍니다. 웹 디자인에서는 주로 2배 해상도 기준으로 작업하고, 앱 디자인은 모든 기기에 맞춰 다양한 해상도로 내보내야 합니다.

따라서 피그마로 디자인할 때 최종 이미지 사이즈의 4배 이상 해상도로 작업하는 것을 권장합니다. 이렇게 해야 다양한 해상도에 대응하면서도 품질 손상을 줄일 수 있습니다.

해상도에 따른 이미지 내보내기

앞서 해상도 개념을 설명하면서 최소 4배 이상 해상도의 이미지로 제작해야 한다고 했습니다. 이번에는 이미지를 실제로 내보내면서, 해상도에 따른 차이를 비교해보겠습니다.

01 예제 파일 불러오기_ 예제 파일의 6장 폴더에서 6_해상도관련_소스파일.fig 파일을 피그마로 불러옵니다. 지금까지 제공된 예제 파일에서는 모두 고해상도 이미지로 main_banner가 설정되어 있었습니다. 하지만 이번 파일에서는 조금 다르게 구성되어 있습니다. 라이트 버전에는 가로 폭 375px의 이미지로 main_banner를 구성하고, 다크 버전에는 가로 폭 1500px의 이미지로 main_banner를 구성했습니다. 이제 main_baner 이미지를 1x부터 4x까지 내보내면서, 라이트 버전 이미지의 경우 2x~4x 해상도에서 어떻게 이미지가 깨지는지 확인해보겠습니다.

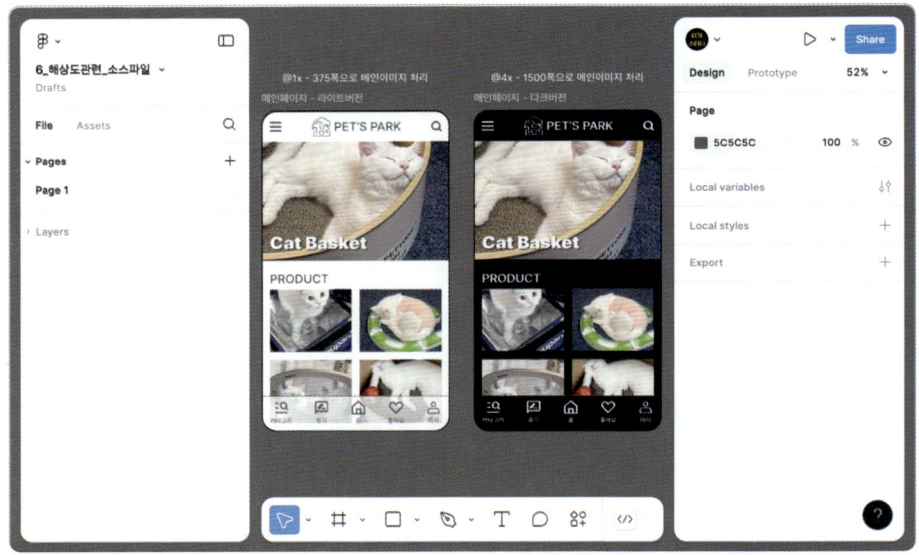

그림 6.24 소스 확인 화면

02 라이트 버전 이미지 내보내기_ ❶레이어 패널에서 메인페이지 - 라이트버전 프레임의 main_banner를 선택합니다. ❷디자인 패널의 Export 영역에서 추가 아이콘(+)을 클릭하고 1x, 2x, 3x, 4x를 추가합니다. 확장자 옆에 있는 더 보기 아이콘(...)을 클릭하면, 내보낼 때 파일명 뒤에 붙는 접미어Suffix를 지정할 수 있습니다. 참고로 @1x와 @4x는 자동으로 적용되지 않으므로 직접 입력해야 합니다. ❸이번 실습에서는 @4x만 적용해보겠습니다. 작업이 완료되면 [Export main_banner] 버튼을 클릭합니다.

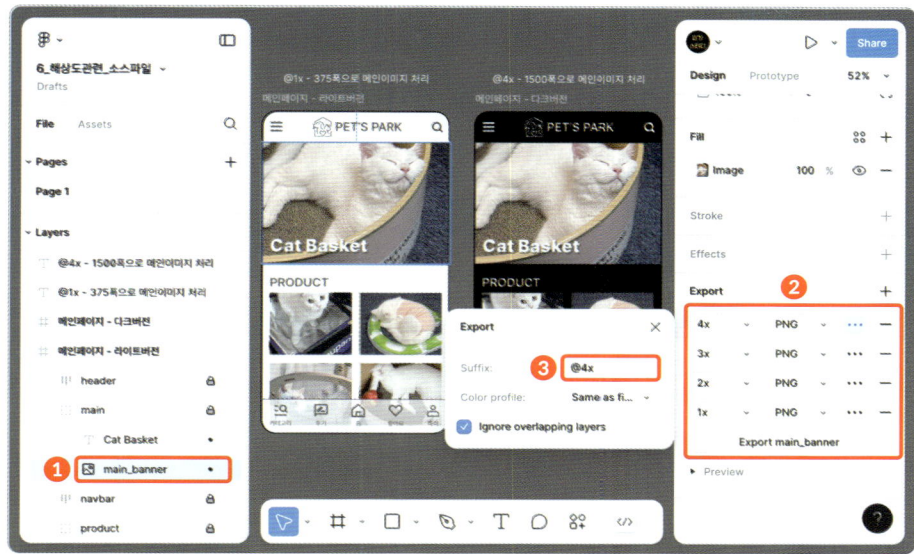

그림 6.25 라이트 버전 1x~4x까지 내보내기 1

03 탐색기에서 새로운 폴더 만들기_ 저장 위치는 자유롭게 지정해도 무방하지만, 여기서는 예제 파일의 6장 폴더에 '375이미지모음'이라는 폴더를 만들고 그 안에 저장하겠습니다. ❶[새로운 폴더]를 클릭하고 ❷'375이미지모음'이라고 입력한 후, ❸[생성] 버튼을 클릭합니다.

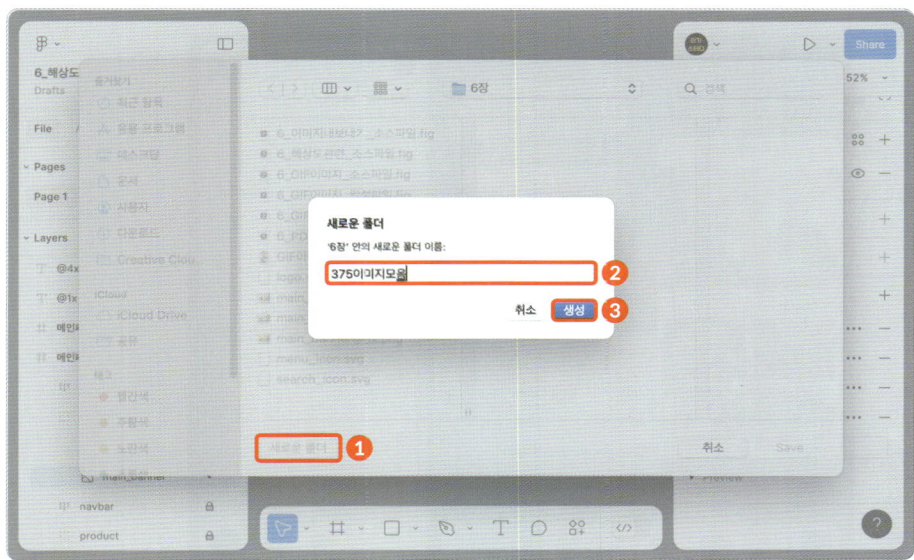

그림 6.26 라이트 버전 1x~4x까지 내보내기 2

04 저장하기_ 폴더가 생성되었으면 해당 폴더를 선택하고 [Save] 버튼을 누르면 4개의 이미지가 저장됩니다.

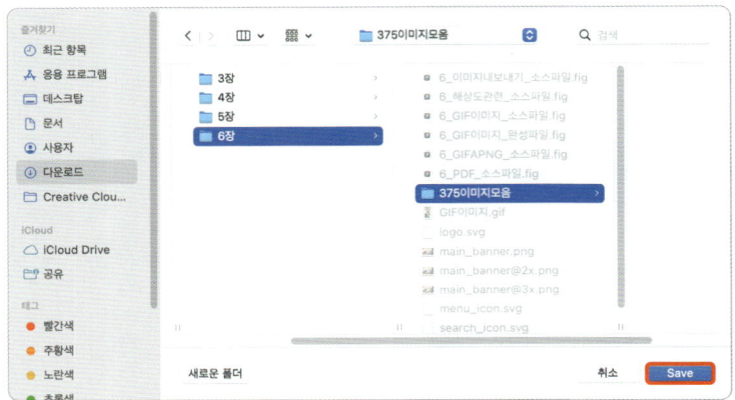

그림 6.27 폴더 안에 저장

05 다크 버전 이미지 저장하기_ ❶ 레이어 패널에서 메인페이지 - 다크버전 프레임의 main_banner를 선택합니다. ❷ 그다음 디자인 패널의 Export 영역에서 추가 아이콘(+)을 클릭해 1x부터 4x까지 해상도를 추가합니다. 이번에도 더 보기 아이콘(⋯)을 눌러 ❸ 파일명 접미어로 @4x를 직접 입력합니다. 모든 설정을 완료한 후 [Export main_banner] 버튼을 클릭합니다.

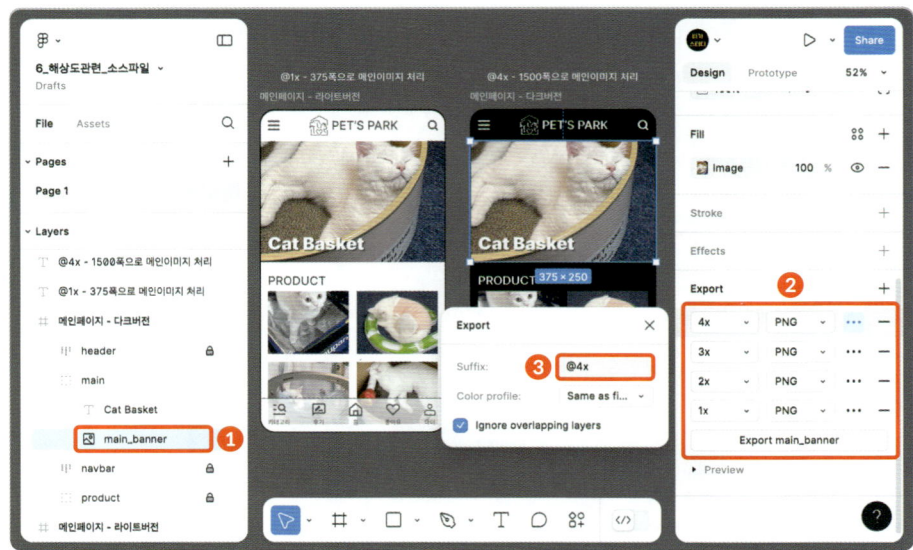

그림 6.28 다크 버전 이미지 저장하기

06 **탐색기에서 새로운 폴더 만들기_** 앞에서와 같은 방법으로 ①[새로운 폴더]를 클릭하여, ②예제 파일의 6장 폴더에 1500이미지모음이라는 폴더를 만들고, ③[생성] 버튼을 클릭합니다. ④폴더가 생성되면 [Save] 버튼을 눌러 이미지를 저장해주세요.

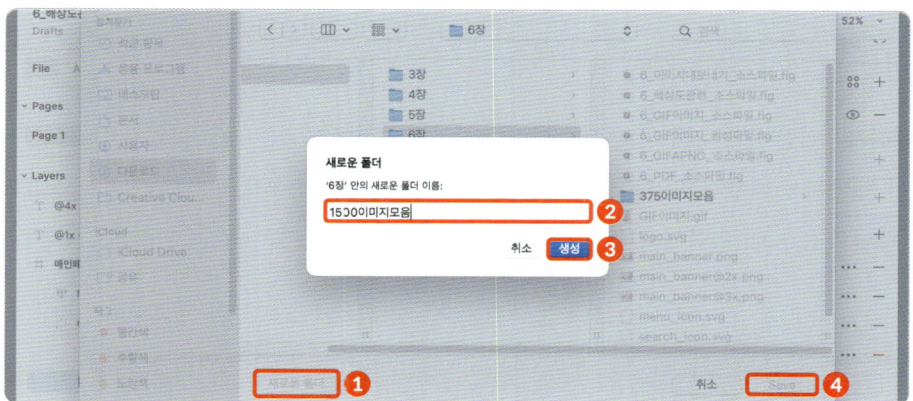

그림 6.29 탐색기 폴더 만들기

07 **저장된 이미지 파일 확인하기_** 이제 두 개의 폴더에 각각 이미지가 저장된 것을 확인할 수 있습니다. 책에서는 이미지가 실제로 어떻게 깨지는지 보여줄 수 없으니, 여러분이 직접 main_banner@4x.png 파일을 두 폴더에서 열어보고 차이를 확인해보세요. 375이미지모음 폴더에 있는 이미지가 특히 더 깨져 보이고, 1500이미지모음 폴더에 있는 이미지는 선명하게 보일 것입니다.

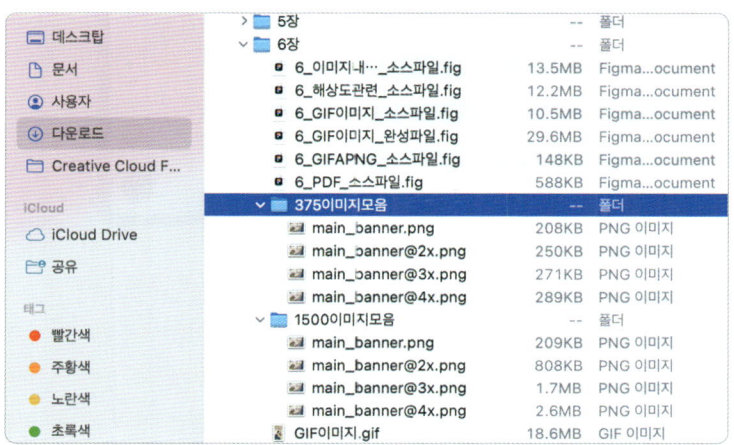

그림 6.30 탐색기에 저장된 파일

이처럼 해상도가 높은 이미지일수록 4배 이상의 고배율 내보내기 시 품질이 유지되기 때문에, 피그마에서 사용할 이미지는 가능한 한 높은 해상도로 불러오는 것을 추천합니다.

프레임 선택하고 이미지로 내보내기

프레임을 선택한 후 export 기능을 사용하면, 프레임 전체가 하나의 이미지로 저장됩니다. 이 기능은 발표용 PPT를 만들거나 디자인 가이드를 작성할 때 화면 전체를 이미지로 보여줘야 하는 상황에서 매우 유용합니다.

01 프레임 선택하기_ 이번에도 예제 파일은 이전과 동일하게 6_해상도관련_소스파일.fig를 사용하겠습니다. ❶레이어 패널에서 내보내고 싶은 프레임을 선택합니다(물론 화면에서 직접 프레임을 선택해도 됩니다). ❷디자인 패널의 Export 영역에서 추가 아이콘(+)을 클릭한 후, ❸[Export 2 layers] 버튼을 클릭합니다.

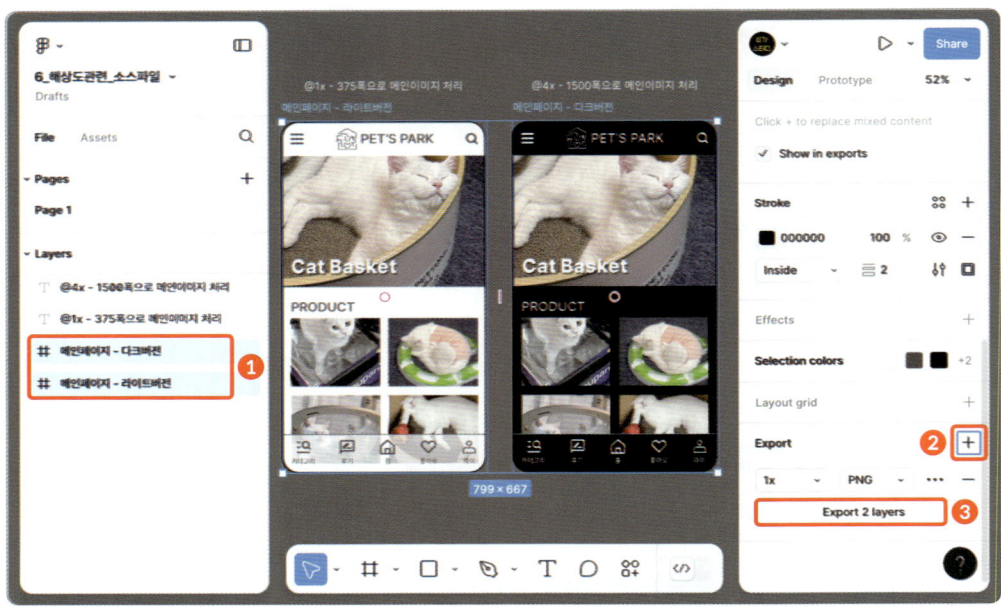

그림 6.31 프레임 전체를 선택

02 탐색기에 저장하기_ 이번에는 따로 폴더를 만들지 않고 ❶ 6장 폴더에 바로 저장하겠습니다.
❷ [Save] 버튼을 눌러 저장합니다.

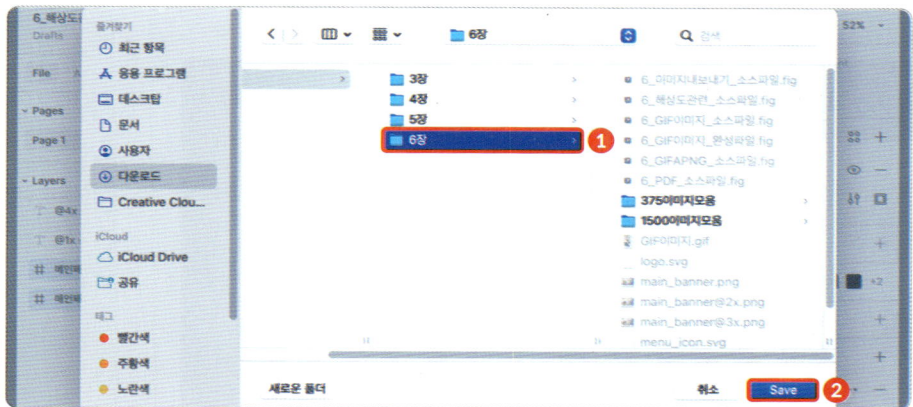

그림 6.32 탐색기에 저장

03 탐색기에 저장된 이미지 확인하기_ 탐색기로 확인해보면 이미지가 프레임명으로 잘 저장된 것을 확인할 수 있습니다.

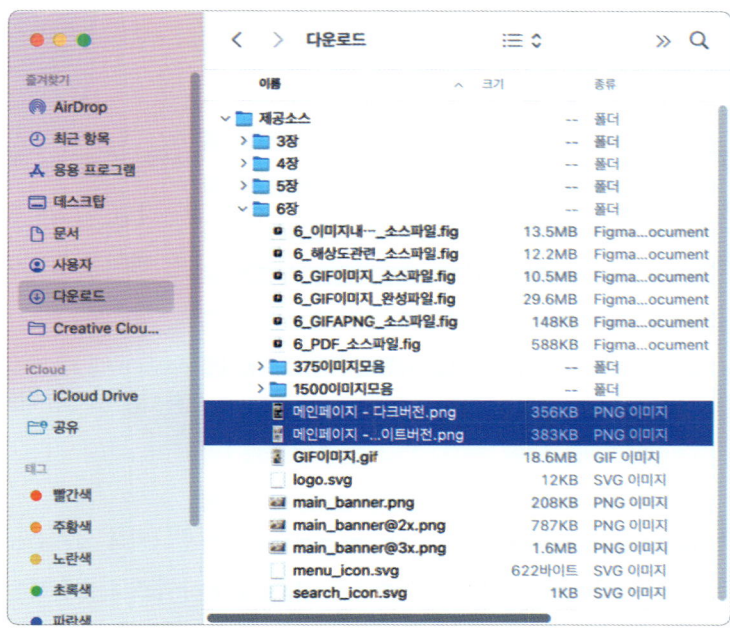

그림 6.33 탐색기 확인

04 저장된 이미지 확인하기_ 이미지 파일을 열어보면 프레임 전체가 한 장의 이미지로 잘 저장된 것을 확인할 수 있습니다. 단, 저장 시 레이어 패널에서 숨김 처리된 상태의 요소는 이미지로 출력되지 않으니 내보내기 전에 레이어 상태를 잘 정리해두는 것이 중요합니다.

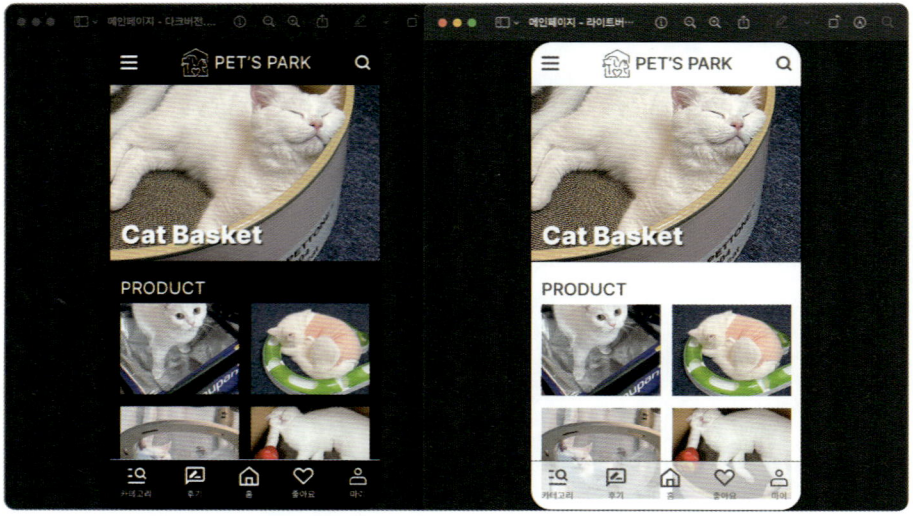

그림 6.34 이미지 확인

기획서를 PDF로 내보내기

최근에는 피그마의 활용도가 높아지면서 홍보·마케팅 등 비디자인 분야에서도 기획서를 피그마로 제작하는 경우가 많아졌습니다. 하지만 팀원이나 클라이언트가 피그마를 사용하지 않는다면, 기획서를 PDF 형식으로 내보내 공유하는 것이 더 효율적입니다. 따라서 이번에는 피그마로 만든 파일을 PDF로 내보내는 방법을 확인해보겠습니다.

✚ 2024년 6월 말 피그마가 파워포인트처럼 사용할 수 있는 Figma Slides라는 프레젠테이션 도구를 베타로 선보였습니다. 하지만 이 책은 피그마 디자인에 초점을 맞추고 있으므로, Figma Slides 사용법은 다루지 않겠습니다. 대신, 피그마로 만든 디자인 파일을 PDF로 내보내는 방법을 알아보겠습니다.

01 예제 파일 불러오기_ 예제 파일의 6장 폴더에서 6_PDF_소스파일.fig 파일을 피그마로 불러옵니다. PPT 형식으로 피그마를 제작할 경우 프레임 크기는 Presentation의 Slide 16:9 사이즈로 설정하는 것이 좋습니다.

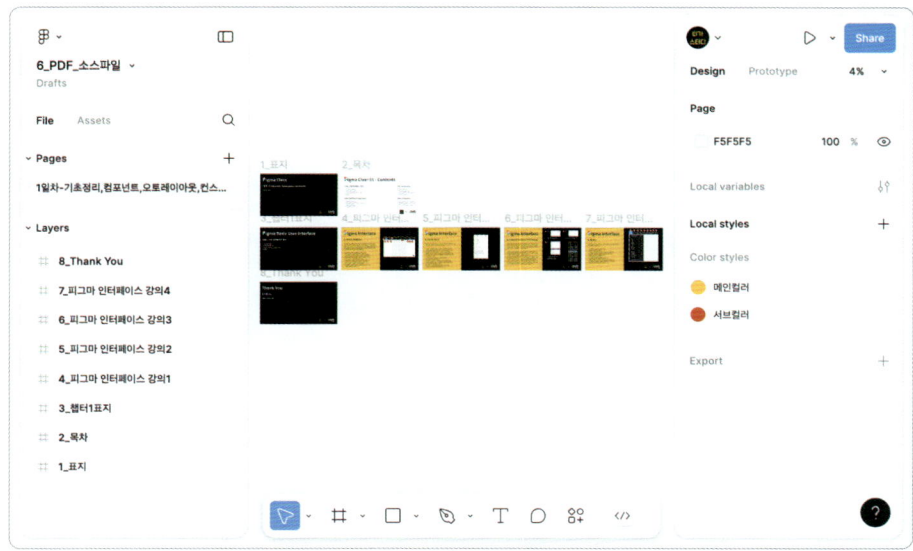

그림 6.35 소스파일을 불러온 화면

02 프레임 전체 선택 후 내보내기_ ❶레이어 패널에서 모든 프레임을 선택합니다(또는 화면에서 프레임을 전체 드래그하여 선택해도 됩니다). ❷디자인 패널의 Export 영역에서 추가 아이콘(+)을 클릭합니다. ❸기본 설정이 PNG 파일이므로, 파일 형식을 PDF로 변경하고, 아래의 ❹[Export 8 layers] 버튼을 클릭합니다.

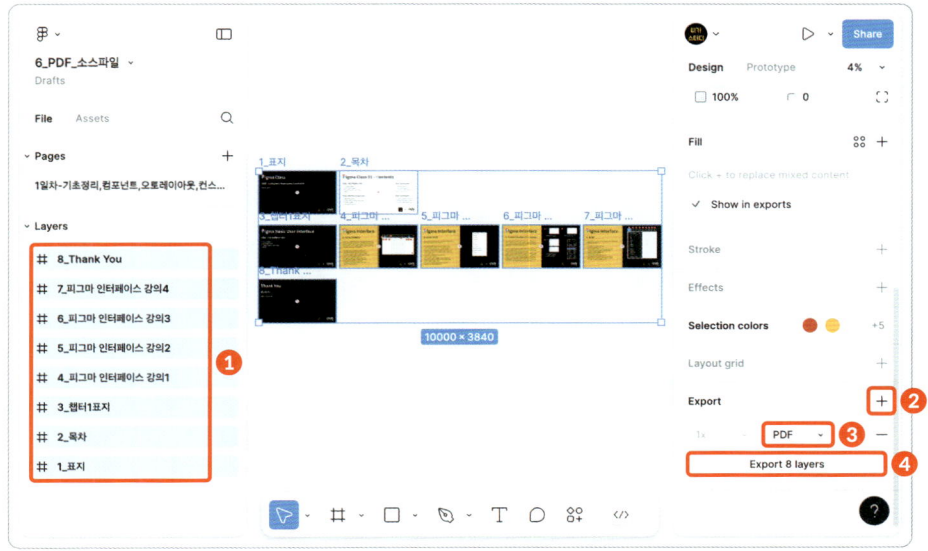

그림 6.36 프레임 export 처리

CHAPTER 06 이미지 저장하기 127

03 **탐색기에 새로운 폴더 추가_** 파일을 저장할 위치를 선택하는 탐색기 창이 열리면, 6장 폴더에서 ❶[새로운 폴더] 버튼을 클릭하고 ❷PDF모음이라고 이름을 지정한 후, ❸[생성] 버튼을 눌러 폴더를 만들고 그 안에 저장해보겠습니다.

✚ 그림 6.37의 화면은 운영체제에 따라 다를 수 있습니다.

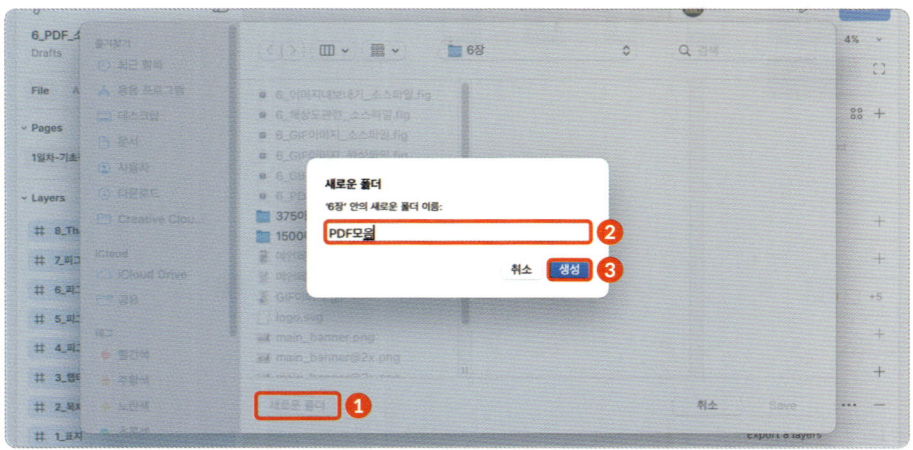

그림 6.37 탐색기에 폴더 추가

04 **PDF모음 폴더에 저장_** 새롭게 생긴 ❶PDF모음 폴더를 선택하고, ❷[Save] 버튼을 클릭합니다.

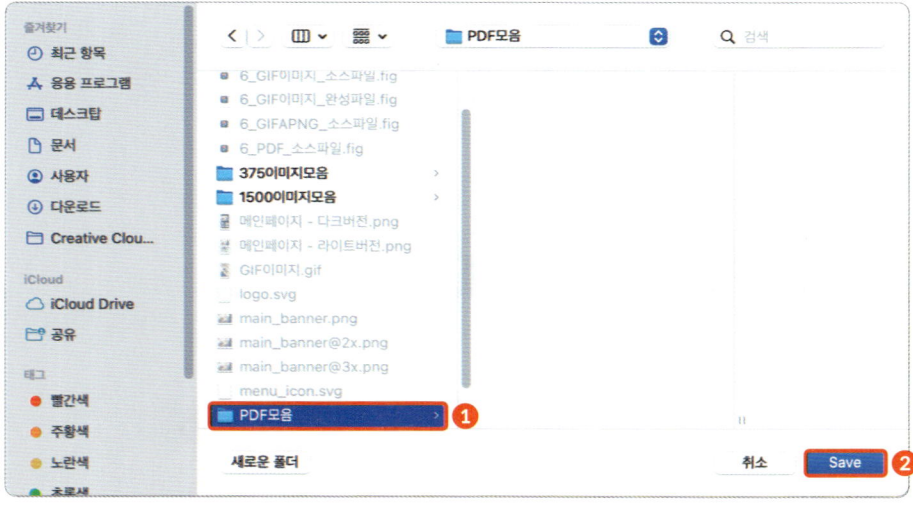

그림 6.38 PDF모음에 저장하는 화면

05 탐색기 파일 확인하기_
탐색기에서 PDF모음 폴더로 들어가보면, 그림 6.39처럼 PDF 파일들이 개별 프레임마다 따로 저장된 것을 확인할 수 있습니다. 하지만 프레임마다 각각 저장되는 방식은 기획서 용도로 적합하지 않겠죠? 하나의 PDF 파일로 묶어서 저장해야 합니다.

Export 기능을 사용하면 프레임이 개별 PDF 파일로 저장되므로, 이 방식은 피해야 합니다.

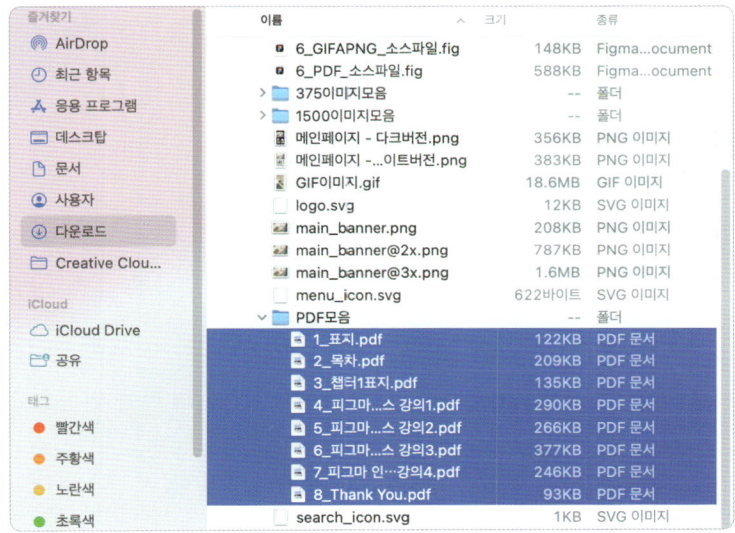

그림 6.39 PDF모음 폴더 내부의 PDF 파일 1

06 Export frames to PDF_
프레임을 모두 선택한 상태에서 ❶피그마 아이콘을 클릭하고, ❷File 메뉴로 들어가서, ❸[Export frames to PDF(프레임을 PDF로 내보내기)] 메뉴를 클릭합니다.

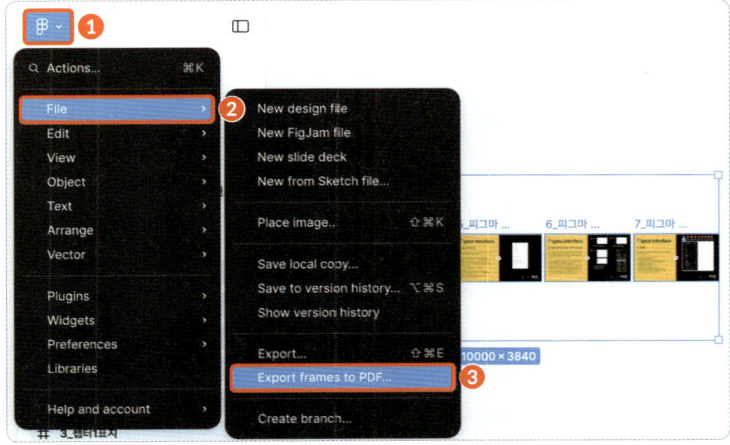

그림 6.40 PDF모음 폴더 내부의 PDF 파일 2

그러면 PDF 품질을 선택할 수 있는 Export frames to PDF 창이 열리는데, 원하는 품질 옵션을 선택하고 [Export] 버튼을 클릭하면 모든 프레임이 하나의 PDF 파일로 저장됩니다.

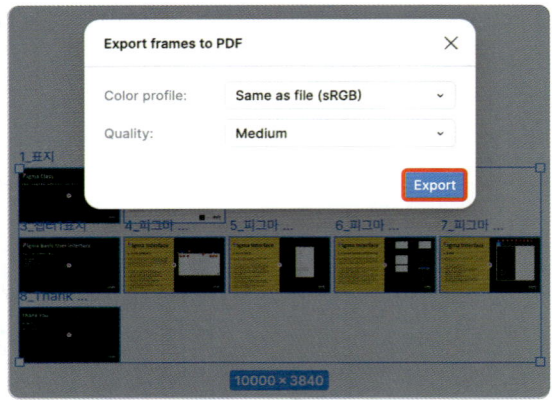

그림 6.41 Export frames to PDF

07 **저장 위치 지정_** 파일이 하나로 나올 것이므로 6장 폴더에 6_PDF_완성파일.pdf라는 이름으로 저장해보겠습니다.

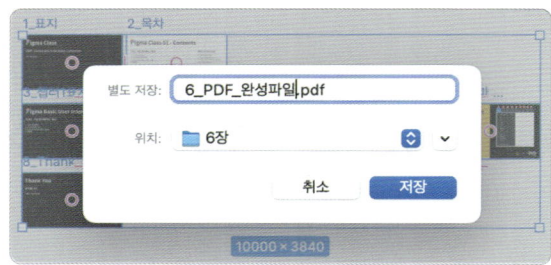

그림 6.42 저장 위치 지정 화면

08 **탐색기 확인_** 탐색기에서 6장 폴더로 이동하면, 해당 PDF 파일이 저장된 것을 확인할 수 있습니다. 파일을 열어서 확인해보겠습니다.

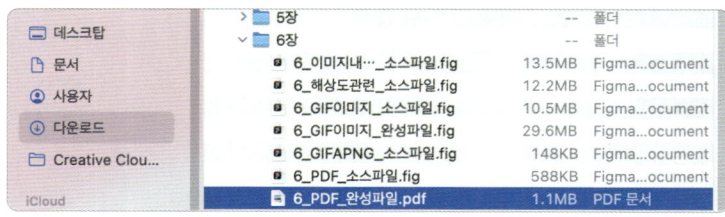

그림 6.43 탐색기에서 위치 확인

09 파일 확인_ 그림 6.44는 이 PDF 파일을 브라우저에서 열어본 화면입니다. 결과적으로, 8개의 프레임이 하나의 PDF 파일로 통합되어 잘 저장된 것을 확인할 수 있습니다.

✚ 컴퓨터에 별도의 PDF 뷰어 프로그램이 설치되어 있지 않다면, 웹브라우저를 통해서도 충분히 확인할 수 있습니다.

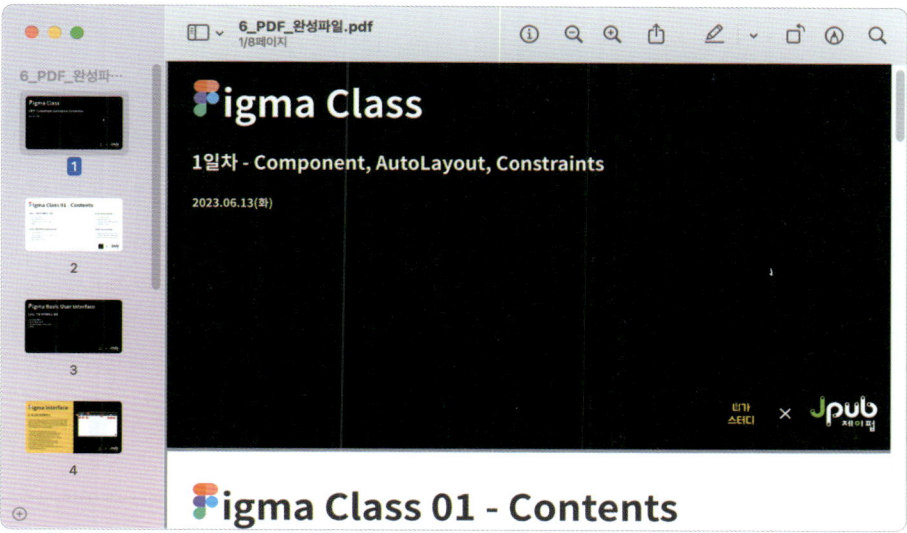

그림 6.44 PDF 파일 확인

LESSON 03 | GIF보다는 APNG 사용

피그마는 프로토타입 미리 보기에서 오직 GIF 형식만 애니메이션을 지원하여 움직임을 표현합니다. 하지만 GIF는 256색만 지원하기 때문에 실제 웹사이트에 적용했을 때 색이 깨져 보이는 현상이 발생할 수 있습니다. 따라서 최종 내보내기를 할 때는 GIF보다는 APNG 형식을 사용하는 것이 더 적합합니다. APNG(animated PNG)는 애니메이션을 지원하는 최신 PNG 포맷으로, 무손실 압축 방식을 사용하기 때문에 화질 손상이 거의 없습니다.

기본적으로 피그마는 GIF나 APNG 포맷을 직접 내보내는 기능을 제공하지 않지만, 피그마 플러그인을 활용하면 GIF와 APNG 포맷으로 내보내는 것이 가능합니다.

➕ 필요한 경우, 피그마 플러그인 마켓에서 관련 플러그인을 설치해 활용해보기 바랍니다.

GIF 파일 내보내기

GIF와 APNG 모두 확인하기 위해 먼저 GIF 파일을 내보내겠습니다.

01 예제 파일 불러오기_ 예제 파일의 6장 폴더에서 6_GIFAPNG_소스파일.fig 파일을 피그마로 불러옵니다. 상단에 있는 Variants 프레임은 빛을 이용해 반짝이는 효과를 구현한 프레임입니다. 실제 배너로 사용할 프레임은 Instagrampost01부터 Instagrampost03까지입니다. 각 프레임은 빛 효과를 준 light 인스턴스들의 투명도를 다르게 조절하여 반짝이는 애니메이션 배너를 제작했습니다. 이제 세 개의 프레임을 모두 선택합니다.

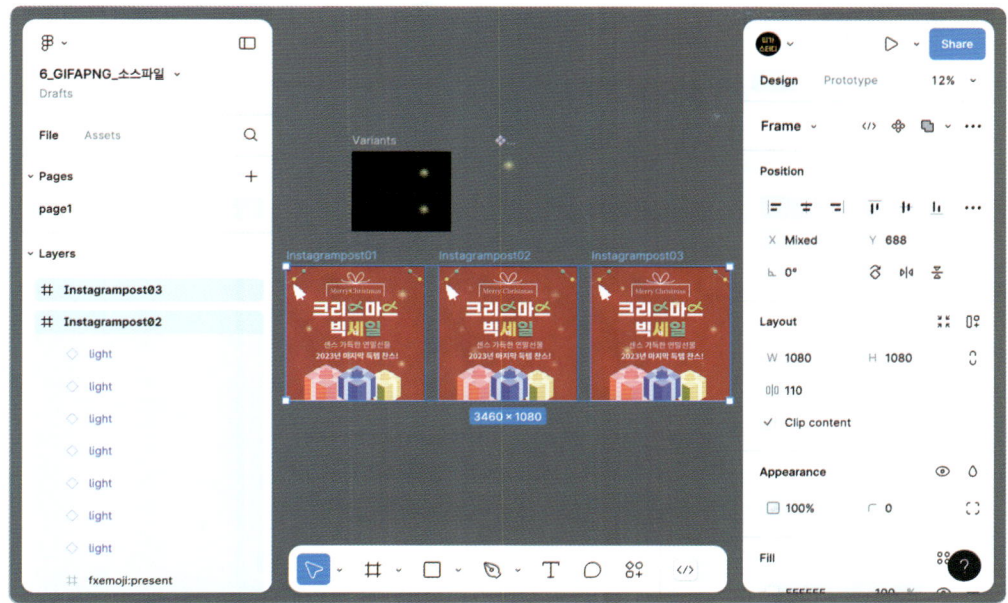

그림 6.45 소스파일을 불러온 화면

02 플러그인 불러오기_ 다음으로 툴 박스에서 ❶Action 툴을 클릭합니다. Action 창이 열리면 상단의 ❷Plugins & widgets 탭으로 이동한 후, ❸검색창에 'GIF'를 입력합니다. 그러면 여러 가지 플러그인이 표시되는데, 이 책에서는 ❹NB GIF/APNG 플러그인을 사용하겠습니다.

➕ 플러그인은 유료와 무료로 제공되며, 집필 기준 무료로 제공되는 플러그인도 책을 읽는 시점에 따라 유료화되었을 수 있음을 미리 안내드립니다.

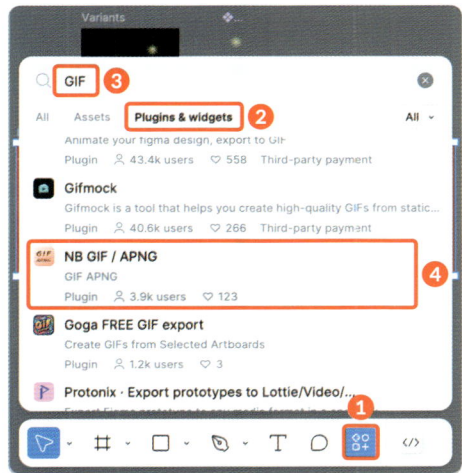

그림 6.46 NB GIF/APNG 플러그인을 불러오는 화면

플러그인을 선택하면 안내 창이 뜨고, 그 안에서 [Run] 버튼을 클릭하면 플러그인이 실행됩니다.

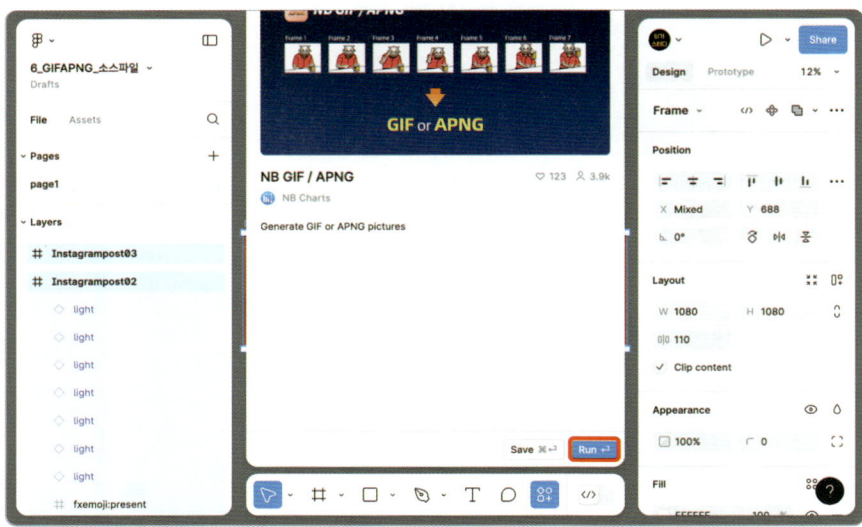

그림 6.47 NB GIF/APNG 안내 창

03 플러그인에서 GIF 버튼 누르기_ 그림 6.48처럼 NB GIF/APNG 플러그인 창이 열리면, 먼저 [GIF] 버튼을 눌러 애니메이션 GIF 제작을 시작합니다.

+ 해당 플러그인은 한국어도 지원하지만, 기능 자체가 간단하기 때문에 영어 인터페이스로 진행하겠습니다.

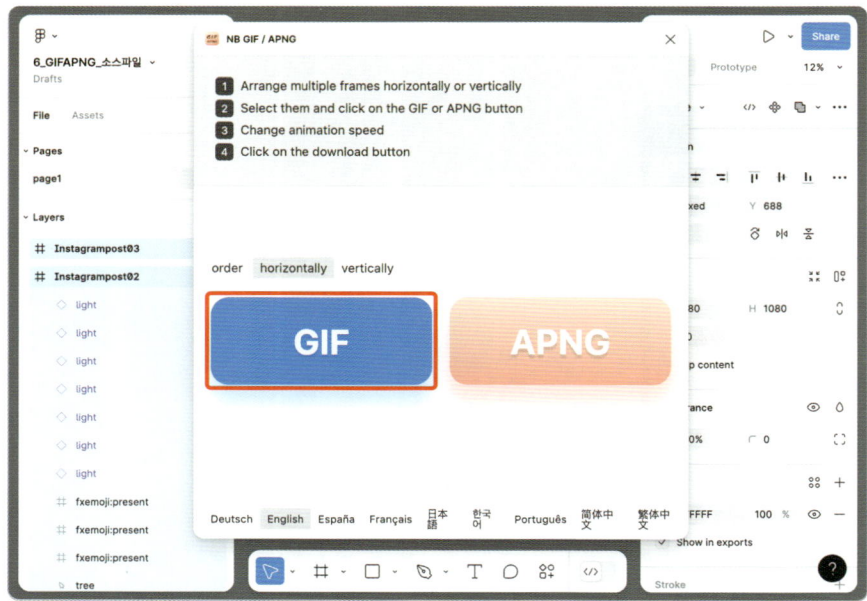

그림 6.48 NB GIF/APNG 플러그인 화면

04 세부 설정 처리하기_ ❶먼저 애니메이션 재생 시간을 설정합니다. 그림 6.49에서는 0.03초로 지정했으며, 시간을 설정한 뒤 잠시 기다리면 미리 보기 화면에서 애니메이션이 재생되는 것을 확인할 수 있습니다. 애니메이션 속도가 너무 빠르거나 느리게 느껴지면, 시간을 다시 조절하면 됩니다. 기본적으로 quality는 100%로 설정되어 있습니다. GIF는 최대 256색만 지원하기 때문에 가능한 한 최고 품질로 설정해 출력하는 것이 좋습니다.

❷시간 설정 아래에는 추가 옵션들이 있습니다. loop는 애니메이션을 무한 반복할지 여부를 설정하는데, 한 번만 재생하고 싶다면 체크를 해제하면 됩니다. reversed는 애니메이션을 시작부터 끝까지 보여준 후 다시 끝에서 시작까지 보여주는 왕복 흐름을 처리합니다. 단방향 재생만 원한다면 해제하면 됩니다. Black area transparent는 검정색 영역을 투명하게 처리하는 기능입니다. 필요에 따라 체크해서 활용하세요. ❸원하는 옵션 설정이 완료되면 [download] 버튼을 클릭합니다.

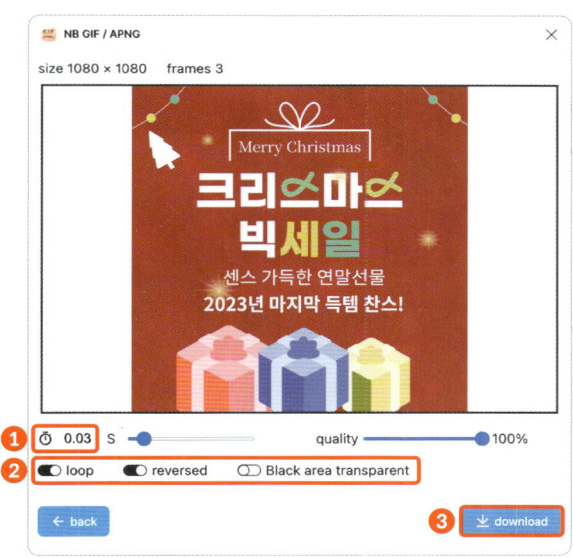

그림 6.49 GIF 세부 설정 화면

05 파일 저장 위치 지정하기_ 이제 파일을 다운로드할 위치를 지정해보겠습니다. 6장 폴더에 6_GIF_완성파일.gif라는 이름으로 저장합니다. 저장 후, 탐색기에서 해당 파일을 열어보면 움직이는 애니메이션을 확인할 수 있습니다.

✚ 단, macOS에서는 GIF 파일을 브라우저로 열어야 움직이는 것을 확인할 수 있으니 참고하세요.

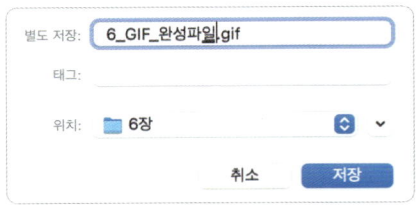

그림 6.50 저장 위치 지정 화면

APNG 파일 내보내기

APNG 파일을 내보내는 방법도 GIF와 거의 동일합니다. 이번에도 NB GIF/APNG 플러그인을 사용해 제작합니다.

01 APNG 버튼 클릭하기_ 6_GIFAPNG_소스파일.fig 파일을 피그마로 불러와서 APNG 파일로 처리할 프레임인 Instagrampost01부터 Instagrampost03까지 모두 선택합니다. NB GIF/APNG 플러그인을 실행하고, 플러그인에서 [APNG] 버튼을 클릭합니다.

그림 6.51 NB GIF/APNG 플러그인 화면

02 세부 설정 처리하기_ 세부 설정은 GIF 설정과 같습니다. 다운로드 버튼을 클릭하면 자동으로 APNG 형식으로 저장됩니다.

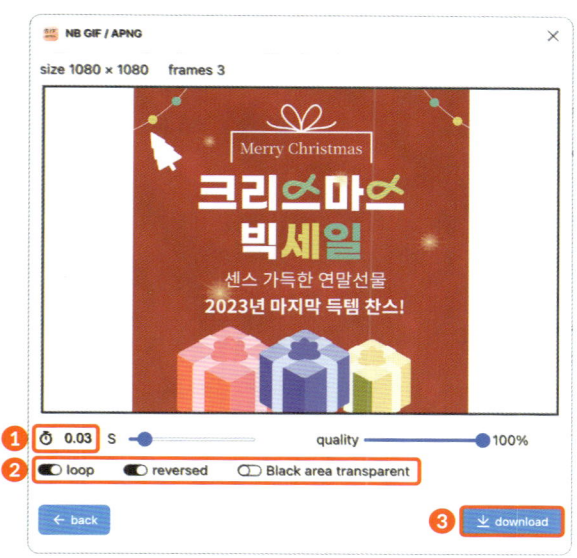

그림 6.52 APNG 세부 설정 화면

03 파일 저장 위치 지정하기_ 저장 경로는 6장 폴더에 6_APNG_완성파일.png 파일로 저장합니다.

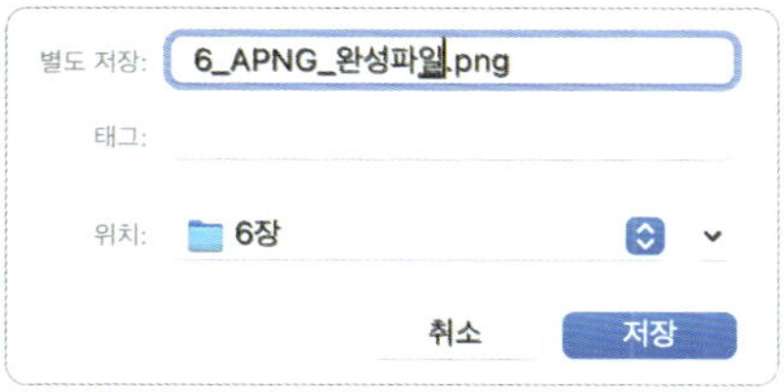

그림 6.53 apng 파일 저장 화면

책에서는 APNG 파일의 움직임을 직접 보여줄 수 없기 때문에, 여러분이 직접 파일을 열어 확인해보세요. 현재 만든 파일은 대부분 벡터로 이루어져 있으므로 GIF 포맷에서도 깨져 보이지 않지만, 만약 사진이나 고화질 이미지가 많이 포함된 경우에는 APNG 포맷으로 저장하는 것이 더 선명하게 표현됩니다.

MEMO

CHAPTER

CSS 코드 확인

- **Dev Mode를 이용한 코드 확인**
- **VS Code와 연결**
- **제플린과 피그마 연결**

최근 인공지능 기술이 급격히 발전하면서, 코딩도 컴퓨터가 대신해주는 시대가 왔습니다. 피그마도 이에 맞춰 디자인에 따른 코드를 자동으로 제공하는 기능을 지원합니다. 과거에는 Inspect 패널을 통해 코드를 확인할 수 있었지만, 기능이 많이 부족했습니다. 그러나 2023년 6월, 피그마는 새롭게 Dev Mode를 선보이며 개발 코드 지원 기능을 대폭 강화했습니다. 이 책에서는 웹 관련 CSS 코드 확인 방법을 중점적으로 다룹니다. 2025년 Config 2025 발표 후 Dev Mode가 계속 업데이트되면서 MCP 기능을 출시했습니다. MCP는 피그마 디자인 파일을 바로 코드 파일로 추출합니다. 하지만 유료 계정에서만 사용이 가능하고, Education 계정에서는 사용이 불가능하므로 이 책에서는 다루지 않겠습니다. 이 장에서는 피그마의 Dev Mode 사용법과 비주얼 스튜디오 코드Visual Studio Code, VS Code에 연결하는 방법을 자세히 살펴보겠습니다.

LESSON 01 | Dev Mode를 이용한 코드 확인

Dev Mode를 사용하려면 무료 계정(Starter)으로는 이용할 수 없으며, 반드시 계정을 업그레이드해야 합니다. 초기 Dev Mode는 코드 지원 위주로 제공되었지만, 현재는 다양한 기능이 추가되어 더욱 발전했습니다.

Dev Mode 팀 파일로 변경

일반 디자인 파일을 Dev Mode로 확인하려면 팀 파일로 전환해야 합니다. 여기서는 디자인 파일을 팀 파일로 전환하는 방법을 살펴보겠습니다.

01 예제 파일 불러오기_ 피그마 앱의 첫 화면에서 [import] 버튼을 클릭합니다. 예제 파일의 7장 폴더에서 7_DevMode-소스파일.fig 파일을 피그마로 불러옵니다.

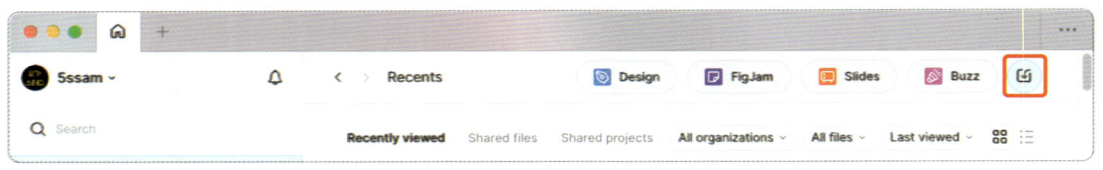

그림 7.1 피그마 앱 첫 화면

02 **Dev Mode 사용을 위해 팀으로 파일 이동**_ 첫 화면에서 해당 파일을 마우스 오른쪽으로 클릭한 후, [Move file]을 선택합니다.

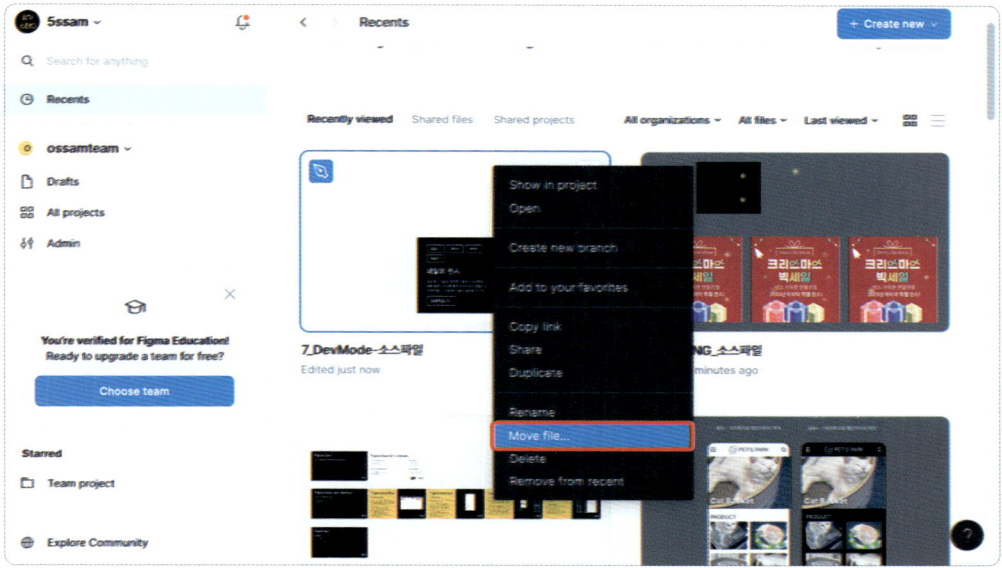

그림 7.2 팀으로 파일 이동하는 화면

03 **파일을 이동시킬 팀 선택하기**_ 팀이 여러 개인 경우, ❶파일을 이동할 팀을 정확히 선택한 후 ❷[Move] 버튼을 클릭합니다.

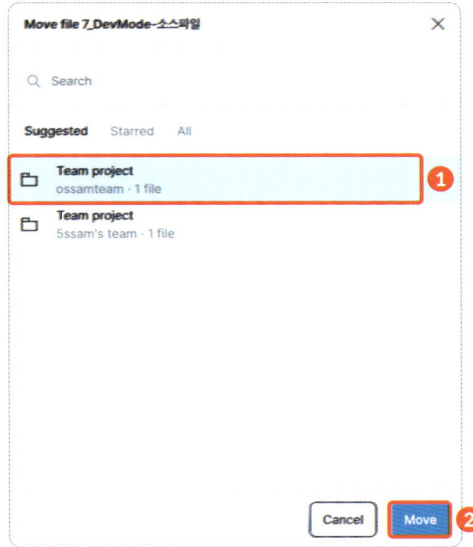

그림 7.3 파일 이동할 팀 선택 창 화면

04 팀 파일 열기_ 이동이 완료되면, 해당 팀의 ❶All projects 메뉴로 들어가 ❷7_DevMode-소스 파일을 클릭하여 파일을 엽니다.

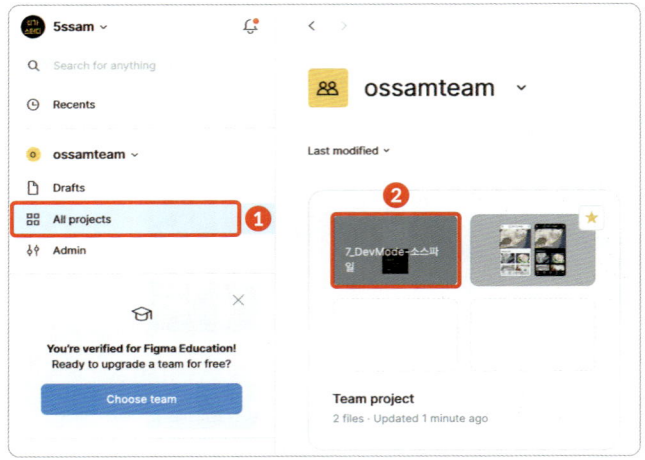

그림 7.4 팀 파일 확인 화면

툴 박스에서 Dev Mode 툴(</>)을 클릭하면 Dev Mode를 사용할 수 있습니다.

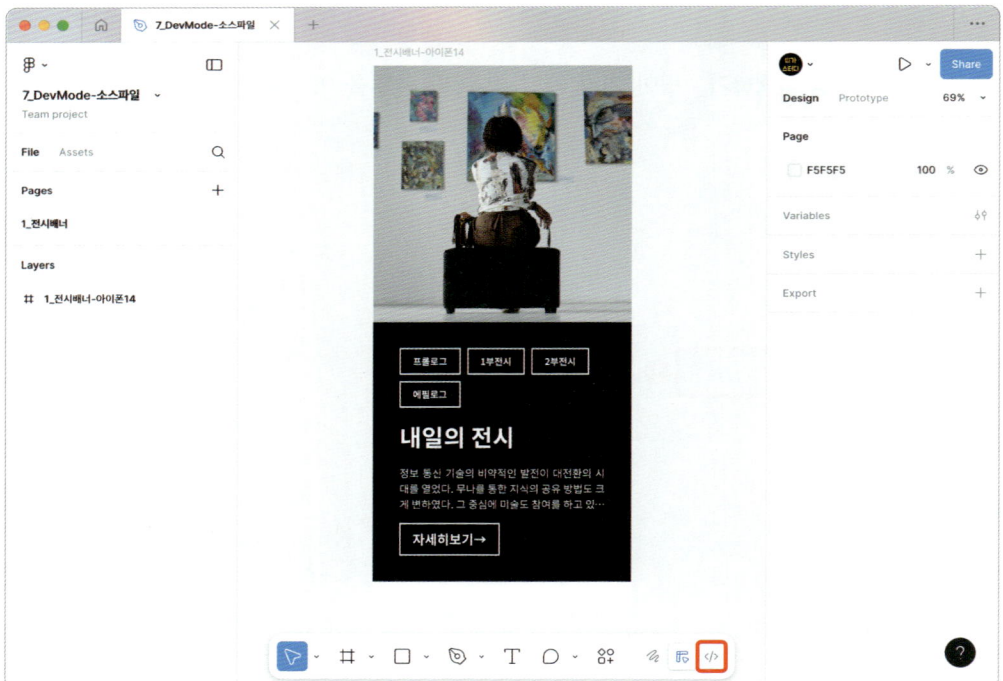

그림 7.5 해당 파일이 열린 화면

142　PART II　개발자 핸드오프

Dev Mode 사용하기

그림 7.6은 Dev Mode를 한 번도 들어가지 않은 경우 나타나는 화면입니다. 이미 한 번이라도 Dev Mode에 들어갔다면, 인트로 화면 없이 바로 진행됩니다.

✚ 이 설명은 집필 기준이며, 피그마 인터페이스가 변경될 수 있음을 유의하세요.

01 **Dev Mode 인트로 첫 화면_** 업그레이드가 완료되었거나, Dev Mode를 처음 실행하면 Welcome to Dev Mode 창이 표시됩니다. 사용법을 안내하는 화면이므로, 이미 알고 있다면 [X] 버튼을 눌러 창을 닫고 바로 진행해도 됩니다. 책에서는 확인을 위해 [Next: Platform and units] 버튼을 클릭해보겠습니다.

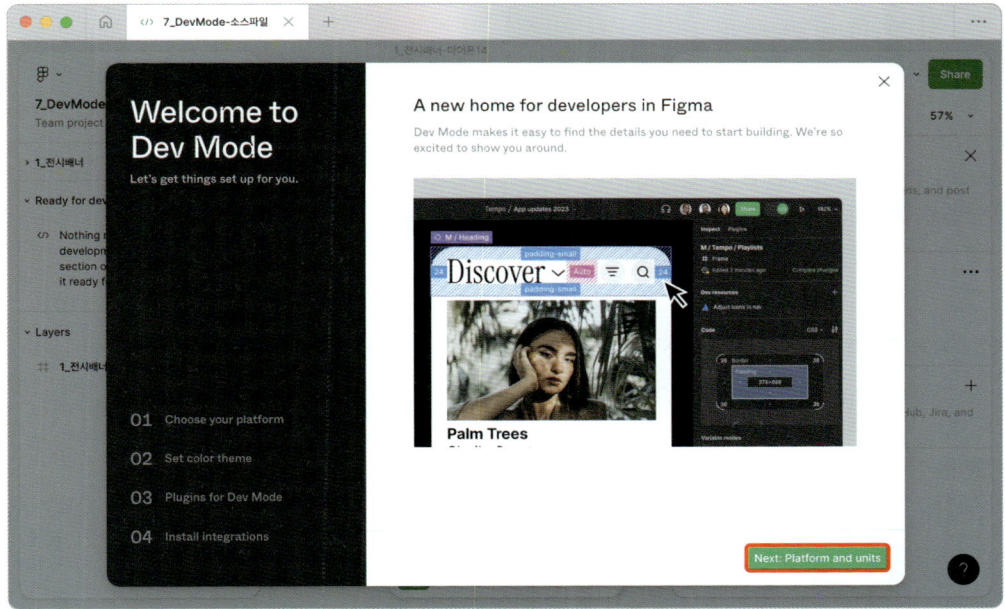

그림 7.6 Welcome to Dev Mode

02 Choose your platform 화면_ ❶사용하는 플랫폼을 선택합니다. 이 설정은 언제든지 변경이 가능합니다. CSS는 웹사이트 제작을 위한 옵션이고, 앱 개발은 iOS와 Android로 분리하여 설정합니다. More 옵션은 React나 Tailwind 같은 웹 프레임워크 및 Flutter, SwiftUI 같은 앱 프레임워크도 선택할 수 있습니다. Unit 설정은 개발 언어마다 사용하는 단위를 더 세부적으로 설정할 수 있습니다. 웹 개발의 경우 예전에는 px 단위만 지원했지만, 현재는 rem까지 지원하는 등 다양한 단위를 사용할 수 있습니다. ❷이 책에서는 CSS와 px를 선택하고 [Next: Theme] 버튼을 클릭합니다.

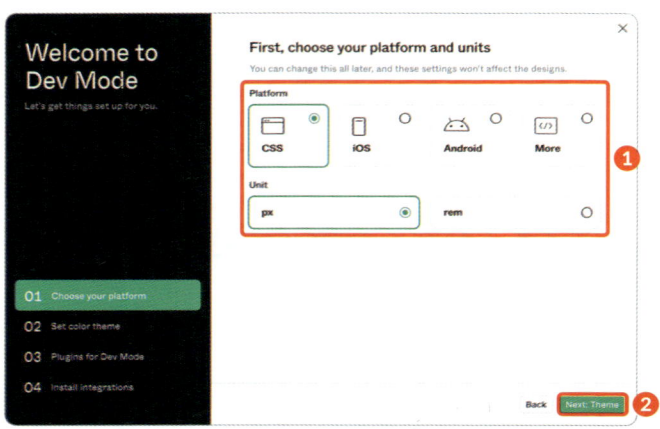

그림 7.7 Choose your platform 창

03 Set color theme 화면_ 색상 테마는 피그마 메인 메뉴의 Preferences(기본 설정) 메뉴에서 언제든지 변경 가능합니다. ❶일단 기본값인 Light로 두고, ❷[Next: Plugins] 버튼을 클릭합니다.

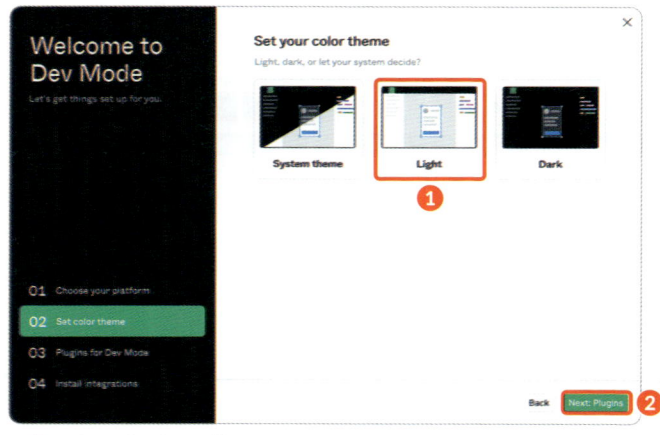

그림 7.8 Set color theme 창

04 Plugins for Dev Mode 화면_
DEV DOME에서는 디자인을 코드로 변환해주는 다양한 플러그인을 지원합니다. 지금은 플러그인 설치 없이 [Next: Integrations] 버튼을 클릭하겠습니다.

✚ 2024년 4월에는 2개만 지원했으나, 집필 기준 다양한 플러그인이 추가되었습니다(그림 7.9 참고).

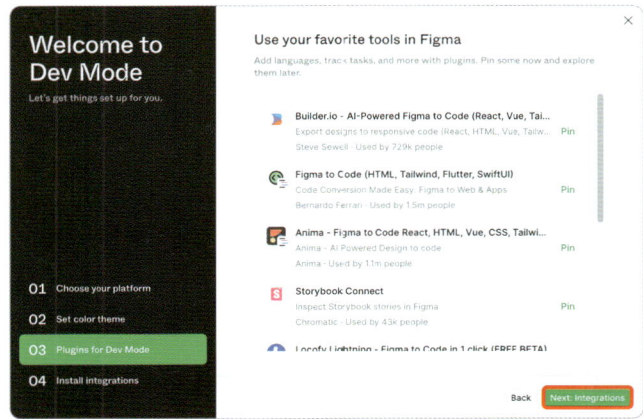

그림 7.9 Plugins for Dev Mode 창

05 Install integrations 화면_
이 단계에서는 코딩 작업에 도움이 되는 앱들과의 연동 여부를 설정할 수 있습니다. 특히, 프런트엔드 편집 툴인 VS Code와의 연동 기능은 매우 편리하게 활용할 수 있습니다. 또한, 슬랙 등 협업 도구와 연동하여 업데이트 관련 사항을 공유하고 협업할 수 있습니다. 이번에는 설치하지 않고, [DONE] 버튼을 클릭하여 완료하겠습니다.

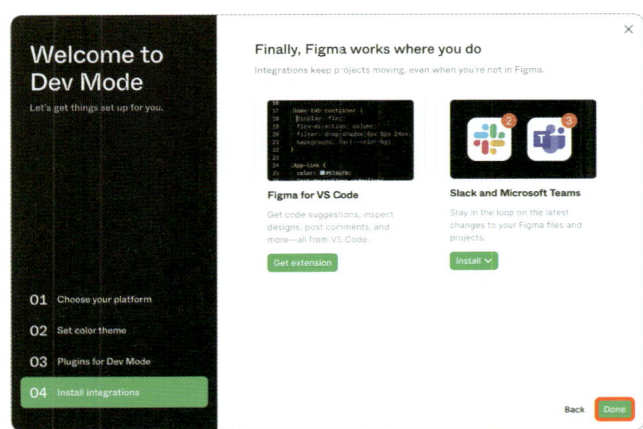

그림 7.10 Install integrations 창

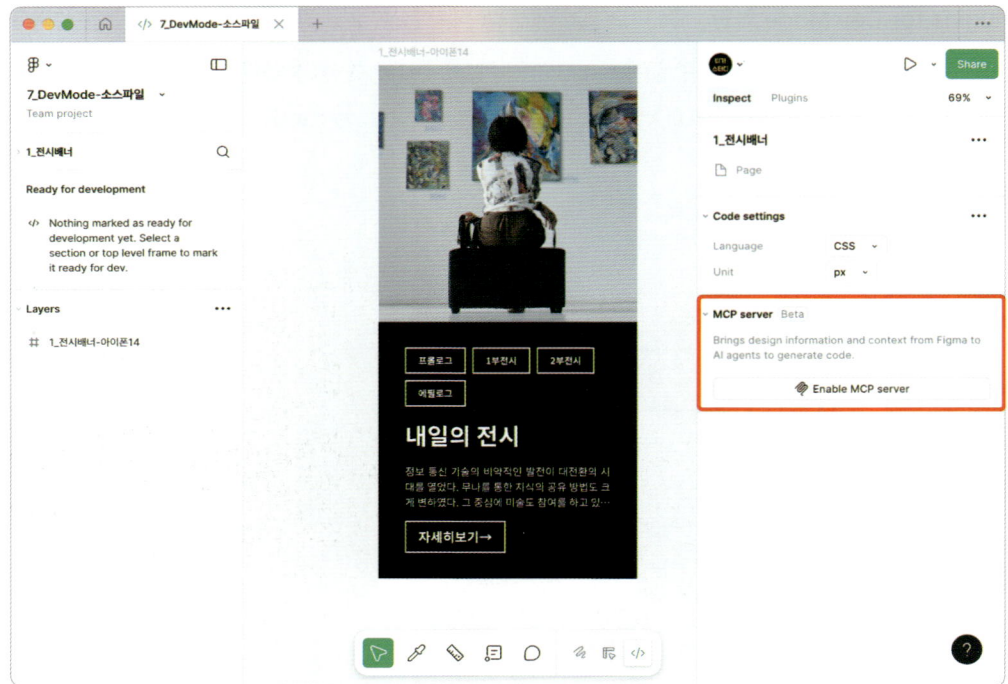

그림 7.11 Dev Mode로 변경된 화면

그림 7.11의 오른쪽 패널 아래를 보면 MCP server라는 섹션이 있습니다. 2025년 Config 2025 발표 후 Dev Mode가 계속 업데이트되면서 MCP 기능을 출시했습니다. MCP는 피그마 디자인 파일을 코드 파일로 바로 추출해주는 기능입니다. 하지만 유료 계정에서만 사용이 가능하고, Education 계정에서도 사용이 불가능하므로 이 책에서는 다루지 않겠습니다.

Dev Mode 기능 확인하기

이제 Dev Mode의 다양한 기능을 자세히 살펴보겠습니다. 인트로 창의 기능은 물론, 세부 설정도 언제든지 변경할 수 있으므로 필요에 따라 조정할 수 있습니다.

01 Dev Mode Move 툴_ Move 툴은 ❶디자인 요소를 선택하면 ❷Inspect 패널에서 관련 정보를 표시하는 기능입니다. 주로 코드로 변환하는 데 필요한 디자인 사양 및 구성 요소 정보를 제공합니다.

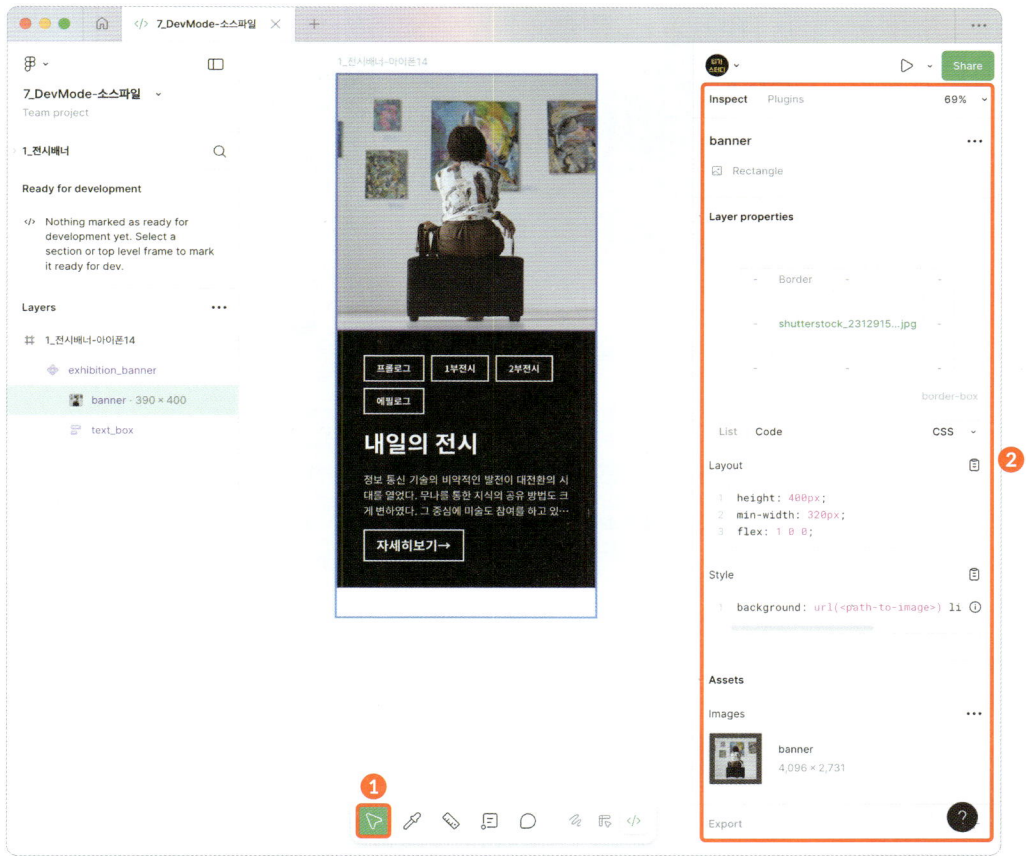

그림 7.12 Dev Mode Move 툴

02 Dev Mode Move 툴 여백 확인_ 디자인 모드의 Move 툴도 간격을 보여주지만, Dev Mode의 Move 툴로 확인하면 더 자세하게 표시됩니다. 요소 타입이 아이콘으로 표시되며, 패딩padding과 마진margin도 정확히 보여줍니다('패딩'과 '마진'에 대해서는 188쪽의 9장 LESSON 1 참고).

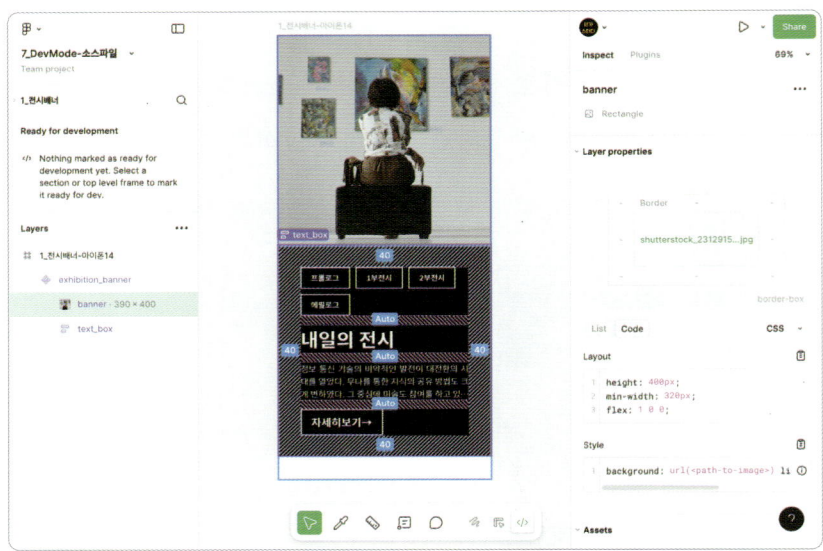

그림 7.13 Dev Mode Inspect 툴 간격 화면

03 Dev Mode 타이포그래피_ Move 툴로 텍스트 요소를 선택하면, 상세한 타이포그래피 관련 CSS 정보가 표시됩니다. 또한, Content 항목에서 텍스트를 더블 클릭하지 않고도 글자를 쉽게 복사할 수 있습니다.

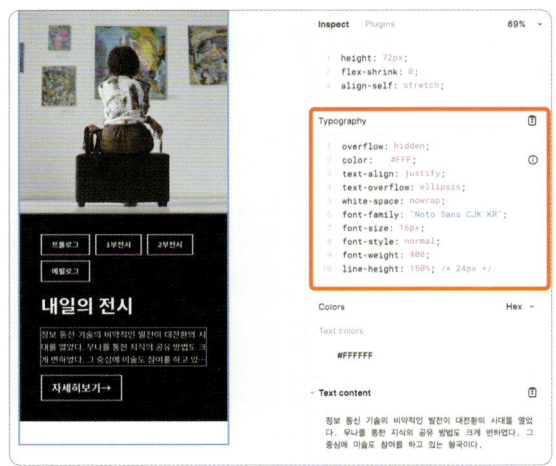

그림 7.14 Dev Mode Inspect 툴 타이포그래피

04 **Dev Mode Annotate 툴**_ Annotate 툴은 기본적으로 피그마가 제공하는 측정이 디자이너가 생각하는 것과 맞지 않는 경우 따로 지정할 수 있게 해주는 기능입니다. 피그마가 제공하지 않은 것도 사용자가 직접 속성을 추가할 수 있습니다. 툴을 선택한 후 해당 콘텐츠 옆을 클릭하면 그림 7.15와 같은 창이 표시되고, 사용자가 추가로 작성하여 처리할 수 있습니다.

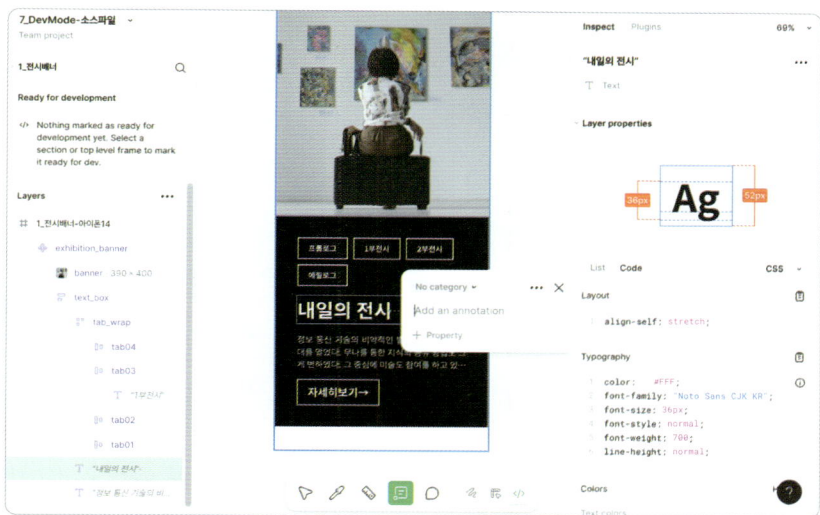

그림 7.15 Dev Mode Annotate 툴

05 **Dev Mode Comment 툴**_ Dev Mode의 코멘트 툴은 개발 관련 피드백을 작성하는 기능입니다. 특히, 슬랙이나 마이크로소프트 팀즈와 연동하면, 다른 팀원들과 실시간으로 연결하여 의견을 주고받을 수 있습니다.

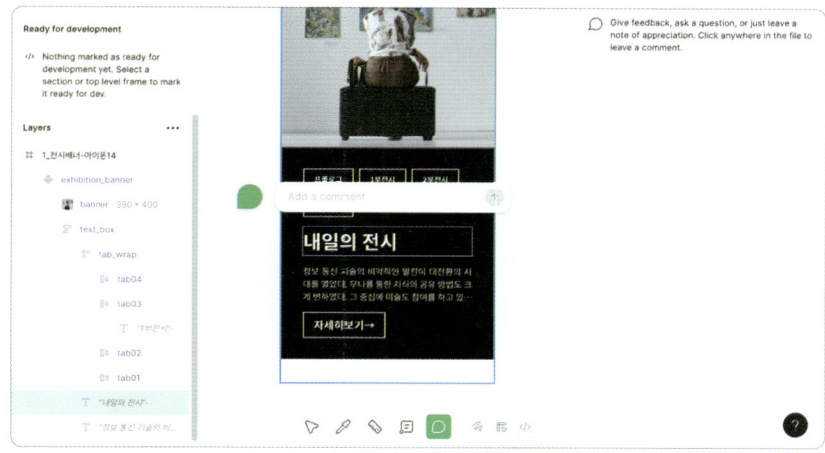

그림 7.16 Dev Mode Comment 툴

06 Dev Mode 언어 변경_ Inspect 패널에서도 세부 설정은 언제든지 변경할 수 있습니다. 초기 인트로 화면에서 설정한 내용도 여기서 다시 조정할 수 있습니다.

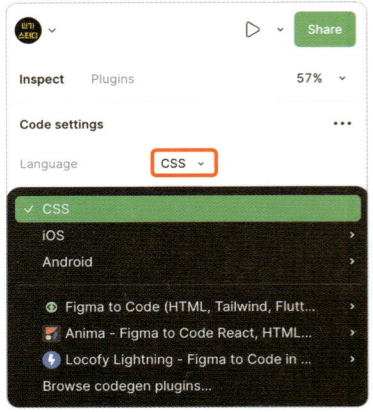

그림 7.17 Dev Mode 언어 변경

07 연결 가능한 플러그인 확인_ Inspect 패널 옆에는 Plugins 패널 탭이 있습니다. 이곳에서 피그마와 연결할 수 있는 다양한 플러그인을 확인하고 설치할 수 있습니다. 최근에는 개발 툴 관련 플러그인들이 많이 추가되어, 플러그인 설치를 통해 더 효율적으로 협업할 수 있도록 개선되었습니다.

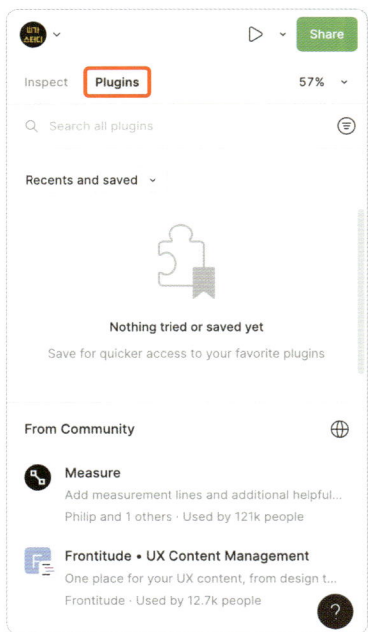

그림 7.18 Dev Mode Plugins 탭

LESSON 02 | VS Code 연결

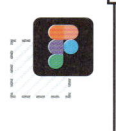

피그마에서 디자인한 파일을 VS Code와 연결하면, 두 프로그램을 번갈아가며 열 필요 없이 바로 코딩할 수 있어 매우 효율적입니다.

✚ 2025년 3월 기준 연결 과정으로 추후 달라질 수 있습니다.

VS Code와 피그마 연결

피그마에서 VS Code를 연결하는 방법부터 살펴보겠습니다. 먼저, VS Code가 컴퓨터에 설치되어 있는지 확인하세요. 설치되지 않았다면 미리 설치를 완료해주세요.

01 피그마 Dev Mode에서 VS Code 연결하기 1_ VS Code와 연결하기 위해 피그마에서 ❶Dev Mode 툴을 클릭합니다. ❷프레임 전체를 선택한 후, Inspect 패널로 이동합니다. ❸Inspect 패널의 더보기(…) 아이콘을 클릭하면 드롭다운 메뉴가 표시됩니다. ❸메뉴에서 [Open in VS Code] 옵션을 클릭하여 VS Code와 연결합니다.

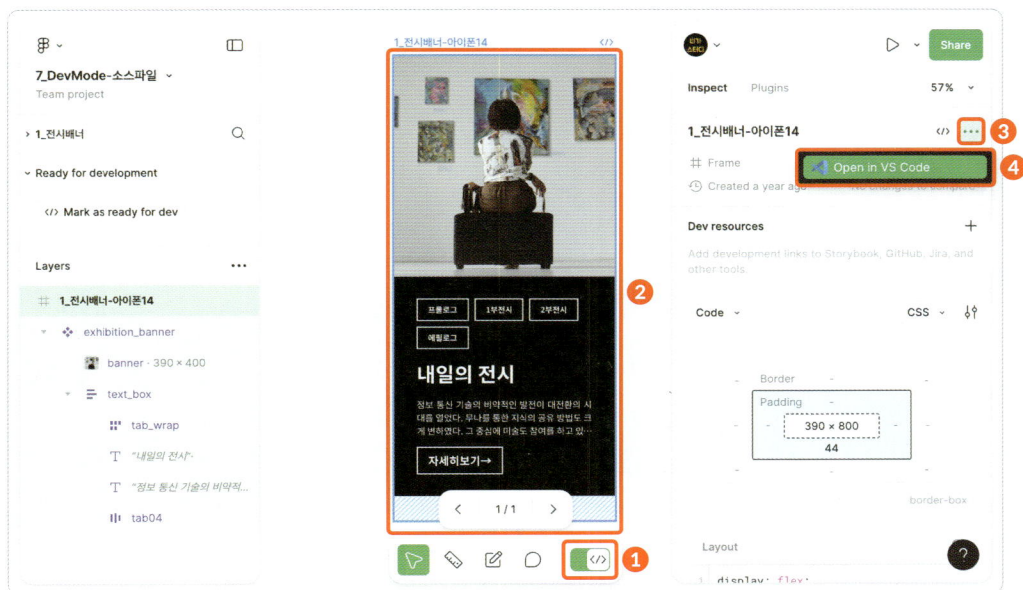

그림 7.19 Open in VS Code

02 피그마 Dev Mode에서 VS Code 연결하기 2_ VS Code가 이미 설치되어 있다면, 'Figma for VS Code' 확장 플러그인을 설치할 것인지 묻는 창이 나타납니다. 이때 [확장 설치 및 URI 열기] 버튼을 클릭합니다.

➕ 현재 그림 7.20은 macOS 기준이며, Windows 사용자는 화면 구성이 다를 수 있습니다.

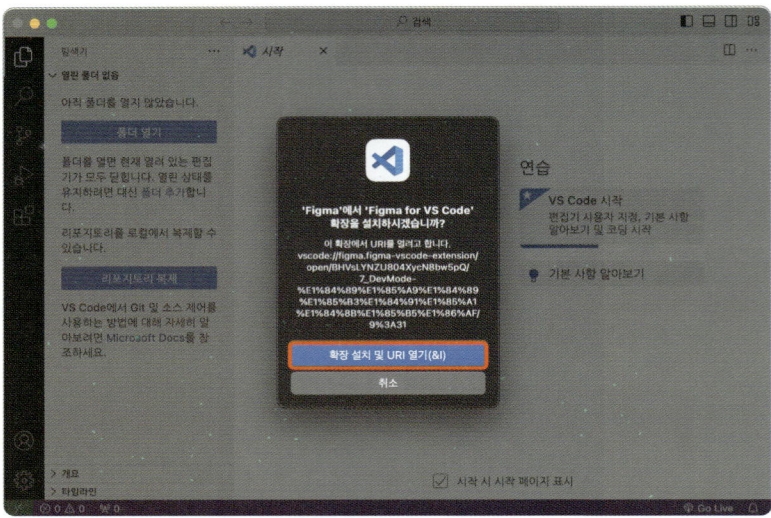

그림 7.20 VS Code 첫 연결 화면

03 확장 플러그인 설치 화면_ 하단에 'Figma for VS Code' 확장 설치 중이라는 알림이 표시됩니다.

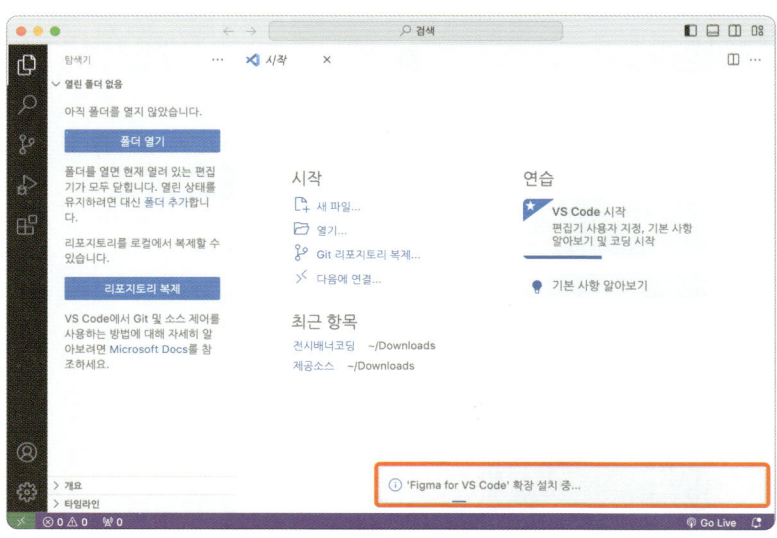

그림 7.21 확장 플러그인 설치 화면

04 **확장 플러그인 설치 완료 화면_** 설치가 완료되면 툴팁에 [Log in] 버튼이 표시됩니다. [Log in] 버튼을 클릭하여 피그마 로그인을 진행합니다.

만약 툴팁이 사라졌거나 표시되지 않는다면, VS Code의 피그마 플러그인 메뉴에서 다시 로그인 작업을 진행합니다. 'Figma for VS Code' 확장이 설치되면 왼쪽 사이드바에 피그마 아이콘이 표시됩니다. ❶피그마 아이콘을 클릭을 한 후 ❷[Log in] 버튼을 클릭합니다.

그림 7.22 확장 플러그인 설치 완료 화면

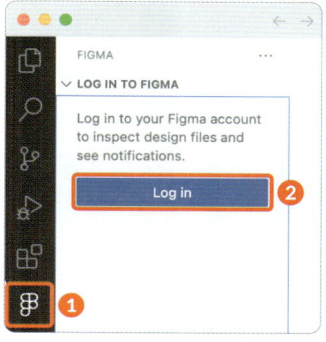
그림 7.23 확장 플러그인에서 로그인 화면

05 **피그마 URL 안내 창 열기_** VS Code에서 피그마 웹사이트를 열 것인지 묻는 창이 나타납니다. [열기] 버튼을 클릭하여 피그마 웹사이트에서 로그인 작업을 진행합니다. 기본 브라우저로 피그마 URL이 열리며, 만약 로그인이 되어 있지 않다면 로그인 페이지로 이동합니다. 로그인이 완료되면 그림 7.25처럼 피그마 웹페이지에 [Open Figma for VS Code] 버튼이 표시되는데, 이 버튼을 클릭합니다. Visual Studio Code를 열 것인지 묻는 Confirm 창이 뜨면, [Visual Studio Code 열기] 버튼을 클릭합니다.

그림 7.24 피그마 url 창 화면

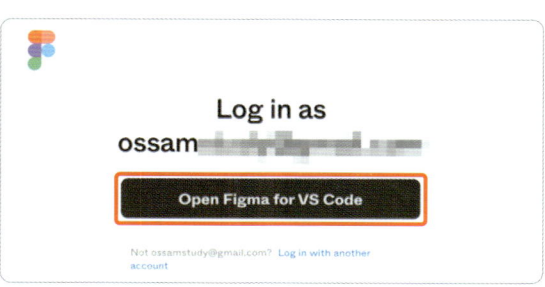
그림 7.25 브라우저 Open Figma for Vs Code 연결

06 VS Code에서도 URI 허용하기_

VS Code에서도 URI 허용을 묻는 창이 표시되면, [열기] 버튼을 클릭합니다. 이제 VS Code의 왼쪽 사이드바에 피그마 아이콘이 표시됩니다. ❶피그마 아이콘을 클릭하면, ❷연결된 피그마 계정의 최근 목록이 나타납니다. 코딩할 파일을 선택하면 VS Code에서 바로 작업을 시작할 수 있습니다.

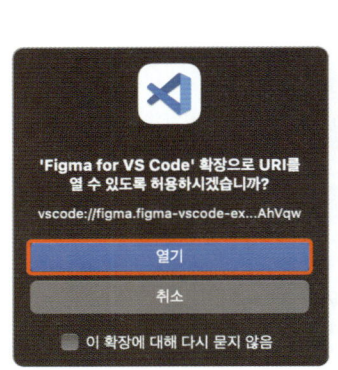

그림 7.26 VS Code 허용 창 1

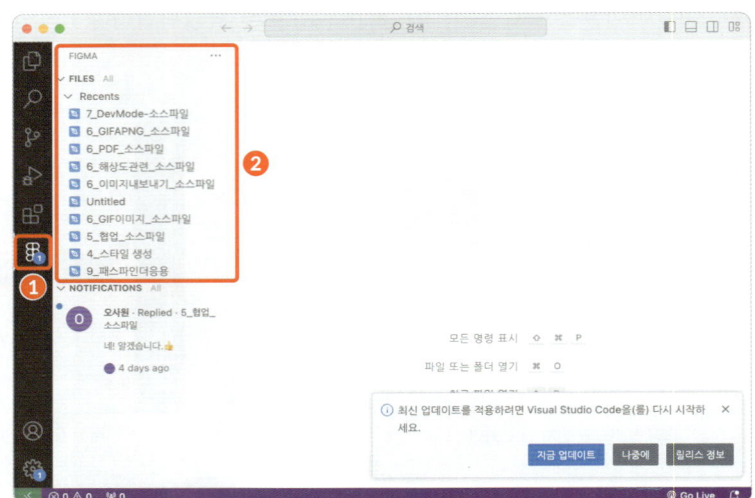

그림 7.27 VS Code 허용 창 1

VS Code에서 피그마 디자인 활용

VS Code와 피그마가 연동되면, VS Code에서 피그마 디자인 파일을 직접 확인하고 편집할 수 있습니다. 지금부터는 VS Code에서 피그마 파일을 어떻게 확인하는지 살펴보겠습니다.

01 VS Code에서 피그마 파일 선택하기_

VS Code의 왼쪽 사이드바에 표시된 피그마 아이콘을 클릭합니다. 피그마에서 최근에 사용한 파일 목록이 나타납니다. ❶목록에서 7_DevMode_소스파일을 클릭합니다. ❷선택한 파일의 프레임 목록이 표시되면, 원하는 프레임을 클릭하여 엽니다.

그림 7.28 VS Code 피그마 플러그인 화면 1

02 해당 프레임 상세 보기_ ❶프레임 내부로 들어가면 전체 코드가 표시됩니다. 특정 요소를 선택하면, 해당 요소의 더욱 상세한 코드를 확인할 수 있습니다. 요소 선택이 어려울 경우, 디자인 화면을 확대하여 원하는 요소를 정확히 클릭할 수 있습니다. 예를 들어 그림 7.29에서 ❷이미지 부분을 선택하여 확인해보겠습니다.

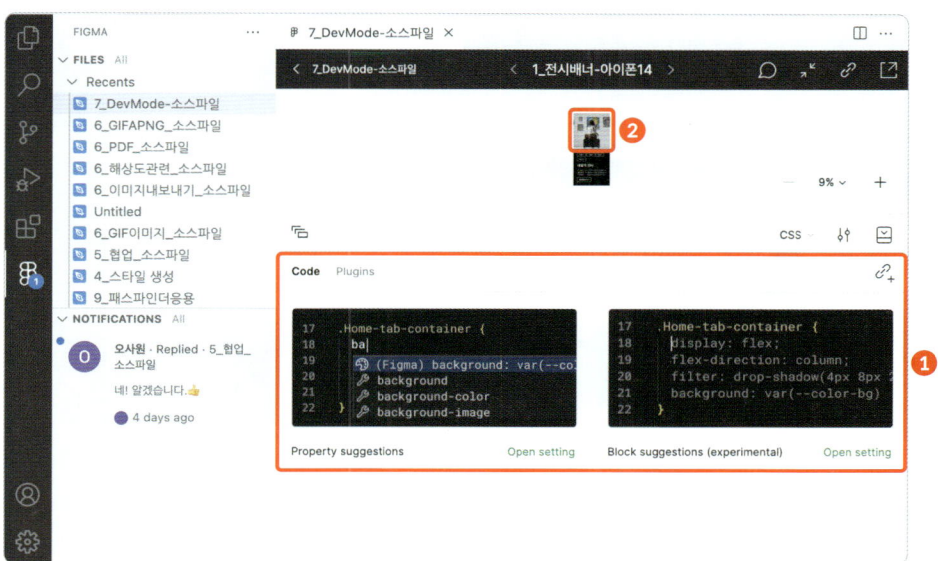

그림 7.29 VS Code 피그마 플러그인 화면 2

CHAPTER 07 CSS 코드 확인 **155**

03 **디자인 요소 상세 보기_** 요소를 선택하면 VS Code에서 다양한 정보를 Code, Properties, Dev resources, Assets, Plugins 탭으로 분류하여 제공합니다.

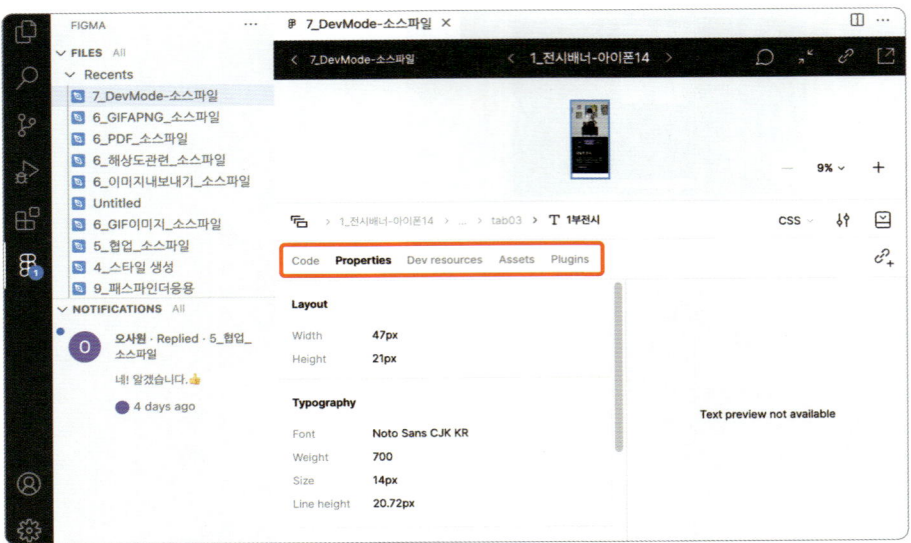

그림 7.30 VS Code 피그마 플러그인 화면 – 요소 상세 화면

04 **디자인 요소 다운로드하기_** ❶Assets 탭으로 이동하면 다운로드할 수 있는 요소 목록이 표시됩니다. ❷다운로드 아이콘(⬇)을 클릭하면 이미지가 바로 다운로드됩니다. 피그마에 접속하지 않아도 VS Code에서 직접 파일을 다운로드할 수 있다는 점이 큰 장점입니다.

➕ 피그마에 접속하지 않아도 VS Code에서 다운로드할 수 있습니다.

그림 7.31 Assets 탭으로 이동한 화면

나머지 기능들은 이후 피그마 기능을 더 배운 뒤, 10장에서 코딩할 때 자세히 살펴보겠습니다.

LESSON 03 | 제플린과 피그마 연결

가끔 '피그마 자체만으로도 코드가 잘 보이는데, 굳이 제플린Zeplin으로 보내야 할까요?'라는 질문을 받곤 합니다. 사실 이는 사용자의 필요나 회사의 협업 방식에 따라 다를 수 있습니다. 많은 툴을 활용해서 협업 효율성을 높일 것인지, 아니며 간소하게 사용해 학습 부담을 줄일 것인지의 차이라고 볼 수 있습니다.

그림 7.32 제플린 사이트 이미지 - https://blog.zeplin.io/zeplin-figma-redesigned-from-scratch-2e448c95c3d4

사실 피그마가 없어도 포토샵으로 디자인하고, 기획서를 파워포인트로 작성하며, 협업은 카카오톡으로 할 수 있습니다. 그러나 피그마나 제플린을 사용하면 더 많은 기능을 활용할 수 있어 편리함과 효율성이 크게 향상됩니다. 단, 문제는 학습이 필요하다는 점입니다.

피그마와 제플린의 차이를 요리 과정에 비유해보겠습니다. 피그마는 오븐에 굽고 요리하는 과정처럼, 디자인을 직접 만들고 완성하는 역할을 맡습니다. 반면, 제플린은 완성된 음식을 테이블에 보기 좋게 차리는 과정처럼, 개발자가 디자인을 보기 좋게 정리하고 활용할 수 있도록 돕는 역할을 합니다.

즉, 기획자나 디자이너가 피그다로 협업하여 디자인을 완성하면, 그것을 개발자가 쉽게 활용할 수 있도록 정리해주는 것이 제플린의 역할입니다.

그림 7.33은 개발자가 제플린을 사용하는 이유를 보여줍니다. 제플린은 다양한 개발 도구와 연결되어 협업을 더욱 원활하게 만듭니다. 슬랙 같은 협업 도구와 연동하여 커밋 메시지와 함께 디자인 변경 알림을 줄 수 있습니다. 디자인에 대한 피드백과 질문을 쉽게 남길 수 있으며, 또한 지라Jira epics, 이슈,

트렐로Trello 카드에 디자인을 첨부하여 프로젝트 관리와 연결할 수 있습니다. 그리고 개발자의 워크플로와 통합하여 효율성을 높입니다.

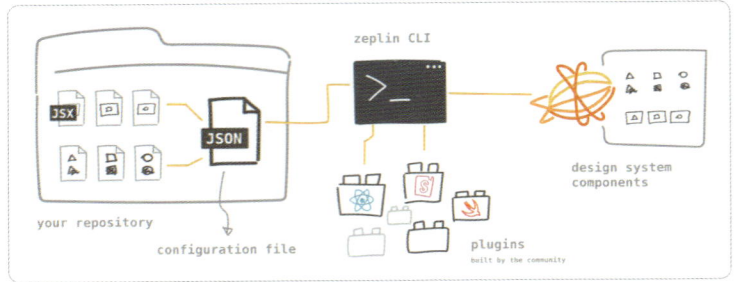

그림 7.33 제플린 사이트 이미지 - https://zeplin.io/features/connected-components/

제플린을 사용할 필요가 없는 경우도 있지만, 효율적인 협업을 위해 제플린을 도입하는 것이 더 유리할 때가 많습니다. 자세한 내용은 제플린 공식 사이트에서 확인해보세요.

이제 피그마와 제플린을 어떻게 연결해서 사용하는지 살펴보겠습니다.

✚ 2025년 3월 기준 연결 과정으로 추후 달라질 수 있습니다.

제플린에 가입하고 피그마 연동하기

01 제플린 사이트 시작하기_ 제플린 웹사이트(https://zeplin.io/)로 들어갑니다. 제플린 사이트에서 [Get started] 버튼을 클릭합니다.

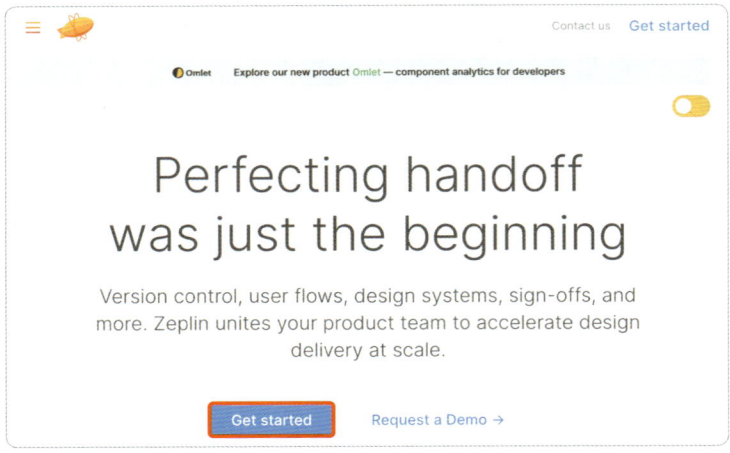

그림 7.34 제플린 사이트 화면

02 제플린과 피그마 연결하기_ 구글 계정으로 로그인할 수도 있지만, 피그마로 직접 연결하는 방법이 더 간편합니다. [Sign up width Figma] 버튼을 클릭합니다.

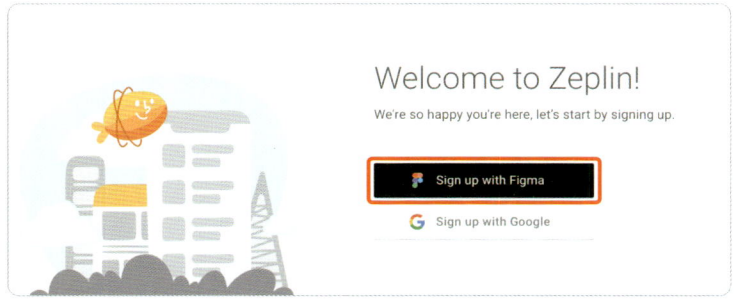

그림 7.35 제플린에서 피그마 로그인

03 피그마에서 제플린 허용하기_ 피그마 사이트로 이동하면서, 제플린과의 연결을 허용할 것인지 묻는 창이 나타납니다. 여기서 [Allow access] 버튼을 클릭하여 연결을 허용합니다.

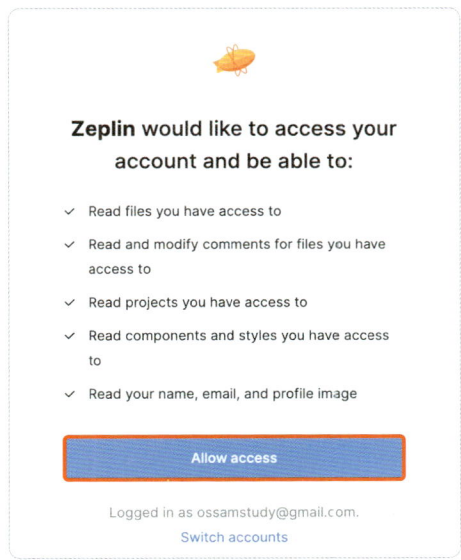

그림 7.36 제플린과 피그마 연결 화면

그러면 사용자의 직업을 선택하는 화면이 나타납니다. 여러분의 직업을 선택하고, 동의 항목을 체크한 뒤 [Continue] 버튼을 클릭합니다.

04 새로운 프로젝트 버튼 화면_ 로그인하면 그림 7.37과 같은 화면이 나타납니다. 만약 화면이 나타나지 않는다면 https://app.zeplin.io/projects로 접속하여 확인하세요. 화면에서 [Create first project] 버튼을 클릭하여 새로운 프로젝트를 만듭니다.

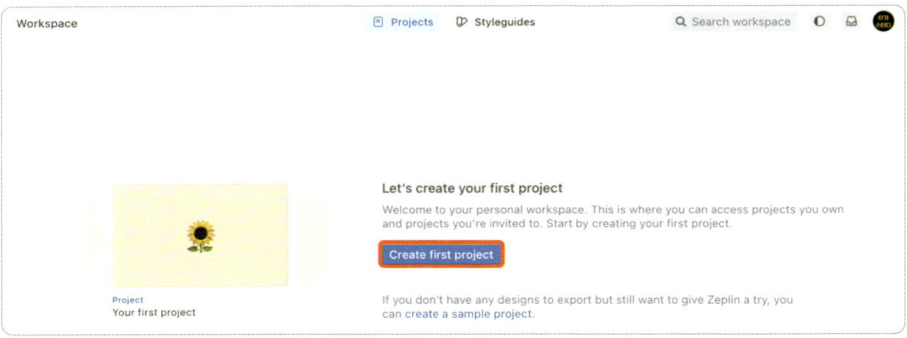

그림 7.37 프로젝트 생성 화면

05 프로젝트 유형 선택 화면_ 프로젝트 유형은 웹, iOS, 안드로이드로 나뉩니다. 이 책에서는 '웹'으로 선택하겠습니다.

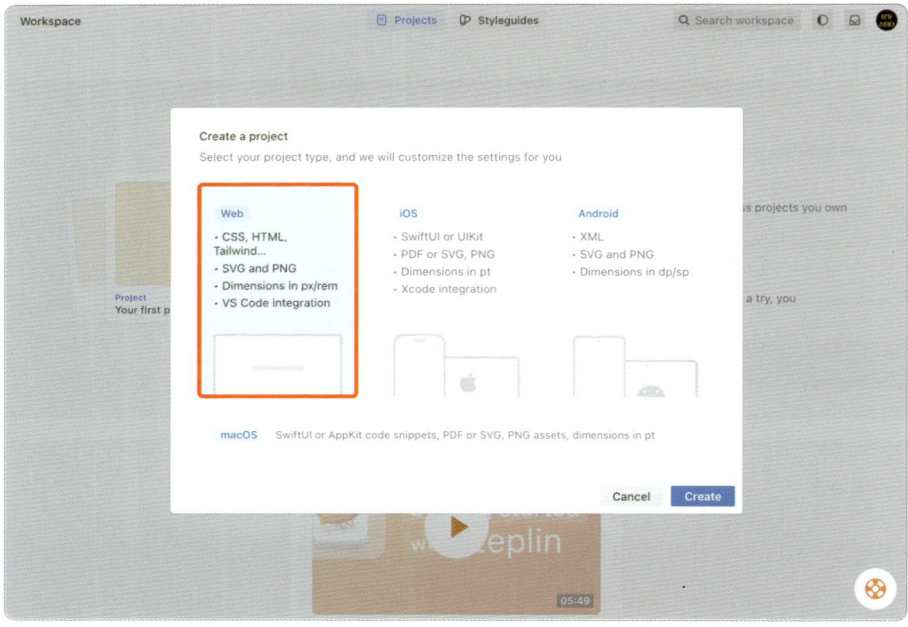

그림 7.38 프로젝트 유형 선택 화면

06 프로젝트 이름 설정 화면_ 그러면 프로젝트 설정 화면으로 이동합니다. 이때 기본 프로젝트 이름은 Untitled로 표시됩니다. Untitled를 클릭하여 이름을 Exhibition Banner로 변경합니다. 이름 입력란 옆의 [Web, unknown] 버튼을 클릭하여 세부 설정을 진행합니다.

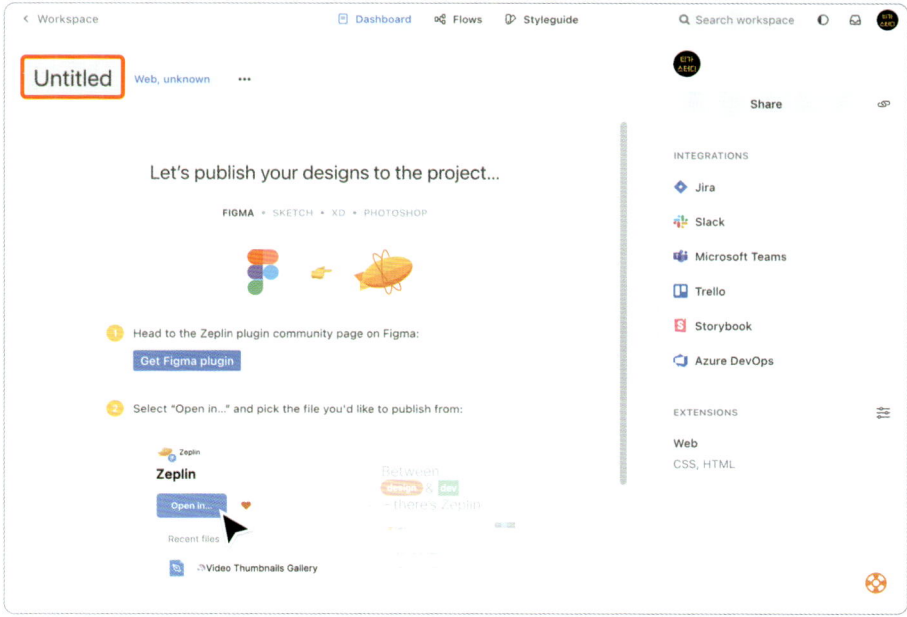

그림 7.39 프로젝트 이름 설정 화면

07 프로젝트 스크린 환경 설정_ 6장에서 이미지 저장 시 해상도 개념을 살펴보았습니다. 프로젝트 유형에 따라 1x~4x까지 설정할 수 있지만, 웹 프로젝트이기 때문에 1x로 설정합니다. ❶해상도를 1x로 설정한 후 ❷[Change] 버튼을 클릭하여 설정을 완료합니다.

➕ 피그마에서는 이미 이미지를 크게 만들어도, 디자인은 1x로 작업하기 때문입니다.

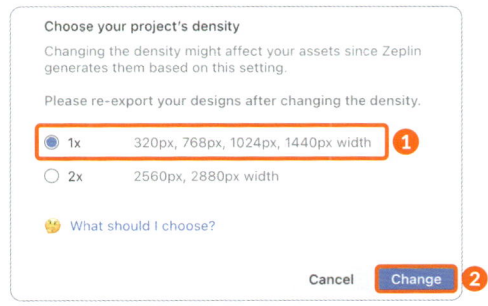

그림 7.40 프로젝트 스크린 환경 설정

피그마에서 제플린 플러그인 설치하기

제플린 사이트에서 피그마를 연결한 후, 피그마에서도 제플린 플러그인을 설치하여 다시 연결을 설정해야 합니다.

01 피그마에서 Zeplin 플러그인 열기_ 예제 파일의 7장 폴더에서 7_DevMode-소스파일.fig 파일을 엽니다. ❶ 액션 툴에서 plugins & widgets 탭을 클릭한 후, ❷ 'Zeplin'을 검색합니다. ❸ 검색 결과에서 Zeplin 플러그인을 클릭하여 실행합니다.

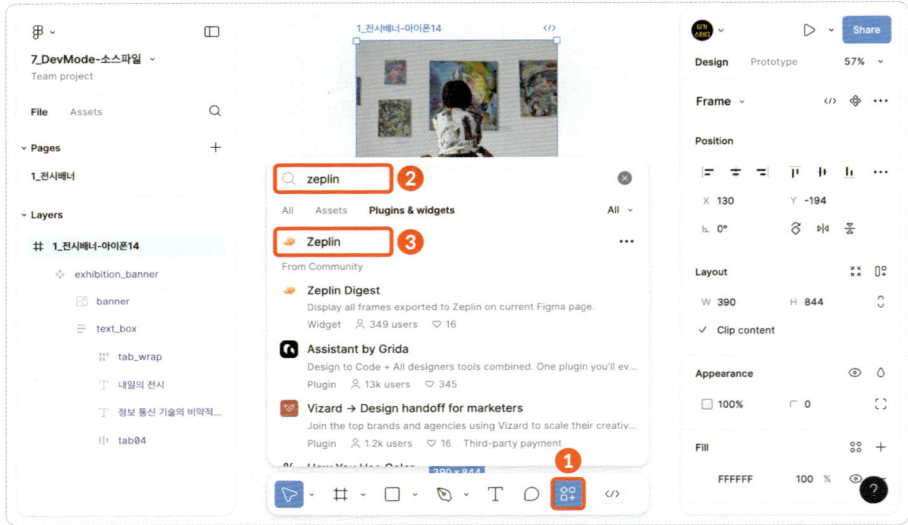

그림 7.41 Zeplin 플러그인 열기

제플린 플러그인이 열리면 [Get Started] 버튼을 클릭합니다.

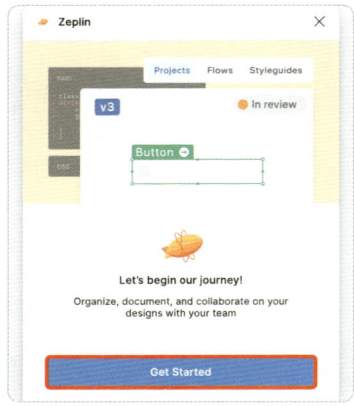

그림 7.42 제플린 시작 창

02 피그마에서 Zeplin 플러그인 열기_ 플러그인 창에서 [Sign up width Figma] 버튼을 클릭하여 로그인합니다. 그러면 브라우저 창이 열리며, 제플린과 피그마를 연결해줍니다.

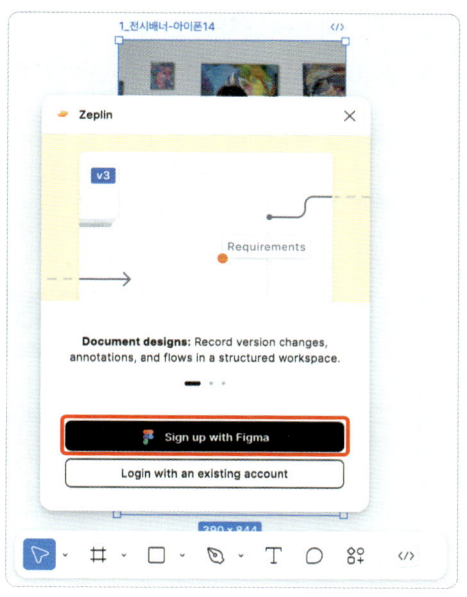

그림 7.43 Zeplin 플러그인에서 피그마 로그인하기

03 피그마에서 플러그인 다시 보기_ 다시 피그마로 돌아오면 제플린과 연결되어 있습니다. 제플린과 연결이 완료되면, 피그마에서 어떤 디자인 파일을 내보낼지 선택할 수 있습니다. 기본적으로는 컴포넌트로 지정된 요소가 잡히지만, 프레임 전체를 내보내거나 여러 프레임을 동시에 내보낼 수도 있습니다.

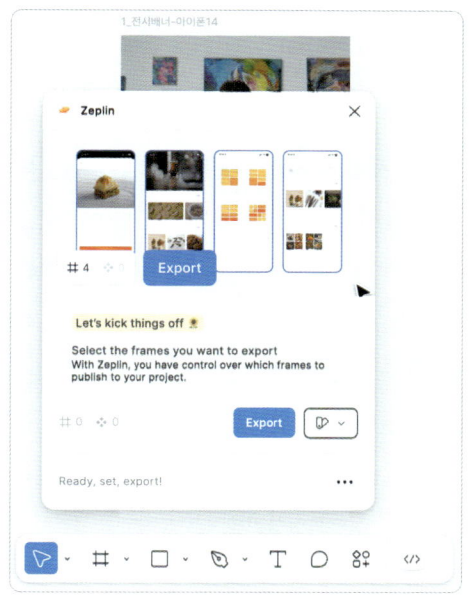

그림 7.44 피그마로 다시 돌아온 화면

04 **피그마에서 프레임 선택하기_** ❶ 1_전시배너-아이폰14 프레임을 선택한 후, ❷ 플러그인 창에서 [Export] 버튼을 클릭합니다.

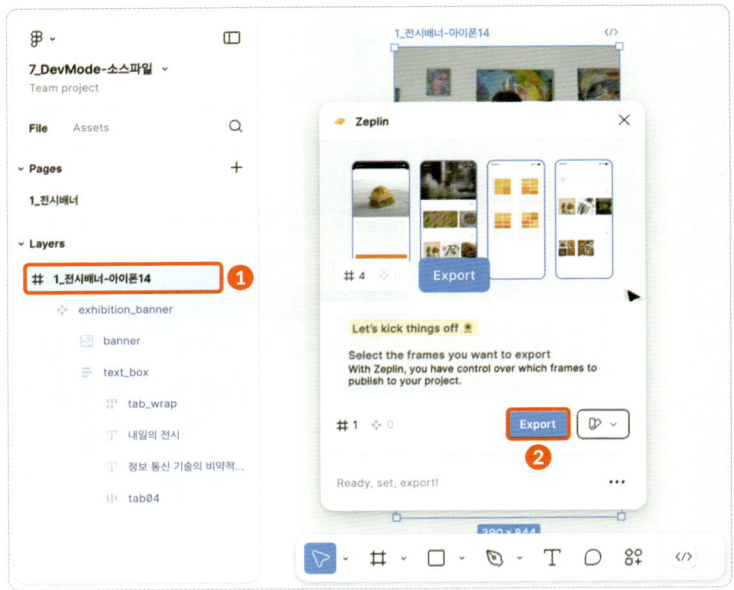

그림 7.45 프레임을 선택한 화면

05 **제플린 워크스페이스 선택하기_** 그러면 제플린에서 만들어 놓은 워크스페이스 선택 화면이 표시됩니다. ❶ 현재 이 책에서는 Exhibition Banner라는 워크스페이스 하나만 있기 때문에 자동으로 선택됩니다. 만약 여러 워크스페이스가 있다면, 원하는 것을 선택 후 ❷ [Export] 버튼을 클릭합니다.

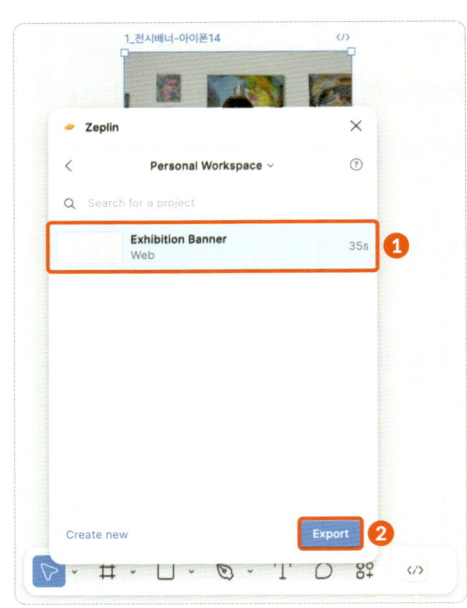

그림 7.46 제플린 워크스페이스 선택 화면

06 **내보내기 완료**_ 플러그인 창에서 내보내기 과정이 표시됩니다. 내보내기가 완료되면 체크박스 아이콘 ()으로 표시됩니다. ❶ 모든 작업이 완료되면 'All done' 안내문이 표시됩니다. ❷ [Go to Zeplin] 버튼을 클릭하여 제플린 사이트로 이동합니다.

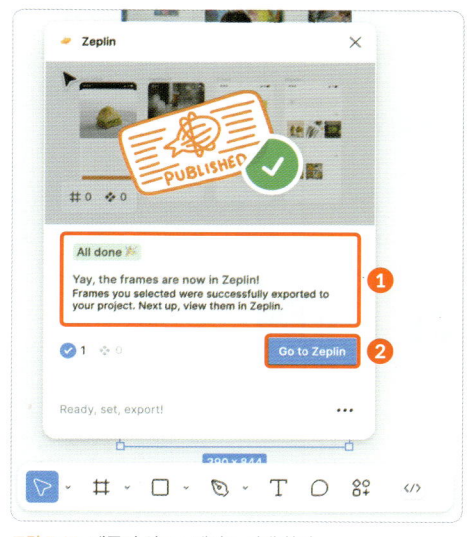

그림 7.47 제플린 워크스페이스 선택 화면

제플린에 연결된 피그마 파일 보기

01 **제플린에서 피그마 파일 보기**_ 제플린도 피그마처럼 데스크톱 앱을 제공하지만, 이 책에서는 브라우저를 통해 확인하겠습니다. 그림 7.48은 제플린에 피그마 파일이 연결된 화면을 보여줍니다.

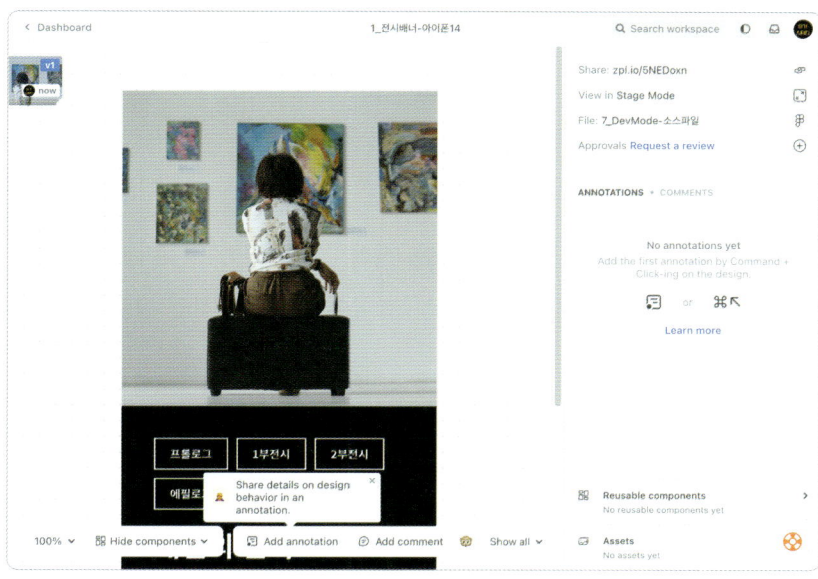

그림 7.48 제플린에서 피그마 파일을 보는 화면

02 세부 요소 선택 화면_ 세부 요소를 선택하면 해당 요소의 코드 정보를 자세히 확인할 수 있습니다. 필요한 코드를 복사하여 개발 환경으로 가져갈 수 있습니다. 요소 간의 간격, 이름, 스타일 정보도 상세하게 확인할 수 있습니다.

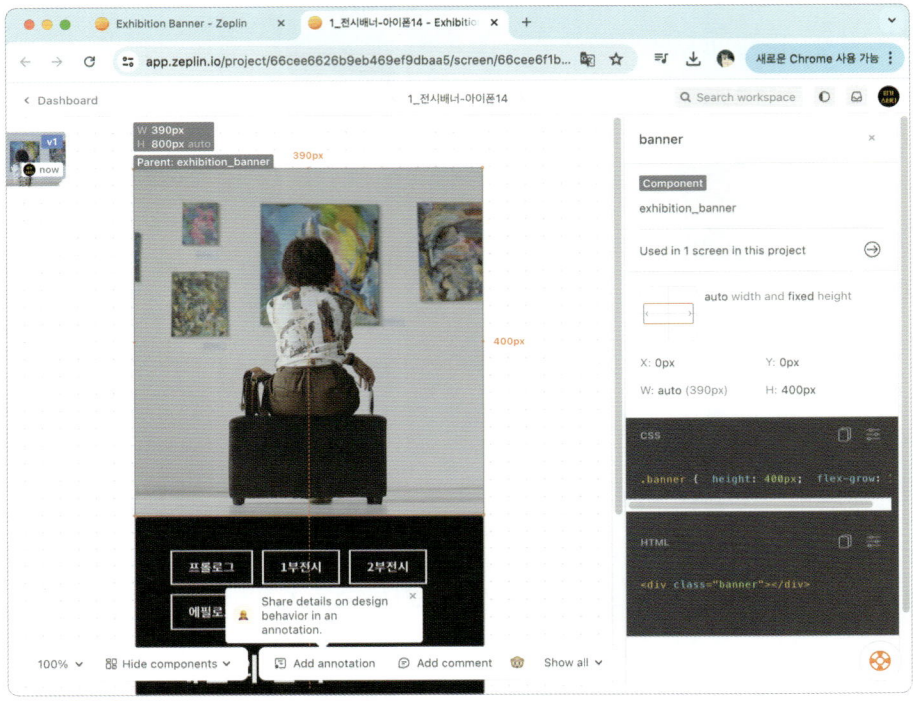

그림 7.49 세부 요소 선택 화면

제플린의 기능은 피그마의 Dev Mode와 크게 다르지는 않지만, 일부 개발자들은 여전히 제플린을 선호합니다. 특히, Dev Mode가 출시되기 이전부터 제플린을 사용해온 개발자들이 많기 때문에, 개발자가 원하면 제플린과 연동하여 사용하는 것이 좋습니다.

프로젝트 환경에 따라 피그마 Dev Mode와 제플린 중 어떤 것을 사용할지 판단하는 것이 중요합니다. 두 도구 모두 강력한 기능을 제공하므로, 협업 방식이나 팀의 요구사항에 맞춰 선택하면 됩니다.

개발에 맞춘
구성 요소 제작

2023년 6월, 피그마의 Dev Mode 출시로 피그마는 새로운 비전을 제시했습니다. 이와 함께 디자인 요소를 더욱 개발 환경에 맞춰 제작할 수 있는 기능들이 추가되었습니다. 현재 대부분의 웹사이트는 모바일 웹까지 함께 고려하여 반응형 웹으로 제작합니다. 이를 지원하기 위해 피그마는 다양한 기능을 제공하며, 개발자와 디자이너의 협업을 더욱 효율적으로 만들어줍니다.

3부에서는 기존의 컴포넌트, 오토레이아웃, 컨스트레인츠 기능을 먼저 살펴보고, 반응형 웹을 위한 새로운 기능들이 무엇인지 확인합니다. 피그마가 제공하는 기능들을 통해, 더욱 효율적으로 개발 환경에 맞춘 디자인을 제작하는 방법을 알아보겠습니다.

CHAPTER

컴포넌트 제작

- 컴포넌트 사용법
- Push Change to Main Component
- Detach Instance
- Asset 패널 사용
- 컴포넌트 안의 인스턴스

웹 앱 디자인을 할 때, 같은 스타일의 콘텐츠를 반복적으로 작업해야 하는 경우가 많습니다. 이때 컴포넌트 기능은 재사용 가능한 UI를 등록하여 작업 효율을 크게 높여줍니다. 예를 들어 그림 8.1의 버튼을 살펴보겠습니다.

왼쪽 버튼은 원래 디자인된 버튼이고, 오른쪽 버튼은 클라이언트가 수정 요청한 버튼이라고 했을 때, 만약 포토샵에서 작업했다면 버튼을 각각 5번 수정해야 합니다. 하지만 피그마의 컴포넌트를 사용하면, 단 한 번의 수정으로 모두 버튼을 변경할 수 있습니다. 이 기능을 활용하면 작업 시간이 크게 단축되겠죠? 이 장에서는 피그마에서 지원하는 컴포넌트 사용법을 자세히 알아보겠습니다.

그림 8.1 컴포넌트 사용 이유

LESSON 01 | 컴포넌트 사용법

컴포넌트는 UI의 원본 역할을 하는 요소로, 프로그래밍의 클래스와 같은 개념입니다. 자바를 배웠다면 클래스와 비슷하다고 볼 수 있고, 리액트React를 배웠다면 리액트의 컴포넌트와 동일한 개념입니다. 컴포넌트를 복제하면 인스턴스가 생성됩니다. 이때, 원본(컴포넌트)을 수정하면 모든 인스턴스가 함께 변경됩니다. 하지만 인스턴스도 독립적으로 일부 요소를 수정할 수 있어 유연하게 활용할 수 있습니다. 피그마에서 컴포넌트를 사용하면 디자인 작업 시간을 크게 줄일 수 있습니다. 특히, 리액트 개발자들은 디자이너가 컴포넌트 개념으로 디자인을 만들어주면, 이를 그대로 개발에 반영할 수 있어 효율이 높아집니다.

이제 피그마에서 컴포넌트를 만들어 디자인 작업 시간을 얼마나 절약할 수 있는지 살펴보겠습니다.

01 예제 파일 불러오기_ 예제 파일의 8장 폴더에서 8_컴포넌트_소스파일.fig 파일을 피그마로 불러옵니다. 첫 번째 페이지인 1_컴포넌트 사용법 페이지로 이동합니다.

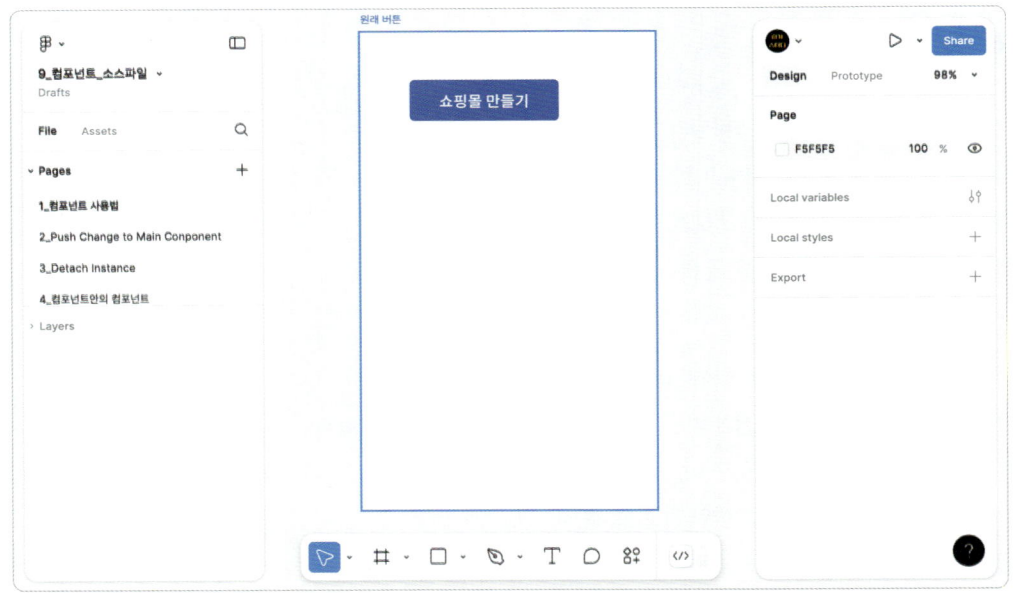

그림 8.2 예제 파일을 불러온 화면

02 버튼을 컴포넌트로 등록하기_ ❶페이지에 있는 버튼을 선택합니다. ❷디자인 패널에서 컴포넌트 아이콘(✦)을 클릭하면 컴포넌트로 등록됩니다.

✚ 오브젝트를 선택했을 때 컴포넌트 아이콘이 디자인 패널에서 보이지 않는다면, 더 보기 아이콘(⋯)을 클릭한 후 **[Create component]** 메뉴를 선택합니다.

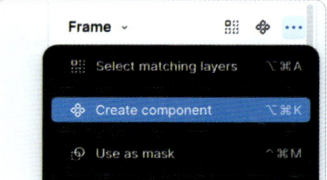

그림 8.3 컴포넌트 처리 화면

03 인스턴스 생성하기_ 원본 컴포넌트를 선택하고 Alt / Option 키를 누른 상태로 드래그하면 복제가 됩니다. 이때 복제된 객체는 인스턴스로 생성됩니다. 즉 인스턴스는 원본 컴포넌트의 복사본이 됩니다. 레이어 패널에서 확인하면 컴포넌트 아이콘(✦)은 다이아몬드가 4개고, 인스턴스 아이콘(◇)은 다이아몬드가 한 개입니다.

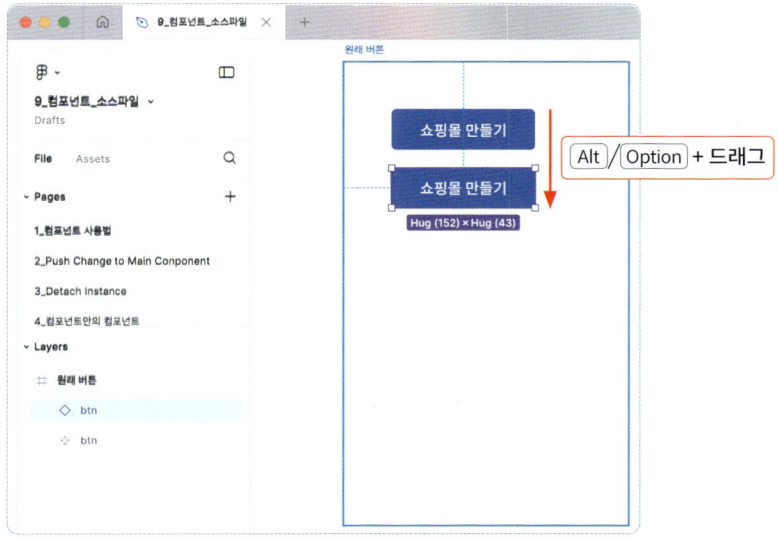

그림 8.4 인스턴스 복제 화면

04 인스턴스를 여러 개 복제하기_ 그림 8.5처럼 인스턴스를 3개 더 복제합니다. 복제한 후, 각 인스턴스의 글자도 모두 변경합니다. 복제 후 행동 반복 단축키를 사용하면 같은 간격으로 복제할 수 있습니다.

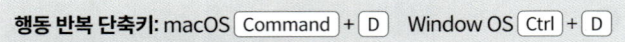
행동 반복 단축키: macOS `Command` + `D`   Window OS `Ctrl` + `D`

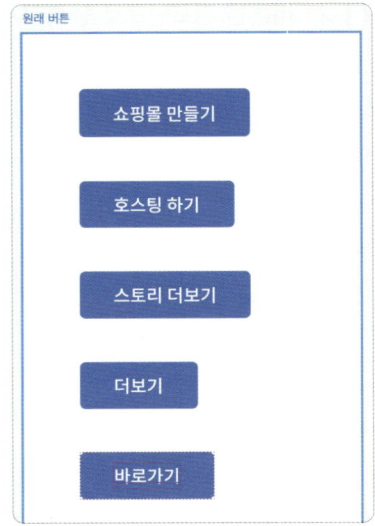
그림 8.5 인스턴스를 여러 개 복제한 화면

05 원본 컴포넌트 수정하기_ ❶프레임에서 가장 상단에 있는 원본 컴포넌트 버튼을 선택합니다. ❷디자인 패널에서 모서리 둥글기를 30으로 변경합니다. ❸글자 색과 도형 선색은 3971FF로 변경하고, 도형 면색은 FFFFFF로 변경합니다. 원본 컴포넌트를 수정하면 아래의 모든 인스턴스도 자동으로 변경됩니다.

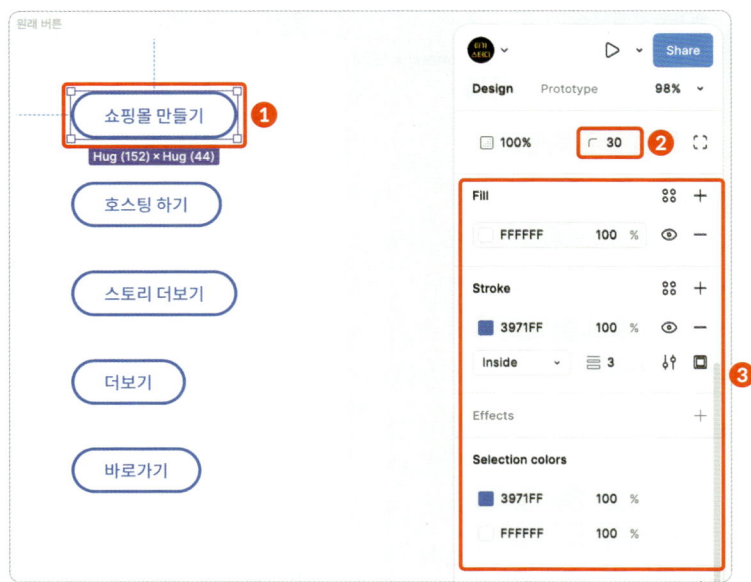
그림 8.6 원본 컴포넌트 변경 화면

LESSON 02 인스턴스를 원본 컴포넌트로 변경

작업을 하다 보면 특정 인스턴스를 수정했을 때, 다른 인스턴스들도 동일하게 변경하고 싶을 때가 있습니다. 하지만 수정 내용을 일일이 기억하고 원본 컴포넌트로 돌아가서 변경하는 것은 번거로운 작업이 될 수 있습니다. 이를 해결하기 위해 피그마는 Push Change to Main Component 기능을 제공합니다. 이 기능을 사용하면 수정한 인스턴스의 변경사항을 원본 컴포넌트로 쉽게 반영할 수 있습니다.

01 예제 파일 확인하기_ 예제 파일에서 2_Push Change to Main Component 페이지로 이동합니다. 맨 위 버튼이 원본 컴포넌트이며, 아래 4개의 버튼은 복제된 인스턴스입니다. 이때 하나의 인스턴스를 변경해보겠습니다.

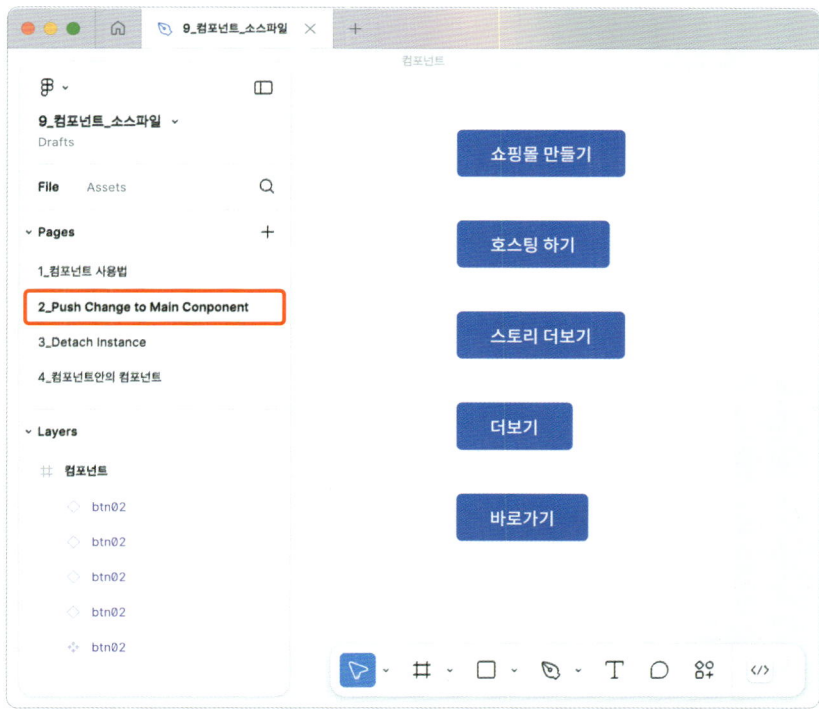

그림 8.7 2_Push Change to Main Component 페이지 화면

02 하나의 인스턴스 색상 변경하기_ ❶ 4번째 '더보기' 버튼을 선택합니다. ❷ 글자 색과 도형 선색은 3971FF로 변경하고, 면색은 흰색(FFFFFF)으로 변경합니다. 모서리 둥글기도 30으로 변경하겠습니다.

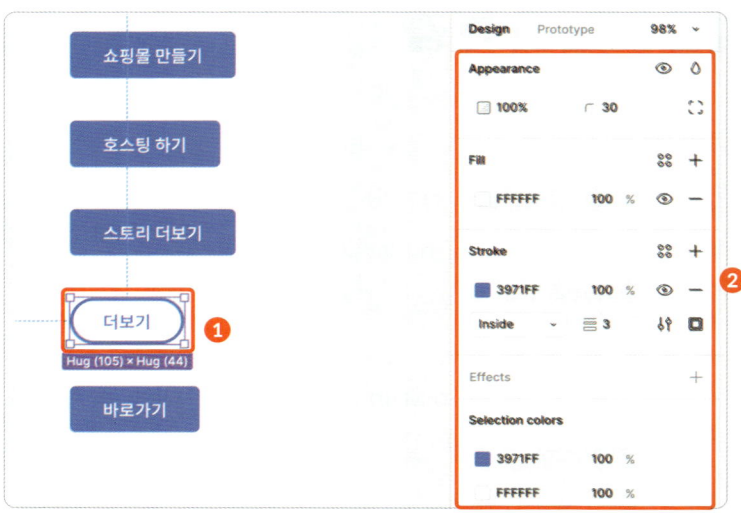

그림 8.8 인스턴스 색상 변경 화면

03 Go to main component로 원본 컴포넌트 찾기_ 피그마는 인스턴스에서 원본 컴포넌트를 쉽게 찾을 수 있는 기능을 제공합니다. ❶ '더보기' 버튼에서 마우스 오른쪽을 클릭합니다. ❷ Main component 에 마우스를 올리면 나오는 ❸ [Go to main component]를 클릭합니다. 그러면 원본 컴포넌트인 '쇼핑몰 만들기' 버튼으로 자동으로 이동합니다.

➕ 같은 페이지라면 레이어 패널을 통해 쉽게 구분할 수 있지만, 다른 페이지나 프레임에 있는 경우에도 이 기능으로 쉽게 찾을 수 있습니다.

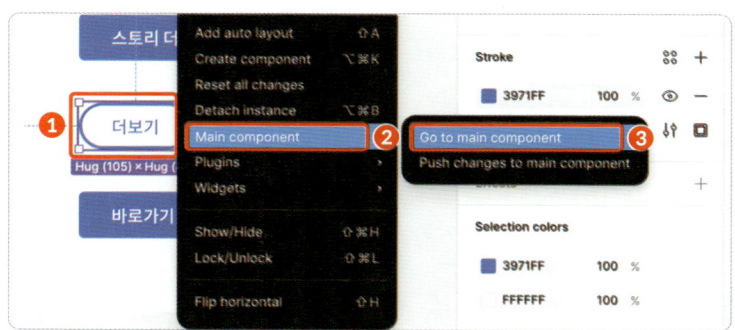

그림 8.9 Push Change to Main Component 처리

04 **Push Change to Main Component 처리하기_** 이번에는 '더보기' 버튼의 스타일을 원본 컴포넌트에 적용해보겠습니다. 다시 ❶'더보기' 버튼을 선택합니다. ❷마우스 오른쪽을 클릭한 후, Main component에서 ❸[Push change to main component(선택한 컴포넌트 게시)]를 선택합니다.

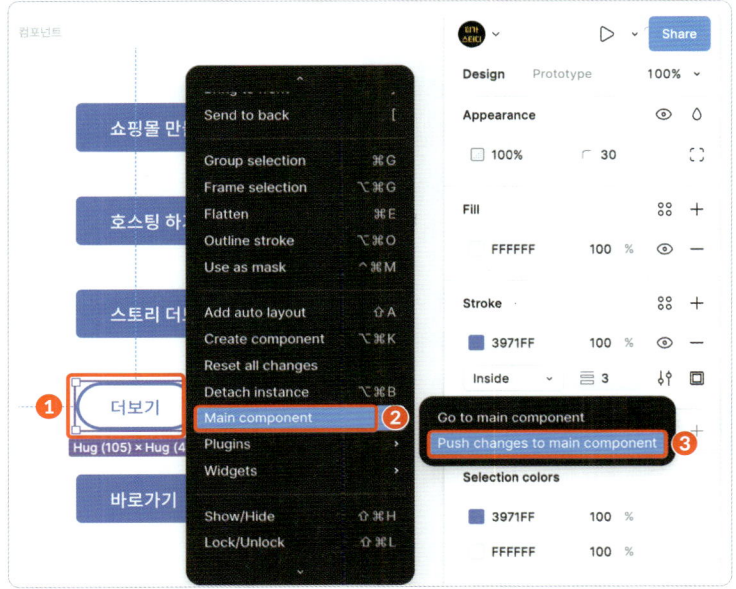

그림 8.10 Push change to main component 처리 화면

05 **원본 컴포넌트 변경 처리_** 원본 컴포넌트의 스타일이 '더보기' 버튼의 스타일로 변경되고, 다른 인스턴스들도 모두 동일하게 변경됩니다. 이 기능을 사용하면 수정사항을 원본 컴포넌트에 반영하여 일관된 디자인을 유지하면서 작업 시간을 크게 줄일 수 있습니다.

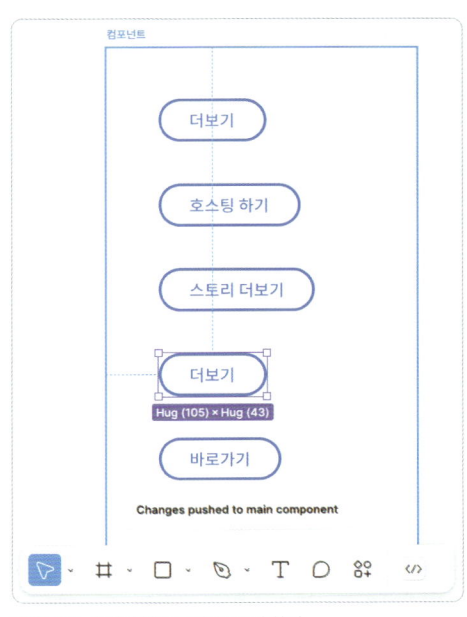

그림 8.11 원본 컴포넌트 변경 처리 화면

LESSON 03 | 인스턴스 해제

피그마에서 원본 컴포넌트는 직접 해제할 수 없습니다. 컴포넌트를 수정하거나 새로운 컴포넌트를 만들기 위해서는 인스턴스를 일반 요소로 해제한 후 다시 등록해야 합니다. 피그마는 이를 위해 Detach Instance라는 기능을 제공합니다. 이 기능은 특히, 비슷한 스타일의 컴포넌트를 새롭게 등록할 때 유용하게 사용됩니다. 기존 컴포넌트를 복사하여 인스턴스로 복제한 후, 인스턴스를 일반 요소로 해제합니다. 해제한 요소의 스타일을 변경한 후, 다른 컴포넌트로 새롭게 등록하면 매우 편리합니다. 이번에는 두 가지 버튼 SolidBtn, OutlineBtn 스타일을 컴포넌트로 등록해서 사용해보겠습니다.

01 컴포넌트 선택하기_ 예제 파일에서 3_Detach Instance 페이지로 이동하면 SolidBtn 버튼 컴포넌트가 있습니다.

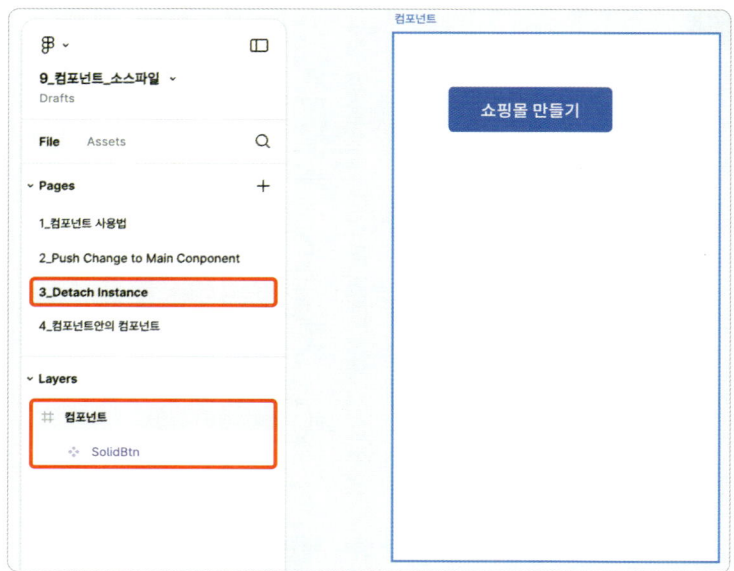

그림 8.12 소스 선택 화면

02 인스턴스 복제 후 Detach instance 처리_

❶ 원본 컴포넌트를 선택하고 Alt / Option 키를 누른 상태로 드래그하여 복제합니다. ❷ 복제된 인스턴스는 다이아몬드 하나 아이콘(◇)으로 표시됩니다. ❸ 복제한 인스턴스를 선택하고, 마우스 오른쪽 클릭 후 [Detach instance]를 클릭합니다.

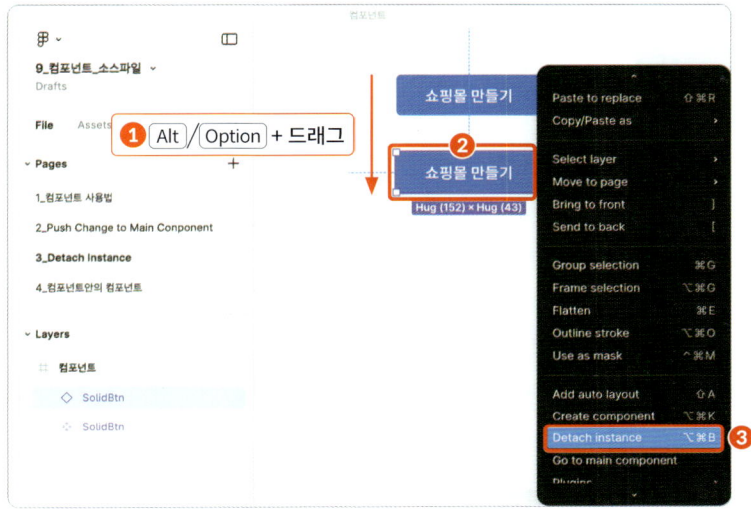

그림 8.13 인스턴스 복제 후 깨는 화면

03 스타일 수정하기_

❶ 레이어 패널을 확인하면 인스턴스 아이콘(◇)이 사라진 것을 볼 수 있습니다. ❷ 컴포넌트가 해제된 버튼을 선택하고, 모서리 둥글기를 30으로 변경합니다. 버튼의 글자 색과 도형 선색은 3971FF로 변경하고, 면색은 흰색(FFFFFF)으로 변경합니다.

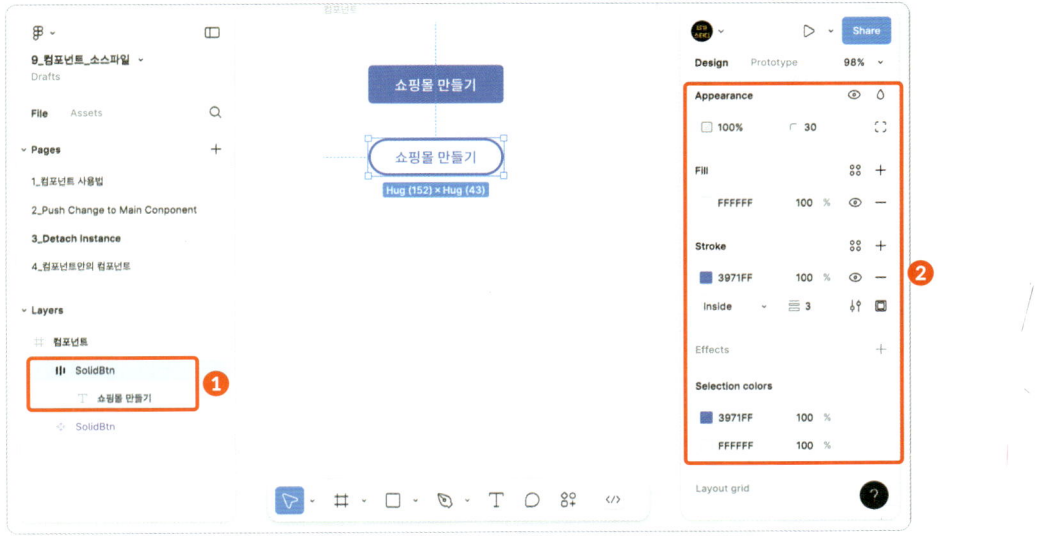

그림 8.14 인스턴스가 깨진 화면

04 새로운 컴포넌트로 등록하기_ 인스턴스를 해제한 SolidBtn을 선택하고, 디자인 패널에 표시된 컴포넌트 아이콘(✥)을 눌러서 등록합니다.

그림 8.15 컴포넌트로 등록하는 화면

05 레이어에서 컴포넌트명 변경하기_ 레이어 패널에서 OutlineBtn으로 이름을 변경합니다. 이 방법을 사용하면 유사한 스타일의 컴포넌트를 손쉽게 만들고 관리할 수 있습니다.

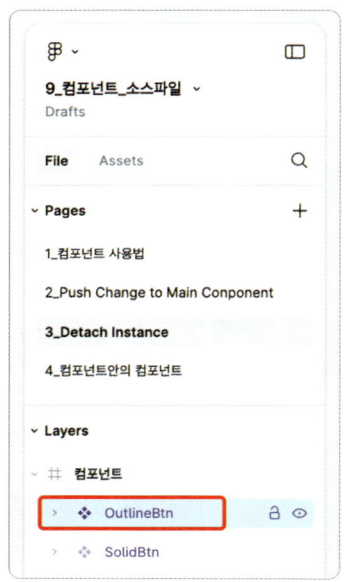

그림 8.16 컴포넌트명 변경한 화면

LESSON 04 에셋 패널 활용하기

컴포넌트를 등록한 페이지에서만 사용하는 것이 아니라, 다른 페이지에서도 활용할 수 있습니다. 특히 긴 웹사이트 디자인이나 여러 페이지로 구성된 프로젝트에서는 컴포넌트를 쉽게 불러올 수 있는 방법이 필요합니다. 피그마는 이를 위해 에셋 패널을 제공합니다. 에셋 패널을 사용하면 컴포넌트를 손쉽게 찾고 작업 공간으로 끌어다 사용할 수 있습니다.

01 새로운 프레임 만들기_ 예제 파일에서 3_Detach Instance 페이지로 이동합니다. 500×500 사이즈의 새로운 프레임을 생성합니다. 프레임 이름을 '실제 디자인 패널'로 변경하겠습니다.

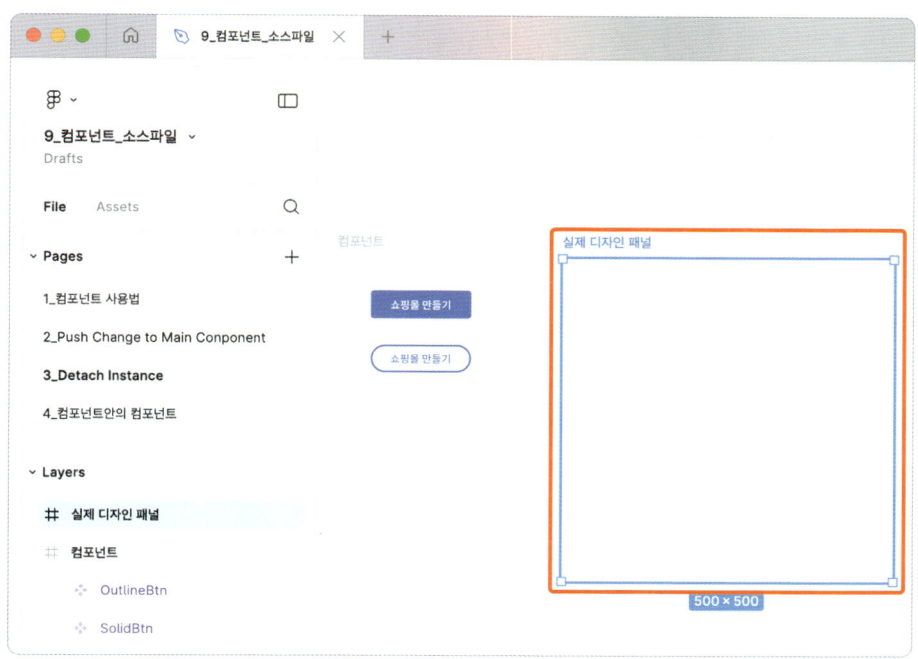

그림 8.17 새로운 프레임 생성

02 에셋 패널로 이동하기_
상단의 Files 탭 옆에 Assets 탭이 있습니다. ❶[Assets] 탭을 클릭하면 현재 파일에 포함된 모든 컴포넌트가 표시됩니다. 그림 8.18을 보면 현재 파일에는 7개의 컴포넌트가 있다고 표시되어 있습니다. ❷여기서 [Created in this file]을 클릭합니다.

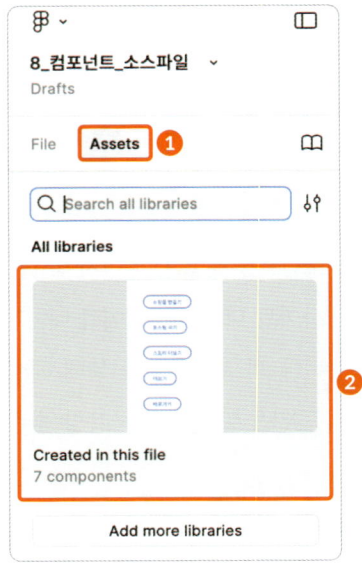

그림 8.18 에셋 패널로 이동하는 화면

03 에셋 패널에서 컴포넌트 찾기_
피그마는 페이지별로 컴포넌트를 자동으로 정리합니다. 3_Detach Instance 페이지를 클릭하면, 2개의 컴포넌트가 표시됩니다.

그림 8.19 해당 페이지의 컴포넌트를 확인할 수 있습니다.

04 **컴포넌트를 프레임으로 드래그하기_** Assets 패널에서 OutlineBtn을 '실제 디자인 패널 프레임'으로 드래그합니다. SolidBtn 컴포넌트도 동일하게 드래그하여 프레임에 추가합니다. 추가된 컴포넌트들은 모두 인스턴스로 처리됩니다.

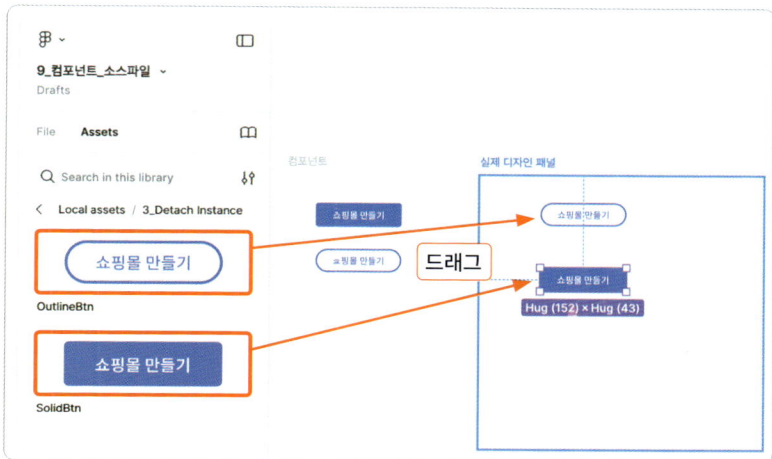

그림 8.20 컴포넌트를 드래그하는 화면

File 탭을 눌러 레이어 패널을 확인하면 두 버튼 모두 인스턴스 아이콘(◇)으로 표시된 것을 확인할 수 있습니다. 이렇게 Asset 패널을 활용하면 컴포넌트를 손쉽게 불러와 재사용할 수 있어 작업 효율이 크게 향상됩니다.

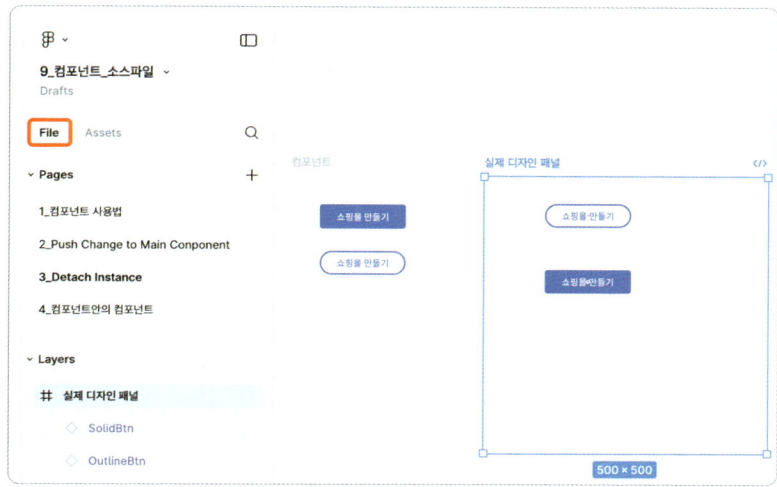

그림 8.21 File 탭으로 변환한 화면

05 컴포넌트 안의 인스턴스

피그마에서는 컴포넌트 안에 있는 인스턴스를 다른 컴포넌트로 손쉽게 교체할 수 있습니다. 이번 실습에서는 다양한 아이콘을 포함하는 버튼을 만들면서 컴포넌트를 어떻게 변경하는지 살펴보겠습니다.

01 예제 파일 확인하기_ 파일 예제에서 4_컴포넌트안의 컴포넌트 페이지로 이동합니다. 페이지 안에 btn 버튼이 오토레이아웃으로 구성되어 있습니다. 이 btn을 컴포넌트로 등록할 예정입니다.

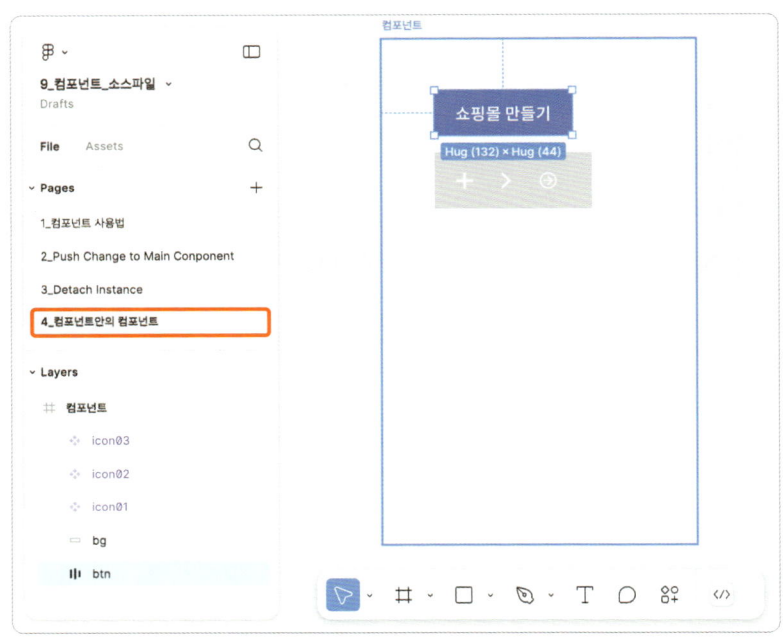

그림 8.22 컴포넌트 소스 확인하는 화면

02 icon01 선택하여 btn 안으로 복제하기_ 아이콘 컴포넌트 중 icon01을 선택합니다. [Alt]/[Option] 키를 누른 상태로 btn 안으로 드래그하여 추가합니다. 만약 오토레이아웃 안으로 들어가지 않는다면, 레이어 패널에서 icon01 인스턴스를 직접 끌어서 넣습니다.

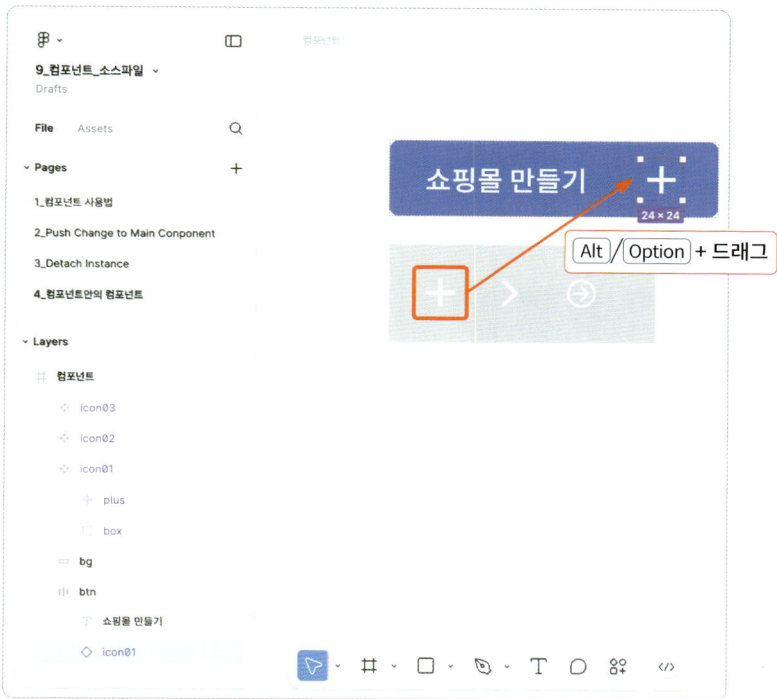

그림 8.23 아이콘 복제하기

03 컴포넌트 등록하기_ ❶btn 버튼을 선택하고, ❷디자인 패널의 더 보기 아이콘(⊕)을 클릭합니다. 컴포넌트 이름은 BtnIcon으로 변경합니다.

그림 8.24 컴포넌트 등록하는 화면

04 인스턴스 복제하기_ ❶ BtnIcon 컴포넌트 원본을 Alt 키를 누른 상태로 드래그하여 복제합니다. 그리고 내부 글자를 '바로가기'로 변경합니다. ❷ 복제된 인스턴스를 선택하고, Ctrl / Command + D 를 눌러 2개 더 복제합니다.

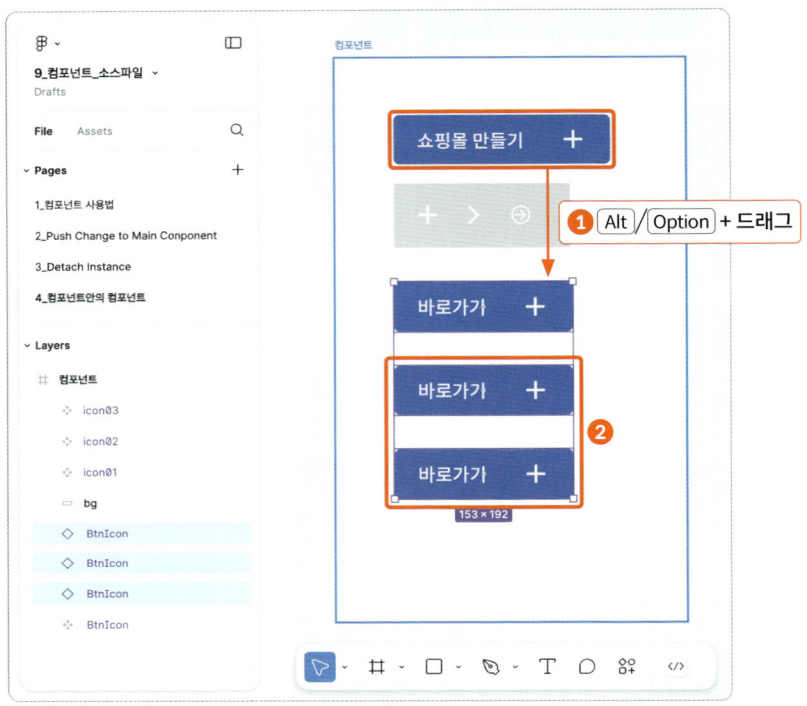

그림 8.25 컴포넌트명 변경하는 화면

05 두 번째 인스턴스 아이콘 변경하기_ ❶두 번째 인스턴스의 아이콘을 선택합니다. ❷디자인 패널에서 인스턴스 이름(icon01)을 클릭합니다.

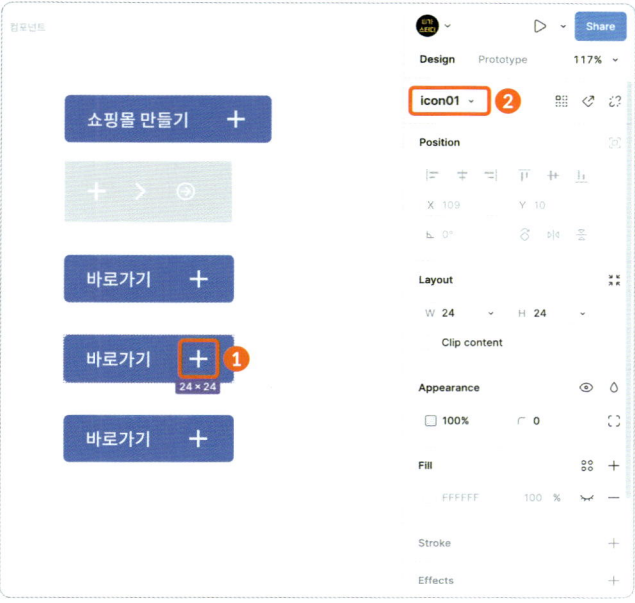

그림 8.26 두 번째 인스턴스의 아이콘을 선택하는 화면

Swap instance 창이 열리면, 사용할 수 있는 컴포넌트 목록이 표시됩니다. 다른 페이지의 컴포넌트도 가져다 쓸 수 있습니다. 목록에서 icon02를 선택합니다(그림 8.27). 두 번째 인스턴스를 보면 아이콘이 icon02로 변경된 것을 확인할 수 있습니다(그림 8.28).

그림 8.27 Swap instance 창

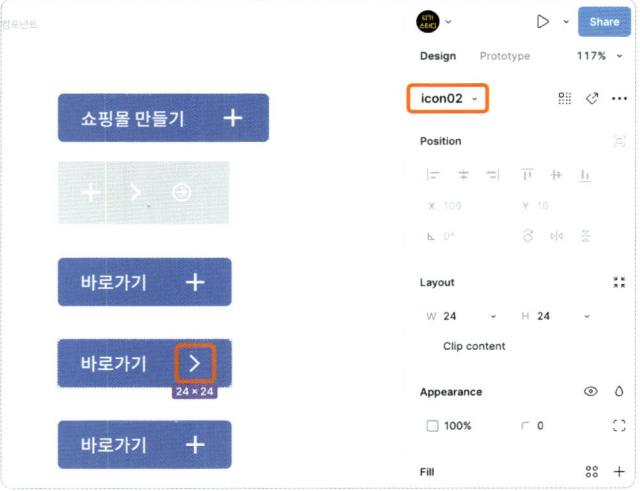

그림 8.28 icon02로 변경된 화면

06 **세 번째 인스턴스 아이콘 변경하기_** 세 번째 인스턴스 아이콘도 같은 방법으로 변경합니다. ❶세 번째 인스턴스의 아이콘을 선택한 후, ❷디자인 패널에서 인스턴스 이름(icon01)을 클릭합니다. Swap instance 창이 열리면, ❸목록에서 icon03을 선택합니다. 그러면 세 번째 인스턴스 아이콘도 변경된 것을 확인할 수 있습니다. 이렇게 컴포넌트 안의 인스턴스를 등록된 컴포넌트로 변경할 수 있습니다.

그림 8.29 세 번째 인스턴스 아이콘 변경하는 화면

CHAPTER

오토레이아웃

- padding과 margin
- Space Between을 위한 Auto
- 오토레이아웃 크기 단위
- Ignore auto layout
- Suggest Autolayout

오토레이아웃은 요소의 여백이나 간격을 자동으로 정렬하고 배치해주는 기능입니다. 이는 피그마가 다른 디자인 툴과 차별화되는 특징 중 하나로, CSS의 여백 개념과 요소 간의 정렬 개념을 바탕으로 만들어졌습니다. 코딩을 배우지 않은 디자이너들에게는 처음에 다소 어려울 수 있지만, 익히고 나면 디자인 작업 효율성을 크게 높일 수 있습니다. 이번 장에서는 피그마에서 지원하는 오토레이아웃 기능의 사용법을 알아보겠습니다.

LESSON 01 패딩과 마진

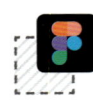

피그마의 오토레이아웃 기능을 잘 사용하기 위해서는, 먼저 여백의 개념을 정확히 이해하는 것이 중요합니다. 특히, CSS 코딩에서 사용하는 패딩padding과 마진margin 개념을 이해하면 협업 시 많은 도움이 됩니다. 패딩과 마진의 개념을 정리하면 표 9.1과 같습니다.

표 9.1 **CSS 여백의 종류**

여백	설명
패딩	테두리를 기준으로 안쪽 여백. 부모 요소와 자손과의 여백 처리에서 사용
마진	테두리를 기준으로 바깥쪽 여백. 동위(형제) 요소와의 여백 처리에서 사용

그림 9.1에서는 사진들을 감싼 둥근 사각형 모양의 모서리가 있습니다. 이 둥근 사각형이 부모 요소이고, 그 안에 고양이 사진을 담고 있는 원형 4개가 자손 요소입니다.

그림 9.1 **패딩과 마진을 확인하는 화면**

이때 부모 요소(모서리 둥근 사각형)와 자손 요소(원형 4개) 간의 간격을 설정합니다. CSS에서는 패딩이라는 속성을 사용합니다. 그림 9.1에서 빨간색으로 표시된 15, 30의 수치가 패딩 값입니다. 원형 4개는 형제 요소, 즉 같은 레벨의 요소를 의미합니다. 형제 요소들 사이의 간격을 조정할 때는 마진이라는 속성을 사용합니다. 그림에서 파란색으로 표시된 20의 수치가 마진 값입니다.

✚ 피그마에서는 패딩과 마진 모두 빨간색으로 표시되지만, 예제에서는 구분을 위해 색을 다르게 표시했습니다.

피그마에서 오토레이아웃을 사용하면 부모 요소와 자손 요소가 레이어 패널에 자동으로 정리됩니다. 그림 9.2는 레이어 패널의 모습입니다. 여기서 탭으로 들어가지 않은 요소를 부모 요소로 보면 됩니다. 그림에서는 '오토레이아웃'이라는 이름의 요소가 부모 요소입니다. 자손 요소는 부모 요소 안에 포함된 요소로, 레이어 패널에서 부모 요소 아래에 들여쓰기 형태로 표시됩니다. 형제 요소는 부모 요소 안에 함께 포함된 요소들입니다. 디자인할 때 이 관계를 잘 파악해야 합니다.

그림 9.2 오토레이아웃으로 등록된 레이어 패널

그림 9.3은 피그마의 디자인 패널에서 오토레이아웃 관련 설정을 나타낸 것입니다. 위쪽()에 적는 수치가 마진으로 요소 간의 간격을 나타냅니다. 아래쪽에 적는 수치는 패딩으로 요소의 안쪽 여백을 설정하며, 두 가지로 나눕니다. 왼쪽()은 좌우 여백을 설정하고, 오른쪽()은 상하 여백을 설정합니다. 오른쪽 아이콘()을 클릭하면 모든 방향의 패딩을 다르게 설정할 수도 있습니다.

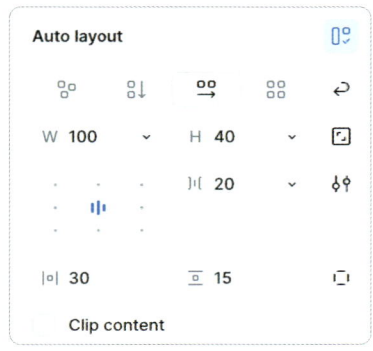

그림 9.3 디자인 패널의 오토레이아웃

패딩 실습하기

이번에는 버튼 생성 시 글자 수에 따라 패딩(안쪽 여백)을 동일하게 처리하는 방법을 배워보겠습니다. 예제 파일을 불러와 오토레이아웃 기능을 활용하여 버튼을 만들고 수정해보겠습니다.

01 예제 파일 불러오기_ 예제 파일에서 9장 폴더의 9_오토레이아웃_소스.fig 파일을 피그마로 불러옵니다. 첫 번째 페이지로 1_패딩이 열립니다. Layers를 보면 Rectangle 1이 부모 요소로 사용될 배경입니다. '더보기' 글자가 자손 요소라고 생각하면 됩니다.

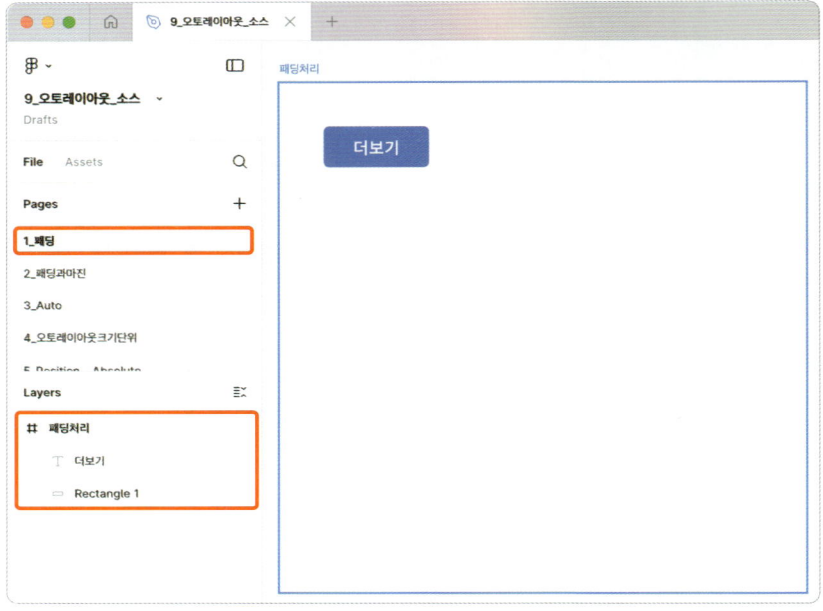

그림 9.4 패딩 예제 파일 불러오기

02 오토레이아웃 적용하기_ ❶화면의 글자와 사각형을 모두 선택합니다. ❷디자인 패널의 Layout 부분에서 사용 아이콘(❂)을 클릭합니다. 또는 단축키를 사용해도 됩니다.

Auto layout 단축키: macOS `Shift` + `A` / Window OS `Shift` + `A`

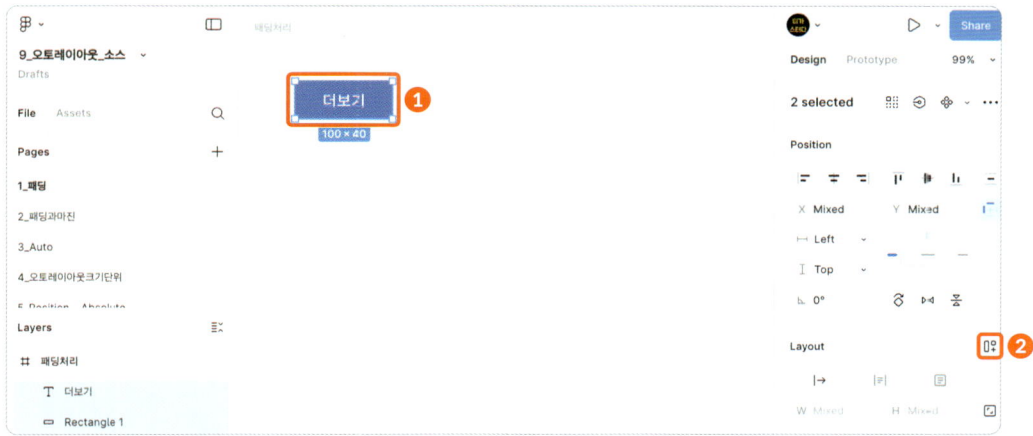

그림 9.5 오토레이아웃 처리하기

03 오토레이아웃 패딩 처리하기_ ❶ 레이어에서 오토레이아웃이 적용된 레이어를 'btn'으로 변경합니다. ❷ 디자인 패널에 Auto laycut 항목이 표시됩니다. 현재 요소의 크기에 맞게 W와 H가 나타나고, 글자와 배경에 맞게 여백이 설정됩니다. 현재 마진(❚❚)이 10으로 설정되어 있다면 0으로 변경합니다. 마진은 형제 요소 간의 간격을 조정하는 값입니다. 이번 실습에서는 부모와 자손 요소만 있으므로 마진 값은 적용되지 않습니다.

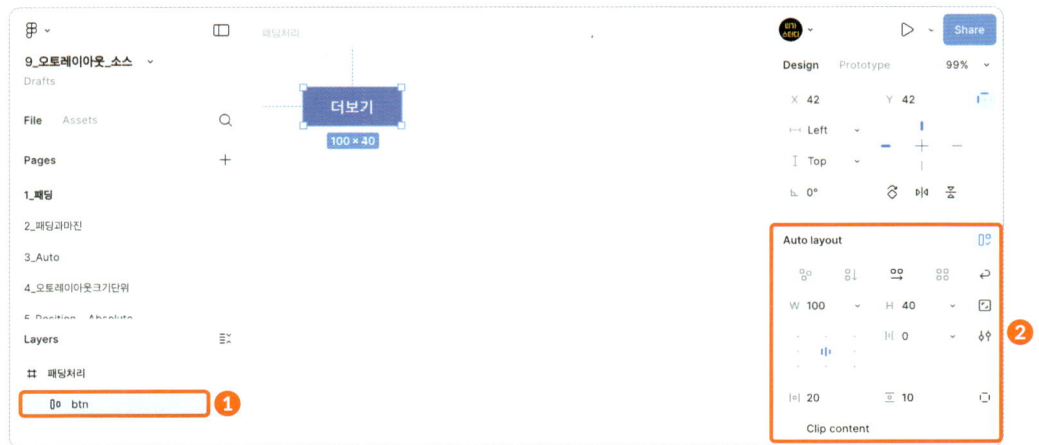

그림 9.6 오토레이아웃 패딩 처리하는 화면

04 버튼 복제하기_ Btn 버튼을 복제하여 3개로 만듭니다. 저는 간격을 40으로 주었지만, 여러분이 원하는 값으로 설정해도 됩니다.

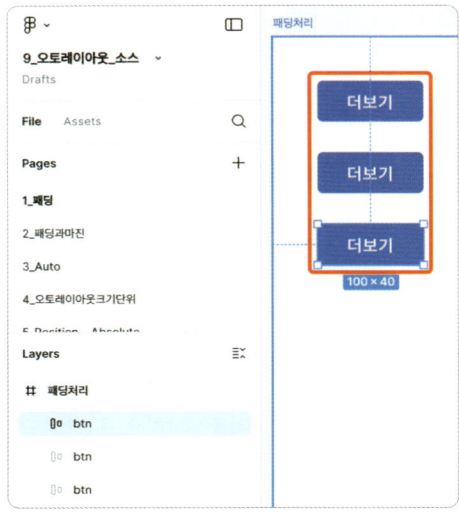

그림 9.7 btn 복제한 화면

05 패딩 설정하기_ ❶두 번째 버튼을 선택한 후, ❷디자인 패널의 오른쪽 아이콘( )을 클릭합니다. ❸좌우, 상하 패딩을 각각 다르게 설정할 수 있습니다. 그림 9.8처럼 패딩 값을 다르게 설정합니다. 이때 버튼의 W(너비)와 H(높이) 값이 고정되어 있으면 글자의 위치만 이동합니다. 크기를 변경하고 싶다면 W 또는 H값의 드롭다운 메뉴를 열어 Hug Contents(내용에 맞게 조절)로 변경하면 됩니다. 이번 실습에서는 크기 변경은 하지 않겠습니다.

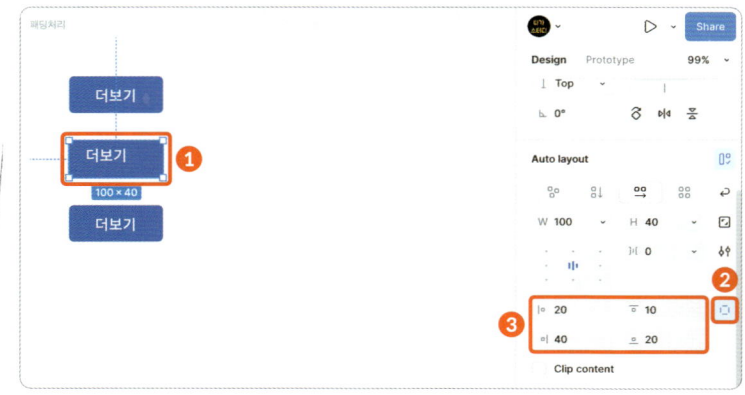

그림 9.8 패딩 다르게 처리하는 화면

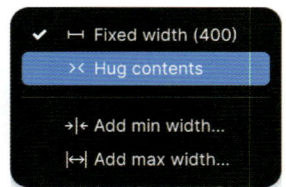

그림 9.9 W를 클릭했을 때 나타나는 메뉴

06 **버튼에서 위젯 확인_** 세 번째 btn을 선택해서 보면 사각형으로 되어 있는 위젯이 보입니다. 보이지 않는 경우에는 피그마 화면을 확대해서 보면 나옵니다. 그중 오른쪽 부분을 선택해서 당겨봅니다.

확대/축소 단축키: macOS `Command` + `마우스 휠` / Window OS `Ctrl` + `마우스 휠`

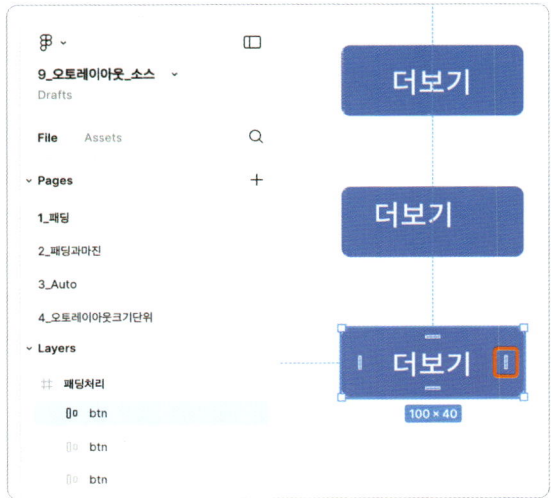

그림 9.10 버튼에서 위젯을 확인하는 화면

07 **버튼에서 위젯 당기기_** 오른쪽 사각형 위젯을 당기면 늘어납니다. 그림 9.11은 당긴 화면입니다. 디자인 패널에 보면 수치가 변경된 것을 확인할 수 있습니다. 다른 방향도 당기면 변경됩니다. 현재는 W와 H가 고정되어 있기 때문에 btn의 전체 크기는 변경되지 않습니다.

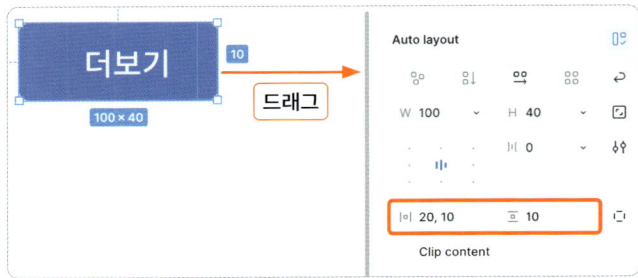

그림 9.11 버튼에서 위젯 당기는 화면

패딩과 마진 실습하기

마진은 형제 요소 간의 간격을 의미하므로, 제대로 실습하려면 여러 개의 자손 요소를 만들어야 합니다. 이번 실습에서는 제공된 예제 파일을 이용해 오토레이아웃을 설정하고, 패딩과 마진의 개념을 함께 익혀보겠습니다.

01 예제 파일 확인하기_ 예제 파일의 2_패딩과마진 페이지로 이동합니다.

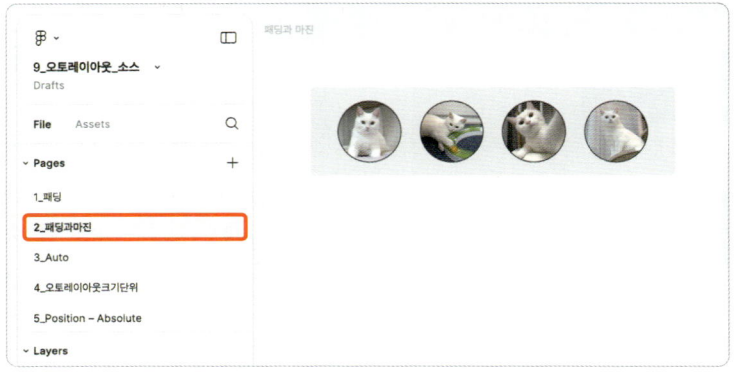

그림 9.12 2페이지 소스 확인하는 화면

02 오토레이아웃 적용하기_ ❶모든 레이어를 선택한 후, ❷디자인 패널의 Layout 부분에서 추가 아이콘(0º)을 클릭합니다. Rectangle 1이 Frame 1으로 바뀌면서 부모 요소가 되고, cat01부터 cat04까지는 모두 자손 요소가 됩니다.

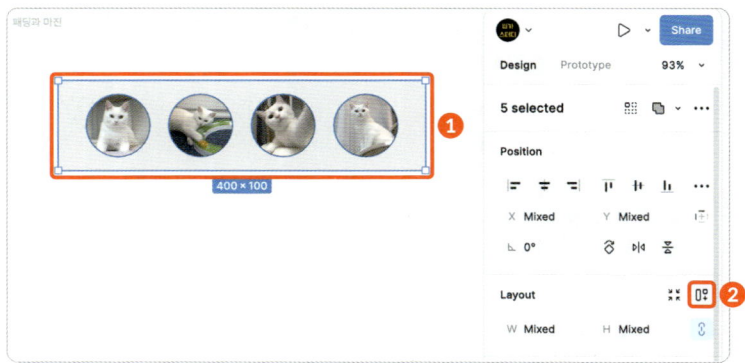

그림 9.13 오토레이아웃 처리하는 화면

03 오토레이아웃 여백 설정하기_ ❶Layers에서 오토레이아웃이 적용된 레이어의 이름을 gallery로 변경합니다. 그다음 디자인 패널에서 여백을 변경합니다. ❷좌우 패딩(回)은 30, 상하 패딩(曰)은 15로 설정합니다. 이번에는 형제 요소 간 마진(川)도 20으로 설정합니다.

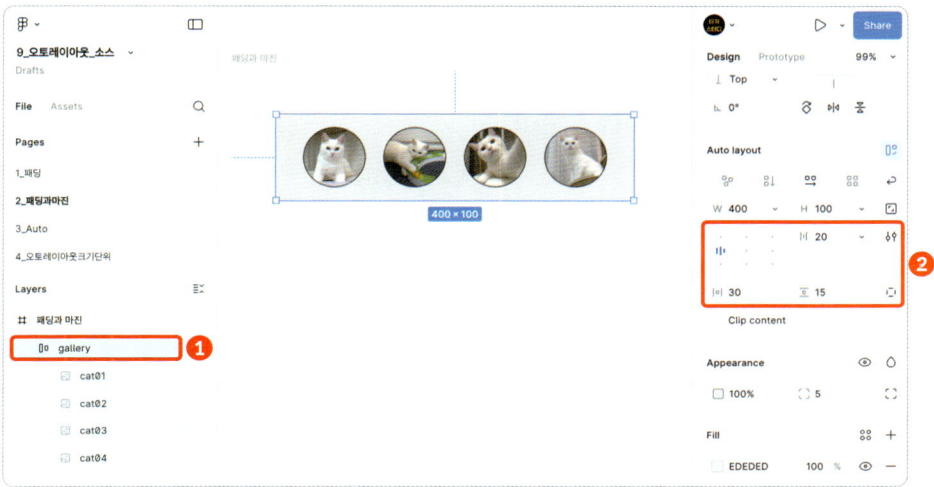

그림 9.14 오토레이아웃 여백 처리하는 화면

04 마진 변경하기_ 마진 값을 변경하면서 어떻게 달라지는지 살펴보겠습니다. 마진(川)을 10으로 변경하면 고양이 사진들 사이의 간격이 좁아지는 것을 확인할 수 있습니다. 하지만 전체 크기는 400× 100으로 고정 상태이므로 박스의 크기는 바뀌지 않습니다.

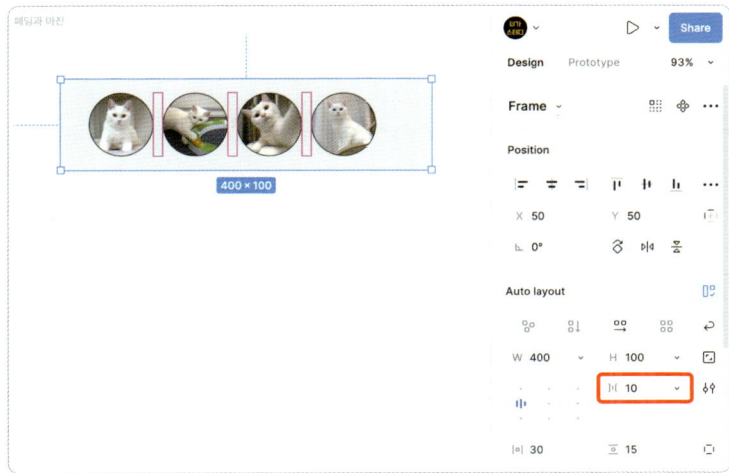

그림 9.15 마진을 변경하는 화면

CHAPTER 09 오토레이아웃 195

❶ 이번에는 마진(⬚)을 30으로 변경하여 사진 사이의 간격이 넓어지는 것을 확인합니다. 이때 부모 영역의 크기가 고정된 상태여서 오른쪽 공간이 부족합니다. ❷ W를 조정하여 부모 요소의 크기를 수정할 수 있습니다.

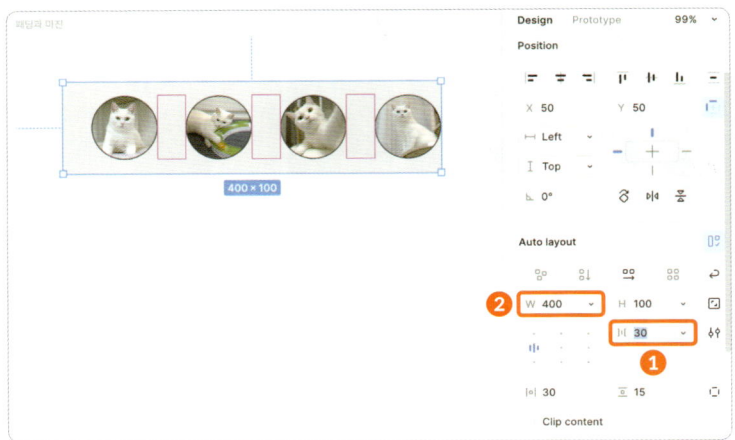

그림 9.16 마진을 변경하는 화면

05 Hug Contents 적용하기_

W값을 클릭하면 드롭다운 메뉴가 나타납니다. 여기서 첫 번째 옵션인 Fixed width(고정 높이)는 요소가 지정한 크기로 고정됩니다. 처음 오토레이아웃을 적용하면 입력된 수치로 크기가 고정됩니다. 두 번째 옵션인 Hug Contents는 자손 요소들의 크기와 여백에 맞게 부모 요소의 크기가 자동으로 조정됩니다. Hug Contents를 적용하면 요소 하단에 Hug(430)×100 등으로 표시됩니다.

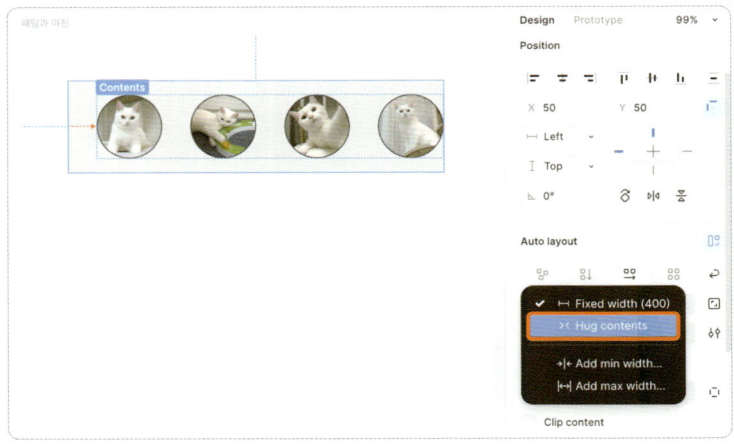

그림 9.17 W를 Hug contents로 변경하는 화면

06 방향 설정하기_

여러 개의 자손 요소를 오토레이아웃으로 처리하면 나열되는 방향을 지정할 수 있습니다. 이는 CSS에서의 flex-direction 속성을 응용한 것으로 자손 요소들이 진행되는 방향을 지정하는 데 사용됩니다. CSS에서는 flex-box를 이용해서 자손 요소들을 수평 혹은 수직 나열합니다. 그것을 피그마에서 응용한 것이 오토레이아웃입니다.

앞에서 수평 나열로 정렬된 요소들을 수직 나열로 바꿔보겠습니다. ❶ 디자인 패널에서 수직 방향 아이콘(8↓)을 클릭합니다. ❷ 요소가 수직으로 정렬될 때 마진(⊡)도 줄이기 위해 20으로 설정합니다.

➕ H값이 자동으로 400이 되지 않는다면 Hug Contents로 변경해주세요.

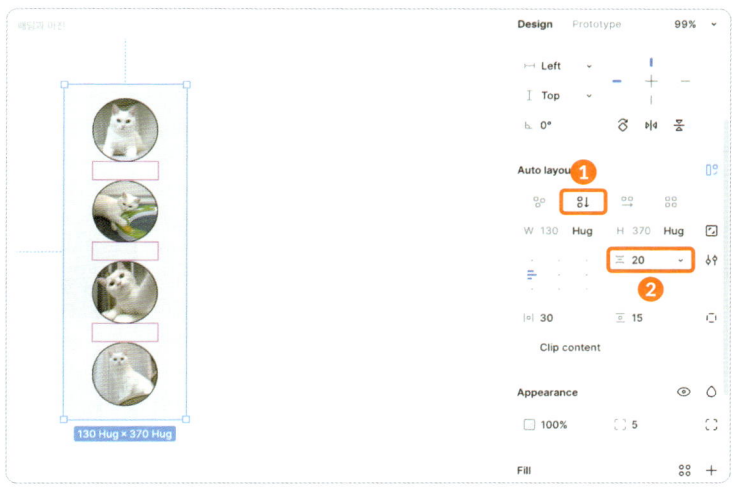

그림 9.18 방향을 변경하는 화면

표 9.2 CSS flex-direction의 값 종류

값	설명
row	자손 요소들을 수평 정방향으로 나열(왼쪽 → 오른쪽)
row-reverse	자손 요소들을 수평 역방향으로 나열(오른쪽 → 왼쪽)
column	자손 요소들을 수직 정방향으로 나열(위 → 아래)
column-reverse	자손 요소들을 수직 역방향으로 나열(아래 → 위)

07 오토레이아웃 가로 크기 설정하기_ 다시 ❶수평 방향 아이콘()을 클릭합니다. 디자인 패널에서 W의 오른쪽을 보면 Hug라고 표시되어 있습니다. ❷W에서 가로 폭을 220으로 변경합니다. 그러면 가로 폭은 줄어들지만 자손 요소들은 수평 나열을 계속 유지합니다. 부모 영역의 크기가 줄어들어 자손 요소가 넘치게 되면 부모 영역 밖으로 표시됩니다.

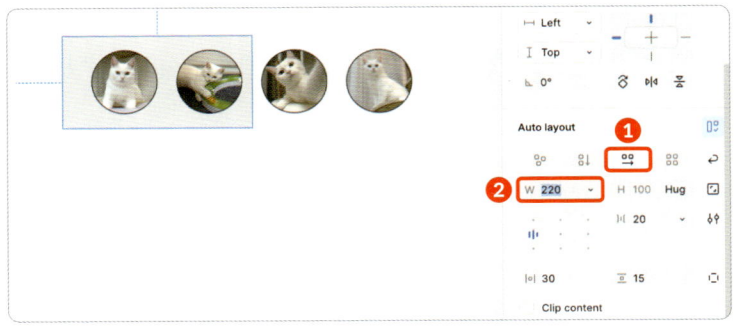

그림 9.19 가로 크기 지정 화면

> **TIP** 오쌤의 니가스터디 피그마 그리드 영상
> 2025년 5월 발표된 Config 2025에서 Grid가 새롭게 추가되었습니다. 자세한 내용은 아래 링크를 참고해주세요.
> - https://bit.ly/ossam_figma_grid

Auto layout 맨 아래에 있는 Clip content(넘친 콘텐츠 숨기기)를 체크하면 부모 영역을 넘어간 자손 요소(고양이 사진)들이 잘려서 보이지 않습니다. 이는 CSS의 overflow 속성과 동일합니다. overflow는 자손 요소가 부모 요소보다 큰 경우 어떻게 보이게 할지를 지정하는 속성입니다. visible은 범위를 넘어간 자손이 보이게 되고, 이는 Clip content를 체크하지 않은 상태와 같습니다. hidden은 범위를 넘어간 자손을 보이지 않게 처리하며, 이는 Clip content를 체크한 상태와 같습니다.

➕ Clip content는 2024년 6월 말에 나온 기능으로 피그마가 코딩과 디자인을 맞추기 위해 많은 노력을 한다는 것을 알 수 있습니다.

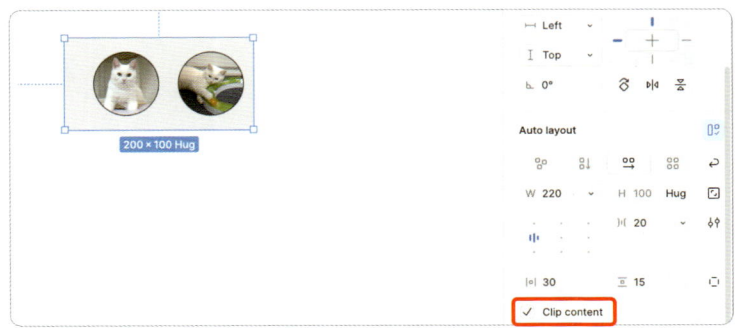

그림 9.20 Clip content 체크한 화면

08 줄 바꿈 처리하기_ ❶디자인 패널의 wrap 아이콘(⟳)을 클릭하면 부모 영역을 넘어가는 자손 요소들이 줄 바꿈되며 새로운 줄로 배치됩니다. 이때 높이(H)가 100으로 고정되어 있으면 잘려서 보이지 않기 때문에 ❷Hug Contents로 변경합니다.

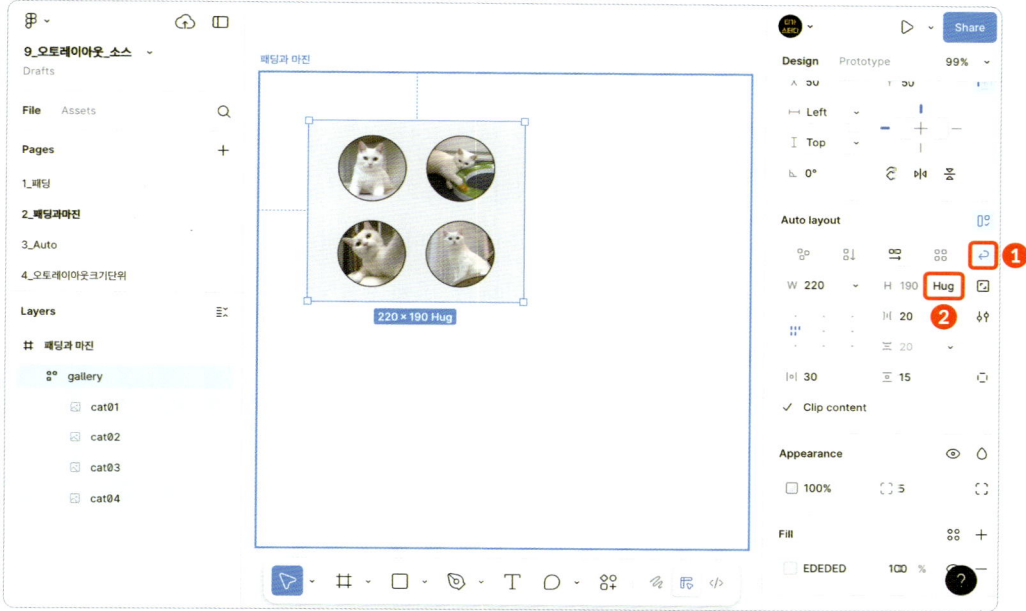

그림 9.21 wrap 기능 처리 화면

이 기능은 CSS의 flex-wrap과 동일합니다. flex-wrap 속성은 부모의 영역이 자손보다 작은 경우 줄 바꿈 여부를 결정하는 속성입니다. wrap이면 줄 바꿈을 허용하고, nowrap이면 줄 바꿈을 허용하지 않습니다. wrap이 적용된 오브젝트는 Layers에서 wrap 아이콘(⟳)으로 표시됩니다.

➕ 오토레이아웃은 flex처럼 자손 요소들을 수평 또는 수직으로 나열하기 위해 사용합니다. 하지만 2023년 6월에 wrap 기능이 추가되면서 줄 바꿈 처리가 가능해졌습니다. 피그마는 계속 진화 중이며, 이 책을 읽고 있는 시점에는 더욱 향상된 기능이 추가되어 있을 수 있습니다.

LESSON 02 | Space Between을 위한 Auto

이번에는 Space Between이라는 기능을 알아보겠습니다. 이 기능은 2023년 6월까지 Space Between 이라는 용어를 사용했는데, 현재는 Auto라는 이름으로 변경되었습니다. Space Between은 코딩에서 유래한 용어인데 의미 전달이 잘 되지 않아 Auto로 변경한 것으로 보입니다. Space Between은 flex로 배치된 자손 요소들의 마진 여백을 자동으로 처리하는 기능입니다. 부모의 테두리와 패딩 영역을 제외한 나머지 영역을 균등하게 배분하여 위치를 정합니다. 이때 첫 번째 요소와 마지막 요소는 양쪽 끝에 붙고, 그 사이 요소들은 균등하게 배치됩니다. CSS 코딩을 배우지 않았다면 용어가 생소할 수 있지만, 피그마에서 Auto로 변경했기 때문에 여백을 자동으로 처리한다는 개념으로 이해하면 됩니다.

01 예제 파일 확인하기_ 예제 파일에서 3_Auto 페이지로 이동하면 메인페이지-라이트버전 프레임이 보입니다.

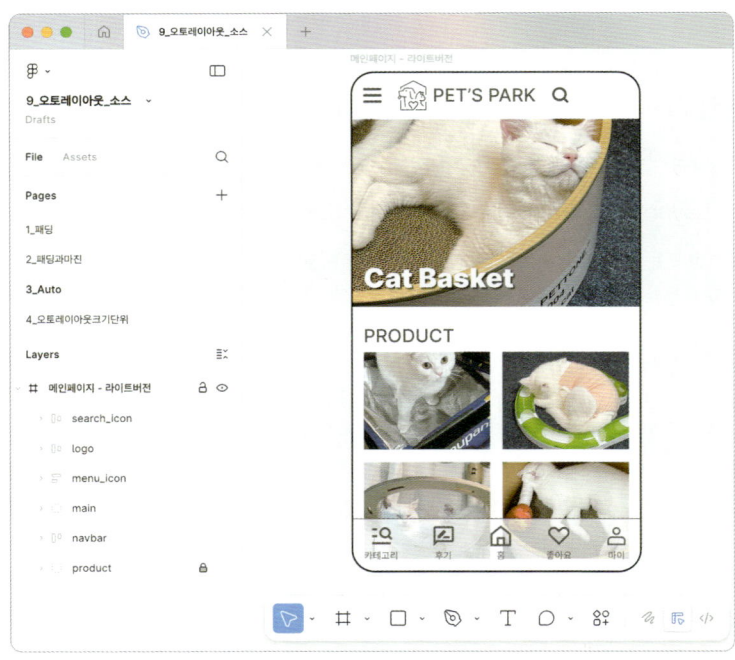

그림 9.22 Auto 관련 소스 화면

02 요소 선택 후 오토레이아웃 적용하기_ ❶상단의 메뉴, 로고, 검색 아이콘을 선택합니다. 레이어 패널에서 선택하거나, 프레임에서 직접 선택해도 됩니다. ❷선택한 후 디자인 패널에서 Auto layout의 사용 아이콘(▯▮)을 클릭하여 ❸3개의 레이어에 오토레이아웃을 적용합니다.

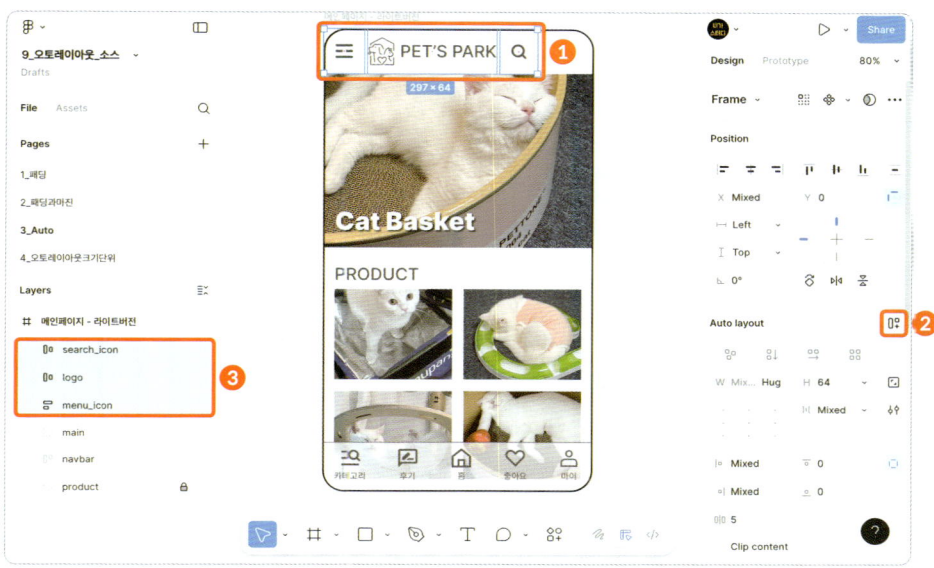

그림 9.23 상단 요소 선택 화면

03 이름 변경 후 가로 폭 설정하기_ ❶레이어 패널에서 레이어 이름을 header로 변경한 후, ❷디자인 패널에서 Hug contents에서 Fixed width로 변경합니다. W 수치는 375로 지정합니다.

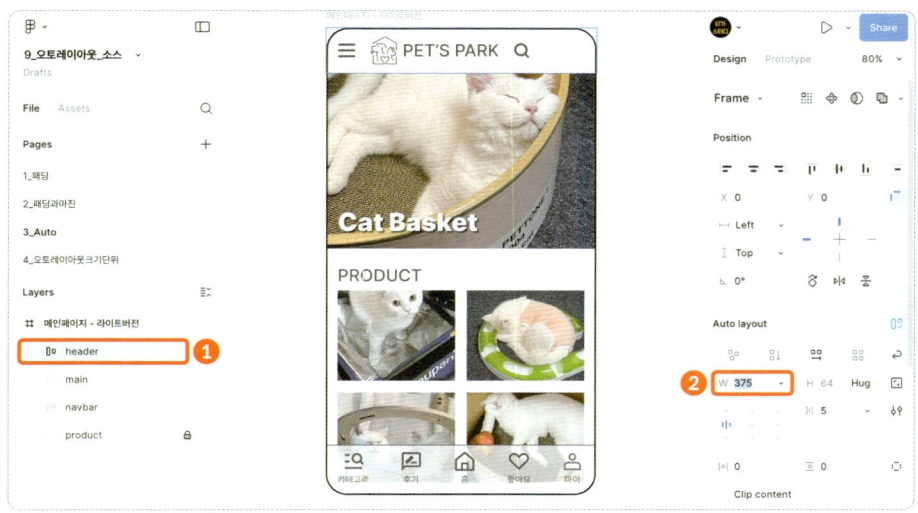

그림 9.24 가로 폭 크기 설정 화면

04 마진을 Auto로 처리_ 디자인 패널의 Auto layout 설정에서 마진 아이콘() 옆의 값을 [Auto]로 변경합니다.

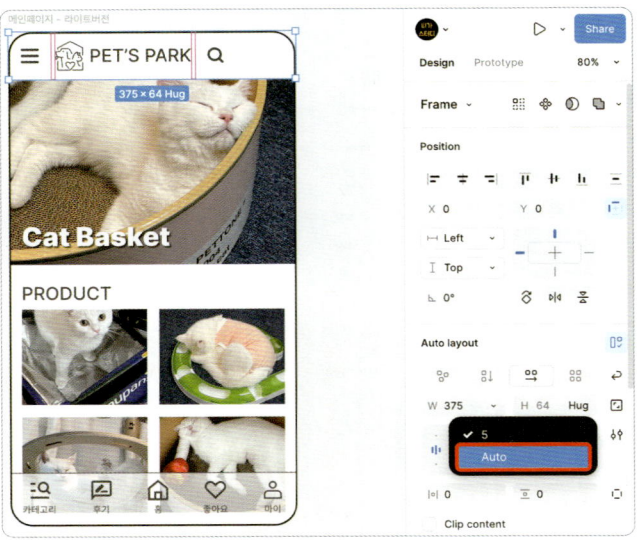

그림 9.25 Auto로 변경하는 화면

05 Auto로 처리된 화면 확인하기_ 프레임을 확인하면 첫 번째 요소와 마지막 요소는 양쪽 끝에 붙어 있고, 로고는 가운데로 정렬된 것을 확인할 수 있습니다. 디자인 패널에서도 Auto로 설정된 것이 잘 표시되어 있습니다.

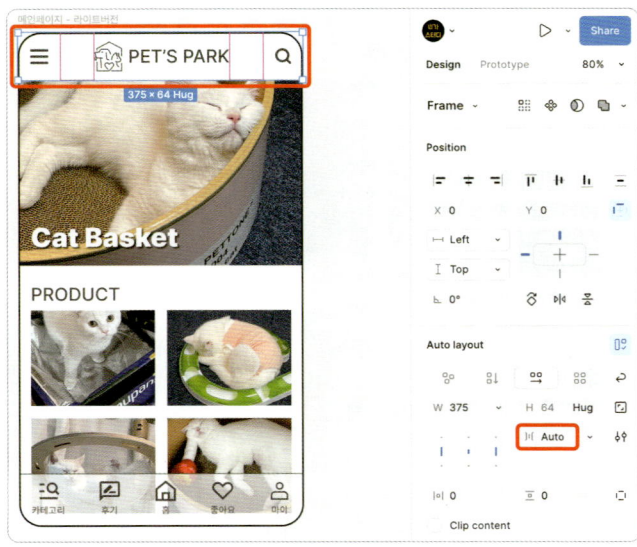

그림 9.26 Auto로 처리된 화면

반응형 웹 디자인 시 기기별로 다른 가로 폭에 따라 여백을 수치로 지정할 수 없습니다. 하지만 Auto 기능을 사용하면 자동으로 여백을 조정할 수 있습니다. CSS 코딩에서도 space-between 기능을 사용해 여백을 자동으로 처리할 수 있습니다. 피그마는 이 space-between 기능을 기반으로 Auto 기능을 만들었습니다.

space-between은 justify-content 속성값 중 하나로, 자손 요소를 정렬할 때 사용합니다. 디자이너도 이 개념을 알고 있으면 디자인 작업에 유용하게 활용할 수 있습니다.

표 9.3 **CSS justify-content의 값 종류**

값	설명
flex-start	flex 박스들이 부모 영역의 시작 지점(왼쪽 또는 위쪽)을 기준으로 정렬
center	flex 박스들이 부모 영역의 가운데로 정렬
flex-end	flex 박스들이 부모 영역의 끝 지점(오른쪽 또는 아래쪽)을 기준으로 정렬
space-between	flex 박스들을 부모 영역에서 첫 요소는 왼쪽 끝, 마지막 요소는 오른쪽 끝에 배치하고, 나머지 요소들은 사이에 균등하게 배분
space-around	flex 박스들을 부모 영역에서 균등하게 배분하지만, 요소의 양쪽 여백을 동일하게 처리
space-evenly	flex 박스들을 부모 영역에서 균등하게 배분하며, 모든 요소 간의 간격을 동일하게 처리

LESSON 03 | 오토레이아웃 크기 단위

오토레이아웃을 적용하면 부모 요소나 자손 요소의 크기 단위를 설정할 수 있습니다. 설정 방법에 따라 크기를 다르게 지정할 수 있습니다.

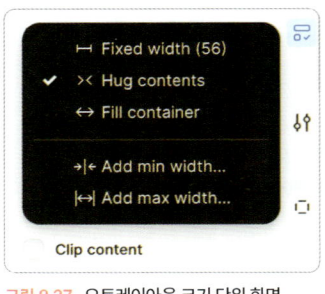

그림 9.27 오토레이아웃 크기 단위 화면

표 9.4 오토레이아웃 크기 단위

단위	설명
Fixed width(고정 너비)	가로 폭을 지정한 수치로 정확하게 표현
Hug contents(내용에 맞게 조절)	자손 요소의 크기에 따라 부모 요소 크기를 지정
Fill container(컨테이너 채우기)	부모 크기를 꽉 채워서 자손 요소 크기를 지정

01 예제 파일 확인하기_ 예제 파일의 4_오토레이아웃크기단위 페이지로 들어가면 미리 제작해둔 표를 확인할 수 있습니다. 이 표를 통해 크기 단위를 살펴보겠습니다.

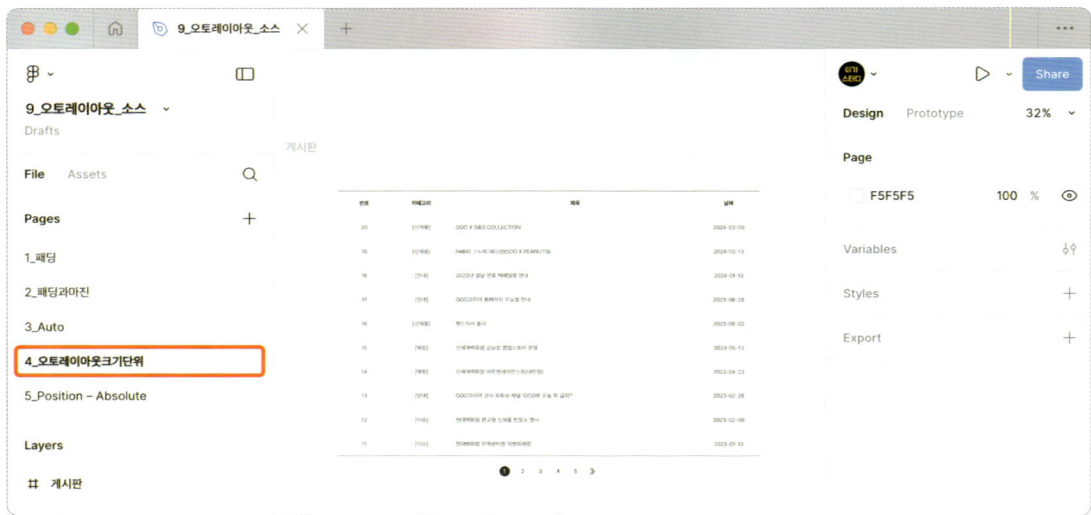

그림 9.28 소스 확인 화면

204 PART III 개발에 맞춘 구성 요소 제작

02 레이어 선택하기_ ❶ 레이어 패널에서 테이블을 열고, '제목행' 레이어를 펼쳐 자손 레이어들을 모두 선택합니다. ❷ 디자인 패널에서 W의 단위가 Mixed로 표시되어 있는데, 이를 클릭하고 Hug contents로 변경합니다.

그림 9.29 Layers에서 제목행을 선택하는 화면

03 Hug contents 적용하기_ Hug contents를 적용하면 부모의 폭이 자손 요소 크기만큼 지정됩니다. 여기서 부모 요소는 '번호', '카테고리', '제목', '날짜'로 구성된 오토레이아웃이고, 자손 요소는 글자입니다. 글자 크기에 맞춰 부모 오토레이아웃의 폭이 결정되기 때문에 그림 9.30처럼 폭이 작아집니다.

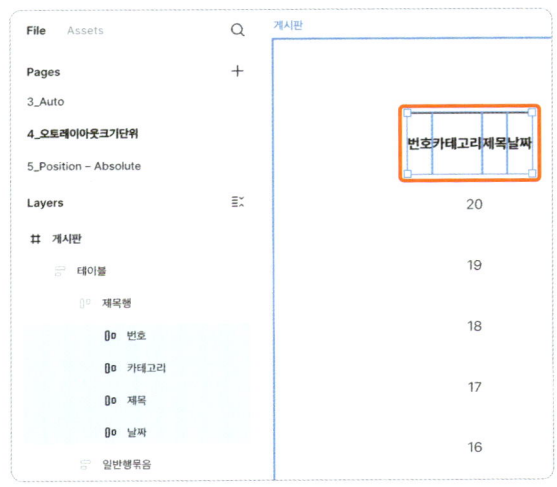

그림 9.30 Hug contents 적용된 화면

CHAPTER 09 오토레이아웃 205

04 **Fixed width 적용하기_** ❶여전히 선택되어 있는 상태에서 오토레이아웃의 폭 단위를 Fixed width로 변경하고, W의 값을 100으로 지정합니다. ❷그러면 글자 수와 관계없이 모든 요소가 동일한 폭으로 설정되는 것을 확인할 수 있습니다.

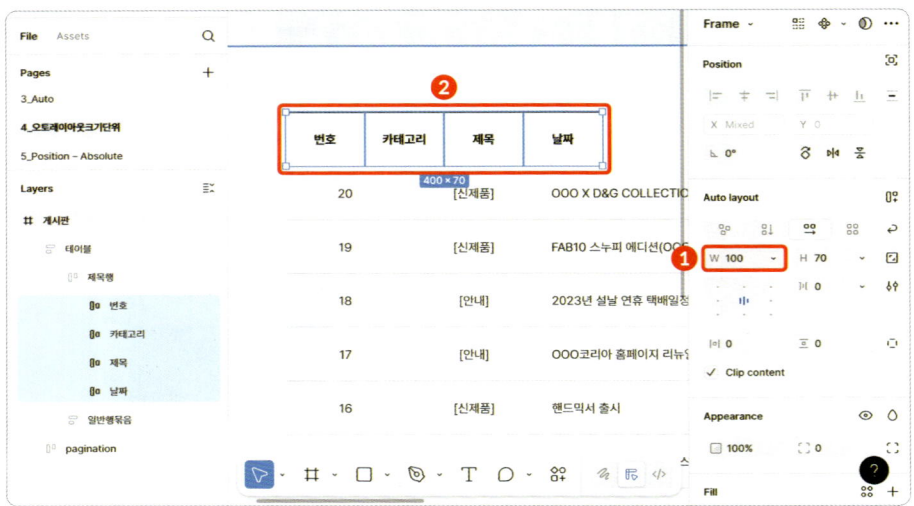

그림 9.31 Fixed width 적용하는 화면

05 **상위 요소의 폭 지정하기_** ❶이번에는 부모 요소인 '제목행'을 선택합니다. 레이어 패널에서 선택하는 것이 더 정확합니다. 오토레이아웃 단위를 Fixed width로 설정하고, ❷W의 값을 1200으로 지정합니다.

그림 9.32 제목행에 Fixed width 처리하는 화면

06 자손 요소에 Fill container 지정하기_ 다시 레이어 패널에서 ❶자손 요소인 '번호', '카테고리', '제목', '날짜'를 선택한 후, ❷오토레이아웃 단위를 Fill container(컨테이너 채우기)로 변경합니다. 그러면 그림 9.34와 같이 4개의 요소가 부모 요소 크기를 나눠 가지며, 각각 300으로 동일하게 설정된 것을 확인할 수 있습니다.

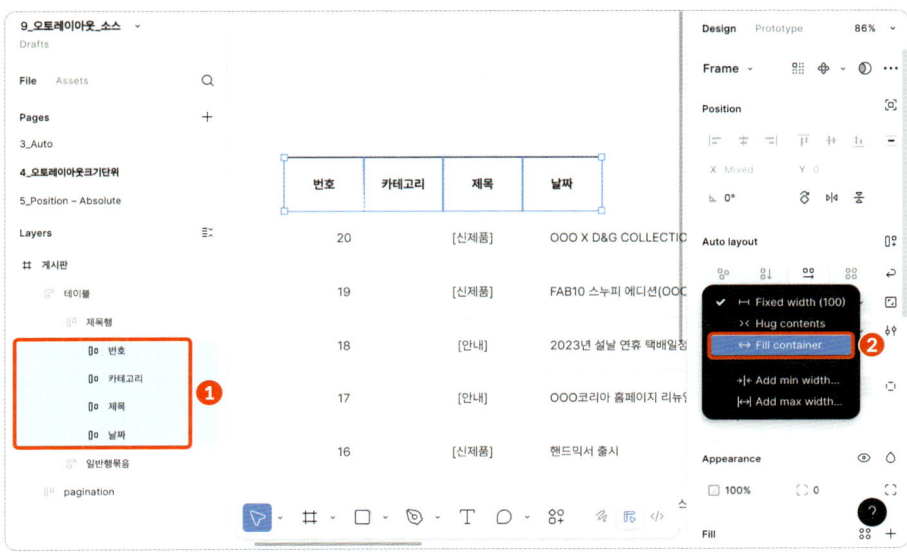

그림 9.33 자손 요소에 Fill container를 적용하는 화면

하지만 Fill container는 부모 영역을 균등하게 나누는 기능이 아닙니다. 자손 요소가 하나일 경우 부모 영역 전체를 차지합니다. 다른 형제 요소가 Fixed width로 설정되면, 남은 부모 영역을 차지하게 됩니다. 이 부분도 살펴보겠습니다.

그림 9.34 Fill container가 적용된 화면

07 '번호' 행의 가로 폭 지정하기_ ❶ '번호' 레이어만 선택한 후, ❷ 디자인 패널에서 오토레이아웃 단위를 Fixed width로 변경하고, W값을 150으로 지정합니다.

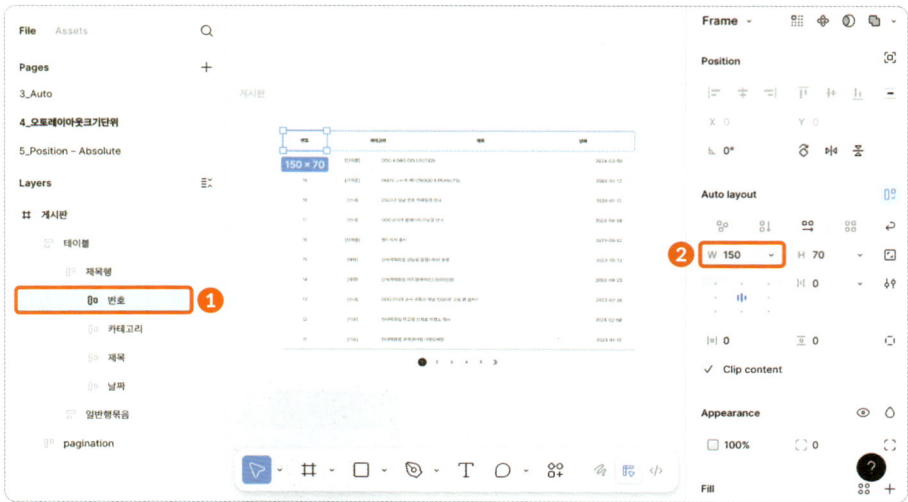

그림 9.35 번호 행 가로 폭 지정하는 화면

08 '카테고리'와 '날짜' 행의 가로 폭 지정하기_ 이번에는 ❶ 레이어 패널에서 '카테고리'와 '날짜' 레이어를 선택합니다. ❷ 디자인 패널에서 Fixed width로 변경하고, W의 값을 175로 지정합니다. 그러면 '제목' 행은 여전히 Fill Container로 설정되어 있으므로 '번호', '카테고리', '날짜' 폭을 제외한 나머지 부모 영역을 자동으로 차지합니다.

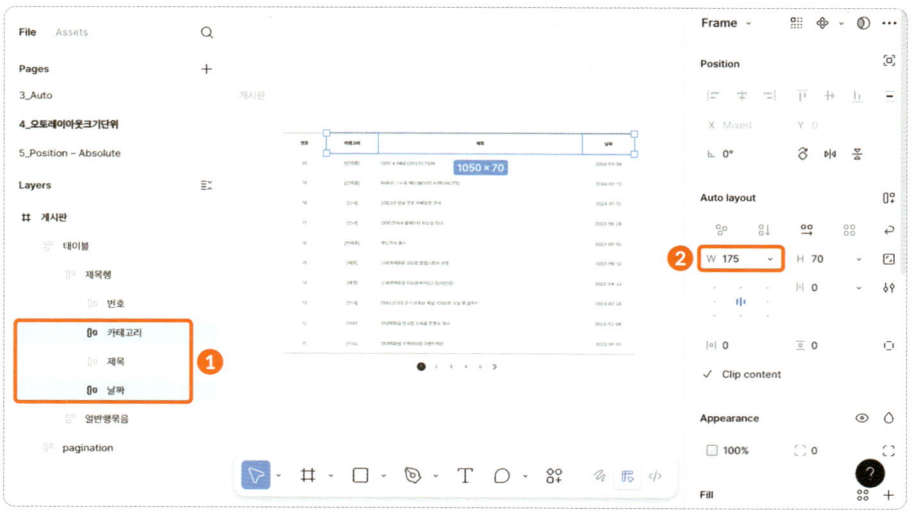

그림 9.36 번호 행 가로 폭 지정하는 화면

09 제목 확인하기_ ❶'제목' 행을 선택해보면, ❷Fill Container로 설정되어 가로 폭이 700으로 지정된 것을 확인할 수 있습니다. 물론 Fixed width로 700을 설정할 수도 있지만, 반응형 웹 디자인에서는 기기나 창 크기에 따라 영역이 달라질 수 있기 때문에 그림 9.37처럼 Fill container 방식을 사용하는 것이 더 적합합니다.

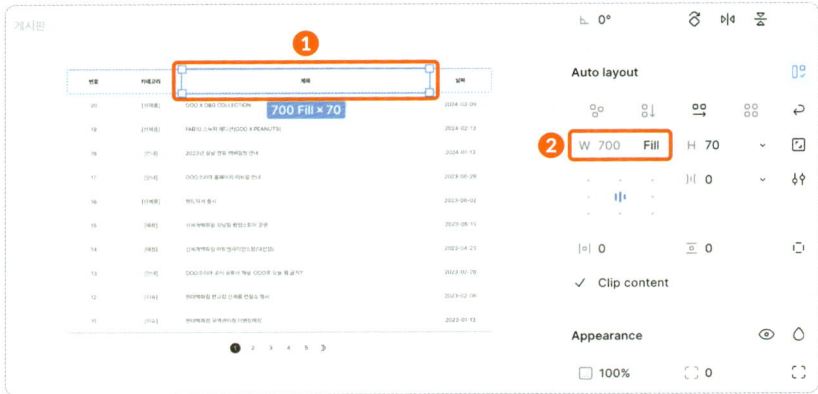

그림 9.37 제목행 단위 확인하는 화면

LESSON 04 오토레이아웃 정렬 기능

부모 요소가 영역을 가지고 있다면, 자손 요소를 정렬할 수 있는 기능도 사용할 수 있습니다. 그림 9.38 에서 빨간 사각형으로 표시된 부분이 정렬 기능입니다. 그림에서는 자손 요소가 부모 영역의 정가운데 로 정렬된 예시를 보여줍니다.

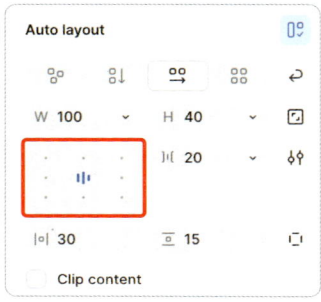

그림 9.38 디자인 패널의 Auto layout

01 예제 파일 확인하기_ 예제 파일에서 다시 1_패딩 페이지로 이동하여 첫 번째 btn을 복제하겠습니다. Alt/Option 키를 누른 상태로 드래그하면 새로운 btn이 복제됩니다.

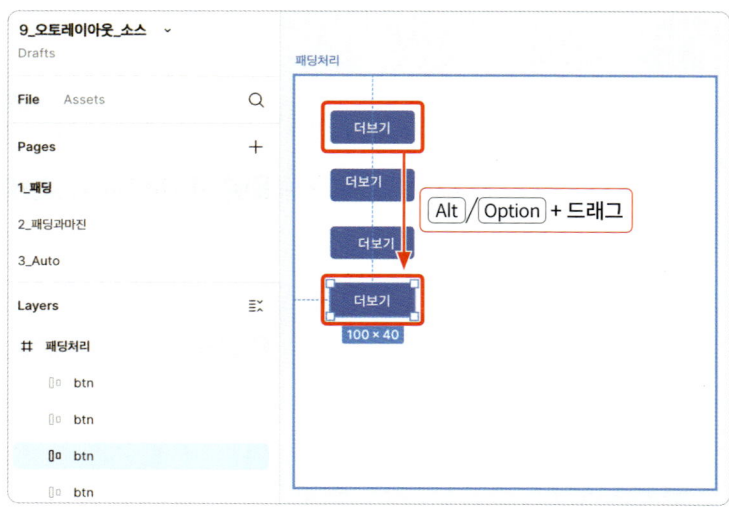

그림 9.39 소스 확인하는 화면

02 버튼 크기 설정하기_ 디자인 패널에서 오토레이아웃의 옵션을 Fixed width로 지정하고, W값을 200으로 변경합니다. 높이 역시 Fixed Height로 변경하고, H값을 100으로 변경합니다.

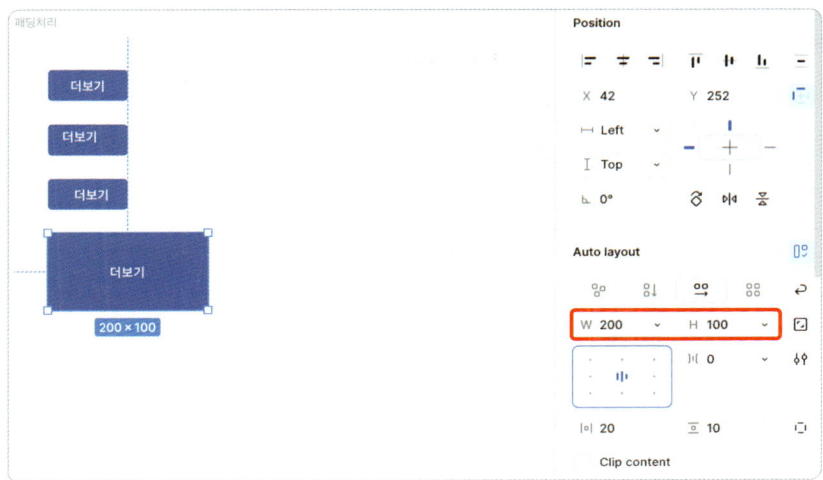

그림 9.40 버튼 크기 정하는 화면

03 오토레이아웃 정렬 확인하기_ 정렬 옵션을 확인해보면 현재 버튼의 글자가 부모 영역의 정가운데로 정렬되어 있는 것을 확인할 수 있습니다. 다만, 항상 정가운데로 정렬되는 것은 아니며 작업 상황에 따라 초기 정렬 위치가 다를 수 있습니다.

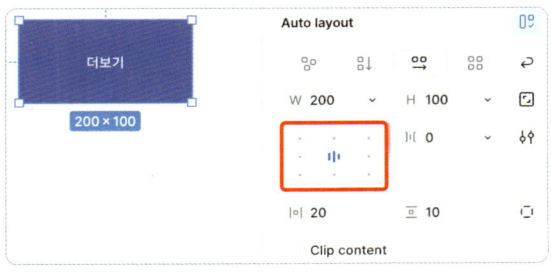

그림 9.41 정렬 확인하는 화면

04 오토레이아웃 정렬 변경하기_ 이제 오토레이아웃 정렬을 좌측 상단으로 변경해보겠습니다. 그러면 버튼의 글자가 좌측 상단으로 이동하는 것을 확인할 수 있습니다. 다른 위치로도 변경해보면서 어떻게 이동하는지 익혀보세요.

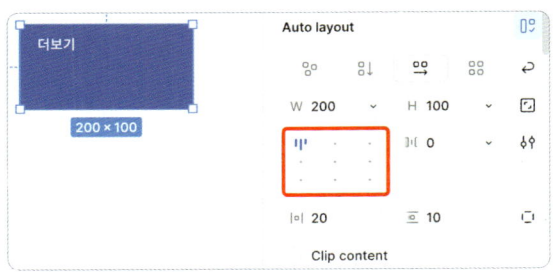

그림 9.42 정렬 변경하는 화면

LESSON 05
Ignore auto layout

오토레이아웃은 flex 개념에서 파생된 기능으로, 부모 요소가 자손 요소를 수평 또는 수직으로 나열하도록 처리합니다. 하지만 작업을 하다 보면 오토레이아웃을 설정했지만 자손 요소 중 일부의 위치를 임의로 변경하고 싶을 때가 있습니다. 이 경우 오토레이아웃을 묶은 요소와 위치를 변경하려는 요소를 다시 그룹으로 묶어야 하는 불편함이 발생합니다. 이를 해결하기 위해 피그마는 Ingnore auto layout(오토레이아웃 무시) 기능을 지원합니다.

Ignore auto layout 기능은 CSS 코딩의 Position의 Absolute 개념을 적용한 것으로, 오토레이아웃 안에서도 특정 요소를 자유롭게 위치시킬 수 있도록 합니다. Absolute로 지정된 요소는 명령을 추가하지 않으면, 일반적으로 브라우저의 body를 기준으로 절대적 위치로 이동되고 부모 요소와는 무관하게 배치되지만 피그마에서는 부모 요소를 기준으로 절대적인 위치로 이동시킬 수 있습니다.

디자인 패널의 Position 부분에서 Ignore auto layout 아이콘(◻)을 클릭하면, 오토레이아웃 안에서도 요소를 자유롭게 배치할 수 있습니다.

✚ 오토레이아웃이 적용되지 않은 요소에는 Ignore auto layout 아이콘이 나타나지 않습니다.

그림 9.43 오토레이아웃 absolute 기능 아이콘

01 예제 파일 확인하기_ 예제 파일의 5_Position-Absolute 페이지로 들어갑니다. 레이어 패널을 보면 SNS 로고와 번호가 포함된 것을 확인할 수 있습니다. 보통 앱 아이콘의 우측 상단에 새로운 알림을 표시하는 번호가 표시되어야 합니다.

그림 9.44 소스 확인하는 화면

02 오토레이아웃 처리하기_ ❶번호와 SNS 로고를 모두 선택한 후, ❷디자인 패널어서 Auto layout 의 사용 아이콘( )을 클릭합니다.

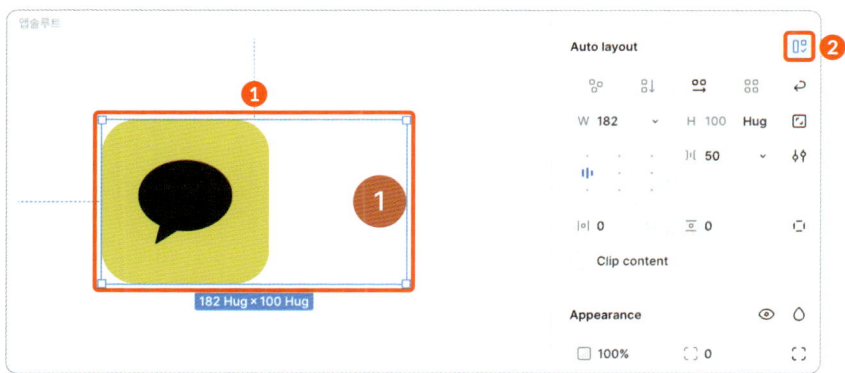

그림 9.45 오토레이아웃 처리하는 화면

03 오토레이아웃 수직 나열 처리하기_ ❶ 오토레이아웃으로 묶인 요소의 레이어 이름을 'SNS아이콘'으로 변경합니다. 오토레이아웃으로 묶이면 기본적으로 수평 또는 수직 나열로만 처리됩니다. ❷ 디자인 패널에서 수직 나열 아이콘( )을 클릭하면 요소들이 수직으로 나열됩니다.

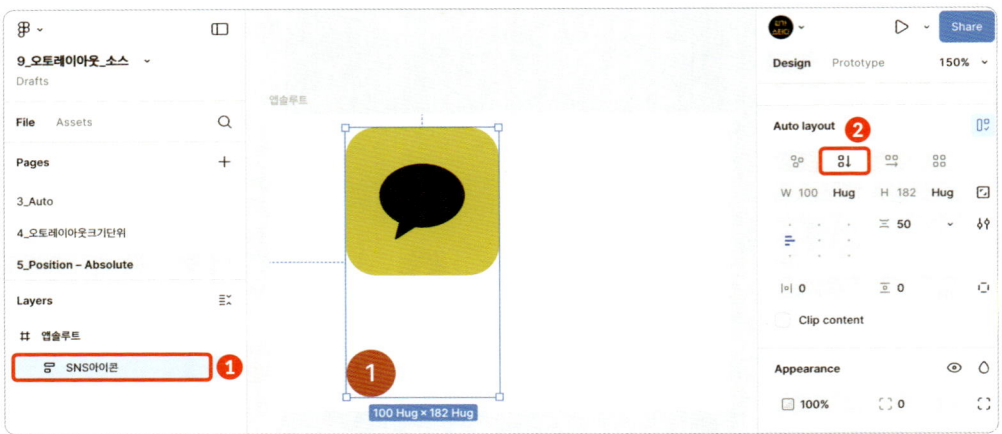

그림 9.46 오토레이아웃 처리된 화면

04 위치를 드래그해보기_ ❶ 마우스로 번호를 드래그해 이동해보겠습니다. ❷ 앱 아이콘 옆으로 옮기면 SNS 아이콘 그룹에서 빠져버립니다. 오토레이아웃 내부에서 임의로 위치를 변경하면 기존 오토레이아웃 구성에서 벗어나게 되기 때문입니다.

그림 9.47 마우스로 이동하는 화면

05 번호를 Absolute 처리하기_ 작업을 되돌려 오토레이아웃이 적용된 상태로 되돌립니다. 이후 ❶번호 레이어만 선택한 후, ❷디자인 패널의 Ignore auto layout 아이콘(▣)을 클릭합니다.

작업 취소 단축키: macOS `Command` + `Z` / Window OS `Ctrl` + `Z`

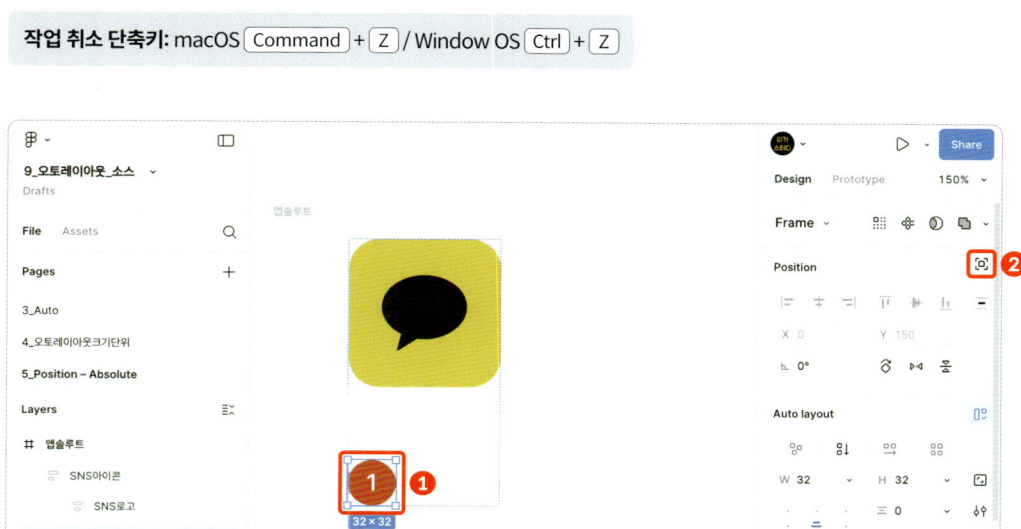

그림 9.48 번호 Absolute 처리하는 화면

06 절대적 위치로 이동하기_ 이제 번호를 앱 아이콘의 우측 상단으로 자유롭게 이동할 수 있습니다. 레이어 패널에서 Ignore auto layout으로 설정된 요소는 일반 요소와 다른 아이콘으로 표시됩니다. Ignore auto layout 기능은 오토레이아웃 작업 시 특정 요소의 위치를 유연하게 조정하는 데 매우 유용합니다.

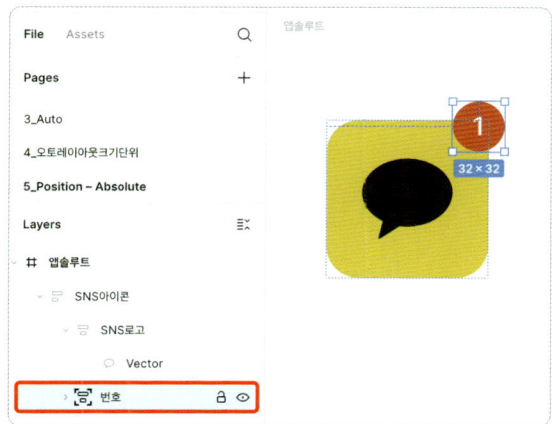

그림 9.49 번호 위치를 변경하는 화면

MEMO

CHAPTER

반응형
웹 개발을 위한 기술

- 정렬과 Constraints
- min-width와 max-width
- 오토레이아웃 wrap
- DevMode와 VS Code를 이용한 코딩 처리

2023년 6월, 피그마는 Config 2023 컨퍼런스를 통해 큰 변화를 발표했습니다. 그중에서도 가장 주목받은 것은 코드 기반 디자인을 강화한 Dev Mode입니다. 과거에는 웹 앱 디자인을 주로 포토샵으로 작업했지만, 다양한 모바일 및 태블릿 기기가 등장하면서 포토샵만으로는 대응하기가 어려워졌습니다. 이를 해결하기 위해 어도비에서는 Adobe XD를 출시했고, 피그마도 같은 배경에서 탄생했습니다. 피그마는 그동안 프로토타입 디자인 제작에 큰 도움을 주었으며, Config 2023을 기점으로 반응형 웹 디자인을 더 쉽게 구현할 수 있는 기능들을 강화했습니다. 피그마의 꾸준한 발전은 앞으로도 많은 기대를 모으고 있습니다. 이번 장에서는 Config 2023부터 현재까지 진화해온 반응형 웹 개발을 위한 피그마의 기술들을 알아보겠습니다.

LESSON 01 | 정렬과 Constraints

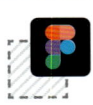

9장에서 오토레이아웃 내부의 자손을 정렬하는 방법을 살펴보았습니다. 이번에는 피그마에서 요소를 정렬하는 방법을 살펴보겠습니다. 오토레이아웃뿐만 아니라 다른 요소들은 어떻게 정렬되는지도 확인해보겠습니다.

오토레이아웃 정렬

우선, 오토레이아웃 정렬을 살펴보겠습니다. 오토레이아웃에서 자손 요소를 정렬하는 방식입니다.

01 예제 파일 확인하기_ 예제 파일에서 10장 폴더의 10_반응형 웹개발을위한기술_소스.fig 파일을 피그마로 불러옵니다. 그중 첫 번째 페이지인 1_오토레이아웃정렬 페이지로 이동합니다.

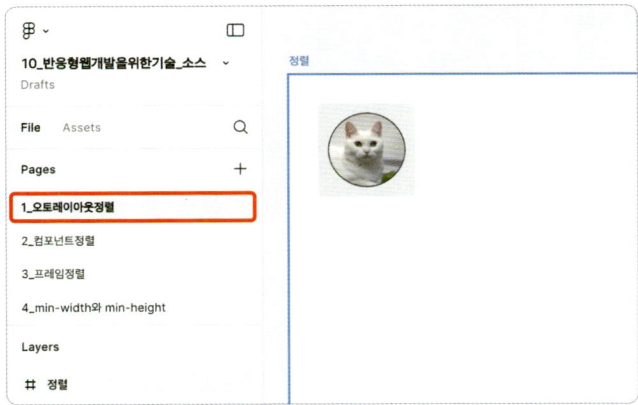

그림 10.1 정렬 관련 소스를 불러온 화면

02 오토레이아웃의 정렬 변경하기 1_ 우선 ❶레이어 패널이나 프레임에서 banner 오토레이아웃을 선택합니다. 이때 회색 배경이 부모 요소이고, 고양이 사진이 자손 요소입니다. ❷디자인 패널의 Auto layout 부분으로 이동해 정렬 파트에서 우측 하단을 클릭합니다.

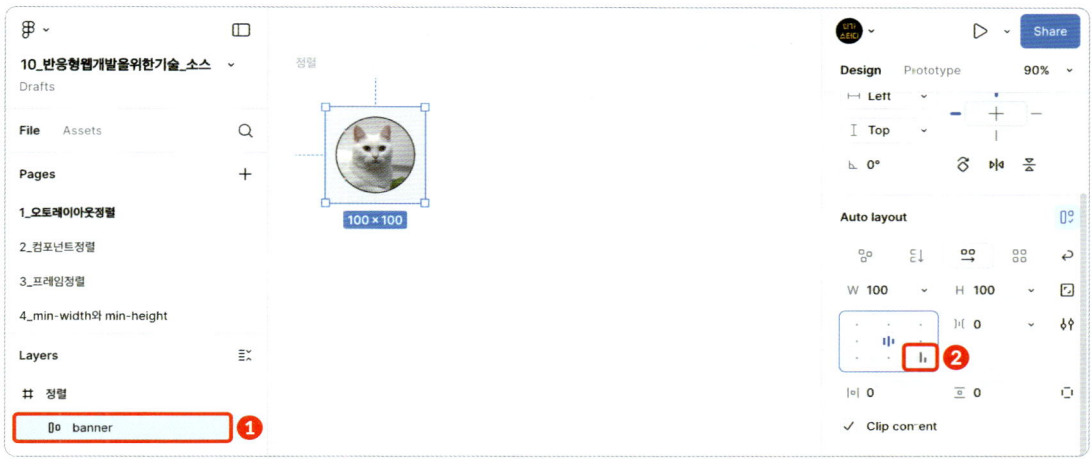

그림 10.2 정렬을 변경하는 화면

03 오토레이아웃의 정렬 변경하기 2_ banner의 바운딩 박스를 잡고 크게 당겨보세요. 또는 디자인 패널에서 W와 H값을 각각 270으로 변경해도 됩니다. 부모 요소의 크기가 커지면 자손 요소인 고양이 사진이 우측 하단에 위치하는 것을 확인할 수 있습니다.

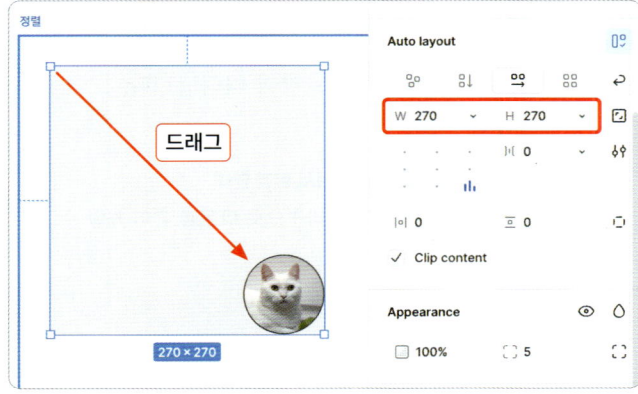

그림 10.3 정렬을 변경하는 화면

CHAPTER 10 반응형 웹 개발을 위한 기술 219

04 좌측 상단으로 정렬 변경하기_

정렬을 좌측 상단으로 변경하면 고양이 사진이 좌측 상단으로 이동하는 것을 확인할 수 있습니다. 오토레이아웃에 패딩이 설정되어 있었다면, 패딩 영역을 제외하고 정렬됩니다.

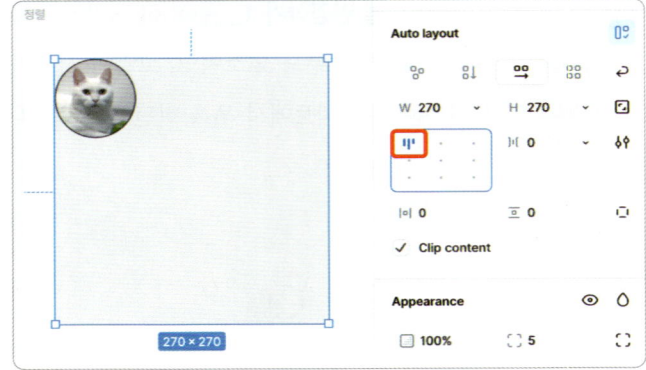

그림 10.4 좌측 상단으로 정렬을 변경하는 화면

컴포넌트 정렬

컴포넌트도 결국 요소들을 하나로 묶어 등록해 사용하는 것입니다. 따라서 컴포넌트 내부의 자손 요소도 정렬할 수 있습니다. 컴포넌트의 경우에는 정렬 UI가 따로 제공되지 않으며, 디자인 패널에서 Constraints(제약 조건)라는 기능을 사용합니다. Constraints는 부모 요소를 기준으로 자손 요소가 어디에 위치할지 정렬을 지정하는 기능입니다. ❶위쪽은 가로 방향을 처리하고, ❷아래쪽은 세로 방향을 처리합니다.

가로는 left, center, right로 설정할 수 있으며, 부모 크기에 비례해 크기가 조정되는 Scale도 있습니다. 세로는 top, center, bottom으로 설정할 수 있으며, 역시 Scale을 통해 크기 조절도 가능합니다. 디자인 패널의 Position 섹션에서 Constraints 아이콘(▦)을 클릭하면 Constraints 창이 나타납니다.

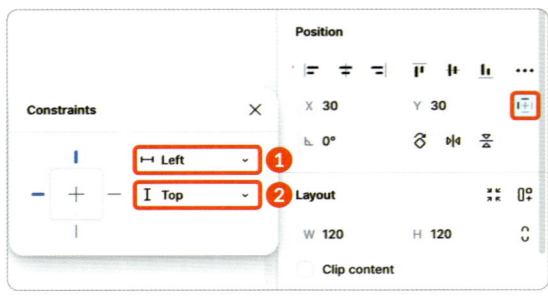

그림 10.5 디자인 패널의 Constraints - 2024년 9월 상태

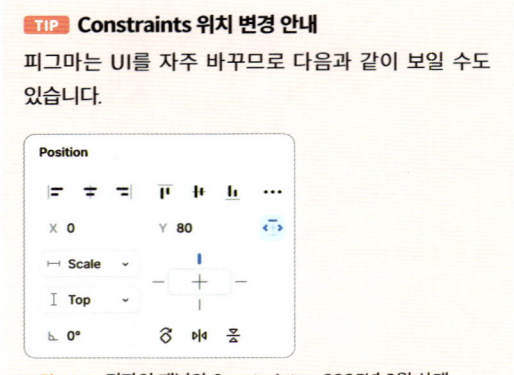

그림 10.6 디자인 패널의 Constraints - 2025년 9월 상태

TIP Constraints 위치 변경 안내

피그마는 UI를 자주 바꾸므로 다음과 같이 보일 수도 있습니다.

01 예제 파일 확인하기_ 예제 파일의 2_컴포넌트정렬 페이지를 선택합니다. 레이어 패널에는 cat이라는 이미지와 bg라는 사각형이 있습니다. 현재는 컴포넌트로 등록되지 않은 상태입니다.

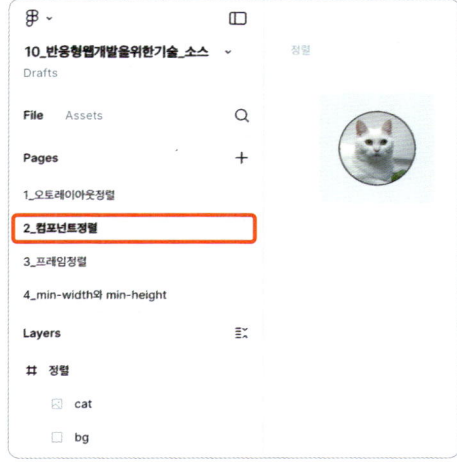

그림 10.7 소스 확인하는 화면

02 컴포넌트로 등록하기_ ❶ 레이어 패널에서 cat과 bg를 모두 선택합니다. 디자인 패널에서 컴포넌트 아이콘(✥)이 보이지 않는다면 ❷ 더 보기 아이콘(⋯)을 클릭하고, ❸ [Create component]를 선택합니다.

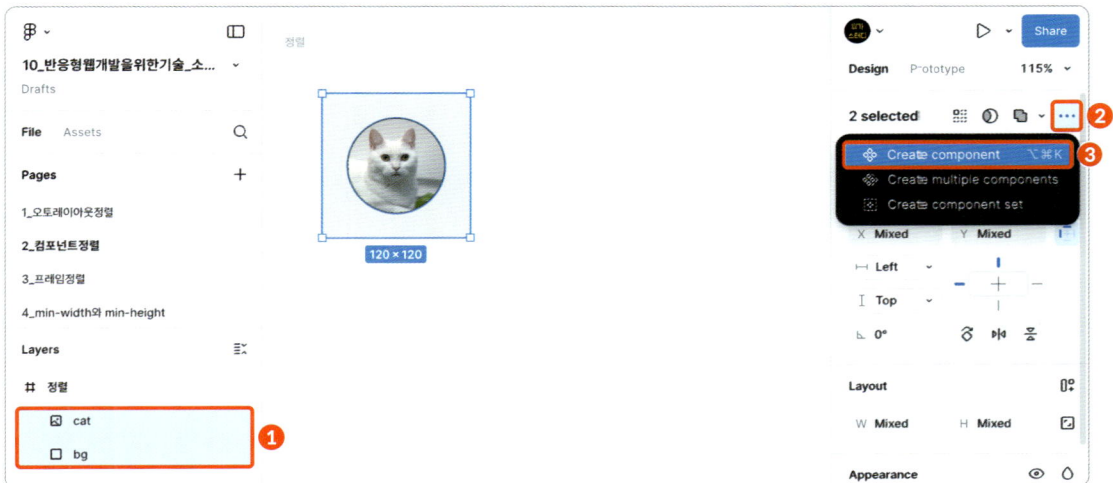

그림 10.8 컴포넌트로 등록하는 화면

03 Constraints 변경하기_ 컴포넌트로 등록되면 레이어 패널에 Component 1로 표시됩니다. ❶이제 cat으로 되어 있는 사진 레이어를 선택합니다. ❷디자인 패널의 Position에서 Constraints 아이콘(󰀀)을 클릭합니다. ❸Contraints에서 가로와 세로 모두 Center로 변경합니다.

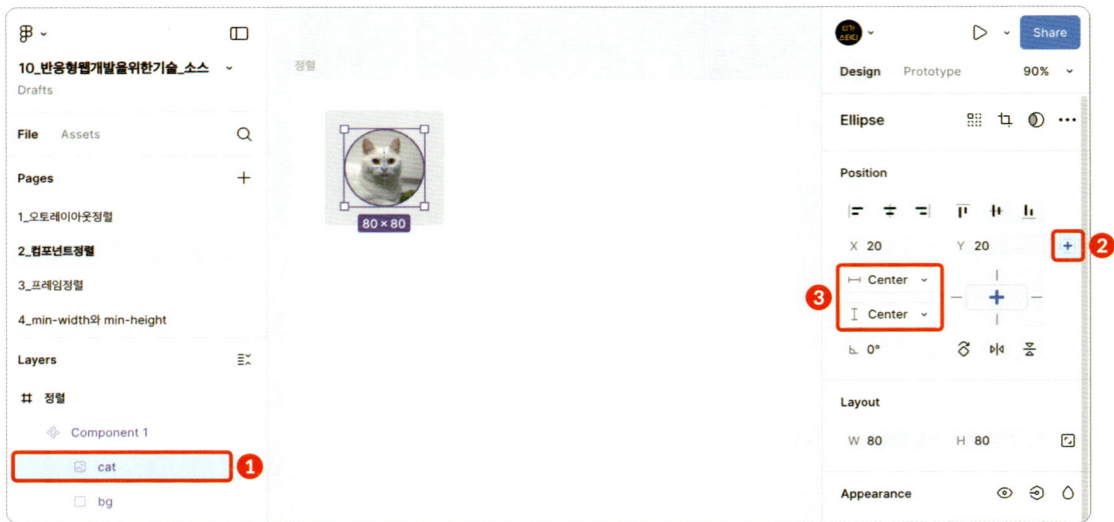

그림 10.9 컴포넌트로 등록된 화면

04 크기 변경 시 위치 이동 확인하기 1_ ❶다시 레이어 패널에서 Component 1을 정확하게 선택합니다. ❷바운딩 박스를 드래그해 컴포넌트 크기를 키워줍니다. 그러면 고양이 사진이 가운데에 위치한 것을 확인할 수 있습니다.

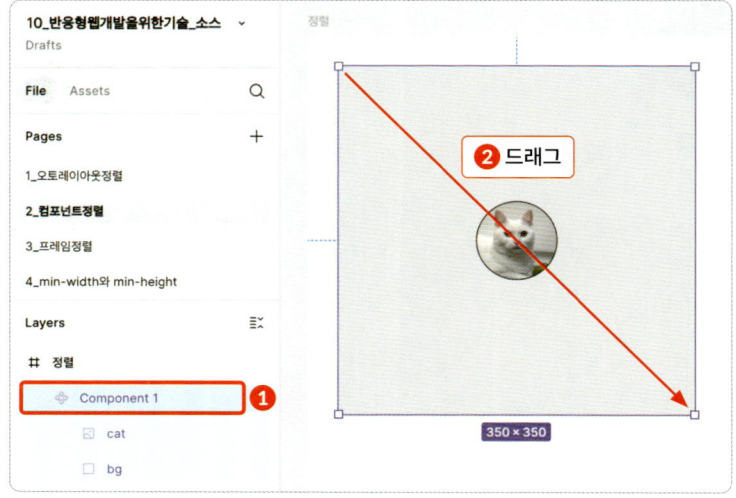

그림 10.10 컴포넌트 크기 변경하는 화면

05 Constraints 변경하기_ ❶레이어 패널에서 자손 요소인 cat을 다시 선택합니다. ❷디자인 패널에서 Constraints의 가로는 Right, 세로는 Bottom으로 변경합니다.

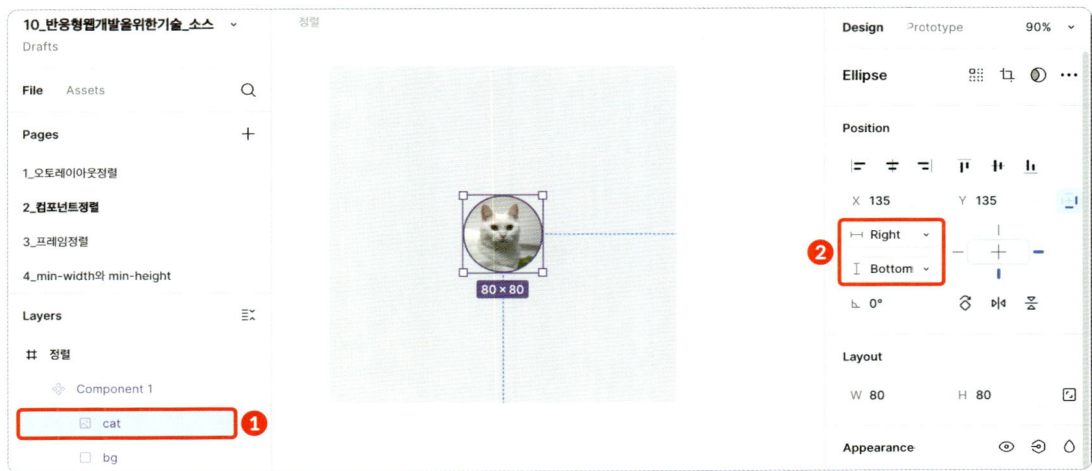

그림 10.11 Constraints 변경하는 화면

06 크기 변경 시 위치 이동 확인하기 2_ ❶레이어 패널에서 Component 1을 선택한 후, ❷크기를 키워보겠습니다. 기존에 있던 위치부터 우측 하단으로 사진이 옮겨가는 것을 확인할 수 있습니다. 오토 레이아웃을 적용했을 때처럼 우측 하단으로 완전히 이동하지는 않습니다.

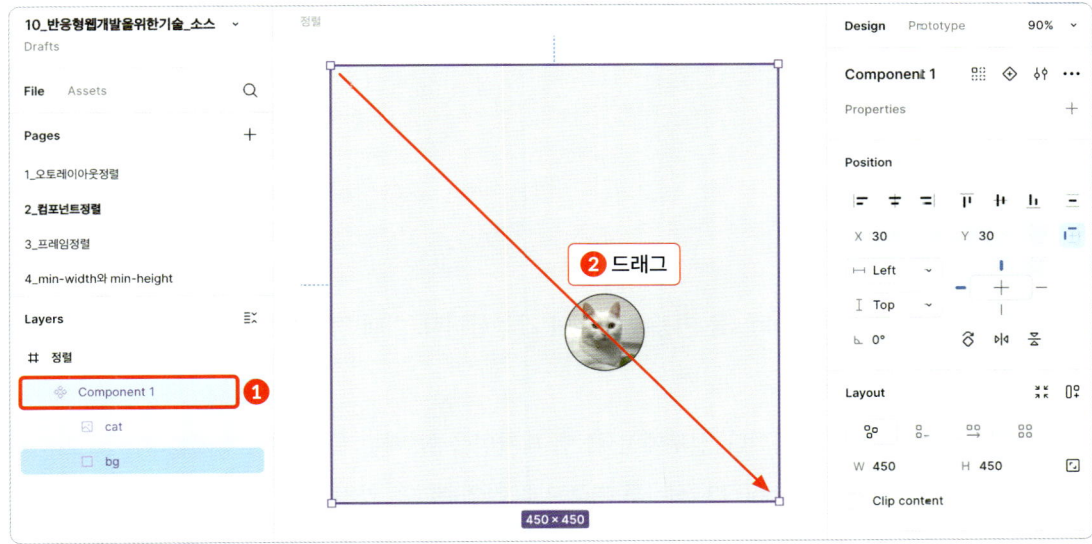

그림 10.12 사이즈를 변경하는 화면

07 cat 레이어 위치 이동하기_ 우측 하단에 계속 두고 싶다면 cat 레이어를 선택해서 먼저 우측 하단으로 맞춰놓습니다.

그림 10.13 위치 변경 화면

08 크기 변경 시 위치 이동 확인하기 3_ ❶ 레이어 패널에서 Component 1을 선택한 후, ❷ 크기를 줄이면 원하는 곳에 cat 레이어가 있는 것을 확인할 수 있습니다. 오토레이아웃처럼 정렬을 하고 싶다면 컴포넌트로 등록 전에 오토레이아웃으로 묶은 후 컴포넌트로 등록해야 합니다.

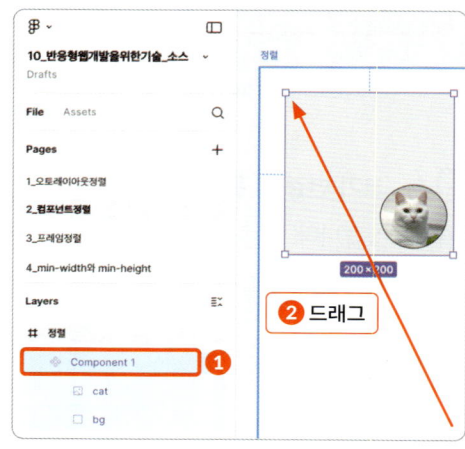

그림 10.14 컴포넌트 크기 변경

프레임 정렬

프레임을 기준으로도 Constraints를 이용해 정렬이 가능합니다. 이때 정렬은 모든 요소가 아닌, 프레임의 자손 요소에만 적용됩니다.

모든 기기 장치는 크기가 다릅니다. 실무에서 웹 앱 디자인을 할 때는 특정 기기 장치를 기준으로 디자인하게 됩니다. 예를 들어 iPhone 13 mini를 기준으로 작업했다고 가정해봅시다. 그런데 클라이언트나 사수가 iPhone 14 & 15 Pro Max로 변경하라고 하면 굉장히 난감하겠죠? 작업을 다시 하려면 많은 시간과 인력이 소모됩니다. 하지만 Constraints 기능을 사용하면 이런 문제를 쉽게 해결할 수 있습니다.

그림 10.15 스마트폰 기기별 사이즈

01 예제 파일 확인하기 및 Frame 사이즈 변경하기_ 예제 파일의 ❶3_프레임정렬 페이지로 이동합니다. 여기에는 메인페이지 – 라이트버전이라는 프레임이 있습니다. 현재 프레임의 폭은 375로 iPhone 8 사이즈에 맞춰져 있습니다. 하지만 iPhone 14 & 15 Pro Max로 디자인을 변경해야 한다고 가정해봅시다. ❷디자인 패널에서 [Frame]을 선택하고 사이즈를 [iPhone 14 & 15 Pro Max]로 변경합니다.

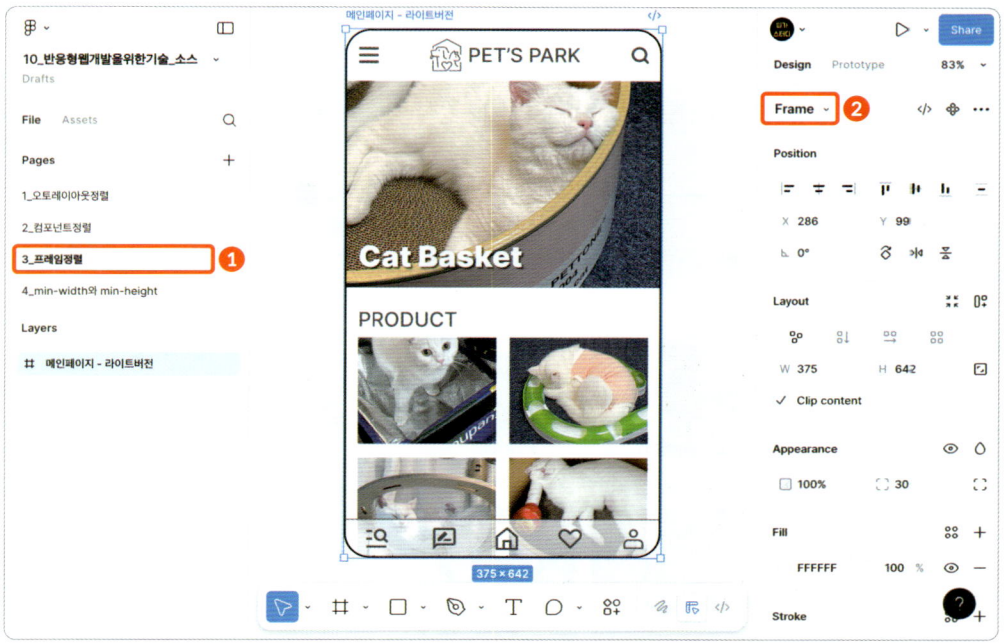

그림 10.16 소스 확인하는 화면

CHAPTER 10 반응형 웹 개발을 위한 기술 **225**

02 **Frame 사이즈 변경된 화면_** 사이즈가 더 커졌기 때문에 디자인 요소들의 위치와 크기를 다시 조정해야 합니다. 예를 들어 'header'의 경우 햄버거 버튼(☰)의 위치는 그대로 두더라도, 로고는 가운데로 이동하고, 검색 버튼은 오른쪽으로 붙여야 합니다. 하지만 Constraints를 사용하면, 이러한 위치 조정을 자동으로 처리할 수 있습니다.

그림 10.17 Frame 사이즈가 변경된 화면

03 **header의 Constraints 변경하기_** 작업을 되돌려(Ctrl/Command+Z) 프레임 사이즈를 375로 다시 설정합니다. header 레이어는 오토레이아웃을 통해 햄버거 버튼, 로고, 검색 버튼이 Auto로 설정되어 있습니다. 햄버거 버튼과 검색 버튼은 양쪽 끝에 붙어 있고, 로고는 가운데로 배치됩니다.

디자인 패널에서 header의 W값은 375로 고정되어 있으나, 부모인 프레임 사이즈에 따라 폭이 자동으로 변경되도록 설정하겠습니다. ❶레이어 패널에서 header을 선택한 후, ❷디자인 패널의 Position에서 Constraints 아이콘(▣)을 클릭합니다. ❸Constraints의 가로 부분을 [Scale]로 변경합니다.

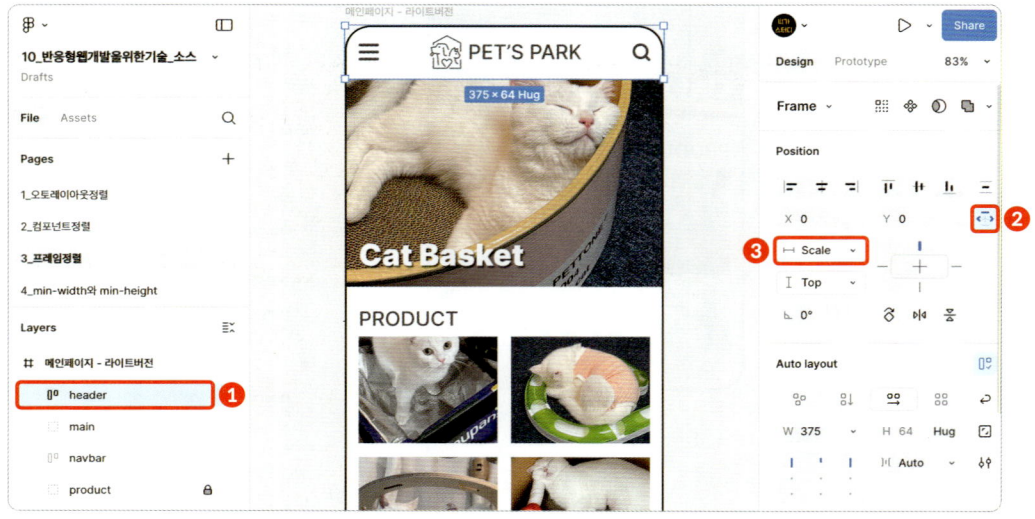

그림 10.18 header의 Constraints를 변경하는 화면

04 프레임 사이즈 변경하기_ ❶메인페이지 – 라이트버전 프레임을 선택하고, ❷Frame 사이즈를 다시 [iPhone 14 & 15 Pro Max]로 변경합니다.

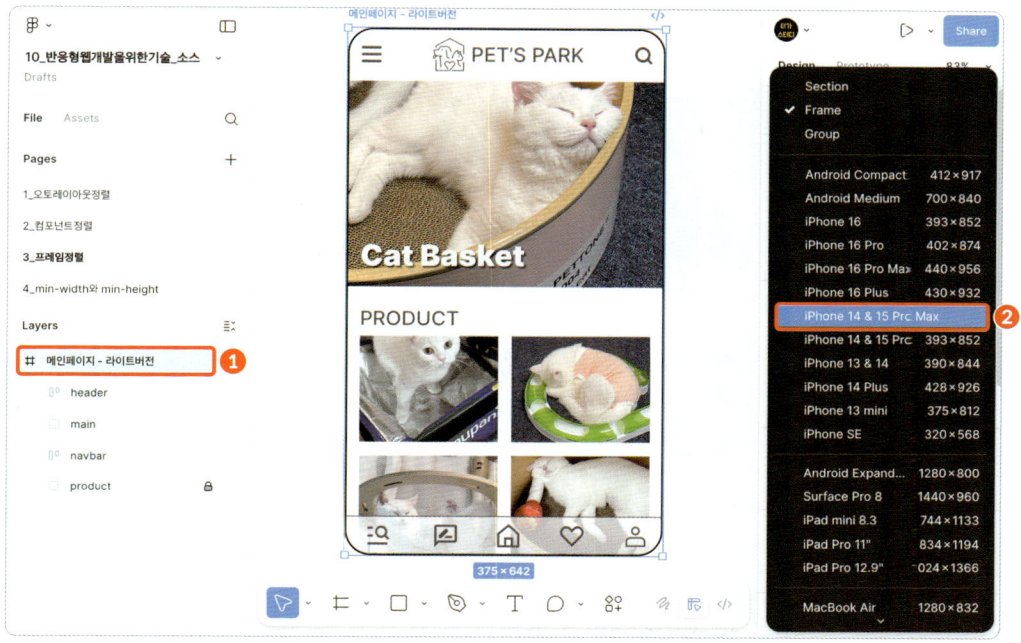

그림 10.19 프레임 사이즈를 변경하는 화면

05 프레임 변경된 화면_ Header 부분의 자손 요소 배치가 자동으로 잘 맞게 조정된 것을 확인할 수 있습니다. 사이즈를 줄이거나 키워도 잘 배치됩니다. 이렇게 요소가 프레임 크기에 맞게 자동으로 조정되어 시간을 아낄 수 있습니다.

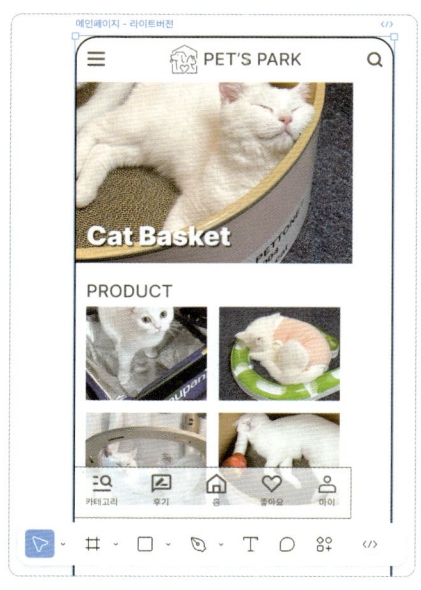

그림 10.20 프레임 사이즈가 변경된 화면

06 main의 Constraints 변경하기_
작업을 되돌려 (Ctrl/Command + Z) 프레임 사이즈의 가로 폭이 375가 되도록 합니다. ❶ 레이어 패널에서 main을 선택한 후, ❷ 디자인 패널의 Position에서 Constraints의 가로 부분을 [Scale]로 변경합니다.

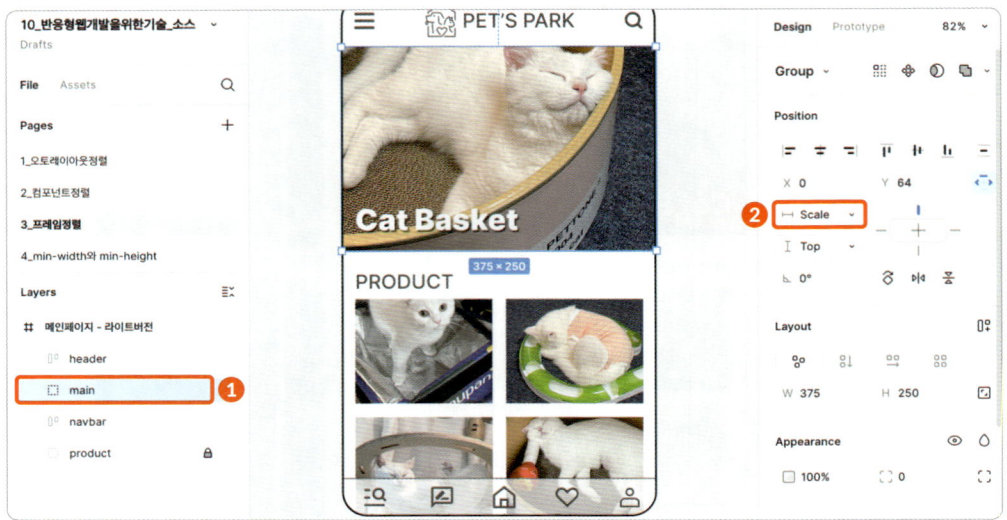

그림 10.21 main의 constraints를 변경하는 화면

07 navbar의 Constraints 변경하기_
❶ 레이어 패널에서 navbar을 선택한 후, ❷ 디자인 패널의 Position에서 Constraints을 변경합니다.

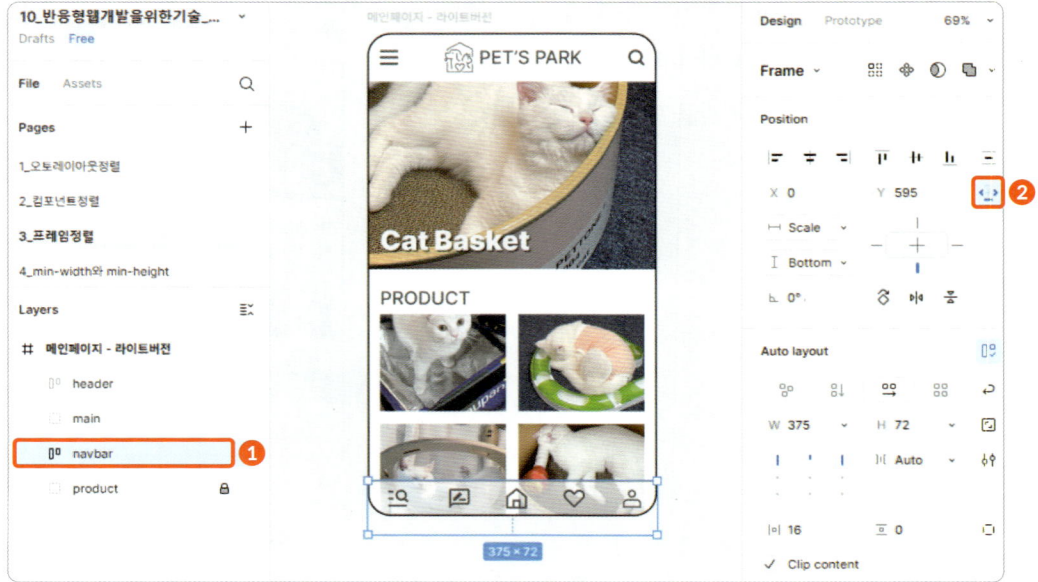

그림 10.22 navbar의 가로 부분 constraints를 변경하는 화면

Constraints의 가로 부분은 [Scale]로, 세로 부분은 [Bottom]으로 변경합니다.

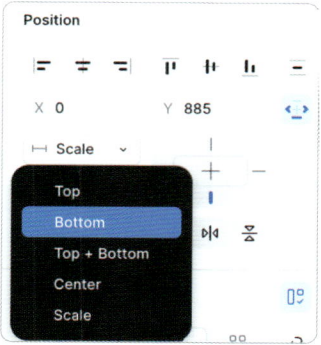

그림 10.23 navbar의 세로 부분 constraints를 변경하는 화면

08 프레임 사이즈를 변경한 화면_ 프레임을 선택하고 사이즈를 다시 iPhone 14 & 15 Pro Max로 변경합니다. 그러면 main의 가로 폭이 자동으로 늘어나고, navbar는 가로 폭이 늘어나면 프레임의 하단에 붙어 있게 됩니다. Constraints 기능을 이용하면, 기기 사이즈를 변경할 때도 손쉽게 디자인을 수정할 수 있습니다.

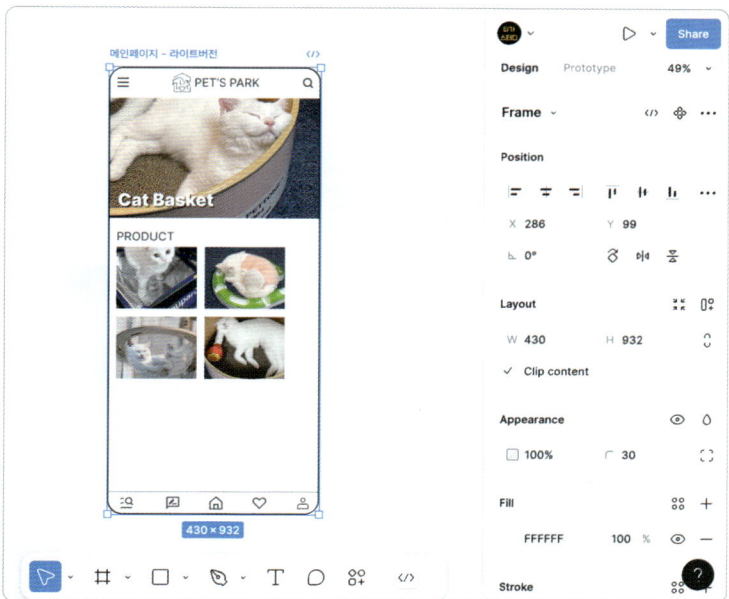

그림 10.24 프레임 사이즈를 변경한 화면

LESSON 02 | min-width와 max-width

스마트폰의 사용이 급격히 늘면서 다양한 기기에 대응할 수 있는 디자인이 필수로 자리 잡았습니다. 데스크톱, 노트북, 태블릿, 스마트폰 등 여러 기기를 고려하여 디자인해야 합니다. 하지만 모든 크기의 기기에 일일이 대응하기는 어렵습니다. CSS 코딩에서는 이를 해결하기 위해 min-width와 max-width 속성을 사용합니다. 이 속성들은 콘텐츠의 최소 크기와 최대 크기를 지정하여, 창 크기가 변하거나 기기의 폭이 달라져도 디자인이 유지되도록 합니다.

피그마는 Config 2023을 발표하며 디자인에서도 min-width와 max-width 기능을 사용할 수 있게 지원하기 시작했습니다. 이러한 기능들은 반응형 웹 디자인을 더욱 효율적으로 만드는 데 큰 도움이 됩니다.

min-width

먼저 min-width 기능부터 살펴보겠습니다. min-width 기능은 콘텐츠의 가로 폭 최소 사이즈를 지정하는 기능입니다. 이 기능을 사용하려면 오토레이아웃이 적용되어 있어야 합니다.

01 예제 파일 확인하기_ 예제 파일 10_반응형 웹개발을위한기술_소스.fig에서 네 번째 페이지인 4_min-width와 min-height 페이지로 이동합니다. 해당 페이지에는 3개의 프레임이 있는데, 그중 1_min-width 프레임을 선택합니다.

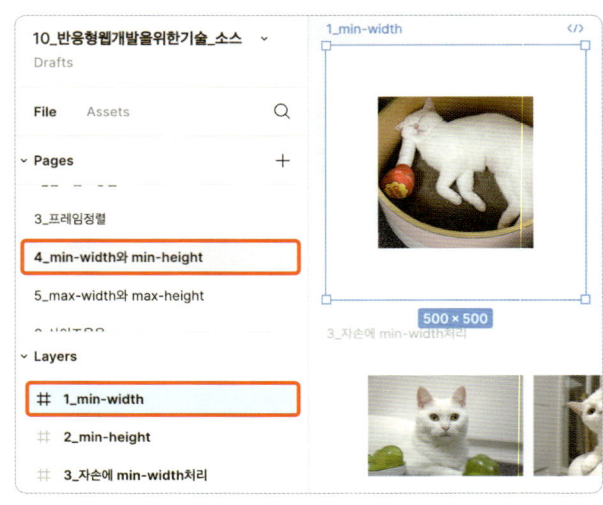

그림 10.25 소스 화면

02 영역 확인하기_ 1_min-width 프레임 안에는 img라는 사진 요소가 있습니다. 사진 요소가 오토 레이아웃으로 묶이지 않았기 때문에 디자인 패널의 Layout에서 W 부분에 드롭다운 메뉴가 보이지 않습니다.

➕ min-width나 max-width가 가능하다면 W 부분에 드롭다운 메뉴가 나타나므로 눌러서 기능을 선택할 수 있습니다.

그림 10.26 사진의 폭을 확인하는 화면

03 오토레이아웃 적용하기_ ❶요소를 하나만 선택한 경우, 디자인 패널에서 오토레이아웃을 추가할 수 없습니다. ❷이때 단축키(Shift + A)를 눌러 오토레이아웃을 적용하고, 모든 여백을 0으로 설정합니다. 그림 10.27을 보면 ❸디자인 패널의 W 부분에 그림 10.26과는 다르게 드롭다운 메뉴가 생겼습니다. 이제 W 부분을 클릭하면 min-width를 적용할 수 있습니다.

그림 10.27 오토레이아웃으로 묶는 화면

04 **min-width 적용 후 수치 작성하기_** W 부분을 클릭하면 그림 10.28과 같은 드롭다운 메뉴가 나타나는데, [Add min width (최소 너비 추가)] 메뉴를 클릭합니다. 그러면 W 아래에 값을 입력할 수 있는 상자가 생기고, 원하는 최소 사이즈를 입력하면 됩니다. 여기서는 100이라고 작성하겠습니다.

min-width(혹은 max-width)가 적용되면, 양쪽으로 선이 표시됩니다. 그림 10.29에서 오토레이아웃의 W를 보면 양쪽 옆에 선이 있고, H는 없는 것을 확인할 수 있습니다. 이 선으로 min-width(혹은 max-width)가 적용되었음을 나타냅니다.

그림 10.28　min-width를 추가하는 화면

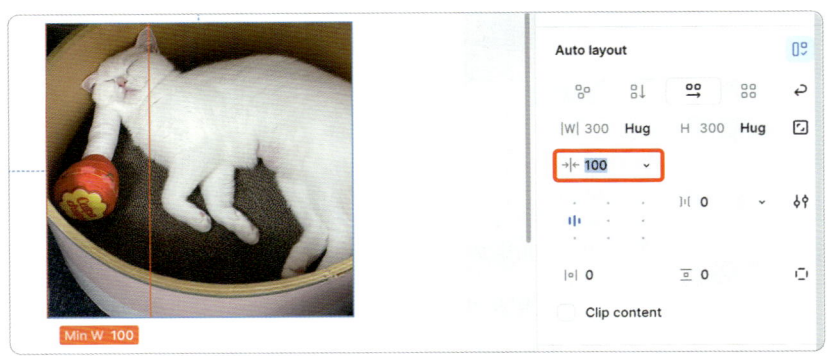

그림 10.29　수치 작성하는 화면

05 **가로 폭 Fixed width로 변경하기_** W값이 Hug로 되어 있는 경우는 Hug contents를 의미하며, 자손 요소들의 크기와 여백에 따라 영역이 설정됩니다. min-width를 적용할 때는 Hug contents 대신 Fixed width로 변경합니다.

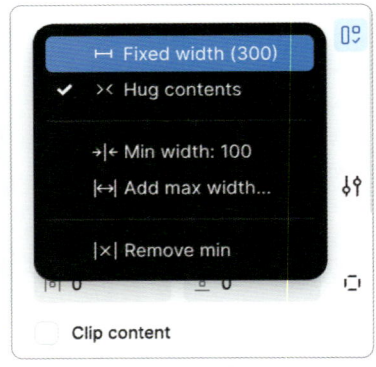

그림 10.30　Fixed width로 변경하는 화면

06 사진을 Fill container로 변경_ 그림 10.31 레이어 패널을 보면 오토레이아웃으로 묶인 Frame 1은 부모 요소고, img는 자손 요소입니다. Frame 1은 Fixed width로 크기를 키우기도 하고, 줄이기도 할 것입니다. 그에 따른 자손 요소의 변화를 확인하기 위해 ①img 요소를 선택하고, ②[Fill container]로 지정합니다.

그림 10.31 사진을 Fill container로 변경하는 화면

07 사이즈 줄이기_ ①레이어 패널에서 Frame 1을 선택하고, ②가로 폭을 줄여보면, 지정한 최소 크기인 100 이하로는 줄어들지 않는 것을 확인할 수 있습니다.

그림 10.32 Frame 1 사이즈를 줄이는 화면

08 사이즈 키우기_ 반대로 가로 폭을 키우는 것은 max-width를 지정하지 않았기 때문에 제한 없이 커집니다.

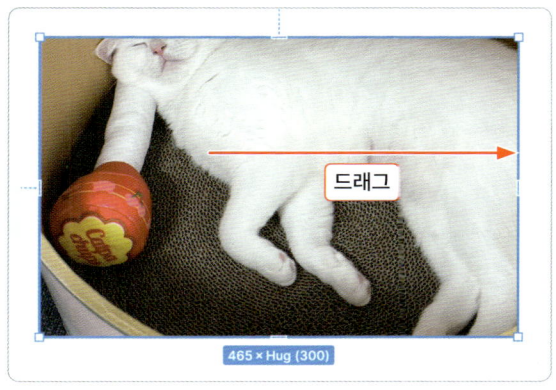

그림 10.33 Frame 1 사이즈를 키우는 화면

09 min-width 제거하기_ min-width가 적용된 상태에서 디자인 패널의 W 부분을 클릭하면 [Remove min]이라는 메뉴가 나타납니다. 클릭하면 적용했던 min-width가 제거됩니다. 이 방식은 min-width, min-height, max-width, max-height 모두 동일하게 적용됩니다.

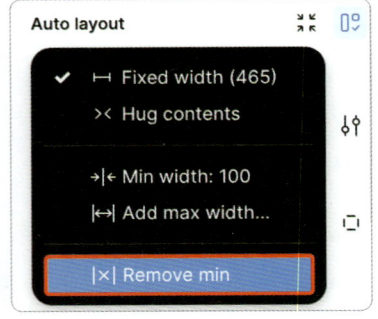

그림 10.34 min-width를 제거하는 화면

min-height

이번에는 min-height 기능을 살펴볼 건데, min-width와 크게 다르지 않습니다.

min-height 기능은 콘텐츠 높이의 최소 사이즈를 지정하는 기능입니다. 이 기능도 마찬가지로 오토레이아웃이 적용되어 있어야 사용할 수 있습니다.

01 예제 파일 확인하기_ 2_min-height 프레임을 선택합니다. 이번 예제에서는 이미 오토레이아웃이 적용된 상태입니다. ❶Frame 2는 ❷Fixed width, Fixed height로 모두 300으로 고정된 상태입니다.

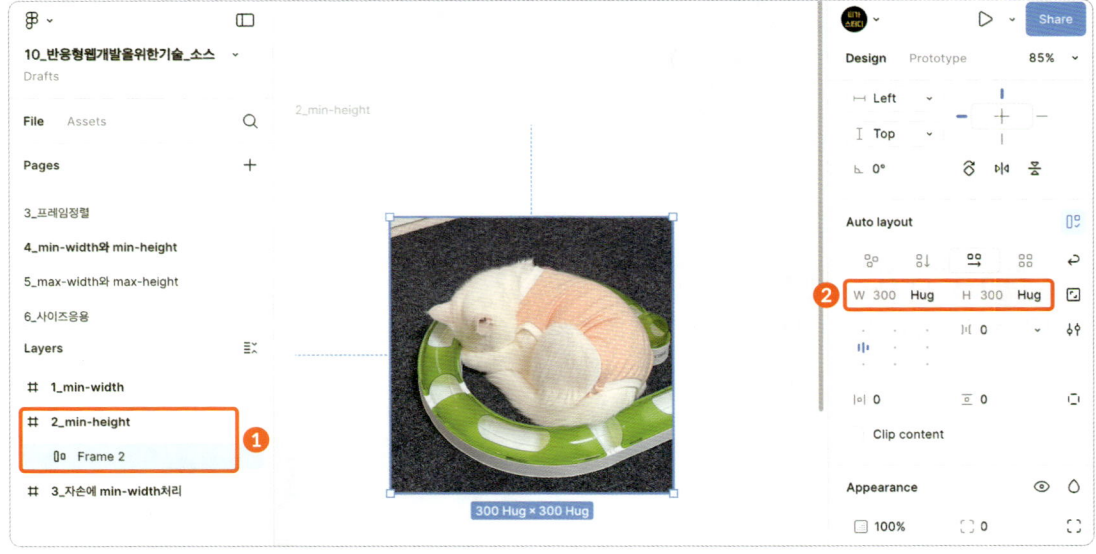

그림 10.35 min-height 소스 화면

234 PART III 개발에 맞춘 구성 요소 제작

❶ 자손 요소인 img도 부모 영역을 상속받도록 ❷ W와 H 모두 Fill container로 설정되어 있습니다.

그림 10.36 min-height 소스 이미지 화면

02 min-height 적용하기_ ❶ 레이어 패널에서 Frame 2를 선택하고, ❷ 디자인 패널에서 H를 클릭하여 드롭다운 메뉴를 열고, [Add min height]를 선택합니다.

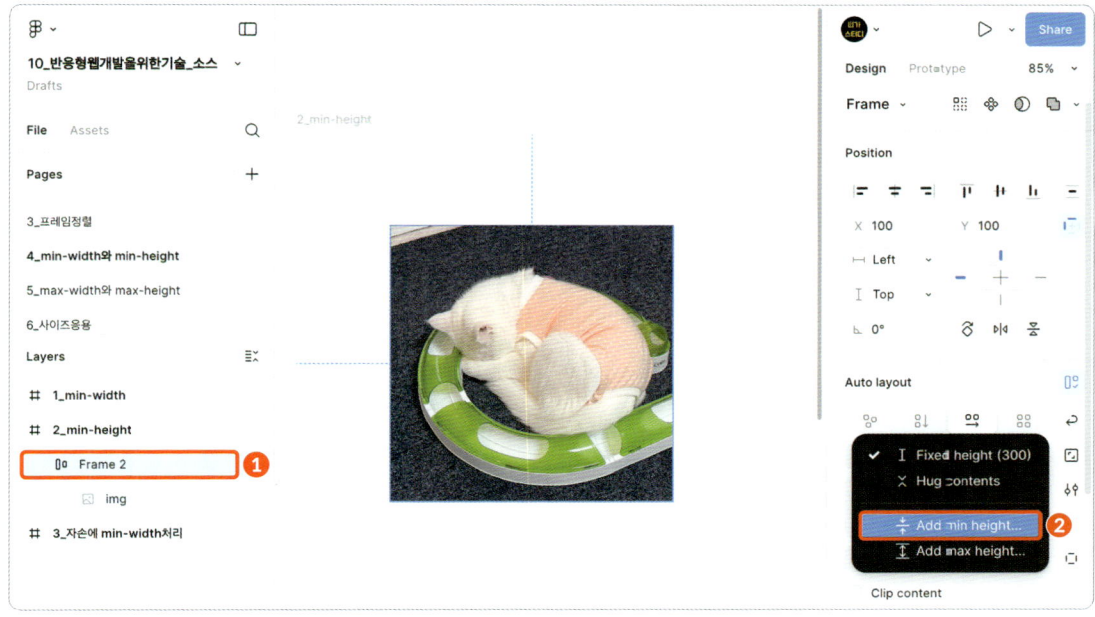

그림 10.37 min-height 적용하는 화면

CHAPTER 10 반응형 웹 개발을 위한 기술 **235**

03 **min-height 수치 작성하기_** 그러면 W 아래 입력 상자가 생성되는데, 여기에 최소 높잇값을 입력합니다. 여기서는 100으로 입력하겠습니다.

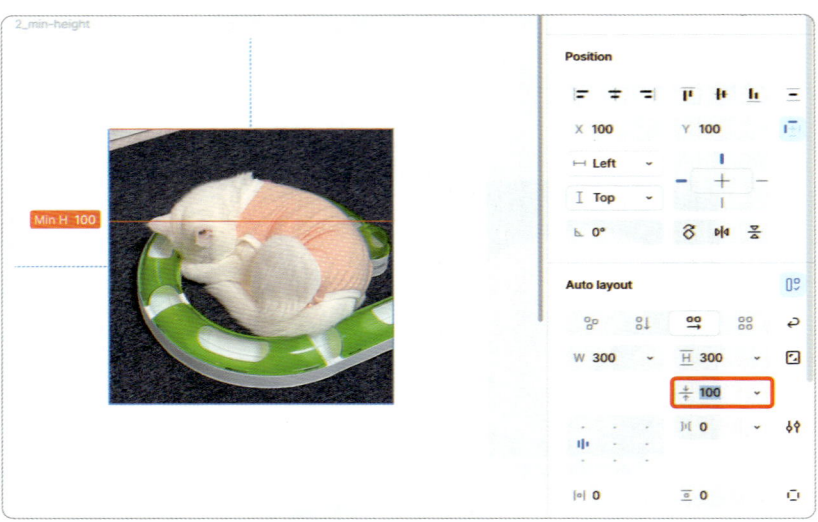

그림 10.38 min-height 수치를 작성하는 화면

04 **사이즈 조정하기_** max-height를 지정하지 않았기 때문에, 높이를 키우면 무한으로 커집니다. 반면, 높이를 줄일 경우 설정한 최솟값인 100 이하로는 줄어들지 않는 것을 확인할 수 있습니다.

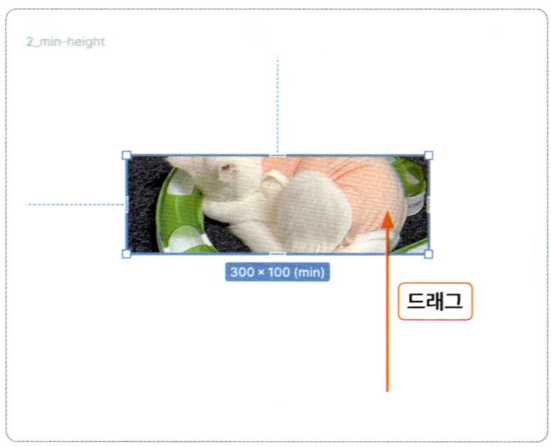

그림 10.39 사이즈 줄인 화면

자손 요소에 min-width 적용하기

앞에서는 오토레이아웃인 부모 요소에 min-width와 min-height를 적용했습니다. 하지만 자손 요소에도 동일하게 적용할 수 있습니다. 이번에는 자손 요소에 min-width를 적용하는 방법을 살펴보겠습니다.

01 예제 파일 확인하고 오토레이아웃 적용하기_ 3_자손에 min-width 처리 프레임을 선택합니다. ❶ 프레임 내부에 있는 사진 3장을 모두 선택합니다. ❷ 디자인 패널의 Layout 부분에서 사용 아이콘(▯▯)을 클릭하여 오토레이아웃으로 묶습니다.

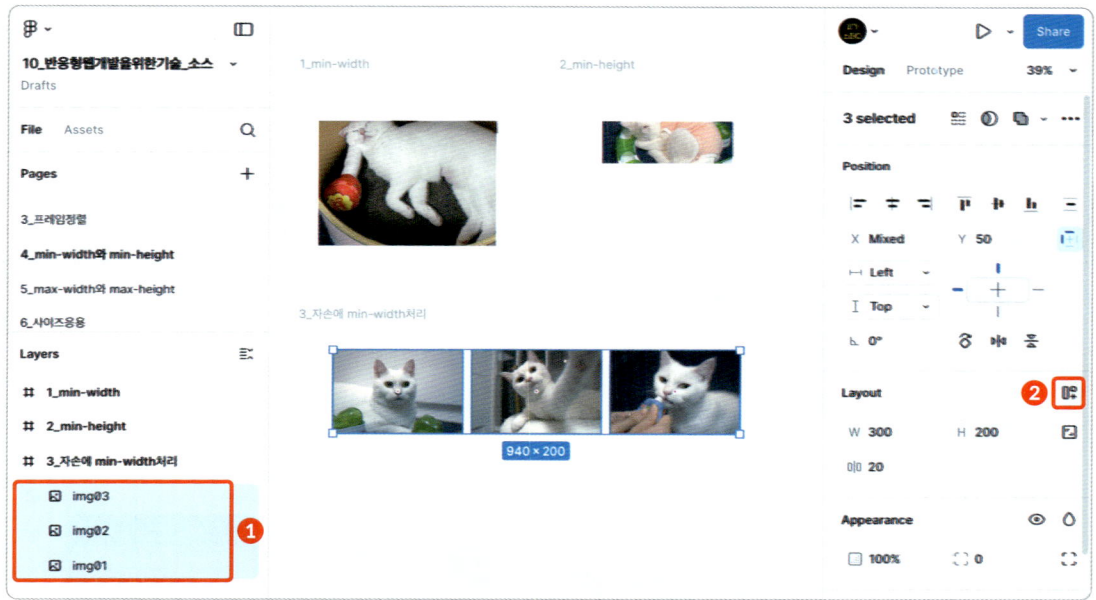

그림 10.40 자손에 min-width 처리하는 소스 화면

이미지 3개가 오토레이아웃으로 잘 묶인 것을 확인할 수 있습니다.

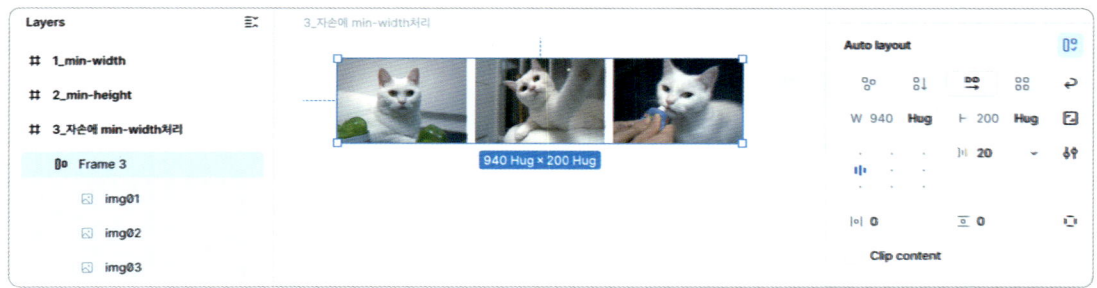

그림 10.41 오토레이아웃 적용된 화면

CHAPTER 10 반응형 웹 개발을 위한 기술 **237**

02 이미지에 min-width 적용하기_ ❶자손 요소 중 img01을 선택하고, 디자인 패널의 W를 클릭합니다. ❷드롭다운 메뉴에서 [Add min width]를 선택합니다. W 아래 나타나는 입력 상자에 100을 입력합니다. 차이를 확인하기 위해 img02와 img03에 같은 방식으로 [Add min width]를 적용한 후, img02에는 80, img03에는 150을 입력합니다.

그림 10.42 img01에 min-width를 적용하는 화면

03 이미지에 Fill container 적용하기_ ❶모든 이미지 레이어를 선택합니다. ❷디자인 패널에서 W를 눌러 [Fill container]로 변경합니다. 이미지들이 부모 영역을 나눠 가지도록 설정됩니다.

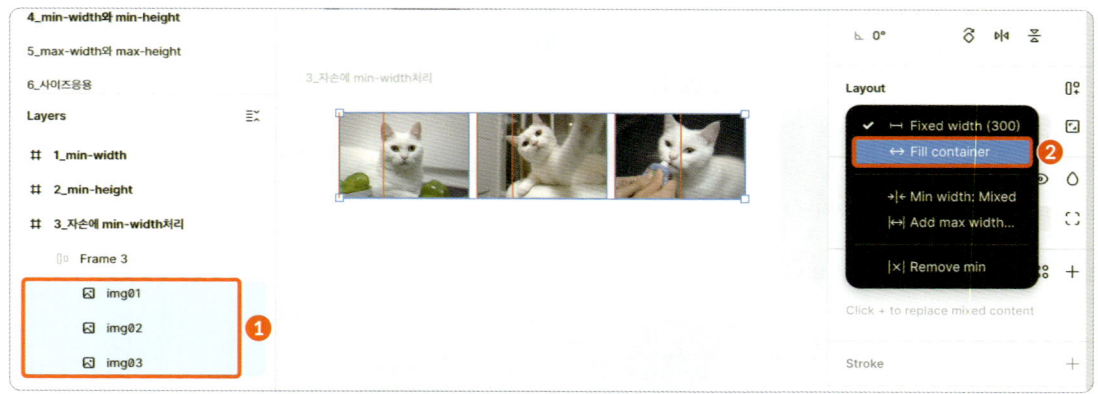

그림 10.43 이미지에 Fill container를 적용하는 화면

04 결과 확인하기_ 앞의 그림 10.41을 보면 처음 오토레이아웃을 적용했을 때는 Hug Contents로 설정되어 있습니다. ❶하지만 자손 요소들에 Fill Container를 적용하면 Fixed width로 변경되고, ❷현재 자손 영역과 여백을 합친 수치로 고정됩니다.

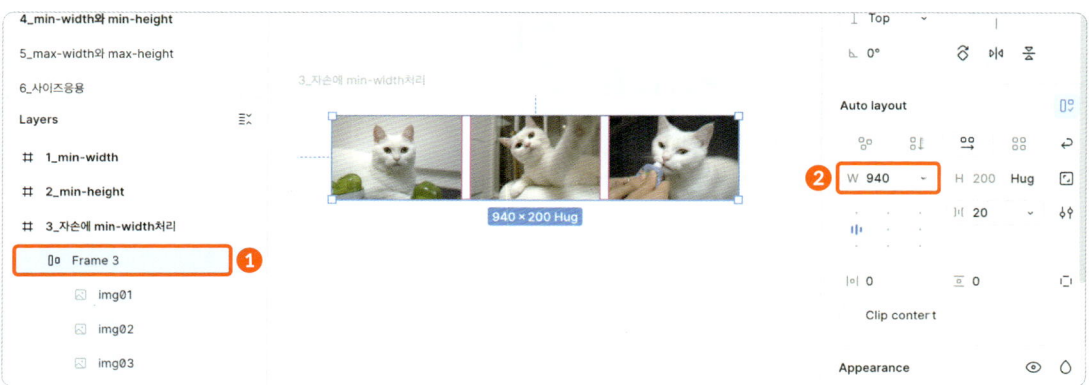

그림 10.44 Frame 3의 영역 확인 화면

05 Frame 3 사이즈 줄이기_ ❶레이어 패널에서 Frame 3을 선택하고, ❷폭을 줄여보겠습니다. Frame 3에 min-width를 지정하지 않았기 때문에 사이즈는 계속 줄일 수 있습니다. 하지만 사진 요소들은 설정한 최소 사이즈보다 작아지지 않습니다(img01: 100, img02: 80, img03: 150).

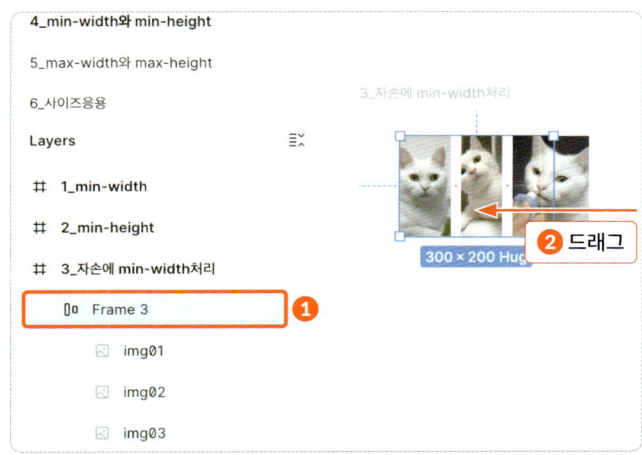

그림 10.45 Frame 3의 폭을 줄이는 화면

06 Frame 3 사이즈 키우기_ max-width는 지정하지 않았으므로, Frame 3의 폭을 늘릴 때는 사진들이 계속 부모 영역을 나눠 가지며 크기가 커집니다.

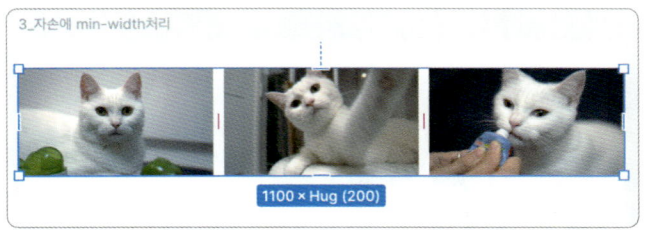

그림 10.46 Frame 3의 폭을 키우는 화면

max-width

max-width는 콘텐츠 가로 폭에 최대 사이즈를 지정하는 기능입니다. 이 기능도 min 계열과 마찬가지로 오토레이아웃을 적용해야 사용할 수 있습니다.

01 예제 파일 확인하기(오토레이아웃 확인)_ 예제 파일 10_반응형 웹개발을위한기술_소스.fig에서 ❶다섯 번째 페이지인 5_max-width와 max-height 페이지로 이동합니다. 해당 페이지에 있는 3개의 프레임 중 ❷1_max-width 프레임을 선택합니다. 이번 예제에서는 사진에 미리 오토레이아웃을 적용하고, ❸W값도 Fixed width로 300으로 설정했습니다.

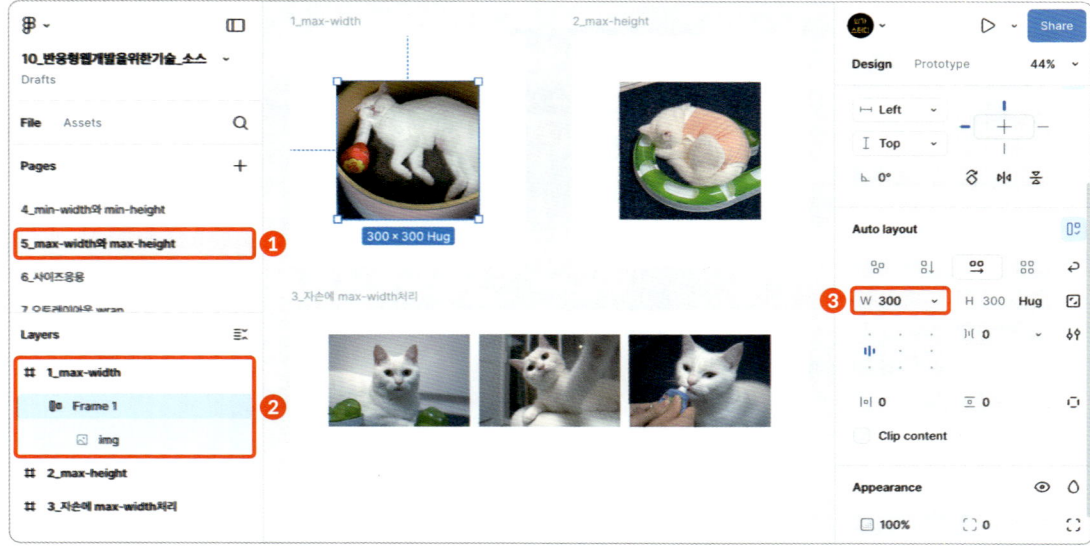

그림 10.47 5_min-width 소스 화면

❶ 레이어 패널에서 img를 선택하고, ❷ W가 Fill container로 되어 있는 것을 확인합니다.

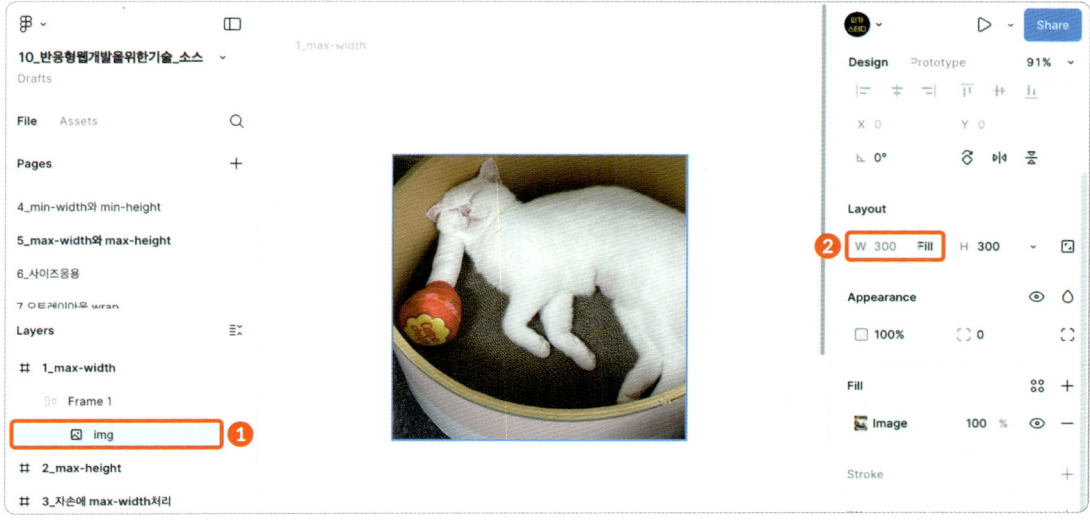

그림 10.48 img 레이어 Fill container 처리된 화면

02 Frame 1에 max-width 적용하기_ ❶ 레이어 패널에서 Frame 1을 선택하고, ❷ 디자인 패널의 W를 클릭하여 드롭다운 메뉴가 나오면 [Add max width(최대 너비 추가)]를 선택합니다.

그림 10.49 Frame 1에 max-width 적용하는 화면

03 max-width 수치 적용하기_
그러면 W 아래 나타난 입력 상자에 최대 사이즈를 지정합니다. 여기서는 350이라고 작성하겠습니다. min 또는 max가 적용된 영역에는 양쪽으로 선이 표시됩니다. 그림 10.50를 보면 W 양쪽에는 선이 있지만, H는 없는 것을 확인할 수 있습니다.

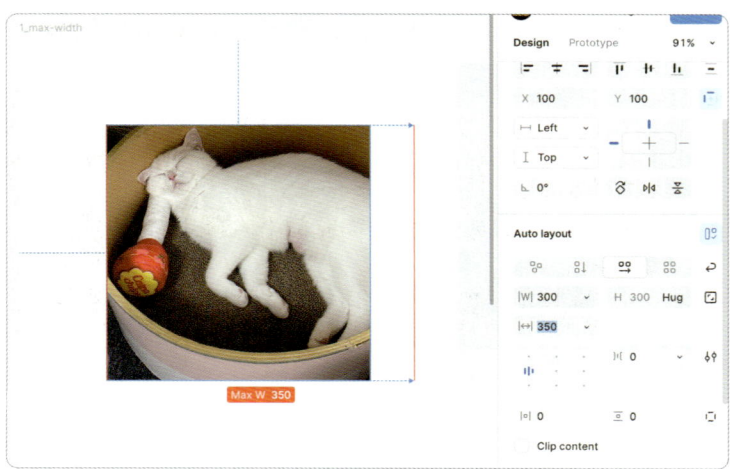

그림 10.50 수치 적용하는 화면

04 결과 확인하기_
Frame 1에 min-width는 적용하지 않은 상태라서 폭을 줄이면 계속 줄어듭니다. 그러나 Frame 1의 폭을 늘리면 350까지만 커지고 더 이상 커지지 않습니다.

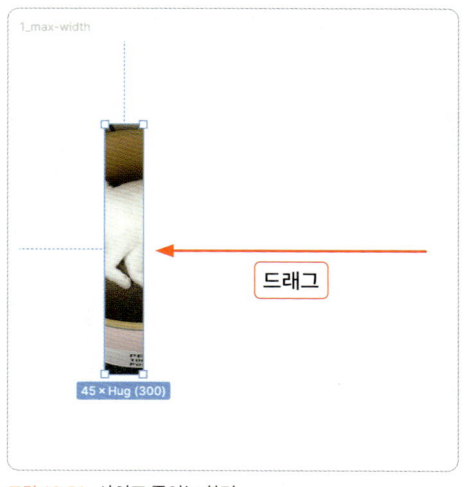

그림 10.51 사이즈 줄이는 화면

그림 10.52 사이즈 키우는 화면

max-height

max-height는 콘텐츠의 높이에 최대 사이즈를 지정하는 기능입니다. max-width와 마찬가지로 오토 레이아웃을 적용해야 사용할 수 있습니다.

01 예제 파일 확인하기(오토레이아웃 확인)_ ❶ 2_max-height 프레임을 선택합니다. 이 예제는 미리 오토레이아웃으로 묶었으며, ❷ Frame 2는 Fixed width와 Fixed height로 설정해 크기는 300으로 고정했습니다.

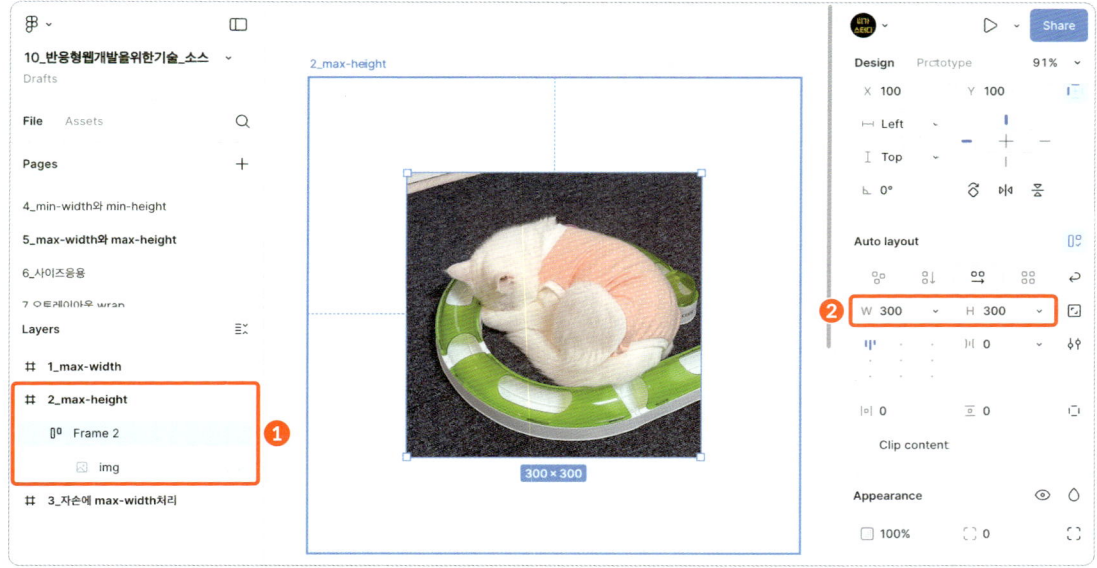

그림 10.53 2_max-height 소스 화면

❶ 자손 요소인 img에도 부모 영역을 상속받을 수 있도록 ❷ W와 H를 모두 Fill container로 설정했습니다.

그림 10.54 img 레이어 Fill container 처리 화면

02 Frame 2에 max-height 적용하기_ ❶ 레이어 패널에서 Frame 2를 선택하고, ❷ 디자인 패널의 H를 클릭해서 [Add max height(최대 높이 추가)]를 선택합니다.

그림 10.55 max-height 적용하는 화면

03 max-height 수치 작성하기_ 입력 상자가 생성되면 350을 입력하고 Enter 키를 누릅니다. 그러면 H 위아래로 선이 생기고, 화면에서도 표시됩니다.

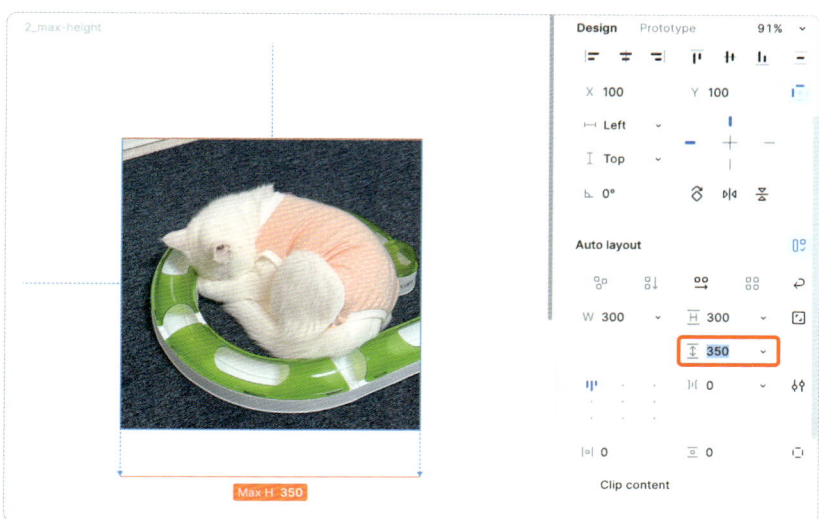

그림 10.56 max-height 수치 작성하는 화면

04 결과 확인하기_ min-height는 설정지 않았으므로 높이를 줄이면 제한 없이 작아집니다. 그러나 높이를 키우면 350에서 더 이상 커지지 않는 것을 확인할 수 있습니다.

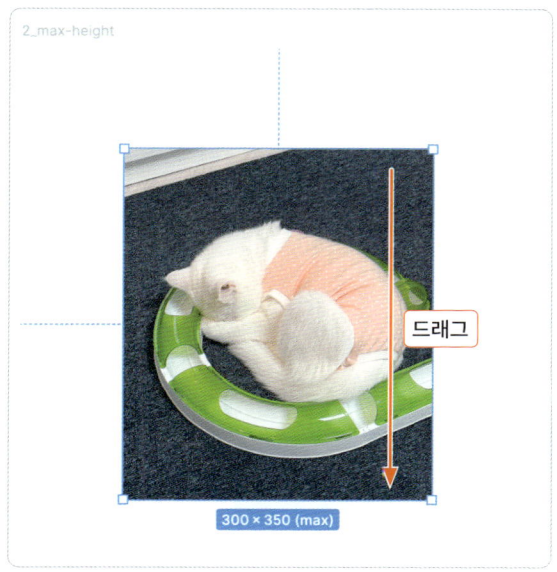

그림 10.57 사이즈 키우는 화면

자손 요소에 max-width 적용하기

앞의 예제는 오토레이아웃인 부모 요소에 max-width와 max-height를 적용했습니다. 이번에는 오토레이아웃의 자손 요소에도 max-width를 적용하는 방법을 살펴보겠습니다.

01 예제 파일 확인하기_ 3_자손에 max-width처리 프레임을 선택합니다. 프레임 내부에는 3장의 사진이 있으며, 미리 오토레이아웃을 적용했습니다. ❶자손 이미지들도 ❷디자인 패널의 W가 모두 Fill container로 설정된 것을 확인할 수 있습니다.

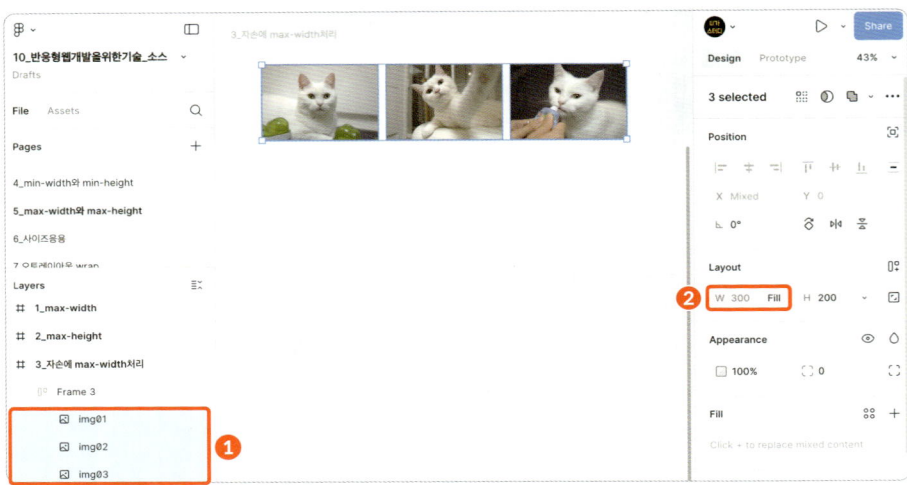

그림 10.58 이미지 Fill container 확인 화면

02 이미지에 max-width 적용하기_ ❶자손 요소 중 img01을 선택합니다. ❷디자인 패널의 W를 클릭하고 드롭다운 메뉴에서 [Add max width]를 선택합니다. W 아래 입력 상자가 생성되면 330이라고 입력합니다. 동일한 방식으로 img02에는 320, img03에는 310을 입력합니다(수치가 다르게 적용될 수 있다는 것을 보여주기 위해 img02에는 320을 입력하겠습니다).

그림 10.59 img01에 max-width를 적용하는 화면

03 결과 확인하기_ ❶ 레이어 패널에서 Frame 3을 선택하고, ❷ 폭을 줄여봅니다. 그러면 Frame 3과 자손 요소인 이미지 모두 제한 없이 줄어드는 것을 확인할 수 있습니다.

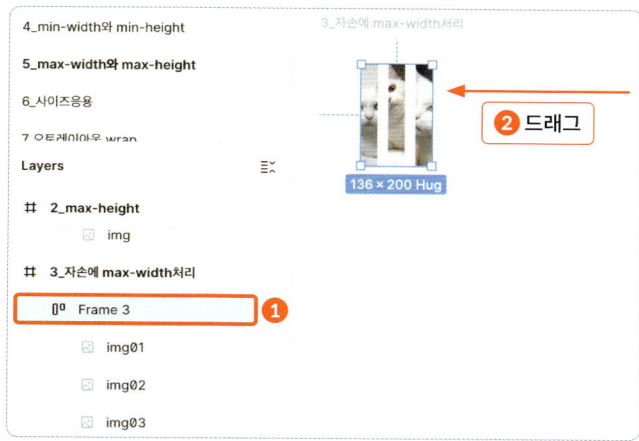

그림 10.60 Frame 3의 폭을 줄이는 화면

그러나 부모 영역인 Frame 3이 자손 요소의 폭과 여백보다 커지면, 자손 요소들은 max-width에 따라 더 이상 커지지 않습니다. Frame 3 자체에 max-width를 적용하지 않았기 때문이 Frame 3은 계속 커질 수 있습니다.

그림 10.61 Frame 3의 폭을 키우는 화면

 **사이즈 응용 예제**

앞에서 min-width와 max-width 기능을 살펴보면서 사용법을 확인해봤지만, 실제로 반응형 웹을 제작할 때 어떻게 응용하는지 쉽게 이해되지 않을 수 있습니다. 이번에는 응용 예제를 통해 활용법을 알아보겠습니다.

모든 해상도를 다루기에는 한계가 있으므로, 데스크톱 해상도[1]를 기준으로 설명하겠습니다. 다양한 해상도는 위키백과와 같은 자료를 참고할 수 있습니다.

일반적으로 데스크톱의 최적 해상도는 Full HD(1920×1080)입니다. 하지만 이보다 더 크거나 작은 해상도의 모니터를 사용하는 경우도 있습니다. 따라서 웹 디자인을 작업할 때는 콘텐츠의 최대 사이즈를 설정해두는 것이 좋습니다.

반대로 PC의 최저 해상도는 XGA(1024×768)입니다. 이보다 작은 해상도를 고려하는 경우는 드물지만, 태블릿과 스마트폰 해상도도 있기 때문에 콘텐츠의 최소 사이즈를 설정하는 것이 필요합니다. 그래야 다양한 기기 장치에 대응해서 웹사이트를 구현할 수 있습니다.

피그마에서 min-width나 max-width 기능이 나오기 전에는 디자이너들이 주로 1920×1080 해상도에 맞춰 디자인을 진행했고, 그 결과물을 개발자에게 넘겼습니다. 문제는 다른 해상도에서 디자인이 제대로 표시되지 않거나 깨지는 경우가 많았다는 점입니다. 개발자와 디자이너는 이러한 문제를 해결하기 위해 수차례 회의하고 조정하는 과정을 반복해야 했습니다. 이러한 작업은 시간과 비용의 낭비로 이어졌습니다.

하지만 이제 피그마에서 min-width와 max-width 기능을 제공하면서 디자이너는 콘텐츠의 최소 및 최대 사이즈를 설정할 수 있게 되었습니다. 이를 통해 다양한 기기 해상도에서도 디자인이 일관되게 유지될 수 있습니다. 특히 반응형 웹 디자인을 구현할 때, 이 기능들을 사용하면 개발자와 디자이너 간의 소통 시간을 크게 줄일 수 있습니다.

예제를 통해 이러한 기능들이 실제로 어떻게 응용되는지 확인해보겠습니다.

---

1 https://ko.wikipedia.org/wiki/해상도#컴퓨터_모니터

01 예제 파일 확인하기_ 예제 파일 10_반응형 웹개발을위한기술_소스.fig에서 여섯 번째 페이지인 6_사이즈응용 페이지로 이동합니다. 이 페이지는 갤러리 관련 타이틀 글자와 오토레이아웃으로 묶인 배너 5개로 구성되어 있습니다.

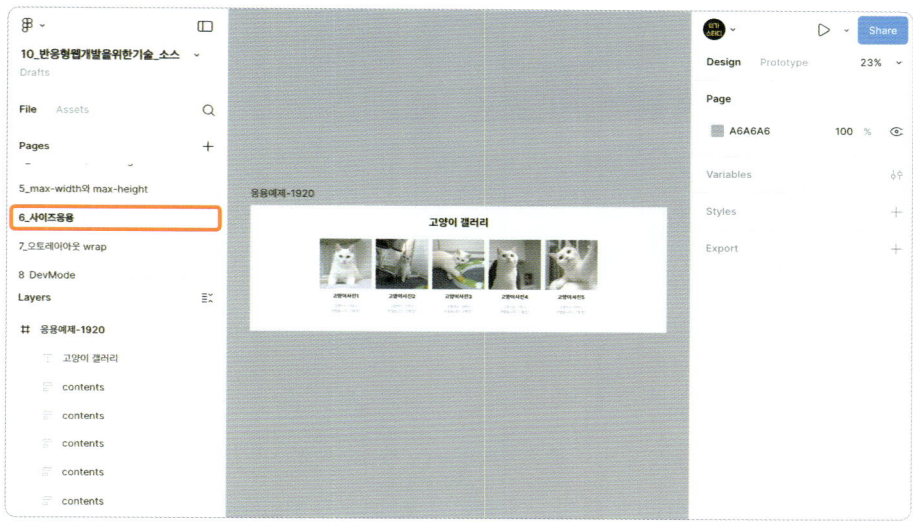

그림 10.62   사이즈 응용 예제 파일 화면

❶ contents 내부에 있는 이미지와 글자 요소를 모두 선택합니다. ❷ 디자인 패널의 W 영역을 확인하면 3개의 레이어 모두 Fill container로 처리되어 있습니다. 이는 부모 사이즈에 따라 크기가 변화하도록 설정한 것입니다. 현재 가로 폭은 240입니다.

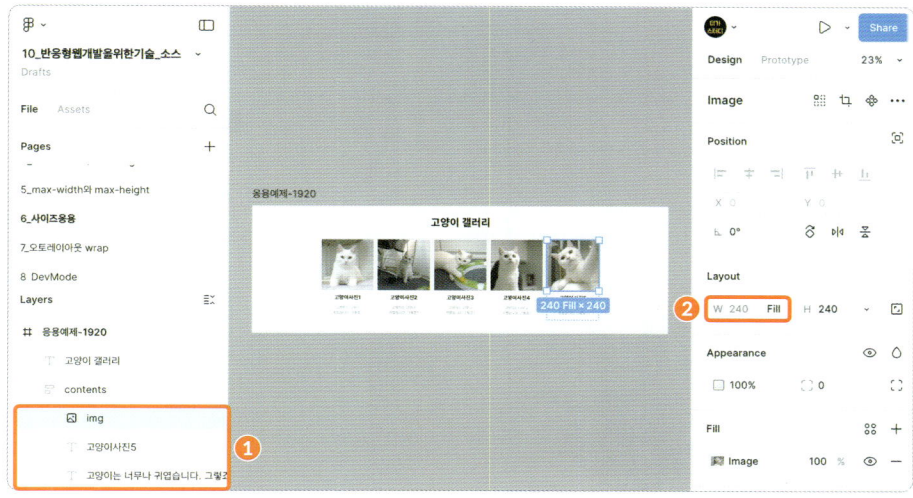

그림 10.63   contents 내부 소스 화면

02 contents 오토레이아웃 적용하기_ ❶ 레이어 패널에서 contents를 모두 선택한 후, ❷ 디자인 패널에서 사용 아이콘(⬚)을 클릭해 오토레이아웃을 적용합니다.

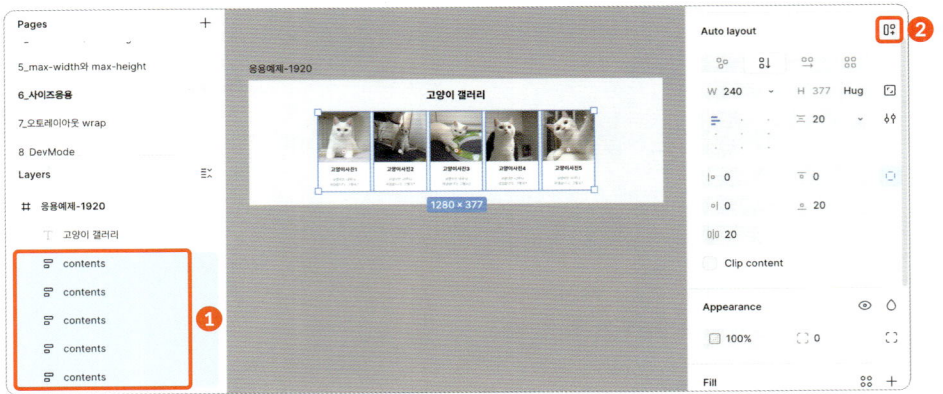

그림 10.64 contents를 오토레이아웃으로 처리하는 화면

03 오토레이아웃 세부 설정하기_ ❶ 레이어 이름은 contents_wrap으로 변경합니다. ❷ 배너 간 마진(⬚) 20, 좌우 패딩(⬚) 20으로 설정합니다. ❸ 디자인 패널의 W 부분을 Hug에서 Fixed width로 변경하면 폭이 1320으로 설정됩니다.

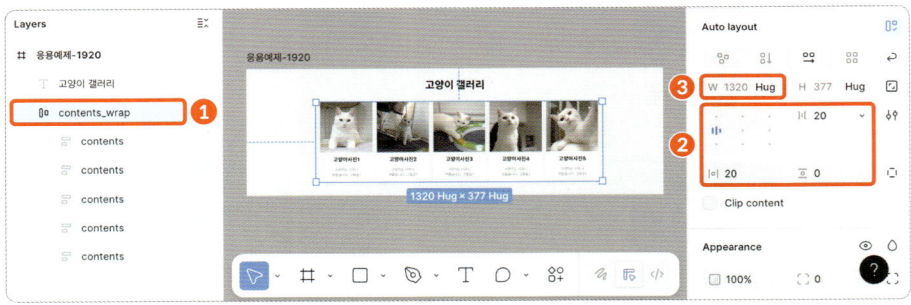

그림 10.65 오토레이아웃 세부 설정하는 화면

여백 설정으로 인해 위치가 이동되었으므로, 프레임의 위치를 가로 가운데로 맞춥니다.

그림 10.66 위치를 이동하는 화면

04 contents를 Fill container로 변경하기_ ❶ contents_wrap 내부의 모든 contents를 선택한 후, ❷ 디자인 패널에서 [Fill container]로 변경합니다.

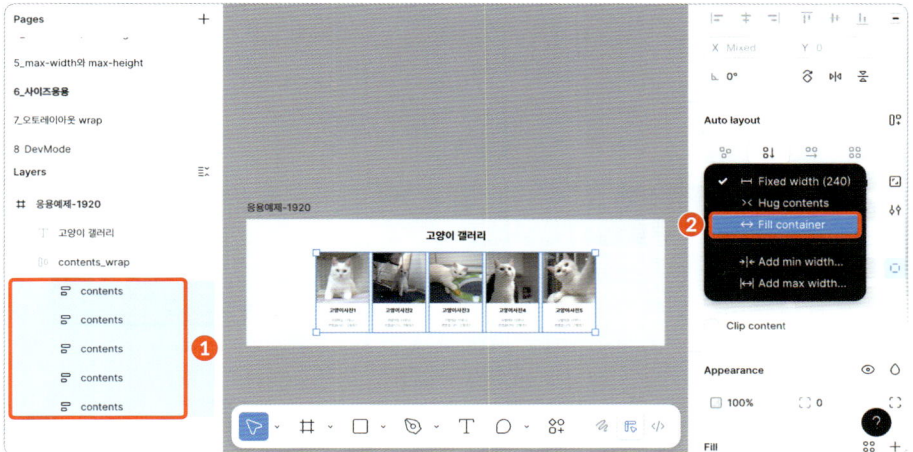

그림 10.67 contents를 Fill container로 변경하는 화면

05 contents_wrap을 가운데 정렬하기_ 프레임의 가로 폭이 변경되더라도 contents_wrap이 항상 가로 가운데에 위치해야 합니다. 이에 맞게 constraints 설정을 하겠습니다. ❶ contents_wrap을 선택한 후, ❷ 디자인 패널에서 constraints 아이콘을 클릭합니다. ❸ Constraints의 가로 배치를 [Center]로 변경합니다.

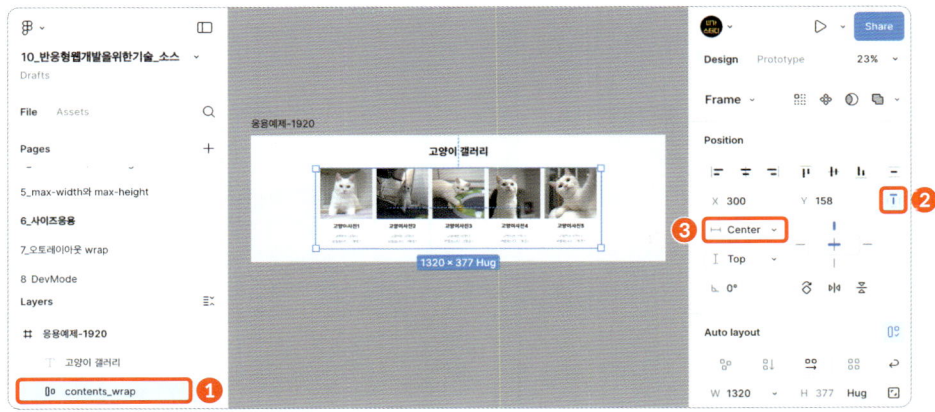

그림 10.68 contents_wrap을 constraints 처리하는 화면

06 **contents_wrap의 최대 사이즈 설정하기_** 디자인 패널에서 W를 클릭한 후 [Add max width]를 선택합니다. 나타나는 입력 상자에 1320을 넣습니다. 이제 프레임의 가로 폭을 더 키우더라도 contents_wrap의 가로 폭은 1320으로 유지할 것입니다. 이 설정은 콘텐츠의 최대 사이즈를 지정하는 것이며, CSS 코딩에서도 동일하게 설정할 수 있습니다.

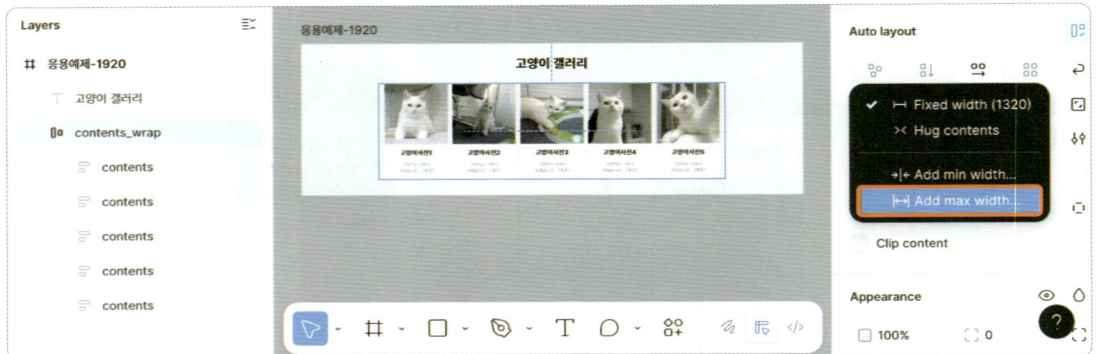

그림 10.69 max-width 지정하는 화면

07 **contents_wrap에 min-width 지정_** 다시 디자인 패널에서 W를 클릭한 후, [Add min width]를 선택합니다. 입력 상자에 1024를 입력합니다. 이는 PC의 최저 해상도를 기준으로 한 수치이며, 콘텐츠의 최소 사이즈가 됩니다.

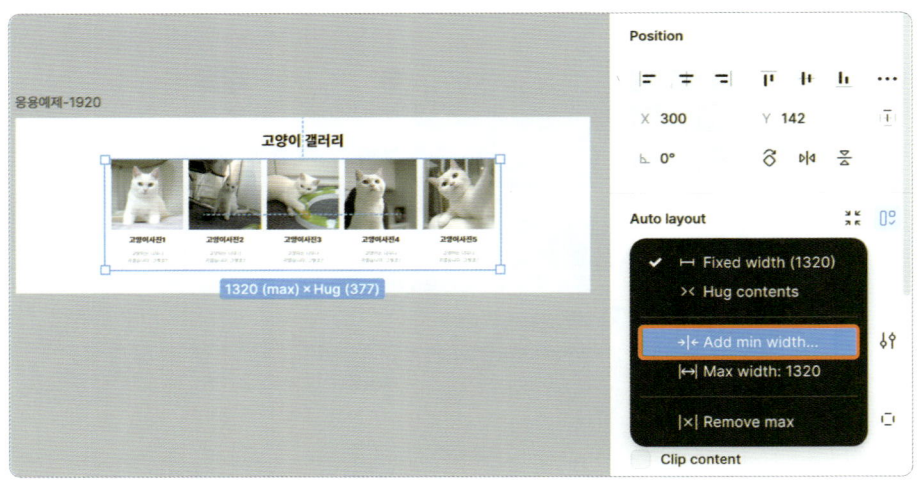

그림 10.70 min-width를 지정하는 화면

08 2560 사이즈의 프레임 추가하기_ ❶ 기존 응용예제-1920 프레임을 복제하여 아래로 이동합니다. 그리고 프레임 이름은 응용예제-2560으로 변경하고, ❷ 디자인 패널에서 W를 2560으로 설정합니다. 사이즈가 변경되더라도 contents_wrap이 항상 가운데로 위치하는 것을 확인할 수 있습니다.

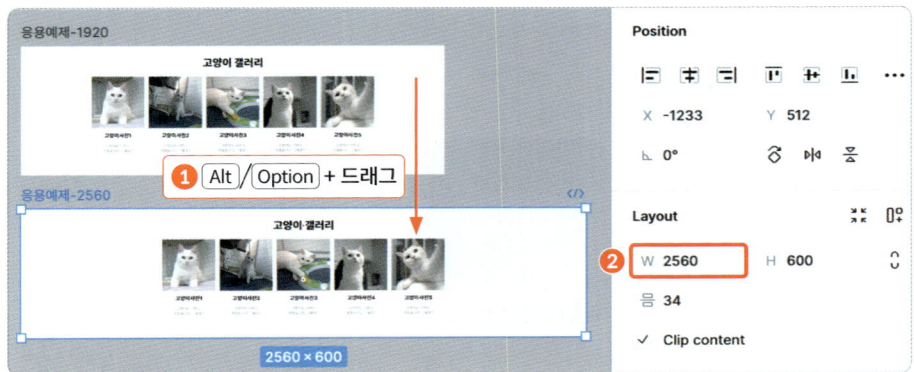

그림 10.71 더 큰 사이즈의 프레임을 복제하는 화면

09 1024 사이즈의 프레임 추가_ ❶ 기존 응용예제-1920 프레임을 복제하여 아래로 이동합니다. 그리고 프레임 이름은 응용예제-1024로 변경하고, ❷ 디자인 패널에서 W를 1024로 설정합니다. 결과를 보면 contents_wrap은 가운데로 오지만, 사이즈는 자동으로 줄어들지 않습니다.

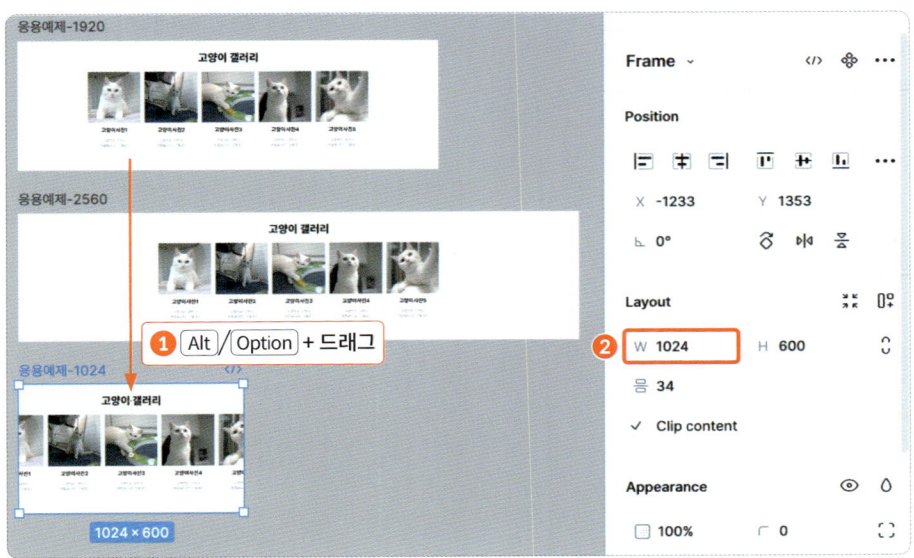

그림 10.72 더 작은 사이즈의 프레임을 복제하는 화면

10 contents_wrap 설정 확인하기_ contents_wrap의 constraints를 확인하면 Scale이 비활성화되어 있습니다. 부모가 프레임이기 때문에 자동으로 크기가 바뀌지 않으며, 크기는 직접 변경해야 합니다. min-width를 지정해놓은 이유도 이 때문입니다.

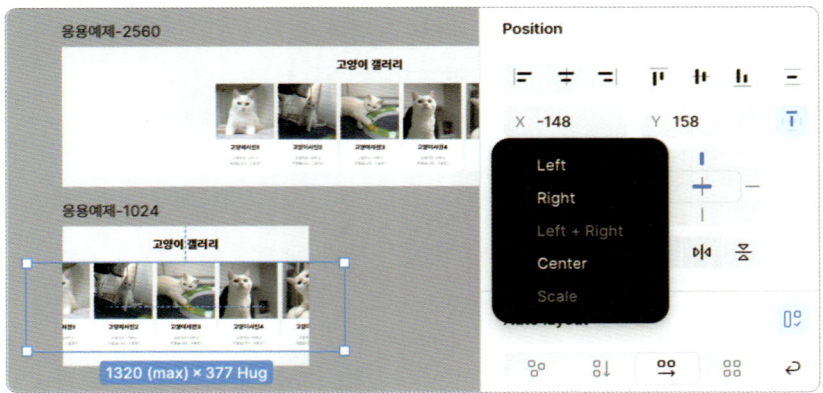

그림 10.73 constraints 확인 화면

11 contents_wrap 크기 변경하기_ contents_wrap의 가로 폭을 줄여보면 1024보다 더 작게 줄일 수 없습니다. 이는 프레임 폭에 딱 맞게 처리되기 때문입니다. 이때 사진들이 너무 프레임 양쪽 끝에 붙으면 디자인상 보기 좋지 않으므로 좌우 여백을 20으로 설정했습니다.

➕ 가로 폭을 줄이더라도 자동으로 가운데 정렬되지는 않으므로, 크기를 조정한 후에는 직접 가운데로 맞춰야 합니다.

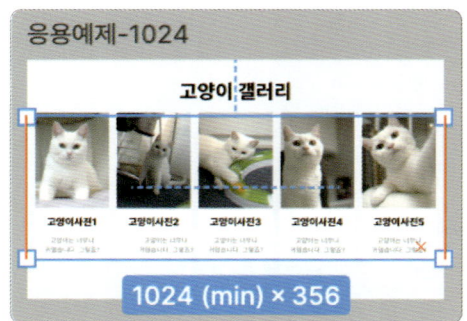

그림 10.74 contents_wrap의 크기를 변경하는 화면

12 배너 크기 확인하기_ contents 배너 중 하나를 선택하면, 원래 폭이 240이었지만 자동으로 줄어서 180.8로 처리된 것을 확인할 수 있습니다(그림 10.75 참고). 이는 모든 contents는 W를 Fill container로 설정했기 때문에 맞춰지는 것입니다.

이처럼 min-width와 max-width 기능을 활용하면 다양한 기기에서 반응형으로 디자인을 유지할 수 있습니다. 콘텐츠가 자동으로 크기에 맞춰 조정되기 때문에, 해상도나 기기가 달라져도 동일한 사용자 경험을 제공할 수 있습니다.

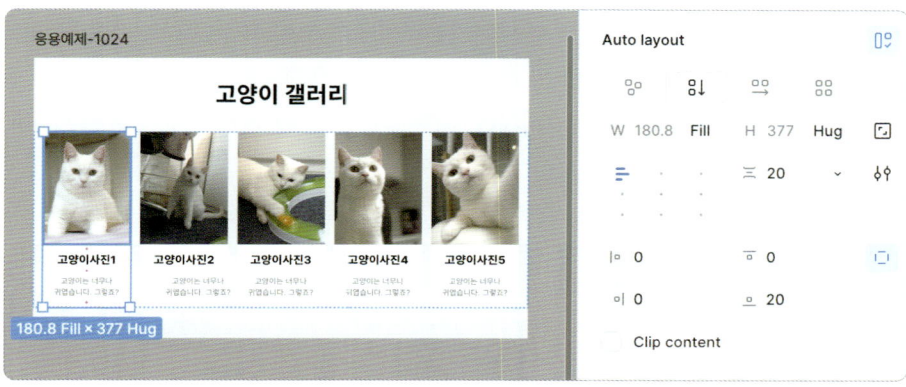

그림 10.75 contents를 한 개 선택한 화면

LESSON 03 오토레이아웃 wrap

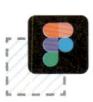

오토레이아웃의 wrap 기능은 부모 사이즈보다 자손들이 클 때 줄 바꿈을 하는 기능입니다. 예를 들어 그림 10.76을 보면, 부모 사이즈가 1000px인데, 자손이 300px이고 3개라면 부모 사이즈보다 작기 때문에 줄 바꿈이 일어나지 않습니다. 하지만 자손이 500px이고 3개라면 부모 사이즈보다 크기 때문에 줄 바꿈이 발생합니다. 앞에서는 아직 min-width와 max-width를 배우지 않았기 때문에 기능의 개념만 다뤘습니다. 이번에는 min-width와 max-width까지 이용해서 좀 더 심화된 기능을 이해해보겠습니다.

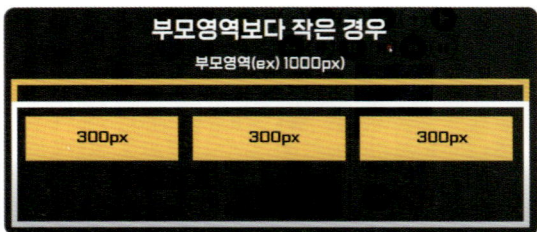 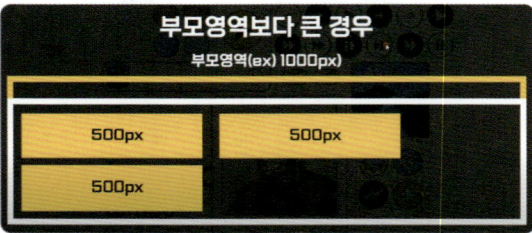

그림 10.76 부모 영역보다 작은 경우(좌)와 부모 영역보다 큰 경우(우)

01 예제 파일 확인하기_ ❶예제 파일 10_반응형 웹개발을위한기술_소스.fig에서 일곱 번째 페이지인 7_오토레이아웃 wrap 페이지로 들어갑니다. ❷exhibition_banner라는 전시 관련 배너가 있으며, 내부에는 banner와 text_box 레이어가 있습니다. PC에서는 두 레이어를 수평으로 나열하고, 태블릿과 모바일에서는 수직으로 나열하려고 합니다. 이 작업을 wrap 기능으로 처리할 것입니다. ❸exhibition_banner의 W는 Fixed width로 값은 1200을 설정했습니다.

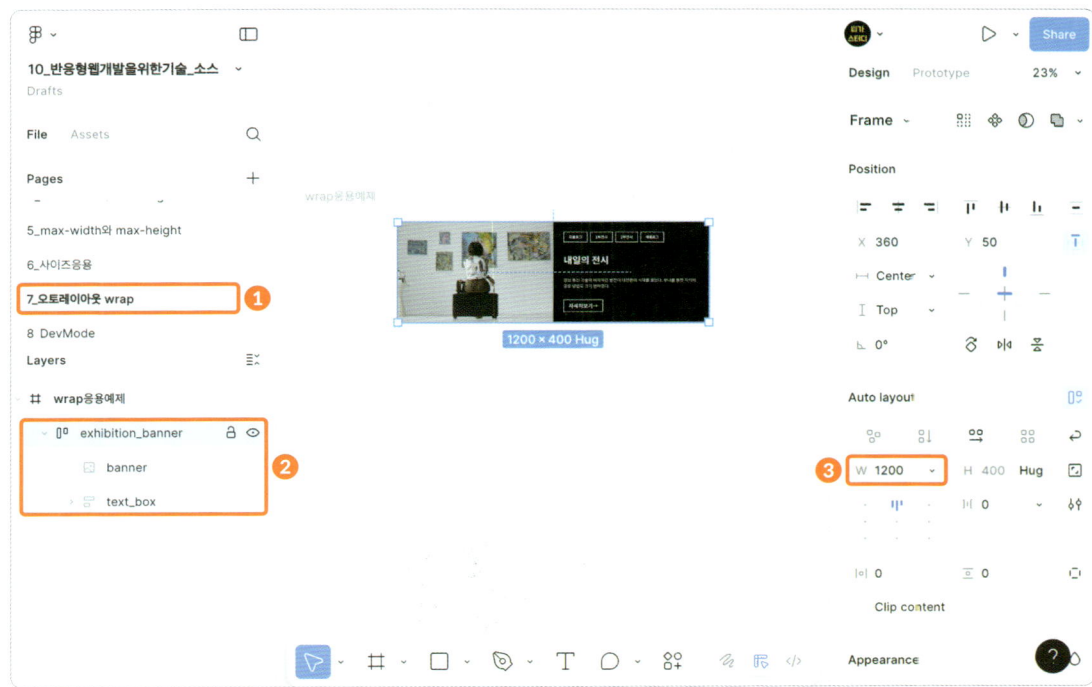

그림 10.77 오토레이아웃 wrap 소스 화면

02 **사이즈 줄여보기_** exhibition_banner를 선택하고 가로 폭을 줄여보면 크기는 줄어들지만, 자손 요소들이 그대로 수평으로 나열된 상태로 유지됩니다.

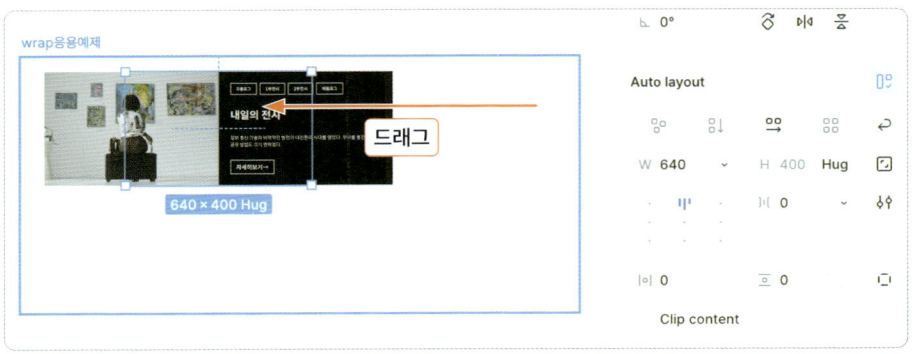

그림 10.78 exhibition_banner의 가로 폭을 줄이는 화면

03 min-width 지정하기_ 디자인 패널에서 W를 클릭하고, [Add min width]를 선택합니다. 값은 375로 설정합니다(iPhone 8의 가로 폭 기준).

✚ 더 작은 모바일 기기도 있지만, 여기서는 375까지만 진행하겠습니다.

그림 10.79 exhibition_banner의 min-width를 지정하는 화면

04 max-width 지정하고, wrap 설정하기_ exhibition_banner에 max-width를 1200으로 지정합니다. PC 해상도가 크더라도 콘텐츠 최대 사이즈를 지정한 후 가운데 정렬되도록 처리합니다. ❶입력 상자에 1200을 넣은 후, ❷wrap 처리를 하기 위해 wrap 아이콘(↵)을 클릭합니다.

그림 10.80 max-width를 지정하는 화면   그림 10.81 max-width를 수정하는 화면

05 결과 확인하기_ exhibition_banner의 가로 사이즈를 줄여보면 wrap 처리가 잘 되는 것을 확인할 수 있습니다. 하지만 자손 요소들의 크기가 바뀌지 않고 있습니다.

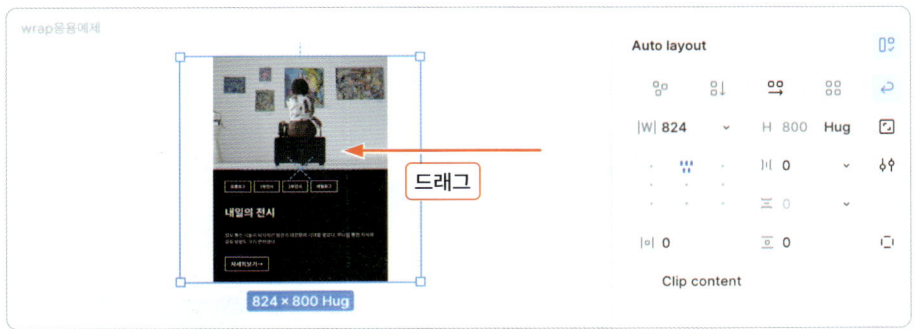

그림 10.82 exhibition_banner 가로 사이즈를 변경하는 화면

06 자손 요소에 min-width 처리_ ❶자손 요소 중 banner를 선택하고, ❷디자인 패널에서 W를 클릭하여 [Add min width]를 선택합니다. 값은 375로 입력합니다. 같은 방식으로 text_box의 min-width를 375로 설정합니다. 그러면 부모인 exhibition_banner를 줄일 때, 자손 요소는 최소 사이즈 375까지만 줄어들게 됩니다.

그림 10.83 banner에 min-width 처리하는 화면

07 자손 요소에 Fill container 적용_ 부모 사이즈가 375~1200 사이일 때 빈 부분이 생기지 않도록 ❶ 자손 요소를 모두 선택하고, ❷ 디자인 패널에서 W를 Fill container로 설정합니다. 부모 크기가 변화해도 자손들이 부모 영역을 채우게 됩니다.

그림 10.84 자손 요소에 Fill container를 적용하는 화면

08 wrap 기능 확인하기_ ❶ exhibition_banner를 선택한 후, ❷ 최소 사이즈까지 줄여봅니다. 375px 이하로 줄어들지 않으며, 부모 크기에 맞게 자손들이 꽉 차는 것을 확인할 수 있습니다. 그러나 그림 10.85을 보면 ❸ '내일의 전시' 상단의 텍스트 박스가 잘리는 현상이 있습니다. 이 문제 역시 wrap으로 처리해야 합니다.

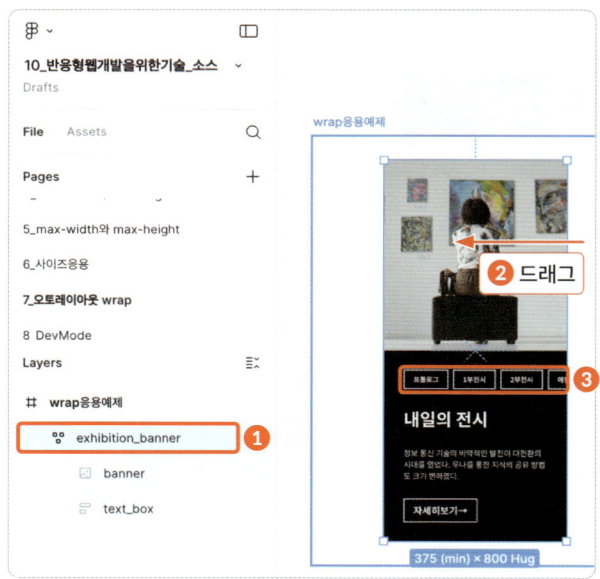

그림 10.85 최소한으로 줄인 화면

09 tab_wrap에 wrap 적용하기_ ❶ 레이어 패널에서 text_box에 포함된 tab_wrap을 선택합니다. 오토레이아웃은 이미 처리했으므로, ❷ 디자인 패널에서 wrap 아이콘(↵)을 클릭합니다.

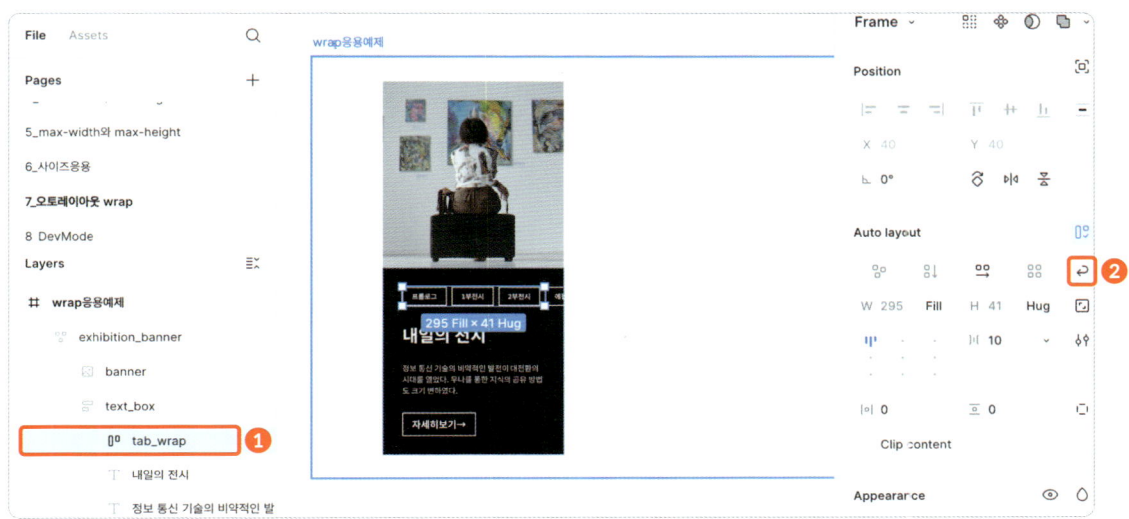

그림 10.86 tab_wrap에 wrap 처리하는 화면 1

10 tab_wrap에 wrap 적용 결과 확인하기_ 그러면 현재 사이즈가 모바일 사이즈인(375px)이기 때문에 자손 요소가 부모 요소보다 크면 자동으로 wrap 처리가 됩니다. exhibition_banner의 사이즈를 줄였다 늘렸다 해보면 wrap을 통한 반응형 디자인이 잘 되는 것을 확인할 수 있습니다.

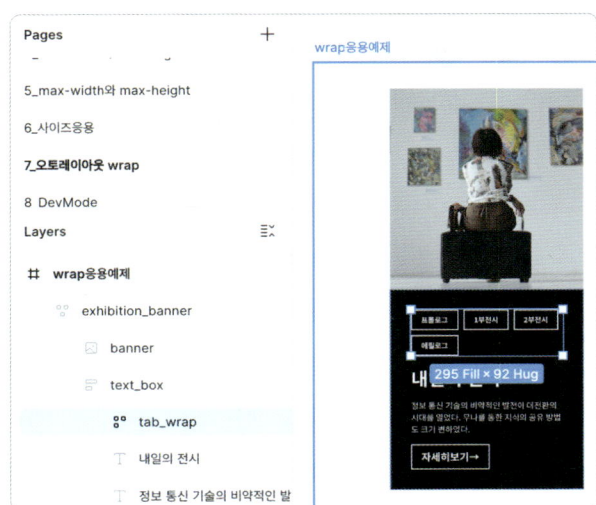

그림 10.87 tab_wrap에 wrap 처리하는 화면 2

LESSON 04

Dev Mode와 VS Code를 이용한 코딩 처리

이제 앞에서 제작한 **exhibition_banner**를 웹 코딩으로 구현해보겠습니다. 피그마의 Dev Mode가 어디까지 도움을 줄 수 있는지 살펴보겠습니다.

01 **파일을 팀 프로젝트로 이동하기_** Dev Mode를 사용해야 코드 생성을 지원하므로 먼저 파일을 팀 프로젝트로 이동하겠습니다. 10_반응형 웹개발을위한기술_소스.fig 파일에서 마우스 오른쪽 클릭 후 [Move file] 메뉴를 선택합니다. 팀 선택 화면이 나타나면, Dev Mode를 사용할 수 있는 팀을 선택한 후 [Move] 버튼을 클릭합니다.

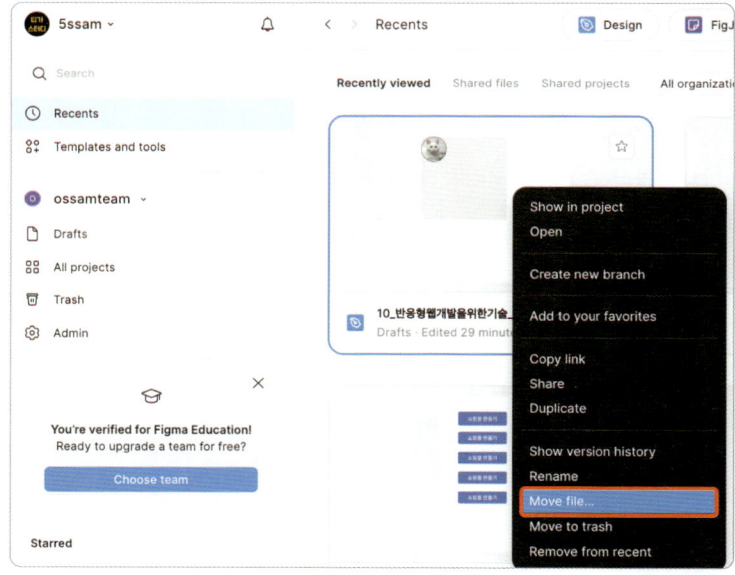

그림 10.88 팀 프로젝트를 이동하는 화면

02 **예제 파일을 열고, 페이지 보기_** 앞에서 선택한 팀에서 ❶[All projects] 메뉴를 선택하면, 이동한 파일을 확인할 수 있습니다. ❷10_반응형 웹개발을위한기술_소스 파일을 클릭해서 엽니다. 파일이 열리면 좌측 페이지 리스트에서 8_DevMode 페이지를 선택하고, 툴 박스에서 Dev Mode 툴( )을 선택합니다.

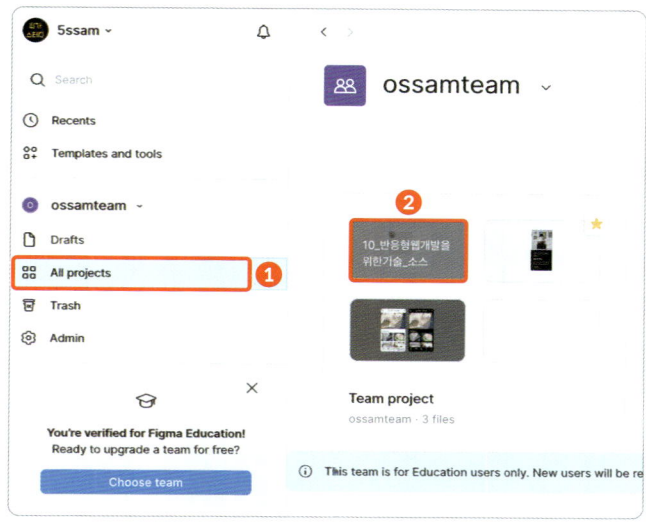

그림 10.89 팀을 선택하는 화면

03 **VS Code와 연결하기_** Dev Mode로 들어온 후, ❶더 보기 아이콘(...)을 클릭하고 ❷[Open in VS Code]를 선택합니다.

그림 10.90 VS Code와 연결하는 화면

VS Code가 열리면서 연결 허용을 묻는 창이 나타나면 [열기] 버튼을 클릭합니다.

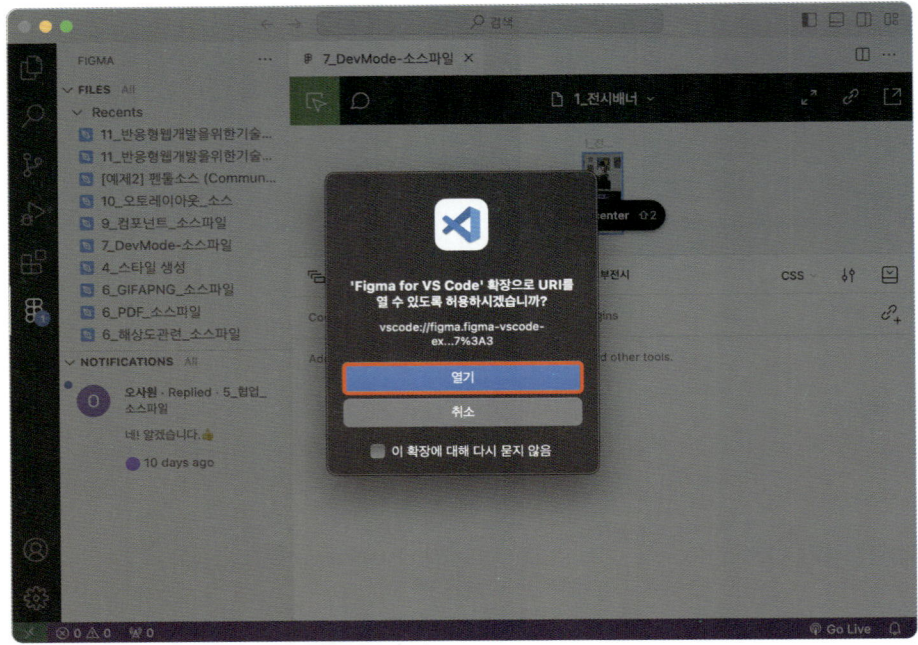

그림 10.91 VS Code와 피그마를 연결하는 화면

04 파일에서 페이지 찾기_ ❶ 10_반응형웹개발을위한기술_소스 파일을 선택한 후, ❷ Page의 1_오토레이아웃정렬을 클릭합니다. ❸ 그러면 페이지들을 보여주는 드롭다운 메뉴가 나오는데 거기서 [8_DevMode]을 선택합니다. 페이지에도 여러 개의 프레임이 있을 수 있으므로 다시 프레임 목록이 나타납니다. 현재 실습에서는 [DevMode 응용예제] 프레임을 선택합니다.

그림 10.92 해당 페이지를 찾는 화면

그림 10.93 프레임을 선택하는 화면

05 코딩 파일을 제작할 폴더 만들기_ 프레임을 선택하면 코딩 관련 정보가 표시됩니다. 이 정보는 피그마에서 제공하는 제안일 뿐 실제 코딩은 개발자가 직접 파일을 만들어야 합니다. ❶VS Code의 탐색기 아이콘(📄)을 클릭한 후, ❷[폴더 열기] 버튼을 선택합니다.

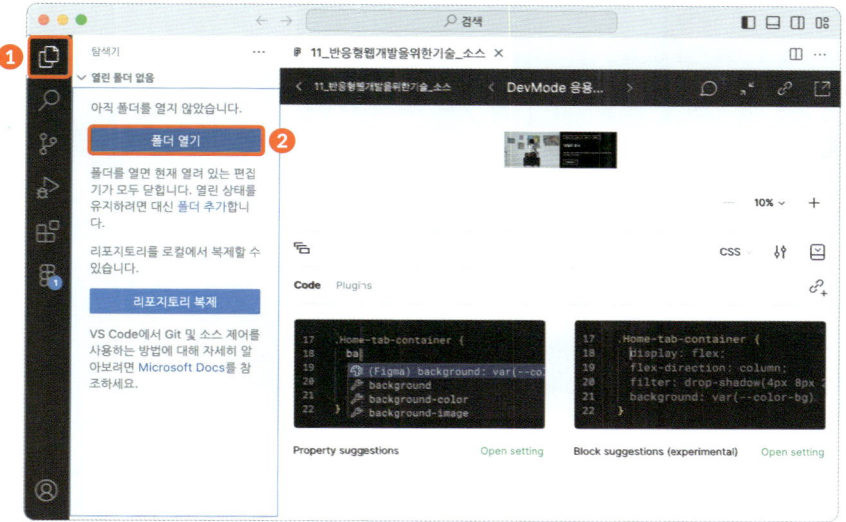

그림 10.94 VS Code에서 코딩 파일을 저장할 폴더를 여는 화면

❶탐색기에서 [새로운 폴더]를 클릭하고, ❷새로운 폴더 명은 전시배너로 입력한 후, ❸[생성] 버튼을 클릭합니다.

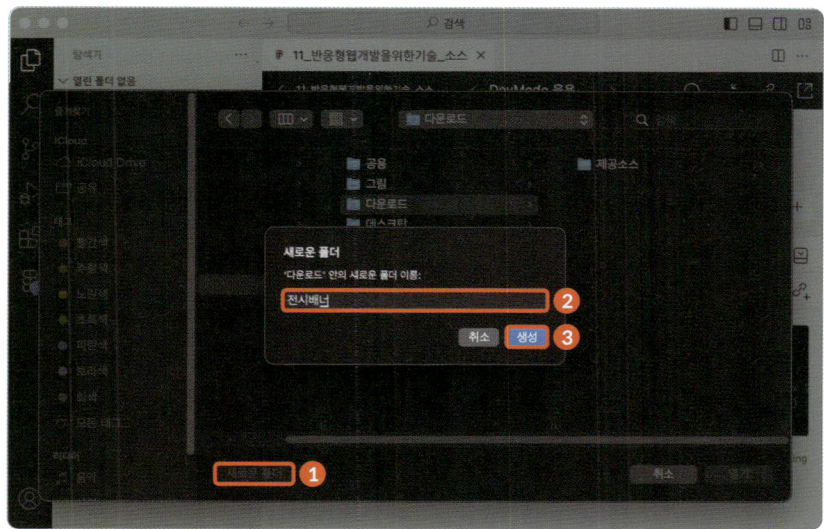

그림 10.95 새로운 폴더를 만드는 화면

❶새롭게 만든 전시배너 폴더를 선택하고, ❷[열기] 버튼을 클릭합니다. 앞으로 VS Code에서 만드는 파일은 이 폴더 안에 저장됩니다.

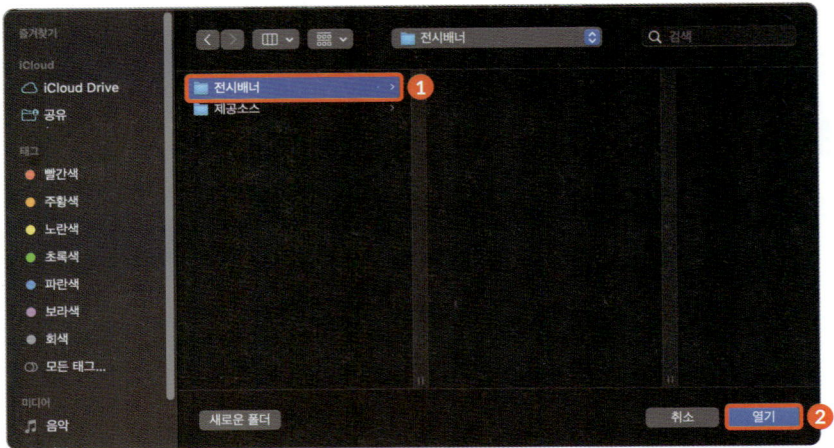

그림 10.96 파일을 저장할 폴더를 선택하는 화면

06 index.html 파일 만들기_ VS Code에서 새 파일을 만든 후, 다른 이름으로 저장하기를 선택하여 ❶파일명을 index.html로 ❷[저장]합니다.

> **VS Code 단축키**
> **새 파일 만들기**: macOS `Command` + `N`   Window OS `Ctrl` + `N`
> **다른 이름으로 저장하기**: macOS `Command` + `S`   Window OS `Ctrl` + `S`

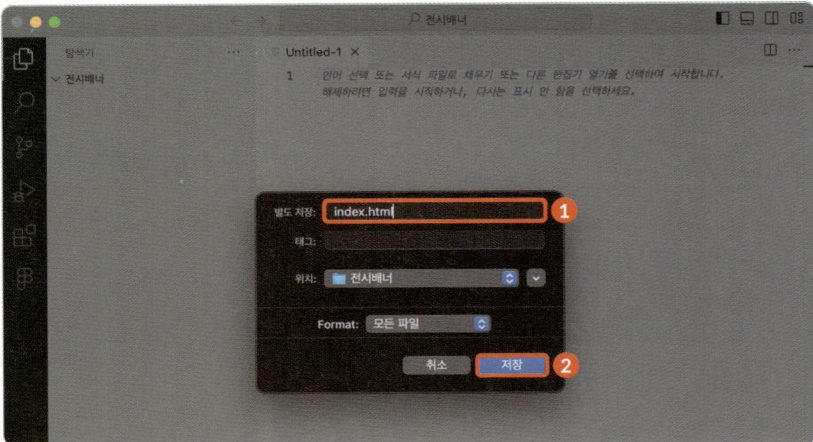

그림 10.97 index.html 화면

07 index.html 기본 구조 만들기_ VS Code의 Emmet 기능을 이용해 HTML 구조를 빠르게 생성할 수 있습니다. !를 작성한 후 Tab 키를 누르면 기본 구조가 자동으로 생성됩니다.

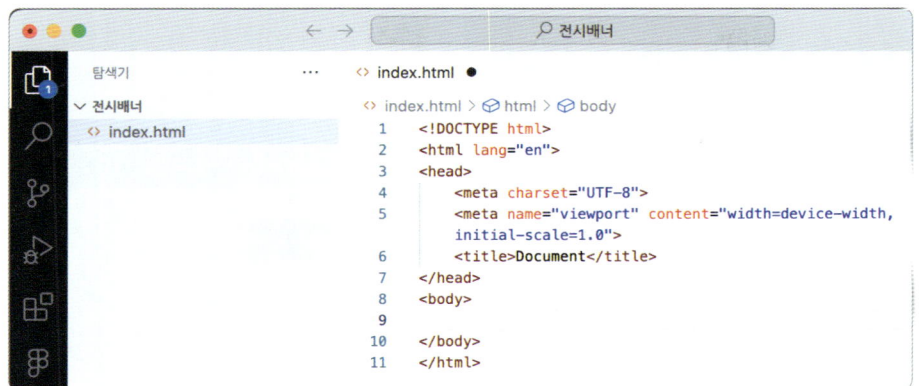

그림 10.98 기본 구조 작성 화면

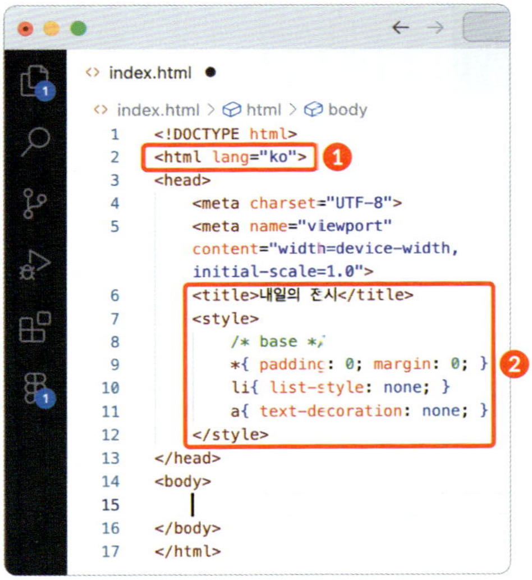

❶ 2줄의 lang="en"은 lang="ko"로 변경합니다. 콘텐츠가 전체적으로 한국어로 작성되기 때문입니다.
❷ <title> 태그를 '내일의 전시'로 수정합니다. <title> 태그 아래에는 <style> 태그를 추가하고, 기본 스타일을 지정합니다.

✚ 원래 기본 설정 작업은 개발자마다 다양하게 작성할 수 있지만, 이 책에서는 피그마 사용법에 집중하기 위해 최소한으로 구성했습니다.

*{ padding: 0; margin: 0; }은 모든 태그의 기본 여백을 제거하고, 경계 상자를 콘텐츠 크기에 포함하도록 처리합니다. li{ list-style: none; }은 리스트 항목의 기본 기호를 제거합니다. a{ text-decoration: none; }은 링크 텍스트의 밑줄을 제거합니다.

그림 10.99 기본 구조 작성 화면

08 다시 피그마 플러그인으로 돌아가기_ ❶ 피그마 아이콘을 클릭한 후, ❷ 다시 DevMode 응용예제 프레임을 선택합니다. ❸ 전체 오브젝트를 선택하면 exhibition_banner에 대한 코드를 확인할 수 있습니다.

➕ 선택이 어려운 경우 탭 선택에서 선택하면 편합니다.

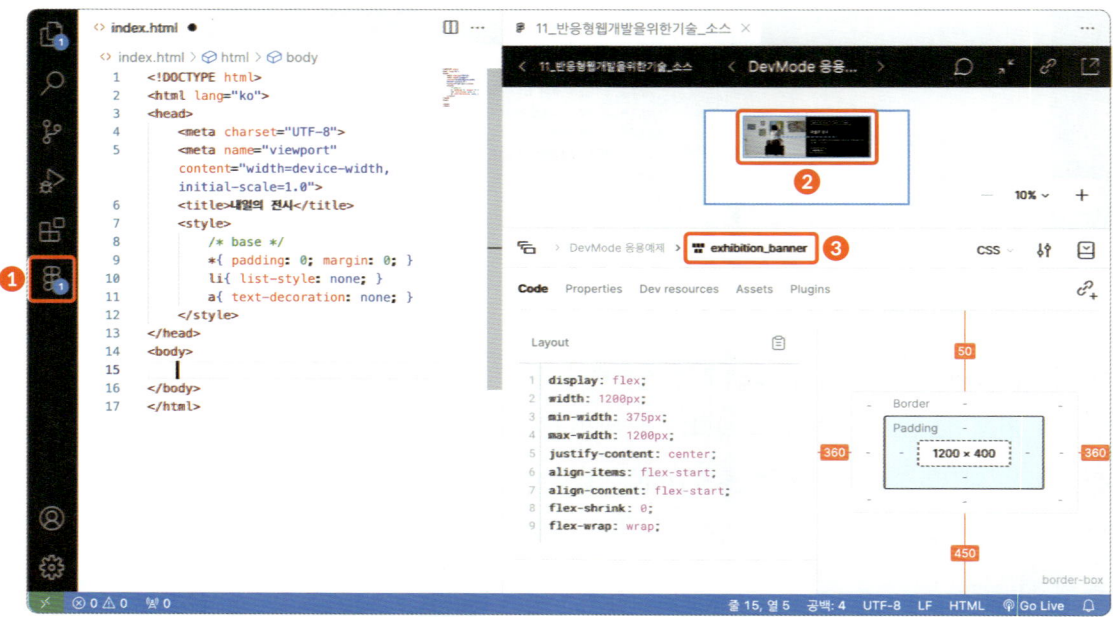

그림 10.100 피그마 플러그인까지 열어놓은 화면

09 요소 클래스 지정하기_ <style>

태그 안에서 점(.)을 입력하면 피그마에서 사용한 영어 레이어 이름이 툴팁으로 표시됩니다. 하지만 클래스명을 사용하려면 디자이너와 개발자가 미리 이름에 대한 규칙을 정해야 합니다.

➕ 현재 피그마는 밑줄(_)로 적더라도 가운뎃줄(-)로 출력합니다. 따라서 개발자가 영문을 고민하고 작성해야 합니다.

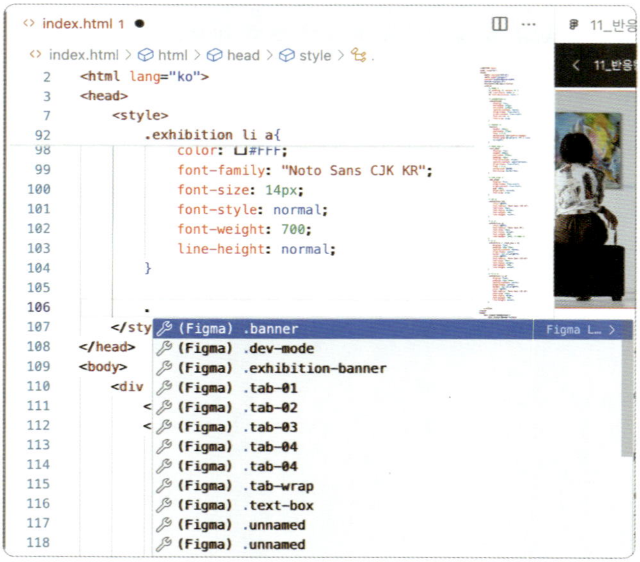

그림 10.101 클래스를 확인하는 화면

268 PART III 개발에 맞춘 구성 요소 제작

10 전체 클래스 지정하기_
원래 피그마 파일에서는 exhibition_banner라는 레이어를 사용했지만, 이름이 너무 길기 때문에 exhibition이라는 클래스로 지정하겠습니다. 피그마는 CSS 속성명과 값만 제공하므로 태그나 CSS 선택자는 개발자가 직접 작성해야 합니다. ❶ 우선 `<body>` 태그 내부에 `<div class="exhibition"></div>`라고 작성합니다. ❷ `<style>` 태그 내부에는 `.exhibition{ }`를 작성합니다. 중괄호 안에는 피그마에서 제공하는 코드를 복사하여 붙여넣습니다. ❸ 피그마 플러그인에서 코드 위의 복사 아이콘(📋)을 누르면 코드가 복제됩니다.

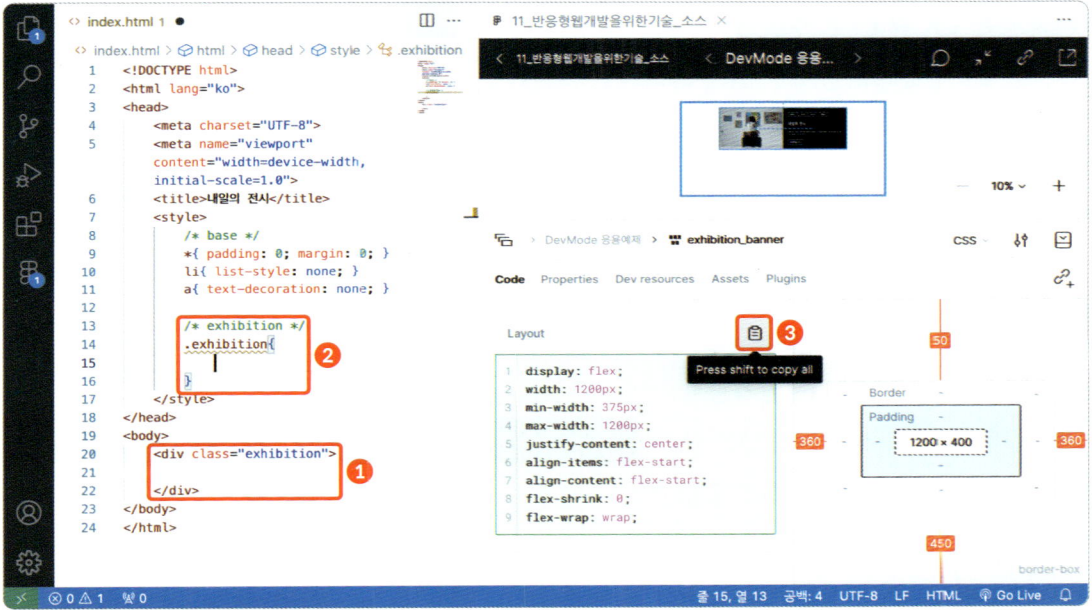

그림 10.102 전체 클래스를 저장하는 화면

11 exhbition에 CSS 속성과 값 붙이기_ 그림 10.103은 중괄호 안에 코드를 붙여넣은 모습입니다. 탭 순서가 맞지 않다면, 맞지 않은 줄들을 선택한 후 탭 키를 눌러서 맞춥니다.

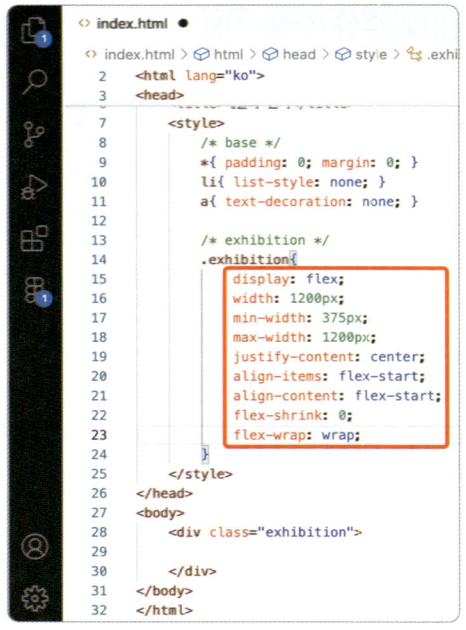

그림 10.103 exhibition css 작성하는 화면

12 banner 이미지 다운받기_ 피그마 플러그인에서 ❶[Assets] 탭을 선택하면 선택된 프레임에서 다운로드할 수 있는 이미지를 확인할 수 있습니다. ❷이미지가 필요하면 오른쪽의 다운로드 아이콘(⬇)을 클릭합니다. 그러면 이미지 사이즈를 제시하고, 해당 레이어를 내보내기 위한 창이 나타나는데 [Layer export]를 클릭합니다.

그림 10.104 banner 이미지 확인하는 화면

13 banner 이미지 경로 지정하기_ VS Code 상단에 이미지 경로를 지정하는 창이 나타납니다. 전시배너라는 루트 폴더를 기준으로 public/images/banner.png라는 경로로 지정한다는 뜻입니다. 그대로 진행할 것이므로 Enter 키를 누릅니다.

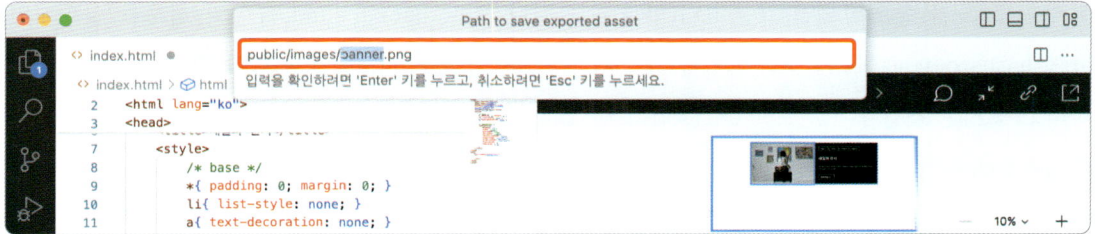

그림 10.105 이미지 경로를 지정하는 화면

좌측의 탐색기 아이콘(📁)을 클릭하면, 파일 및 폴더의 경로를 확인할 수 있습니다. 그러면 banner.png가 잘 저장되어 있는 것을 확인할 수 있습니다.

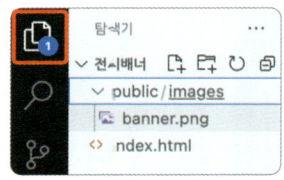

그림 10.106 탐색기에 이미지가 저장된 화면

14 **banner 코드 복사하여 CSS 속성에 붙여넣기**_ 이미지는 태그로 담아도 되지만, 피그마에서 배경 이미지로 처리가 가능합니다. banner 클래스를 exhibition 클래스 안에 작성합니다. ❶ 우선 `<div class="exhibition"></div>` 태그 내부에 `<div class="banner"></div>`를 작성합니다. ❷ `<style>` 태그 안에는 `.banner{ }`를 작성합니다. 중괄호 내부에는 피그마가 제공하는 코드를 복사하여 붙여넣습니다. 피그마 플러그인에서 코드 위의 복사 아이콘(📋)을 누르면 코드가 복제됩니다. 이번에는 ❸ Layout과 ❹ Style로 나뉘어 있기 때문에 두 부분을 모두 복사해서 붙여넣습니다.

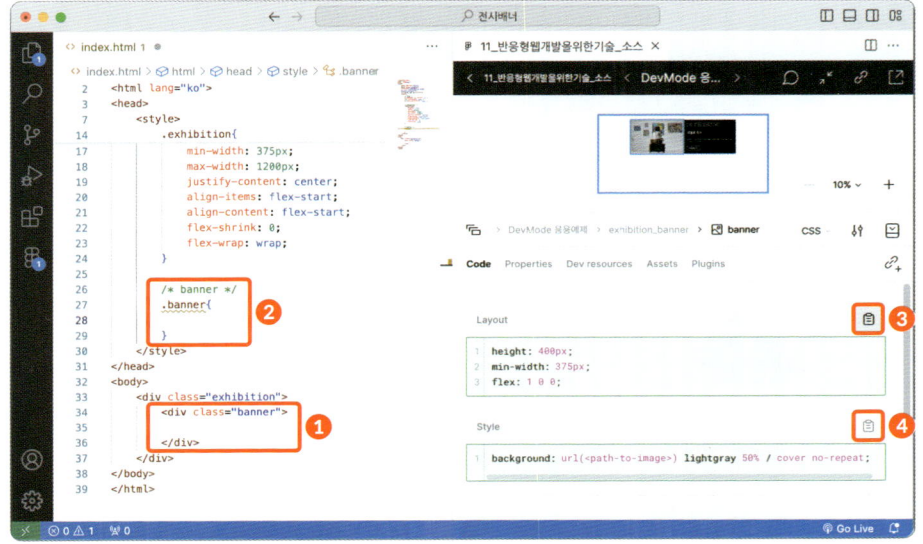

그림 10.107 banner 클래스를 지정하는 화면

복사한 코드를 붙여넣으면 그림 10.108과 같습니다. 이때 `background` 속성의 경로를 살펴보면 `url(<path-to-image>)`로 입력되어 있습니다. 이것은 실제 경로를 피그마가 모르기 때문에 경로를 입력하라고 표시한 것입니다. 경로를 `url(<path-to-image>)`에서 현재 이미지를 저장한 경로(`url(public/images/banner.png)`)로 변경합니다.

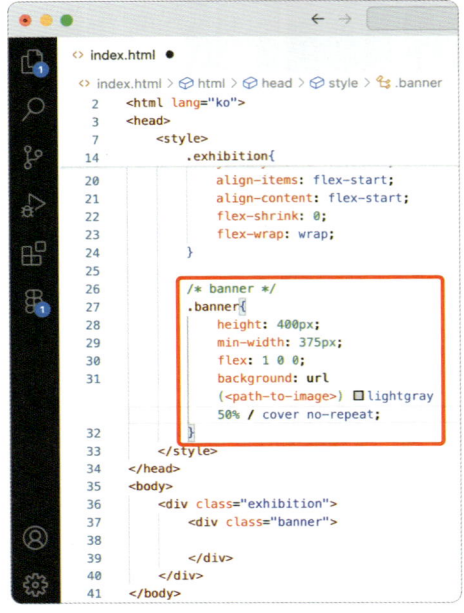

그림 10.108 banner에 CSS 속성을 붙이는 화면

15 text_box 선택하기_ 검은색 박스로 되어 있는 **text_box**를 선택합니다.

➕ 선택이 잘 되지 않는 경우에는 화면을 확대하거나 검은색 부분의 다른 것을 선택 후 하단의 탭 형식에서 **text_box**를 선택하면 됩니다.

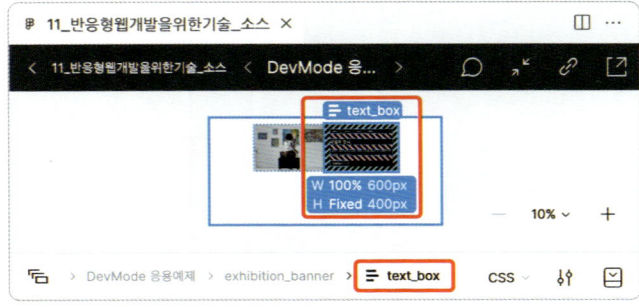

그림 10.109 text_box를 선택하는 화면

16 text_box 코드 복사하여 CSS 속성에 붙여넣기_

text_box 클래스를 exhibition 클래스 안에 작성하겠습니다. ❶ 우선 `<div class="exhibition"></div>` 태그 내부에 `<div class="text_box"></div>` 라고 작성하면 되는데, 이때 banner 아래에 작성해야 합니다. ❷ `<style>` 태그 내부에는 `.text_box{ }` 라고 작성합니다. 중괄호 내부에는 피그마가 제공하는 코드를 복사하여 붙여넣습니다. 피그마 플러그인에서 코드 위의 복사 아이콘(📋)을 누르면 코드가 복제됩니다. 이번에는 ❸ Layout과 ❹ Style로 나뉘어 있기 때문에 두 부분을 모두 복사해서 붙여넣겠습니다.

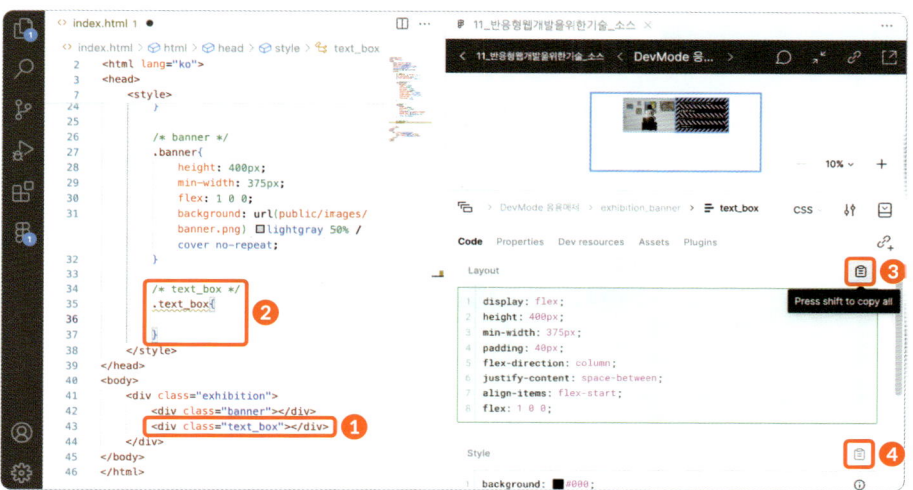

그림 10.110 text_box 클래스를 작성하는 화면

복사해서 붙여넣은 코드는 그림 10.111과 같습니다.

그림 10.111 text_box css를 작성한 화면

17 tab_wrap 코드 복사하여 CSS 속성에 붙여넣기_ ❶피그마 플러그인에서 tab_wrap을 선택합니다.

✚ 선택이 정확한지 확인하기 위해 화면을 확대해서 보는 것이 좋습니다.

tab_wrap 클래스를 text_box 클래스 안에 작성하겠습니다. ❷우선 `<div class="text_box"></div>` 태그 내부에 `<div class="tab_wrap"></div>`를 작성합니다. ❸`<style>` 태그 내부에 `.tab_wrap{ }`을 작성합니다. 중괄호 내부에는 피그마가 제공하는 코드를 복사하여 붙여넣습니다. 피그마 플러그인에서 코드 위의 복사 아이콘(📋)을 클릭하면 코드가 복제됩니다. ❹이번에는 Layout 부분만 있으므로 한 번만 복사하면 됩니다.

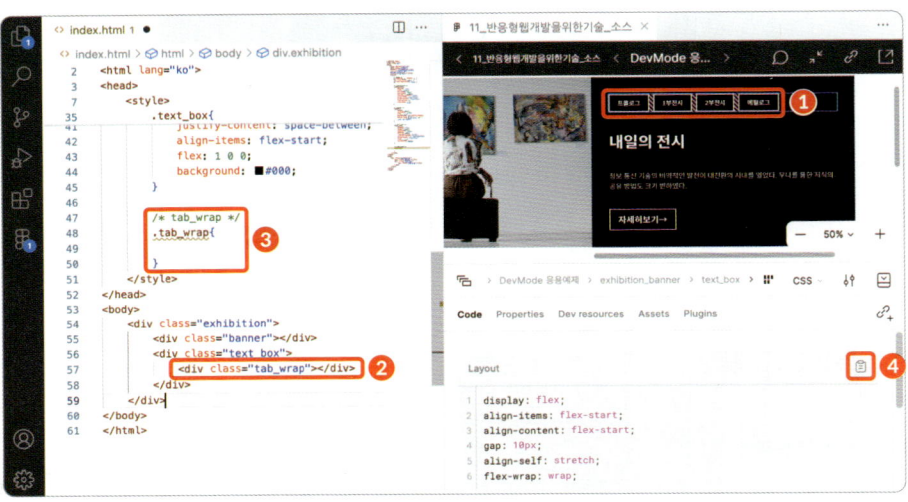

그림 10.112 tab_wrap 클래스를 선택한 화면

복사해서 붙여넣은 코드는 그림 10.113과 같습니다.

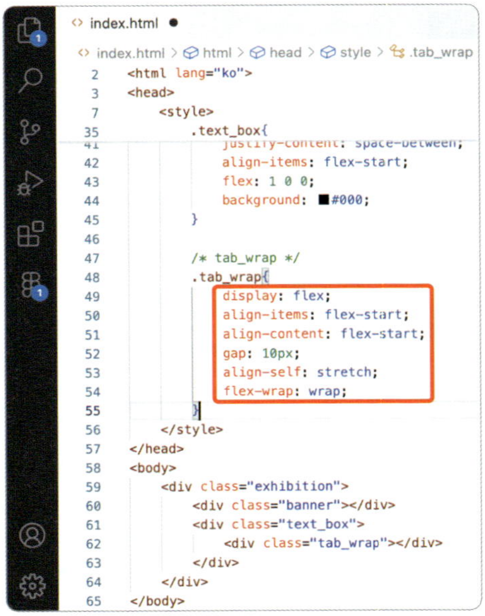

그림 10.113 tab_wrap CSS를 작성한 화면

18 타이틀 태그 작성하기_ ❶ 피그마 플러그인에서 내일의 전시를 선택합니다. ❷ 우선 `<div class="text_box"></div>` 태그 내부에 `<h3></h3>`를 작성합니다. '내일의 전시'를 직접 작성해도 되지만, 텍스트의 길이가 길 수도 있으므로 피그마에서는 Content라는 기능을 이용해 텍스트를 바로 복제할 수 있습니다. ❸ Content에서 [Copy] 버튼을 클릭하고, `<h3>` 태그 내부에 붙여넣습니다.

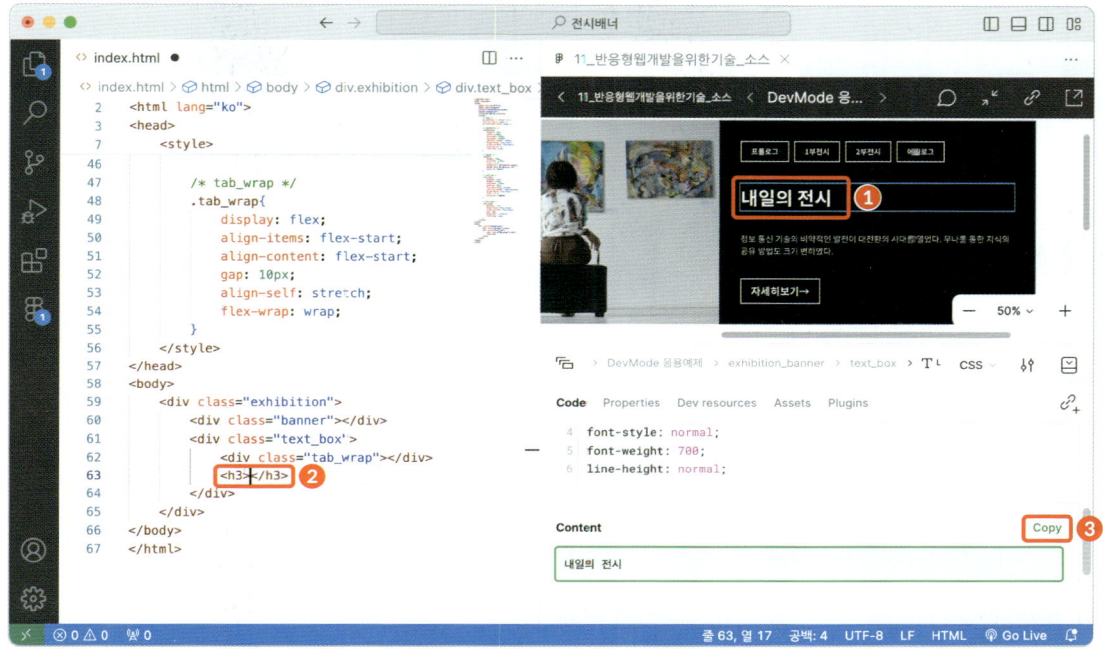

그림 10.114 h3 태그 작성한 화면

19 <h3> 태그 CSS 복사하여 붙여넣기_ ❶ CSS에는 .exhibition h3{ }을 작성합니다. 현재 코드에서는 전시 배너만 만들고 있어 h3{ }으로 작성해도 되지만, 실제 홈페이지 전체를 구현한다면 <h3> 태그는 많이 사용하는 태그입니다. 따라서 후손 선택자를 이용해 정확하게 작성하는 것이 좋습니다. ❷ 피그마 플러그인의 Typography 부분의 코드를 복사 아이콘(📋)을 클릭해 복사하여 앞의 중괄호 안에 붙여넣습니다.

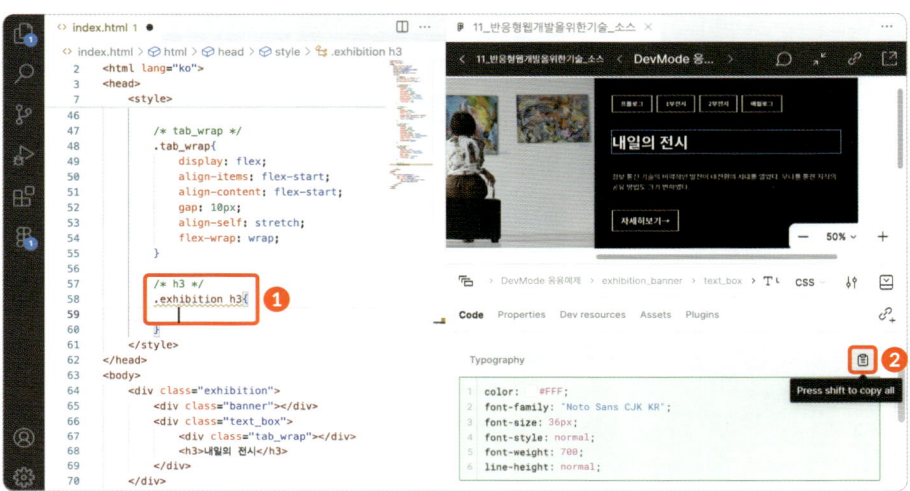

그림 10.115 h3에 CSS 선택자를 작성한 화면

복사해서 붙여넣은 코드는 그림 10.116과 같습니다.

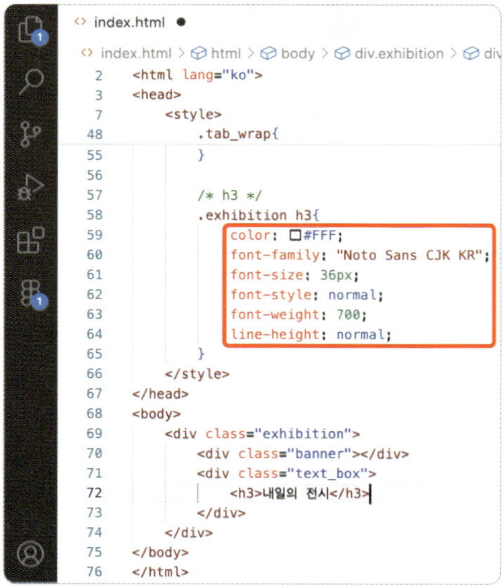

그림 10.116 h3에 CSS를 작성한 화면

20 문단 태그 작성하기_ ①피그마 플러그인에서 문단 글자를 선택합니다. ②`<div class="text_box"></div>` 태그 내부, `<h3>` 태그 아래에 `<p></p>`를 작성합니다. ③Content에서 [Copy] 버튼을 클릭하여 내용을 복사하고, `<p>` 태그 내부에 붙여넣습니다.

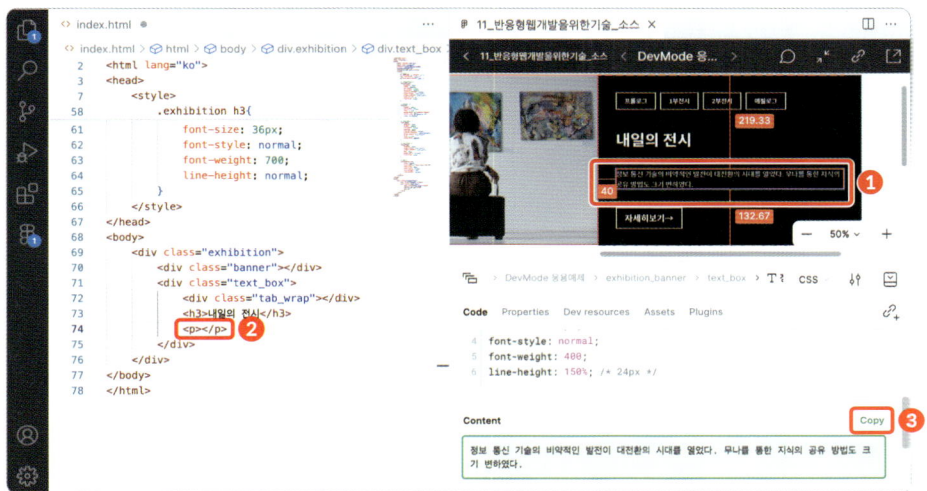

그림 10.117 p 태그 작성하는 화면

21 `<p>` 태그 CSS 복사하여 붙여넣기_ ①CSS에는 .exhibition p{ }을 작성합니다. 현재 코드에서는 p{ }로 작성해도 되지만, `<p>` 태그는 많이 사용하기 때문에 후손 선택자를 이용해 정확하게 작성하는 것이 좋습니다. ②피그마 플러그인의 Typography 부분의 코드를 복사 아이콘(📋)을 클릭해서 복사하여 앞의 중괄호 안에 붙여넣습니다.

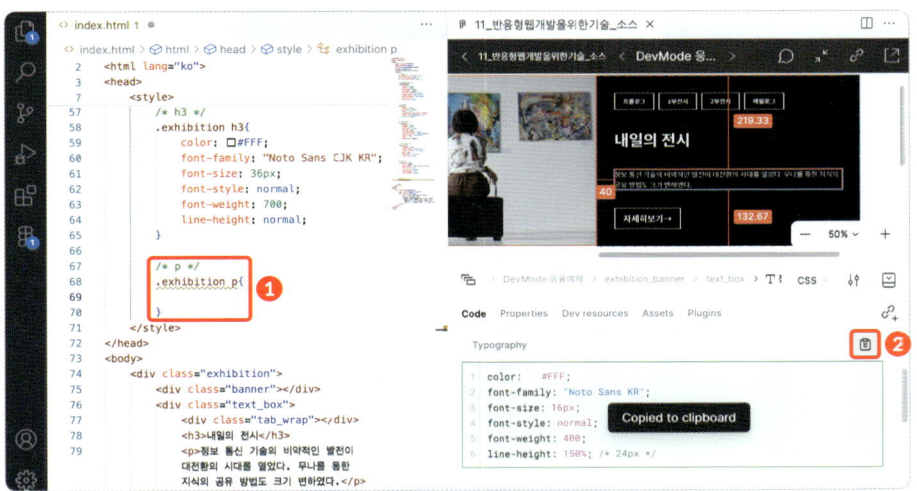

그림 10.118 p 태그 CSS 복사하는 화면

복사해서 붙여넣은 코드는 그림 10.119와 같습니다.

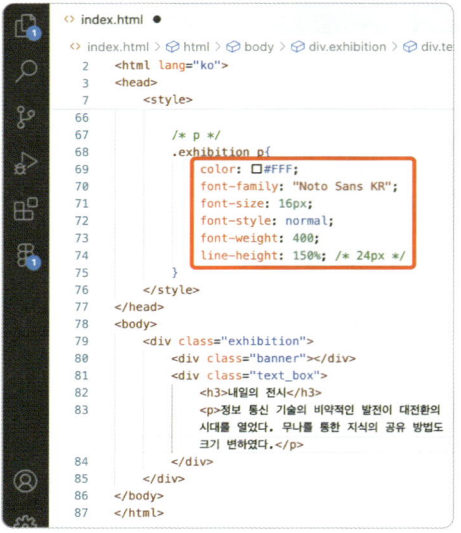

그림 10.119 p 태그에 CSS를 붙여넣은 화면

22 자세히 보기 태그 작성하기_ ❶피그마 플러그인에서 자세히 보기→를 선택합니다. ❷우선 `<div class="text_box"></div>` 태그 내부의 `<p>` 태그 아래에 `<a href="#"></a>`를 작성합니다. ❸Content 에서 [Copy] 버튼을 클릭하고, 복사한 내용을 앞의 `<a>` 태그 내부에 붙여넣습니다.

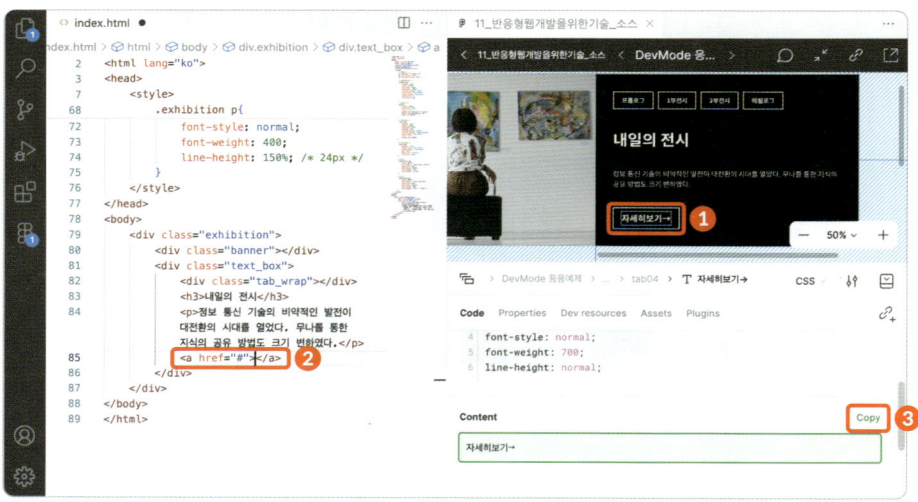

그림 10.120 a 태그 작성하는 화면

278 PART III 개발에 맞춘 구성 요소 제작

23 <a> 태그 박스 CSS 복사하여 붙여넣기_ ❶ <style> 태그 내부에는 .exhibition > .text_box > a{ }를 작성합니다. 다른 부분에도 <a> 태그를 작성할 예정이므로 후손 선택자를 이용해 정확하게 선택합니다. 중괄호 내부에는 피그마가 제공하는 코드를 작성하면 됩니다.

이번에는 요소의 박스 부분과 텍스트 부분으로 나눕니다. ❷먼저 글자가 아닌 박스 부분을 피그마 플러그인의 디자인 화면에서 선택합니다. 피그마 플러그인에서 코드 위의 복사 아이콘(📋)을 클릭하면 코드가 복제됩니다. ❸Layout과 ❹Style로 나뉘어 있기 때문에 두 부분을 모두 복사해서 붙여넣습니다.

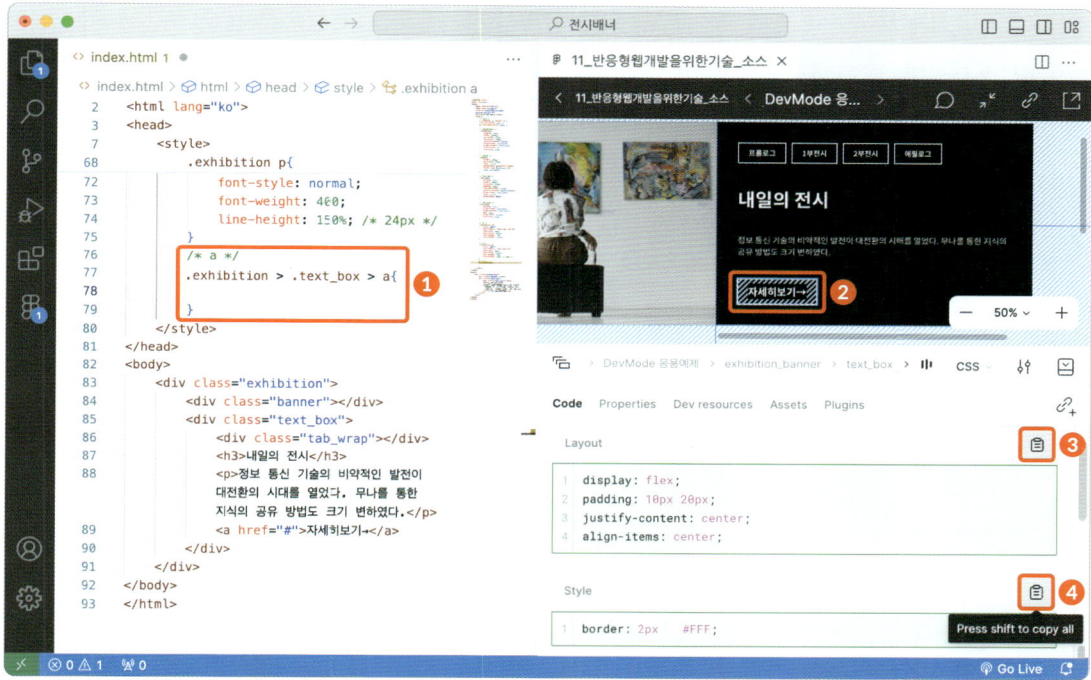

그림 10.121　a 태그의 스타일을 복제하는 화면

❶ 피그마 디자인 부분에서 텍스트 부분을 정확히 선택합니다. 텍스트와 박스가 같이 있는 경우에는 이처럼 각각 선택하여 CSS를 따로 복사해야 합니다. 이는 텍스트 레이어와 박스 레이어가 따로 분리되어 있기 때문입니다. ❷ Typography에서 복사 아이콘(📋)을 클릭하면 코드가 복제됩니다. 이것을 앞의 CSS 스타일에 함께 붙여넣습니다.

복사해서 붙여넣은 코드는 그림 10.123과 같습니다.

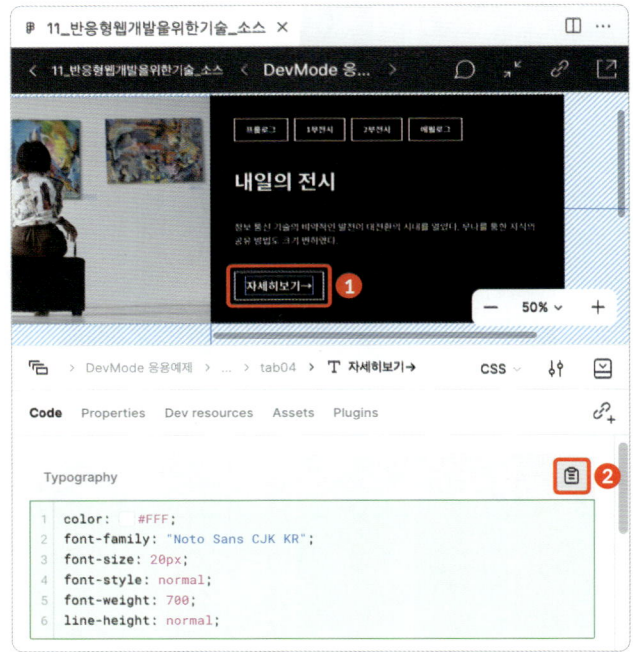

그림 10.122 a 태그의 텍스트 스타일을 복사하는 화면

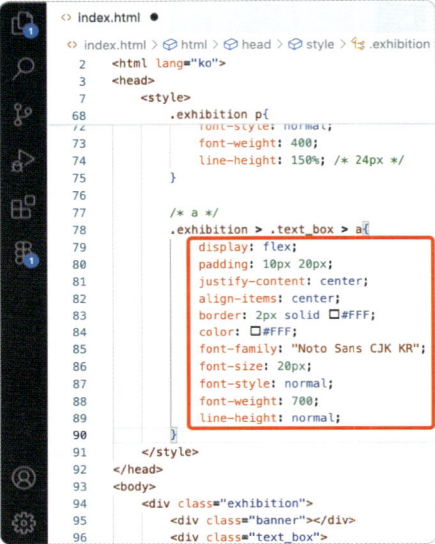

그림 10.123 a 태그의 글자 스타일을 복제하는 화면

24 tab_wrap의 글자 태그 작성_
기존에 `<div class="tab_wrap"></div>`라고 작성되어 있는 것을 `<ul class="tab_wrap"></ul>`로 변경하겠습니다. 2개 이상 나열된 콘텐츠는 리스트 태그로 적어야 합니다. ❶`<ul>` 태그의 내부에 자손으로 `<li><a href="#"></a></li>`를 4번 작성합니다. ❷피그마 디자인의 탭 버튼 내부에 있는 글자를 선택합니다. ❸Content에 있는 [copy] 버튼을 눌러 `<a>` 태그의 내부에 글자를 작성합니다. 나머지 3개도 전부 작성해서 붙여넣습니다.

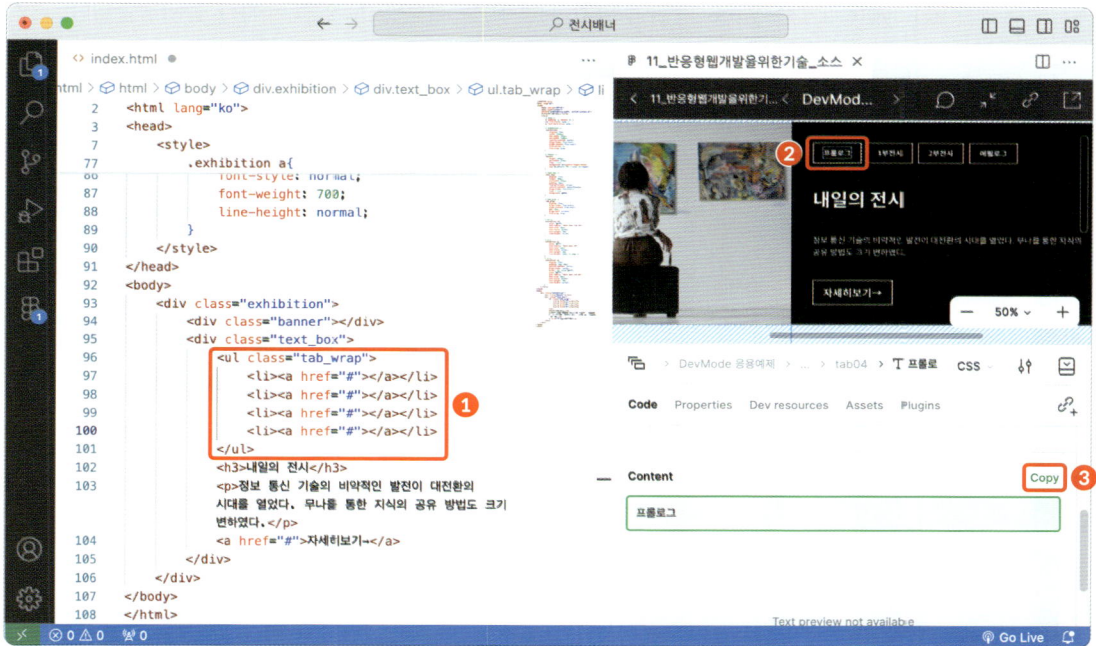

그림 10.124 tab_wrap의 글자 태그를 작성하는 화면

25 li a 태그 박스 CSS 복사하기_ ❶ `<style>` 태그 내부에는 `.exhibition li a{ }`라고 작성합니다. 다른 부분에도 `<a>` 태그가 있기 때문에 정확히 선택해야 합니다. 중괄호 내부에는 피그마가 제공하는 코드를 작성하면 됩니다.

이번에도 요소의 박스 부분과 텍스트 부분으로 나눕니다. ❷ 먼저 박스 부분을 피그마 플러그인의 디자인 화면에서 선택합니다. 피그마 플러그인에서 코드 위의 복사 아이콘(📋)을 클릭하면 코드가 복제됩니다. 이번에는 ❸ Layout과 ❹ Style로 나뉘어 있기 때문에 두 부분을 모두 복사해서 붙여넣습니다.

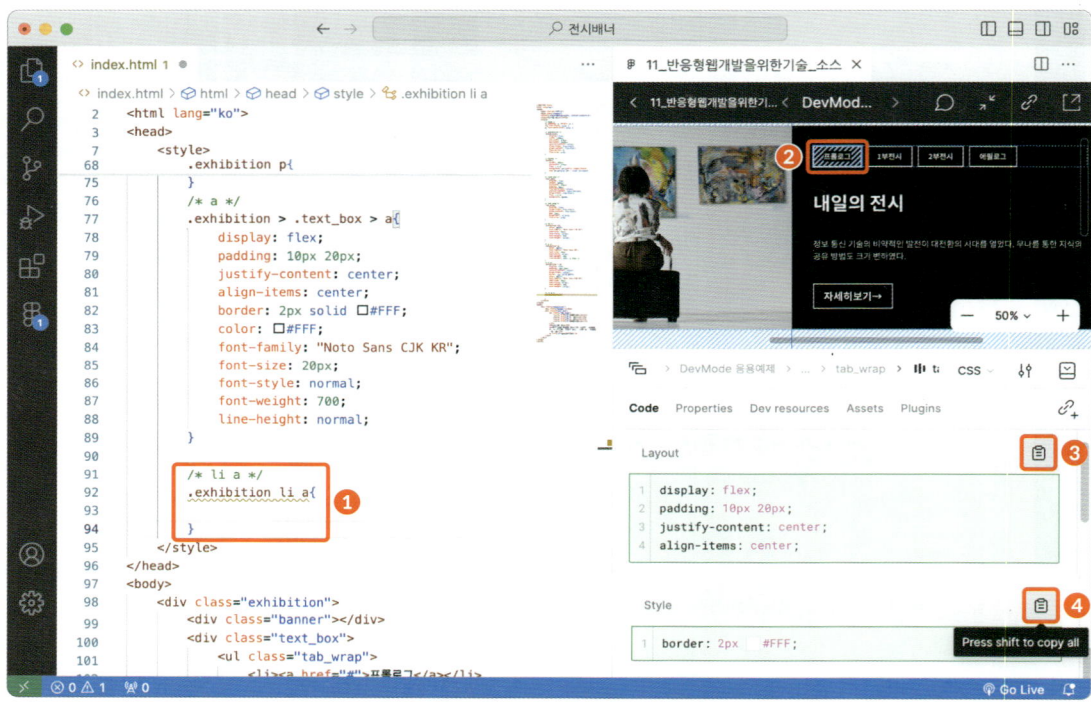

그림 10.125　a 태그의 스타일을 복제하는 화면

282　PART III　개발에 맞춘 구성 요소 제작

26 li a 태그 글자 CSS 복사하기_ ❶ 이번에는 글자를 정확하게 선택합니다. ❷ Typography에서 복사 아이콘(📋)을 클릭하면 코드가 복제됩니다.

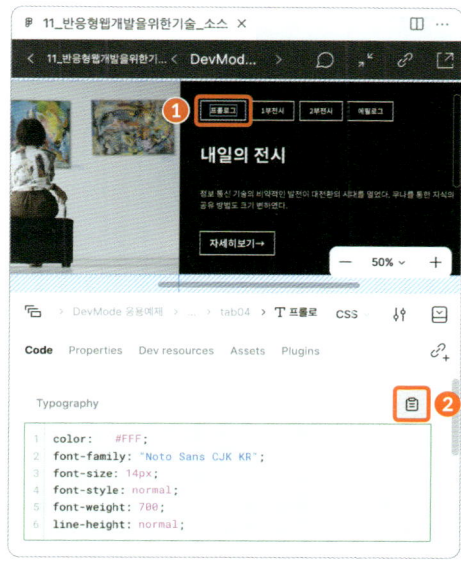

그림 10.126 a 태그의 글자 스타일을 복제하는 화면 1

27 li a 태그 CSS 확인_ 복사해서 붙여넣은 코드는 그림 10.127과 같습니다.

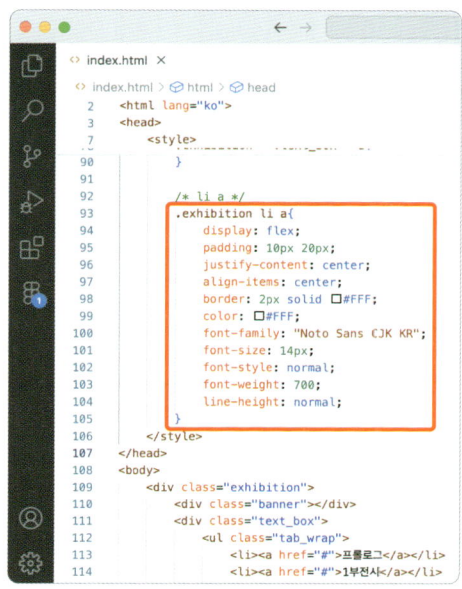

그림 10.127 a 태그의 글자 스타일을 복제하는 화면 2

CHAPTER 10 반응형 웹 개발을 위한 기술 **283**

28 브라우저 확인하기_ 탐색기에서 전시배너 폴더를 찾습니다. 폴더 안에 `index.html`을 더블 클릭하여 실행합니다.

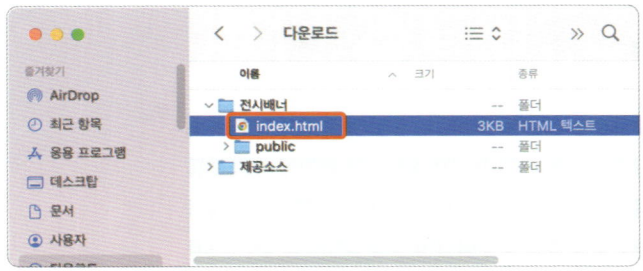

그림 10.128 탐색기에서 파일을 확인하는 화면

그림 10.129는 크롬Chrome 브라우저에서 연 상태입니다.

+ 어떤 브라우저든 상관없습니다.

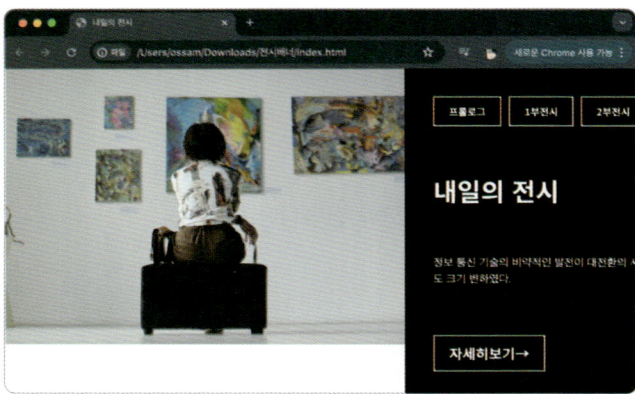

그림 10.129 브라우저에 열린 화면

피그마에서 코드를 복사해 붙여넣었을 뿐인데도 대부분 비슷하게 잘 표시됩니다. 하지만 자세히 보면 두 가지 문제가 있습니다. 첫 번째는 창의 폭이 좁을 때 wrap 처리가 되지 않는다는 점이고, 두 번째는 이미지의 높이와 text_box의 높이가 서로 다르다는 점입니다.

이처럼 개발자는 피그마의 코드만 믿고 코딩해서는 안 되며, 화면을 직접 확인하고 문제를 파악해 수정할 수 있어야 합니다.

29 wrap 처리 오류 수정하기_

`<Style>` 태그 내부의 `.exhibition{ }` 부분에는 오류가 있습니다. 디자인할 때 `min-width`와 `max-width` 속성을 적절히 지정해두었기 때문에 기본적인 조건은 잘 갖춰져 있습니다. 그런데 `width: 1200px;` 속성도 함께 들어 있어, 창 크기를 줄이더라도 wrap 처리가 되지 않았던 것입니다. 이는 피그마에서 디자인할 때도 고정된 폭(Fixed width)으로 1200px을 설정해두었기 때문에, 코드를 복사할 때 그대로 포함된 것입니다. 이런 경우는 개발자가 직접 확인하고 수정해야 합니다. 따라서 `width: 1200px;` 속성은 삭제해야 합니다.

```
/* exhibition */
.exhibition{
    display: flex;
    width: 1200px;
    min-width: 375px;
    max-width: 1200px;
    justify-content: center;
    align-items: flex-start;
    align-content: flex-start;
    flex-shrink: 0;
    flex-wrap: wrap;
}
```

그림 10.130 exhibition css 수정 화면

30 높이가 다른 부분 수정하기_

또한 `<style>` 태그 내부의 `.text_box{ }` 부분에도 문제가 있습니다. 이미지를 넣은 `.banner{ }`와 `.text_box{ }` 모두 높이를 400px로 지정해두었지만, 브라우저에서 확인해보면 `.text_box{ }`의 높이가 더 크게 나타납니다. 그 이유는 `.text_box{ }`에 `padding: 40px;`이 들어 있어 전체 영역이 늘어나기 때문입니다. 이런 경우에는 `box-sizing: border-box;`를 지정해 패딩이나 보더로 인해 요소 크기가 커지지 않도록 해야 합니다. 일반적으로는 개발자가 base 스타일에서 이 속성을 기본으로 설정해두는 경우가 많아서, 피그마에서는 이를 따로 지원하지 않는 것으로 보입니다.

```
/* text_box */
.text_box{
    display: flex;
    height: 400px;
    min-width: 375px;
    padding: 40px;
    flex-direction: column;
    justify-content: space-between;
    align-items: flex-start;
    flex: 1 0 0;
    background: #000;
    box-sizing: border-box;
}
```

그림 10.131 text_box css 수정 화면

31 결과 확인하기_ 창 크기를 1200px 이상으로 설정하면 콘텐츠가 수직으로 나열되며, `.banner`와 `.text_box`의 높이도 동일하게 유지됩니다.

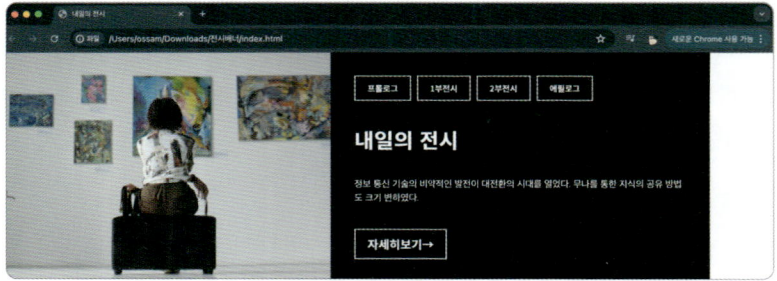

그림 10.132 브라우저에서 확인하는 화면 1

그림 10.133 브라우저에서 확인하는 화면 2

창 크기를 1200px 이하로 줄이면, 자동으로 wrap 처리가 되어 콘텐츠가 자연스럽게 배치되는 것을 확인할 수 있습니다.

예제 12.1 전시 배너 index.html 전체 코드

```html
<!DOCTYPE html>
<html lang="ko">
<head>
  <meta charset="UTF-8">
  <meta name="viewport" content="width=device-width, initial-scale=1.0">
  <title>내일의 전시</title>
  <style>
    /* base */
```

```css
*{ padding: 0; margin: 0; }
li{ list-style: none; }
a{ text-decoration: none; }

/* exhibition */
.exhibition{
  display: flex; min-width: 375px; max-width: 1200px; justify-content: center;
  align-items: flex-start; align-content: flex-start; flex-shrink: 0; flex-wrap: wrap;
}

/* banner */
.banner{
  height: 400px; min-width: 375px;
  flex: 1 0 0; background: url(public/images/banner.png) lightgray 50% / cover no-repeat;
}

/* text_box */
.text_box{
  display: flex; height: 400px; min-width: 375px; padding: 40px;
  flex-direction: column; justify-content: space-between; align-items: flex-start;
  flex: 1 0 0; background: #000; box-sizing: border-box;
}

/* tab_wrap */
.tab_wrap{
  display: flex; align-items: flex-start; align-content: flex-start;
  gap: 10px; align-self: stretch; flex-wrap: wrap;
}

/* h3 */
.exhibition h3{
  color: #FFF; font-family: "Noto Sans CJK KR"; font-size: 36px;
  font-style: normal; font-weight: 700; line-height: normal;
}

/* p */
.exhibition p{
  color: #FFF; font-family: "Noto Sans KR"; font-size: 16px;
  font-style: normal; font-weight: 400; line-height: 150%; /* 24px */
}

/* a */
.exhibition > .text_box > a{
  display: flex; padding: 10px 20px; justify-content: center; align-items: center;
  border: 2px solid #FFF; color: #FFF; font-family: "Noto Sans CJK KR";
  font-size: 20px; font-style: normal; font-weight: 700; line-height: normal;
}
```

```html
    /* li a */
    .exhibition li a{
      display: flex; padding: 10px 20px; justify-content: center; align-items: center;
      border: 2px solid #FFF; color: #FFF; font-family: "Noto Sans CJK KR";
      font-size: 14px; font-style: normal; font-weight: 700; line-height: normal;
    }
  </style>
</head>
<body>
  <div class="exhibition">
    <div class="banner"></div>
    <div class="text_box">
      <ul class="tab_wrap">
        <li><a href="#">프롤로그</a></li>
        <li><a href="#">1부전시</a></li>
        <li><a href="#">2부전시</a></li>
        <li><a href="#">에필로그</a></li>
      </ul>
      <h3>내일의 전시</h3>
      <p>정보 통신 기술의 비약적인 발전이 대전환의 시대를 열었다. 문화를 통한 지식의 공유 방법도 크기 변하였다.</p>
      <a href="#">자세히보기→</a>
    </div>
  </div>
</body>
</html>
```

이처럼 디자인을 반응형 웹에 맞게 제작하면, 개발자는 훨씬 수월하게 코딩 작업을 진행할 수 있습니다. 이런 이유로 최근에는 디자이너에게 코딩 공부를 권장하는 회사들이 많아지고 있습니다.

제가 강의할 때도 수강생 중에 디자이너인데 회사에서 보내서 온 경우를 자주 봅니다. 처음에는 코딩 공부의 중요성을 크게 느끼지 못할 수도 있지만, 피그마로 디자인 작업을 함께 하고 실제로 코딩을 해보면, 코딩 공부의 필요성을 자연스럽게 느끼게 됩니다. 또한 개발자라고 해도 피그마만 믿고 작업할 수 없다는 점을 앞서 살펴본 예제들을 통해 확인할 수 있었을 것입니다.

따라서 디자이너든 개발자든, 기초적인 HTML과 CSS는 반드시 공부해두는 것이 좋습니다. 만약 HTML과 CSS 기초 강의가 필요하다면, 다음 영상을 참고해 학습해보시길 바랍니다.

> **TIP** 오쌤의 니가스터디 HTML과 CSS 기초 영상
> 다음 링크나 QR 코드로 접속하면 동영상 강의를 들을 수 있습니다.
> - https://bit.ly/ossam_html_css

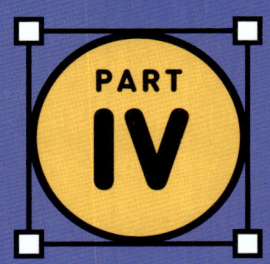

프로토타입
제작

피그마가 처음 등장했을 때 UI/UX 디자이너들 사이에서 Adobe XD보다 더 큰 관심을 받았던 이유 중 하나는 프로토타입 기능의 다양성 때문이었습니다. 피그마는 다양한 이벤트와 기능을 지원하여 폭넓은 형태의 프로토타입을 제작할 수 있습니다. 디자이너가 프로토타입을 잘 구현하면, 개발자는 전체 프로세스를 더 쉽게 이해할 수 있어 프로세스 이해를 위한 소통에 소요되는 시간을 줄일 수 있습니다.

1장에서 언급한 것처럼, 개발자들은 기획서를 꼼꼼히 읽지 않는 경우가 많습니다. 과거에는 기능 설명을 일일이 메모하거나 참고 사이트를 전달하는 방식으로 협업했지만, 피그마를 활용하면 이러한 번거로운 작업을 크게 줄일 수 있습니다. 또한 2023년 6월 Config 2023, 2024년 6월 Config 2024를 거치며 피그마의 프로토타이핑 기능은 한층 더 성장했습니다. 이제 4부에서는 피그마의 베리언트 기능과 프로토타입 기능을 중심으로 살펴보겠습니다. 디자인을 프로토타입에 맞춰 효과적으로 제작하면, 개발자와의 협업 과정에서 얼마나 많은 시간과 노력을 절약할 수 있는지 함께 확인해보겠습니다.

베리언트 소개하기

- 베리언트 이해
- 체크 박스 만들기
- 토글 스위치 버튼 만들기
- 로그인 버튼 만들기
- 인풋 필드 만들기

베리언트Variants는 웹 앱에서 하나의 구성 요소가 두 가지 이상의 상태나 기능을 가질 때, 이를 하나의 컴포넌트로 통합하여 제작할 수 있게 해주는 피그마의 기능입니다. 예를 들어 체크박스는 체크된 상태와 체크되지 않은 상태라는 두 가지 기능을 갖고 있습니다. 과거 포토샵을 활용하던 시절에는 이 두 상태를 각각 다른 레이어 그룹으로 만들어야 했습니다. 디자이너는 체크된 상태의 레이어 그룹의 눈을 꺼놓고, 개발자가 이를 직접 확인해 눈치껏 해석해야 했습니다. 만약 개발자가 이를 알아차리지 못하면, 디자이너가 다시 설명해야 하는 번거로움이 있었습니다.

피그마의 베리언트는 이러한 상태별 디자인을 하나로 묶어 관리할 수 있도록 도와주며, 프로토타입 기능과도 연동되기 때문에 실무에서 반드시 익혀야 할 중요한 기능입니다. 이번 장에서는 베리언트 기능의 개념과 활용법을 익히고, 로그인 창에 적용해보는 실습을 진행하겠습니다.

LESSON 01 | 베리언트 이해

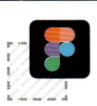

베리언트Variants는 여러 컴포넌트를 조합해 하나의 컴포넌트 세트로 구성하고, 이를 통해 두 가지 이상의 상태나 기능을 한 번에 구현하는 것을 말합니다. 예를 들어 토글Toggle 버튼에는 비활성화 상태와 활성화 상태가 있습니다. 과거에는 이들을 각각 별도의 컴포넌트로 만들어야 했지만, 베리언트를 사용하면 이 다양한 상태를 하나의 콘텐츠 안에서 관리할 수 있습니다. 또한 상태는 꼭 두 개일 필요는 없으며, 필요에 따라 세 가지 이상으로 확장해 만들 수도 있습니다.

 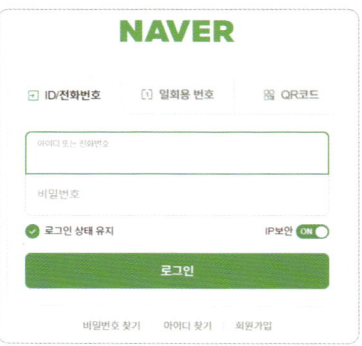

그림 11.1 네이버 로그인 비활성 상태(좌)/활성 상태(우)[1]

이해를 돕기 위해 네이버 로그인 페이지를 함께 살펴보겠습니다(그림 11.1). 이처럼 두 가지 상태를 모두 디자인해야 개발자가 정확히 구현할 수 있습니다.

만약 디자이너가 비활성 상태만 디자인했다면, 활성 상태는 어떻게 구성해야 하는지 개발자가 알 수 없어 추가적인 의사소통이 필요하게 됩니다. 이 과정이 반복되면 프로젝트 진행 시간도 그만큼 더 늘어나게 됩니다.

이제 베리언트에서 하나의 요소가 가질 수 있는 상태state에 대해 알아보겠습니다. 피그마에서는 이 상태를 Property라는 이름으로 정의하며, 베리언트의 속성으로 사용합니다. 하지만 여기서는 개발자도 쉽게 이해할 수 있도록, 리액트React에서 사용하는 용어인 상태라는 표현을 사용하겠습니다.

---

[1] 출처: https://nid.naver.com/nidlogin.login?mode=form&url=https://www.naver.com/

그림 11.2는 프로젝트에서 많이 사용하는 버튼 스타일 가이드입니다. 버튼을 디자인할 때도 상태에 따른 디자인을 해야 합니다. 버튼 옆에 보면 Default, Hover 등 영문으로 써 있는 것이 상태입니다. 상태명은 회사나 프로젝트에 따라 다를 수 있습니다.

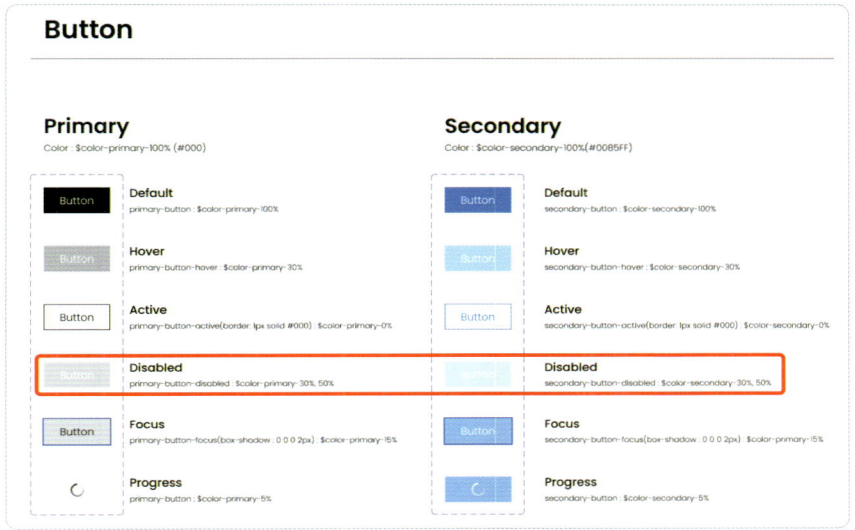

그림 11.2 프로젝트 버튼 스타일 가이드

그림 11.3은 라인에서 제작한 버튼 가이드를 상태로 표시한 것입니다. 비활성화에 대한 상태를 그림 11.2에서는 Disabled로 표시했는데, 그림 11.3에서는 Inactive로 표시했습니다. 이건 웹과 앱의 차이인데, 코딩할 때 사용하는 언어가 다르기 때문입니다. 그래서 어떤 프로젝트를 진행하느냐에 따라서도, 회사에 따라서도 상태명은 다를 수 있습니다.

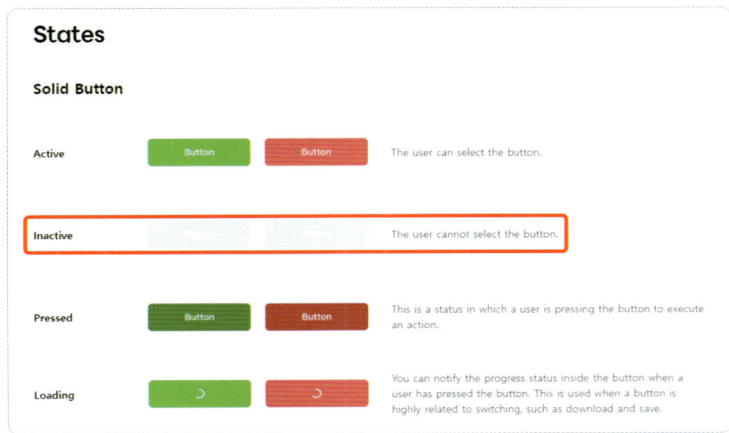

그림 11.3 라인 디자인 시스템 버튼 가이드(https://designsystem.line.me/LDSM/components/box-button-ex-en/)

이 책에서는 웹에서 사용하는 CSS 코딩에 맞게 상태명을 표 11.1과 같이 정리해서 사용하겠습니다.

표 11.1 상태의 종류

상태명	설명
Default	마우스나 키보드로 인한 이벤트를 받지 않은 기본 상태
Hover	마우스를 올린 상태
Active	마우스를 꾹 누른 상태 – Pressed로도 많이 사용
Enabled	사용자가 선택이 가능한 상태 – Active 혹은 On으로도 많이 사용
Disabled	사용자가 선택이 불가능한 상태 – Inactive 혹은 Off로도 많이 사용
Focus	초점을 받은 상태
Progress	진행 중인 상태 – Loading으로도 많이 사용

표 11.1에서 정리한 상태명을 베리언트에서 어떻게 사용하는지 직접 제작해보겠습니다.

LESSON 02 | 체크박스 만들기

01 **예제 파일 불러오기_** 예제 파일의 11장 폴더에서 11_Variants_소스.fig 파일을 피그마로 불러옵니다. 그중 체크박스제작 프레임을 선택합니다.

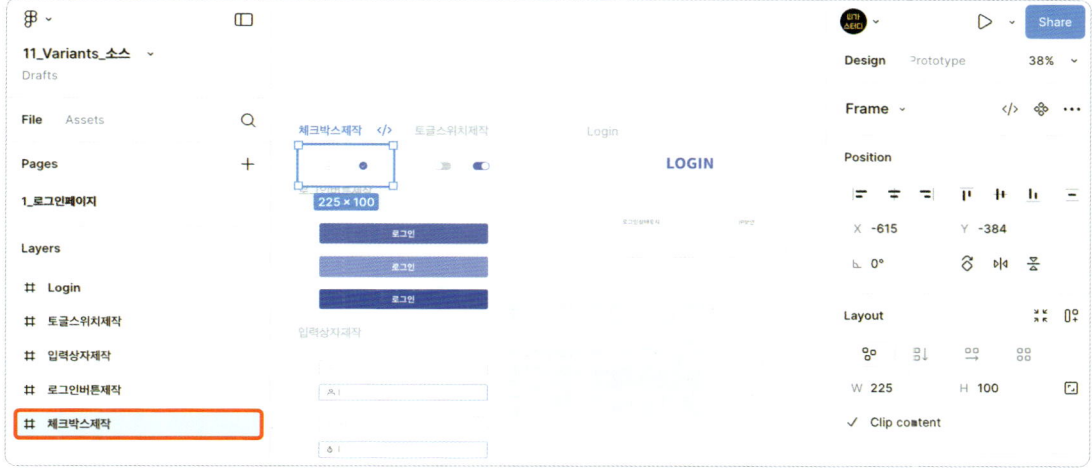

그림 11.4 베리언트 예제 파일을 불러온 화면

02 **회색 체크박스 컴포넌트로 변환_** 베리언트는 컴포넌트를 2개 이상 조합하는 것이기 때문에 반드시 컴포넌트로 제작해야 합니다. 체크박스제작 프레임의 회색 체크박스를 선택합니다. 이때 ❶ 선과 아이콘을 둘 다 선택해야 합니다. ❷ 디자인 패널의 컴포넌트 아이콘(◈)을 클릭합니다.

➕ 컴포넌트 아이콘이 나타나지 않으면 더 보기 아이콘을 누른 후 [Create component(컴포넌트 만들기)]를 클릭합니다.

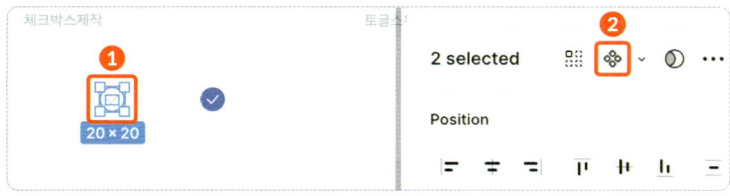

그림 11.5 회색 체크박스 컴포넌트로 변환하는 화면

03 회색 체크박스 레이어 이름 변경_
베리언트는 이름 지정이 중요합니다. 컴포넌트명/상태명으로 지정해야 합니다. 그리고 다른 컴포넌트의 컴포넌트명이 반드시 같아야 합니다. 회색 체크박스의 레이어 이름은 'check/default'로 하겠습니다. 체크되지 않은 기본 상태이므로 상태명은 default로 처리합니다.

그림 11.6 회색 체크박스 레이어 이름을 변경하는 화면

04 파란색 체크박스 컴포넌트로 변환_
❶파란색 체크박스에서 배경과 아이콘을 모두 선택합니다. ❷컴포넌트 아이콘(⬥) 옆 드롭박스 버튼을 누른 후, ❸[Create component]를 클릭합니다.

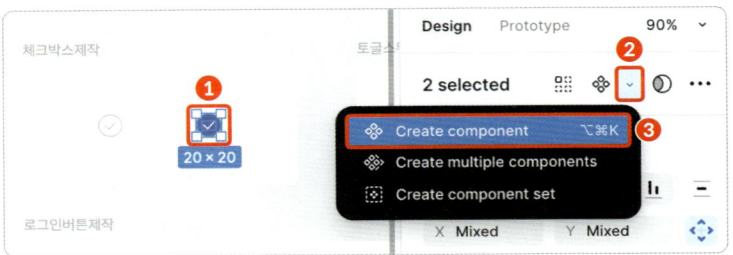

그림 11.7 파란색 체크박스 컴포넌트로 변환하는 화면

05 파란색 체크박스 레이어 이름 변경_
레이어 이름은 'check/checked'로 변경하겠습니다. 특히 'check/' 부분이 같아야 하니 주의해서 작성해주세요. 이번 컴포넌트는 체크된 상태이므로 상태명을 checked로 했습니다.

그림 11.8 파란색 체크박스 레이어 이름을 변경하는 화면

06 베리언트 적용_ ❶컴포넌트 2개를 모두 선택한 후, ❷디자인 패널의 [Combine as variants(베리언트로 결합하기)] 버튼을 클릭합니다.

✚ 선택한 요소 중 하나라도 컴포넌트가 아니면 버튼이 활성화되지 않습니다.

그림 11.9 베리언트 적용하는 화면

07 베리언트 적용된 화면_ 레이어를 확인해보면 check라는 하나의 컴포넌트로 구성되어 있습니다. ❶check 레이어를 열면 안에 checked와 default가 인스턴스 아이콘(◇)으로 들어가 있습니다. 이름을 잘못 지정하는 경우 수정할 수 있습니다. ❷디자인 패널의 Property 1 부분에 마우스를 올리면 편집 아이콘(⋮⋮)이 뜨는데 클릭합니다.

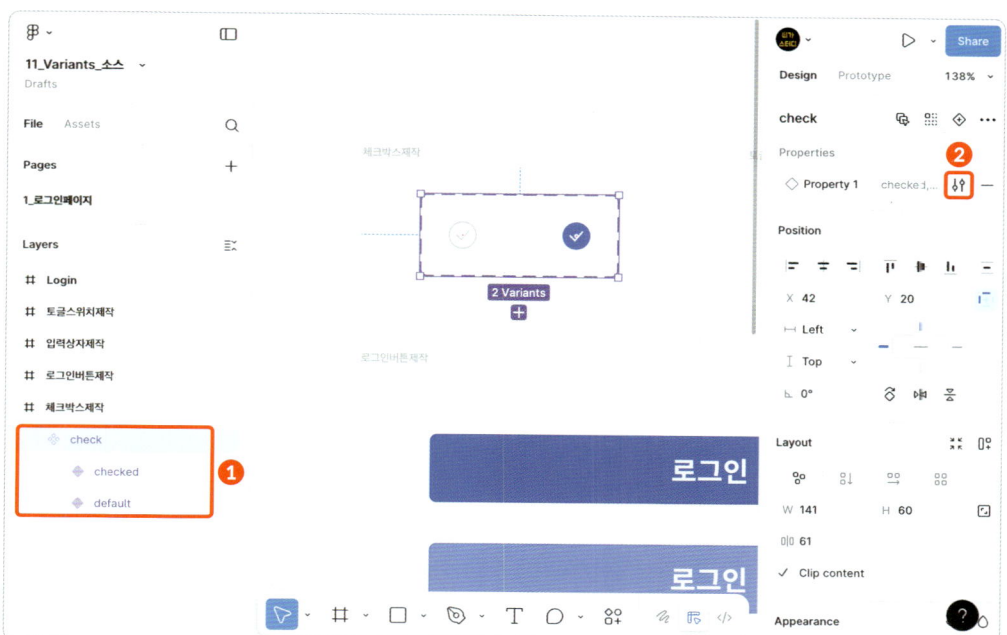

그림 11.10 베리언트 적용된 화면

08 **Property 1을 변경_** 피그마는 상태를 속성으로 여기고 'Property 1(속성 1)'이라고 표시하는데, 여기서는 'state'로 변경하겠습니다. checked와 default를 상태로 보기 때문입니다. 변경하지 않아도 문제가 되진 않습니다.

그림 11.11 Edit variant property 화면

09 **에셋 패널로 이동_** ❶에셋 패널로 들어간 후, ❷[Created in this file(이 파일에서 생성됨)]을 클릭합니다. 베리언트는 에셋 패널에서만 끌어다 쓸 수 있습니다. 그리고 Login 프레임을 준비합니다.

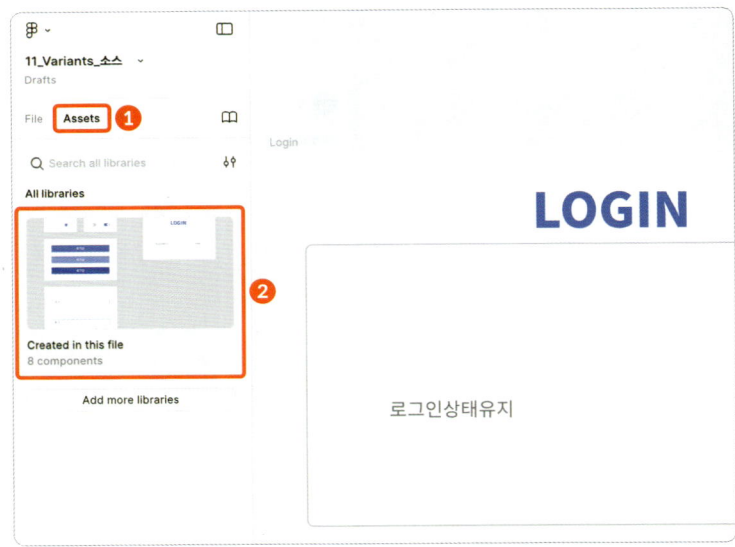

그림 11.12 에셋 패널로 들어가는 화면

10 **디자인 프레임으로 이동_** 에셋 패널을 살펴보면 일반 컴포넌트와 달리 베리언트는 마우스를 올리면 개수가 표시됩니다. 그림 11.13을 보면 check에 마우스를 올리니 2라는 숫자가 나타나는 것을 볼 수 있습니다.

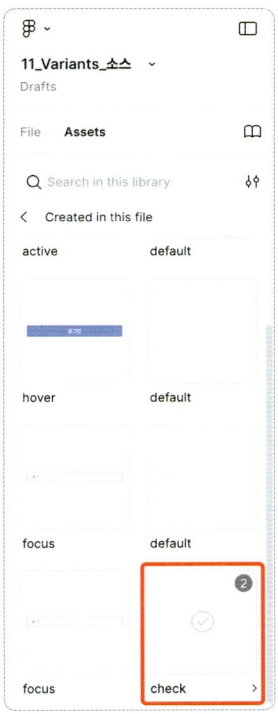

그림 11.13 에셋 패널에서 check를 찾는 화면

❶ check를 Login 프레임으로 드래그합니다. ❷ 디자인 패널을 보면 state가 default로 되어 있고, 선택 상자로 되어 있는 것을 확인할 수 있습니다. default가 표시된 선택 상자를 클릭해보겠습니다.

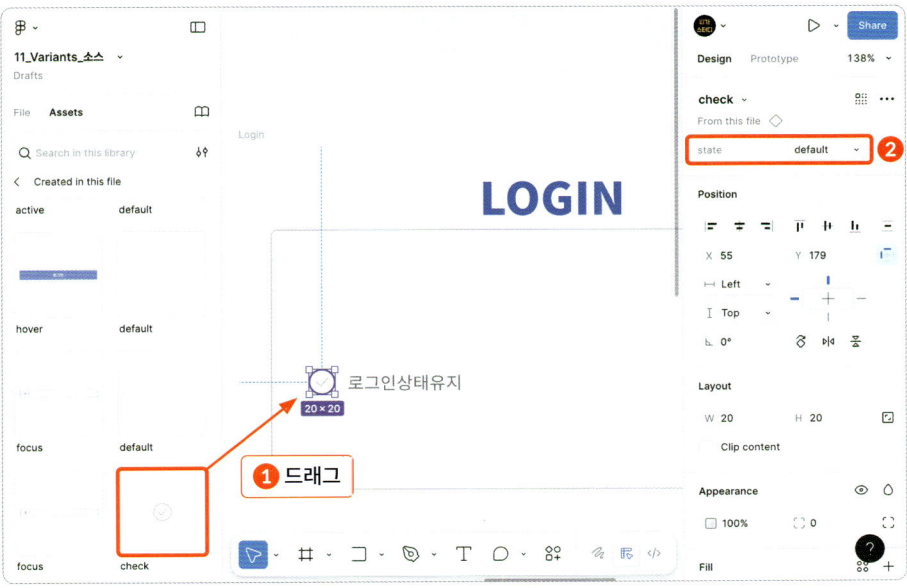

그림 11.14 check를 디자인 프레임으로 끌어오는 화면

CHAPTER 11 베리언트 소개하기 **299**

11 checked 상태로 변경_ 나오는 드롭다운 메뉴에서 [checked]를 선택합니다.

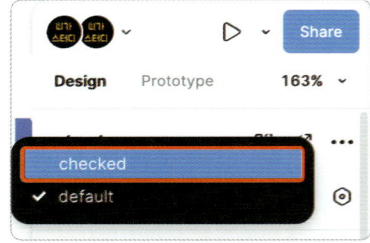

그림 11.15 checked 상태로 변경하는 화면

그림 화면에서도, 디자인 패널에서도 checked로 변경된 것을 확인할 수 있습니다. 포토샵에서는 기본 상태와 체크된 상태를 모두 레이어에 표시한 후 hide 기능을 이용해서 확인했습니다. 피그마는 레이어 패널에서는 check로 되어 있고, 디자인 패널에서 상태를 선택 상자로 바꿔가며 확인할 수 있습니다.

디자인에서는 default를 기본으로 처리하기 때문에 다시 default로 변경해놓겠습니다.

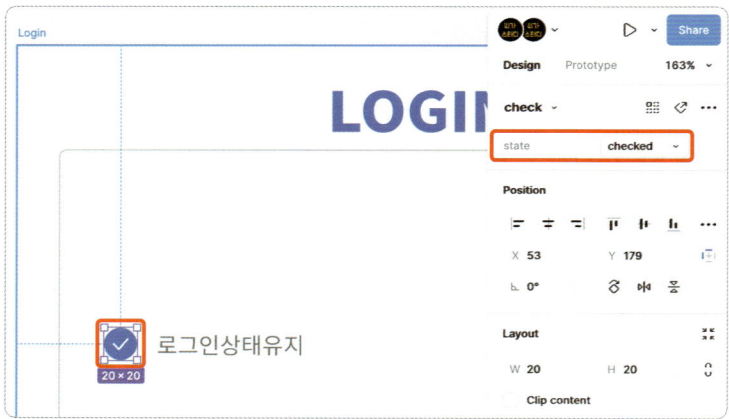

그림 11.16 checked 상태로 변경된 화면

LESSON 03 토글 스위치 만들기

이번에는 토글 스위치를 만들어보겠습니다. 토글Toggle이란 하나의 키나 버튼이 두 가지 기능을 가지고 번갈아 작업하는 것을 말합니다. 대표적으로 키보드의 '한영' 키가 있는데, 한 번 누르면 영문이 나오고, 또 누르면 한글이 나옵니다. 이런 키를 토글 키, 버튼은 토글 버튼이라고 합니다. 체크박스와 유사한 기능이지만, 예제로 추가한 이유는 상태를 on과 off로 했을 때의 차이를 살펴보기 위함입니다. 체크박스는 default와 checked로 처리했으나, 토글 스위치는 활성화와 비활성화의 의미로 on과 off로 진행해보겠습니다.

01 예제 파일 확인하기_ 예제 파일에서 토글스위치제작 프레임을 선택합니다.

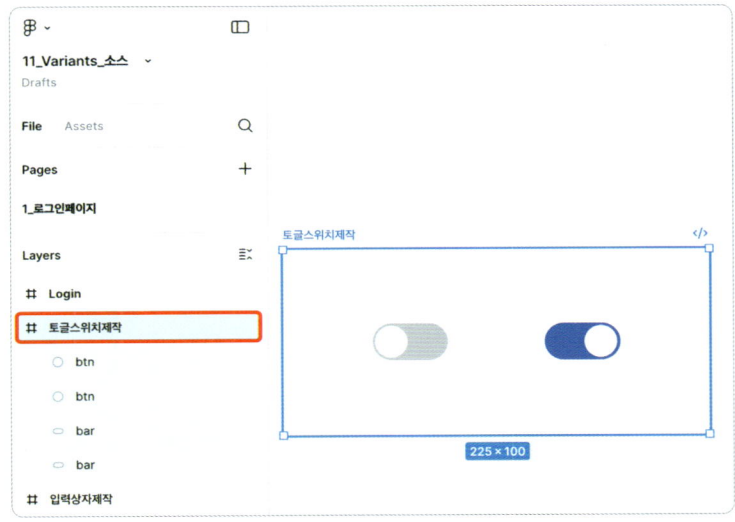

그림 11.17 토글스위치제작 프레임을 선택하는 화면

02 컴포넌트로 등록하기_ ❶회색 스위치 버튼을 선택하는데, 배경과 도형 요소 모두 선택해야 합니다. 2개 이상의 오브젝트를 잡으면 컴포넌트 아이콘(✥)이 나오지 않습니다. 그래서 ❷더 보기 아이콘(···)을 누른 후, ❸[Create component]를 클릭합니다. 그림에는 표시하지 않았지만 파란색 스위치 버튼 역시 모두 선택해서 컴포넌트로 등록합니다.

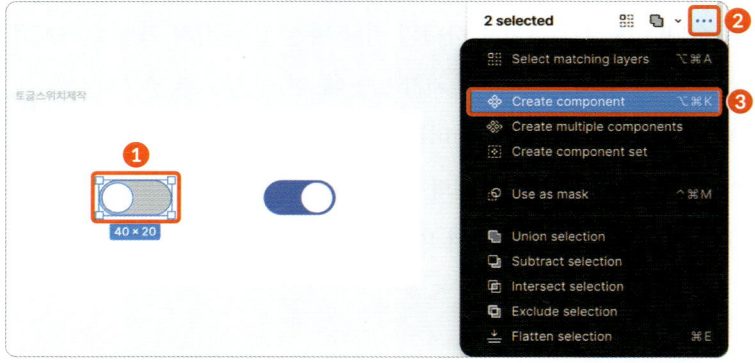

그림 11.18 컴포넌트로 등록하는 화면

03 레이어 이름 변경_ 베리언트는 컴포넌트명/상태명으로 지정해야 합니다. 회색 스위치 버튼은 'switch/off'로 변경하고, 파란색 스위치 버튼은 'switch/on'으로 변경합니다.

✚ 컴포넌트명인 'switch/'가 반드시 같아야 합니다.

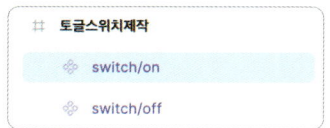

그림 11.19 레이어 이름을 변경하는 화면

04 베리언트 등록_ ❶2개의 컴포넌트를 모두 선택하고, ❷디자인 패널의 [Combine as variants] 버튼을 클릭합니다.

그림 11.20 베리언트를 등록하는 화면 1

05 Property 1을 state로 변경_
그러면 베리언트로 등록되는데, 디자인 패널에서 기본적으로 Property 1이라고 적혀 있는 곳을 더블클릭해서 'state'로 변경합니다. 편집 아이콘(⚙)을 누르지 않아도 바로 변경이 가능합니다.

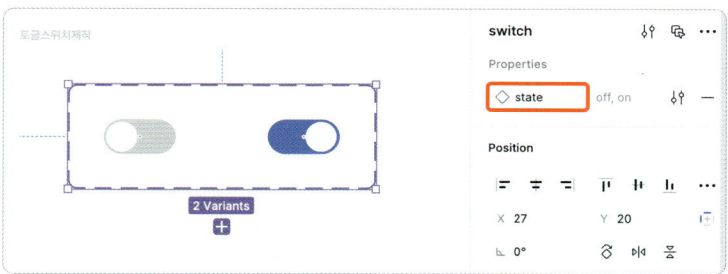

그림 11.21 베리언트를 등록하는 화면 2

06 디자인 프레임으로 이동_
❶에셋 패널로 이동한 후, ❷switch로 등록된 베리언트를 Login 프레임으로 드래그합니다. ❸디자인 패널에서 state 옆을 확인해보면, 선택 상자가 아닌 스위치 버튼으로 되어 있습니다. 이것은 상태명을 on과 off를 사용할 때만 나타납니다. 스위치 버튼을 클릭하면 활성화 상태로 처리됩니다.

그림 11.22 디자인 프레임으로 이동하는 화면

07 활성화 상태의 스위치 버튼_ ❶state 옆의 스위치 버튼을 클릭해 활성화시키면, ❷디자인에서도 switch/on으로 보이는 것이 확인됩니다. 디자인에서는 비활성을 기본으로 해놓기 때문에 다시 스위치 버튼을 눌러 꺼둡니다.

그림 11.23 스위치 버튼을 활성화한 화면

LESSON 04 로그인 버튼 만들기

로그인 버튼에는 default, hover, active 상태를 넣어서 만들어보겠습니다.

01 예제 파일 확인하기_ 예제 파일에서 로그인버튼제작 프레임을 클릭합니다. 이번에는 미리 버튼들을 컴포넌트로 지정해놓았고, 이름도 모두 지정해놨습니다. btn/default가 맨 위의 버튼으로 기본 버튼 스타일입니다. btn/hover가 두 번째 버튼으로 기본 버튼보다 밝게 처리했는데, 마우스를 올렸을 때의 버튼 스타일입니다. btn/active는 맨 아래의 버튼으로 기본 버튼보다 어둡게 처리했는데, 마우스를 꾹 눌렀을 때의 버튼 스타일입니다.

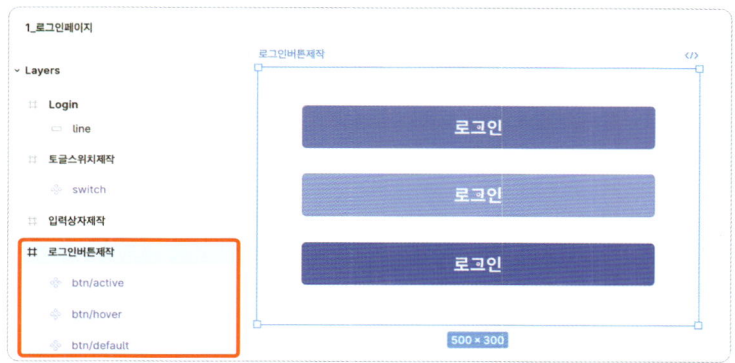

그림 11.24 로그인 버튼 소스 화면 1

02 베리언트 등록하기_ ❶3개의 컴포넌트를 모두 선택하고, ❷디자인 패널에서 [Combine as variants] 버튼을 클릭합니다.

그림 11.25 로그인 버튼 소스 화면 2

03 **Property 1 이름 변경하기_** 그럼 베리언트로 등록이 되었습니다. Property 1을 더블 클릭해서 'state'로 변경하겠습니다.

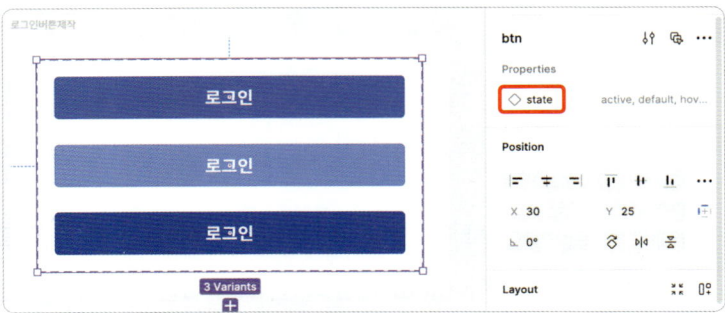

그림 11.26 state로 변경한 화면

04 **디자인 프레임으로 이동하기_** ❶에셋 패널로 이동한 다음, ❷btn에 마우스를 올려보면 3이라는 숫자가 나타납니다. 상태가 3가지라는 뜻입니다. 일반 컴포넌트에 마우스를 올리면 아무것도 나타나지 않지만 베리언트에는 숫자가 나타나기 때문에 구분할 수 있습니다.

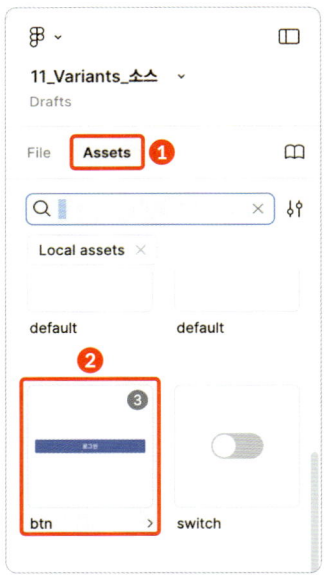

그림 11.27 에셋 패널에서 btn을 확인하는 화면

❶에셋 패널의 btn을 Login 프레임으로 드래그합니다. ❷디자인 패널에 보면 상태가 선택 상자로 되어 있습니다. 클릭하면 다른 상태로 변경할 수 있습니다.

그림 11.28 디자인 프레임으로 btn을 가져오는 화면

05 hover 상태로 변경_
default로 되어 있던 선택 상자를 누르면 드롭다운 메뉴가 나타납니다. 여기서 hover를 선택합니다. 이제 디자인을 보면 색이 이전보다 밝아진 hover 상태로 변경된 것을 확인할 수 있습니다. 기본적으로 디자인은 기본 상태로 두기 때문에 default로 돌려놓겠습니다.

그림 11.29 hover로 변경된 화면

LESSON 05 | 인풋 필드 만들기

로그인 페이지를 제작 중에 있었기 때문에 인풋 필드input field도 제작해보겠습니다. 인풋 필드는 값을 입력하는 입력 상자입니다. 보통 아이디나 비밀번호, 글의 제목 등을 입력합니다.

01 예제 파일 확인하기_ 예제 파일에서 입력상자제작 프레임을 선택합니다. 프레임에는 4개의 컴포넌트가 있는데, 아이디 입력 상자와 비밀번호 입력 상자를 따로 제작해둔 것입니다. 두 개의 입력 상자 모두 글자를 입력하기 전인 default 상태와 초점을 받은 focus 상태로 나누었습니다. 초점을 받은 상태는 글자를 입력하도록 커서가 옮겨온 상태입니다. 베리언트는 컴포넌트명/상태명으로 이루어지기 때문에 컴포넌트 이름은 항상 같아야 합니다.

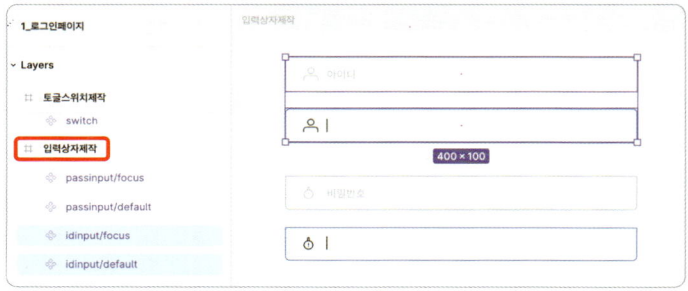

그림 11.30 입력상자제작 프레임 소스 화면

02 아이디 입력 상자 베리언트 등록_ ❶그림 11.31에서 상단의 2개 컴포넌트를 선택하고, ❷디자인 패널에서 [Combine as variants] 버튼을 클릭합니다.

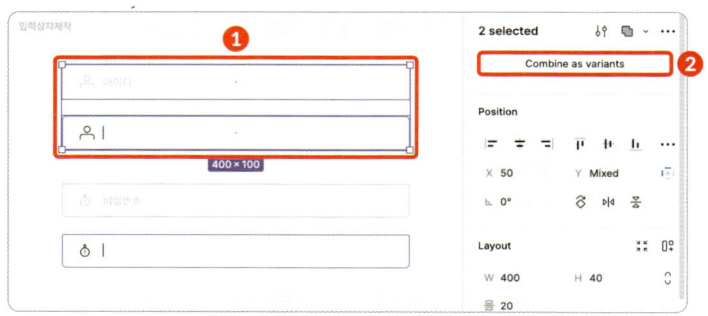

그림 11.31 아이디 입력 상자를 베리언트로 등록하는 화면

03 Property 1을 state로 변경_ 베리언트로 등록이 되었습니다. 이제 Property 1을 더블 클릭해서 state로 변경하겠습니다.

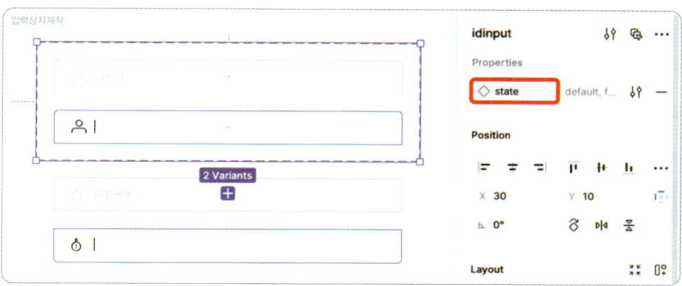

그림 11.32 state로 변경하는 화면

04 비밀번호 입력 상자 베리언트 등록_ 같은 방법으로 ❶아래의 2개 컴포넌트를 선택하고, ❷디자인 패널에서 [Combine as variants] 버튼을 클릭합니다. 베리언트로 등록 후 아이디 입력 상자와 마찬가지로 Property 1을 state로 변경합니다.

그림 11.33 비밀번호 입력 상자를 베리언트로 등록하는 화면

05 디자인 프레임으로 이동_ 에셋 패널로 이동한 다음 idinput과 passinput을 Login 프레임으로 이동합니다.

그림 11.34 에셋 패널에서 프레임으로 이동하는 화면

CHAPTER 11 베리언트 소개하기 309

06 **아이디 입력 상자 상태 변경_** ❶아이디 입력 상자를 선택 후 ❷상태를 focus로 변경합니다.

그림 11.35 아이디 입력 상자의 상태를 변경하는 화면

그러면 아이디 입력 상자가 focus 상태로 변경된 것을 확인할 수 있습니다. 하지만 아래 선이 잘린 느낌을 받을 수 있는데, 이건 비밀번호 입력 상자와의 레이어 순서 때문입니다.

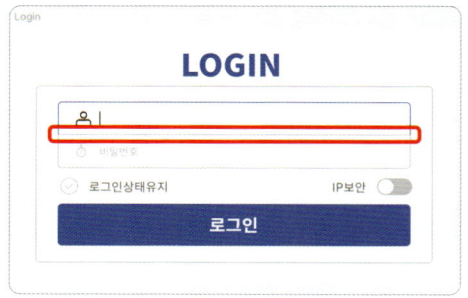

그림 11.36 아이디 입력 상자의 focus 화면

07 **레이어 순서 변경_** 에셋 패널에서 파일 패널로 이동합니다. 변경 전 레이어(그림 11.37)를 보면 idinput이 passinput보다 위에 있습니다. 레이어에서 내려서 그림 11.38처럼 처리합니다. 그림 11.38의 btn처럼 Login 프레임 밖에 있는 콘텐츠가 있다면 모두 Login 프레임 안으로 옮겨줍니다.

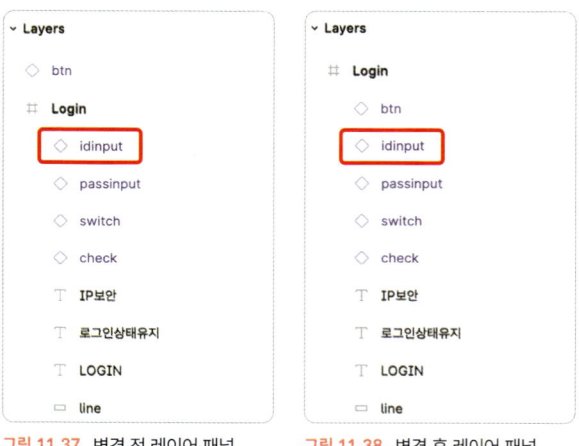

그림 11.37 변경 전 레이어 패널   그림 11.38 변경 후 레이어 패널

08 레이어 순서가 변경된 화면_ 그러면 아이디 입력 상자의 아래 선도 잘 보이는 것을 확인할 수 있습니다. 디자인은 보통 기본 상태로 두기 때문에 default 상태로 변경합니다.

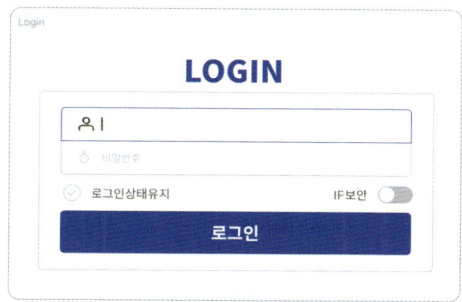

그림 11.39 레이어 순서가 변경된 화면

LESSON 06
베리언트 컴포넌트명이 다른 경우 발생하는 에러

앞서 여러 컴포넌트를 베리언트로 만들 때는 컴포넌트 이름이 같아야 한다고 설명했습니다. 이번에는 컴포넌트 이름이 다를 경우 어떤 문제가 발생하는지 살펴보겠습니다. 이번에는 예제 파일이 따로 없으니 따라 하지 않아도 됩니다. 다만, 컴포넌트 이름은 반드시 같아야 한다는 점만 기억하길 바랍니다.

01 컴포넌트명이 다른 경우 베리언트 등록_ ❶레이어 패널을 보면 pass/focus와 passinput/default 라는 레이어가 있습니다. 형식은 컴포넌트명/상태명이지만, 여기서는 컴포넌트 이름이 서로 다릅니다. 이 상태에서 ❷[Combine as variants] 버튼을 클릭해 베리언트를 생성해보겠습니다.

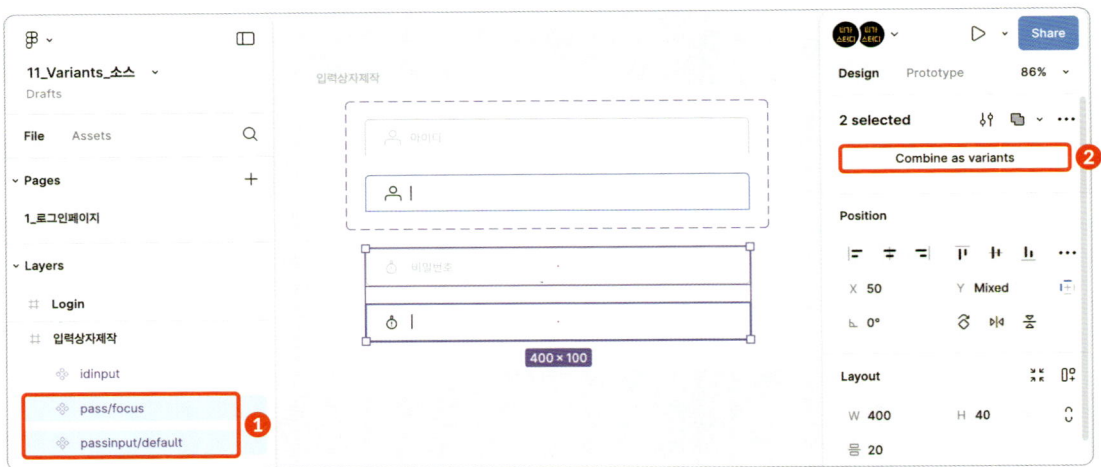

그림 11.40 컴포넌트 이름이 다른 화면

02 베리언트가 등록된 화면_ 그림 11.41을 보면 이름이 서로 다르기 때문에 ❶Component 1이라는 임의의 이름으로 처리됩니다. 피그마는 컴포넌트 이름이 다르면 각 이름을 모두 상태로 인식하게 되며, 이로 인해 속성이 2개 이상 생기는 문제가 발생합니다. 그림 11.41의 ❷처럼 속성이 두 개 이상 나타난다면 베리언트를 잘못 만든 것이므로, 작업을 되돌리고 컴포넌트 이름을 통일한 후 다시 베리언트를 생성해야 합니다.

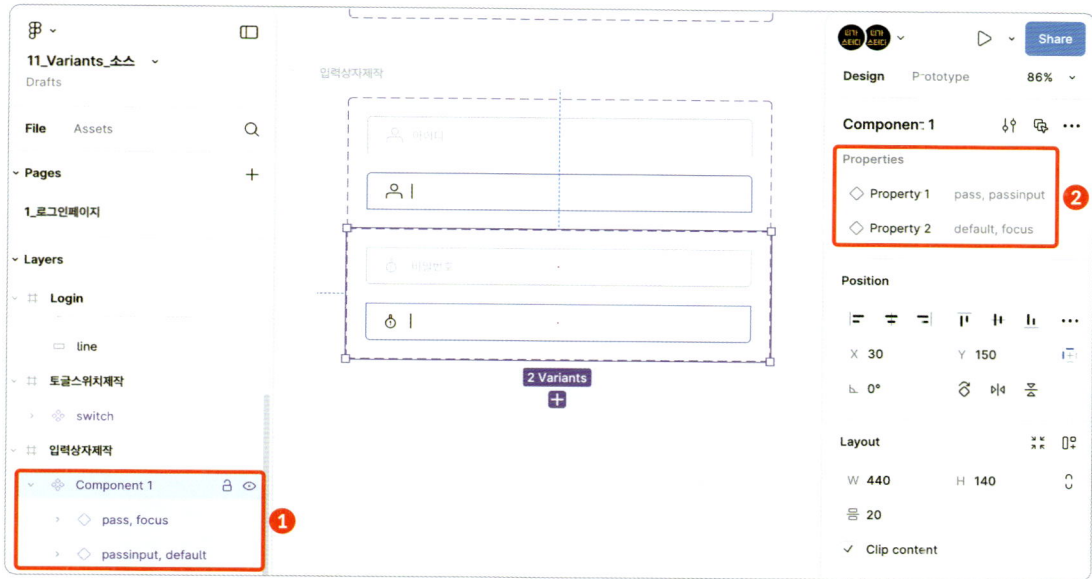

그림 11.41 베리언트가 등록된 화면

03 잘못된 베리언트를 프레임에 가져온 경우_ ❶에셋 패널에서 ❷Component 1을 불러오면 기본 상태는 표시되지만, ❸focus 상태로 바꾸려 해도 어떤 속성에서 바꿔야 할지 알 수 없어 사용이 어렵습니다. 또한, 추후에 프로토타입을 제작할 때도 정상적으로 작동하지 않게 되어 작업에 차질이 생깁니다.

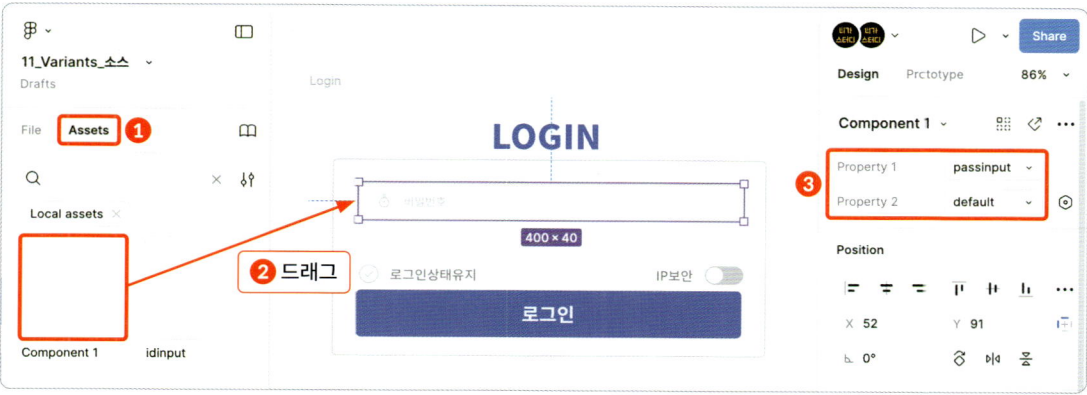

그림 11.42 디자인 프레임에 가져온 경우의 화면

이처럼 베리언트는 다양한 상태를 하나의 컴포넌트로 정리해 표현할 수 있는 강력한 기능이지만, 제작 시 컴포넌트 이름을 정확히 맞추는 것이 핵심입니다.

이제 로그인 페이지를 실제처럼 구성하고 싶은 마음이 들 것입니다. 예를 들어 체크박스를 클릭하면 체크가 되고, 스위치 버튼을 클릭하면 활성화되는 식의 시뮬레이션 말입니다. 이렇게 사용자 동작을 실제와 유사하게 구현해보는 작업을 프로토타입이라고 합니다. 다음 장에서는 이러한 프로토타입 기능을 통해 로그인 페이지를 얼마나 인터랙티브하게 만들 수 있는지 살펴보겠습니다.

CHAPTER 12

프로토타입

- 프로토타입과 인터랙션 개념 정리
- 베리언트를 활용한 로그인 페이지 프로토타입
- 이미지 슬라이더 프로토타입
- 오버레이 프로토타입
- 포지션 프로토타입

프로토타입prototype[1]은 실제 웹페이지나 애플리케이션은 아니지만, 유사하게 만든 모형을 의미합니다. 범위가 넓기 때문에 와이어프레임이나 시안 디자인도 넓은 의미에서 프로토타입으로 볼 수 있습니다. 하지만 피그마에서 말하는 프로토타입은 단순히 화면 구성이 아니라, 움직임이나 이벤트까지 포함한 실제 제품과 유사한 형태를 말합니다. 이러한 프로토타입을 통해 디자이너나 기획자의 의도를 개발자가 더 쉽게 이해할 수 있으며, 팀원 간 소통도 훨씬 원활해집니다.

이번 장에서는 피그마에서 제공하는 다양한 프로토타입 기능과 제작 방법을 알아보겠습니다.

---

1 https://ko.wikipedia.org/wiki/프로토타입

LESSON 01 | 프로토타입과 인터랙션 개념 정리

원래 프로토타입이라는 용어는 제품 디자인에서 시작되었습니다. 시제품이 나오기 전, 제품 디자인과 기능을 검토하기 위해 원형 모델을 제작하고, 이를 바탕으로 개발 검증과 양산 검증을 거쳐 최종 시제품을 만듭니다.

웹 앱 개발에서도 이 개념은 동일하게 적용됩니다. 프로토타입을 통해 팀원 간 프로젝트를 이해하고, 클라이언트에게 미리 보여주어 피드백을 받는 과정이 가능합니다. 이처럼 프로토타입은 시간과 비용을 절약할 수 있기 때문에 실무에서 매우 중요하게 사용됩니다.

피그마의 프로토타입 기능은 실제 구현된 제품은 아니지만, 작동하는 것처럼 보이는 생생한 경험을 제공합니다. 이 덕분에 팀원이나 클라이언트가 구현될 제품을 쉽게 이해할 수 있으며, 개발자 역시 작업 방향을 명확하게 파악할 수 있습니다.

저도 피그마를 강의할 때 프로토타입이 실제와 매우 유사하여, 이 자체로 웹사이트가 구현된 것이 아니냐는 질문을 자주 받습니다. 그만큼 프로토타입이 실제와 매우 유사하게 보이기 때문입니다. 하지만 이는 서버에 올린 완제품이 아니라는 점을 꼭 기억해야 합니다. 이처럼 프로토타입은 기획 단계에서 효과적인 커뮤니케이션 도구이자, 실무에서 빠질 수 없는 작업물입니다.

프로토타입 패널

프로토타입 패널은 디자인 패널과 같은 위치에 있습니다. 선택한 요소에 따라 제공되는 기능이 달라집니다.

그림 12.1은 아무 요소도 선택하지 않았을 때의 프로토타입 패널을 보여줍니다. 이 상태에서는 프로토타입을 표시할 기기를 선택할 수 있습니다. 반면, 그림 12.2는 디자인 요소를 선택했을 때의 프로토타입 패널입니다. 이 경우 Interactions(상호 작용)과 Scroll behavior(스크롤 동작) 같은 추가 기능이 표시됩니다.

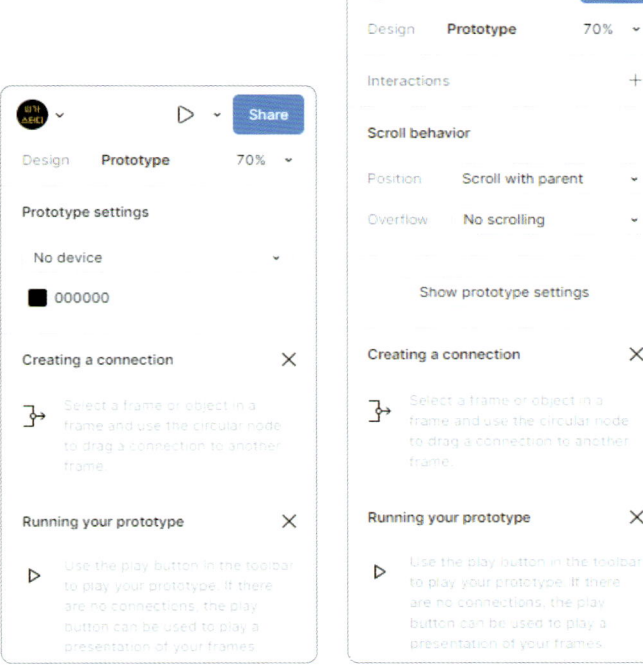

그림 12.1
아무것도 선택하지 않은 프로토타입

그림 12.2
요소를 선택한 프로토타입

다음은 프로토타입 패널의 주요 기능입니다.

- **Prototype settings(프로토타입 설정):** 프로토타입을 어떤 기기에서 보여줄지 선택합니다. 데스크톱, 태블릿, 모바일, 워치 등 다양한 기기로 프로토타입을 나타낼 수 있습니다.
- **Interaction(상호작용):** Trigger(트리거)와 Action(작업)을 설정하여 사용자 행동에 따른 상세한 움직임을 지정할 수 있습니다.
- **Scroll behavior(스크롤 동작):** 스크롤 시 특정 요소가 고정되거나 움직이는 방식 등을 설정합니다.
- **Creating a connection(연결 생성하기):** 프레임이나 컴포넌트를 드래그하여 다른 화면과 연결합니다. 이는 인터랙션 설정의 시작점이 됩니다.
- **Running your prototype(프로토타입 실행하기):** 실제처럼 프로토타입을 실행해볼 수 있습니다.

 **기기 선택**

그림 12.1에서 선택 상자를 누르면 다양한 기기 설정을 할 수 있습니다.

01 새 파일 만들기_ 피그마 홈 화면에서 [Design] 아이콘( )을 클릭합니다.

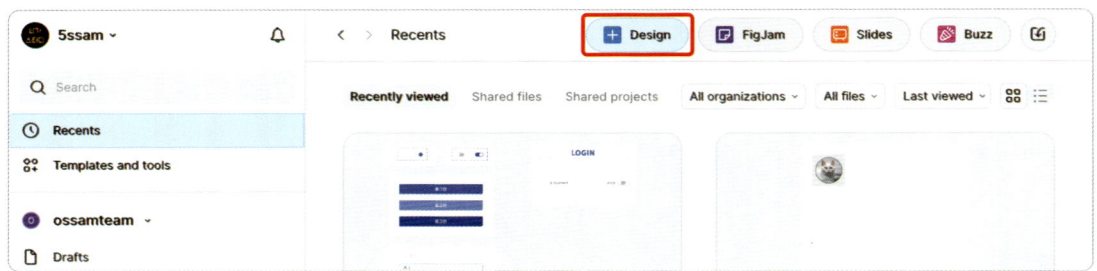

그림 12.3 피그마 홈 화면

02 페이지 제작 후 프레임 만들기_ ❶파일명을 12_프로토타입기기설정으로 변경합니다. ❷Pages에 4개의 페이지를 만듭니다. 페이지명은 그림 12.4와 같이 변경합니다. 그중 1_데스크톱기기설정 페이지를 클릭합니다. ❸프레임 툴을 누른 후, ❹Desktop 카테고리에서 [MacBook Pro 16]을 클릭합니다.

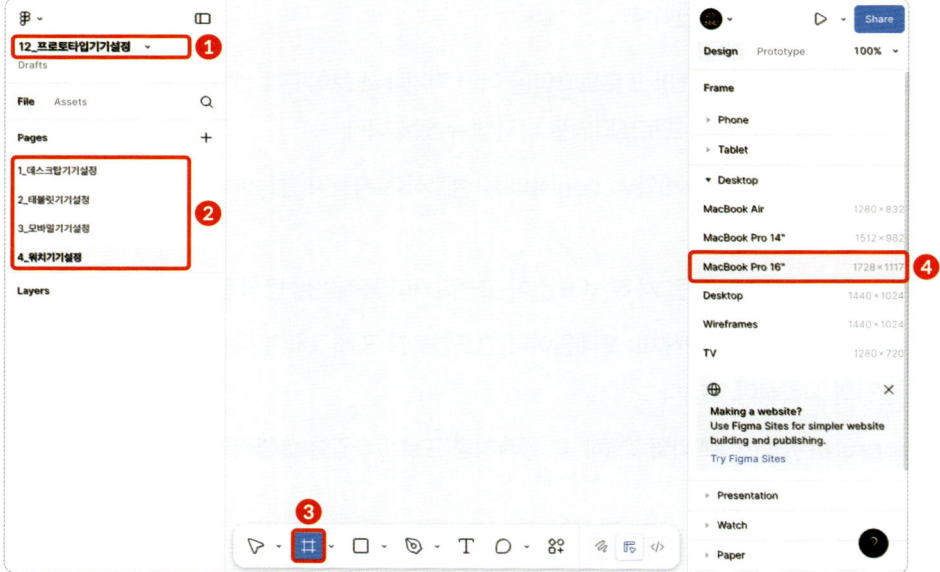

그림 12.4 페이지를 설정하는 화면

03 프로토타입 실행_ ❶빈 공간을 클릭해서 프레임 선택을 해제합니다. ❷실행 아이콘(▷)의 드롭다운 메뉴를 클릭한 후, ❸[Present(프리젠테이션)] 메뉴를 선택합니다.

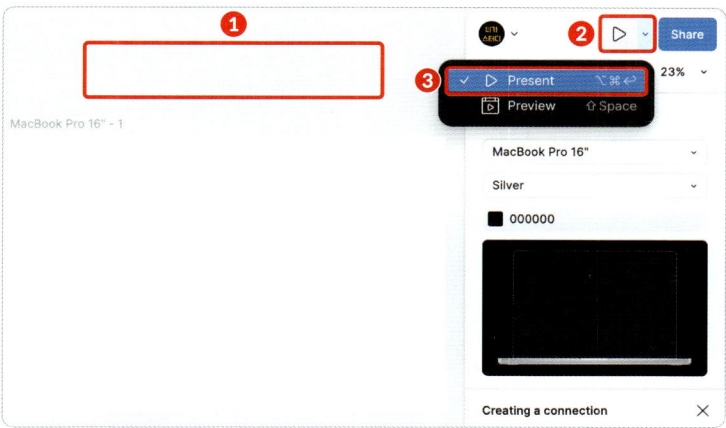

그림 12.5 프로토타입을 실행하는 화면

04 프로토타입 구현 탭_ 프로토타입을 실행하면 새로운 탭에서 프로젝트가 열리며, MacBook 기기 프레임 안에 디자인이 표시됩니다. 이는 실제 데스크톱에서 보는 것과 유사한 화면을 제공하기 위한 설정입니다. 피그마는 미국에서 개발된 프로그램이기 때문에 기기 프리셋 대부분이 애플 기기 중심으로 구성되어 있습니다.

그림 12.6 프로토타입 구현 탭 화면

05 **다른 기기 프로토타입 구현 탭_** 파일 내에 여러 페이지를 나눠서 구현한 이유는, 한 페이지에서는 하나의 기기 장치만 설정할 수 있기 때문입니다. 물론 기기 종류를 바꿀 수는 있지만, 한 페이지에 다양한 기기를 혼합해 디자인하면 프로토타입 실행 시마다 기기 설정을 변경해야 하므로 번거로울 수 있습니다. 따라서 기기별로 페이지를 나누어 디자인하는 것을 권장합니다. 그림 12.7은 기기별로 나눈 페이지에서 각각의 프로토타입을 실행한 예시입니다. 페이지별로 프레임을 구성한 뒤, 실행해보면 어떤 방식으로 보여지는지 확인할 수 있습니다.

그림 12.7 왼쪽부터 태블릿, 모바일, 워치 구현 모습

06 **기기 색상 변경_** 또한, 색상 선택 상자를 눌러 프로토타입의 배경색을 자유롭게 변경할 수 있습니다. 이처럼 피그마는 프로토타입을 실제 환경에 가깝게 보여주기 위해 다양한 기능을 제공하고 있으며, 이를 통해 디자이너와 클라이언트, 개발자 간의 소통이 훨씬 원활해집니다.

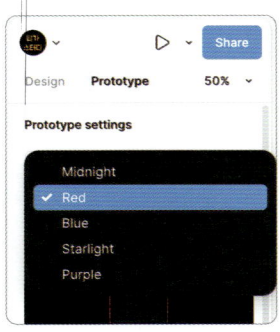

그림 12.8 기기 색상을 변경하는 화면

연결 만들기

인터랙션은 단일 요소에서도 사용할 수 있지만, 대부분은 요소 간의 연결을 통해 이루어집니다. 따라서 요소 간 연결을 만들기 위해 사용되는 용어들을 먼저 살펴보겠습니다.

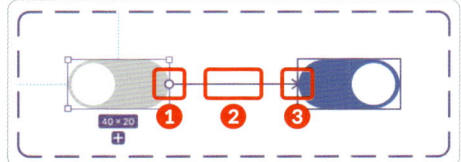

그림 12.9 요소와 요소가 연결되는 화면

① **핫스팟**hotspot: 원형 모양의 아이콘으로, 인터랙션이 시작되는 지점을 의미합니다.
② **연결선**connection: 요소들을 연결하는 선입니다. 이 선을 클릭하면 해당 인터랙션 창이 열리며, 선을 삭제하면 연결도 함께 해제됩니다.
③ **도착점**destination: 연결선의 끝에 있는 요소로, 인터랙션의 도착 지점입니다.

연결은 프레임끼리도 가능하며, 일반 요소에도 설정할 수 있습니다. 또한, 베리언트로 제작한 요소들 사이를 연결하는 경우도 많습니다.

인터랙션 창

- **Trigger(트리거):** 인터랙션이 발생하는 시점이나 조건을 의미합니다. 자바스크립트에서는 '이벤트'라는 용어로 사용됩니다.
- **Action(작업):** 트리거가 발생했을 때 어떤 동작이 일어날지 지정합니다.
- **State:** 베리언트 요소인 경우 활성화됩니다.
- **Animation(애니메이션):** 전환 시의 움직임 효과를 지정합니다.

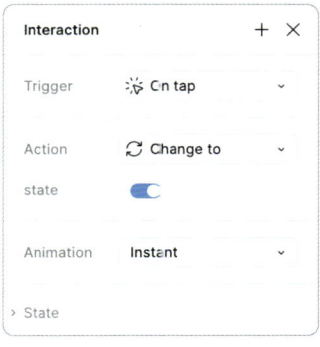

그림 12.10 인터랙션 창

트리거의 종류

그림 12.11은 트리거 항목 옆의 드롭다운을 클릭하여 사용 가능한 트리거 목록을 표시한 화면입니다.

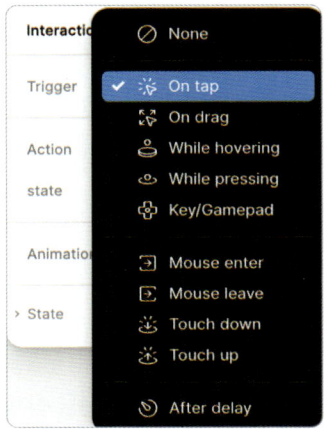

그림 12.11 트리거를 활성화한 화면

표 12.1에서 트리거명이 2개가 있는 경우는 기기 사이즈에 따라 나타나는 것으로, 데스크톱 사이즈에서는 마우스 관련 이벤트로 처리되고, 모바일이나 태블릿 사이즈에서는 터치 관련 이벤트로 처리됩니다. 자바스크립트를 잘 알고 있다면 표 12.1의 트리거가 익숙할 것입니다. 생소하다면 이번 기회에 잘 익혀 두세요.

표 12.1 트리거의 종류

트리거 명	설명
On tap/On click(클릭 시)	요소를 탭했을 때/요소를 클릭했을 때
On drag(드래그 시)	요소를 가로 혹은 세로 방향으로 드래그했을 때
While hovering(마우스를 올리는 동안)	■ 요소에 마우스를 올리고 있는 동안 발생합니다. ■ Mouse enter와 Mouse leave를 번갈아 실행합니다.
While pressing(누르는 동안)	■ 요소를 마우스로 꾹 누르는 동안 발생합니다. ■ Touch down과 Touch up을 번갈아 실행합니다.
Key/Gamepad(키/게임 패드)	키보드나 엑스박스 등의 게임 패드로 입력할 때
Mouse enter(마우스 들어옴)	마우스가 요소에 들어갔을 때
Mouse leave(마우스 나가기)	마우스가 요소에서 떠날 때
Touch down/Mouse Down(마우스 누를 때)	터치해서 꾹 누르고 있을 때/마우스로 꾹 누를 때
Touch up/Mouse Up(마우스 버튼 떼기)	터치했다가 뗐을 때/마우스로 눌렀다 뗐을 때
After delay(지연 후)	일정 시간이 지났을 때

액션의 종류

그림 12.12는 액션 항목 옆의 드롭다운을 클릭하여 사용 가능한 액션 목록을 표시한 화면입니다.

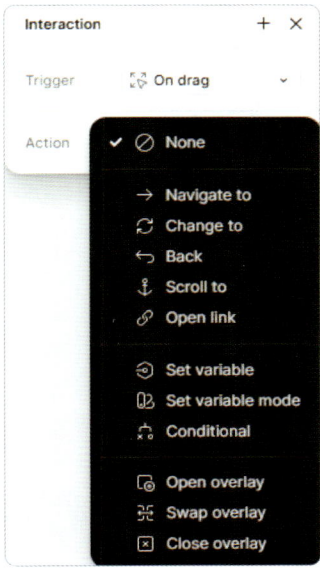

그림 12.12 액션을 활성화한 화면

액션 명령의 종류는 표 12.2와 같습니다. 많은 명령을 한 번에 외우는 건 쉽지 않기 때문에 실습을 하면서 습득하길 권장합니다.

표 12.2 Action의 종류

액션 명	설명
Navigate to(~로 이동)	연결한 프레임으로 이동합니다.
Change to(변경)	베리언트 내에서 연결했을 때 해당 컴포넌트로 바뀝니다.
Back(뒤로)	이전 화면으로 돌아갈 수 있습니다. 프로토타입의 '뒤로' 버튼을 작업할 때 적합합니다.
Scroll to(스크롤하여 이동)	최상위 프레임 내의 모든 요소로 스크롤할 수 있습니다.
Open link(링크 열기)	외부의 URL로 연결할 수 있습니다. 프로토타입 실행에서 구현되는 것은 아니고 브라우저로 연결됩니다.
Set variable(변수 설정)	변수 설정 작업을 사용하면 프로토타입 트리거의 결과로 변숫값을 설정하거나 수정할 수 있습니다.
Set variable mode(변수 모드 설정)	프로토타입을 작성하는 동안 페이지의 변수 모드를 변경하려면 이 작업을 사용합니다.
Conditional(조건부)	조건에 따라 명령을 처리합니다.
Open overlay(오버레이 열기)	이 작업을 수행하면 현재 프레임 위에 연결된 프레임이 열립니다. 팝업, 패널 등에 사용하면 좋습니다.
Swap overlay(오버레이 교체)	한 프레임을 다른 프레임으로 교체할 수 있습니다.
Close overlay(오버레이 닫기)	원본 프레임 위에 나타난 오버레이를 닫을 수 있습니다.

애니메이션의 종류

그림 12.13은 애니메이션 옆의 선택 상자를 눌러 드롭다운 메뉴를 활성화한 것입니다.

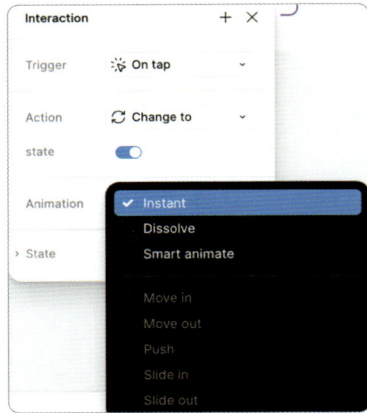

그림 12.13 명령을 활성화한 화면

명령의 종류는 표 12.3과 같습니다. Instant, Dissolve, Smart Animate를 제외하고는 조건에 맞아야 활성화됩니다.

표 12.3 애니메이션의 종류

애니메이션 명	설명
Instant(인스턴트)	핫스팟과 상호작용할 때(클릭하거나 마우스를 올리거나 클릭하는 경우) 즉시 대상 프레임을 표시합니다.
Dissolve(디졸브)	원본 프레임 위에 있는 대상 프레임에서 페이드됩니다.
Smart Animate(스마트 애니메이션)	여러 프레임에 걸쳐 존재하고 일치하는 레이어를 찾습니다. 일치하는 레이어의 경우 변경된 내용을 인식하고 전환을 적용하여 레이어 사이를 원활하게 이동할 수 있습니다.
Move In(안으로 이동) / Move Out(밖으로 이동)	대상 프레임을 원본 프레임 위로 밀어넣거나 뺍니다.
Push(푸시)	대상 프레임이 보기로 이동함에 따라 원래 프레임을 밀어냅니다.
Slide In(슬라이드 인) / Slide Out(슬라이드 아웃)	슬라이드는 대상 프레임을 보기 안팎으로 이동합니다.

프로토타입 실행

프로젝트를 실행하는 방법은 Present(프리젠테이션)로 새 탭으로 띄우는 방법과 Preview(미리 보기)로 새 창으로 띄우는 방법이 있습니다. 실행 아이콘의 드롭다운 버튼을 누르면 두 가지를 선택할 수 있고, 실행 아이콘을 누르면 기본적으로 Present로 실행됩니다.

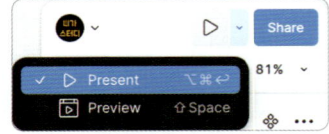

그림 12.14 프로토타입 실행 화면

Present를 실행한 화면

Present를 선택하면 새 탭으로 실행됩니다. 기기 설정을 한 후 볼 때나 디자인이 많을 때 보기에 적합합니다.

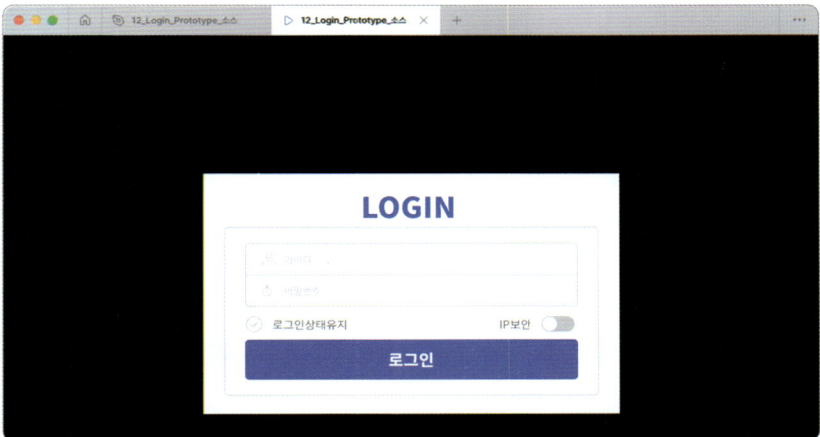

그림 12.15 Present를 실행한 화면

Preview를 실행한 화면

Preview는 새 창에서 프로토타입을 실행할 수 있는데, 디자인과 비교하면서 볼 수 있습니다. 대신 창을 크게 보면 불편하고 기기 지원은 하지 않습니다.

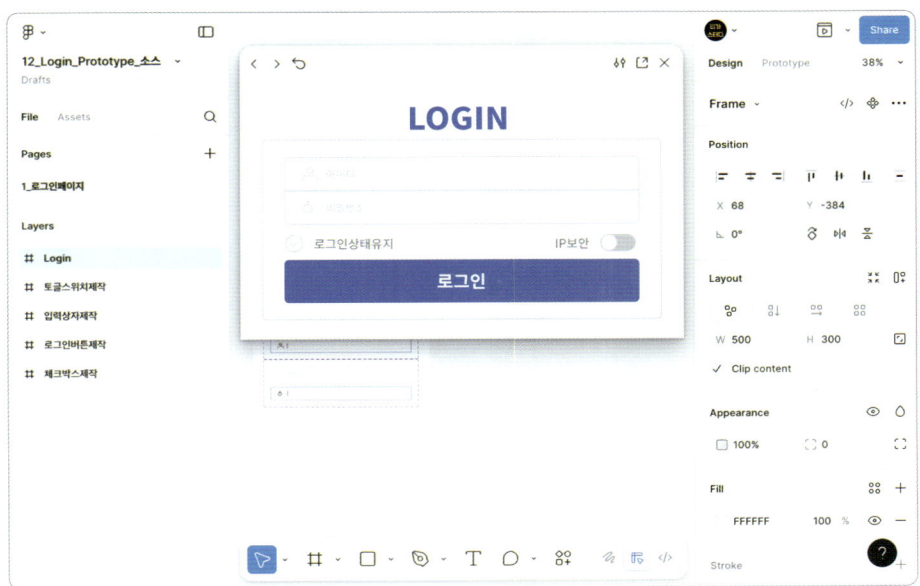

그림 12.16 Preview를 실행한 화면

LESSON 02 베리언트를 활용한 로그인 페이지 프로토타입

이번에는 앞에서 제작한 로그인 페이지를 프로토타입으로 구현해보겠습니다.

01 예제 파일 확인하기_ 예제 파일의 12장 폴더에서 12_Login_Prototype_소스.fig 파일을 피그마로 불러옵니다. 이 파일은 11장에서 제작한 로그인의 완성 파일과 같습니다.

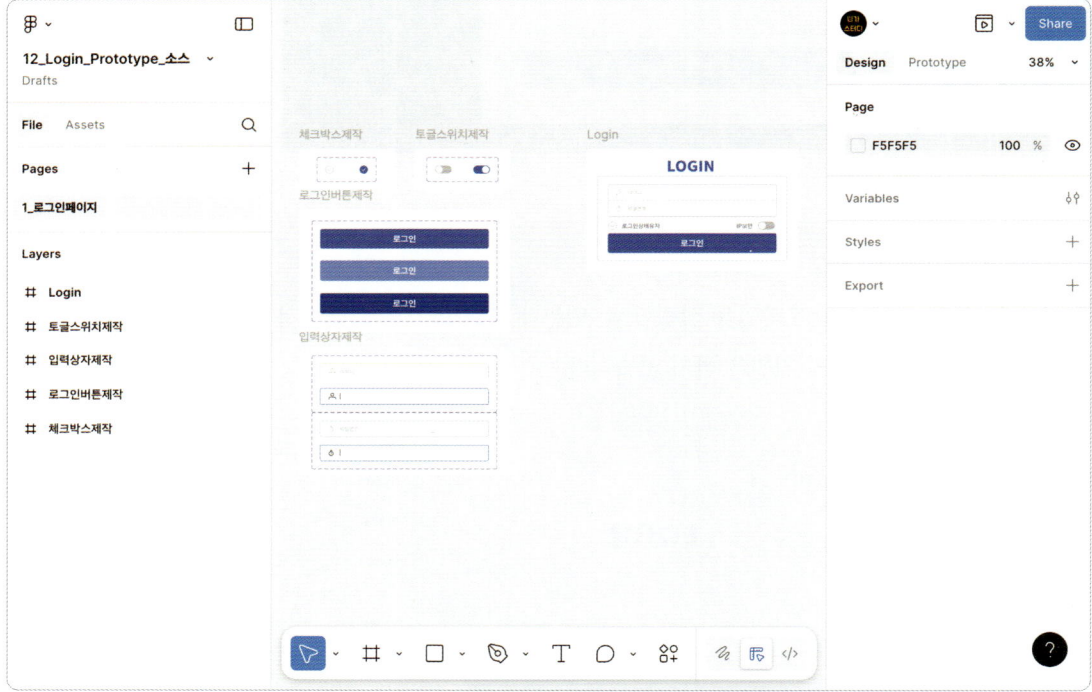

그림 12.17 예제 파일을 불러온 화면

02 회색 체크박스에서 핫스팟 찾기_
우선 체크박스제작 프레임을 선택합니다. 핫스팟은 디자인 패널에서는 보이지 않기 때문에, ❶먼저 프로토타입 패널로 전환합니다. 그다음 회색 체크박스 요소를 선택하면 핫스팟이 나타납니다. 그림 12.18에서는 오른쪽에 표시되어 있지만, 핫스팟은 요소의 상하좌우 어디에서든 드래그할 수 있습니다. ❷이제 핫스팟을 파란색 체크박스 쪽으로 끌어당깁니다.

그림 12.18 핫스팟을 찾는 화면

03 회색 체크박스 인터랙션 처리_
핫스팟을 파란색 체크박스에 제대로 연결하면 두 요소 사이에 연결선이 생기며, 인터랙션 설정 창이 자동으로 뜹니다. 트리거는 [On click]으로 설정합니다. 액션은 [Change to]로 설정합니다. 베리언트로 만든 체크박스에서, 회색 체크박스는 default 상태이고 파란색은 checked 상태이므로, 클릭 시 checked 상태로 변경한다는 뜻입니다. 애니메이션은 [Instant]로 처리해 시간차 없이 즉시 상태가 변경되도록 설정합니다.

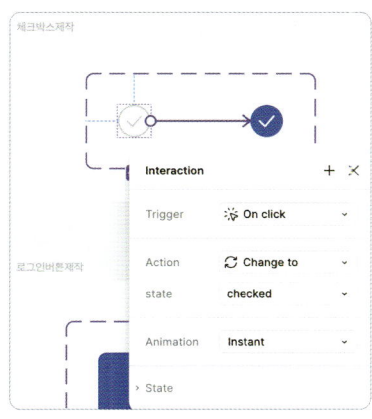

그림 12.19 회색 체크박스 인터랙션 창

결과적으로 회색 체크박스를 클릭하면 곧바로 checked 상태로 전환되는 인터랙션이 완성됩니다. 그림 12.21처럼 연결되었을 때 자동으로 그림 12.21처럼 나올 겁니다.

04 파란색 체크박스에서 핫스팟 찾기_ 파란색 체크박스를 선택 후 마우스를 올리면 핫스팟이 나타납니다. 핫스팟은 상하좌우 중 편한 곳에서 드래그하면 됩니다.

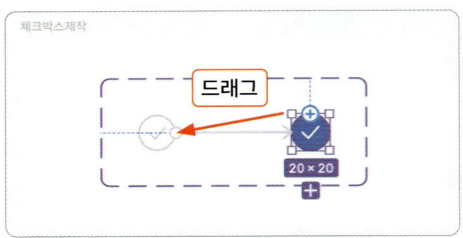

그림 12.20 파란색 체크박스에서 핫스팟 당기는 화면

05 파란색 체크박스 인터랙션 처리_ 인터랙션 창의 설정은 그림 12.21을 참고하여 설정합니다. 아마 변경할 것이 없이 기본값 그대로 나타날 것입니다. 파란색 체크박스를 클릭했을 때 default 상태로 즉시 변경하라는 뜻입니다.

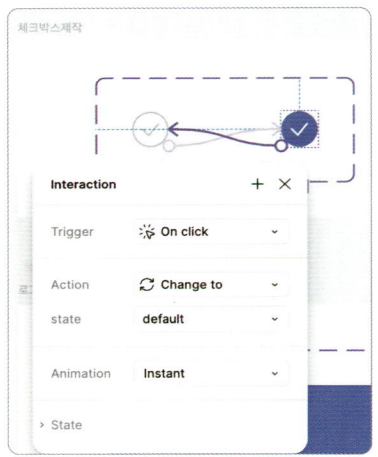

그림 12.21 파란색 체크박스 인터랙션 창

06 **회색 스위치 버튼의 인터랙션_** 이번에는 토글스위치제작 프레임으로 이동합니다. 회색 스위치 버튼에서 핫스팟을 찾아, 파란색 스위치 버튼으로 드래그합니다. 그러면 두 요소 사이에 연결선이 생기고, 인터랙션 설정 창이 나타납니다. 토글 스위치는 상태 전환이 자연스럽게 이루어지도록 애니메이션은 [Smart animate]로 설정합니다. Duration(지속 시간)은 200ms로 설정하고, Curve(곡선)에서 [Ease out(천천히 나감)]으로 지정하겠습니다. 200ms, 즉 0.2초 동안 상태가 변경되도록 설정한 것이고, Ease out은 초반에는 빠르게, 후반에는 느리게 변화되는 감속 느낌의 속도감입니다.

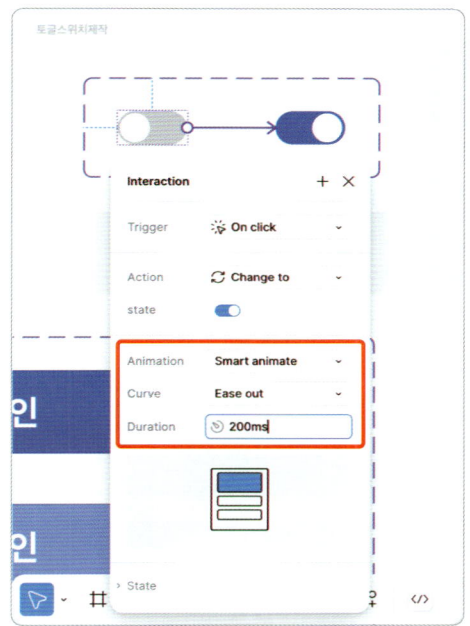

그림 12.22 회색 스위치 버튼 인터랙션 창

참고로, Curve 항목은 CSS의 `animation-timing-function`과 유사한 역할을 합니다. 피그마에서는 모든 값을 제공하지는 않지만, 기본적인 속도감 설정이 가능하므로 개발자들이 실제 애니메이션을 구현할 때 도움이 됩니다.

State 항목은 이번에도 스위치 버튼으로 자동 설정됩니다. 이처럼 베리언트를 사용할 때는 on/off 같은 추상적인 이름보다 상태를 정확히 설명하는 이름을 지정해두는 것이 좋습니다. 결과적으로 이번 인터랙션은 회색 스위치 버튼을 클릭했을 때, 활성화(파란색) 상태로 0.2초의 시간차를 두고 부드럽게 전환하라는 명령입니다.

CHAPTER 12 프로토타입 **329**

07 파란색 스위치 버튼의 인터랙션_ 파란색 스위치 버튼에서 핫스팟을 찾아 회색 스위치 버튼으로 드래그합니다. 애니메이션 부분은 지난번 것을 기억해서 그대로 지정합니다(그림 12.23 참고). 이번 인터랙션은 파란색 스위치 버튼을 클릭했을 때 비활성화 상태로 0.2초의 시간차를 두고 부드럽게 전환하라는 명령입니다.

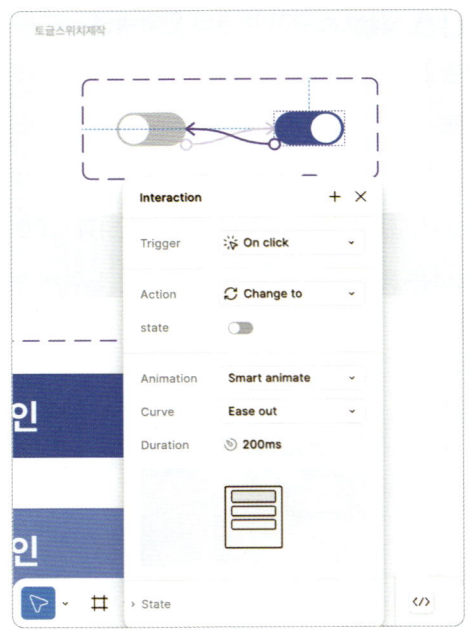

그림 12.23 파란색 스위치 버튼 인터랙션 창

08 default 로그인 버튼의 인터랙션_ 이번에는 로그인버튼제작 프레임으로 이동하여 로그인 버튼의 인터랙션을 설정해보겠습니다.

이 프레임에는 세 가지 버튼이 있는데, 맨 위의 버튼은 `default`, 두 번째 버튼은 `hover`, 맨 아래의 버튼은 `active` 상태입니다. 먼저 default 로그인 버튼에서 핫스팟을 찾아 hover 로그인 버튼으로 연결합니다. 이번 인터랙션의 트리거는 클릭이 아니라 [While hovering]으로 설정합니다. 이는 마우스가 버튼 위에 올라가 있는 동안 명령을 실행하라는 의미입니다.

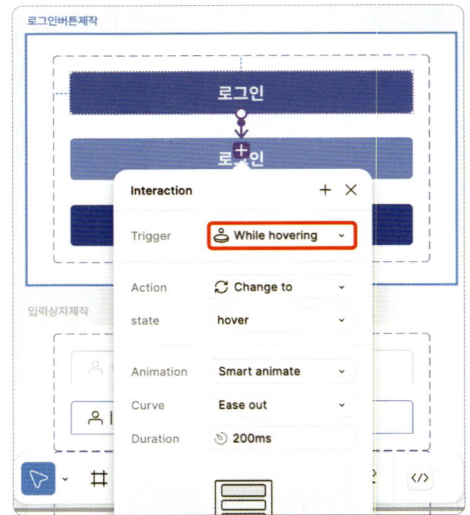

그림 12.24 default 로그인 버튼의 인터랙션 창

애니메이션은 기본값을 그대로 사용하며, hover 상태로 0.2초의 시간차를 두고 자연스럽게 전환되도록 합니다. 이때 마우스를 떼면 다시 default 상태로 돌아갑니다.

09 hover 로그인 버튼의 인터랙션_ 다음으로 hover 로그인 버튼에서 핫스팟을 찾아 active 로그인 버튼으로 연결합니다. 이번에는 트리거를 [While pressing]으로 설정합니다. 이는 마우스를 꾹 누르고 있거나 터치 중일 때 상태가 바뀌는 것을 의미합니다. 이때도 0.2초의 시간차를 두고 자연스럽게 active 상태로 전환됩니다. 마우스를 누르지 않으면 다시 hover 상태로 돌아갑니다.

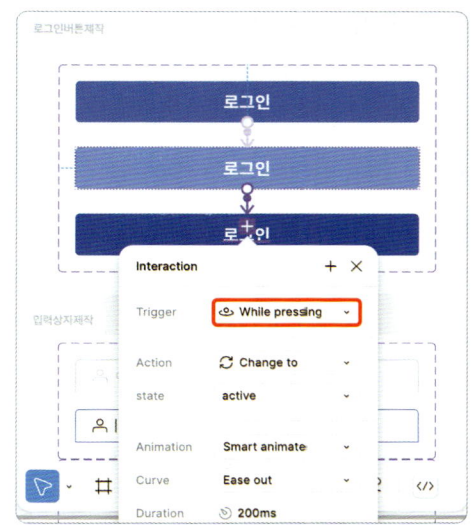

그림 12.25 hover 로그인 버튼의 인터랙션 창

10 active 로그인 버튼의 인터랙션_ 이제 active 로그인 버튼에서 핫스팟을 찾아 default 로그인 버튼으로 연결합니다.

이번에 트리거는 [Mouse leave]로 버튼에서 마우스가 벗어날 때를 의미하며, 이를 통해 active 상태에서 마우스가 떠나면 default 상태로 0.2초의 시간차를 두고 자연스럽게 전환하게 됩니다. 이 설정이 없으면 사용자가 버튼을 누른 채 마우스가 버튼에서 벗어나더라도 버튼이 계속 active 상태로 유지되므로 꼭 추가해줘야 합니다.

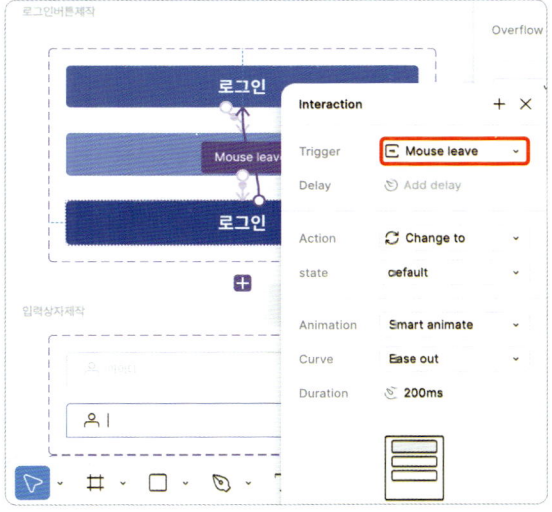

그림 12.26 active 로그인 버튼의 인터랙션 창

11 default 아이디 입력 상자의 인터랙션_ 이번에는 입력상자제작 프레임으로 이동합니다. 입력 상자는 아이디 입력 상자와 비밀번호 입력 상자로 나뉘어 있는데, 아이디 입력 상자부터 설정해보겠습니다. 입력 상자는 보통 초점을 받지 않은 default 상태와 초점을 받은 focus 상태로 나뉩니다. 현재는 트리거에서 focus 이벤트가 지원되지 않으므로 여기서는 [On click]으로 설정하겠습니다.

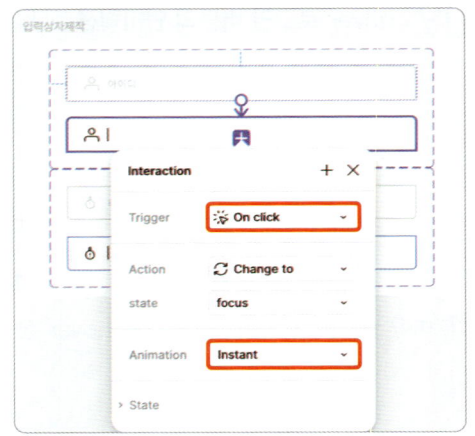

그림 12.27 default 아이디 입력 상자의 인터랙션 창

✚ 아쉽게도 2025년 10월 현재 피그마가 focus 이벤트는 지원하지 않습니다. 하지만 계속 진화하고 있기 때문에 언젠가는 나오지 않을까요? 피그마 포럼에도 많은 개발자나 디자이너들이 문의를 하고 있긴 하지만, 아직 구현되지는 않은 상태입니다.

애니메이션은 [Instant]로 설정하여 즉시 전환되게 합니다. default 아이디 입력 상자에서 핫스팟을 찾아 focus 아이디 입력 상자로 당겨줍니다. default 아이디 입력 상자를 클릭하면 focus 아이디 입력 상자로 즉시 변화하겠다는 뜻입니다.

12 focus 아이디 입력 상자의 인터랙션_ focus 아이디 입력 상자에서 핫스팟을 찾아 default 아이디 입력 상자로 연결합니다. 자바스크립트에서는 이런 이벤트를 blur라고 부르지만, 이 역시 피그마에는 아직 해당 트리거가 존재하지 않습니다. 그래서 이번 트리거는 [Mouse leave]로 대체하겠습니다.

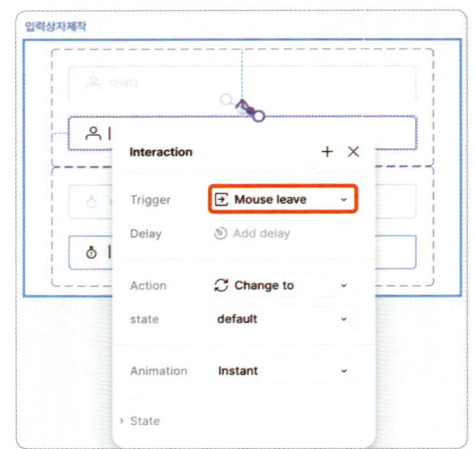

그림 12.28 focus 아이디 입력 상자의 인터랙션 창

✚ 다만, 이렇게 구현이 정확하지 않을 때는 코멘트 툴로 개발자에게 알려주는 것이 협업할 때 편리합니다.

이번 인터랙션은 focus 입력 상자에서 마우스가 벗어나면 default 상태로 즉시 복귀하라는 뜻입니다.

13 default 비밀번호 입력 상자의 인터랙션_ 비밀번호 입력 상자는 아이디 입력 상자와 상태가 같으므로 명령도 동일합니다. default 비밀번호 입력 상자에서 핫스팟을 찾아 focus 비밀번호 입력 상자로 연결합니다. 트리거만 [On click]으로 변경합니다.

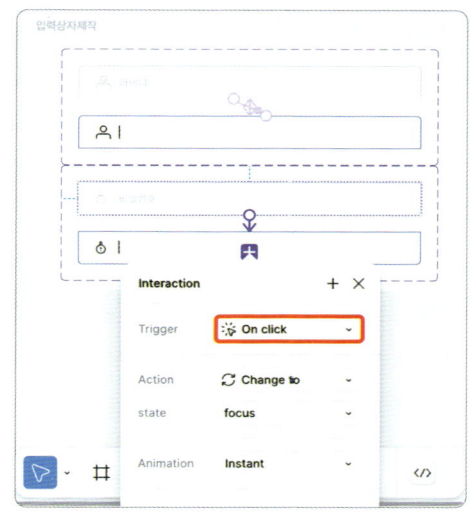

그림 12.29 default 입력 상자의 인터랙션 창

14 focus 비밀번호 입력 상자의 인터랙션_ focus 비밀번호 입력 상자에서 핫스팟을 찾아 default 비밀번호 입력 상자로 연결합니다. 트리거만 [Mouse leave]로 변경합니다.

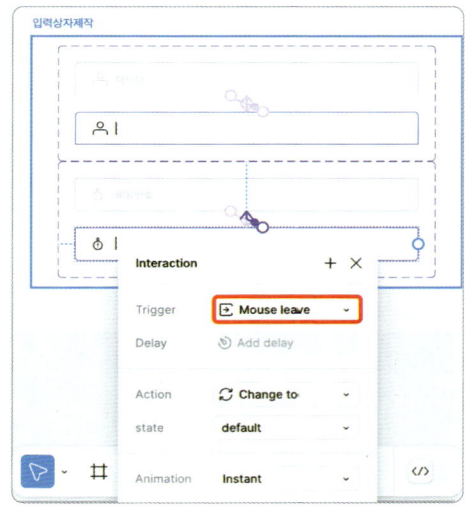

그림 12.30 focus 입력 상자의 인터랙션 창

15 프로토타입 실행하기_ 프로토타입을 위한 인터랙션은 베리언트 부분에서 처리했지만, 프로토타입 실행은 디자인이 구현된 프레임에서 해야 합니다. Login 프레임을 선택하고 나서 실행 아이콘(▷)을 눌러 프로토타입을 실행합니다.

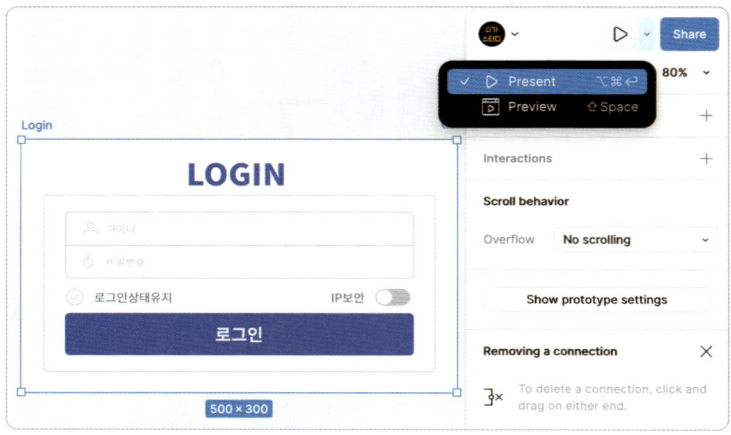

그림 12.31 프로토타입을 실행하는 화면

16 새 탭을 실행한 프로토타입_ 새 탭으로 프로토타입이 구현되어 있습니다. 그림 12.32는 체크박스와 스위치 버튼을 체크한 것을 나타냅니다. 아쉽게도 구현하는 장면을 제공할 수 없지만, 여러분이 직접 실행해보길 바랍니다.

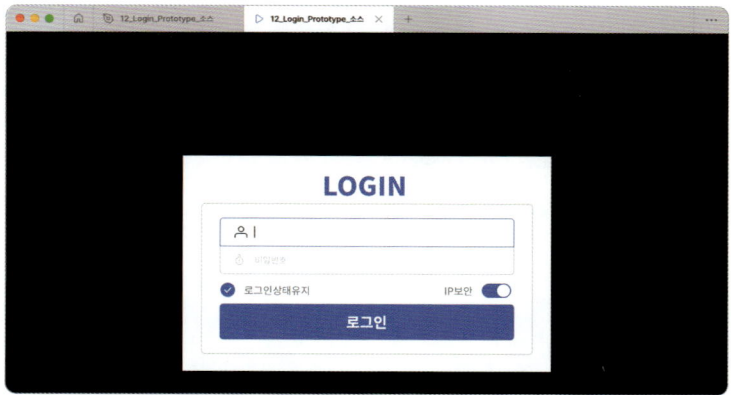

그림 12.32 프로토타입이 구현된 화면

체크박스와 스위치 버튼을 클릭해보고, 아이디와 비밀번호 입력 상자도 클릭해봅니다. 로그인 버튼에 마우스를 올려보기도 하고, 꾹 눌러보길 바랍니다. 그러면 실제 로그인 페이지와 유사하다는 것을 느낄 것입니다. 아쉽게도 아이디와 비밀번호 입력 상자에 글자를 입력할 수는 없습니다.

LESSON 03 이미지 슬라이더 프로토타입

슬라이더slider[1]는 사용자가 인디케이터indicator를 움직여 값을 설정할 수 있는 그래픽 제어 요소입니다. 특히, 웹사이트 제작에서 메인 이미지 영역에 자주 사용되며, 이를 이미지 슬라이더라고 부르기도 합니다. 한 화면에 다양한 배너 광고를 순차적으로 보여주기 위해 슬라이더가 활용됩니다.

인디케이터는 버튼일 수도 있고, 터치 이벤트나 스와이프 이벤트일 수도 있습니다. 디자이너들은 이를 캐러셀carousel이라고 부르기도 하는데, 이는 웹 앱 제작 시 여러 개의 이미지, 비디오, 텍스트 등을 일정한 간격으로 순서대로 보여주는 UI 요소를 의미합니다. 많은 웹 개발자들이 슬라이더 관련 플러그인을 사용해 캐러셀을 구현하기 때문에, 이 책에서는 통일하여 슬라이더라는 용어를 사용하겠습니다.

이해를 돕기 위해 그림 12.33으로 설명하겠습니다. 예를 들어 보여주고 싶은 배너가 3개 있다면, 각 배너를 하나의 슬라이드로 제작하고 프레임에 배치합니다. 프로토타입을 실행하면 Slide01을 먼저 보여주고, 그다음에는 Slide02, 마지막으로 Slide03까지 보여주면 다시 Slide01로 돌아가는 방식입니다. 물론 슬라이드는 반복되도록 설정할 수도 있고, 한 번만 보이게 설정할 수도 있습니다. 하지만 대부분의 메인 이미지 슬라이더는 일정 시간마다 자동으로 반복되도록 구성합니다.

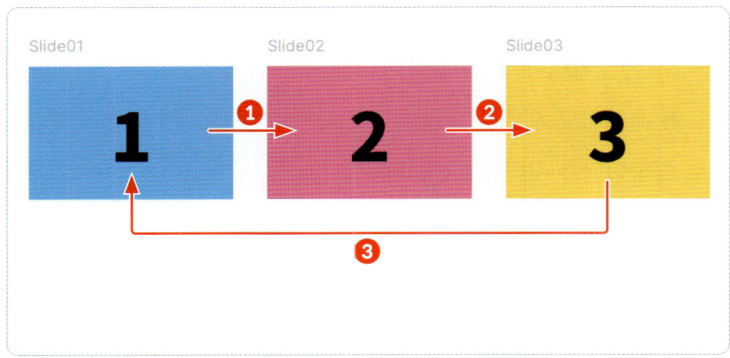

그림 12.33 슬라이더의 예시 화면

---

1 https://ko.wikipedia.org/wiki/슬라이더_(컴퓨팅)

그림 12.34는 이 책에서 구현할 슬라이더입니다. 사진과 가운데 텍스트까지 포함된 하나의 완성된 화면을 하나의 슬라이드로 봅니다. 총 3개의 슬라이드를 구현하고, 이를 제어하는 인디케이터는 다음 세 가지 방식으로 구성할 예정입니다.

그림 12.34 슬라이더와 인디케이터

첫 번째 인디케이터는 자동 구현autoplay입니다. 일정 시간 간격으로 슬라이드를 자동으로 전환합니다. 두 번째 인디케이터는 ❶이전 버튼과 ❷다음 버튼입니다. 사용자가 직접 슬라이드를 좌우로 넘길 수 있게 합니다. 웹에서는 주로 화살표 형태의 버튼을 사용하며, 방향 버튼direction button이라고 많이 부릅니다. 세 번째 인디케이터는 ❸페이지네이션pagination입니다. 현재 위치를 알려주고 특정 슬라이드로 바로 이동할 수 있도록 하는 버튼입니다. 일반적으로 원형 형태의 버튼으로 많이 제작합니다.

슬라이더를 구현할 때 애니메이션 방식도 다양합니다. 기존 슬라이드를 새로운 슬라이드가 밀어내는 푸시push 방식, 같은 자리에서 슬라이드가 사라지고 새로운 슬라이드가 나타나는 페이드fade 방식이 대표적입니다. 이 책에서는 푸시 방식으로 슬라이더를 구현해보겠습니다.

01 **예제 파일 불러오기_** 예제 파일의 12장 폴더에서 12_ImageSlider_소스.fig 파일을 피그마로 불러옵니다. 베리언트 모음 프레임은 인디케이터 제작을 위한 버튼 베리언트를 모아둔 것입니다. Slide01~Slide03 프레임은 구현할 슬라이드입니다.

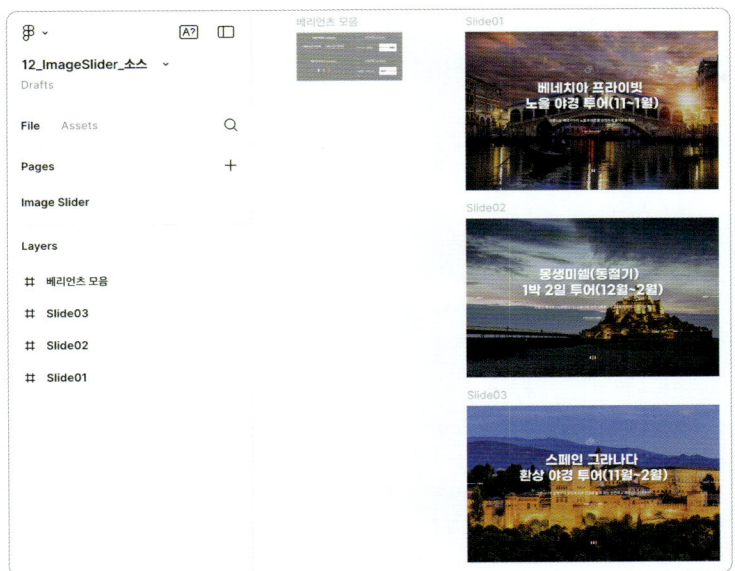

그림 12.35 예제 파일을 불러온 화면

02 **프로토타입 기기 확인_** 그림 12.36은 Slide01 프레임에서 프로토타입을 실행한 화면입니다. Slide01~Slide03 프레임은 모두 MacBook Pro 16 사이즈로 제작했습니다.

✚ 프로토타입에서 화면 하단의 버튼을 클릭하면 다른 프레임으로 이동할 것입니다.

그림 12.36 Slide01에서 프로토타입을 실행한 화면

03 베리언트 프레임 확인_ 그림 12.37에서 더보기버튼은 인디케이터와 상관없이 슬라이드를 꾸며주는 디자인 요소로 사용했습니다. 보통 메인 이미지 슬라이더는 사이트에서 가장 강조하고 싶은 배너 영역이기 때문에, 더 보기 버튼을 통해 상세 페이지로 이동하는 기능을 자주 구현합니다. 더 보기 버튼도 마우스를 올리면 변화가 있도록 베리언트를 통해 제작하고 프로토타입을 설정했습니다.

한편, 이전버튼, 다음버튼, 페이지네이션은 슬라이드의 인디케이터로 클릭 시 다른 슬라이드로 이동합니다. 역시 베리언트로 제작하고 프로토타입을 설정했습니다.

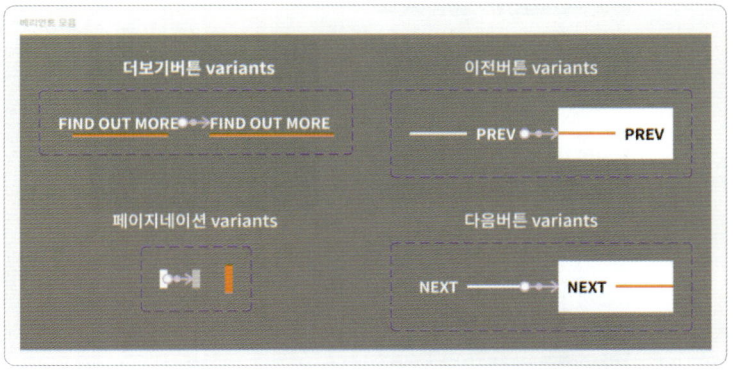

그림 12.37 베리언트 모음 프레임

04 베리언트 인터랙션 확인_ 버튼들의 인터랙션도 미리 설정해놓았습니다. ❶프로토타입 패널에서 확인할 수 있으며, ❷베리언트 전부 마우스를 올렸을 때 변화하도록 설정했습니다.

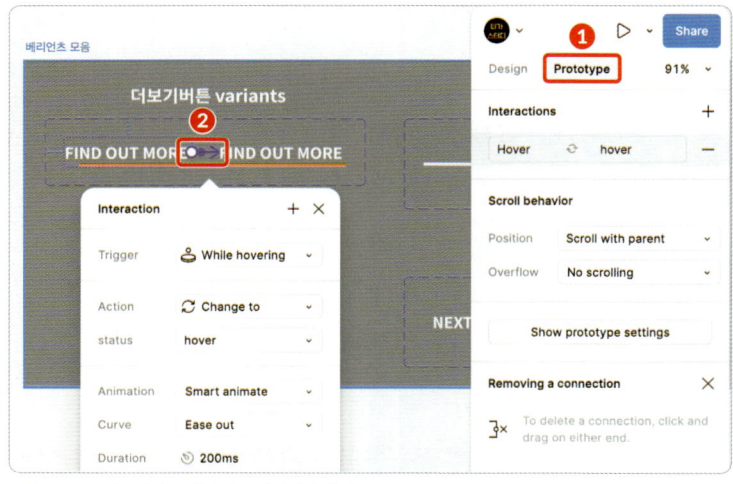

그림 12.38 더보기버튼 베리언트 인터랙션 확인

이전버튼의 프로토타입도 시간만 다르고, 마우스를 올렸을 때 변화하는 것입니다. **다음버튼**도 같기 때문에 따로 그림으로 살펴보지는 않겠습니다.

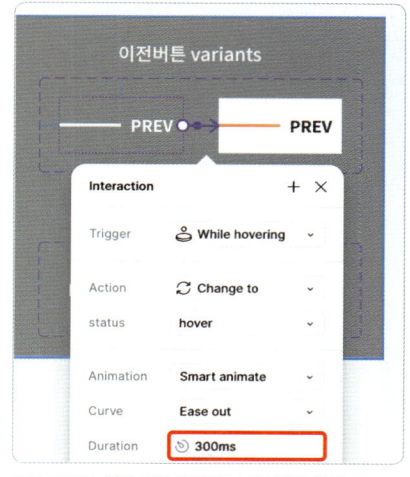

그림 12.39 이전 버튼 베리언트 인터랙션 확인

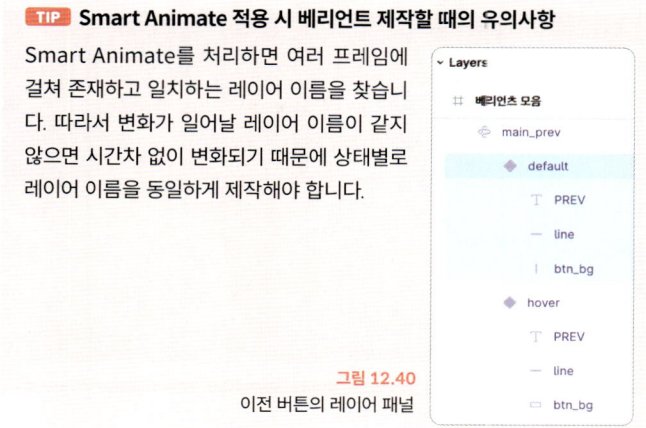

TIP **Smart Animate** 적용 시 베리언트 제작할 때의 유의사항

Smart Animate를 처리하면 여러 프레임에 걸쳐 존재하고 일치하는 레이어 이름을 찾습니다. 따라서 변화가 일어날 레이어 이름이 같지 않으면 시간차 없이 변화되기 때문에 상태별로 레이어 이름을 동일하게 제작해야 합니다.

그림 12.40 이전 버튼의 레이어 패널

05 페이지네이션 베리언트 인터랙션 확인_ 페이지네이션은 다른 버튼과는 다르게 3개로 구성되어 있습니다. 오른쪽에 있는 주황색의 사각형은 활성화된 상태입니다. 슬라이드가 몇 번째 슬라이드인지 표시해주기 위해 만들어놓은 상태입니다. 왼쪽의 2개는 역시 default와 hover 상태로 프로토타입이 연결되어 있습니다.

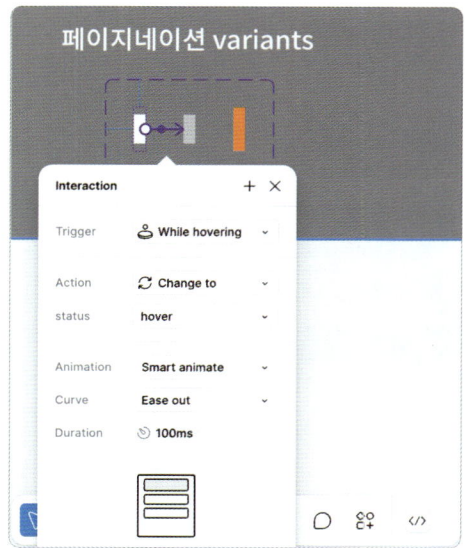

그림 12.41 페이지네이션의 인터랙션 확인

Slide01에서는 첫 번째 버튼이 주황색으로 처리되고, Slide02에서는 두 번째, Slide03은 세 번째 버튼이 주황색으로 처리되어 몇 번째 슬라이드인지 표시합니다.

그림 12.42 Slide01의 페이지네이션을 확대한 화면

06 After delay를 통한 자동 실행 처리

1 Slide01 프레임 처리_ 프로토타입 패널에서 Slide01 프레임을 선택합니다. 먼저 Slide01에서 핫스팟을 찾아 Slide02로 드래그해 연결합니다. 그러면 인터랙션 설정 창이 나타나는데, 트리거를 [After delay]로 변경합니다. After delay는 명령을 실행할 때 지정한 시간만큼 지연된 후 동작이 실행되는 트리거입니다. 슬라이드 전환은 일반적으로 5~7초 사이로 설정하는 것이 좋습니다. 사용자가 슬라이드에 있는 텍스트를 읽을 수 있을 만큼 충분한 시간이 필요하면서도, 너무 느리면 다른 슬라이드가 있다는 걸 인식하지 못할 수도 있기 때문입니다. 이 책에서는 5초(5000ms)로 설정하겠습니다.

이번 액션은 프레임 간 화면 전환이기 때문에 [Navigate to]로 지정합니다. 프레임에서 프레임으로 핫스팟을 드래그하면 자동으로 이 액션이 선택됩니다. Animation은 [Push]로 설정합니다.

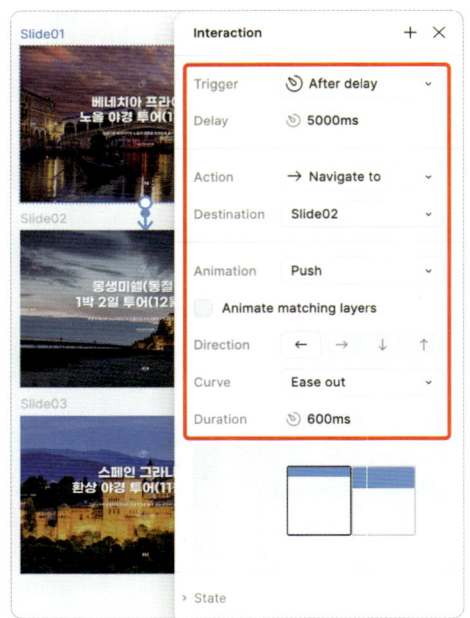

그림 12.43 Slide01에 After delay를 적용한 화면

+ 만약 페이드 효과를 원한다면 Smart Aniamte으로 선택하면 됩니다.

이번 슬라이드는 Slide02가 Slide01을 왼쪽으로 밀어내는 방식으로 Direction(방향)은 왼쪽(←)으로 선택합니다. 시간은 슬라이드 크기가 크기 때문에 0.6초(600ms)로 지정하겠습니다. 정리하면, 이번 인터랙션은 5초 후에 Slide01 프레임을 Slide02 프레임으로 0.6초 동안 왼쪽으로 밀면서 전환하라는 뜻입니다.

2 **Slide02 프레임 처리_** Slide02 프레임에서 핫스팟을 찾아 Slide03으로 연결합니다. 기존에 처리한 인터랙션이 그대로 나오기 때문에 변경할 것은 없습니다. Destination을 [Slide03]으로 바꾸는 것만 다릅니다.

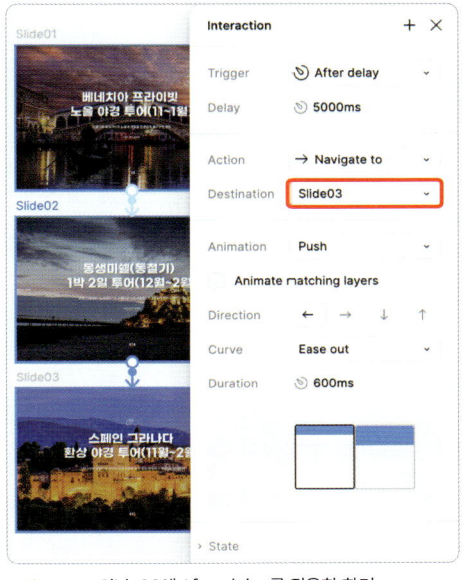

그림 12.44 Slide02에 After delay를 적용한 화면

3 **Slide03 프레임 처리_** 마지막 슬라이드까지 확인했다면, 다시 첫 번째 슬라이드로 이동해서 무한 반복을 해야겠죠? Slide03 프레임에서 핫스팟을 찾아 Slide01로 연결합니다. 기존에 처리한 인터랙션이 그대로 나타나기 때문에 변경할 것은 없습니다. Destination에서 [Slide01]로 바꾸는 것만 다릅니다. 여기까지 작업을 마쳤다면 프로토타입을 실행해 슬라이더가 잘 실행되는지 한번 테스트해보는 것이 좋습니다.

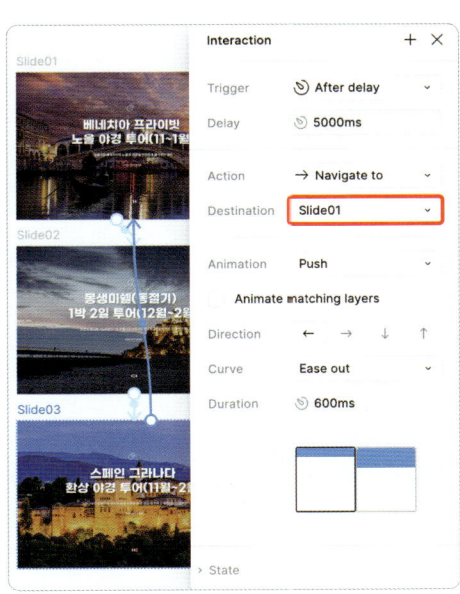

그림 12.45 Slide03에 After delay를 적용한 화면

CHAPTER 12 프로토타입 **341**

07 다음 버튼을 통한 인터랙션 처리

1 Slide01 프레임의 다음 버튼 처리_ Slide01 프레임에서 다음 버튼을 정확하게 선택합니다. 다음 버튼에서 핫스팟을 찾아 Slide02 프레임으로 연결합니다. 다음 버튼이기 때문에 다음 슬라이드로 넘어가야 합니다. 기존 인터랙션이 그대로 오기 때문에 트리거만 [On click]으로 변경합니다. 이번 인터랙션은 Slide01 프레임의 다음 버튼을 클릭했을 때 Slide02 프레임으로 0.6초 밀면서 이동하라는 뜻입니다.

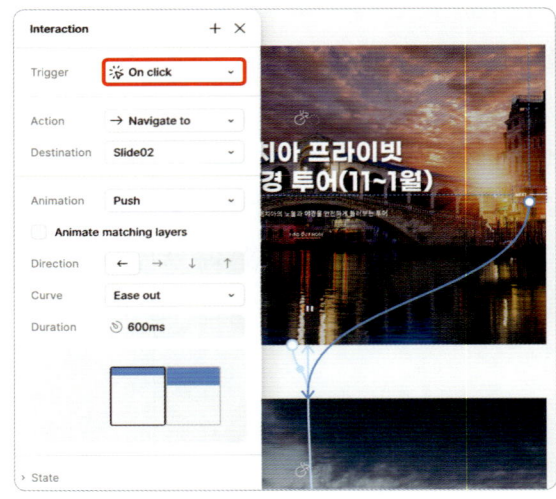

그림 12.46 Slide01의 다음 버튼에 적용한 인터랙션

2 Slide02 프레임의 다음 버튼 처리_ Slide02 프레임의 다음 버튼에서 핫스팟을 찾아 Slide03 프레임으로 연결합니다. 기존에 처리한 인터랙션이 그대로 설정되기 때문에 따로 변경할 것은 없습니다. Destination이 [Slide03]으로 바뀌는 것만 다릅니다.

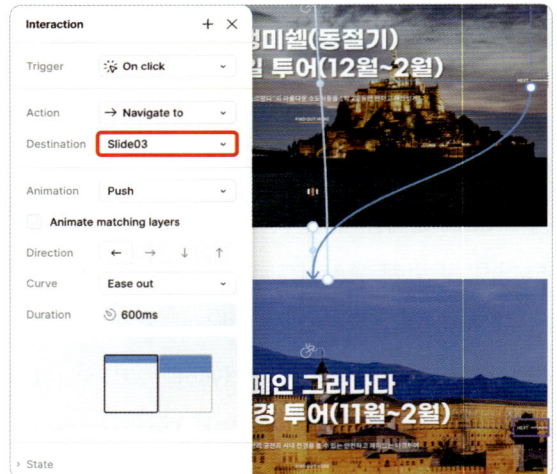

그림 12.47 Slide02의 다음 버튼에 적용한 인터랙션

3 Slide03 프레임의 다음 버튼 처리_ Slide03 프레임의 다음 버튼에서 핫스팟을 찾아 Slide01 프레임으로 연결합니다. 세 번째 슬라이드의 다음 슬라이드는 첫 번째 슬라이드이기 때문입니다. 기존에 처리한 인터랙션이 그대로 설정되기 때문에 변경할 것은 없습니다. Destination이 [Slide01]로 바뀌는 것만 다릅니다. 역시 여기까지 작업하면 프로토타입에서 잘 구현되는지 플레이 아이콘(▷)을 눌러 실행해보는 것이 좋습니다.

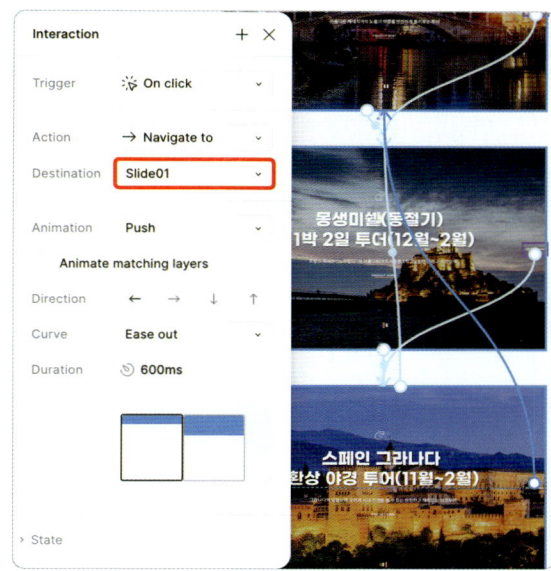

그림 12.48 Slide03의 다음 버튼에 적용한 인터랙션

08 이전 버튼을 통한 인터랙션 처리

1 Slide03 프레임의 이전 버튼 처리_ 이번엔 이전 버튼이기 때문에 Slide03 프레임을 먼저 진행하겠습니다. Slide03 프레임에서 이전 버튼을 정확하게 선택합니다. 이전 버튼에서 핫스팟을 찾아 Slide02 프레임으로 연결합니다. 이전 버튼이기 때문에 이전 슬라이드로 넘어가야 합니다. 기존 인터랙션이 그대로 나타나는데 이번에는 이전 슬라이드이기 때문에 오른쪽에서 밀어줘야 합니다. 따라서 방향을 오른쪽으로 선택합니다. 이번 인터랙션은 Slide03 프레임의 이전 버튼을 클릭했을 때 Slide02 프레임으로 0.6초(600ms) 동안 오른쪽으로 밀면서 이동하라는 뜻입니다.

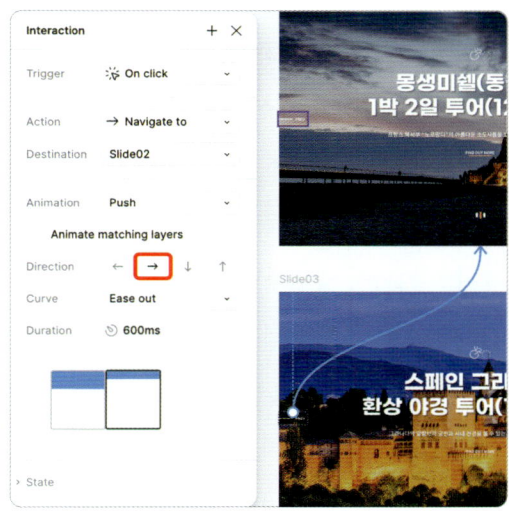

그림 12.49 Slide03의 이전 버튼에 적용한 인터랙션

2 Slide02 프레임의 이전 버튼 처리_ Slide02 프레임의 이전 버튼에서 핫스팟을 찾아 Slide01 프레임으로 연결합니다. 기존에 처리한 인터랙션이 그대로 나오기 때문에 변경할 것은 없습니다. Destination을 [Slide01]로 바꾸는 것만 다릅니다.

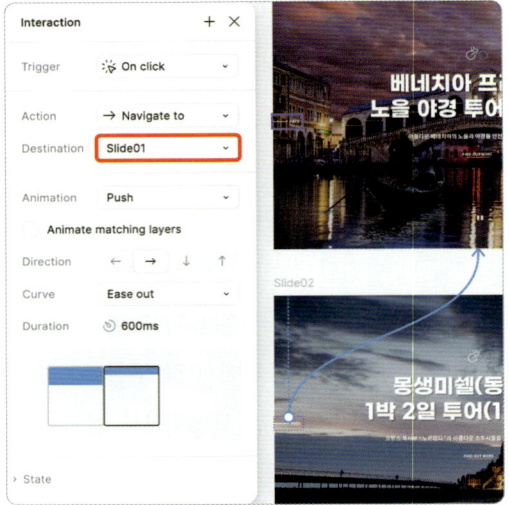

그림 12.50 Slide02의 이전 버튼에 적용한 인터랙션

3 Slide01 프레임의 이전 버튼 처리_ Slide01 프레임의 이전 버튼에서 핫스팟을 찾아 Slide03 프레임으로 연결합니다. 첫 번째 슬라이드의 이전 슬라이드는 마지막인 세 번째 슬라이드이기 때문입니다. 기존에 처리한 인터랙션이 그대로 설정되기 때문에 변경할 것은 없습니다. Destination이 [Slide03]으로 바뀌는 것만 다릅니다.

역시 여기까지 작업하면 프로토타입에서 잘 구현되는지 플레이 아이콘(▷)을 눌러 실행해보는 것이 좋습니다.

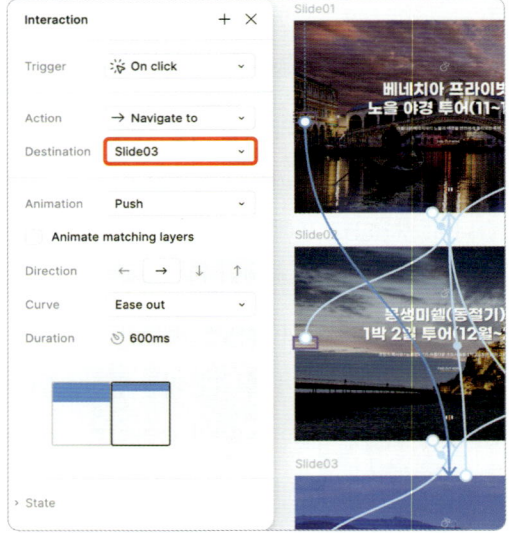

그림 12.51 Slide01의 이전 버튼에 적용한 인터랙션

09 페이지네이션을 통한 인터랙션 처리

1 Slide01 프레임의 페이지네이션 처리_ 페이지네이션pagination은 몇 번째 슬라이드인지 표시하기 위한 버튼입니다. 사이트에 따라 이벤트를 적용하지 않을 수 있습니다. 이 책에서는 이벤트인 트리거를 적용하겠습니다. Slide01 프레임의 두 번째 버튼을 선택하고 핫스팟을 찾아 Slide02 프레임으로 연결합니다. 버튼이기 때문에 트리거는 역시 [On click]으로 설정합니다. 이번에 푸시 방향은 다음 슬라이드로 이동하는 것이기 때문에 왼쪽으로 밀어야 합니다.

Slide01 프레임의 세 번째 버튼을 선택하고 핫스팟을 찾아 Slide03 프레임으로 연결합니다. 나머지 인터랙션은 다를 것이 없어서 그대로 진행합니다.

➕ 핫스팟 연결 시 **Slide03** 프레임으로 바로 연결하기 불편하다면, 가까운 곳에 연결한 후 인터랙션 창에서 Destination을 **[Slide03]**으로 바꿀 수 있습니다.

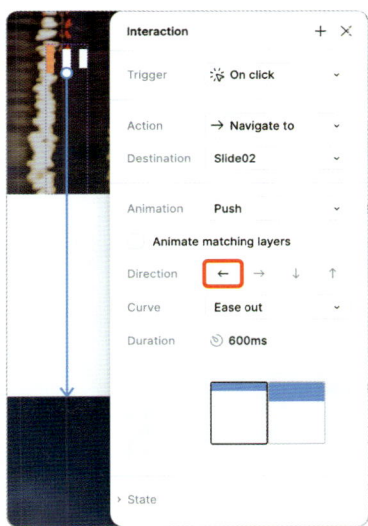

그림 12.52 Slide01의 페이지네이션 두 번째 버튼에 적용한 인터랙션

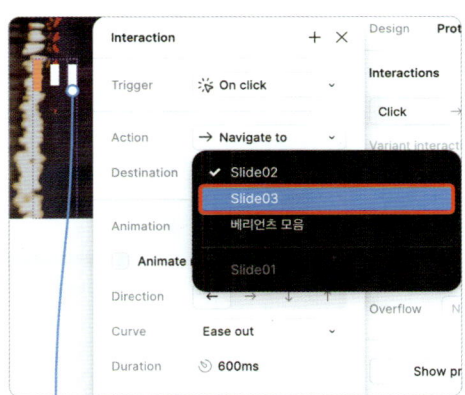

그림 12.53 Slide01의 페이지네이션 세 번째 버튼에 적용한 인터랙션

CHAPTER 12 프로토타입 **345**

2 Slide02 프레임의 페이지네이션 처리_ Slide02 프레임은 페이지네이션 세 번째 버튼부터 하겠습니다. 애니메이션 방향이 같기 때문에 먼저 하는 것이 좋습니다. 세 번째 버튼에서 핫스팟을 당겨 Slide03 프레임으로 연결합니다. 기존 인터랙션이 그대로 적용됩니다.

Slide02 프레임에서 페이지네이션을 찾습니다. 그중 첫 번째 버튼에서 핫스팟을 찾아 Slide01로 연결합니다. 이번에는 이전 슬라이드가 밀려오기 때문에 오른쪽으로 와야 합니다. 그래서 기존 인터랙션에서 Direction만 오른쪽(→)으로 변경합니다.

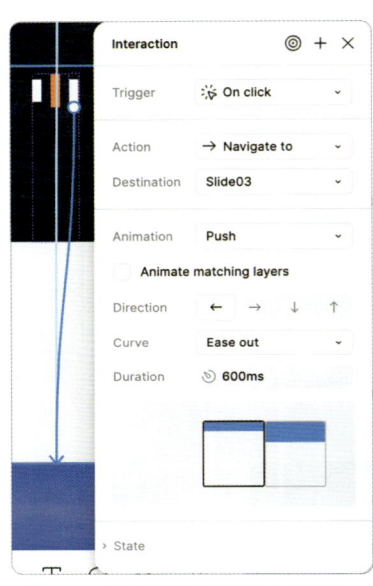

그림 12.54 Slide02의 페이지네이션 세 번째 버튼에 적용한 인터랙션

그림 12.55 Slide02의 페이지네이션 첫 번째 버튼에 적용한 인터랙션

3 Slide03 프레임의 페이지네이션 처리_ Slide03 프레임에서 페이지네이션을 찾습니다. 그중 두 번째 버튼에서 핫스팟을 찾아 Slide02로 연결합니다. 기존 인터랙션이 그대로 오고, Destination만 [Slide02]로 변경된 것을 확인할 수 있습니다.

Slide03 프레임의 첫 번째 버튼을 선택하고 핫스팟을 찾아 Slide02 프레임으로 연결합니다. Slide01 프레임으로 바로 연결해도 되지만, 너무 멀기 때문에 불편합니다. 인터랙션 창에서 Destination을 [Slide01]으로 바꿀 수 있습니다. 나머지 인터랙션은 다를 것이 없어서 그대로 진행합니다.

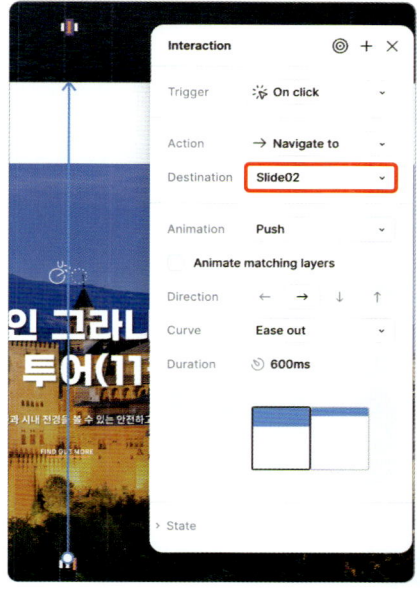

그림 12.56 Slide03의 페이지네이션 두 번째 버튼에 적용한 인터랙션

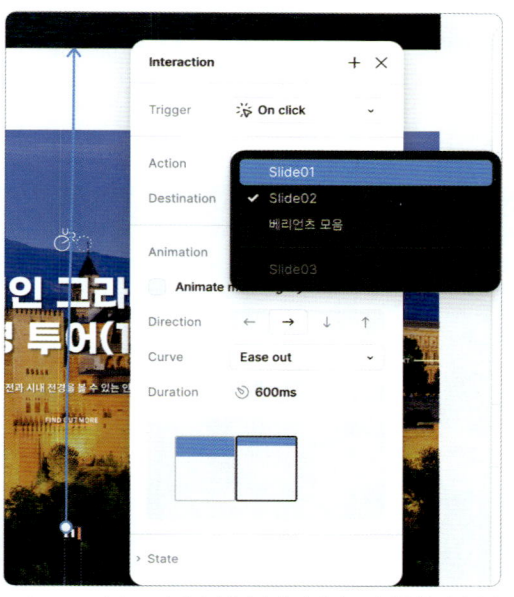

그림 12.57 Slide03의 페이지네이션 첫 번째 버튼에 적용한 인터랙션

10 프로토타입 실행_ 전체적으로 보면 프로토타입의 연결선들이 그물망처럼 이어져 있는 것을 확인할 수 있습니다. 수정 작업이 필요하다면 해당 연결선을 더블 클릭하면 인터랙션 창이 나타나니 수정하면 됩니다. Slide01 프레임을 선택하고, 프로토타입 실행 아이콘(▷)을 클릭합니다.

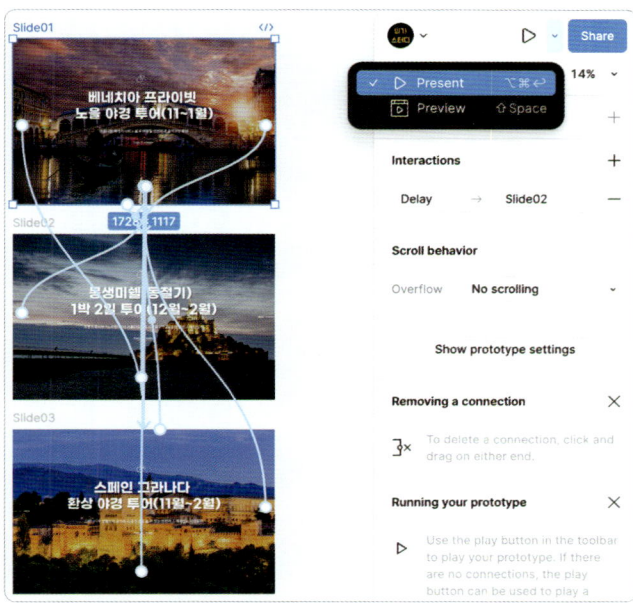

그림 12.58 Slide01에서 프로토타입을 실행하는 화면

CHAPTER 12 프로토타입 **347**

프로토타입이 실행되면 5초마다 자동으로 슬라이드가 변경되는 것을 확인할 수 있습니다. 이전 버튼과 다음 버튼을 클릭해도 슬라이드가 이동됩니다. 페이지네이션도 클릭하면 변경하는 것을 확인할 수 있습니다. 실제 웹사이트를 제작한 것과 같은 효과를 느낄 수 있습니다.

그림 12.59 프로토타입이 새 탭으로 구현된 화면

LESSON 04 오버레이 프로토타입

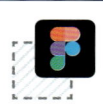

오버레이overlay 관련 프로토타입은 기존 디자인이 있는 상태에서 화면 상위로 겹쳐서 나오게 하는 것을 보여주는 기능입니다. 웹사이트에서 제공하는 팝업이나, 모바일 웹 앱에서 제공하는 드로어drawer가 대표적인 예시입니다.

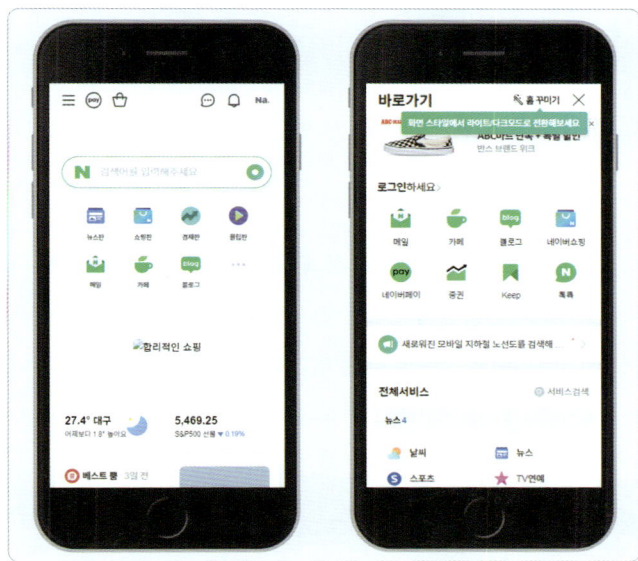

그림 12.60 모바일 네이버 웹사이트(https://m.naver.com/)

드로어는 그림 12.60에서처럼 모바일 웹 앱에서의 디자인 UI 요소로 메인 메뉴를 숨겼다가 보여주는 것을 의미합니다. 보통 햄버거 버튼(☰)을 누르면 나타납니다. 회사에 따라 용어를 드로어, 사이드바side bar, 패널panel 등으로 다양하게 부릅니다. 이 책에서는 드로어라고 부르겠습니다. 드로어를 통해 오버레이 프로토타입을 구현해보겠습니다.

01 예제 파일 불러오기_
예제 파일 폴더에서 12장 폴더의 12_Overlay_소스.fig 파일을 피그마로 불러옵니다. 예제 파일을 보면 메인페이지 프레임과 드로워 프레임으로 나뉘어 있습니다.

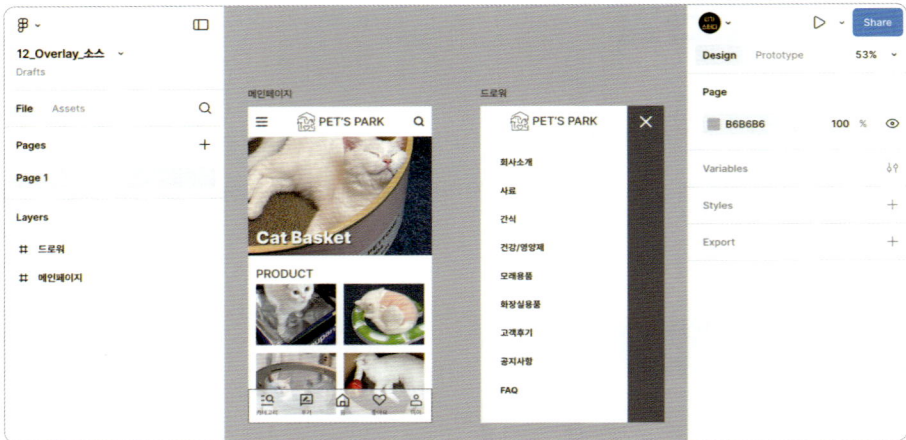

그림 12.61 오버레이 예제 파일 화면

02 햄버거 버튼 인터랙션 처리_
❶ 프로토타입을 진행하기 위해 프로토타입 패널로 이동합니다. ❷ 메인페이지 프레임의 햄버거 버튼인 menu_icon을 선택합니다. menu_icon에서 핫스팟을 찾아 드로워 프레임으로 연결합니다. ❸ 그럼 인터랙션 창이 뜨는데, 자동으로 트리거는 On tap으로 설정됩니다.

✚ 모바일 사이즈에서는 On click 대신 On tap으로 나올 수 있습니다. 모바일은 마우스로 클릭하지 않고, 손으로 터치하기 때문입니다.

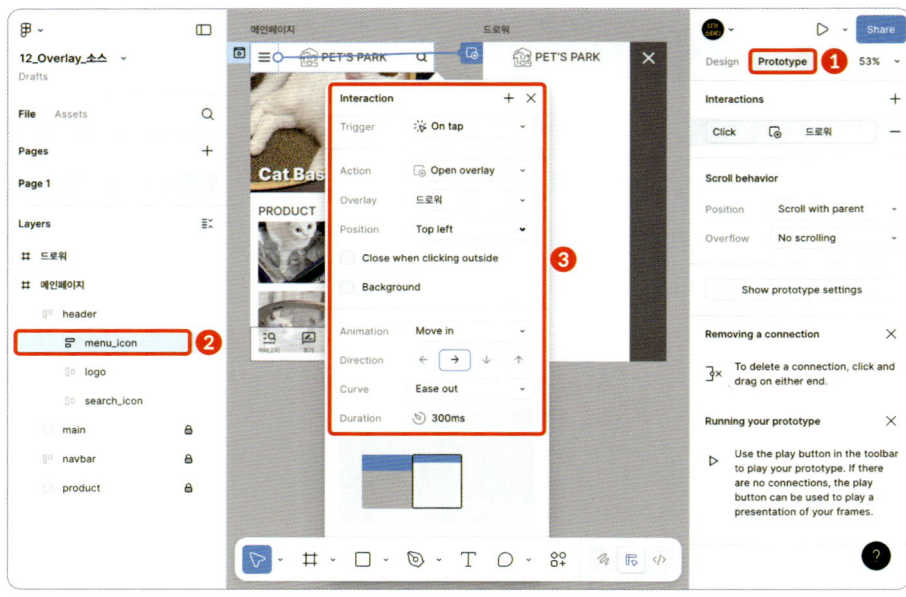

그림 12.62 햄버거 버튼 인터랙션 처리 화면

이때 Action은 [Open overlay]로 설정합니다. Position은 드로어 프레임이 최종적으로 위치할 곳을 선택합니다. 이번 드로어는 메인 페이지와 사이즈가 같기 때문에 위치를 어느 곳으로 해도 같으나, 보통 좌측 상단이 기준이기 때문에 [Top left]로 설정하겠습니다. Animation은 [Move in]으로 설정하고, Direction은 왼쪽에서 오는 걸로 지정합니다. 시간은 0.3초(300ms)로 처리하겠습니다.

이번 인터랙션은 햄버거 버튼을 탭하면 드로어 프레임이 좌측에서 0.3초 동안 이동해서 좌측 상단을 기준으로 겹쳐진다는 의미입니다.

03 닫기 버튼 핫스팟 처리_ 드로어 프레임의 닫기 버튼인 close를 선택하고 핫스팟을 찾아 메인 페이지 프레임으로 드래그합니다. 드로어를 닫는 것은 어느 방향이 있는 것은 아니기 때문에 사실 Destination이 필요가 없으나, 어딘가로 끌어당기지 않으면 연결선이 나오지 않기 때문에 일단 끌어당깁니다.

그림 12.63 닫기 버튼 핫스팟 처리 화면

04 닫기 버튼 인터랙션 처리_ Action을 [Close overlay]로 변경하면 Animation 부분이 사라집니다. Close overlay는 Open overlay의 반대이기 때문에 그대로 적용이 돼서 다른 설정을 할 필요가 없습니다.

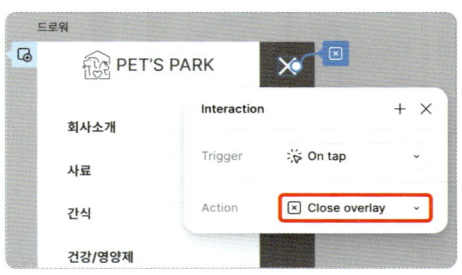

그림 12.64 닫기 버튼 인터랙션 처리 화면

05 프로토타입 실행_ 메인 페이지 프레임을 선택하고, 프로토타입 실행 아이콘(▷)을 클릭합니다.

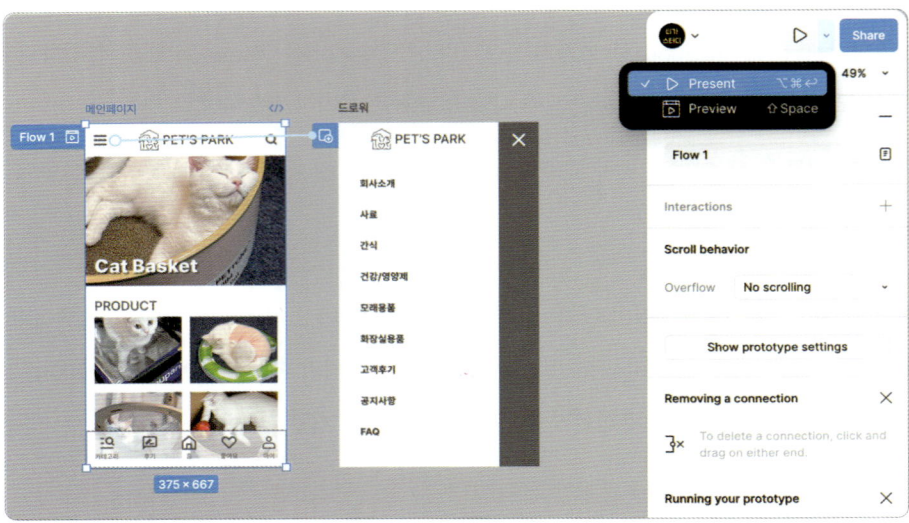

그림 12.65 프로토타입 실행 화면

06 프로토타입 구현_ 그림 12.66과 같은 프로토타입이 실행됩니다. 여기서 햄버거 버튼을 클릭하면, 그림 12.67과 같이 드로어 프레임이 메인페이지 프레임 위로 올라오는 것이 확인됩니다. 다시 닫기 버튼을 클릭하면 그림 12.66과 같이 드로어를 닫습니다.

그림 12.66 프로토타입 구현 화면

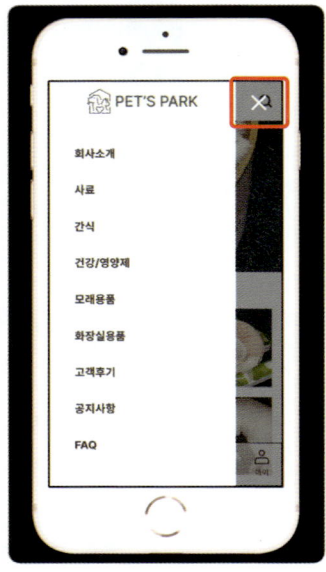
그림 12.67 드로어 프로토타입 구현 화면

LESSON 05 포지션 프로토타입

프로토타입 패널에서는 스크롤 동작scroll behavior으로 인한 프로토타입도 지원합니다. 스크롤은 기기 장치의 사이즈보다 프레임이 더 큰 경우 발생합니다. 원래 X축과 Y축 모두 지원하지만 실제 웹과 애플리케이션에서는 가로 스크롤 바는 선호하지 않기 때문에, Y축만 살펴보겠습니다.

프로토타입 패널에 Scroll behavior라는 기능에 Position이 있습니다. [Scroll width parent]를 클릭하면 드롭다운 메뉴가 그림 12.68처럼 나타납니다.

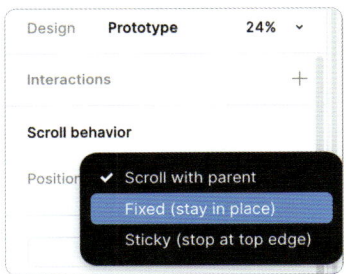

그림 12.68 Scroll behavior의 Position 메뉴

표 12.4 Position 메뉴 설명

위치값	설명
Scroll with parent(부모 컴포넌트와 함께 스크롤)	기본값, 스크롤 이동 시 요소의 원래 위치에 고정된 상태를 의미
Fixed(고정)	스크롤 이동 시 화면상에 고정돼서 따라다님
Sticky(스티키)	원래 요소의 위치에 있다가 스크롤 이동 시 스크롤 상단이 요소 위치보다 아래로 내려가면 상단에 고정돼서 따라다님

Scroll behavior는 CSS의 position 속성을 응용해서 만든 것입니다. 그래서 값도 CSS의 position의 값과 같습니다. CSS에 대한 지식이 있다면 어렵지 않을 것입니다.

표 12.5 CSS의 position 속성값

속성값	설명
static	■ 기본값, 요소가 정적으로 원래 위치에 고정되어 있는 상태 ■ top, left, bottom, right 속성에 영향을 받지 않는 상태
relative	요소의 원래 위치에서 상대적으로 이동할 수 있는 상태
absolute	■ 기본적으로는 뷰포트에서 절대적으로 배치될 수 있는 상태. 부모의 position에 따라 부모 위치를 기준으로 절대적 위치에 배치할 수 있음 ■ 스크롤 시 따라다니지 않음
fixed	뷰포트에서 절대적으로 배치할 수 있고, 스크롤 이동 시 화면상에 고정돼서 따라다님
sticky	원래 요소의 위치에 있다가 스크롤 이동 시 스크롤 상단이 요소 위치보다 아래로 내려가면 상단에 고정돼서 따라다님

CSS의 position 속성의 값은 표 12.5와 같이 5개로 되어 있습니다. static 값이 피그마의 Scroll with parent와 같다고 보면 됩니다. fixed와 sticky 값을 Scroll behavior 기능으로 처리한 것입니다. relative와 같은 기능은 없지만 absolute의 경우는 9장 오토레이아웃에서 사용한 적이 있습니다.

Fixed 기능 구현

포지션 프로토타입의 Fixed는 스크롤 시 따라다니는 요소를 구현할 때 사용합니다. 최근 웹사이트는 하나의 페이지에 많은 정보를 담기 때문에 페이지가 매우 깁니다. 이때 사용자가 페이지를 보다가 다른 페이지로 이동하고 싶은 경우, 다시 위로 올라가 메인 메뉴를 찾아야 하는 불편함이 생깁니다. 이러한 UI/UX의 불편함을 해소하기 위해, 웹 앱에서는 페이지 이동을 더 쉽게 할 수 있는 기능을 제공합니다. 대표적으로 헤더 영역을 상단에 고정시켜 항상 메뉴를 볼 수 있도록 하거나, 스크롤탑 버튼을 통해 클릭 시 페이지 상단으로 빠르게 이동할 수 있도록 합니다. 이러한 디자인은 포토샵 시안만으로는 동작을 보여주기 어려워 메모로만 설명하곤 했습니다. 하지만 피그마에서는 프로토타입 기능을 통해 실제 동작처럼 구현할 수 있기 때문에, 디자이너의 의도를 개발자가 훨씬 정확하게 이해할 수 있습니다.

01 예제 파일 확인하기_ 예제 파일 폴더에서 12장 폴더의 13_Position_소스.fig 파일을 피그마로 불러옵니다. 소스를 보면 1_absolute 페이지에 메인페이지 프레임이 있습니다. 원래 사이트를 모두 제작한 경우 레이어 패널이 복잡하기 때문에 단순하게 처리하기 위해 header와 scroll_btn을 제외한 나머지는 하나의 이미지로 처리해두었습니다.

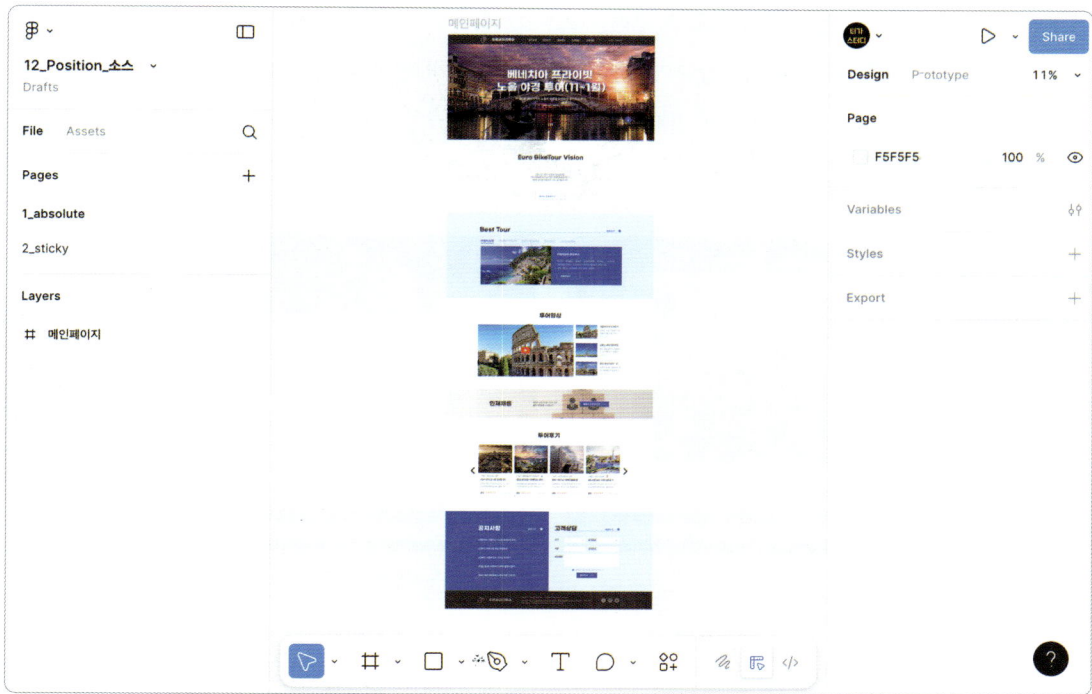

그림 12.69 position 예제 파일을 불러온 화면

02 프로토타입 실행_ 먼저 Fixed를 주지 않은 상태에서는 프로토타입이 어떻게 구현되는지 살펴 보겠습니다. 메인 페이지 프레임을 선택한 후에 프로토타입 실행 아이콘(▷)을 클릭합니다.

그림 12.70 프로토타입을 실행하는 화면

03 **Fixed가 처리되지 않은 프로토타입 구현_** 프로토타입이 구현되었을 때 초기 화면은 그림 12.71과 같습니다. 초기 상태에서 header는 상단에 있고, scroll_btn은 메인 이미지 위에 있습니다. 그림 12.72는 스크롤을 내린 상태인데, header도 따라다니지 않고 scroll_btn은 원래 메인 이미지 위에 있는 고정된 상태인 것을 확인할 수 있습니다.

그림 12.71 스크롤 이동을 하지 않은 화면

그림 12.72 스크롤 이동을 한 화면

04 **Header 요소를 Fixed 처리_** 피그마 편집 파일로 돌아와서 ❶레이어 패널의 header를 선택합니다. ❷오른쪽 패널에서 프로토타입으로 이동한 후, ❸Scroll behavior에서 [Fixed]를 선택합니다.

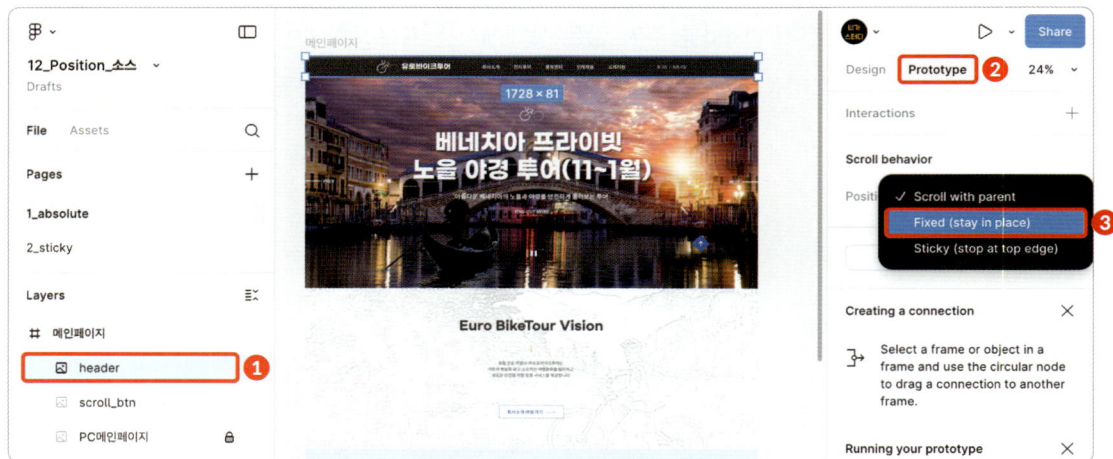

그림 12.73 header에 fixed 처리하는 화면

356 PART IV 프로토타입 제작

05 scroll_btn 요소를 Fixed 처리_ 레이어 패널에서 ❶scroll_btn을 선택하고, ❷역시 Scroll behavior에서 Fixed로 처리합니다. 프로토타입 구현을 위해 ❸메인페이지 프레임을 선택하고 ❹프로토타입 실행 아이콘(▷)을 클릭합니다.

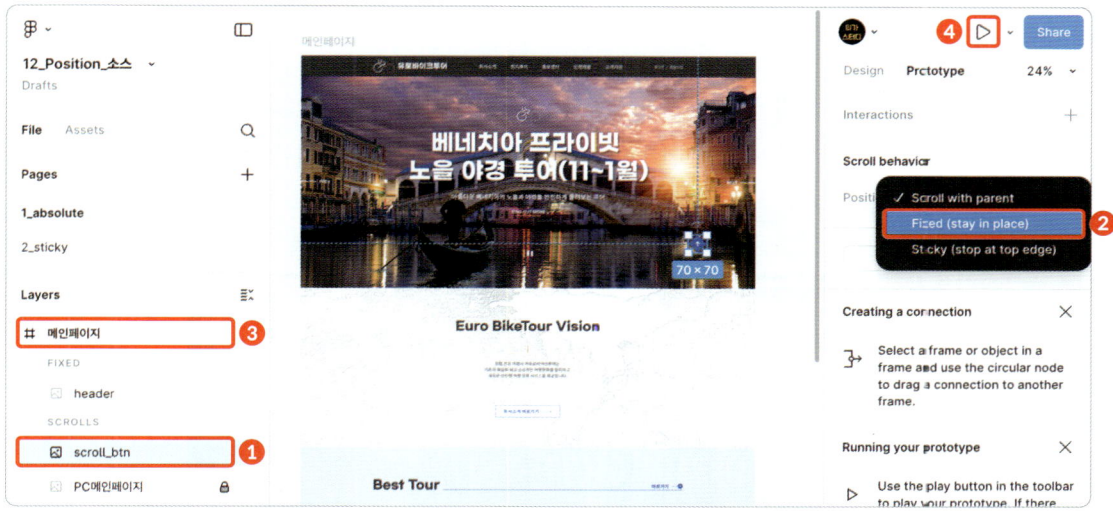

그림 12.74 scroll_btn에 fixed 처리하는 화면

06 프로토타입 구현에서 Fixed 확인하기_ 이번에는 스크롤을 내려보면 header는 상단에 고정돼서 따라다니고, scroll_btn도 역시 오른쪽에 따라다닙니다. 실제 웹사이트를 구현한 것과 같은 효과를 보여주고 있습니다

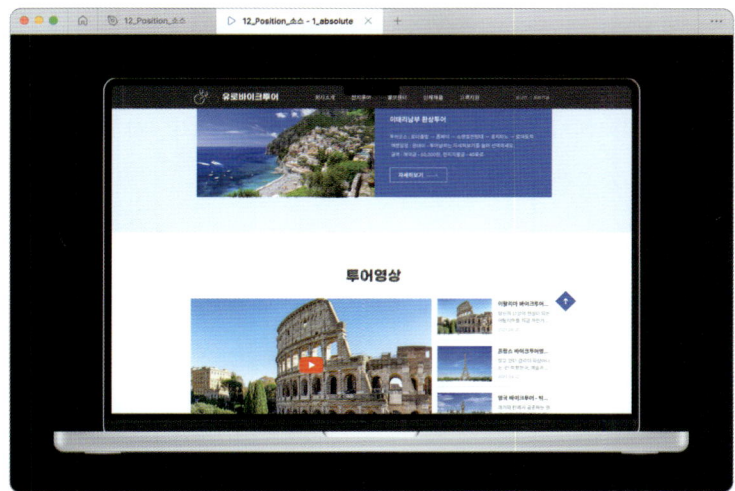

그림 12.75 Fixed된 프로토타입을 구현하는 화면

# Sticky 기능 구현

웹사이트에서 전체 헤더를 고정하는 경우도 많지만, 헤더 영역이 클 경우 화면을 가려 다른 콘텐츠를 보기 어렵게 만들 수 있습니다. 그래서 메인 메뉴만 고정하고, 나머지 헤더 요소는 고정하지 않는 방식이 자주 사용됩니다.

그림 12.76을 보면, 웹사이트의 상단인 ❶영역이 헤더 구역입니다. 이 헤더는 로고가 있는 상단 행과 그 아래 메인 메뉴 행으로 나뉘어 있으며, 전체적으로 헤더가 많은 공간을 차지합니다. 따라서 이 경우에는 ❷메인 메뉴만 고정하는 것이 좋습니다.

그림 12.76 header 영역 화면

이때 Fixed 속성을 사용하면 요소가 원래 위치에서 떨어진 채로 고정되기 때문에 디자인상 어색할 수 있습니다. 이를 해결하기 위해 Sticky 속성을 사용합니다.

Sticky는 영어로 '끈적거리다'라는 뜻인데, 원래 위치에 있다가 사용자가 스크롤을 내리면 상단에 끈적이듯 붙는 형태로 동작합니다. 즉, 메인 메뉴가 처음엔 제자리에 있다가, 스크롤이 메뉴 위치를 지나면 상단에 고정되어 사용자에게 자연스럽게 노출됩니다.

01 예제 파일 확인하기_ 예제 파일에서 12장 폴더의 12_Position_소스.fig 파일에서 ❶ 2_sticky 페이지를 클릭합니다. 이번에는 메인 메뉴만 gnb라는 레이어로 분리했고, 나머지는 모두 PC메인페이지2 로 하나의 이미지로 처리했습니다. ❷ 메인페이지 프레임을 선택한 후에 ❸ 프로토타입 실행 아이콘(▷)을 클릭합니다.

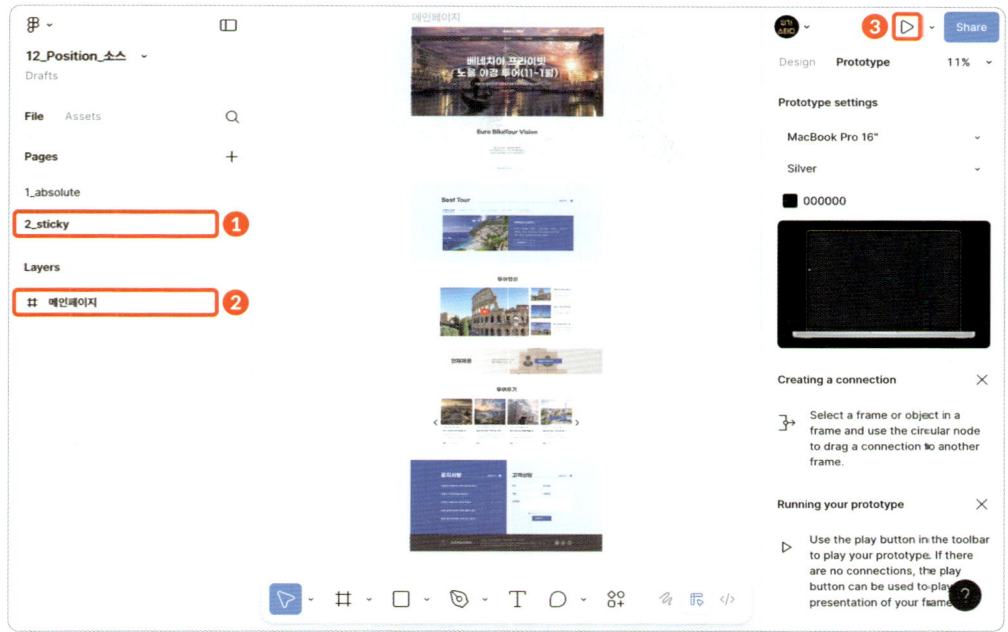

그림 12.77 Sticky 예제 파일 확인 화면

02 Fix4ed가 처리되지 않은 프로토타입 구현_ 프로토타입이 구현되었을 때 초기 화면은 그림 12.78 과 같습니다. 초기 상태에서는 메인 메뉴인 gnb가 원래 위치에 있습니다. 그림 12.79는 스크롤을 내린 상태인데, 메인 메뉴가 따라다니지 않고 있습니다.

그림 12.78 스크롤 이동을 하지 않은 화면

그림 12.79 스크롤 이동을 한 화면

03 gnb를 Sticky 처리_ 디자인 파일로 돌아와 ①레이어 패널의 gnb를 선택합니다. ②프로토타입 패널에서 Scroll behavior를 [Sticky]로 설정합니다. 그러고 나서 ③메인페이지 프레임을 선택한 후, ④프로토타입 실행 아이콘(▷)을 클릭합니다.

그림 12.80 Sticky 처리하는 화면

04 gnb를 Sticky 처리_ 프로토타입이 구현되었을 때 스크롤을 내리면 메인 메뉴가 상단에 고정되어 따라다니는 것을 확인할 수 있습니다.

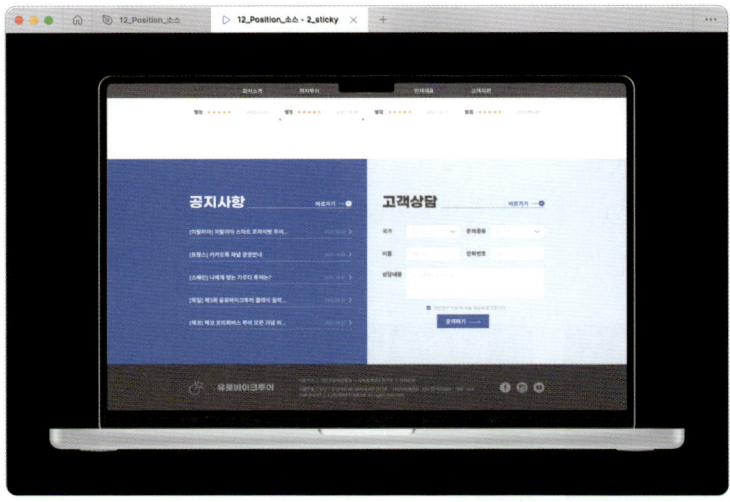

그림 12.81 Sticky 처리하는 화면

Scroll to 프로토타입

이번에는 스크롤탑 버튼을 클릭하면 페이지 상단으로 이동하는 프로토타입을 만들어보겠습니다. 이 기능은 헤더 영역이 고정되어 있지 않을 때, 사용자가 다른 페이지로 이동하기 위해 빠르게 상단으로 올라가야 하는 상황에서 유용하게 사용됩니다.

물론 헤더를 고정하면서도 스크롤탑 버튼을 함께 제공하는 웹사이트도 많습니다. 이처럼 두 가지 기능을 모두 제공하면 사용자의 편의성이 더욱 높아집니다.

01 예제 파일 확인하기_ 열려 있는 예제 파일에서 ❶1_absolute 페이지로 이동하겠습니다. Fixed 기능 처리에서 미리 작업해둔 ❷scroll_btn 레이어를 선택합니다.

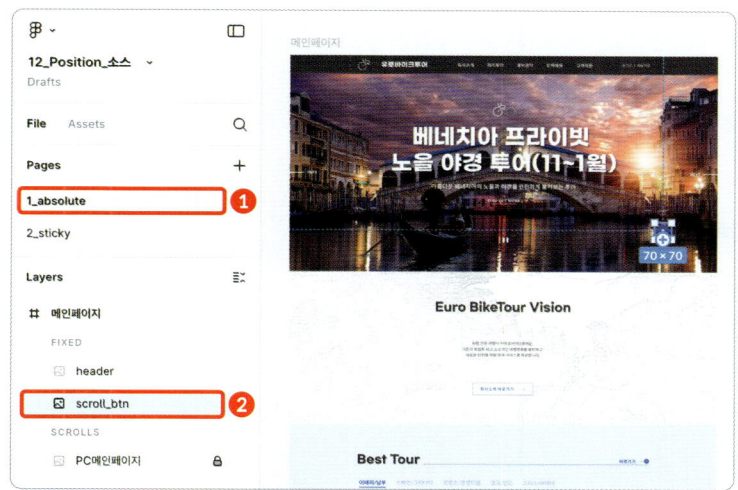

그림 12.82 Scroll to 소스를 확인하는 화면

02 scroll_btn의 핫스팟 연결하기_ scroll_btn에 마우스를 갖다 대면 나오는 핫스팟을 당겨 header로 연결합니다.

그림 12.83 핫스팟을 당기는 화면

03 scroll_btn의 인터랙션 설정_ 핫스팟이 header와 연결되면 Interaction 창이 자동으로 나타납니다. 나머지 부분은 그대로 두고 Animation 부분만 변경하겠습니다. Animation을 [Instant]에서 [Animate]로 변경하고, Duration에 0.7초(700ms)를 입력합니다.

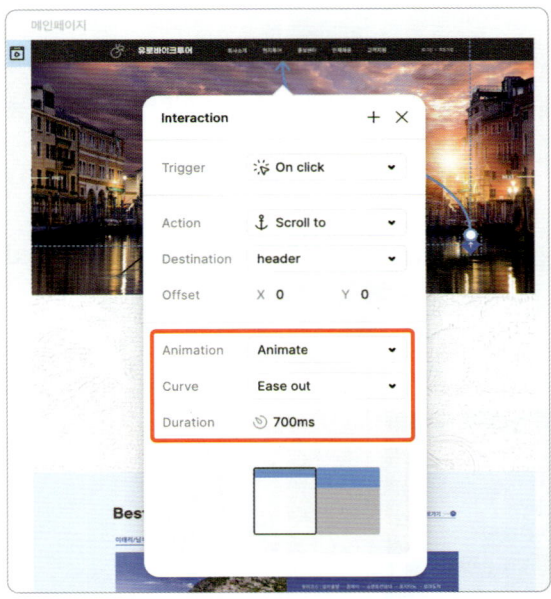

그림 12.84 인터랙션 설정하는 화면

이 인터랙션은 scroll_btn을 클릭하면 header 위치로 스크롤이 0.7초 동안 자연스럽게 이동한다는 뜻입니다.

04 프로토타입 실행_ ❶메인페이지 프레임을 선택한 후에 ❷프로토타입 실행 아이콘(▷)을 클릭합니다.

그림 12.85 프로토타입을 실행하는 화면

프로토타입 구현

책에서 실행 화면을 직접 보여줄 수는 없지만, 여러분이 직접 scroll_btn을 클릭해보면 상단으로 자연스럽게 이동하는 것을 확인할 수 있습니다.

지금까지 다양한 프로토타입 예제를 실습하면서, 피그마가 생각보다 훨씬 정교하게 프로토타입을 구현할 수 있다는 점을 확인했을 것입니다. 디자이너가 완성도 높은 프로토타입을 제공하면, 개발자는 디자인의 의도를 더 잘 이해하고, 더욱 정확하게 웹사이트를 구현할 수 있습니다.

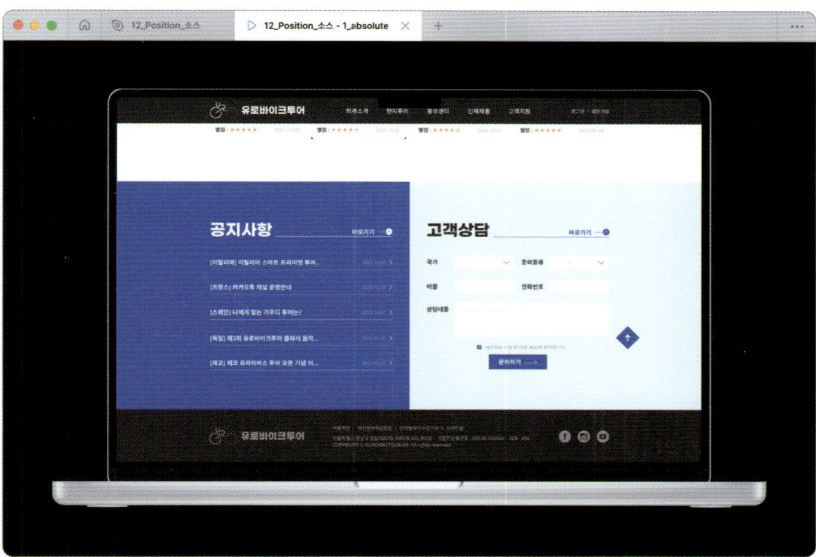

그림 12.86 프로토타입을 구현한 화면

MEMO

CHAPTER

변수 프로토타입

- 변수의 종류
- 문자열 변수 프로토타입
- 숫자 변수 프로토타입
- 조건문 프로토타입
- 변수의 모드 처리
- LightMode와 DarkMode

2023년 6월, 피그마가 Config 2023에서 새로운 기능들을 발표했을 때, Dev Mode보다도 개발자들의 큰 주목을 받은 기능은 바로 변수였습니다. 발표 직후 제 유튜브 채널에도 변수 관련 영상을 요청하는 구독자들의 댓글이 이어졌을 정도입니다. 변수를 활용하면 다양한 UI 요소를 유연하게 구성할 수 있을 뿐만 아니라, 풍부한 프로토타입 인터랙션도 구현할 수 있게 됩니다. 이번 장에서는 변수가 무엇인지, 그리고 이를 활용해 어떻게 프로토타입을 제작하는지 알아보겠습니다.

LESSON 01 | 변수의 종류

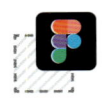

변수variable[1]란 변할 수 있는 값을 담는 공간을 의미합니다. 수학적으로는 불확실한 값을 나타내는 기호이고, 프로그래밍에서는 임의의 값을 저장하는 메모리 공간을 말합니다. 일반적으로 '값을 하나 담는 상자'로 이해하면 됩니다. 피그마 역시 같은 원리로 각 변수에 하나의 값을 저장하며, 이를 활용해 다양한 디자인 속성에 일관성과 유연함을 부여합니다.

그럼 피그마에서 제공하는 대표적인 변수의 종류를 살펴보겠습니다.

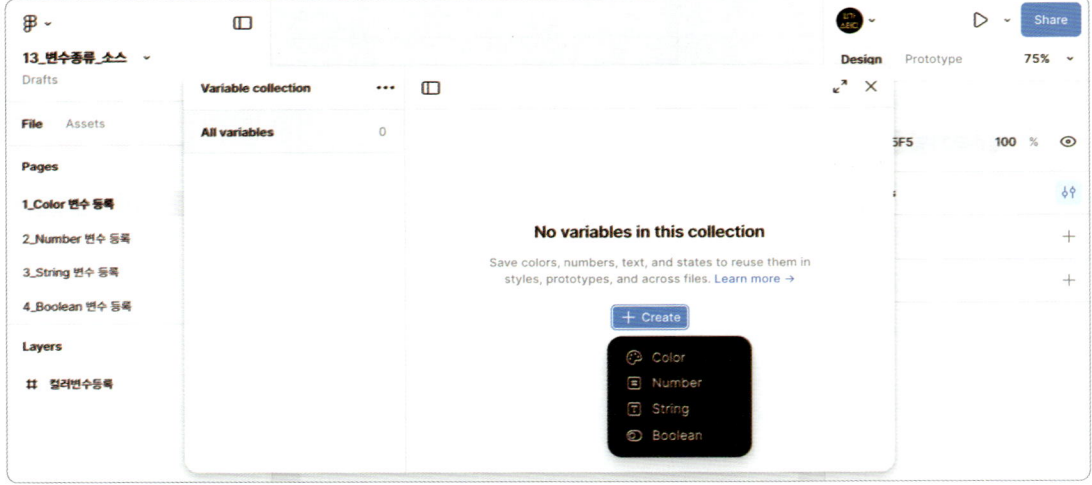

그림 13.1 Variables 등록 화면

- **색상**color(◉): 색상 변수는 #000000와 같은 헥스 코드를 사용해 단색을 정의합니다. 주로 라이트/다크 모드 전환이나 브랜드 색상 팔레트 구성 등에 사용됩니다.
- **숫자**number(#): 숫자 변수는 정수와 실수를 모두 사용할 수 있습니다. 영역부터 모서리 둥글기, 폰트 속성 등 다양한 곳에 응용해서 사용할 수 있습니다.
- **문자열**string(T): 문자열 변수는 일련의 문자를 사용합니다. 서로 다른 구역으로 보일 수 있는 디자인 간에 언어를 전환하고, 다른 변수와 결합하여 프로토타입에서 구성 요소를 전환하는 데 유용합니다.

---

1 https://ko.wikipedia.org/wiki/변수_(컴퓨터_과학)

- **불리언**Boolean(): 불리언 변수는 true와 false 값을 사용합니다. 디자인의 특정 레이어를 숨기고 표시하는 데 적합합니다.

변수는 빈 공간을 클릭했을 때 나오는 Variables(변수)의 편집 아이콘()을 클릭해 생성할 수 있습니다. 이 방법 외에 다른 방법도 있지만, 가장 기본적으로 등록하는 방법입니다.

지금부터 다양한 종류의 변수를 등록하는 방법을 살펴보겠습니다.

색상 변수 등록

색상 변수 등록은 스타일 등록과 유사해 보일 수 있습니다. 하지만 프로토타입과 연계된다는 점이 다릅니다. 먼서 색상 변수를 등록하는 방법에 대해 살펴보겠습니다.

01 예제 파일 확인하기_ 예제 파일에서 13장 폴더의 13_변수종류_소스.fig 파일을 피그마로 불러옵니다. 파일을 보면 여러 페이지로 나뉘어 있는데 1_Color 변수 등록 페이지를 클릭합니다.

그림 13.2 변수의 종류 소스를 불러오는 화면

02 메인 컬러 변수 등록하기_ 컬러변수등록 프레임에서 ❶메인 컬러인 파란색 사각형을 선택합니다. ❷디자인의 패널의 Fill에서 스타일 등록 아이콘(::)을 클릭한 후, ❸추가 아이콘(+)을 클릭합니다. 그러면 Style 탭으로 설정이 열리는데 ❹[Variable(변수)] 탭을 클릭합니다. 색상 Value는 이미 입력되어 있을 것이고, ❺이름을 'maincolor'라고 지정합니다. ❻모두 작성했으면 [Create variable(변수 만들기)] 버튼을 클릭합니다.

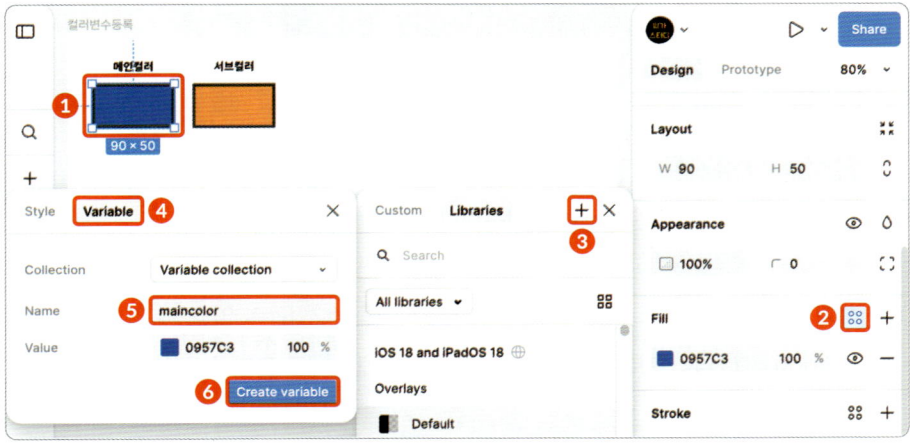

그림 13.3 메인 컬러 변수 등록하는 화면

03 메인 컬러 변수 등록 확인_ 이제 maincolor가 변수로 등록된 것을 확인할 수 있습니다. 스타일과 유사해 보이지만 변수입니다. 해제 아이콘(⊗)에 마우스를 올리면 Detach Variable(변수 분리)이라고 뜹니다. 해제도 가능하지만 현재 예제에서는 해제하지 않겠습니다.

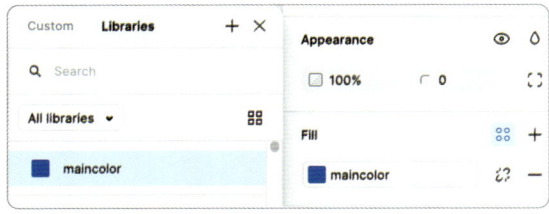

그림 13.4 메인 컬러 변수가 등록된 화면

04 서브 컬러 변수 등록 확인_ 컬러변수등록 프레임에서 서브 컬러인 ❶주황색 사각형을 선택합니다. ❷디자인의 패널의 Fill에서 스타일 등록 아이콘(▦)을 클릭한 후, ❸추가 아이콘(＋)을 클릭합니다. 그러면 처음에는 Style 탭으로 설정이 열리는데, ❹[Variable] 탭을 선택합니다. 색상 Value는 이미 입력되어 있을 것이고, ❺이름을 'subcolor'라고 지정합니다. ❻모두 작성했으면 [Create variable] 버튼을 클릭합니다. 그러면 subcolor도 잘 등록됩니다.

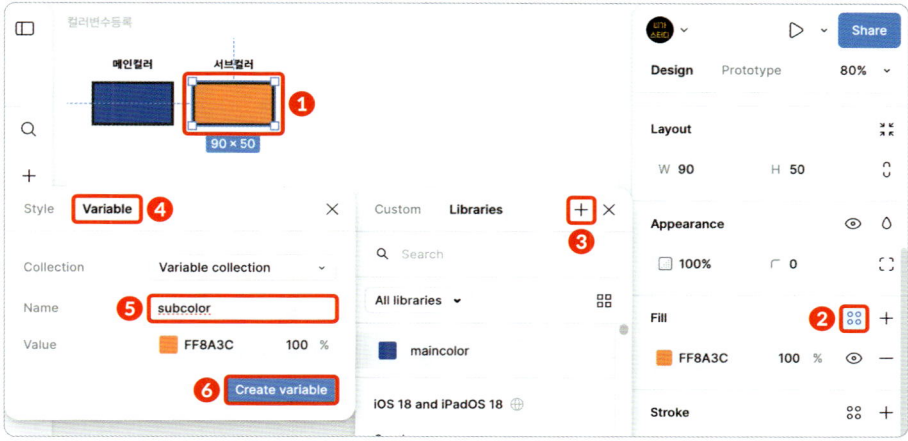

그림 13.5 서브 컬러 변수를 등록하는 화면

05 다른 콘텐츠에 변수 적용_ ❶프레임에 있는 테스트 텍스트 글자를 선택합니다. ❷디자인 패널의 Fill에 스타일 등록 아이콘을 누르면 등록된 변수들을 확인할 수 있습니다. ❸등록된 변수 중 maincolor를 클릭합니다.

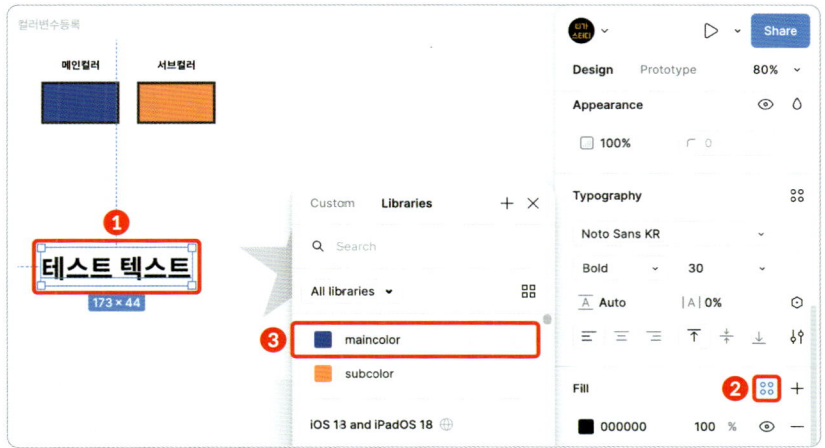

그림 13.6 글자 콘텐츠에 변수를 적용하는 화면

CHAPTER 13 변수 프로토타입 **369**

그럼 maincolor로 변경된 것을 확인할 수 있습니다.

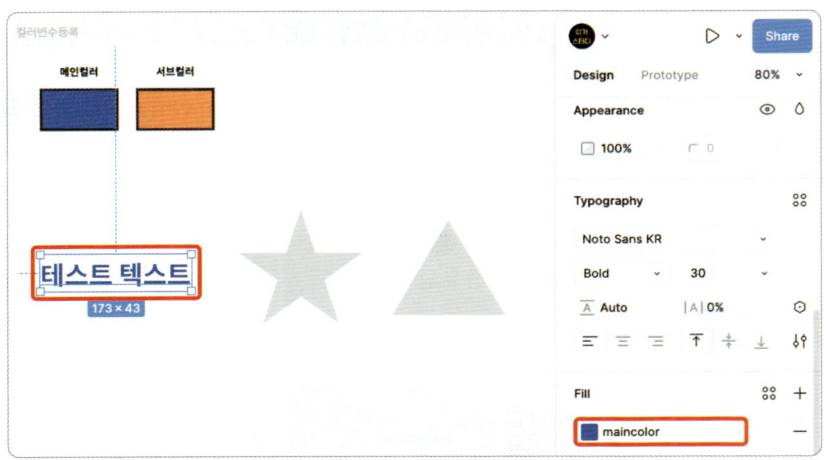

그림 13.7 글자 콘텐츠에 변수가 적용된 화면

06 그러데이션 적용하는 화면_ ❶글자 옆에 있는 별 도형을 선택한 후, ❷Fill에서 색상을 클릭합니다. ❸뜨는 색상 창에서 gradient를 선택합니다. ❹첫 번째 색상은 FFBB00으로 처리하고, 두 번째 색상은 4B00FB로 처리합니다.

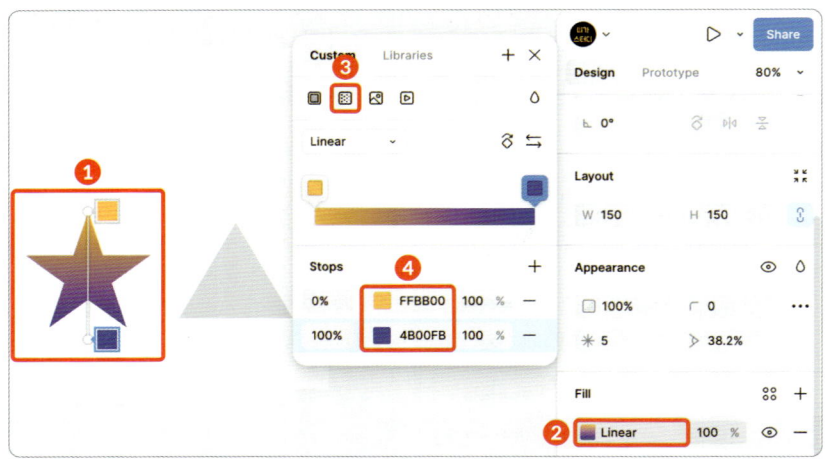

그림 13.8 별 도형에 그러데이션 적용하는 화면

07 **그러데이션을 변수로 등록하는 화면_** ❶그러데이션을 등록하기 위해 스타일 아이콘(▦)을 누른 후, ❷추가 아이콘(＋)도 클릭합니다. 그런데 ❸Variable을 클릭해보면 그러데이션이 아닌, 색상 하나만 등록됩니다. 그 이유는 변수는 값을 하나만 저장하기 때문입니다. 따라서 그러데이션은 등록할 수 없다는 것을 기억하고 있으면 됩니다.

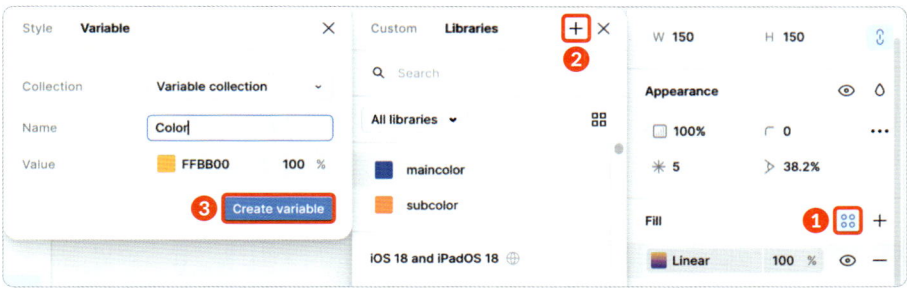

그림 13.9 별 도형에 그러데이션 적용하는 화면

08 **그러데이션을 스타일로 등록하는 화면_** 역시 ❶스타일 아이콘(▦)을 누른 후, ❷추가 아이콘(＋)을 클릭합니다. ❸[Create style]을 클릭하여 스타일로 등록하면 그러데이션이 등록되는 것을 확인할 수 있습니다. 변수는 값을 등록해서 그 값을 응용하려고 하는 것이고, 스타일은 일관성 유지를 위해 등록하는 것이기 때문입니다.

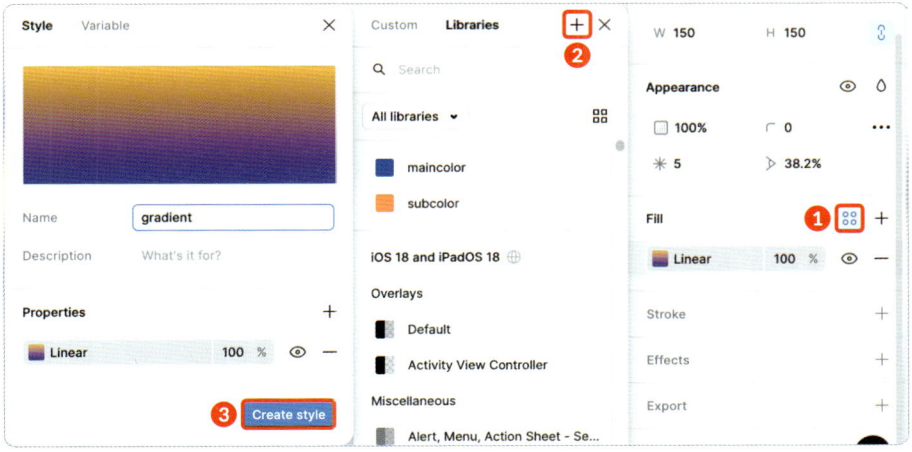

그림 13.10 별 도형에 그러데이션 적용하는 화면

스타일로 등록되면 변수와 따로 정리되어 등록되는 것을 확인할 수 있습니다.

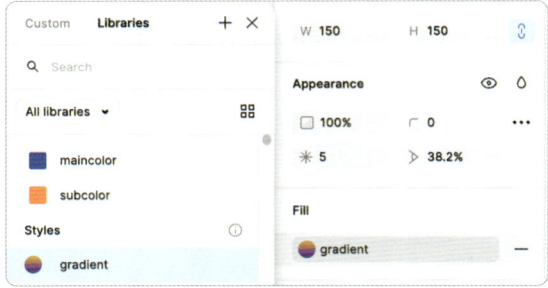

그림 13.11 스타일로 등록된 그러데이션

09 **등록된 변수를 확인_** 빈 공간을 클릭한 후, ❶Variables 옆의 편집 아이콘()을 누르면 등록된 변수를 확인할 수 있습니다. 색상을 가진 요소를 선택하고 등록할 수도 있지만, Variables 창에서도 등록할 수 있습니다. ❷좌측 하단에 있는 [Create variable]를 클릭합니다. 그러면 변수의 네 가지 종류가 드롭다운 메뉴로 모두 나타나는데, 그중 ❸[Color]를 선택합니다.

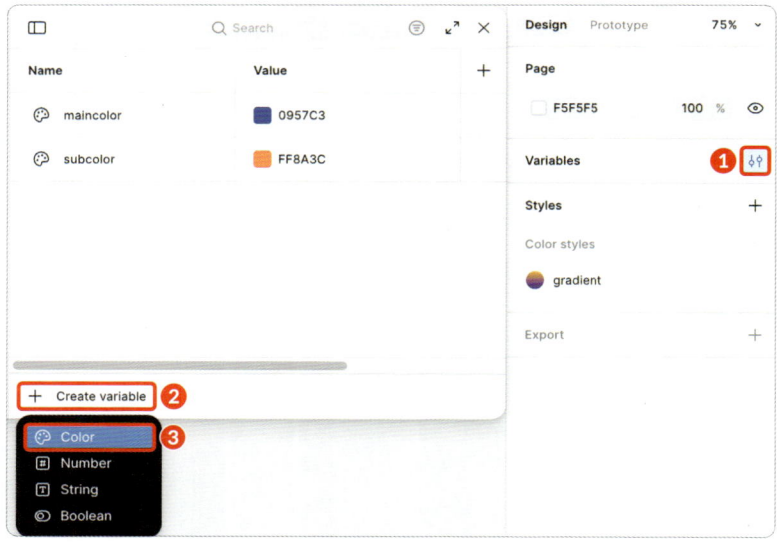

그림 13.12 Local varables 확인

10 색상 변수 추가_ 그러면 서로운 변수를 추가할 수 있는 입력 구역이 뜹니다. 이름은 darkgray로 값은 333333으로 입력합니다.

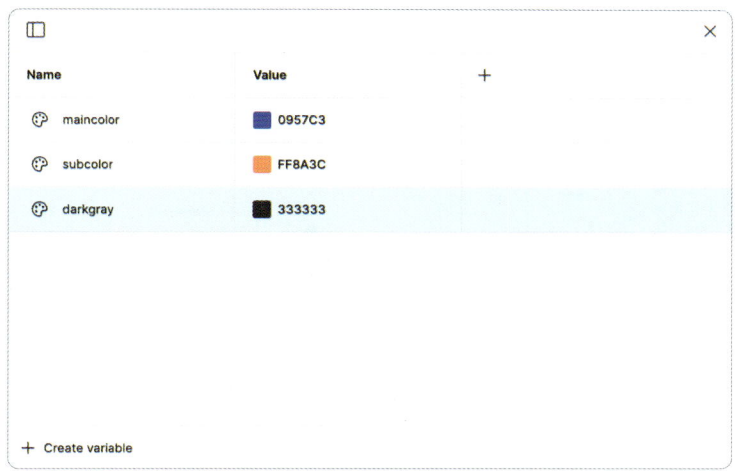

그림 13.13 변수 추가하는 화면

11 변수의 드롭다운 메뉴_ 변수에서 마우스 오른쪽을 누르면 드롭다운 메뉴가 나타납니다. New group width selection을 통해 그룹으로 묶을 수 있습니다. Edit variable을 누르면 변수 이름과 값을 변경할 수 있습니다. Duplicate variable을 누르면 해당 변수를 그대로 복제할 수 있습니다. Delete variable을 누르면 해당 변수를 삭제합니다. 하지만 지금은 삭제하지 않겠습니다.

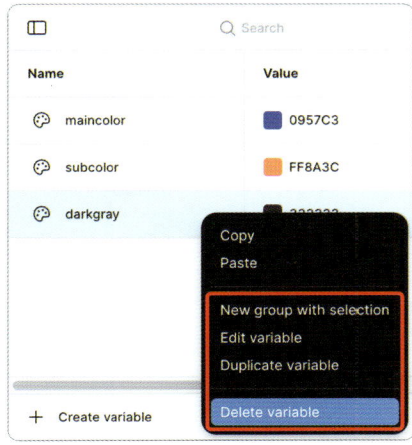

그림 13.14 변수의 드롭다운 메뉴

12 새롭게 등록한 변수 적용_ 삼각형 도형을 선택하고, 디자인 패널의 Fill에서 스타일 아이콘(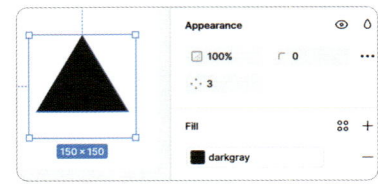)을 클릭합니다. 그러면 Libraries로 등록된 변수를 확인할 수 있습니다. 그중에서 [darkgray]를 선택합니다. 그럼 삼각형에 색상 변수가 잘 적용된 것을 확인할 수 있습니다.

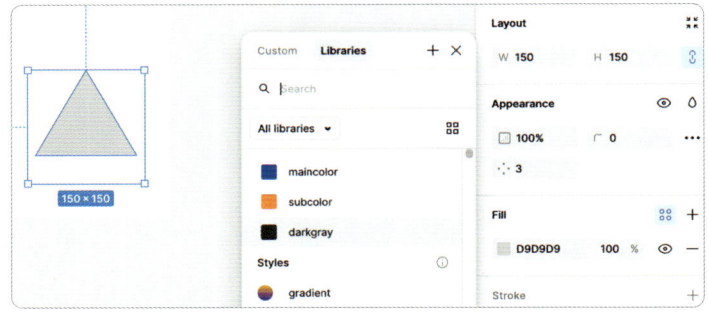

그림 13.15 새롭게 등록한 변수를 적용하는 화면   그림 13.16 새롭게 등록한 변수를 적용한 화면

숫자 변수 등록

숫자 변수에는 가로 크기, 세로 크기, 모서리 둥글기, 오토레이아웃 패딩과의 간격에도 사용할 수 있습니다. 특히 오토레이아웃의 간격을 기기 장치별로 각각 처리할 수 있습니다. 이는 반응형 웹을 제작할 때 많은 도움이 됩니다.

01 예제 파일 확인하기_ 예제 파일에서 2_Number 변수 등록 페이지를 클릭합니다. 넘버변수등록 프레임과 오토레이아웃 프레임으로 나뉘어져 있는 것을 확인할 수 있습니다. 그중에서 넘버변수등록 프레임을 먼저 실습해보겠습니다.

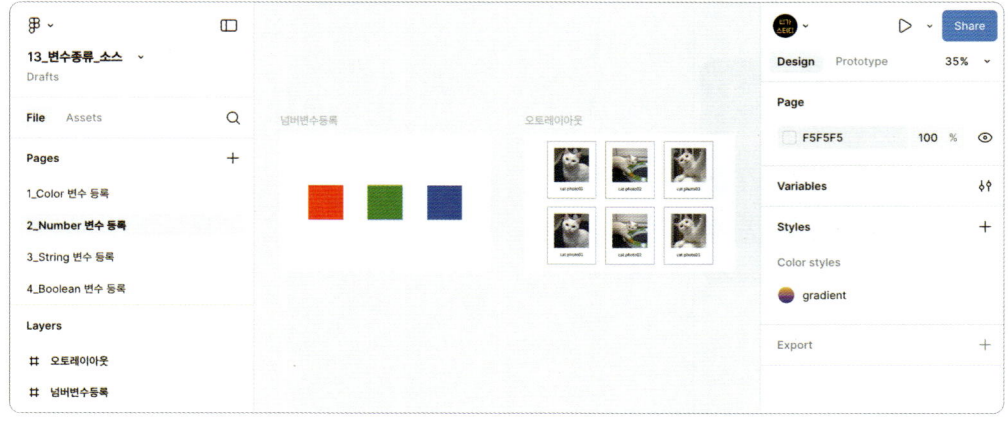

그림 13.17 숫자 변수 소스 화면

02 Variables로 등록_ 빈 공간을 누른 상태에서 ❶Variables 옆의 편집 아이콘( )을 클릭합니다. 그러면 변수 편집 창이 뜨는데 ❷좌측 하단의 [Create variable]을 클릭한 후, ❸[Number]를 선택합니다.

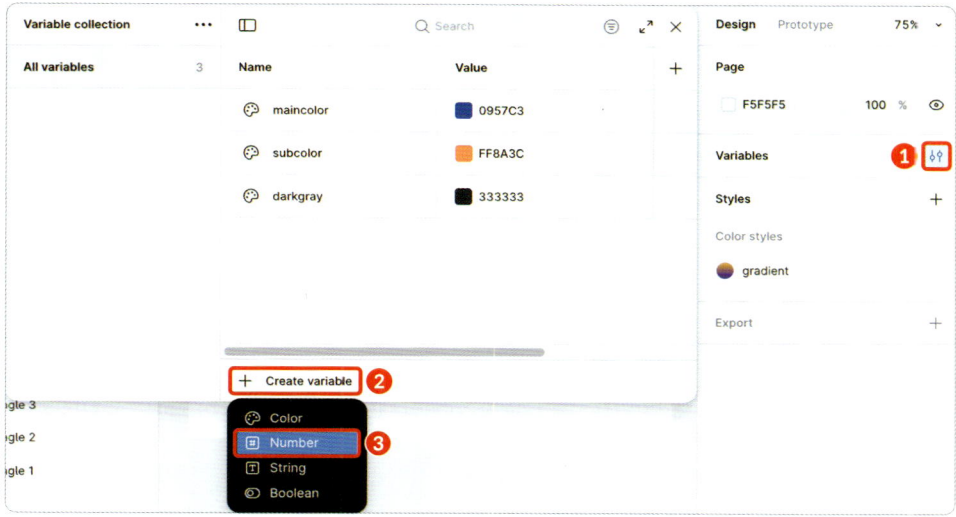

그림 13.18 Variables 창에서 변수를 등록하는 화면

변수는 총 3개를 추가합니다. 각각 Name을 'size100'으로 하고 Value는 '100', Name을 'size120'으로 하고 Value는 '120', Name을 'size150'으로 하고 Value는 '150'으로 설정합니다.

그림 13.19 Variables 창에서 변수를 등록하는 화면

03 size120 변수 적용_ ❶녹색 사각형을 선택한 후에 디자인의 패널로 갑니다. ❷Layout에서 W 위에 마우스를 올리면 변수 아이콘( )이 뜨는데, 클릭해줍니다.

그림 13.20 녹색 사각형에 변수를 등록하는 화면

그럼 Libraries 창이 뜨는 데 그중 숫자 변수인 size120을 선택합니다. H도 마찬가지로 size120으로 처리합니다.

그림 13.21 size120 변수를 선택하는 화면   그림 13.22 W에만 size120을 적용한 모습

04 size120 변수가 적용된 화면_ 녹색 사각형의 W와 H에 모두 변수가 들어가서 수치 120에 사각형으로 감싸지는 것이 확인됩니다.

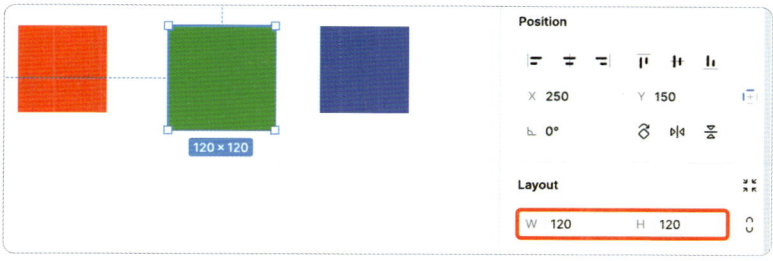

그림 13.23 size120가 적용된 화면

05 숫자 변수 해제_ 숫자 변수는 수치에 마우스를 올리면 해제 아이콘(⊗)이 나타나는데, 클릭하면 변수는 해제됩니다.

그림 13.24 숫자 변수를 해제하는 화면   그림 13.25 숫자 변수가 해제된 모습

06 size100과 size150 적용하기_ 빨간색 사각형을 선택한 후 레이아웃에서 size100 변수를 W와 H에 모두 적용합니다. 파란색 사각형을 선택한 후 레이아웃에서 size150 변수를 W와 H에 모두 적용합니다.

 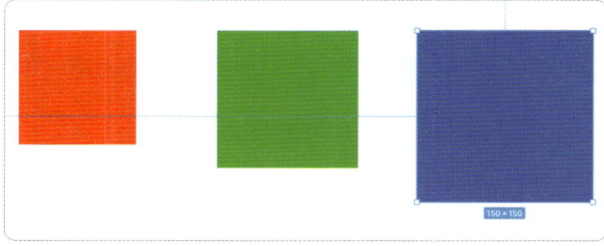

그림 13.26 size150 변수를 적용하는 화면   그림 13.27 size150이 적용된 화면

07 radius5 변수 추가_ 앞에서 했던 것과 같은 방식으로 radius5 변수를 추가하겠습니다. 변수 등록 창에서 Name은 'radius5'로 입력하고, Value는 '5'로 지정합니다.

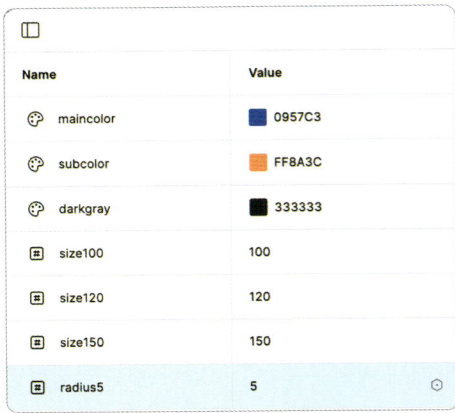

그림 13.28 변수를 추가한 화면

08 요소에 변수 적용하기_ ❶모든 사각형을 선택 후, 디자인 패널에서 모서리 둥글기를 찾습니다. ❷수치에 마우스를 올리면 변수 아이콘(⊙)이 뜨는데, 그때 클릭합니다.

그림 13.29 변수를 적용하는 화면

그러면 Libraries 창이 뜨는데, 그중에서 raidius5를 선택합니다.

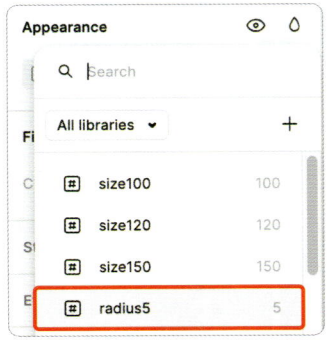

그림 13.30 변수 radius5를 적용하는 화면

09 radius5 변수가 적용된 화면_ 그러면 모든 사각형이 모서리의 둥글기가 5로 설정되고, 수치 5에 사각형으로 감싸지는 것이 확인됩니다.

그림 13.31 변수 radius5가 적용된 화면

10 원래 값을 변경하기_ 빈 공간을 클릭한 후, ❶Variables의 편집 아이콘( )을 클릭합니다. 그중에서 ❷radius5의 Value를 20으로 변경합니다.

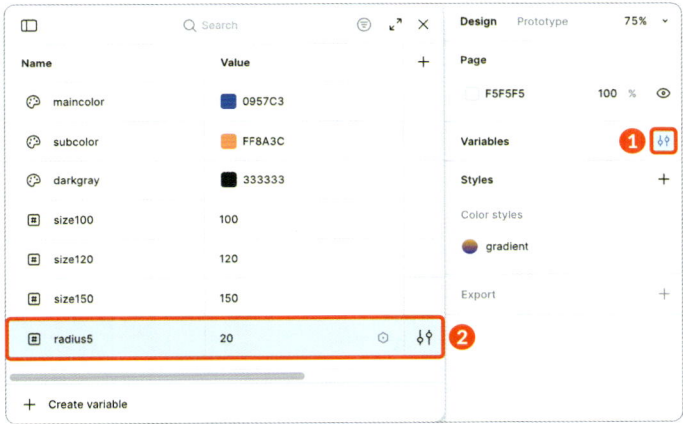

그림 13.32 변수 radius5 수치를 변경하는 화면

11 요소도 변경된 화면_ 그러면 모든 사각형의 모서리 둥글기가 20으로 변경되어 더 둥글게 처리된 것을 확인할 수 있습니다.

그림 13.33 요소도 변숫값이 변경된 화면

숫자 변수 오토레이아웃 수치 등록

오토레이아웃의 간격이나 패딩에도 변수를 적용할 수 있습니다. 콘텐츠의 간격은 그리드 시스템을 통해 같게 유지하는 것이 좋습니다. 반응형 웹을 제작하는 경우에는 데스크톱, 태블릿, 모바일의 간격이 다릅니다. 이것을 변수로 적용하면 간격을 변경해야 하는 경우 모든 콘텐츠의 간격을 한 번에 변경할 수 있습니다. 이번에는 오토레이아웃의 간격에 변수를 적용해보겠습니다.

01 예제 파일 확인하기_ 예제 파일의 2_Number 변수 등록 페이지에서 ❶오토레이아웃 프레임을 선택합니다. 프레임에는 오토레이아웃으로 묶은 사진 배너가 2개 있습니다. ❷그중 Frame 4 요소를 선택해서 살펴보면 ❸간격이 27로 되어 있는 것을 확인할 수 있습니다. 데스크톱은 간격을 20으로, 태블릿과 모바일은 간격을 8로 설정해보겠습니다.

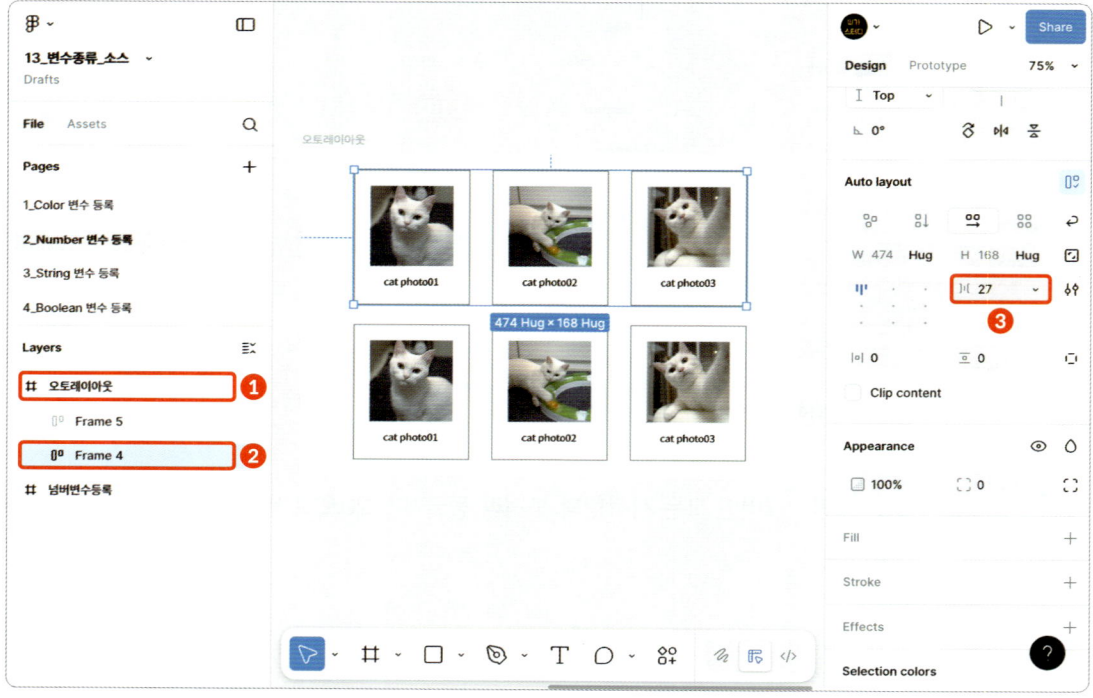

그림 13.34 오토레이아웃 소스 화면

02 변수 등록_ 빈 공간을 클릭 후 ❶Variables의 편집 아이콘( )을 클릭합니다. 나오는 변수 편집 창에서 ❷[Create variable]을 누른 후, ❸[Number]를 선택합니다.

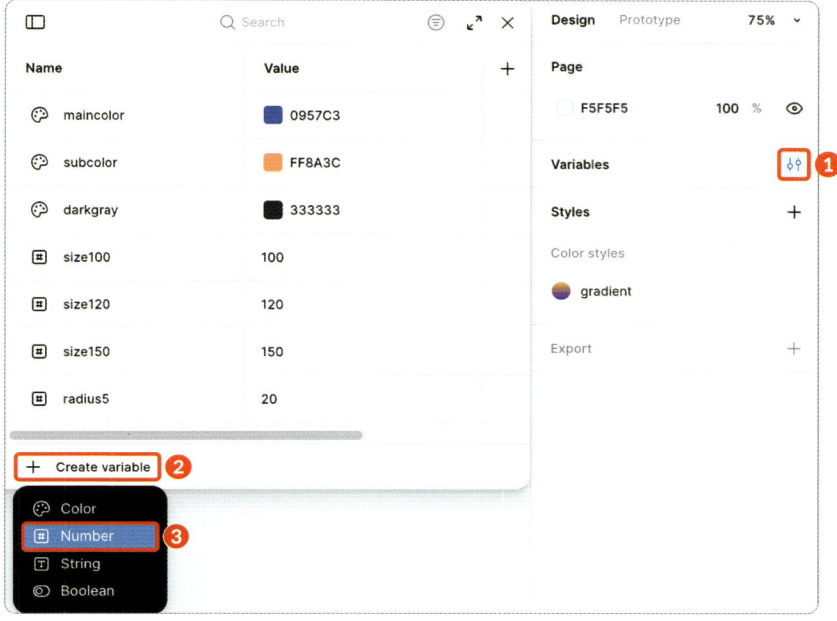

그림 13.35 변수를 등록하는 화면

데스크톱 간격의 이름은 'gap20', 값은 '20'으로 설정하겠습니다. 같은 방법으로 이름 'gap8', 값은 '8'로 하나 더 만듭니다.

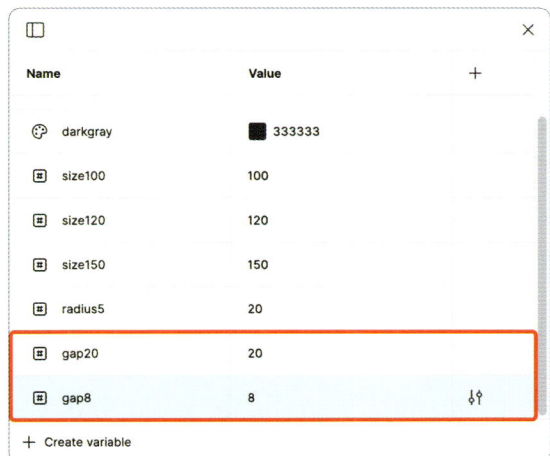

그림 13.36 변수를 등록하는 화면

CHAPTER 13 변수 프로토타입 **381**

03 gap20 변수 적용_ 상단의 오토레이아웃인 Frame 4를 선택하고, 간격에서 선택 아이콘( )을 클릭합니다.

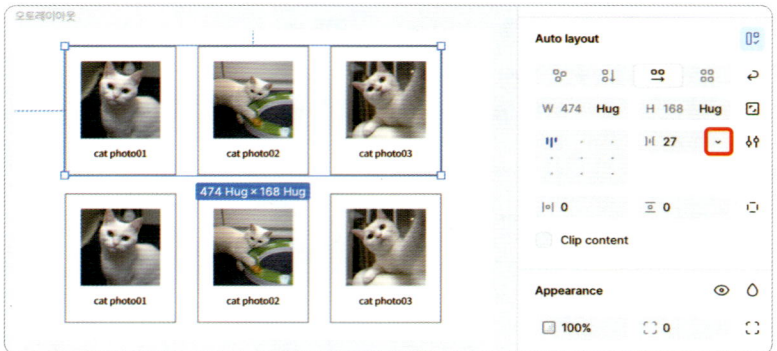

그림 13.37 오토레이아웃 간격에 변수를 적용하는 화면 1

그러면 그림 13.38과 같은 드롭다운 메뉴가 나타나는데, 거기서 [Apply variable]를 클릭합니다. 그러면 Libraries 창이 나타나는데, 등록된 변수 중 [gap20]을 클릭합니다.

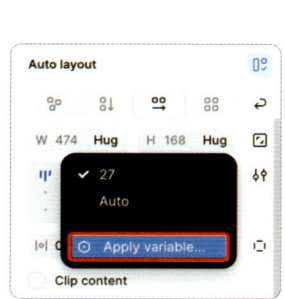
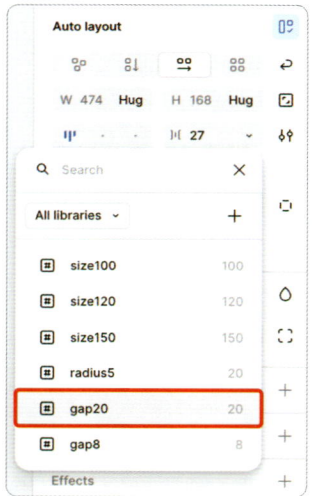

그림 13.38 오토레이아웃 간격에 변수를 적용하는 화면 2

그림 13.39 오토레이아웃 간격에 변수를 적용하는 화면 3

04 gap8 변수 적용_ gap20 변수가 적용된 Frame 4의 간격이 더 좁아진 것을 확인할 수 있습니다. 아래 오토레이아웃 요소인 Frame 5를 선택한 후, 간격에서 선택 아이콘( )을 클릭합니다. 그럼 드롭다운 메뉴가 뜨는데, [Apply variable]을 선택합니다.

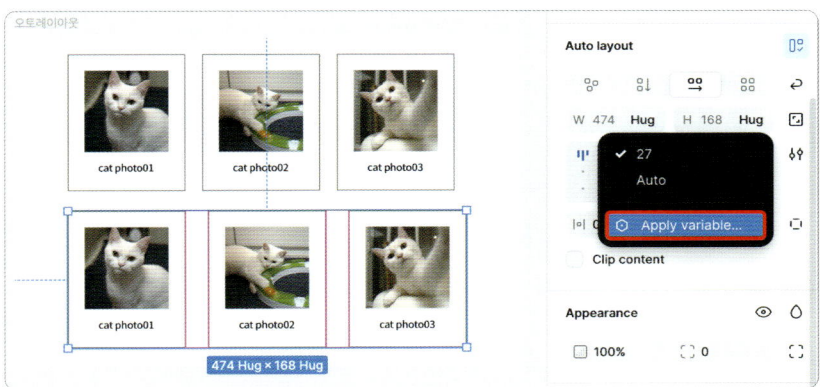

그림 13.40 gap8을 적용하는 화면 1

Libraries 창이 나타나면 등록된 변수 중 [gap8]을 클릭합니다. 그러면 아래 Frame 5의 간격이 줄어드는 것을 확인할 수 있습니다.

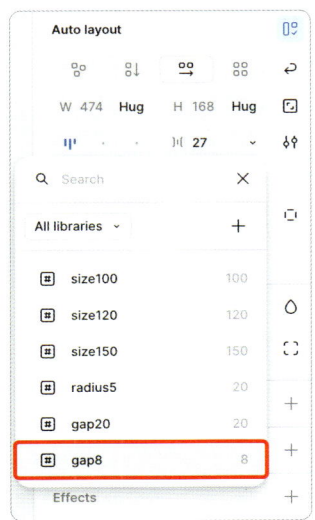

그림 13.41 gap8을 적용하는 화면 2

05 **gap8 변수가 적용된 화면_** 그러면 간격이 좁아지고, 오토레이아웃의 간격 수치에 사각형이 채워진 것을 확인할 수 있습니다. gap8에서 준 간격(8)이 너무 좁다는 의견을 받았다고 가정하고, 간격을 16으로 변경해보겠습니다.

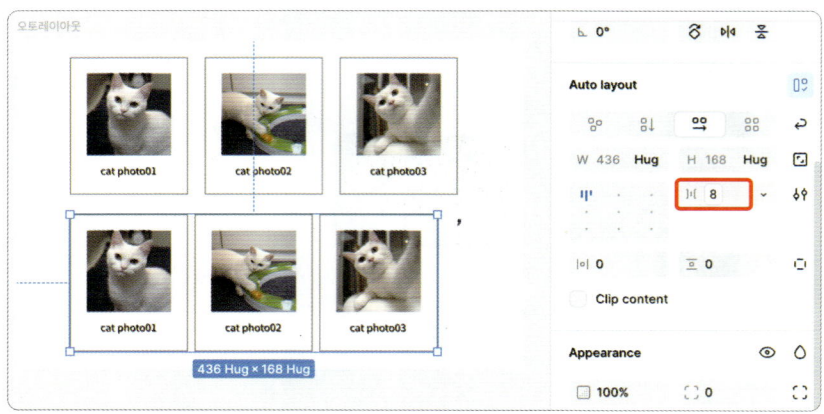

그림 13.42 gap8가 적용된 화면

06 **gap8 변수를 변경_** 빈 공간을 클릭 후 ❶Variables의 편집 아이콘( )을 클릭합니다. ❷나오는 변수 편집 창에서 이름을 gap8에서 gap16으로 변경하고, 값도 8에서 16으로 바꿔줍니다.

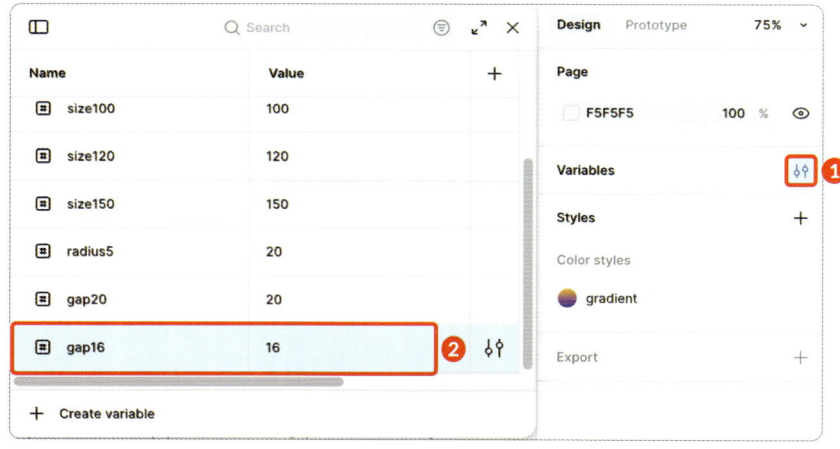

그림 13.43 gap8을 gap16으로 변경하는 화면

07 gap16 변수로 변경된 화면_ 그러면 간격도 넓어지고, 오토레이아웃의 간격 수치에 사각형이 채워진 것을 확인할 수 있습니다. 이번 예시에서는 하나만 처리했지만 많은 콘텐츠 간격을 변경할 때는 변수로 변경하는 것이 시간을 줄일 수 있습니다. 이것이 변수가 탄생한 중요한 이유 중 하나입니다.

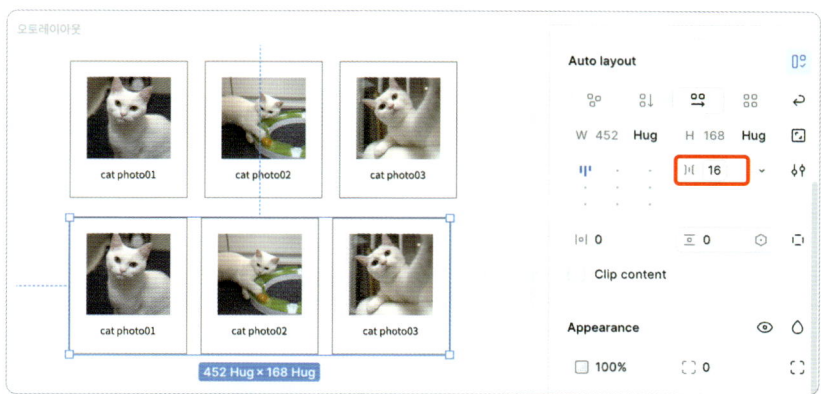

그림 13.44 gap8을 gap16으로 변경한 화면

문자열 변수 등록

문자열 변수는 타이포그래피 관련 글꼴이나 크기 등을 설정하는 것이 아닙니다. 문자열인 텍스트의 글자 자체를 변수로 등록하는 것입니다. 예제를 통해 자세히 살펴보겠습니다.

➕ 타이포그래피와 관련된 작업은 스타일에서 등록하면 됩니다.

01 예제 파일 확인하기_ 예제 파일에서 3_String 변수 등록 페이지를 클릭합니다. 그러면 스트링변수등록 프레임에 글자가 4개가 적혀 있습니다. 한글로 적힌 '회사소개'를 변수로 등록할 예정입니다. 나머지는 변수를 통해 모두 바뀔 예정이라 'blabla'로 처리해두었습니다.

그림 13.45 예제 파일을 확인하는 화면

02 회사소개 문자열 변수로 등록_ ❶'회사소개' 글자를 선택하고, ❷디자인 패널의 텍스트 탭을 보면 변수 아이콘(◎)이 있습니다. 문자열 자체를 변수로 등록하기 위해 클릭합니다. 다시 한번 강조하자면 글자 설정과 관련한 등록을 하는 것이 아닙니다.

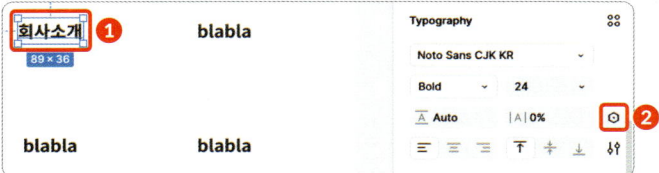

그림 13.46 회사소개를 변수로 등록하는 화면 1

❶Libraries 창이 뜨면 추가 아이콘(➕)을 클릭합니다. 그러면 Variable 창이 뜨는데 ❷이름을 'menu01'로 입력하고, ❸[Create variable] 버튼을 클릭합니다.

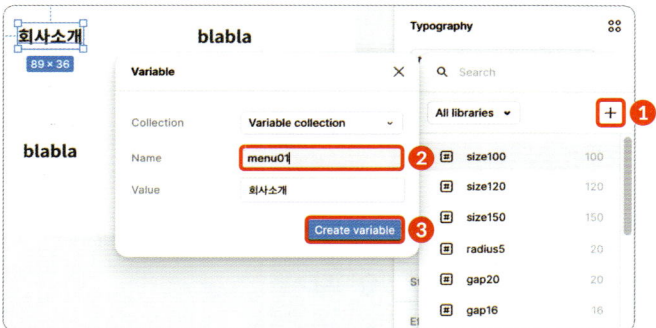

그림 13.47 회사소개를 변수로 등록하는 화면 2

> **TIP** 문자열 변수 등록 아이콘 위치 변경 안내
> - 2024년 10월까지는 디자인 패널의 타이포그래피에 있었습니다.
> - 2024년 12월에는 디자인 패널의 상단으로 위치가 변경되었습니다.
> - 피그마는 UI를 자주 바꾸기 때문에 두 가지 모두 안내합니다.

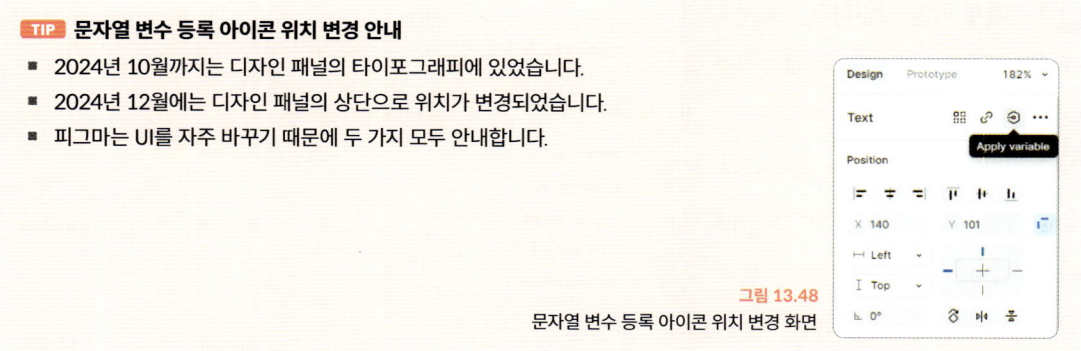

그림 13.48
문자열 변수 등록 아이콘 위치 변경 화면

03 menu01 변수가 등록된 화면_ Libraries 창에 menu01이 등록된 것을 확인할 수 있습니다.

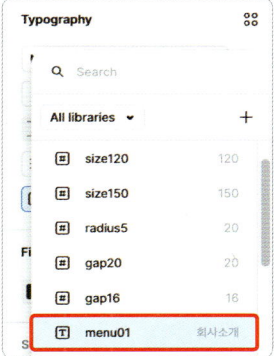

그림 13.49 menu01이 Libraries 창에 등록된 화면

빈 공간을 클릭 후 ❶Variables의 편집 아이콘( )을 클릭합니다. ❷변수 편집 창에 menu01이 존재하는 것을 확인할 수 있습니다.

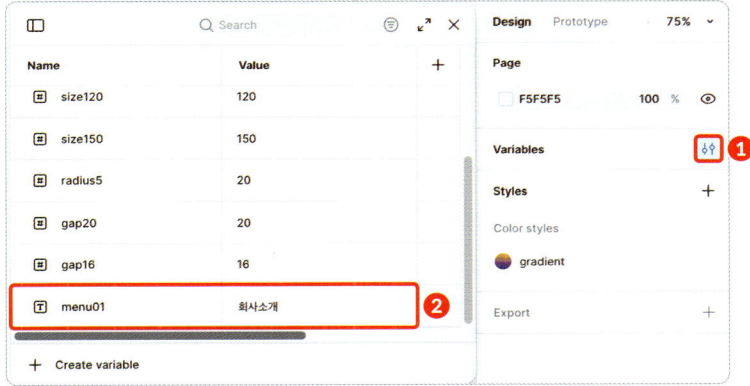

그림 13.50 Variables를 확인하는 화면

04 menu01 변수를 적용_ ❶상단의 'blabla' 글자를 선택한 후, ❷변수 아이콘( )을 클릭합니다.

그림 13.51 menu01 변수를 적용하는 화면 1

CHAPTER 13 변수 프로토타입 **387**

그러면 Libraries 창이 나타나는데, 그중에서 [menu01]을 선택합니다.

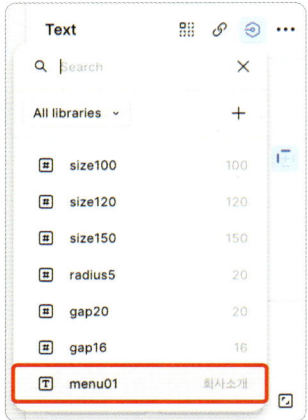

그림 13.52 menu01 변수를 적용하는 화면 2

05 menu01 변수가 적용된 화면_ 선택한 'blabla'가 '회사소개'로 바뀌어 있고, 타이포그래피의 하단에도 menu01 변수가 표시되는 것을 확인할 수 있습니다.

그림 13.53 menu01 변수가 적용된 화면

06 여러 개에 한 번에 menu01 변수 적용_ ❶하단의 'blabla' 글자를 둘 다 선택한 후, ❷변수 아이콘(◎)을 클릭합니다. 그러면 Libraries 창이 나타나는데, 그중에서 [menu01]을 선택합니다.

그림 13.54 menu01 변수를 등록하는 화면

07 문자열 변수 해제_
하단의 오른쪽 '회사소개' 글자를 선택합니다. 디자인 패널의 타이포그래피에서 menu01 위로 마우스를 올리면 해제 아이콘(⊗)이 뜹니다. 아이콘을 클릭하여 변수를 해제해도 글자가 다시 변경되는 것은 아니지만 menu01 변수 표시가 사라지는 것을 확인할 수 있습니다.

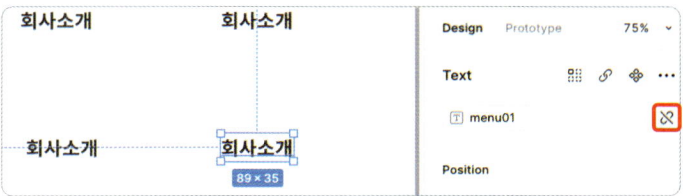

그림 13.55 menu01 변수를 해제하는 화면

08 변수의 실제 문자열 변경_
프로젝트에서 메인 메뉴에 회사소개라는 메뉴를 만들었는데, 클라이언트가 COMPANY로 바꿔달라고 했다고 가정보겠습니다. 많은 페이지를 제작한 상황이라면 하나하나 하는 것은 너무 힘든 일입니다. 하지만 변수를 이용하면 한 번에 바꿀 수 있습니다.

빈 공간을 클릭 후 ❶Variables의 편집 아이콘(◊◊)을 클릭합니다. ❷나오는 변수 편집 창에 menu01의 Value값을 'COMPANY'로 변경합니다.

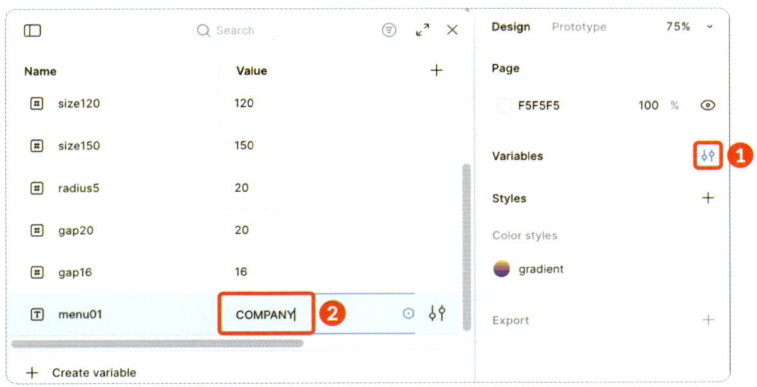

그림 13.56 menu01 변수를 수정하는 화면

변수를 해제했던 우측 하단의 '회사소개'만 제외하고, 전부 'COMPANY'로 바뀐 것을 확인할 수 있습니다. 예제에서 살펴본 것처럼 프로젝트에서 많이 사용하는 문자열을 변수로 사용한다면, 문자열을 변경해야 하는 경우에 많은 시간을 줄일 수 있습니다.

그림 13.57 menu01 변수가 수정된 화면

변수의 그룹 처리

현재까지 등록한 변수가 많기 때문에 그룹으로 정리해보겠습니다.

01 색상 그룹 생성_ 색상들을 그룹으로 묶어보겠습니다. 빈 공간을 클릭 후 ❶Variables의 편집 아이콘(　)을 클릭합니다. ❷maincolor에서 마우스 오른쪽 누르면 드롭다운 메뉴가 나타납니다. 그중에서 ❸[New group width selection(선택 항목이 있는 새 그룹)]을 통해 그룹을 생성합니다.

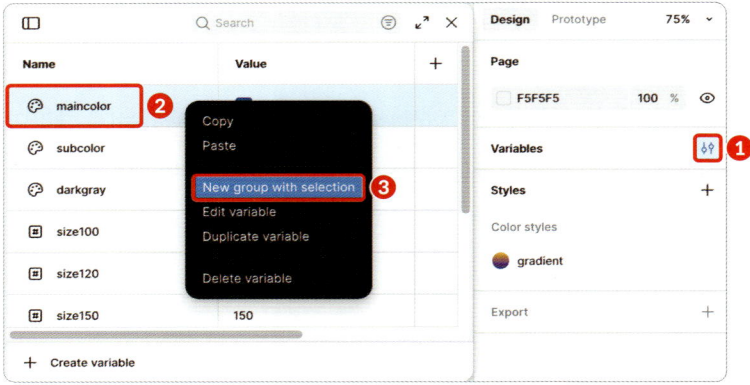

그림 13.58 색상 그룹을 지정하는 화면

02 색상 그룹 이름 변경_ 그룹 명은 'New Group'으로 자동 처리됩니다. New Group을 더블 클릭하면 이름을 변경할 수 있습니다. 이름은 'color'라고 지정하겠습니다.

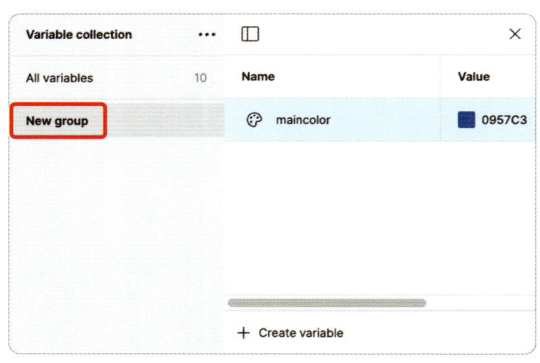

그림 13.59 색상 그룹 이름을 변경하는 화면 1

그림 13.60 색상 그룹 이름을 변경하는 화면 2

03 color 그룹에 드래그로 추가하기_ ❶[All variables] 카테고리를 선택해서 모든 변수를 확인합니다. 그중에서 ❷[subcolor]를 꾹 눌러서 color 그룹으로 당겨주면, 해당 그룹으로 처리됩니다. [color] 그룹을 눌러주면 subcolor가 들어와 있는 것을 확인할 수 있습니다.

그림 13.61 color 그룹으로 이동하는 화면

그림 13.62 color 그룹으로 이동한 화면

04 color 그룹에 이름 지정으로 추가하기_ ❶[All variables] 카테고리에 가서 모든 변수를 확인합니다. ❷그중에서 'darkgray'를 'color/darkgray'로 변경합니다. 베리언트나 스타일 등록과 같이 그룹명/스타일명입니다. [color] 그룹에 가보면 'darkgray'도 들어와 있는 것을 확인할 수 있습니다.

✚ 2025년 9월 그룹이나 변수명이 '그룹명/변수명'으로 그대로 들어가는 현상이 있습니다. 그때는 더블클릭해서 이름을 변경하면 됩니다.

그림 13.63 이름을 변경하는 화면

그림 13.64 이름을 변경한 화면

05 number 그룹 생성_ ❶[All variables] 카테고리에 가서, ❷'size100'을 'number/size100'으로 변경해줍니다. 그러면 'number'라는 그룹이 생깁니다. 숫자 변수 아이콘(#)으로 되어 있는 것은 모두 number 그룹으로 묶어줍니다. 이름을 변경해도 되고, 드래그를 통해 그룹으로 이동해도 됩니다.

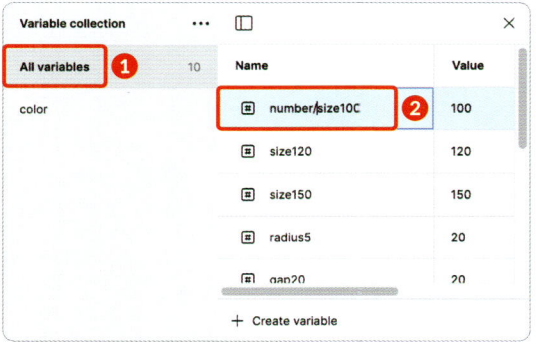

그림 13.65 number 그룹을 생성하는 화면

06 string 그룹 생성_ ❶[All variables] 카테고리에 가서, ❷'menu01'을 'string/menu01'으로 변경해줍니다. 그럼 string이라는 그룹이 생깁니다.

그림 13.66 string 그룹을 생성하는 화면

07 전체 변수 그룹 확인하기_ All variables 카테고리에 가보면 전체 그룹을 확인할 수 있습니다. 각각의 그룹 변수만 보려면 해당 그룹을 클릭하면 됩니다.

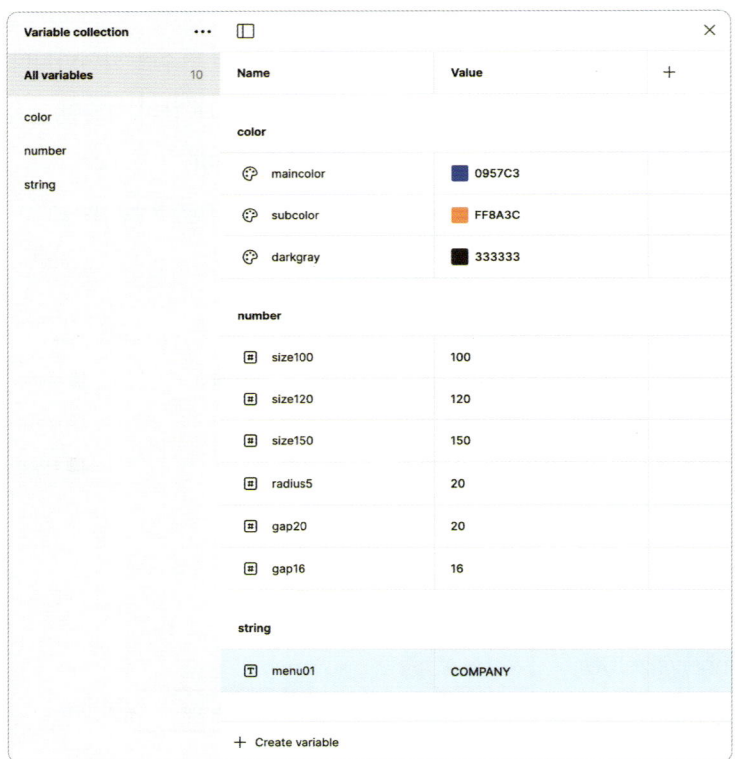

그림 13.67 그룹 전체를 확인하는 화면

불리언 변수 등록

불리언은 결괏값을 true 혹은 false로 받는 것을 의미하는 프로그래밍값 중 하나입니다. 보통 예/아니오, 수신/미수신, 동의/미동의 등과 같이 둘 중 하나의 값으로 이루어진 것에 사용합니다. 피그마도 마찬가지로 2가지 경우로 처리가 되는 경우에 사용합니다. 베리언트를 통해 2가지 경우를 처리하거나, 추후 조건절 프로토타입과 같이 사용하면 유용합니다. 불리언의 개념을 이해하기 위해 간단하게 체크 혹은 미체크되는 베리언트 예제를 살펴보겠습니다.

01 예제 파일 확인하기_ 예제 파일에서 4_Boolean 변수 등록 페이지를 클릭해줍니다. 그럼 체크박스 관련 요소가 2개 있습니다. check/default는 미체크가 되어 있는 상태입니다. check/checked는 체크가 되어 있는 요소입니다. 2개의 컴포넌트를 베리언트해서 불리언 변수를 적용해보겠습니다.

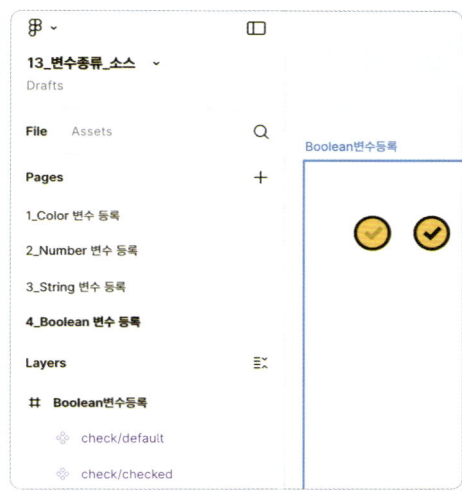

그림 13.68 예제 파일을 확인하는 화면

02 컴포넌트 이름 변경하기_ 하지만 불리언 변수를 사용하려면 그룹 이름은 임의적으로 짓더라도, 컴포넌트 명은 무조건 true 혹은 false로 지어야 합니다. check/default는 check/false로 바꾸고, check/checked는 check/true로 바꿉니다.

그림 13.69 컴포넌트 이름을 변경하는 화면

03 베리언트 등록하기_ ❶ 2개의 컴포넌트를 동시에 잡고, ❷ 디자인 패널에서 [Combine as variants] 버튼을 누릅니다. 그럼 베리언트로 등록되는데, 이때 'Property 1'을 'state'로 바꿉니다.

그림 13.70 베리언트로 등록하는 화면   그림 13.71 베리언트로 등록된 화면

04 베리언트 요소 꺼내오기_ 베리언트로 된 컴포넌트는 프레임에 있는 요소에서 복사가 불가능합니다. 그러므로 ❶ [Assets] 패널에 가서 ❷ [Created in this file]을 클릭해줍니다.

그림 13.72 Assets 패널로 이동하는 화면

Created in this file에 있는 check를 프레임으로 끌고옵니다. 그럼 기본 상태인 check/false로 들어옵니다.

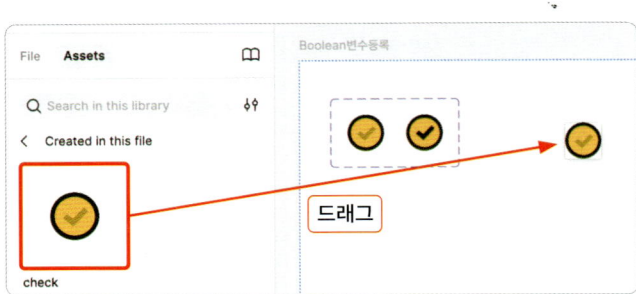

그림 13.73 Assets에서 프레임으로 가져오는 화면

05 check/true 상태로 변경하기_
베리언트로 만든 상태여서 ①스위치 버튼을 클릭하면 check/true 상태로 변경할 수 있습니다. 하지만 이건 true/false로도 가능하지만 on/off로도 가능합니다. ②변수와 관련된 것은 변수 아이콘(◉)을 활용해야 합니다. 그럼 다시 스위치 버튼을 눌러 false 상태로 돌려놓고, 변수를 등록하겠습니다.

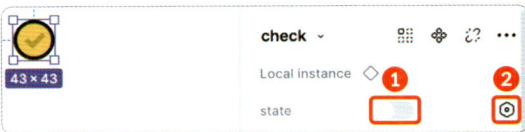

그림 13.74 true 상태로 변경하는 화면

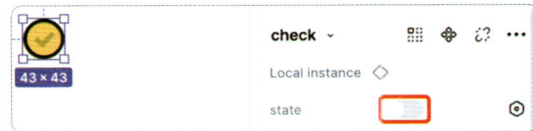

그림 13.75 false 상태로 변경하는 화면

06 true 변수 등록하기_
①Variables 옆에 있는 편집 아이콘(⋮⋮)을 눌러 변수 창을 띄웁니다. ②[Create variable]을 눌러 ③[Boolean]을 추가하겠습니다.

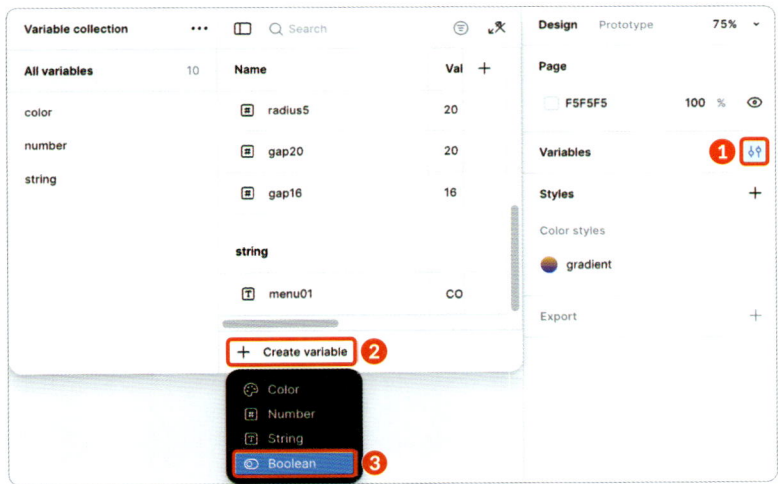

그림 13.76 변수를 등록하는 화면 1

베리언트를 등록할 때 check라는 그룹을 사용했기 때문에 변수에도 check 그룹을 만들어야 합니다. 그래서 이름 작성 시 check/true로 작성합니다. 그러면 이름이 true로 설정됩니다. Value는 스위치 버튼을 통해 True로 변경합니다.

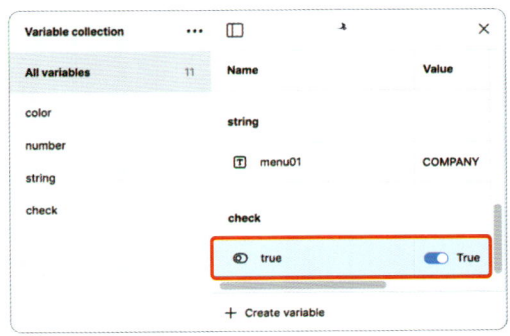

그림 13.77 변수를 등록하는 화면 2

07 False 변수 등록하기_ ❶Variables 옆에 있는 편집 아이콘( )을 눌러 변수 창을 띄웁니다. ❷[Create variable]을 눌러 Boolean을 추가합니다. ❸이름은 false로 하고, 스위치 버튼을 False로 처리합니다.

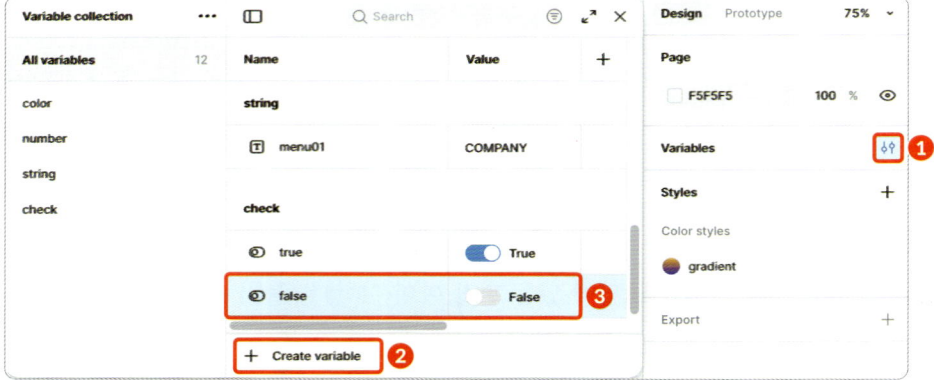

그림 13.78 변수를 등록하는 화면 3

08 false 변수 적용하기_ ❶변수 아이콘( )을 누른 후 ❷false를 클릭합니다. 그럼 해당 요소에 false 변수가 적용된 겁니다.

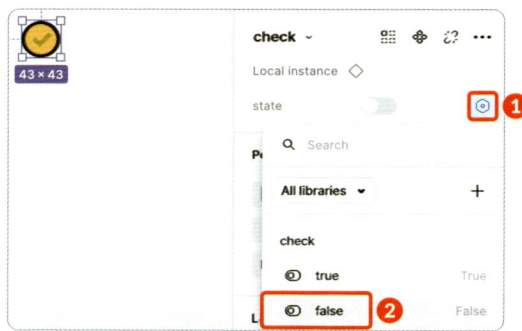

그림 13.79 변수를 등록하는 화면 4

09 false 변수 해제하기_ ❶체크박스를 Alt/Option을 눌러 드래그해서 복제합니다. ❷check/false 변수 위에 마우스를 올리면 해제 아이콘(⊗)이 뜨는데, 클릭합니다.

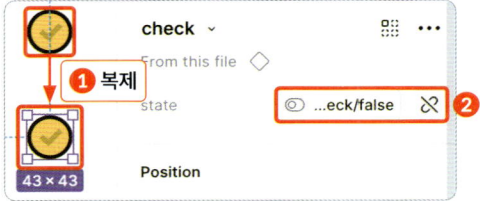

그림 13.80 변수를 해제하는 화면

10 true 변수 적용하기_ ❶변수 아이콘(◉)을 누른 후 true를 클릭합니다. ❷그러면 true 변수가 적용된 것입니다. 이렇게 보면 베리언트와 크게 차이가 없어 보입니다. 하지만 추후 조건절과 같이 사용하면 왜 변수를 사용하는지 이해할 수 있습니다.

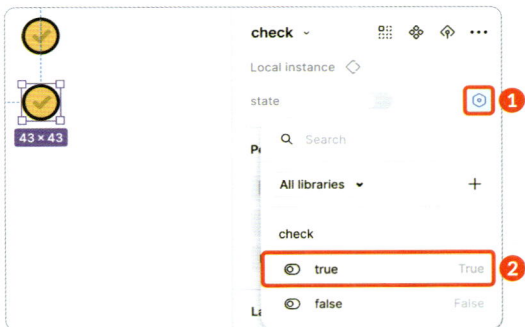

그림 13.81 변수를 적용하는 화면

LESSON
02 문자열 변수 프로토타입

문자열 변수를 이용해서 프로토타입을 만들어보겠습니다.

변수에 따른 문자열 변경

버튼을 클릭하면 지정한 변수의 세부 문자열로 바뀌는 기능을 적용해보도록 하겠습니다.

01 예제 파일 확인하기_ 예제 파일 폴더에서 13장 폴더의 13_문자열변수_소스.fig 파일을 피그마로 불러옵니다. 소스를 보면 여러 페이지로 나뉘어 있는데 1_변수에 따른 문자열 변경 페이지를 클릭합니다. 해당 페이지는 글자와 이미지 2개로 이루어져 있습니다.

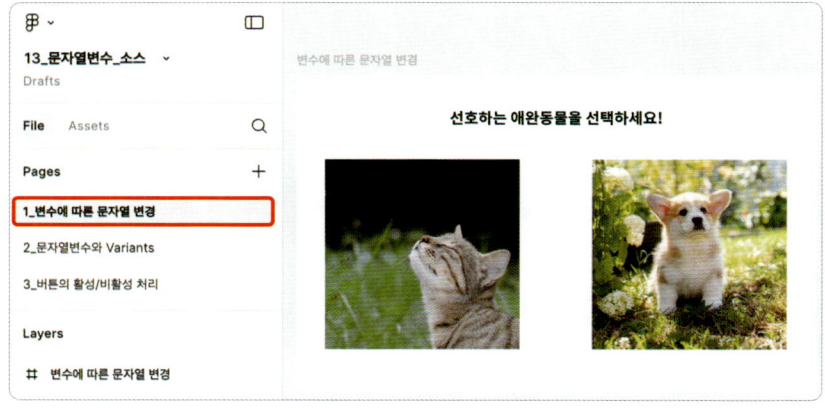

그림 13.82 문자열 변수 예제 파일을 불러오는 화면

02 글자 복사해두기_ 상단의 글자를 더블 클릭해서 모든 글자를 선택합니다. Ctrl+C를 눌러서 글자를 복제해두겠습니다. 변수의 값으로 지정할 예정입니다.

그림 13.83 글자 복제하는 화면

03 문자열 변수 등록하기_ ❶디자인 패널의 Variables에서 편집 아이콘( )을 클릭합니다. ❷나오는 변수 창에서 [Create]를 누른 뒤 ❸[String]을 선택합니다.

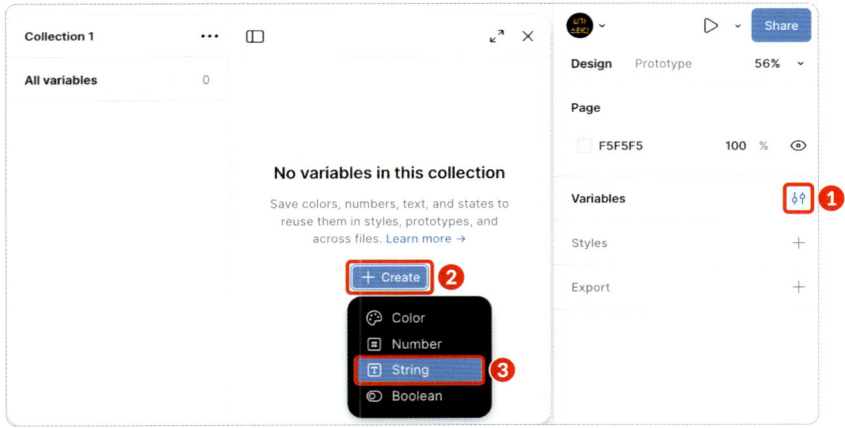

그림 13.84 변수를 등록하는 화면

Name은 'selectAnimal'이라고 지정하고, Value는 자동으로 나오는 'String value'로 처리하겠습니다. 원래 복제한 글자로 변경해야지만, 변경하지 않으면 어떻게 되는지 살펴보겠습니다.

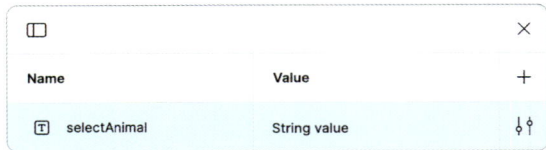

그림 13.85 변수 이름을 지정하는 화면

04 글자 요소에 변수 적용하기_ ❶ 상단의 글자를 선택한 상태에서 ❷ 디자인 패널의 Typography의 변수 아이콘(◉)을 클릭합니다.

그림 13.86 글자 요소에 변수를 지정하는 화면 1

나오는 Libraries 창에서 문자열 변수인 'selectAnimal'을 선택합니다.

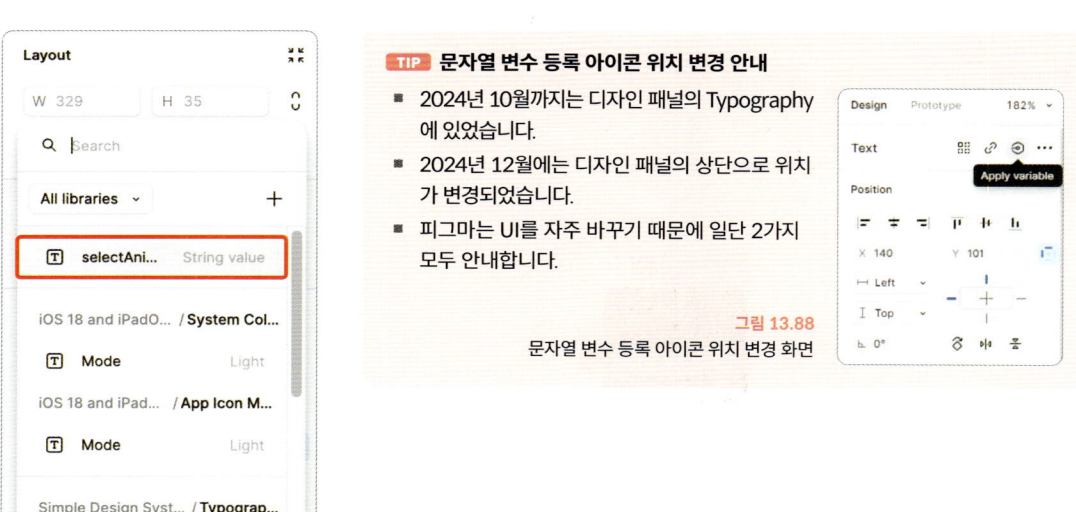

그림 13.87 글자 요소에 변수를 지정하는 화면 2

TIP 문자열 변수 등록 아이콘 위치 변경 안내
- 2024년 10월까지는 디자인 패널의 Typography에 있었습니다.
- 2024년 12월에는 디자인 패널의 상단으로 위치가 변경되었습니다.
- 피그마는 UI를 자주 바꾸기 때문에 일단 2가지 모두 안내합니다.

그림 13.88 문자열 변수 등록 아이콘 위치 변경 화면

05 변수가 적용된 글자_ 그러면 원래 써 있던 글자는 사라지고, String value로 변경된 것을 확인할 수 있습니다. 변수에 적용된 값으로 적용이 된 겁니다. 따라서 원래 주고 싶던 글자로 변경하고 싶다면 변수에 가서 변경해야 합니다.

그림 13.89 상단 글자가 변경된 화면

06 변숫값을 변경_ ❶디자인 패널의 Variables에서 편집 아이콘(　)을 클릭합니다. ❷나오는 변수 창에서 Value를 선호하는 애완동물을 선택하세요!로 변경합니다.

그림 13.90 변숫값을 다시 변경하는 화면

그러면 상단의 글자가 다시 변경된 것을 확인할 수 있습니다.

그림 13.91 상단 글자가 변경된 화면

07 cat 이미지 프로토타입 처리_ ❶cat 이미지를 선택한 후, ❷[Prototype] 탭 버튼을 눌러줍니다.
❸Interactions에서 추가 아이콘(+)을 클릭해주면 인터랙션을 추가할 수 있습니다.

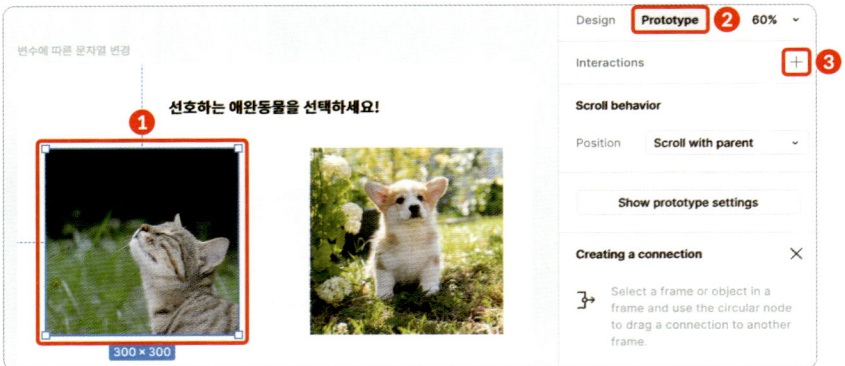

그림 13.92 프로토타입 패널로 변경하는 화면

인터랙션에 ❶Click 이벤트는 들어가지만 ❷Action은 들어가지 않고, None으로 되어 있습니다. Click 이벤트 부분을 클릭하면 인터랙션 창이 뜨면서 Action을 변경할 수 있습니다. Action의 None 부분을 클릭합니다. 그러면 Action의 종류가 나오는데, 그중에서 [Set variable]을 선택합니다.

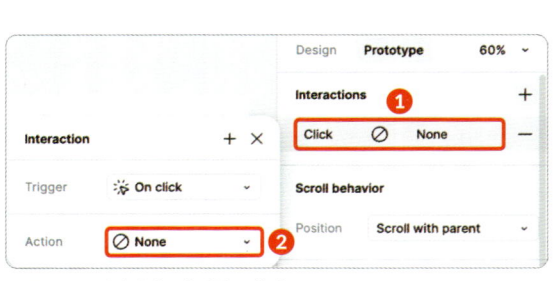 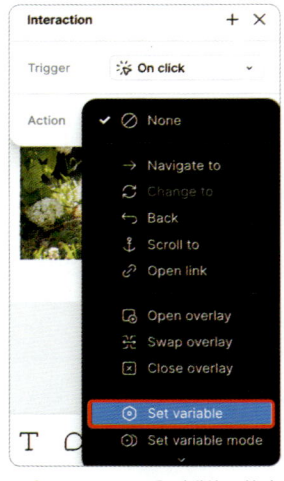

그림 13.93 인터랙션을 추가하는 화면   그림 13.94 Action을 선택하는 화면

08 계정에 따른 문제 발생_ Set variable은 계정이 Starter인 경우는 사용이 불가능합니다. 회원 가입할 때 Starter 계정으로 가입하면 Dev Mode를 사용할 수 없습니다. Professional 계정으로 업그레이드해야 합니다. 이 책에서는 2장에서 업그레이드했었습니다. 따라서 팀 계정으로 파일을 이동해야 합니다.

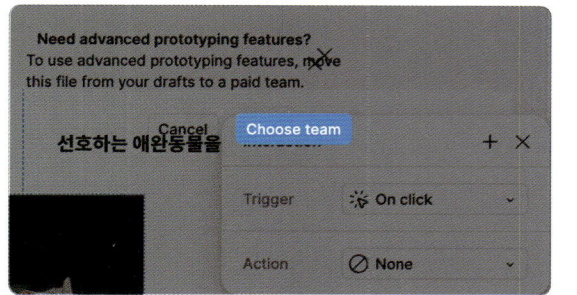

그림 13.95 팀으로 이동하라는 경고문이 뜨는 화면

09 팀 계정으로 파일 이동_ 좌측 상단 피그마 메뉴 버튼을 눌러 피그마 첫 화면으로 돌아옵니다. ❶ 13_문자열변수_소스.fig 파일에서 마우스 오른쪽을 눌러 ❷ Move file을 선택합니다. 여러분이 ❸ Professional 계정으로 업그레이드한 팀을 선택하고, ❹ [Move] 버튼을 클릭합니다.

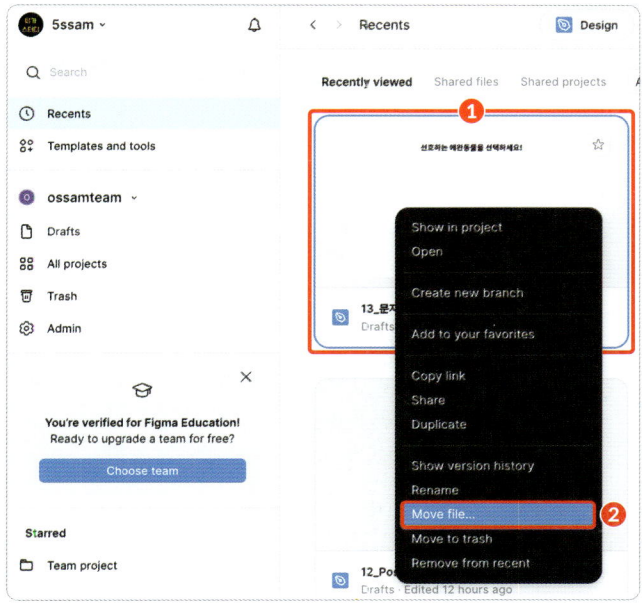

그림 13.96 팀 계정으로 이동하는 화면 1

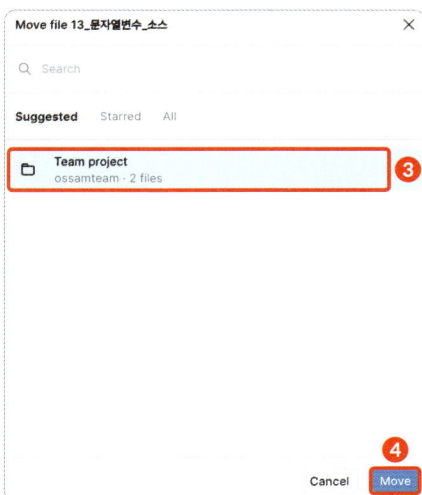

그림 13.97 팀 계정으로 이동하는 화면 2

10 다시 Set variables 명령 처리_ ❶ 다시 13_문자열변수_소스.fig 파일로 돌아와서, Click 이벤트를 눌러 인터랙션 창을 띄웁니다. ❷ Action의 None 부분을 클릭해서, ❸ 그중에서 [Set variable]을 선택합니다.

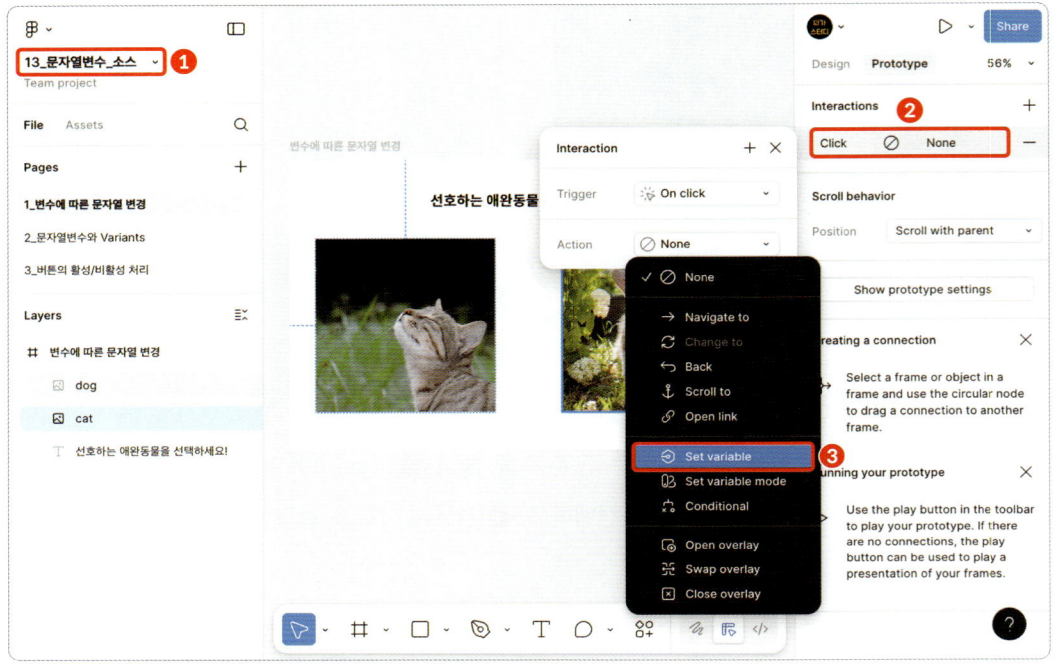

그림 13.98 Set variable을 선택하는 화면

그러면 Add new 창이 나타나는데, 그중에서 selectAnimal 문자열 변수를 선택합니다. 그럼 to라는 입력 상자가 뜹니다. 거기에 '고양이선택'이라고 작성하고 Enter 키를 누르면 아래에 큰따옴표가 들어가며 적용됩니다.

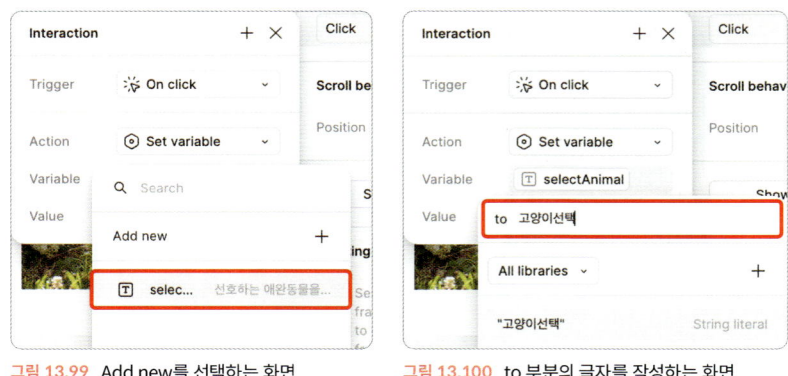

그림 13.99 Add new를 선택하는 화면   그림 13.100 to 부분의 글자를 작성하는 화면

인터랙션 창의 빈 공간 부분을 클릭하면 Add new 창은 닫힙니다. cat 이미지에는 변수 프로토타입 적용 표시가 처리됩니다.

그림 13.101 인터랙션이 적용된 화면

11   dog 이미지 프로토타입 처리_ ❶프레임에서 dog 이미지를 먼저 선택하고, Interactions에서 ❷추가 아이콘(➕)을 클릭합니다. ❸Click 이벤트를 클릭해서 인터랙션 창을 띄웁니다. ❹Action의 None을 선택합니다.

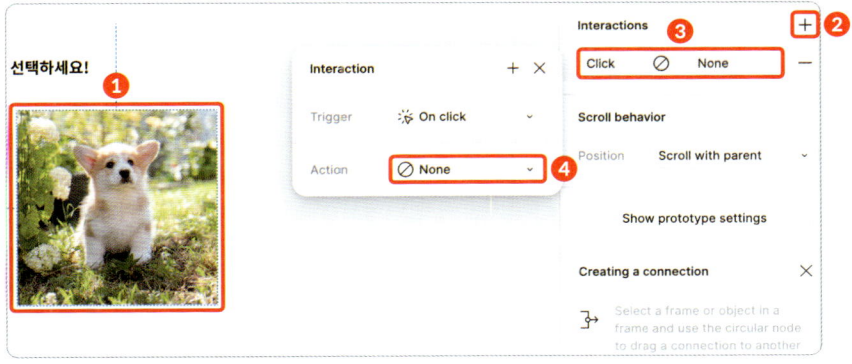

그림 13.102 dog에 프로토타입을 적용하는 화면

나오는 메뉴에서 [Set variable]을 선택합니다. 그러면 Variables 창이 나타나는데, 그중에서 selectAnimal 문자열 변수를 선택합니다. 그러면 to라는 입력 상자가 나타납니다. 거기에 '강아지선택'이라고 작성하고 Enter 키를 누르면 아래 큰따옴표가 들어가며 적용됩니다.

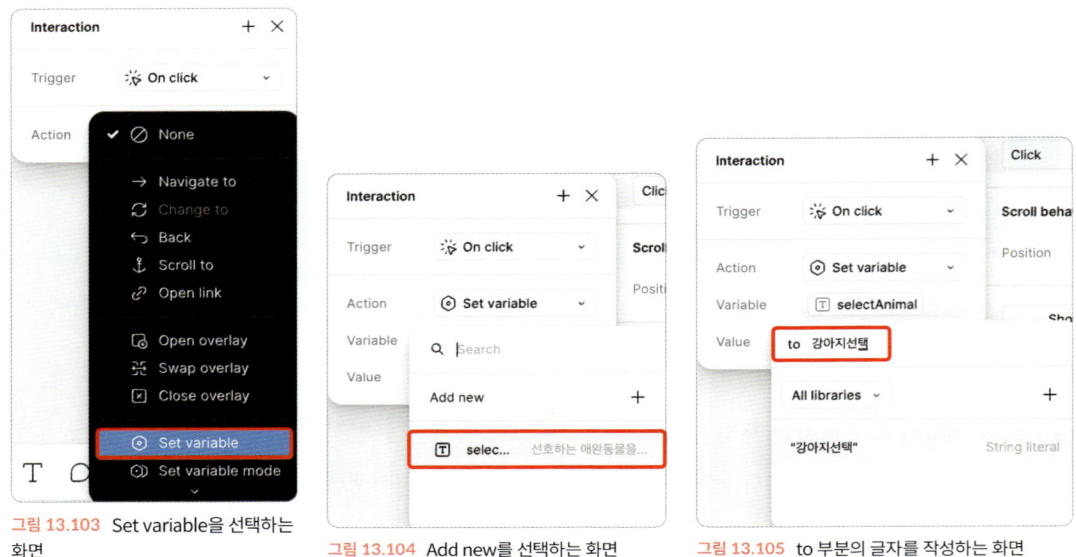

그림 13.103 Set variable을 선택하는 화면

그림 13.104 Add new를 선택하는 화면

그림 13.105 to 부분의 글자를 작성하는 화면

인터랙션 창의 빈 공간 부분을 클릭하면 Add new 창은 닫힙니다. dog 이미지에는 변수 프로토타입 적용 표시가 처리됩니다.

그림 13.106 to 부분의 글자를 작성하는 화면

12 프로토타입 실행_ 이번에는 프로토타입을 Preview로 진행해보겠습니다. 새로운 탭이 아닌 창으로 프로토타입을 보겠습니다. 플레이 아이콘(▷) 옆의 ❶더 보기 아이콘(⌄)을 클릭한 후에 ❷[Preview]를 선택합니다.

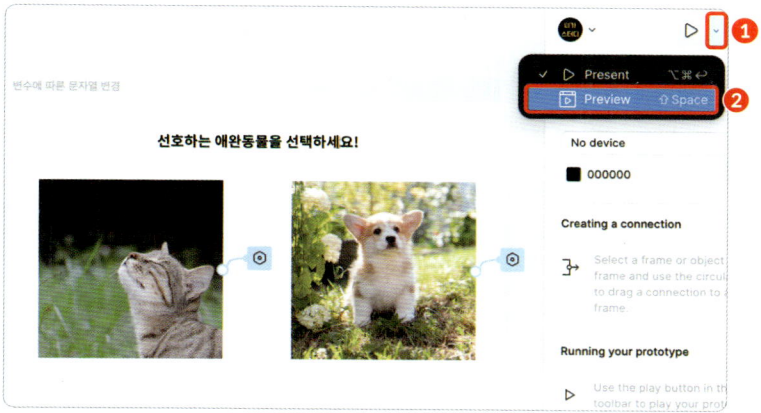

그림 13.107 프로토타입을 실행하는 화면

그러면 새 창으로 프로토타입이 나타나는데, 창이 작은 경우 모서리에서 당기면 커집니다.

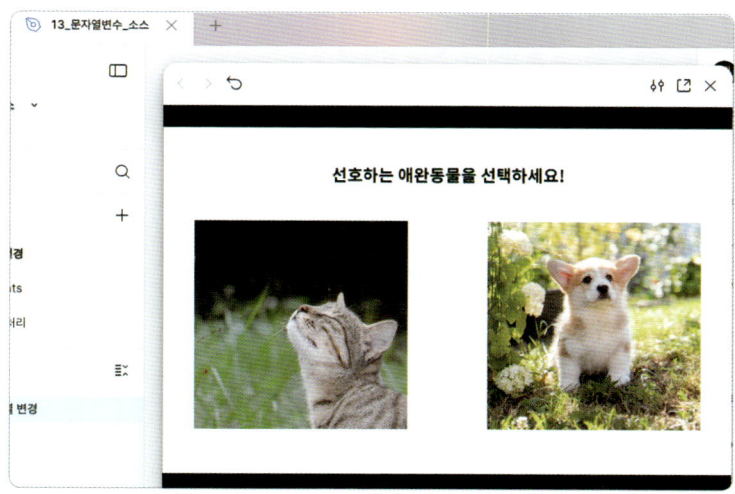

그림 13.108 프로토타입이 실행된 화면

13 프로토타입 구현_ cat 이미지를 클릭하면 상단의 글자가 '고양이선택'으로 변경되는 것을 확인할 수 있습니다. 마찬가지로 dog 이미지를 클릭하면 상단의 글자가 '강아지선택'으로 변경됩니다. 현재 예제는 간단한 글자 변경으로 했지만, 응용하면 배너 글자들도 바꿀 수 있습니다.

그림 13.109 cat 이미지를 클릭한 화면   그림 13.110 dog 이미지를 클릭한 화면

문자열 변수와 Variants

문자열 변수를 Variants의 인스턴스에 연결하면 value에 맞게 변경할 수 있습니다. 이 기능을 이용하여 쉽게 탭 바 형태를 제작할 수 있습니다.

01 예제 파일 확인하기_ 예제 파일 폴더에서 13장 폴더의 13_문자열변수_소스.fig 파일에서 2_문자열변수와 Variants 페이지를 선택합니다. 프레임은 원본 프레임과 문자열변수와 Variants 프레임으로 나뉘어 있습니다.

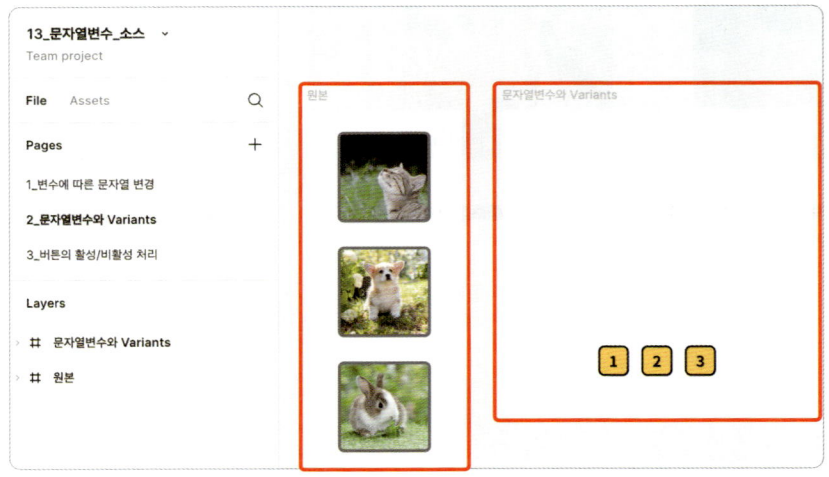

그림 13.111 문자열 변수화 Variants 예제 파일을 불러온 화면

원본 프레임은 베리언트를 등록하기 위한 컴포넌트를 모아 놓은 프레임입니다. 문자열변수와 Variants 프레임은 버튼형 탭 바를 구현하여 실제 프로토타입을 실행해볼 프레임입니다. 베리언트로 등록할 컴포넌트는 그룹명/컴포넌트명으로 이루어져 있습니다. 그룹명은 모두 animal로 같아야 문제가 발생하지 않습니다. 뒤에 작성할 컴포넌트명은 문자열 변숫값과 똑같이 사용할 예정입니다.

02 베리언트 등록_

❶ 원본 프레임의 3개의 컴포넌트를 모두 선택합니다. ❷ 디자인 패널에서 [Combine as variants] 버튼을 클릭합니다. Property 1이라고 되어 있는 부분은 state로 변경하겠습니다.

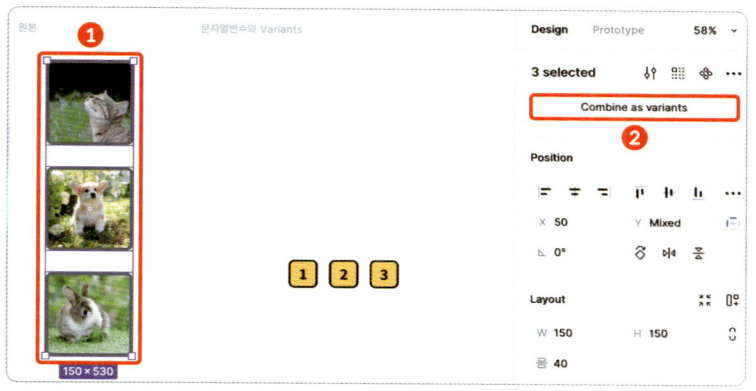

그림 13.112 베리언트로 등록하는 화면

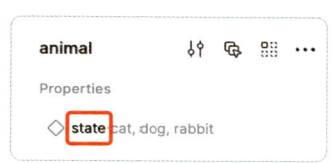

그림 13.113 Property 1을 변경하는 화면

그림 13.114는 베리언트가 등록된 레이어 화면입니다. animal 하위에 등록된 컴포넌트명이 문자열 변수가 됩니다.

그림 13.114 베리언트가 등록된 레이어 화면

03   인스턴스를 프레임으로 가져오기_ 베리언트의 인스턴스는 Assets 패널에서 가져올 수 있습니다.
❶[Assets] 패널을 클릭한 후, ❷[Created in this file]를 클릭합니다. 컴포넌트나 베리언트가 여러 페이지에 있는 경우에는 페이지를 선택해줘야 합니다. [2_문자열변수와 Variants] 페이지를 선택해주세요.

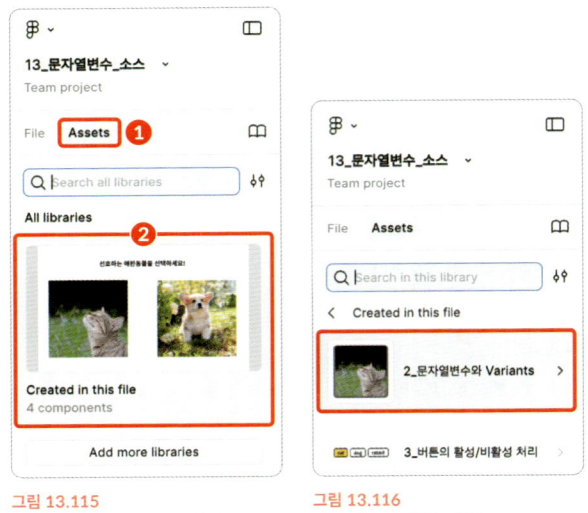

그림 13.115
Assets 패널로 넘어가는 화면

그림 13.116
페이지를 선택하는 화면

animal을 문자열변수와 Variants 프레임으로 드래그해서 끌어옵니다.

그림 13.117   인스턴스를 프레임으로 끌어오는 화면

04 인스턴스 사이즈 변경_ 디자인 패널의 Layout에서 사이즈를 300×300으로 변경하겠습니다.

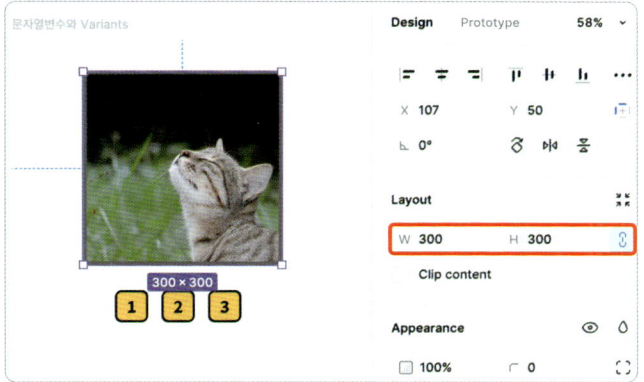

그림 13.118 인스턴스 사이즈를 변경하는 화면

05 문자열 변수 등록_ ❶Variables에서 편집 아이콘()을 눌러 변수 창을 띄웁니다. ❷변수 창에서 [Create variable]을 클릭한 뒤 ❸[String]을 선택합니다.

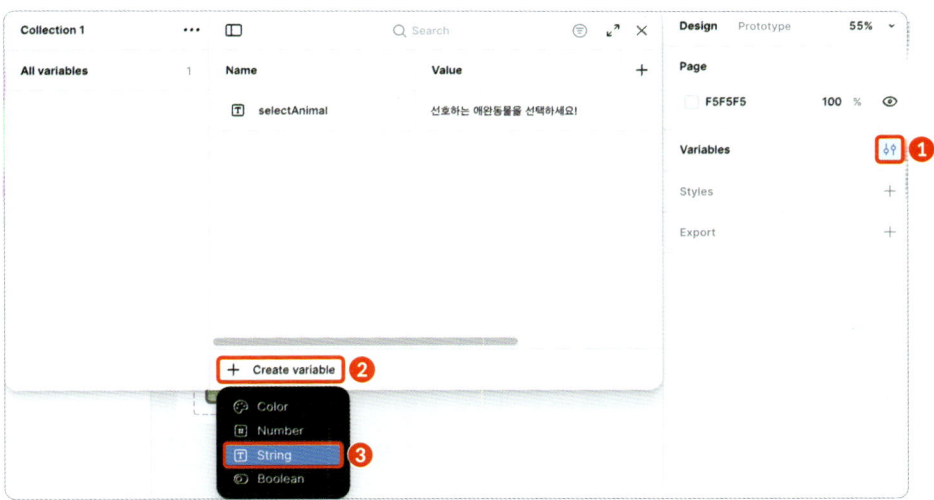

그림 13.119 문자열 변수를 등록하는 화면 1

변수 이름은 'animal'로 하고, 값은 'cat'으로 등록하겠습니다. 이때 cat은 베리언트의 컴포넌트 이름 중 하나와 같게 작성한 것으로, 첫 번째로 보일 컴포넌트 이름으로 처리한 것입니다.

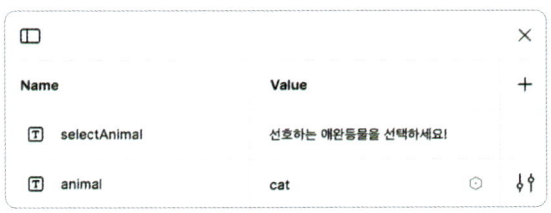

그림 13.120 문자열 변수를 등록하는 화면 2

CHAPTER 13 변수 프로토타입 **411**

06 인스턴스에 변수 지정_ 인스턴스를 선택하고 디자인 패널에 가서 cat 위에 마우스를 올립니다. 그러면 변수 아이콘(◎)이 나타나는데, ❶그 변수 아이콘을 클릭합니다. ❷Libraries 창이 뜨면 animal 변수를 선택합니다. 그럼 cat 대신 문자열 변수인 animal이 등록된 것을 확인할 수 있습니다.

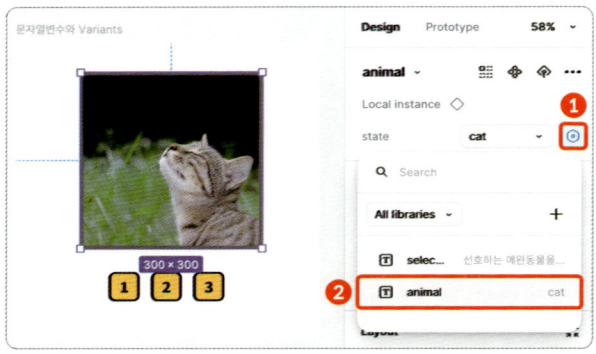

그림 13.121 인스턴스에 변수를 지정하는 화면

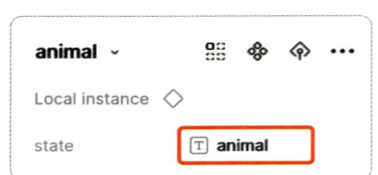

그림 13.122 인스턴스에 변수를 지정한 화면

07 1번 버튼에 프로토타입 지정_ ❶1번 버튼을 선택한 상태에서 ❷[Prototype]을 선택합니다. ❸Interactions에서 추가 아이콘(+)을 누르면, Click 이벤트가 생성됩니다. ❹Click 이벤트를 클릭해서 인터랙션 창을 띄운 후, ❺Action의 [None]을 클릭합니다.

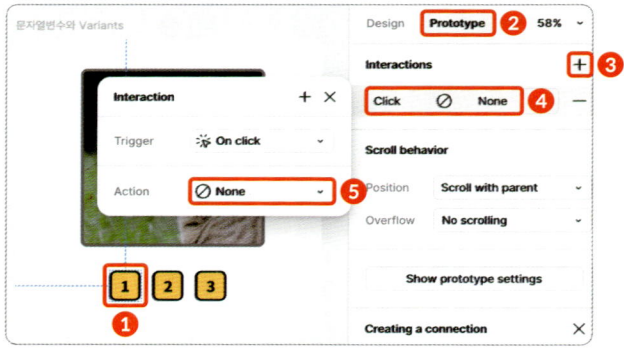

그림 13.123 1번 버튼에 프로토타입을 지정하는 화면

Action에서 [Set variable]을 선택합니다. 그러면 Add new 창이 나타나는데, animal 변수를 선택합니다. to 옆에 입력 상자가 나오면 cat이라고 쓰고 Enter 키를 누릅니다.

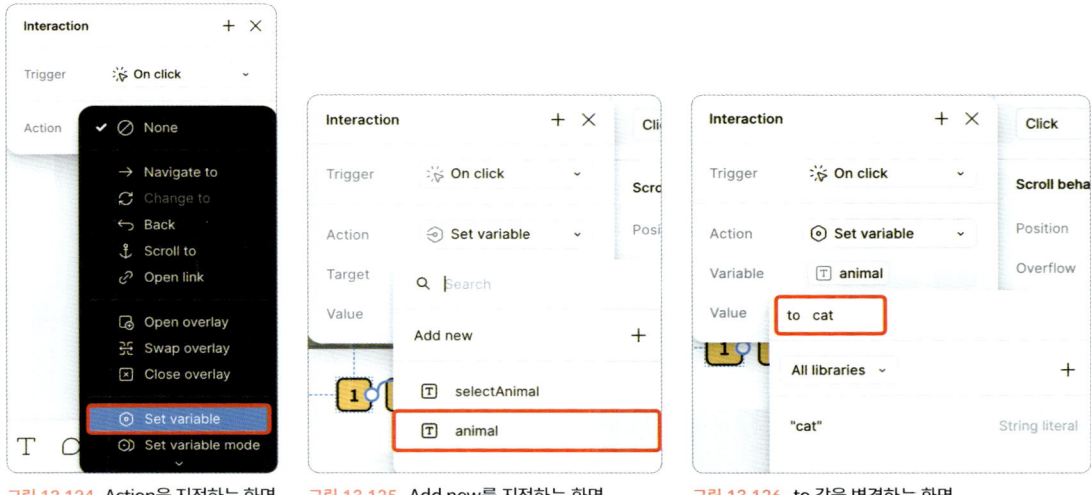

그림 13.124 Action을 지정하는 화면   그림 13.125 Add new를 지정하는 화면   그림 13.126 to 값을 변경하는 화면

08 2번 버튼에 프로토타입 지정_ ❶2번 버튼을 선택한 상태에서, ❷Interactions의 추가 아이콘(+)을 누르면 Click 이벤트가 생성됩니다. ❸Click 이벤트를 클릭해서 인터랙션 창을 띄우고 Action의 [None]을 클릭한 후 ❹[Set variable]을 선택합니다. 그럼 Variables 창이 뜨는데 animal 변수를 선택해줍니다. to 옆 입력 상자에 'dog'라고 쓰고 Enter 키를 누릅니다.

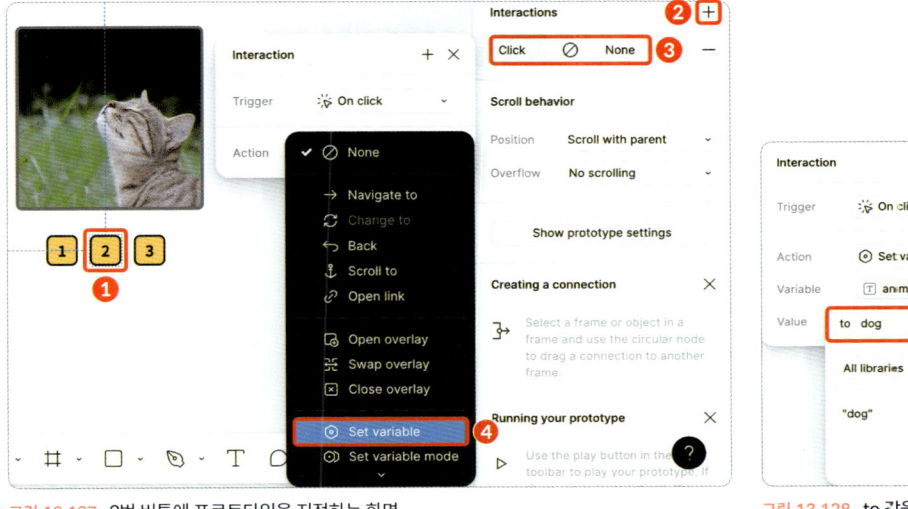

그림 13.127 2번 버튼에 프로토타입을 지정하는 화면   그림 13.128 to 값을 변경하는 화면

CHAPTER 13 변수 프로토타입 413

09 3번 버튼에 프로토타입 지정_ ❶3번 버튼을 선택한 상태에서, ❷Interactions의 추가 아이콘(+)을 누르면 Click 이벤트가 생성됩니다. ❸Click 이벤트를 클릭해서 인터랙션 창을 띄우고 Action의 [None]을 클릭한 후 ❹[Set variable]을 선택합니다. 그럼 Variables 창이 뜨는데 animal 변수를 선택합니다. to 옆 입력 상자에 'rabbit'이라고 쓰고 Enter 키를 누릅니다.

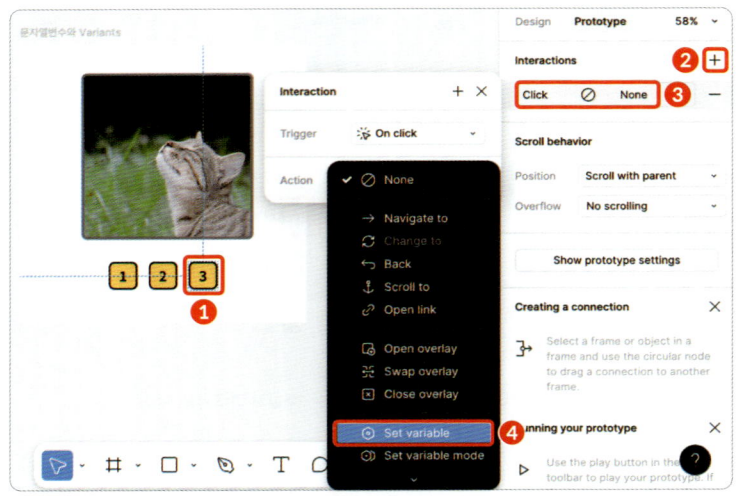

그림 13.129 3번 버튼에 프로토타입을 지정하는 화면

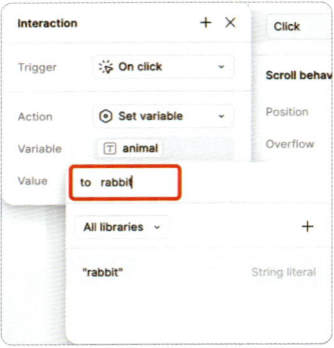

그림 13.130 to 값을 변경하는 화면

10 프로토타입 실행_ 문자열변수와 Variants 프레임을 선택한 다음에 [Preview]를 클릭합니다.

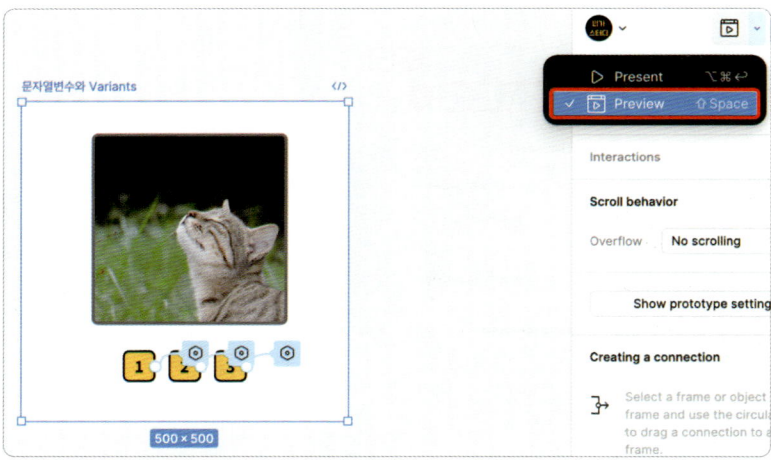

그림 13.131 프로토타입을 실행하는 화면 1

그럼 새로운 창으로 프로토타입 미리 보기가 나타나는 것을 확인할 수 있습니다.

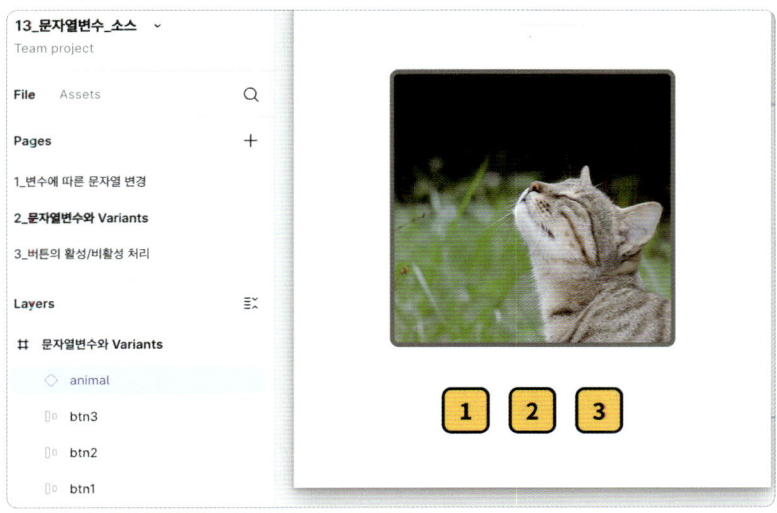

그림 13.132 프로토타입을 실행하는 화면 2

11 프로토타입 구현_ 각각의 버튼을 누르면 그림 13.133~135처럼 변경되는 것을 확인할 수 있습니다. 이번 예제처럼 문자열 프로토타입을 이용하면 탭 바 형태의 UI 구성 요소를 제작할 수 있습니다.

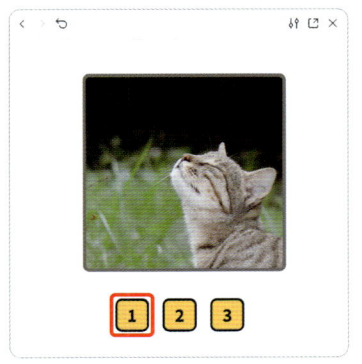  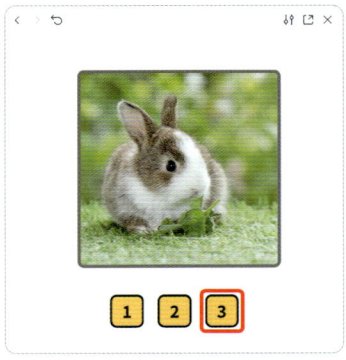

그림 13.133 1번 버튼을 클릭한 화면   그림 13.134 2번 버튼을 클릭한 화면   그림 13.135 3번 버튼을 클릭한 화면

버튼의 활성/비활성 처리

앞에서 완성한 예제는 버튼이 번호로 이루어져 있습니다. 버튼을 문자로 처리해서 문자열 변수를 지정해주면 버튼의 활성과 비활성을 처리할 수 있습니다. 이때 버튼 역시 베리언트로 이루어져 있어야 합니다.

01 예제 파일 확인하기_ 예제 파일 폴더에서 13장 폴더의 13_문자열변수_소스.fig 파일에서 3_버튼의 활성/비활성 처리 페이지를 선택합니다. 프레임은 버튼의 활성비활성 처리 프레임과 문자열변수와 Variants 프레임으로 나뉘어 있습니다. 버튼의 활성비활성 처리 프레임에는 베리언트를 만들기 위한 컴포넌트를 3개 제공했습니다. 이때 그룹명/컴포넌트명으로 이루어져 있어야 하며, 그룹명은 모두 같아야 합니다. 기존의 animal 문자 변수를 쓸 것이기 때문에, 컴포넌트명도 그에 맞게 cat, dog, rabbit으로 처리했습니다. 문자열변수와 Variants 프레임은 실제로 구현할 프로토타입 프레임이 될 것입니다.

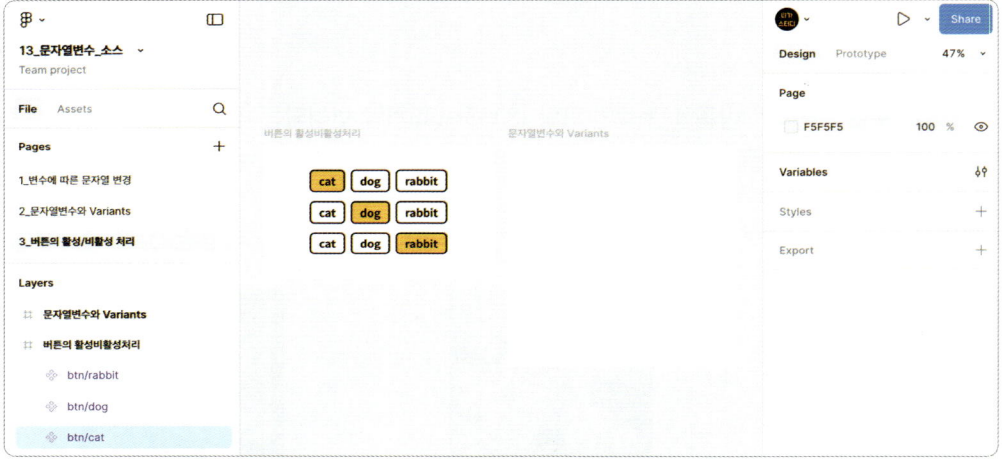

그림 13.136 소스를 불러온 화면

02 Assets 패널에서 animal 인스턴스 가져오기_ ❶Assets 패널로 가서 ❷animal을 문자열변수와 Variants 프레임으로 드래그합니다. 기존에 Assets 패널을 사용해서 2_문자열변수와 Variants 페이지로 선택이 되어 있습니다.

그림 13.137 인스턴스를 가져오는 화면

디자인 패널의 Layout에 가서 크기를 300×300으로 변경합니다. 변경한 후에 프레임의 세로 가운데로 맞추고, 상단에서는 50픽셀 여백을 줍니다.

그림 13.138 인스턴스 크기를 변경하는 화면

03 버튼을 베리언트로 등록_ 버튼의 활성비활성 처리 프레임에 가서 ❶모든 컴포넌트를 선택합니다. 그리고 ❷디자인 패널에 가서 [Combine as variants] 버튼을 클릭합니다. Property 1이라고 되어 있는 부분은 state로 변경하겠습니다.

그림 13.139 버튼을 베리언트로 등록하는 화면

그림 13.140
Property 1을 변경하는 화면

CHAPTER 13 변수 프로토타입 **417**

04 버튼을 인스턴스로 가져오기_ 이전에 들어가 있던 2_문자열변수와 Variants 페이지로 선택이 되어 있기 때문이 뒤로 돌아가야 합니다. 돌아가기 아이콘(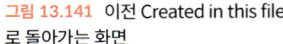)을 클릭합니다. 뒤로 돌아가면 페이지를 선택하는 화면이 나오는데, 3_버튼의 활성/비활성 처리 페이지를 클릭합니다.

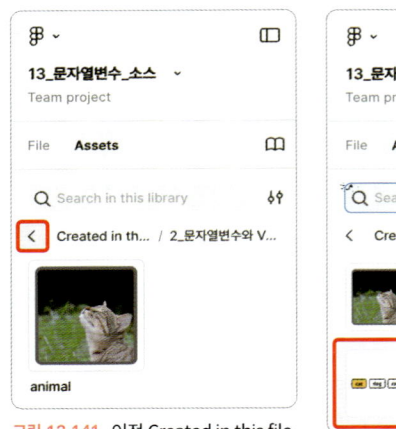

그림 13.141 이전 Created in this file
로 돌아가는 화면

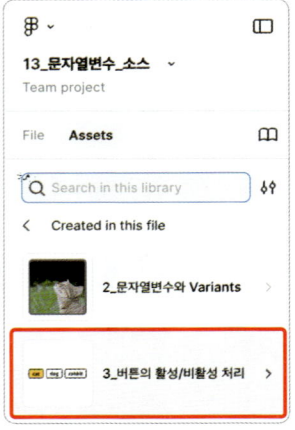

그림 13.142 페이지 선택하는 화면

btn을 문자열변수와 Variants 프레임으로 드래그해서 가져옵니다. 가져온 후 세로 가운데로 맞추고, 아래에서 50픽셀 여백을 처리합니다.

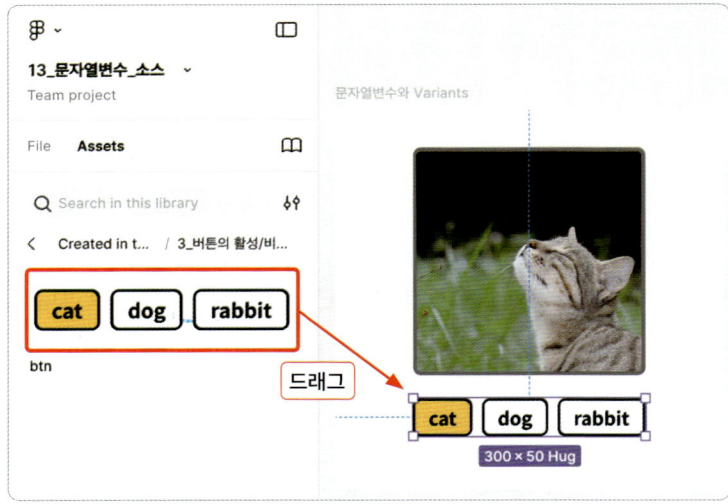

그림 13.143 인스턴스를 끌어오는 화면

05 cat 버튼 프로토타입 설정_ Prototype 패널로 간 다음, 두 번째 줄의 cat 버튼만 선택합니다. 그럼 핫스팟이 뜨는데, 그것을 당겨서 첫 번째 줄 전체로 가져가서 연결합니다. 배경이 하얀 버튼은 비활성 버튼이고, 노란 버튼은 활성 버튼입니다. 그러니까 비활성 버튼을 누르면 활성 버튼으로 바뀌게 하려고 하는 것입니다.

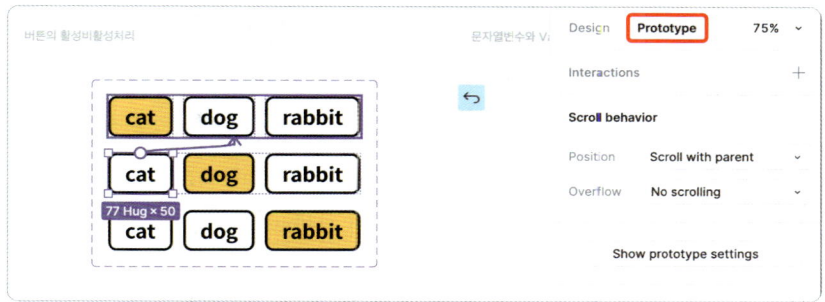

그림 13.144 두 번째 줄 프로토타입을 설정하는 화면

핫스팟을 연결하면 인터랙션 창이 뜨는데, 그대로 설정하고 창을 닫아줍니다. 해당 파일에서 인터랙션을 변경한 적이 없다면 그림 13.145와 같이 나옵니다. 그림 13.145와 같지 않다면 그림을 보고 수정합니다. Cat 버튼을 클릭하면 cat 인스턴스로 즉시 변경된다는 뜻입니다.

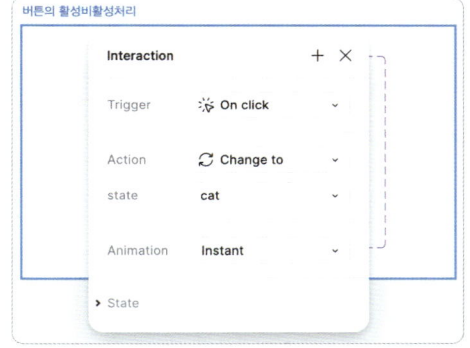

그림 13.145 인터랙션 창을 확인하는 화면

마지막인 세 번째 줄에서 역시 cat 버튼만 선택합니다. 핫스팟을 끌어당겨 역시 첫 번째 줄 전체로 연결합니다. 인터랙션 창은 수정할 필요가 없으므로 바로 닫습니다.

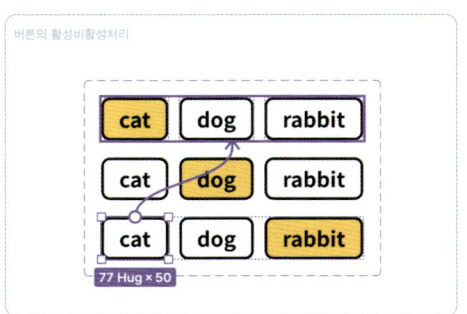

그림 13.146 세 번째 줄 프로토타입을 설정하는 화면

06 dog 버튼 프로토타입 설정_
첫 번째 줄의 dog 버튼만 선택합니다. 핫스팟을 당겨 두 번째 줄 전체로 연결합니다. 역시 인터랙션 창은 수정할 필요가 없으므로 바로 닫습니다. 이번 예제에서 나머지 경우도 인터랙션 창은 바로 닫아주세요. 세 번째 줄의 dog 버튼만 선택합니다. 핫스팟을 당겨 역시 두 번째 줄 전체로 연결합니다.

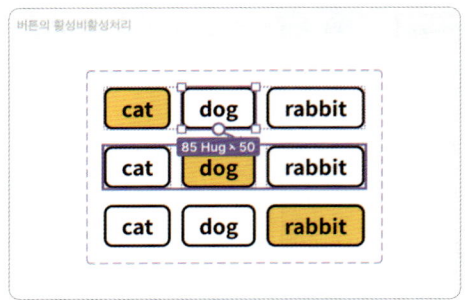

그림 13.147 첫 번째 줄 프로토타입을 설정하는 화면

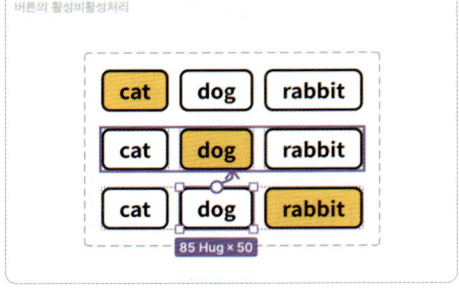

그림 13.148 세 번째 줄 프로토타입을 설정하는 화면

07 rabbit 버튼 프로토타입 설정_
첫 번째 줄의 rabbit 버튼만 선택합니다. 핫스팟을 당겨 세 번째 줄 전체로 연결합니다. 두 번째 줄의 rabbit 버튼만 선택합니다. 핫스팟을 당겨 역시 세 번째 줄 전체로 연결해줍니다.

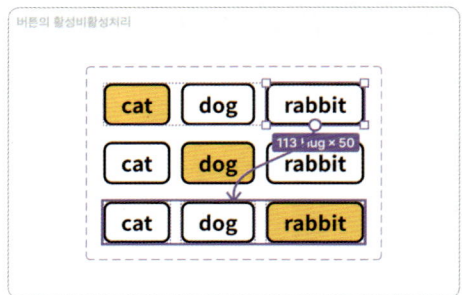

그림 13.149 첫 번째 줄 프로토타입을 설정하는 화면

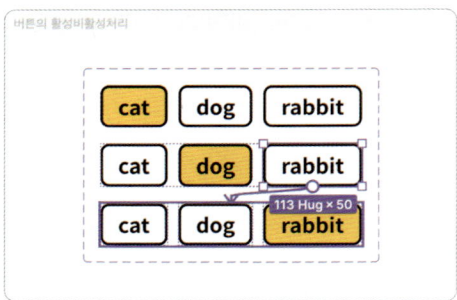

그림 13.150 두 번째 줄 프로토타입을 설정하는 화면

08 프로토타입 실행_ 프로토타입 실행은 [Preview]로 진행하겠습니다. 그러면 새 창으로 프로토타입이 실행됩니다. 창이 작다고 느낀다면 모서리에서 당겨 창을 키웁니다.

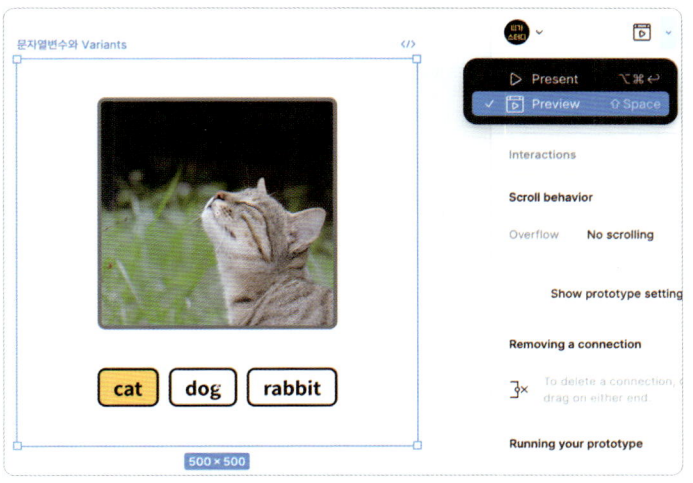

그림 13.151 프로토타입을 실행하는 화면

그림 13.152 프로토타입이 실행된 화면

09 프로토타입 구현_ dog 버튼을 클릭했지만, 위의 사진이 변경되지 않습니다. animal 인스턴스에 문자열 변수가 지정되지 않았기 때문입니다. 2_문자열변수와 Variants 페이지에서 animal 인스턴스에 문자열 변수를 지정했지만, 인스턴스라서 다른 인스턴스가 적용되지 않습니다. 원본 컴포넌트에 문자열 변수를 지정해줬다면 모두 적용되겠지만 인스턴스에 지정해주면 다른 인스턴스에는 적용되지 않습니다.

그림 13.153 dog 버튼을 클릭한 화면

10 **animal 인스턴스에 문자열 변수 적용_** ❶animal 인스턴스를 선택합니다. 디자인 패널에서 인스턴스 부분에 마우스를 올리면 변수 아이콘(◎)이 뜹니다. ❷아이콘을 클릭하면 Libraries 창이 뜨는데 ❸animal 문자열 변수를 선택합니다. 그런 다음 프로토타입은 Preview로 다시 실행합니다.

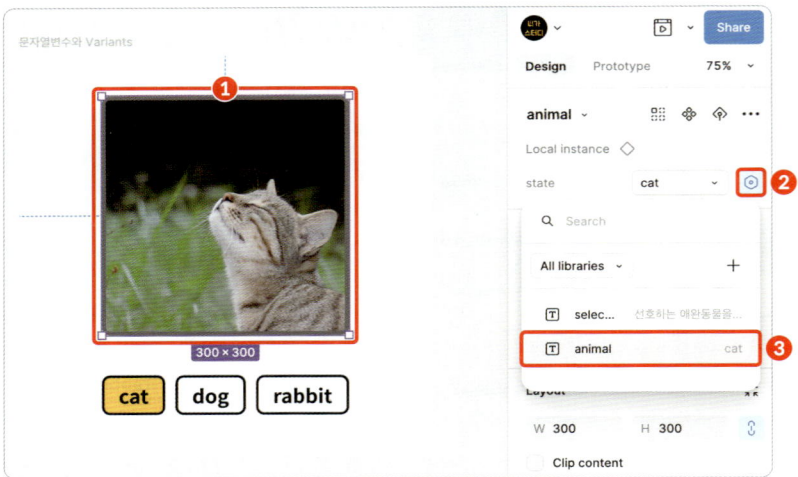

그림 13.154 인스턴스에 변수를 적용하는 화면

11 **프로토타입 재구현_** 그림 13.155~157을 보면 해당 버튼을 클릭할 때마다 해당 사진이 보이는 것을 확인할 수 있습니다. 문자열 변수를 잘 활용하면 많은 UI 세부 구성 요소 없이도, UI 구성 요소를 간단하게 만들 수 있습니다.

그림 13.155 cat 버튼을 클릭한 화면

그림 13.156 dog 버튼을 클릭한 화면

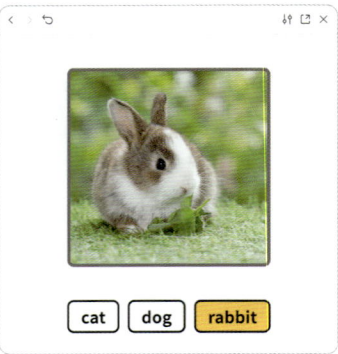

그림 13.157 rabbit 버튼을 클릭한 화면

LESSON 03 | 숫자 변수 프로토타입

숫자 변수를 문자로 이루어진 글자에 연결해 프로토타입을 만들 수 있습니다. 숫자 변수를 사칙연산자와 함께 사용해서 수식을 적용하여 변경할 수도 있습니다. 프로토타입을 통해 숫자 변수를 어떻게 사용하는지 살펴보겠습니다.

숫자 변수를 사용한 온도계

온도에는 섭씨와 화씨가 있습니다. 증가 버튼과 감소 버튼을 통해 섭씨와 화씨가 같이 증감되는 온도계를 만들어보겠습니다.

01 예제 파일 확인하기_ 예제 파일 폴더에서 13장 폴더의 13_온도계_소스.fig 파일을 피그마로 불러옵니다. 소스에서 1_온도계숫자변화 페이지를 클릭합니다. 온도계 프레임에는 증가 버튼과 감소 버튼이 있고, TempC와 TempF를 오토레이아웃으로 묶어놨습니다. 글자를 한 번에 처리할 수도 있지만, 숫자 변수와 연결할 것이므로 숫자와 문자를 분리해서 작성했습니다.

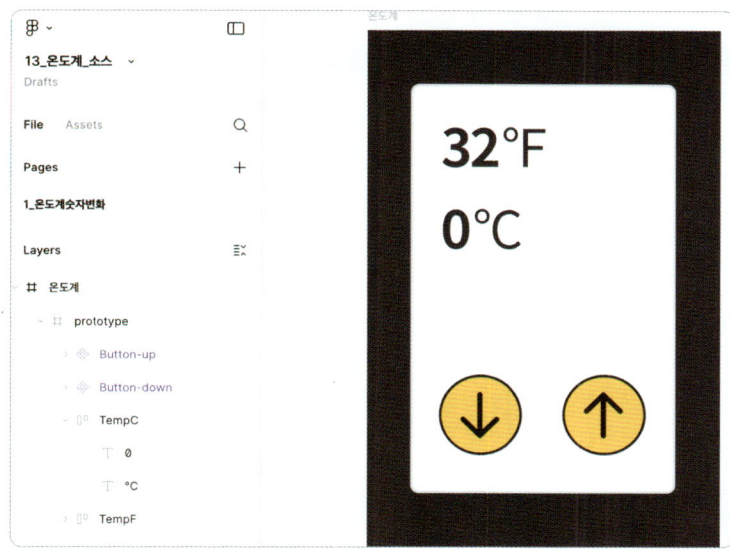

그림 13.158 소스를 확인하는 화면

02 숫자 변수 등록하기_ 빈 공간을 클릭한 후 ❶디자인 패널에서 Variables의 편집 아이콘( )을 누릅니다. 그러면 변수 창이 나타나는데, 거기서 ❷[Create]를 눌러 ❸[Number]를 선택합니다.

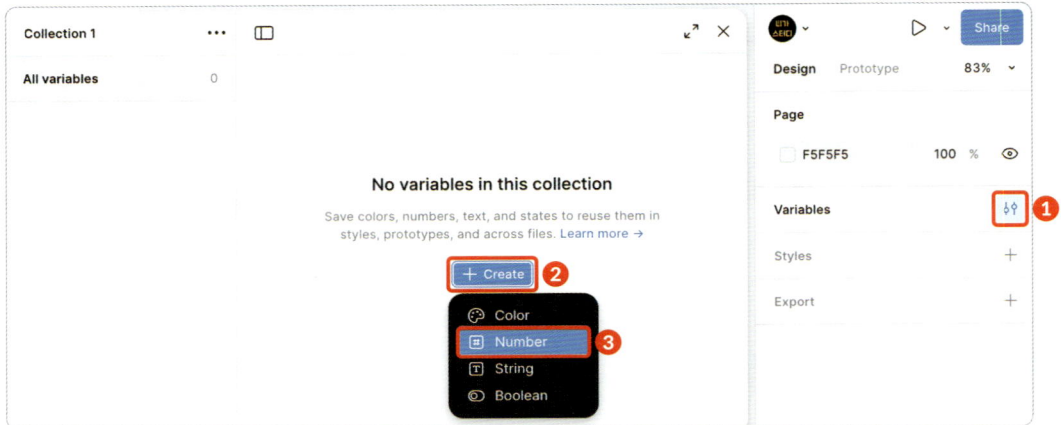

그림 13.159 변수를 지정하는 화면

우선 'TempF'를 이름으로 지정하고, 값은 32로 설정하겠습니다. [Create]를 다시 눌러 [Number]를 선택한 후 숫자 변수를 한 개 더 지정하겠습니다. 이름은 TempC로 하고, 값은 0으로 입력합니다.

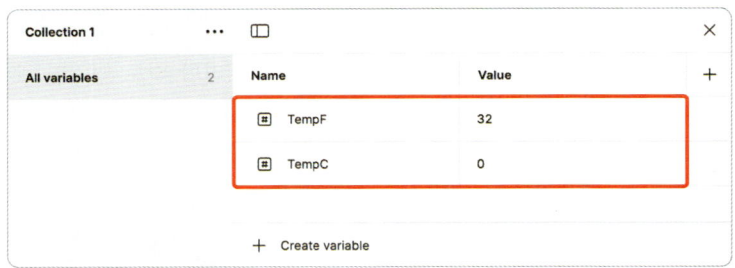

그림 13.160 숫자 변수를 지정한 화면

03 글자에 TempC 변수를 지정_ ❶TempC 레이어에서 숫자 '0'만 선택합니다. ❷디자인 패널의 Text에 가서 변수 아이콘(⊙)을 클릭합니다.

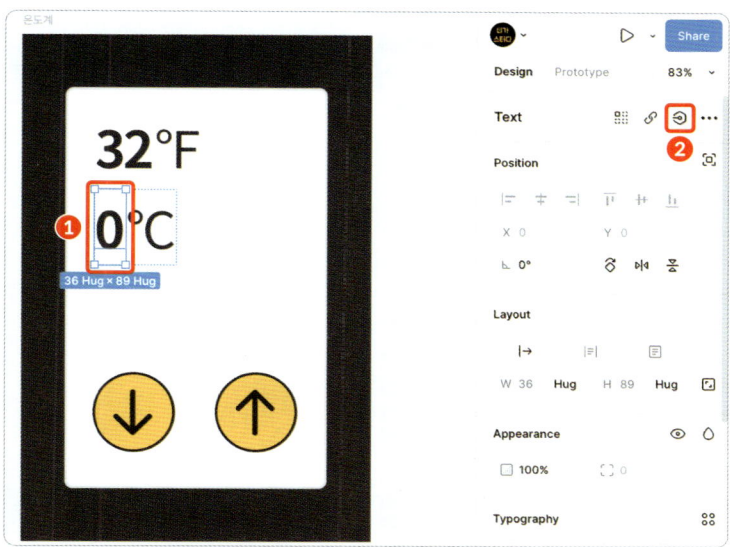

그림 13.161 TempC 변수를 지정하는 화면 1

아이콘을 클릭하면 Libraries 창이 나타나는데, 여기서 TempC를 선택합니다. Typography에 가보면 숫자 변수인 TempC가 등록되어 있는 것을 확인할 수 있습니다.

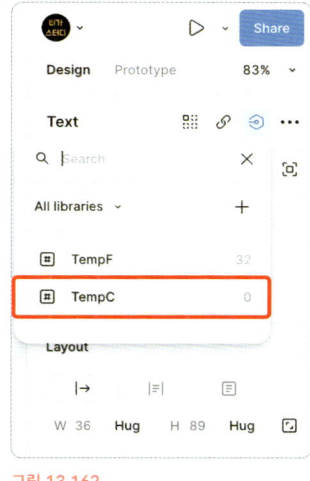 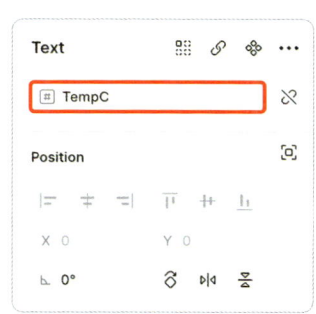

그림 13.162
TempC 변수를 지정하는 화면 2

그림 13.163
TempC 변수를 지정하는 화면 3

CHAPTER 13 변수 프로토타입 **425**

04 글자에 TempF 변수를 지정_ ❶TempF 레이어에서 숫자 '32'만 선택합니다. ❷디자인 패널의 Text에 가서 변수 아이콘(⬢)을 클릭합니다.

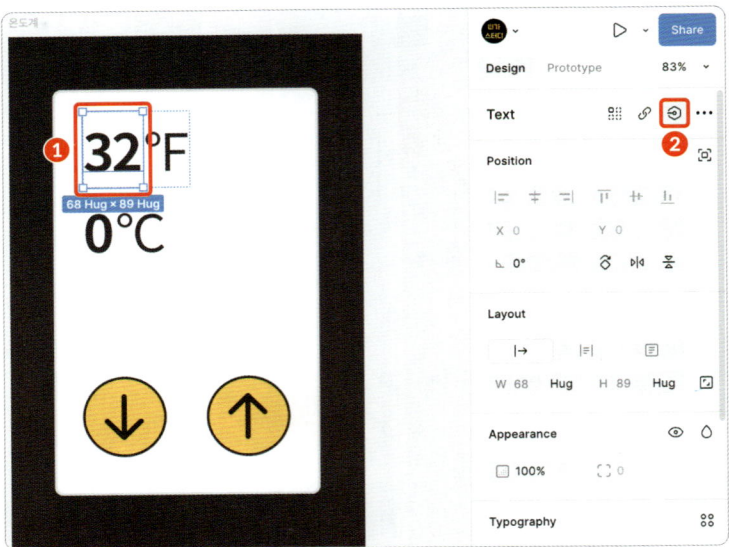

그림 13.164 TempF 변수를 지정하는 화면 1

그러면 Libraries 창이 나타나는데, TempF를 선택합니다.

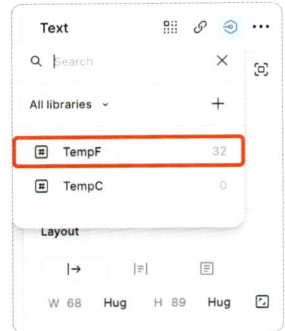

그림 13.165 TempF 변수를 지정하는 화면 2

05 증가 버튼에 인터랙션 지정_ ❶증가 버튼을 클릭한 이후에 Prototype 패널로 갑니다. ❷Interactions에서 추가 아이콘(+)을 클릭해서 인터랙션을 한 개 만듭니다. ❸Click 이벤트를 클릭해서 인터랙션 창을 활성화합니다. ❹Action은 원래 None으로 되어 있는데, [None]을 클릭해서 [Set variable]을 선택합니다.

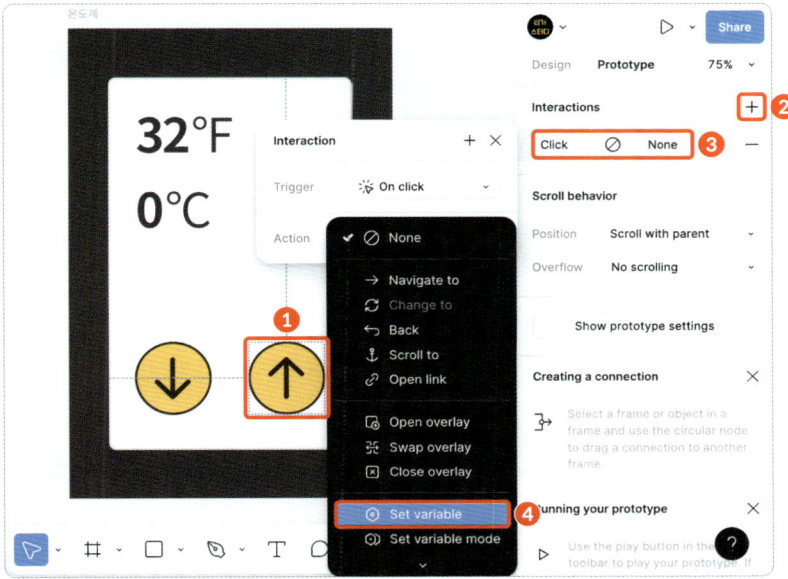

그림 13.166 증가 버튼에 인터랙션을 지정하는 화면

변수를 사용한 인터랙션은 Starter 버전에는 사용할 수 없습니다. Professional 계정으로 업그레이드하기 위해 팀 계정으로 파일을 이동해야 합니다.

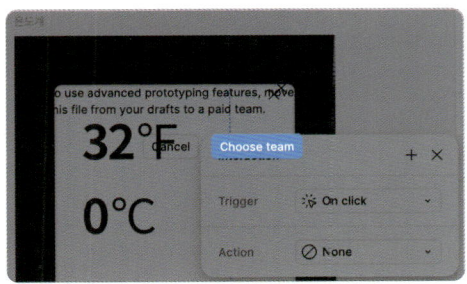

그림 13.167 팀으로 이동하라는 경고문이 뜬 화면

06 파일을 팀 계정으로 이동_ 피그마 홈화면으로 와서 13_숫자변수_소스 파일에서 마우스 오른쪽을 누른 후, 나오는 메뉴에서 [Move file]을 클릭합니다.

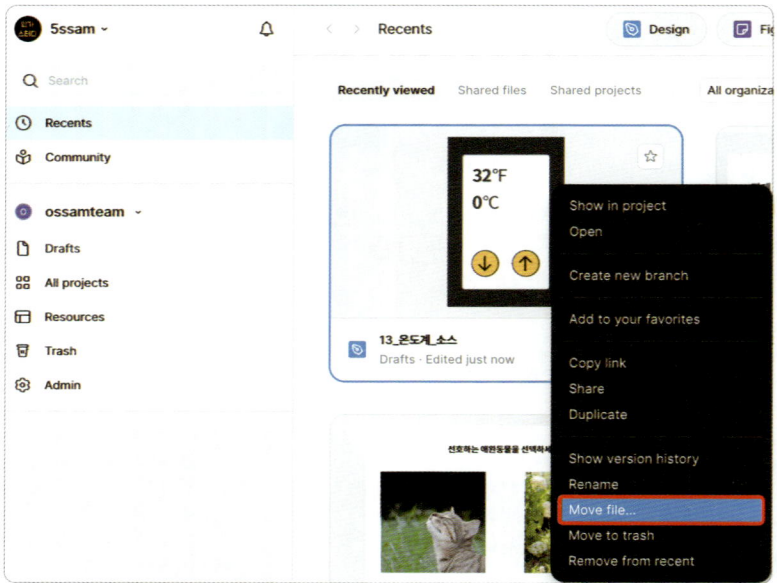

그림 13.168 팀 계정으로 파일을 이동하는 화면 1

❶여러분의 Professional 계정을 선택한 후, ❷[Move] 버튼을 클릭합니다.

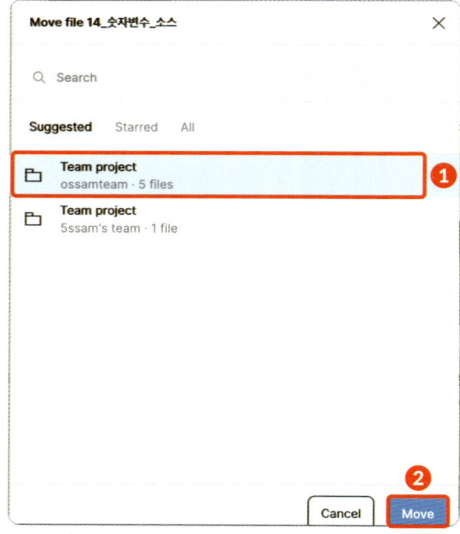

그림 13.169 팀 계정으로 파일을 이동하는 화면 2

07 증가 버튼에 TempF 인터랙션을 다시 지정_ 다시 [Set variable]을 선택합니다.

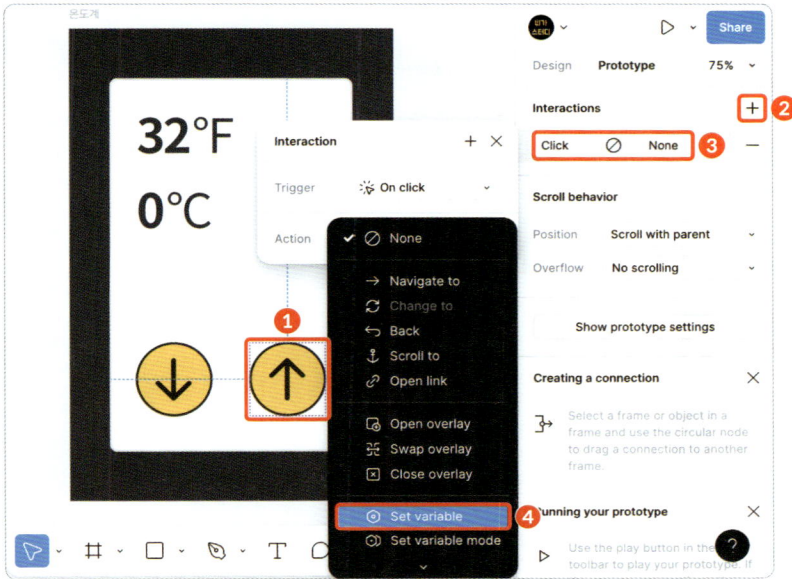

그림 13.170 증가 버튼에 인터랙션을 지정하는 화면

그럼 Variables 창이 뜨는데, 먼저 TempF를 선택하겠습니다. 그러면 to 옆에 입력 상자가 나타납니다. TempF 값을 어떻게 변하게 할지 수식을 작성하면 됩니다. 증가 버튼을 클릭하면 기존 TempF 값에서 1씩 증가할 예정입니다. 아래 나오는 TempF를 클릭하면 to로 들어갑니다.

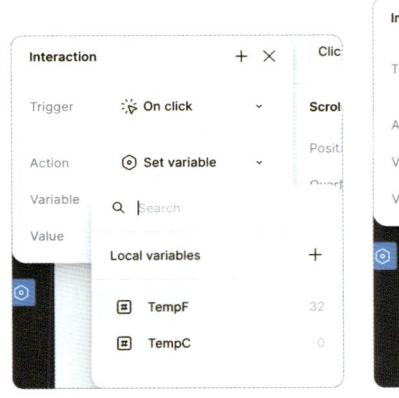

그림 13.171 수정할 변수를 선택하는 화면

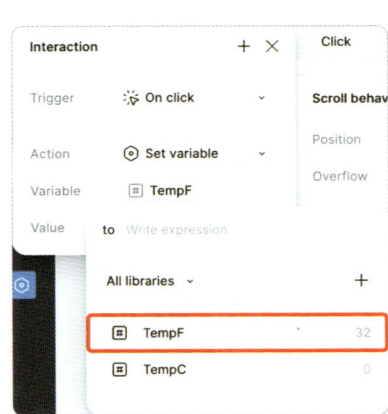

그림 13.172 TempF 변수를 선택하는 화면

CHAPTER 13 변수 프로토타입 **429**

그럼 연산자가 나오는데, 사칙연산자를 영어로 쓴 것입니다. 그냥 연산자를 직접 입력해도 됩니다. 이번에는 [Addition]을 선택해서 더하기 연산자 처리하겠습니다.

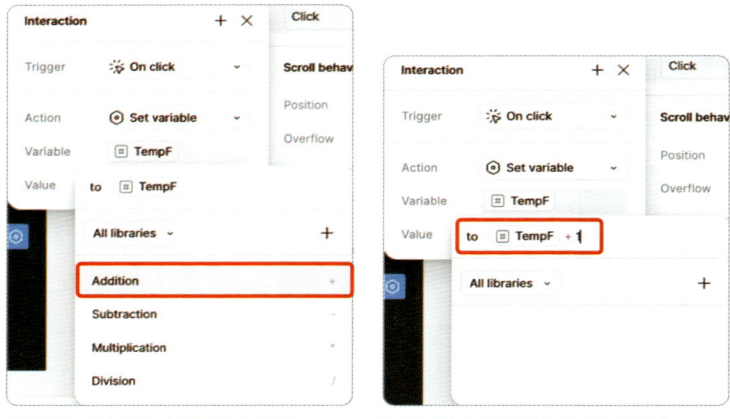

그림 13.173 연산자를 선택하는 화면 1   그림 13.174 연산자를 선택하는 화면 2

뒤에 숫자 1을 작성한 후 Enter 키를 누릅니다. 인터랙션 창의 빈 공간 부분을 클릭하면 Value에 수식이 잘 들어간 것을 확인할 수 있습니다.

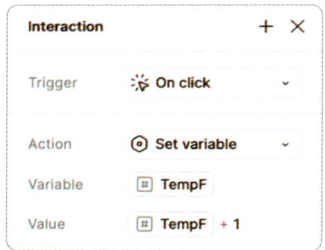

그림 13.175 value가 지정된 화면

08 증가 버튼에 TempC 인터랙션을 추가 지정_ 증가 버튼을 클릭했을 때 화씨는 1씩 증가되지만, 섭씨는 화씨에 따라 변화어야 합니다. 피그마는 한 이벤트에 여러 명령을 주는 기능도 가능합니다. 인터랙션 창의 상단에 ❶추가 아이콘(+)을 클릭하면 Action 메뉴가 나타나는데, 거기서 ❷[Set variable]을 선택합니다.

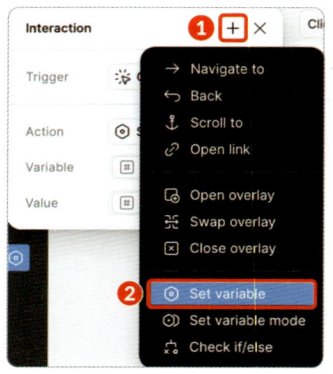

그림 13.176 인터랙션을 추가하는 화면

그러면 인터랙션 창이 변경되면서 여러 명령을 한 번에 볼 수 있게 바뀝니다. 이번에는 섭씨를 바꿀 거라서 TempC를 선택합니다.

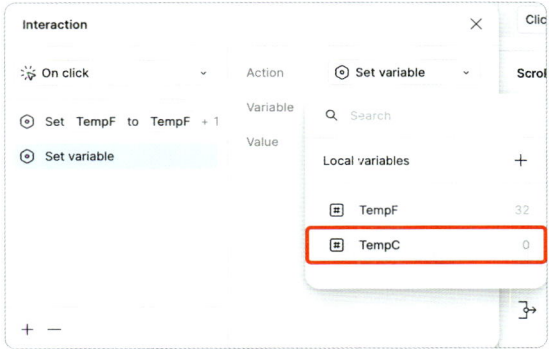

그림 13.177 추가하면서 변한 인터랙션 창 화면

일단 괄호를 먼저 열고 TempF를 선택합니다. 나머지는 직접 입력하면 됩니다. 그림 13.178에 보이는 수식은 화씨를 섭씨로 바꾸는 것입니다. 수학적 개념이므로 수식의 구체적 설명은 넘어가도록 하겠습니다. 수식을 다 입력하고 Enter 키를 누르면 적용됩니다.

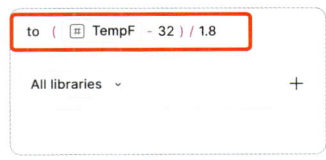

그림 13.178 수식을 작성하는 화면

인터랙션 창에 등록된 명령들을 확인할 수 있습니다.

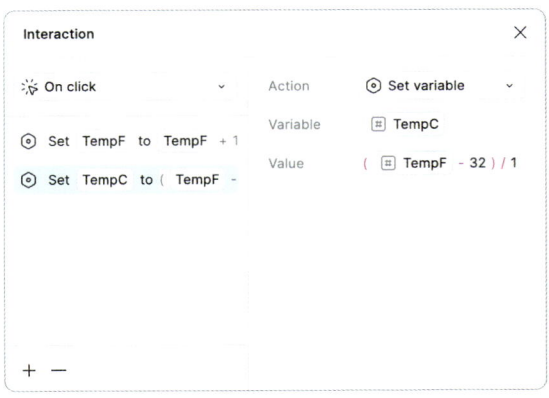

그림 13.179 인터랙션을 확인하는 화면

CHAPTER 13 변수 프로토타입 **431**

09 감소 버튼에 TempF 인터랙션 지정_ ❶감소 버튼을 클릭한 이후에 Prototype 패널로 갑니다. ❷Interactions에서 추가 아이콘(+)을 클릭해서 인터랙션을 한 개 만듭니다. ❸Click 이벤트를 클릭해서 인터랙션 창을 활성화합니다. Action에는 원래 None으로 되어 있는데, ❹[None]을 클릭해서 [Set variable]을 선택합니다.

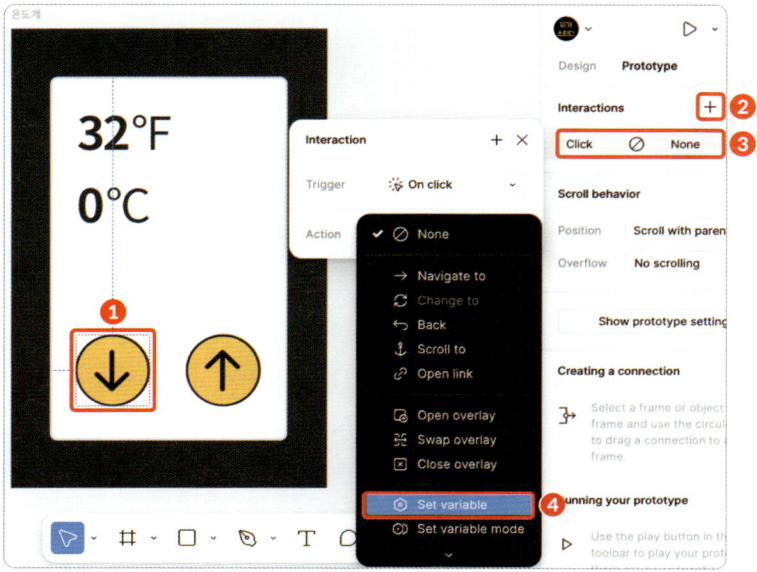

그림 13.180 인터랙션을 지정하는 화면

먼저 화씨에 대한 명령을 줄 것이므로 TempF를 선택합니다. to 옆에 입력 상자가 뜨면 TempF 변수를 다시 클릭한 후에, '-1'을 작성합니다. 사칙연산자는 선택해도 되고, 직접 입력해도 됩니다.

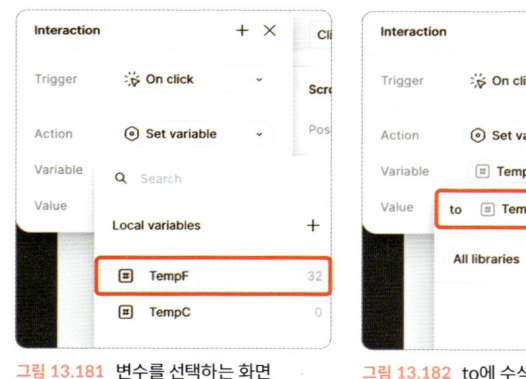 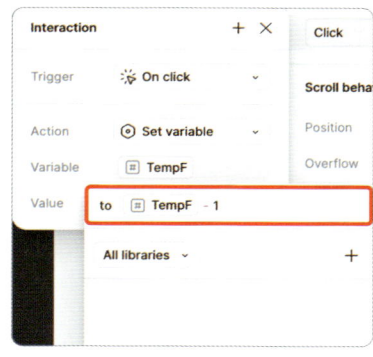

그림 13.181 변수를 선택하는 화면   그림 13.182 to에 수식을 작성하는 화면

10 감소 버튼에 TempC 인터랙션을 추가 지정_
감소 버튼을 클릭했을 때 화씨는 1씩 감소되지만, 섭씨는 화씨에 따라 변화되어야 합니다. ❶Interaction 창의 상단에 추가 아이콘(+)을 클릭하면 Action 메뉴가 나타납니다. ❷거기에서 [Set variable]을 선택합니다. 그러면 인터랙션 창이 변경되면서 여러 명령을 한 번에 볼 수 있게 바뀝니다. 이번에는 섭씨를 바꿀 거라서 TempC를 선택합니다.

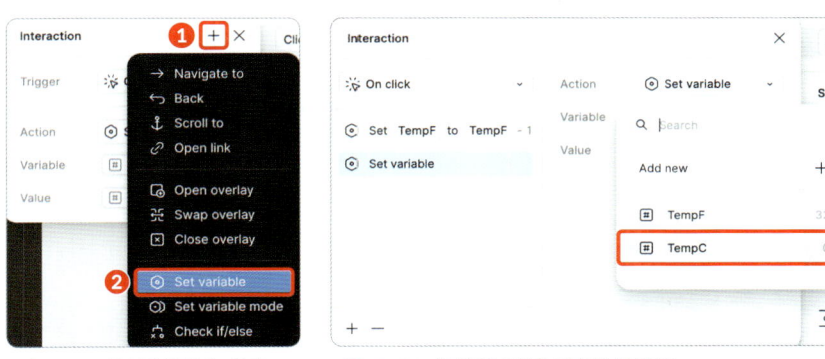

그림 13.183 변수를 선택하는 화면   그림 13.184 추가하면서 변한 인터랙션 창 화면

일단 괄호를 먼저 열고 TempF를 선택합니다. 나머지는 직접 입력하면 됩니다. 수식을 다 입력하고 Enter 키를 누르면 적용됩니다.

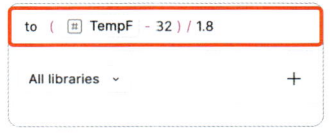

그림 13.185 수식을 작성하는 화면

11 프로토타입 실행_
프로토타입 실행은 [Preview]로 진행하겠습니다.

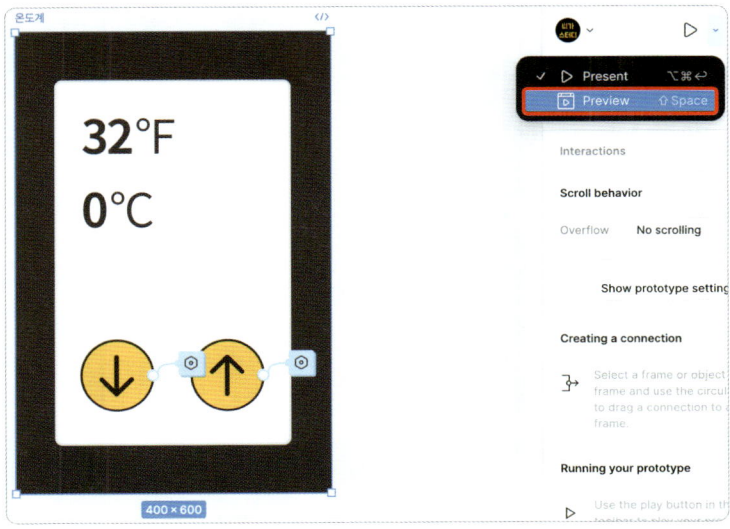

그림 13.186 프로토타입을 실행하는 화면

그러면 새 창으로 프로토타입이 뜬 것을 확인할 수 있습니다.

그림 13.187 프로토타입을 실행한 화면

12 프로토타입 구현_ 그림 13.188은 증가 버튼을 3번 누른 상태입니다. 한 번 누를 때 화씨는 1씩 증가하고, 섭씨는 그에 맞게 계산돼서 들어갑니다. 그림 13.189는 그림 13.188 상태에서 감소 버튼을 3번 누른 상태입니다. 한 번 누를 때 화씨는 1씩 감소하고, 섭씨는 그에 맞게 계산돼서 들어 갑니다. 글자 요소에 숫자 변수를 지정하면 수식을 이용해서 이런 프로토타입을 제작할 수 있습니다.

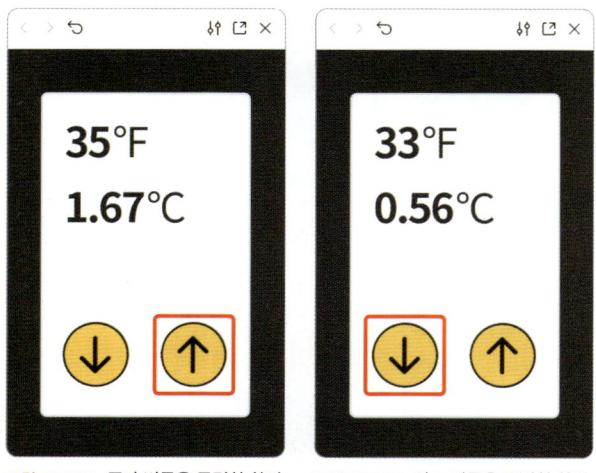

그림 13.188 증가 버튼을 클릭한 화면   그림 13.189 감소 버튼을 클릭한 화면

숫자 변수를 사용한 볼륨 조절

이번에는 숫자 변수를 사용한 볼륨을 조절해보겠습니다. 볼륨 막대의 사각형 폭도 같이 숫자 변수로 변화시켜볼 예정입니다. 요소 영역에도 숫자 변수를 지정할 수 있습니다.

01 예제 파일 확인하기_ 예제 파일 폴더에서 13장 폴더의 13_숫자변수_소스.fig 파일에서 1_Volume Range변화 페이지를 선택합니다. volume bar는 볼륨 막대의 전체로 600픽셀입니다. Yellow rectangle은 진행되는 상태 바인데 300픽셀입니다. 전체가 600픽셀이고 50%가 300픽셀인 것을 표시한 것입니다. 증가 버튼과 감소 버튼 사이의 50이라는 숫자가 0~100 사이로 처리될 숫자입니다. 증가 버튼을 누르면 10씩 증가하고, 감소 버튼을 누르면 10씩 감소하게 처리하겠습니다. Yellow rectangle도 100일 때 600인 것으로 계산해서 증감되도록 처리해보겠습니다.

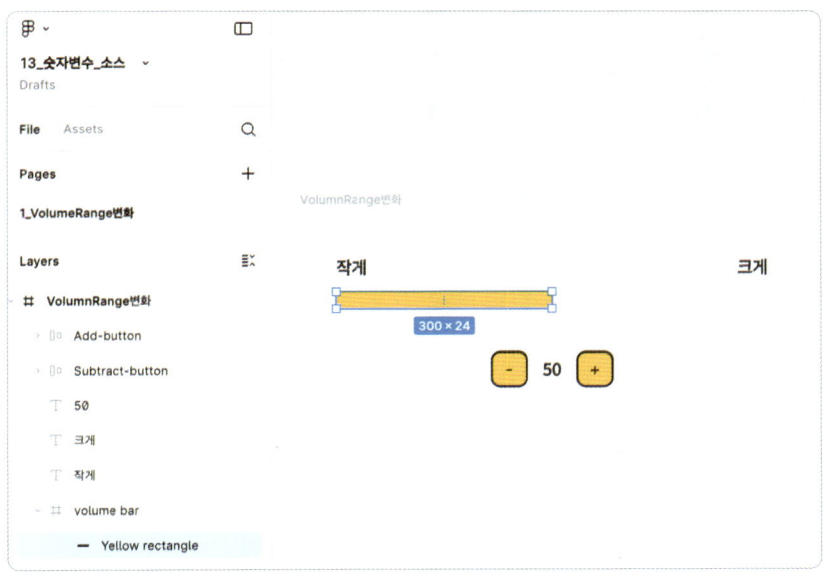

그림 13.190 예제 파일을 확인하는 화면

02 숫자 변수 등록하기_ 빈 공간을 클릭한 후 ❶디자인 패널에서 Variables의 편집 아이콘( )을 클릭합니다. 그러면 변수 창이 나타나는데, ❷거기서 [Create]를 눌러 ❸[Number]를 선택합니다.

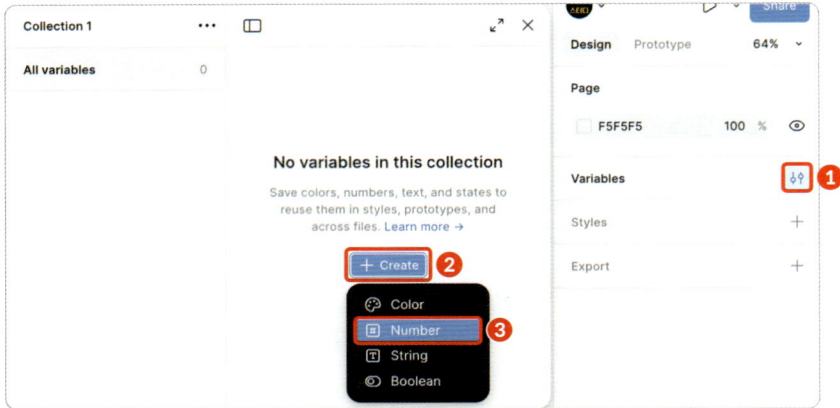

그림 13.191 변수를 등록하는 화면

VolumeSize는 상태 막대의 변수라서 값은 300으로 지정했습니다. 다시 [Create]를 눌러 [Number]를 선택하여 변수를 추가합니다. VolumeLevel은 숫자에 적용할 변수이고, 값은 50으로 지정합니다.

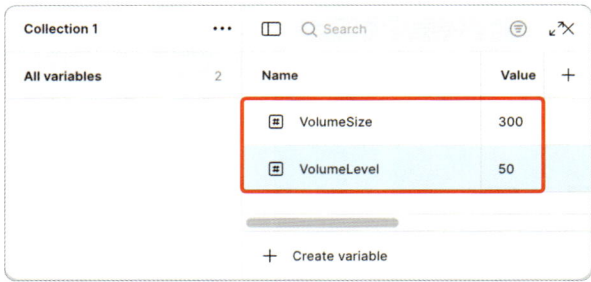

그림 13.192 변수를 등록한 화면

03 VolumeLevel 변수 지정_ ❶프레임에서 '50'을 선택합니다. 디자인 패널의 상단 Text에 가서 ❷변수 아이콘(◉)을 클릭합니다. 그러면 Libraries 창이 나타나는데, ❸변수 중에서 [VolumeLevel]을 선택합니다.

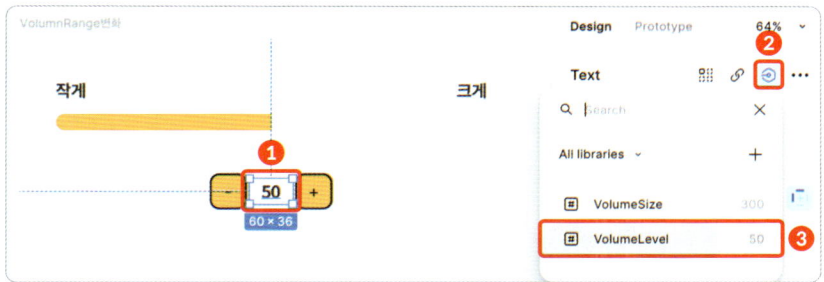

그림 13.193 VolumeLevel 변수를 지정하는 화면

04 VolumeSize 변수 지정_ ❶Yellow rectangle 사각형을 선택하면 영역을 확인할 수 있습니다. 그중 ❷가로 폭인 W에 있는 변수 아이콘(◉)을 클릭하면 Libraries 창이 나타나는데 ❸변수 중에서 [VolumeSize]를 선택합니다.

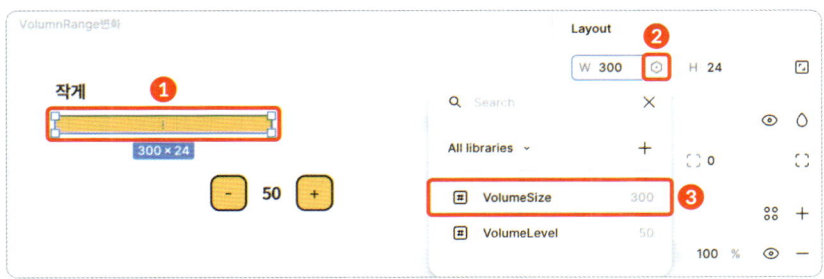

그림 13.194 VolumeSize 변수를 지정하는 화면

W 숫자는 변수로 묶여 사각형으로 감싸져 있습니다. 변수가 아닌 숫자는 H처럼 사각형으로 묶여 있지 않습니다.

그림 13.195 VolumeSize 변수가 지정된 화면

05 증가 버튼에 VolumeLevel 변수 지정_ ❶증가 버튼을 클릭한 이후에 Prototype 패널로 이동합니다. ❷Interactions에서 추가 아이콘(+)을 클릭해서 인터랙션을 한 개 만듭니다. ❸Click 이벤트를 클릭해서 인터랙션 창을 활성화합니다. Action에는 원래 None으로 되어 있는데, ❹[None]을 클릭해서 [Set variable]을 선택합니다.

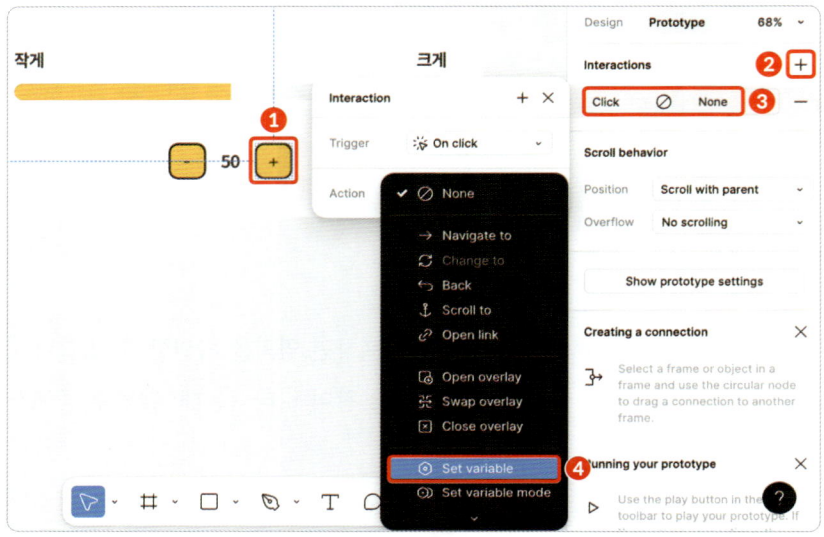

그림 13.196 증가 버튼에 인터랙션을 지정하는 화면

변화가 일어날 변수는 VolumeLevel이므로 선택합니다. to 옆의 입력 상자에 10씩 증가하는 수식을 작성하겠습니다. VolumeLevel 변수를 먼저 클릭한 후 옆에 +10을 작성합니다.

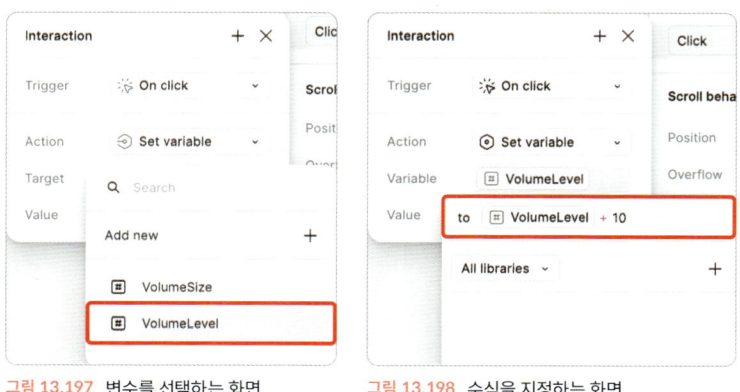

그림 13.197 변수를 선택하는 화면　　그림 13.198 수식을 지정하는 화면

06 증가 버튼에 VolumeSize 변수를 추가 지정_ 증가 버튼을 클릭했을 때 수치는 10씩 증가하지만, 사각형 도형은 그 비율에 맞게 가로 폭이 변경되어야 합니다. ❶인터랙션 창의 상단에 추가 아이콘(+)을 클릭하면 Action 메뉴가 나타나는데, ❷[Set variable]을 선택합니다.

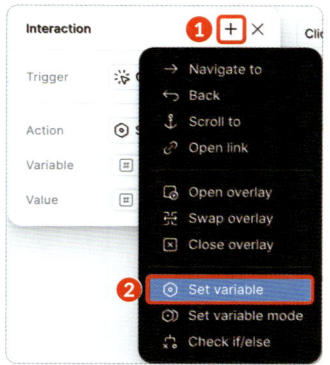

그림 13.199 인터랙션을 추가하는 화면

그러면 인터랙션 창이 변경되면서 여러 명령을 한 번에 볼 수 있게 바뀝니다. 이번에는 사각형 크기를 바꿀 것이므로 [VolumeSize]를 선택합니다. to 옆의 입력 상자에 `600 * (VolumeLevel / 100)`을 입력해서 100일 때 600으로 들어가는 수식을 작성했습니다. 이때 VolumeLevel은 작성하는 것이 아니라 아래에서 선택합니다. 괄호 뒤에서 Enter 키를 누르면 되는데, 혹시 변수가 또 들어가면 지우고 Enter 키를 누릅니다.

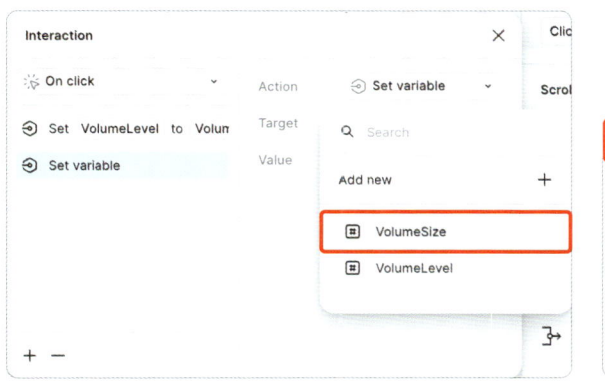

그림 13.200 추가하면서 변한 인터랙션 창 화면

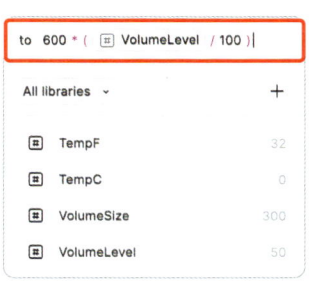

그림 13.201 수식을 작성하는 화면

07 감소 버튼에 VolumeLevel 변수 지정_ ❶감소 버튼을 클릭한 이후에 Prototype 패널로 갑니다. ❷Interactions에서 추가 아이콘(+)을 클릭해서 인터랙션을 한 개 만듭니다. ❸Click 이벤트를 클릭해서 인터랙션 창을 활성화합니다. Action에는 원래 None으로 되어 있는데, ❹[None]을 클릭해서 [Set variable]을 선택합니다.

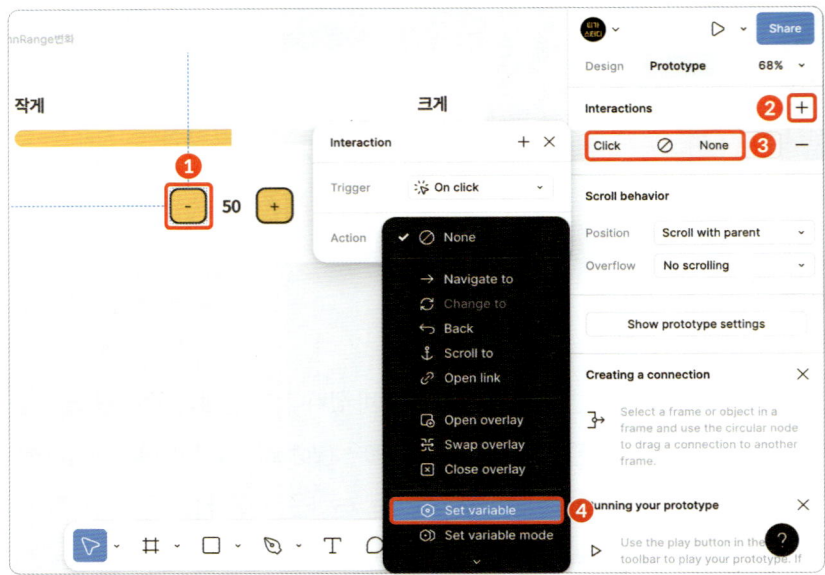

그림 13.202 인터랙션을 지정하는 화면

먼저 VolumeLevel을 선택합니다. to 옆에 입력 상자가 뜨면 `VolumeLevel - 10`이라고 작성합니다. 이때 VolumeLevel은 작성하는 것이 아니라 아래에서 선택하면 됩니다.

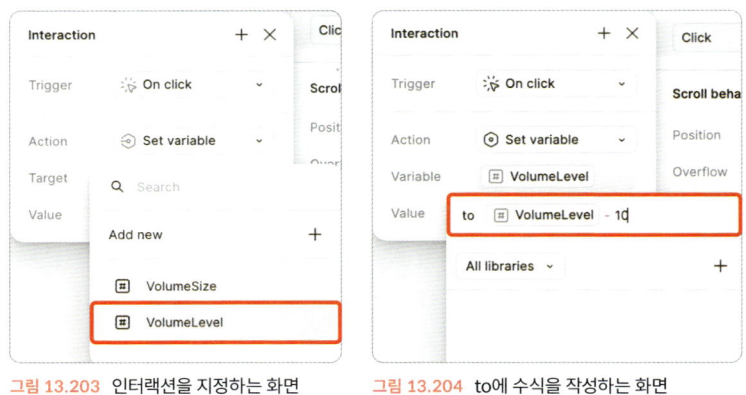

그림 13.203 인터랙션을 지정하는 화면   그림 13.204 to에 수식을 작성하는 화면

440 PART IV 프로토타입 제작

08 감소 버튼에 VolumeSize 변수를 추가 지정_

감소 버튼을 클릭했을 때 수치는 10씩 감소되지만, 사각형 도형은 그 비율에 맞게 가로 폭이 변경되어야 합니다. ❶인터랙션 창의 상단에 추가 아이콘(+)을 클릭하면 Action 메뉴가 나타나는데, ❷거기에서 [Set variable]을 선택합니다.

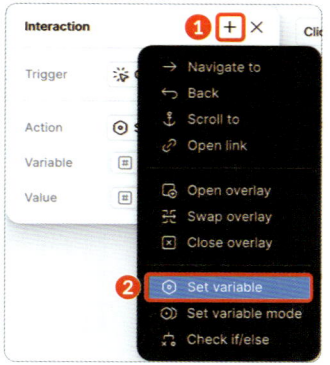

그림 13.205 인터랙션을 추가하는 화면

그러면 인터랙션 창이 변경되면서 여러 명령을 한 번에 볼 수 있게 바뀝니다. 이번에는 사각형 크기를 바꿀 것이므로 [VolumeSize]를 선택합니다. 역시 to 옆의 입력 상자에 `600 * (VolumeLevel / 100)`이라고 작성한 후 Enter 키를 누르겠습니다. 변수가 또 붙는다면 지우고 Enter 키를 눌러주세요.

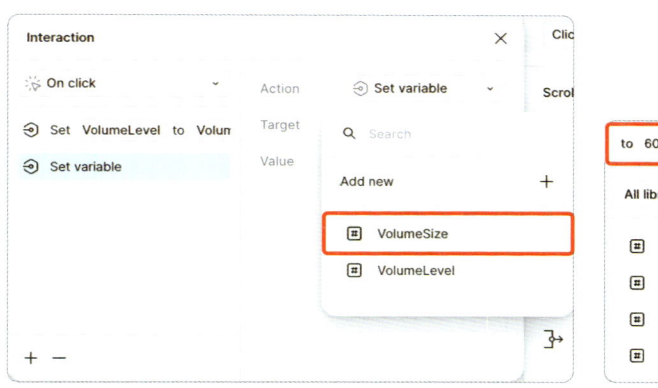

그림 13.206 추가하면서 변한 인터랙션 창 화면

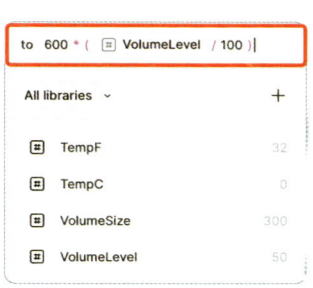

그림 13.207 수식을 작성하는 화면

09 프로토타입 실행_ 프로토타입 실행은 [Preview]로 진행하겠습니다.

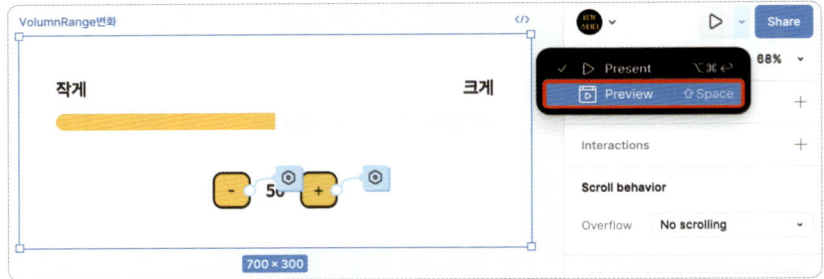

그림 13.208 프로토타입을 실행하는 화면

그러면 새 창으로 프로토타입이 뜬 것을 확인할 수 있습니다.

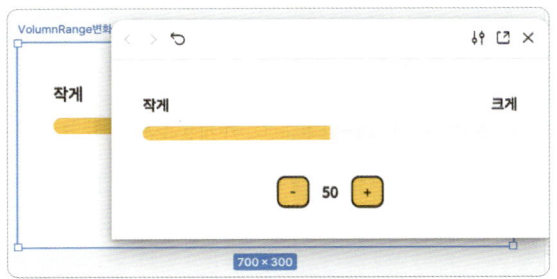

그림 13.209 프로토타입을 실행한 화면

10 프로토타입 구현_ 증가 버튼을 클릭하면 10씩 증가되는데, 그림 13.210은 두 번 클릭한 상태입니다. 수치도 증가하지만, 노란 상태 바도 같이 증가하는 것을 확인할 수 있습니다. 감소 버튼을 클릭하면 10씩 감소하면서 노란 상태 바도 같이 감소하는 것을 확인할 수 있습니다.

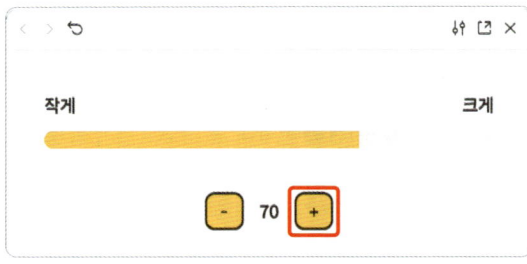 

그림 13.210 증가 버튼을 클릭한 화면   그림 13.211 감소 버튼을 클릭한 화면

11 프로토타입 구현의 문제점_
증가 버튼을 계속 누르면 노란 상태 바는 더 이상 커지지 않지만, 수치가 계속 늘어나는 것을 확인할 수 있습니다. 감소 버튼도 마찬가지로 음수로 처리됩니다.

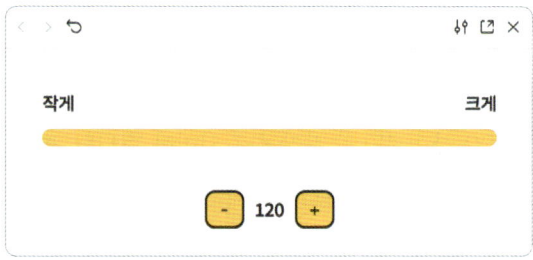

그림 13.212 문제가 발생한 화면

노란 상태 바에 문제가 생기지 않았던 것은 volume bar에 Clip content가 체크되어 있어서 부모 영역을 넘어가는 자손을 숨기는 기능을 갖고 있기 때문입니다. CSS 코딩으로 보면 `overflow: hidden;`을 적용한 것과 같은 효과입니다. 체크를 해제하면 영역을 넘어가는 것을 확인할 수 있습니다.

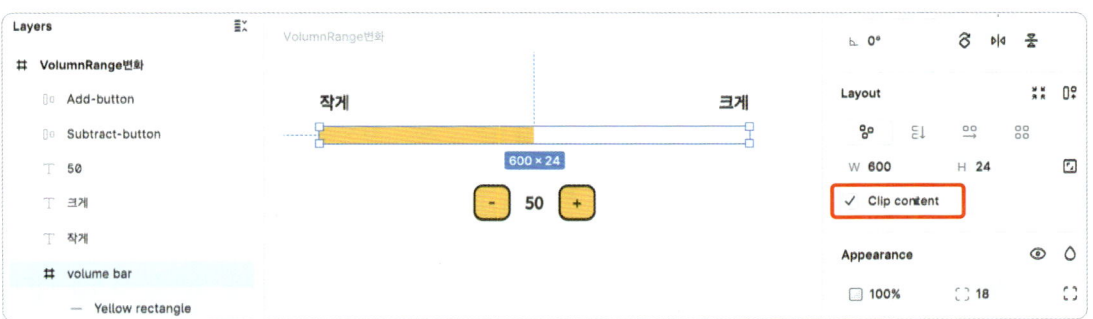

그림 13.213 문제가 발생한 화면

현재 상태에서는 이 문제를 해결할 수 없고, 조건절을 사용해야 합니다. 다음 예제들을 통해 이 문제를 해결해보겠습니다.

LESSON 04 | 조건문 프로토타입

13.3절에서 제작한 볼륨 조절 프로토타입의 예제는 0~100 사이로만 숫자가 증감되어야 합니다. 숫자 범위에 조건이 걸려야 한다는 뜻입니다. 피그마 프로토타입에서는 `Conditional`이라는 기능을 통해서 조건에 맞는 명령을 각각 처리하게 합니다. 역시 프로그래밍 언어에서 착안한 것인데, 자바스크립트 조건문을 먼저 살펴보겠습니다.

예제 13.1은 조건문 중 대표적인 `if` 문입니다. 조건식이 맞으면 첫 번째 중괄호({}) 코드 블록 내부의 코드를 실행하고, 틀리면 두 번째 중괄호({}) 코드 블록 내부의 코드를 실행하는 구문입니다. 피그마도 이와 유사하게 진행됩니다.

예제 13.1 자바스크립트 if 문

```
if(조건식){
   //조건식이 참인 경우 코드
}else{
   //조건식이 거짓인 경우 코드
}
```

그림 13.214는 인터랙션에서 사용하는 `Conditional`입니다. `if`를 선택하면 조건식을 작성할 수 있습니다. `if` 아래 [Add action]을 클릭하면 조건식이 참일 때 명령을 작성합니다. `else` 아래 [Add action]을 클릭하면 조건식이 거짓일 때 명령을 작성합니다. `else` 부분의 명령은 생략할 수 있습니다. 자세한 내용은 예제 실습을 통해 확인하겠습니다.

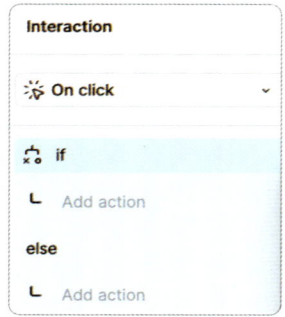

그림 13.214 인터랙션 창의 check if/else

조건을 이용한 볼륨 조절

13.3절에서 제작한 볼륨 조절 프로토타입의 예제에 `Conditional`을 추가해서 0~100 사이일 때만 볼륨이 조절되도록 처리하겠습니다.

01 예제 파일 불러오기_ 이전 예제들에서는 예제 파일을 불러오는 것은 생략했었는데, 이번에는 파일을 불러올 때부터 팀 파일로 이동해야 하기 때문에 파일을 불러오는 과정도 함께 진행해보겠습니다. 예제 파일 폴더에서 13장 폴더의 13_조건문_소스.fig 파일을 import를 통해 불러옵니다.

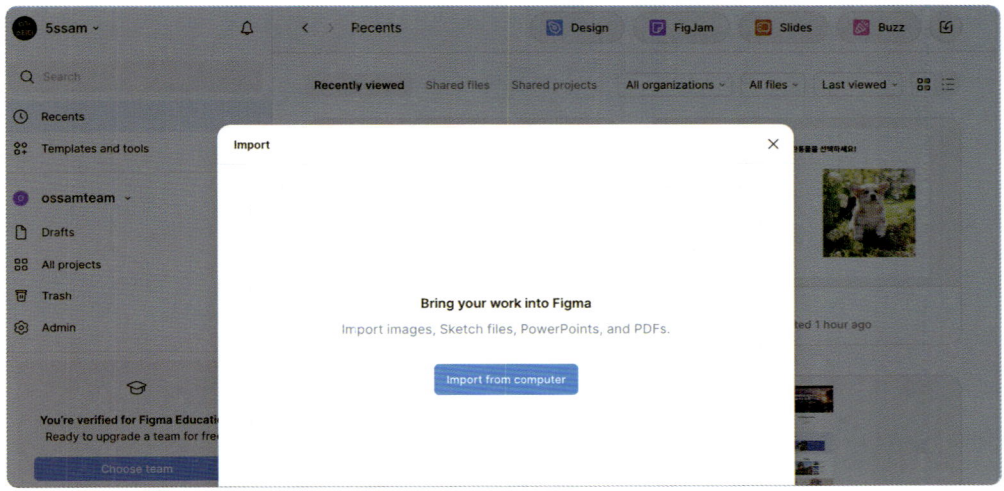

그림 13.215 파일을 불러오는 화면

02 팀 파일로 이동하기_ 예제 파일에 변수를 미리 넣어놨기 때문에, 처음부터 팀 프로젝트로 이동하라고 나옵니다. 이때 [Move into a project] 버튼을 클릭합니다. ❶여러분의 Professional 계정을 선택한 후에 ❷[Move] 버튼을 클릭합니다.

그림 13.216 팀 파일로 이동하는 화면 1

그림 13.217 팀 파일로 이동하는 화면 2

03 예제 파일 확인하기_ 팀 계정으로 들어간 13_조건문_소스.fig 파일을 열어서 1_VolumeRange
변화 페이지를 확인합니다. 13.3.2 예제와 형태가 같은 것을 확인할 수 있습니다.

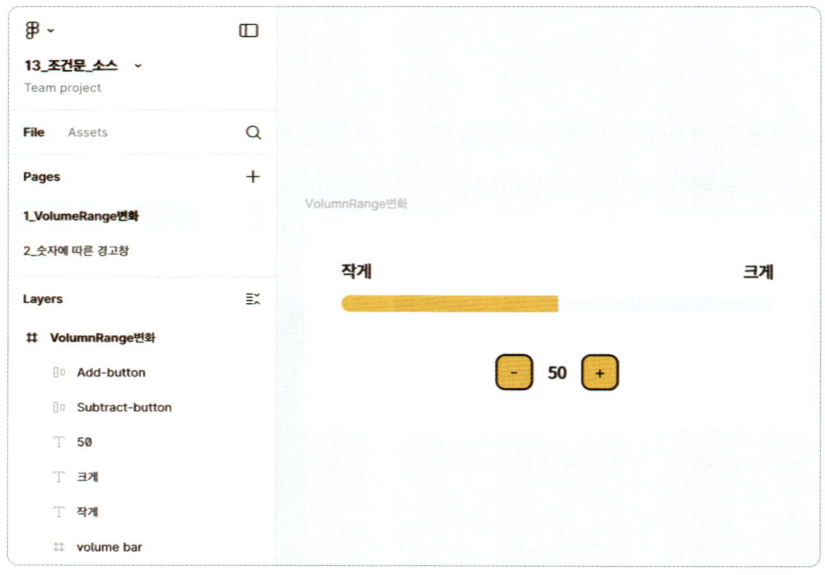

그림 13.218 예제 파일 확인하기

04 변수 확인하기_ 빈 공간을 클릭한 후 ❶디자인 패널에서 Variables의 편집 아이콘( )을 클릭합니다. 그러면 변수 창이 나타나는데, 미리 등록되어 있는 변수를 확인할 수 있습니다. ❷VolumeSize는 상태 막대의 변수라서 값을 300으로 지정했습니다. VolumeLevel은 숫자에 적용할 변수이고, 값은 50으로 지정되어 있습니다.

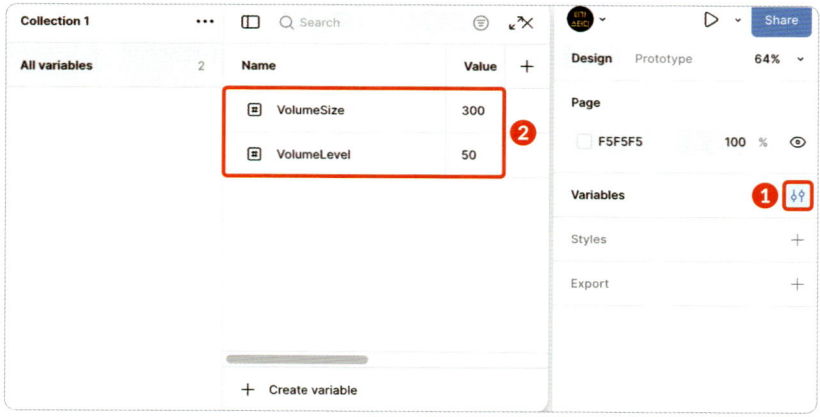

그림 13.219 변수 창을 확인하는 화면

❶50을 선택한 후, ❷디자인 패널의 상단에 가보면 VolumeLevel이 미리 적용되어 있는 것을 확인할 수 있습니다.

그림 13.220 VolumeLevel을 확인하는 화면

Yellow rectangle 사각형을 선택하면 Layout의 W 부분에 VolumeSize가 적용돼서 사각형으로 숫자가 감싸진 것을 확인할 수 있습니다.

그림 13.221 VolumeSize를 확인하는 화면

05 증가 버튼에 VolumeLevel 변수 조건 설정_ ❶증가 버튼을 클릭한 이후에 Prototype 패널로 이동합니다. ❷Interactions에서 추가 아이콘(+)을 클릭해서 인터랙션을 한 개 만듭니다. Click 이벤트를 클릭해서 인터랙션 창을 활성화합니다. Action에는 원래 None으로 되어 있는데, ❸[None]을 클릭해서 ❹[Conditional]을 선택합니다. 메뉴가 안 보이면 더 아래로 내리면 보입니다.

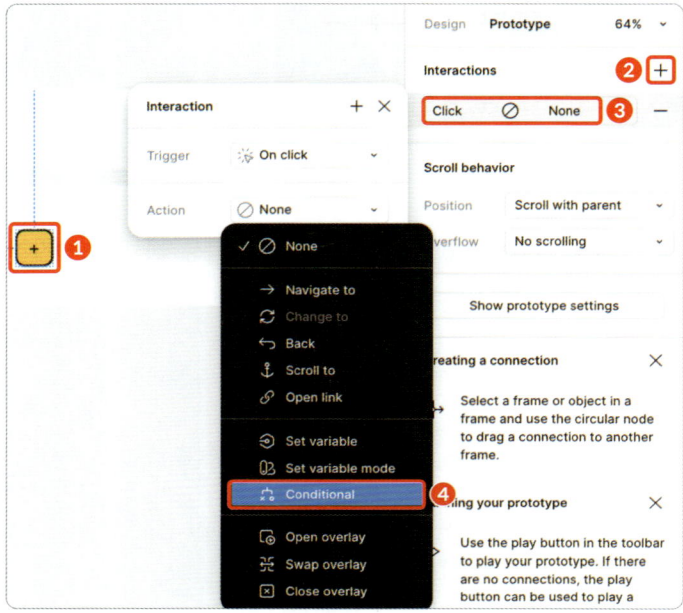

그림 13.222 증가 버튼에 인터랙션을 지정하는 화면

그럼 인터랙션 창이 if/else가 나오면서 처음에는 조건식을 작성하는 창이 같이 뜹니다. 조건식에 사용할 변수는 [VolumeLevel]이므로 선택해줍니다.

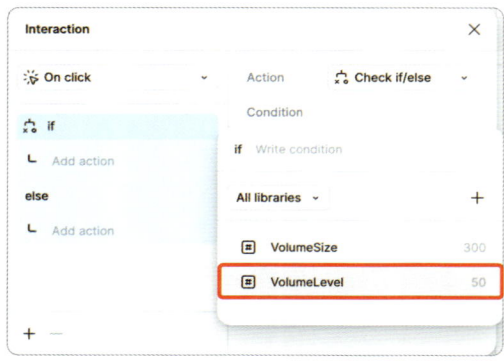

그림 13.223 조건식을 작성하는 화면 1

VolumeLevel을 선택하면 아래에 비교연산자를 영어로 표시합니다. 조건을 100보다 작은 경우로 조건을 작성할 것이므로 [Less than]을 클릭합니다. 직접적으로 연산자를 적어도 됩니다. 100보다 작으면 더 이상 증가하지 않도록 조건식을 작성합니다. VolumeLevel < 100으로 작성하고 Enter 키를 누릅니다.

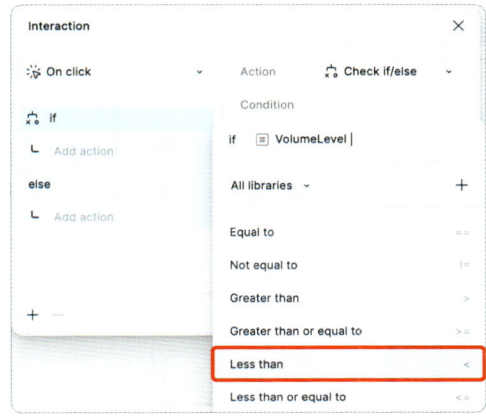

그림 13.224 조건식을 작성하는 화면 2

그림 13.225 조건식을 작성하는 화면 3

> **TIP 프로그래밍언어 비교연산자**
>
> - 비교연산자는 좌변과 우변을 비교해서 true/false의 결과를 도출하는 연산자입니다.
> - 피그마 비교연산자 영어 정리
>
> 표 13.1 비교연산자
>
> | 연산자 | 영어 | 설명 |
> | --- | --- | --- |
> | == | Equal to | 좌변과 우변이 같다. |
> | != | Not equal to | 좌변과 우변이 다르다. |
> | > | Greater than | 좌변이 우변보다 크다. |
> | >= | Greater than or equal to | 좌변이 우변보다 크거나 같다. |
> | < | Less than | 좌변이 우변보다 작다. |
> | <= | Less than or equal to | 좌변이 우변보다 작거나 같다. |
>
> https://help.figma.com/hc/en-us/articles/15253194385943-Use-expressions-in-prototypes 참고

06 증가 버튼에 VolumeLevel 변수 명령 설정_ Enter 키를 누른 후 조건이 창에 들어가는 것을 확인할 수 있습니다. if 아래 [Add action]을 클릭합니다. 나오는 메뉴에서 [Set variable]을 선택합니다. 변경할 변수는 [VolumeLevel]이니까 선택해줍니다.

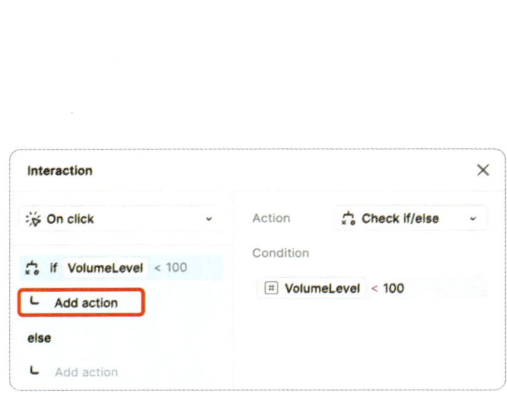

그림 13.226 Add action을 클릭하는 화면

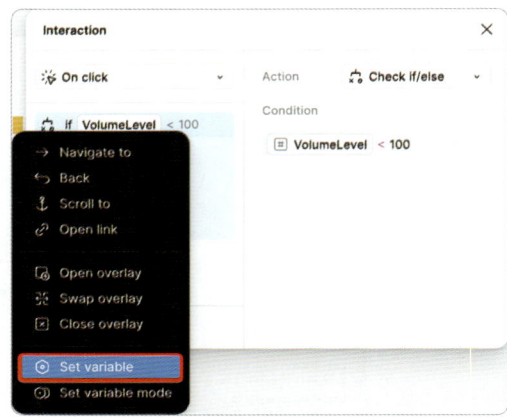

그림 13.227 Set variable을 선택하는 화면

to 옆의 입력 상자에 `VolumeLevel + 10`을 작성하고 Enter 키를 누릅니다. VolumeLevel은 작성하지 말고 선택하면 됩니다.

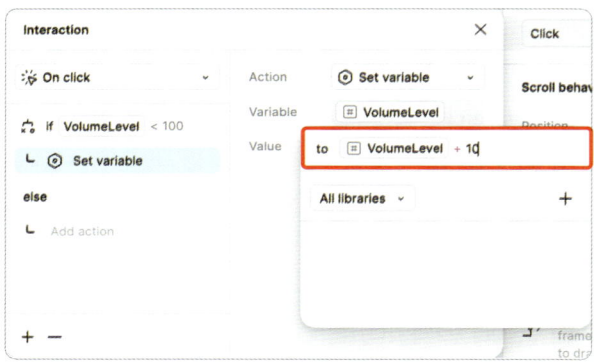

그림 13.228 to 입력 상자에 작성하는 화면

07 증가 버튼에 VolumeSize 변수 조건 작성_ ❶명령에 작성한 수식을 확인할 수 있습니다. 현재는 else에 대한 명령을 줄 필요는 없기 때문에 작성하지 않습니다. ❷VolumeSize 변수에 대한 명령을 추가적으로 주기 위해 추가 아이콘(+)을 클릭합니다. 나오는 메뉴 중 [Conditional]을 선택합니다.

✚ 이때 주의사항은 Set 파트에 선택되어 있으면 해당 조건의 명령을 추가하기 때문에 반드시 if 문을 한 번 더 클릭 후에 추가해야 합니다.

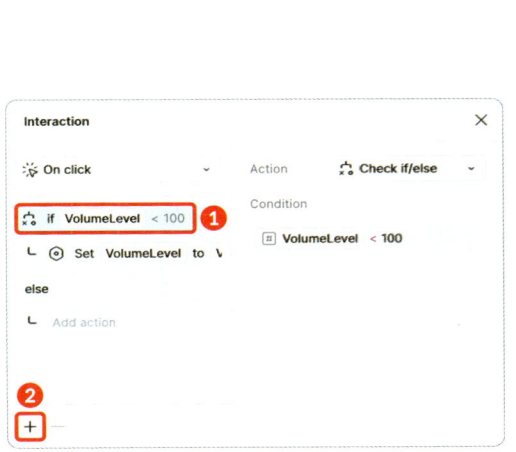

그림 13.229 명령이 적용된 화면

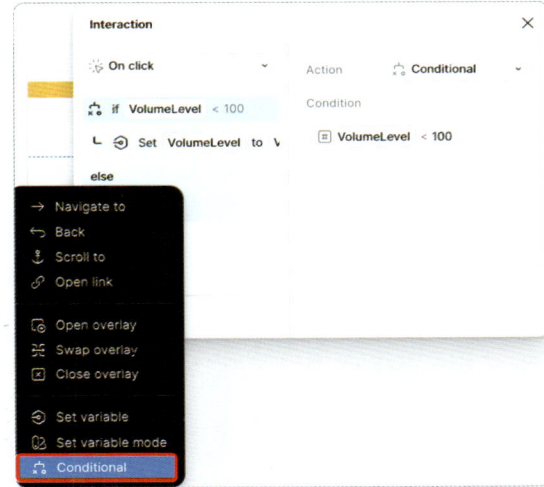

그림 13.230 Conditional을 선택하는 화면

처음에 Conditional을 선택하면 조건 창이 바로 뜨는데, 두 번째부터는 뜨지 않습니다. 뜬다면 바로 작성하면 되지만, 뜨지 않는다면 [Write Condition] 부분을 클릭합니다.

VolumeLevel <= 100으로 작성하고 Enter 키를 누릅니다. [VolumeLevel]은 선택해야 하고, 비교연산자는 [Less than or equal to]를 선택해도 되고 직접 작성해도 됩니다. 이번에는 작거나 같을 때로 선택해야 합니다. 작을 때로 설정하면 사각형 도형이 끝까지 채워지지 않습니다.

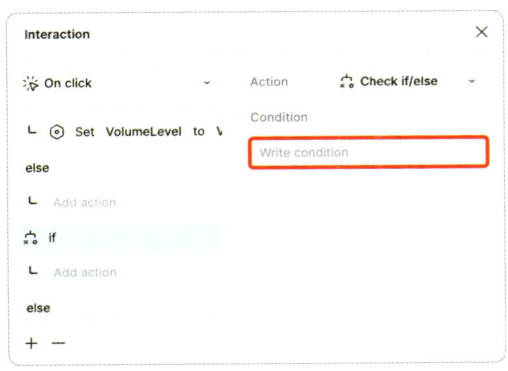

그림 13.231 Write condition을 클릭하는 화면

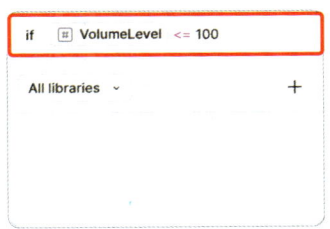

그림 13.232 조건식을 작성하는 화면

08 증가 버튼에 VolumeSize 변수 명령 설정_ 그러면 조건식이 인터랙션 창에 들어간 것을 확인할 수 있습니다. 해당 조건에 맞는 명령을 주기 위해 [Add action]을 클릭합니다. 나오는 메뉴에서 [Set variable]을 선택합니다.

그림 13.233 Add action 클릭하는 화면

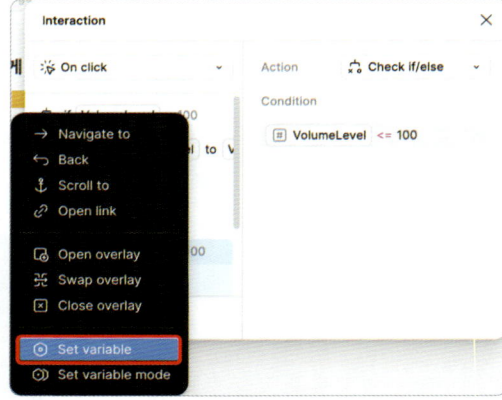

그림 13.234 Set variable을 선택하는 화면

이번에 변경할 값은 사각형 도형을 컨트롤하는 VolumeSize입니다. [VolumeSize]를 클릭합니다. to 입력 상자에 `600 * (VolumeLevel / 100)`이라고 작성하고 Enter 키를 누릅니다.

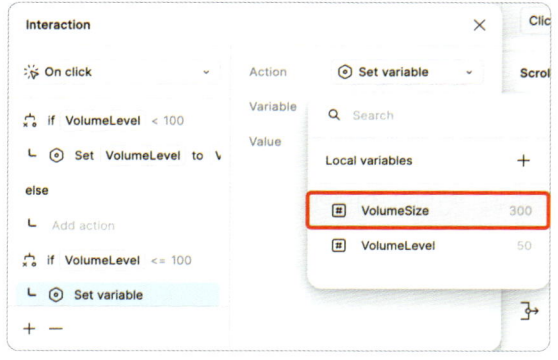

그림 13.235 VolumeSize을 선택하는 화면

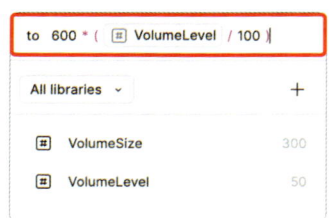

그림 13.236 to 입력 상자 옆에 수식을 작성하는 화면

09 감소 버튼에 VolumeLevel 변수 조건 설정_ ❶감소 버튼을 클릭한 이후에 Prototype 패널로 이동합니다. ❷Interactions에서 추가 아이콘(+)을 클릭해서 인터랙션을 한 개 만듭니다. Click 이벤트를 클릭해서 인터랙션 창을 활성화합니다. Action에는 원래 None으로 되어 있는데, ❸[None]을 클릭해서 ❹[Conditional]을 선택합니다. 메뉴가 안 보이면 더 아래로 내리면 보입니다.

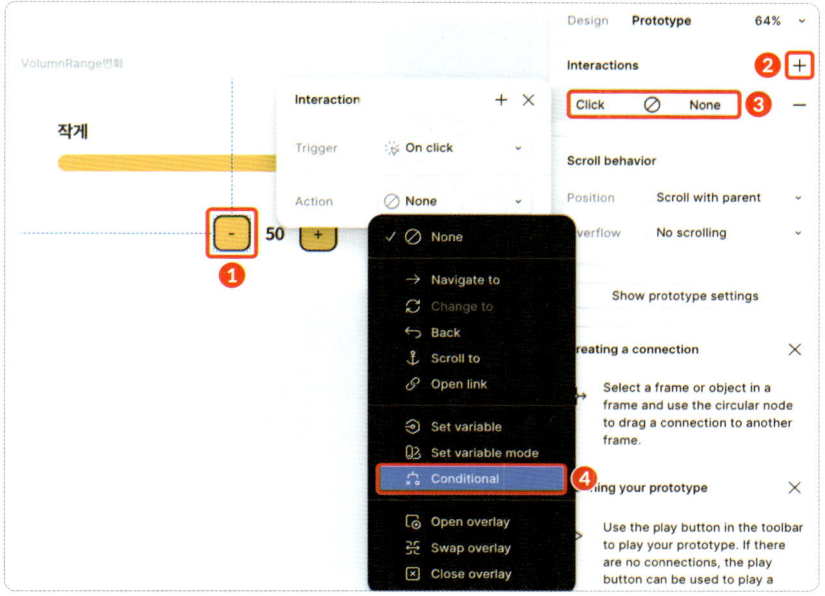

그림 13.237 감소 버튼에 인터랙션을 지정하는 화면

조건식에 사용될 변수는 [VolumeLevel]이므로 선택합니다. VolumeLevel > 0으로 작성하고 Enter 키를 누릅니다. 비교연산자는 [Greater than]을 선택하면 됩니다.

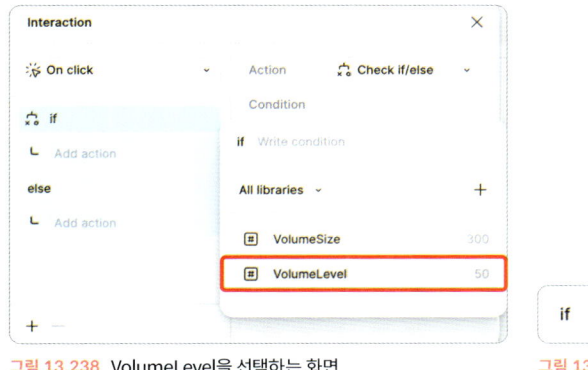

그림 13.238 VolumeLevel을 선택하는 화면

그림 13.239 조건식을 작성한 화면

10 감소 버튼에 VolumeLevel 변수 명령 설정_ `Enter` 키를 누른 후 조건이 창에 들어가는 것을 확인할 수 있습니다. `if` 아래 [Add action]을 클릭합니다. 나오는 메뉴에서 [Set variable]을 선택합니다.

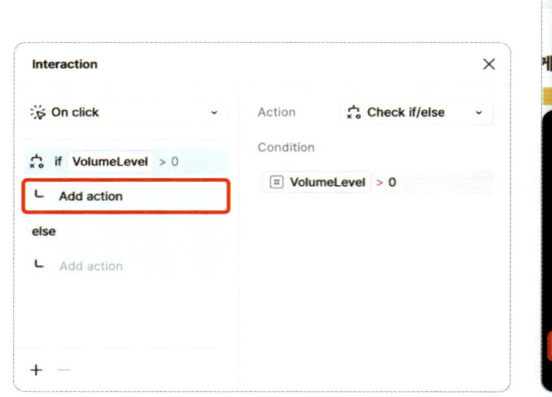

그림 13.240 명령을 추가하는 화면

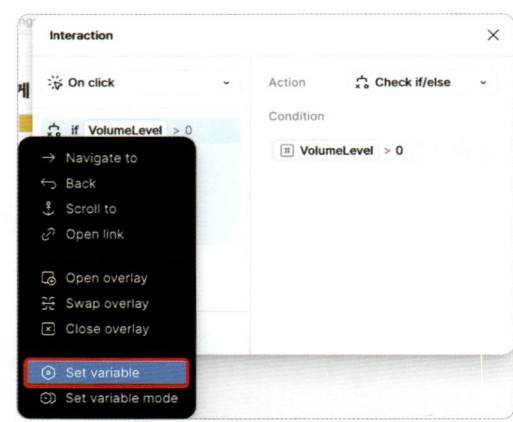

그림 13.241 Set variable을 선택하는 화면

to 옆의 입력 상자에 `VolumeLevel -10`을 작성하고 `Enter` 키를 누릅니다. [VolumeLevel]은 작성하지 말고 선택하면 됩니다.

그림 13.242 to 입력 상자에 작성하는 화면

11 감소 버튼에 VolumeSize 변수 조건 작성_ 명령에 작성한 수식을 확인할 수 있습니다. 현재는 `else`에 대한 명령을 줄 필요는 없기 때문에 작성하지 않습니다. `VolumeSize` 변수에 대한 명령을 추가하겠습니다. ❶`if` 문을 먼저 클릭한 다음, ❷추가 아이콘(⊞)을 클릭하고, 나타나는 메뉴 중 [Conditional]을 선택합니다.

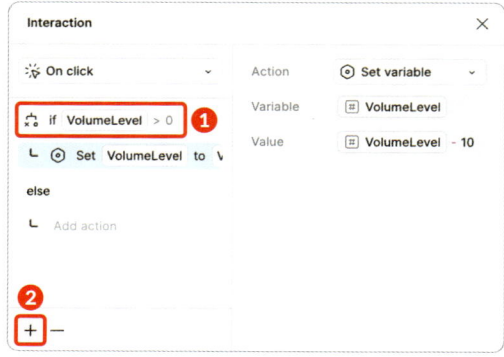

그림 13.243 to 입력 상자에 작성하는 화면

454 PART IV 프로토타입 제작

조건 창이 뜨지 않는다면 [Write Condition] 부분을 클릭합니다. 조건식을 `VolumeLevel >= 0`으로 작성하고 Enter 키를 누릅니다. [VolumeLevel]은 선택해야 하고 비교연산자는 Greater than or equal to를 선택해도 되고 직접 작성해도 됩니다. 이번에는 크거나 같을 때로 선택해야 합니다. 클 때로 설정하면 사각형 도형이 끝까지 사라지지 않습니다.

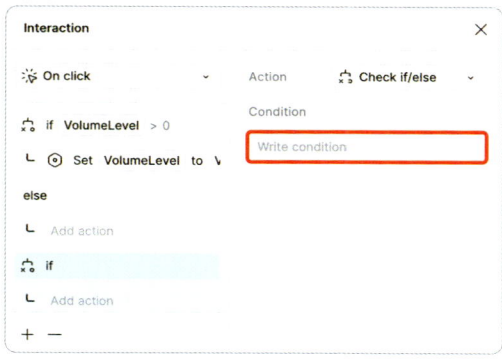

그림 13.244 Write condition을 클릭하는 화면

12 감소 버튼에 VolumeSize 변수 명령 설정_ 그러면 조건식이 인터랙션 창에 들어간 것을 확인할 수 있습니다. 해당 조건에 맞는 명령을 주기 위해 [Add action]을 클릭하고, 나타나는 메뉴에서 [Set variable]을 선택합니다. 이번에 변경할 값은 사각형 도형을 컨트롤하는 VolumeSize입니다. VolumeSize를 클릭하고, to 입력 상자에 `603 * (VolumeLevel / 100)`이라고 작성하고 Enter 키를 누릅니다.

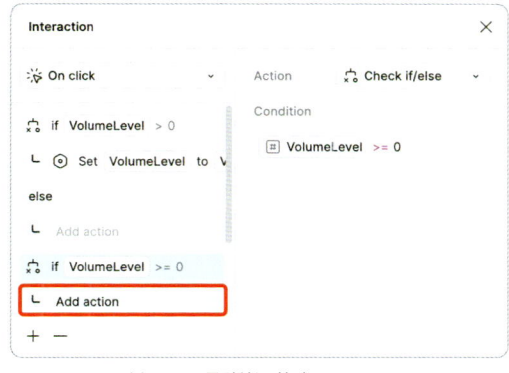 

그림 13.245 Add action 클릭하는 화면   그림 13.246 VolumeSize을 선택하는 화면

13 프로토타입 실행_ 프로토타입 실행은 [Preview]로 진행하겠습니다.

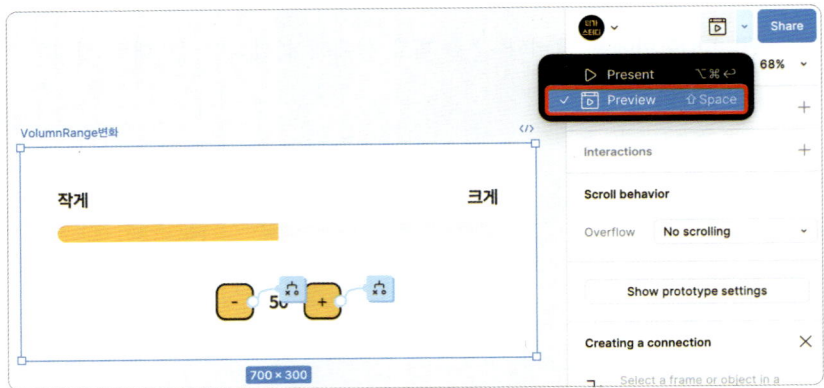

그림 13.247 프로토타입을 실행하는 화면

그럼 새 창으로 프로토타입이 뜬 것을 확인할 수 있습니다.

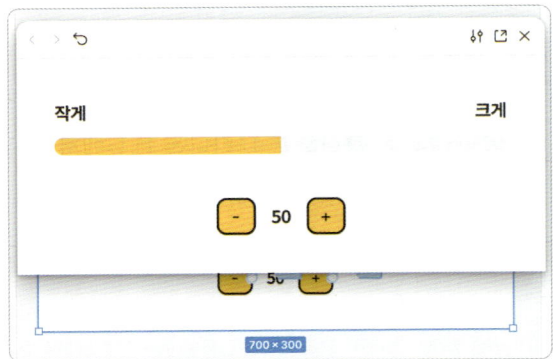

그림 13.248 프로토타입을 실행한 화면

14 프로토타입 구현_ 증가 버튼을 계속 클릭하면 그림 13.249와 같이 수치가 100이 되고, 노란색 상태 바가 가득 찹니다. 100이 되면 계속 클릭해도 더 이상 증가하지 않는 것을 확인할 수 있습니다.

그림 13.249 증가 버튼을 계속 클릭하는 화면

감소 버튼을 계속 클릭하면 그림 13.250과 같이 수치가 0까지 내려가고, 상태 바에 노란색이 없어집니다. 계속 클릭해도 더 이상 감소하지 않는 것을 확인할 수 있습니다. 이렇게 조건을 걸면 원하는 조건 내에서만 명령이 실행되는 것을 확인할 수 있습니다.

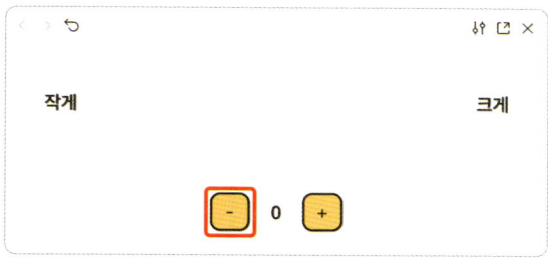

그림 13.250 감소 버튼을 계속 클릭하는 화면

상품 판매 배너 개수 조절

이번에는 상품 판매 개수를 조절하는 예제를 살펴보겠습니다. 상품은 1~10개까지만 판매합니다. 10개를 초과해 구매하려고 할 때 경고문이 뜨게 하고, 1개 미만을 구매하려고 해도 경고문이 뜨는 예제를 진행해보겠습니다.

01 예제 파일 확인하기_ 예제 파일 폴더에서 13장 폴더의 13_조건문_소스.fig 파일에서 2_숫자에 따른 경고창 페이지로 들어갑니다. 구입 개수 선택 프레임은 실제 프로토타입을 구현할 프레임입니다. 최대경고창 프레임은 10개 초과해서 구매하려고 할 때 뜨는 경고문 프레임입니다. 최소경고창 프레임은 1개 미만으로 구매하려고 할 때 뜨는 경고문 프레임입니다.

그림 13.251 예제 파일을 불러온 화면

02 변수 등록_ 빈 공간을 클릭한 후 ❶디자인 패널에서 Variables의 편집 아이콘()을 클릭합니다. 그러면 변수 창이 나타나는데, ❷그 창에서 [Create variable]을 클릭해서 ❸[Number]를 선택합니다.

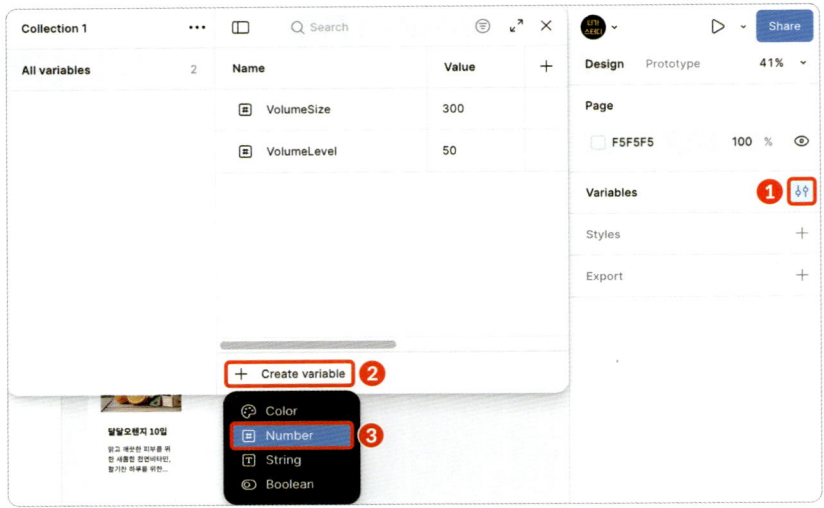

그림 13.252 변수를 생성하는 화면

quantity는 개수를 의미하는 변수고, 값은 1로 지정합니다. 다시 [Create variable]을 클릭하고 [Number]를 선택하여 변수를 추가합니다. price는 판매 금액이고, 값을 12000이라고 하겠습니다.

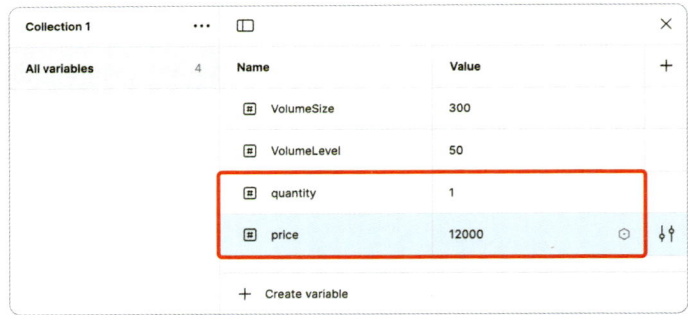

그림 13.253 변수를 생성한 화면

03 글자 요소에 변수 지정_ Price 레이어에서 원은 빼고, ❶ '12000'만 선택합니다. ❷ 디자인 패널의 상단에서 변수 아이콘(◎)을 클릭합니다. ❸ 그러면 Libraries 창이 나타나는데, 변수 중에서 [price]를 선택합니다.

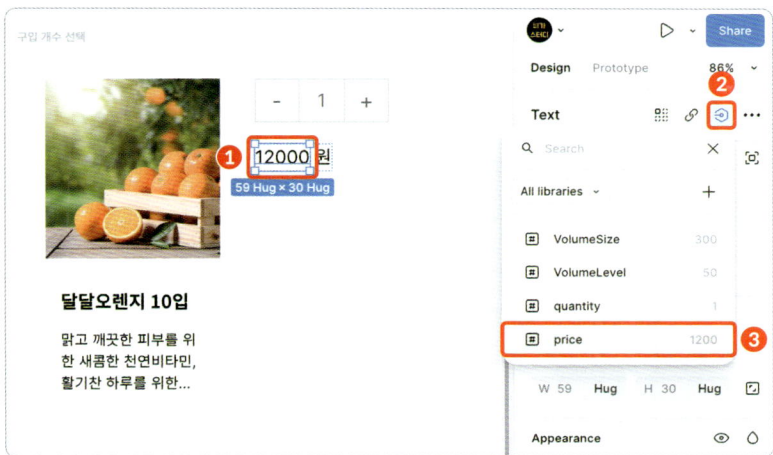

그림 13.254 price를 지정하는 화면

❶Number 레이어에서 버튼들은 빼고, '1'만 선택합니다. ❷디자인 패널의 상단으로에 가서 변수 아이콘(◎)을 클릭합니다. ❸그러면 Libraries 창이 뜨는데 변수 중에서 [quantity]를 선택합니다.

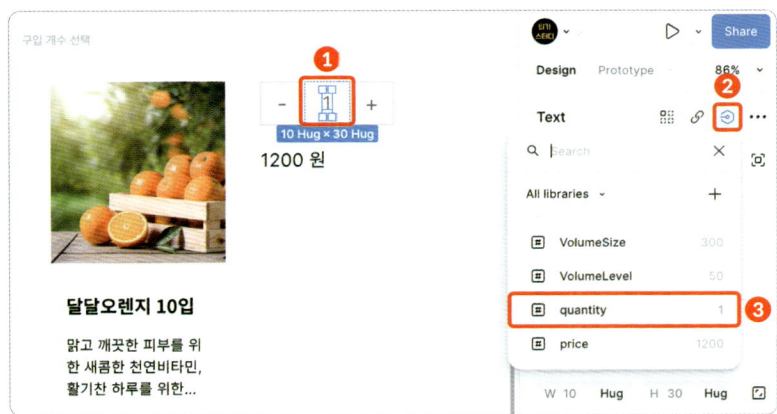

그림 13.255 quantity를 지정하는 화면

04 증가 버튼에 quantity 변수 조건 설정_

❶증가 버튼을 클릭한 이후에 Prototype 패널로 이동합니다. ❷Interactions에서 추가 아이콘(+)을 클릭해서 인터랙션을 하나 만듭니다. Click 이벤트를 클릭해서 인터랙션 창을 활성화합니다. Action에는 원래 None으로 되어 있는데, ❸[None]을 클릭해서 ❹[Conditional]을 선택합니다.

➕ 찾는 메뉴가 보이지 않으면 더 아래로 내려보세요.

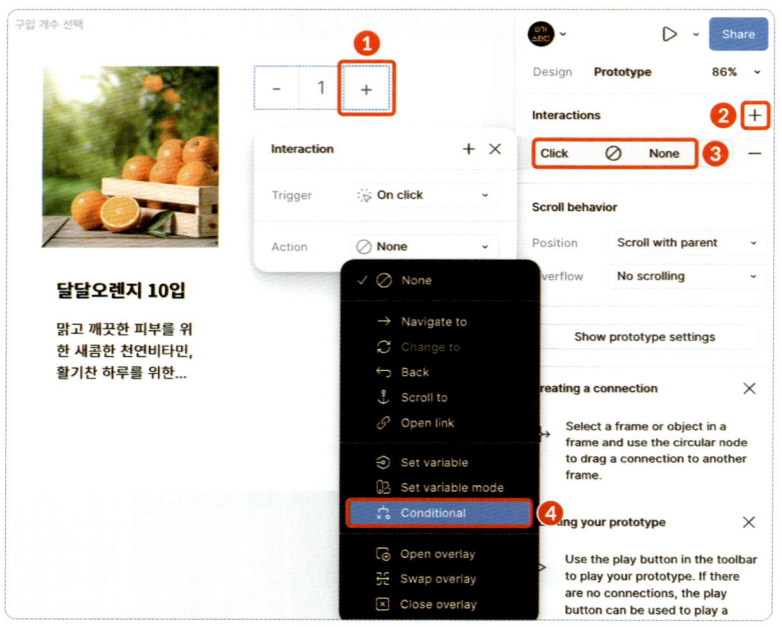

그림 13.256 증가 버튼에 인터랙션을 추가하는 화면

그러면 인터랙션 창이 if/else가 나오면서 처음에는 조건식을 작성하는 창이 같이 나타납니다. 조건식에 사용할 변수는 [quantity]이므로 선택해줍니다. 조건식이 개수가 10보다 작을 때이므로 quantity < 10으로 작성하고 Enter 키를 누릅니다. 연산자는 Less than을 클릭해도 되고, 직접 작성해도 됩니다.

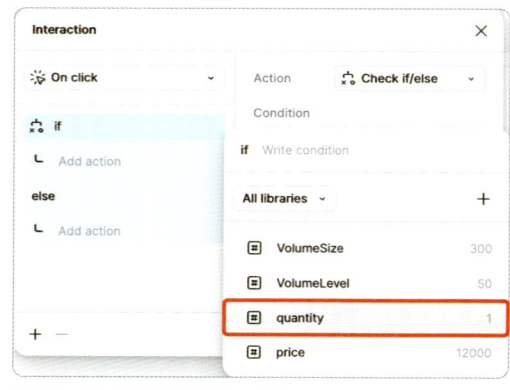

그림 13.257 조건식을 작성하는 화면 1

그림 13.258 조건식을 작성하는 화면 2

05 증가 버튼에 quantity 변수 명령 설정_ Enter 키를 누른 후 조건이 창에 들어가는 것을 확인할 수 있습니다. if 아래 [Add action]을 클릭합니다. 나오는 메뉴에서 [Set variable]을 선택합니다. 변경할 변수는 [quantity]이므로 선택합니다.

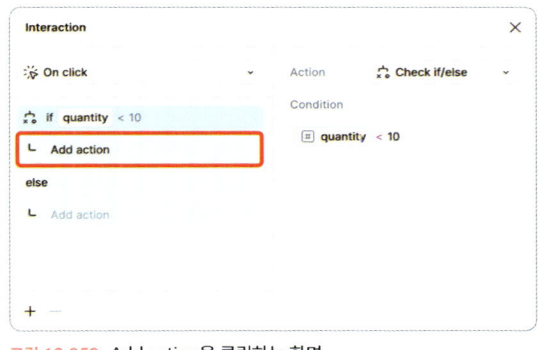

그림 13.259 Add action을 클릭하는 화면

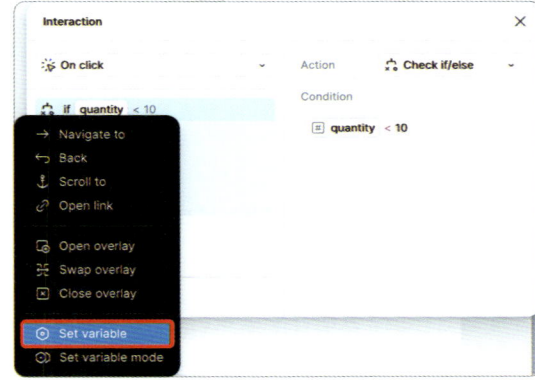

그림 13.260 Set variable을 선택하는 화면

to 옆의 입력 상자에 quantity + 1을 작성하고 Enter 를 칩니다. [quantity]는 작성하지 않고 선택하면 됩니다.

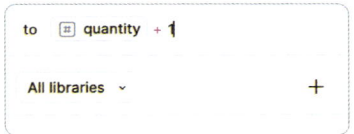

그림 13.261 to 입력 상자에 작성하는 화면

06 증가 버튼에 price 변수 명령 설정_ 이번에는 조건을 추가하는 것이 아니기 때문에 ❶ 기존 상태인 Set 부분이 선택되어 있어야 합니다. 일부러 바꾸지 않는 이상 선택되어 있을 겁니다. quantity < 10보다 작을 때 명령을 추가하는 것입니다. ❷ 좌측 하단에 있는 추가 아이콘(+)을 클릭하고, 나타나는 메뉴에서 [Set variable]을 선택합니다.

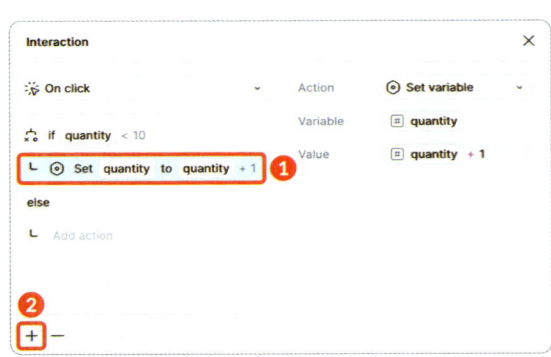

그림 13.262 명령을 추가하는 화면

이번에는 금액이 바뀌는 명령을 줄 것이므로 [price]를 선택합니다. `quantity * 12000`이라고 to 옆의 입력 상자에 작성하고 Enter 키를 누릅니다. [quantity]는 작성하는 것이 아니라 아래 나오는 것을 선택하면 됩니다.

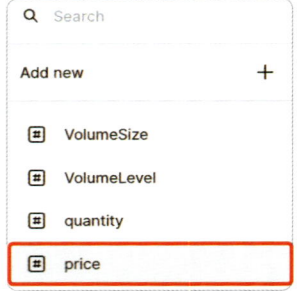

그림 13.263 price 변수를 선택하는 화면

07 증가 버튼에 else 명령 설정_ 이번에는 `else`의 경우도 명령을 줘야 합니다. 개수가 10보다 크면 최대경고창을 띄워야 하기 때문입니다. `else` 아래의 [Add action]을 클릭합니다. 이번에는 기존 프레임 위에 최대경고창 프레임을 올리는 것이기 때문에, [Open overlay]를 선택합니다.

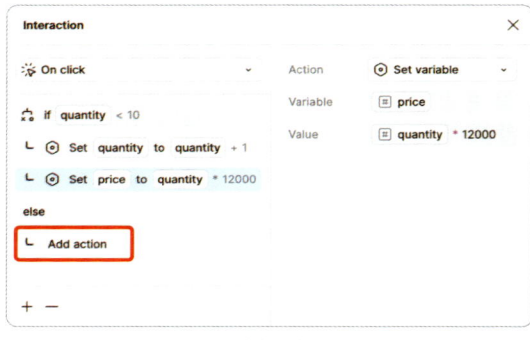

그림 13.264 Add action을 클릭하는 화면

그림 13.265 Set variable을 선택하는 화면

Overlay에 [None]이라고 되어 있는 부분을 클릭해서 [최대경고창]을 선택합니다. Position을 통해서 도착할 위치를 지정할 수 있습니다. 현재는 모든 프레임의 사이즈가 같기 때문에 위치는 크게 상관없습니다. Animation을 통해서 시간차로 오게 할 수 있지만, Instant로 즉시 나타나도록 처리하겠습니다.

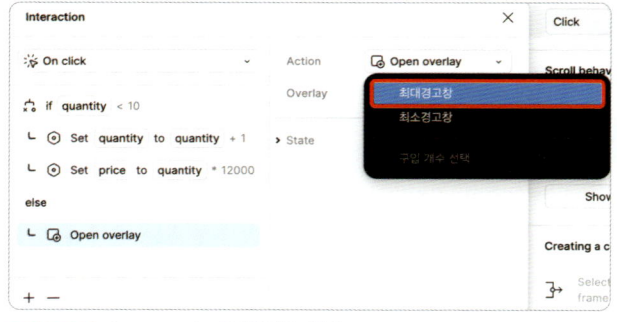

그림 13.266 Open overlay를 선택하는 화면

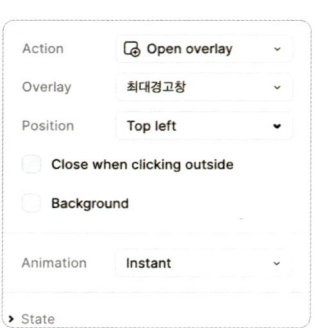

그림 13.267 Open overlay의 세부 설정 화면

08 감소 버튼에 quantity 변수 조건 설정_ ❶감소 버튼을 클릭한 이후에 Prototype 패널로 이동합니다. ❷Interactions에서 추가 아이콘(+)을 클릭해서 인터랙션을 한 개 만듭니다. Click 이벤트를 클릭해서 인터랙션 창을 활성화합니다. Action에는 원래 None으로 되어 있는데, ❸[None]을 클릭해서 ❹[Conditional]을 선택합니다. 메뉴가 안 보이면 더 아래로 내리면 보입니다.

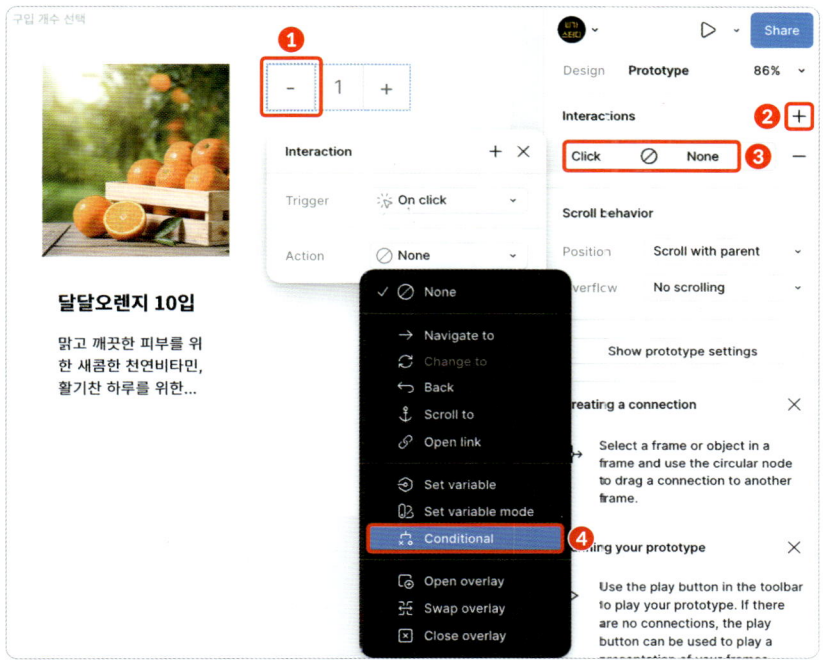

그림 13.268 감소 버튼에 인터랙션을 지정하는 화면

조건식에 사용할 변수는 [quantity]이므로 선택합니다. quantity > 1로 작성하고 Enter 키를 누릅니다.

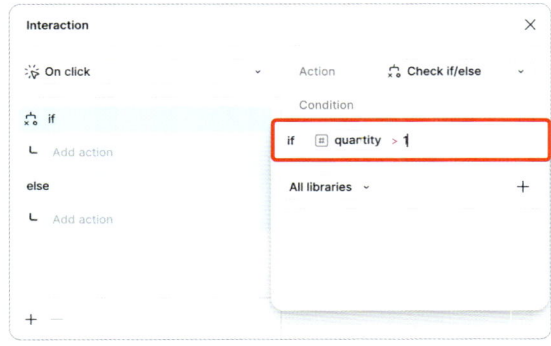

그림 13.269 조건식을 작성한 화면

CHAPTER 13 변수 프로토타입 **463**

09 감소 버튼에 quantity 변수 명령 설정_ `Enter`를 친 후 조건이 창에 들어가는 것을 확인할 수 있습니다. `if` 아래 [Add action]을 클릭합니다. 메뉴에서 [Set variable]을 선택합니다. 변수는 [quantity]를 선택해줍니다.

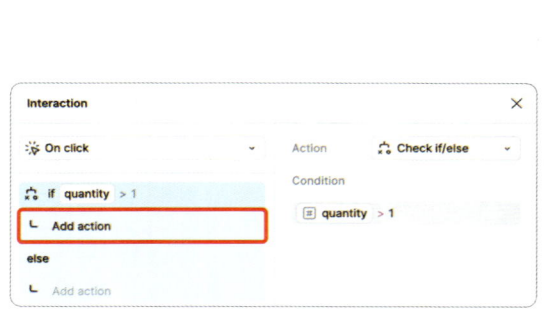

그림 13.270 명령을 추가하는 화면

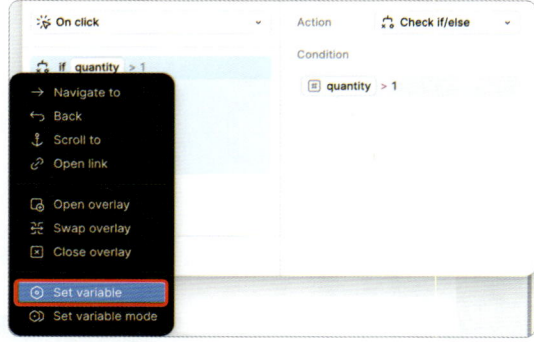

그림 13.271 Set variable을 선택하는 화면

to 옆의 입력 상자에 `quantity - 1`을 작성하고 `Enter` 키를 누릅니다. [quantity]는 작성하지 말고 선택하면 됩니다.

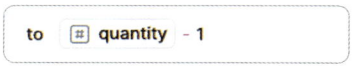

그림 13.272 to 입력 상자에 작성하는 화면

10 감소 버튼에 price 변수 명령 설정_ 이번에도 조건을 추가하는 것이 아니기 때문에 ❶기존 상태인 Set 부분이 선택되어 있어야 합니다. 일부러 바꾸지 않는 이상 선택되어 있을 겁니다. `quantity > 1`보다 작을 때 명령을 추가하는 것입니다. ❷좌측 하단에 있는 추가 아이콘(+)을 클릭해서 나타나는 메뉴에서 [Set variable]을 선택합니다.

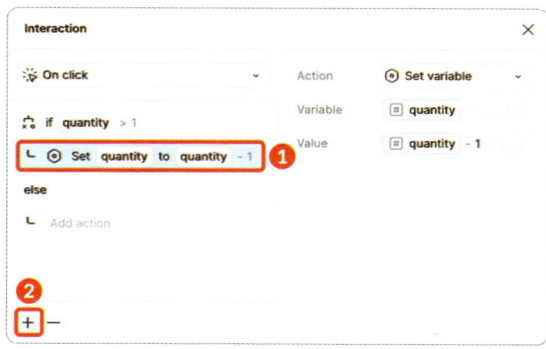

그림 13.273 명령을 추가하는 화면

이번에는 금액이 바뀌는 명령을 줄 것이므로 [price]를 선택합니다. to 옆의 입력 상자에 quantity * 12000이라고 작성하고 [Enter] 키를 누릅니다. [quantity]는 작성하는 것이 아니라 아래 나오는 것을 선택하면 됩니다.

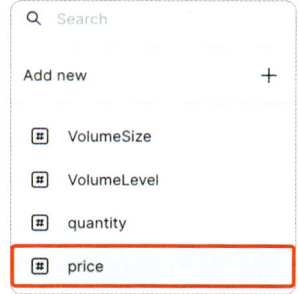

그림 13.274 price 변수를 선택하는 화면

11 감소 버튼에 else 명령 설정_ 이번에는 else의 경우에도 명령을 내려야 합니다. 개수가 1보다 작으면 최소경고창을 띄워야 하기 때문입니다. else 아래의 [Add action]을 클릭합니다. 이번에는 기존 프레임 위에 최소경고창 프레임을 올리는 것이기 때문에 [Open overlay]를 선택합니다.

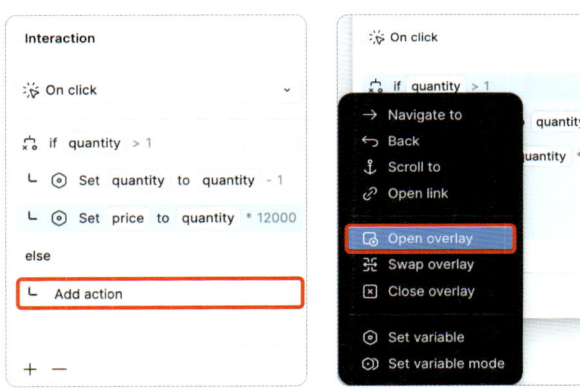

그림 13.275 Add action을 클릭하는 화면   그림 13.276 Open overlay를 선택하는 화면

Overlay에 [None]이라고 되어 있는 부분을 클릭해서 [최소경고창]을 선택합니다. 나머지 세부 설정은 그대로 처리하면 됩니다.

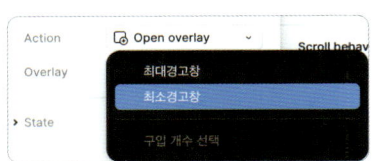

그림 13.277 최소경고창을 선택하는 화면

CHAPTER 13 변수 프로토타입 **465**

12 **Close overlay 처리_** ❶최대경고창 프레임 자체를 선택한 후, ❷Interactions에서 추가 아이콘(+)을 클릭해서 인터랙션을 한 개 만듭니다. Click 이벤트를 클릭해서 인터랙션 창을 활성화합니다. Action에는 원래 None으로 되어 있는데, ❸[None]을 클릭해서 ❹[Close overlay]를 클릭합니다.

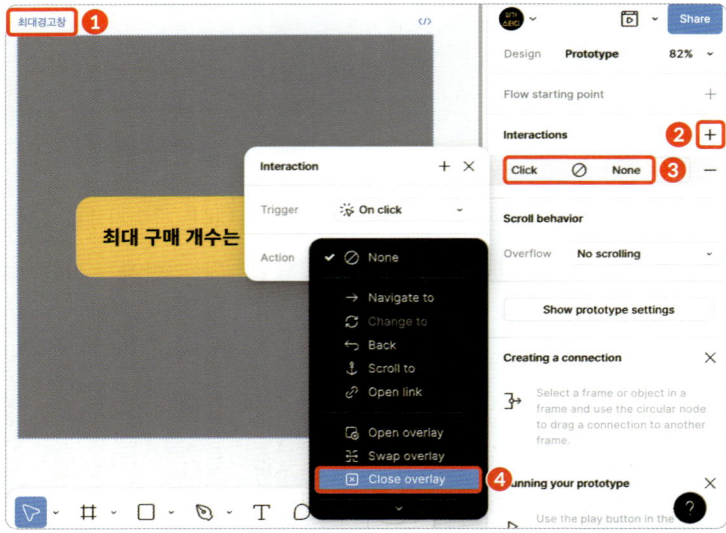

그림 13.278 최대경고창 인터랙션을 지정하는 화면

❶최소경고창 프레임 자체를 선택한 후, ❷Interactions에서 추가 아이콘(+)을 클릭해서 인터랙션을 한 개 만듭니다. Click 이벤트를 클릭해서 인터랙션 창을 활성화합니다. Action에는 원래 None으로 되어 있는데, ❸[None]을 클릭해서 ❹[Close overlay]를 클릭합니다.

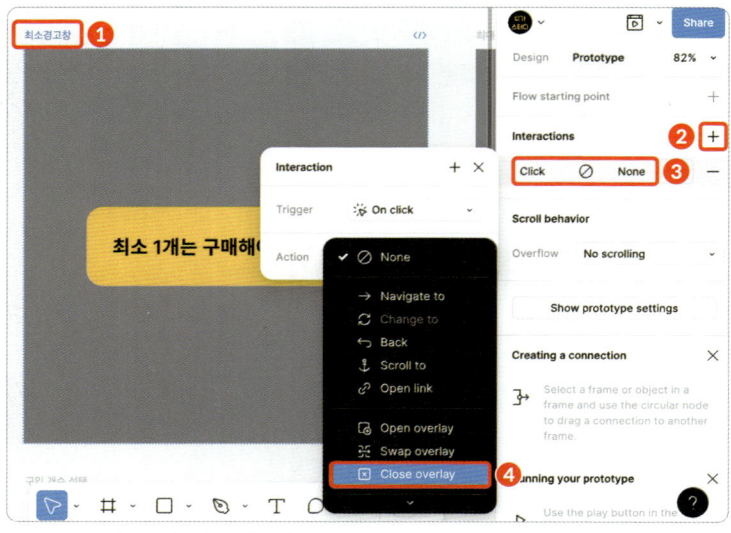

그림 13.279 최소경고창 인터랙션을 지정하는 화면

13 프로토타입 실행_ ❶구입 개수 선택 프레임을 선택하고, 프로토타입 실행은 ❷[Preview]로 진행하겠습니다.

그림 13.280 프로토타입을 실행하는 화면

그럼 새 창으로 프로토타입이 뜬 것을 확인할 수 있습니다.

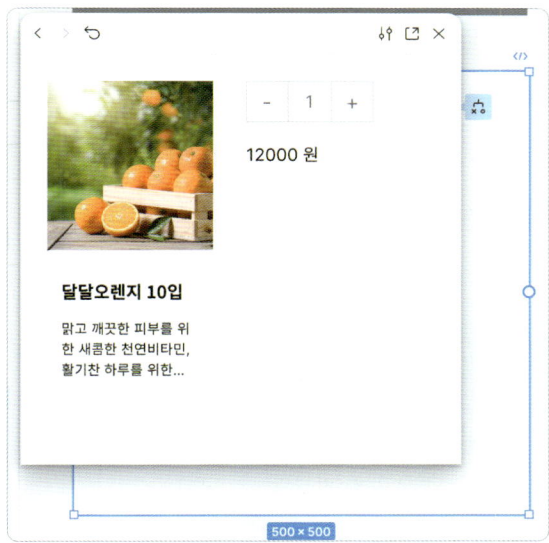

그림 13.281 프로토타입을 실행한 화면

14 프로토타입 구현_

증가 버튼을 클릭하면 숫자가 1씩 증가하고, 금액인 원 옆의 수치도 증가합니다. 숫자가 10까지 증가한 상태에서 한 번 더 클릭하면 그림 13.283처럼 **최대경고창** 프레임이 위로 뜹니다. 프레임의 아무 곳이나 클릭하면 프레임이 다시 사라져 그림 13.282처럼 보입니다.

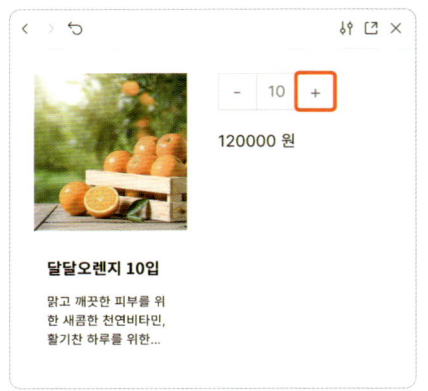
그림 13.282 증가 버튼을 계속 클릭한 화면

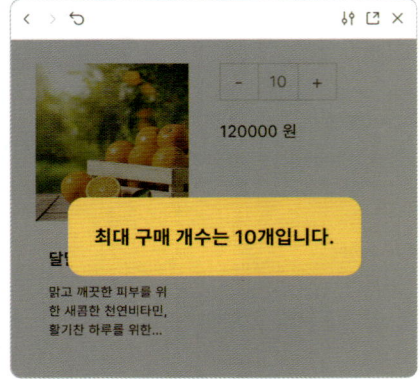
그림 13.283 최대경고창이 뜬 화면

감소 버튼을 클릭하면 숫자가 1씩 감소하고, 금액인 원 옆의 수치도 감소합니다. 숫자가 1까지 감소한 상태에서 한 번 더 클릭하면 그림 13.284처럼 최소경고창 프레임이 위로 뜹니다. 프레임의 아무 곳이나 클릭하면 프레임이 다시 사라져 그림 13.285처럼 보입니다.

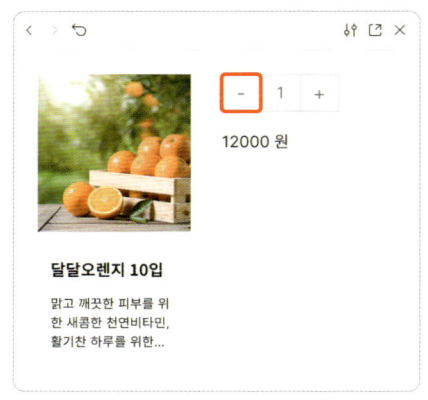

그림 13.284 감소 버튼을 계속 클릭한 화면

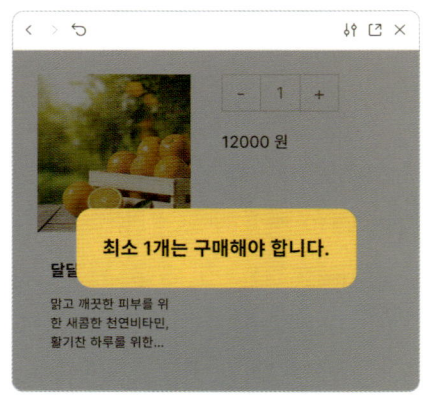
그림 13.285 최소경고창이 뜬 화면

조건식을 사용한 Conditional을 이용하면 다양한 프로토타입을 제작할 수 있습니다.

LESSON 05 | 변수 모드

변수 모드는 같은 변수명이지만 모드별로 따로 사용할 수 있게 해주는 기능입니다. 예를 들면 상품별로 다른 금액을 모드로 처리해서 하나로 처리할 수 있는 것을 말합니다.

그림 13.286은 모드를 사용하지 않고, 과일 가격 4개를 각각의 변수에 적용한 예시입니다.

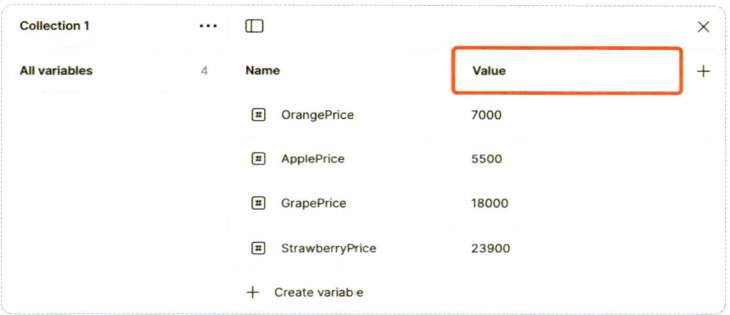

그림 13.286 변수를 각각 작성한 화면

그림 13.287은 변수를 모드로 처리해서 price라는 변수에 과일 가격 4개를 적용한 예시입니다. 그림 13.286의 Value 부분은 클릭하면 이름을 지정할 수 있는데, 그것이 모드의 이름을 작성하는 것입니다. Value 옆의 추가 아이콘(+)을 누르면 모드를 추가할 수 있습니다. 자세한 모드 사용법은 예제를 실습하면서 살펴보겠습니다.

All variables	Name	오렌지	사과	포도	딸기
	price	7000	5500	18000	23900

그림 13.287 변수를 모드화 처리한 화면

변수 모드를 이용한 상품 배너

변수의 모드를 이용한 상품 배너를 제작해보겠습니다. 그림 13.288을 보면서 어떻게 모드를 진행할지 살펴보겠습니다. 배너에 보면 과일 이름, 가격, 수량이 있습니다. 이것을 증가와 감소 버튼을 이용해서 수식으로도 처리할 예정입니다. 변수가 3개라고 하면 과일이 4개이기 때문에 12개의 변수를 제작해야 합니다. 그럼 변수 관리가 복잡하기 때문에 모드화해서 간단하게 작업해보겠습니다.

그림 13.288 상품 배너 화면

01 팀 파일로 이동하기_ 예제 파일의 13장 폴더에서 13_변수모드_소스.fig 파일을 import를 통해 불러옵니다. 파일에서 마우스 오른쪽을 누르면 나오는 메뉴에서 Move file을 클릭하고, 여러분의 Professional 계정을 선택한 후에 [Move] 버튼을 클릭합니다.

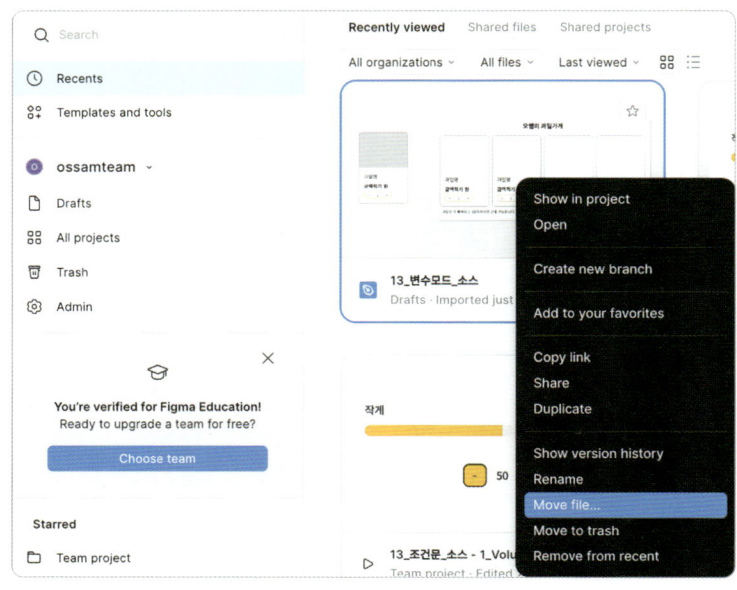

그림 13.289 팀 파일로 이동하는 화면

02 예제 파일 확인하기_ 13_변수모드_소스.fig 파일을 열어보면 페이지가 하나만 있습니다. 배너 프레임은 배너들의 원본 컴포넌트가 있는 프레임입니다. banner가 원본 컴포넌트명입니다. 변수MODE 프레임은 실제 프로토타입을 구현할 프레임입니다. 과일 사진이 들어간 배너들은 모두 banner 컴포넌트의 인스턴스입니다. 인스턴스로 구성해야 원본 컴포넌트에 변수를 지정하면 한 번에 적용할 수 있습니다.

그림 13.290 예제 파일을 확인하는 화면

03 price 변수 모드 처리_ 빈 공간을 클릭한 후, ❶디자인 패널에서 Variables의 편집 아이콘( )을 클릭합니다. 그러면 변수 창이 뜨는데, ❷[Create]를 누르고 ❷[Number]를 선택합니다.

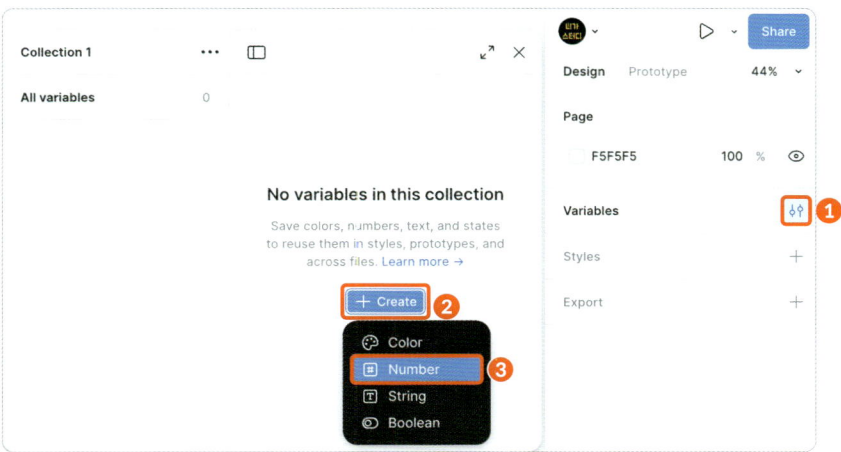

그림 13.291 변수를 등록하는 화면

변수명은 price로 처리하고, 값은 7000으로 입력합니다. ❶이때 'Value'라고 써 있는 부분을 더블 클릭해서 '오렌지'라고 변경하겠습니다. Value의 이름을 바꾸면 일반 변수가 아닌 변수 모드로 변경됩니다. 즉, 오렌지 모드로 현재 변경한 상태입니다.

❷Value 옆의 추가 아이콘(+)을 누르면 모드를 더 추가할 수 있습니다. 모드가 추가되면 이름이 아직 지정되어 있는 상태가 아니기 때문에, 'Mode'라고 나옵니다. 값은 왼쪽의 값을 복제해옵니다. 둘 다 더블 클릭하면 수정이 가능합니다.

그림 13.292 모드를 추가하는 화면

그림 13.293 모드를 추가한 화면

추가 아이콘(+)을 2번 더 눌러서 모드는 총 4개로 제작하겠습니다. 그림 13.294처럼 모드명을 지정하고, 금액도 모두 작성합니다.

그림 13.294 모드를 전부 추가한 화면

TIP 변수 컬렉션 이름 변경하기

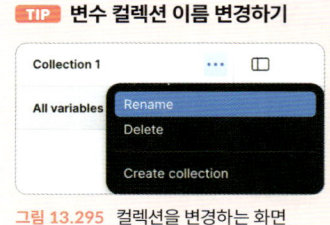

- 변수에 모드를 주면 좌측 상단에 Collection 1이라고 뜹니다.
- 레이어나 컴포넌트에 모드를 적용할 때 찾게 되므로 이름을 변경하는 것이 좋습니다.
- 변수 창에서 Collection 1 옆의 더 보기 아이콘(⋯)을 누르고 Rename을 선택합니다. 이름은 fruitsmode로 변경하겠습니다.

그림 13.295 컬렉션을 변경하는 화면

04 price 변수 컴포넌트에 지정하기_ banner 컴포넌트에서 price 레이어를 선택합니다. ❶원을 제외한 '금액적기'만 선택합니다. ❷디자인 패널의 상단으로 가서 변수 아이콘(◎)을 클릭한 후, ❸price를 선택합니다.

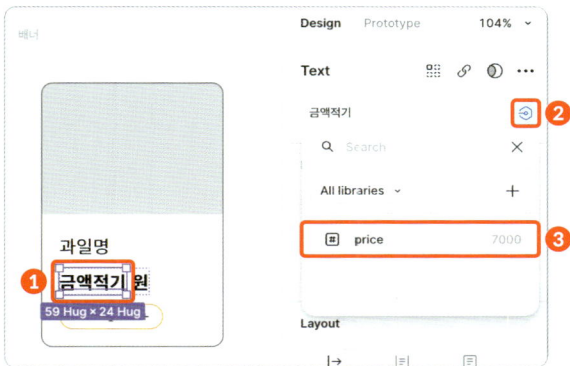

그림 13.296 컬렉션 변경하는 화면

그러면 원본 컴포넌트뿐만 아니라 인스턴스 4개 모두 7000으로 값이 변경된 것을 확인할 수 있습니다.

그림 13.297 price 변수가 지정된 화면

05 원본 컴포넌트에 모드 처리하기_ ❶ banner 원본 컴포넌트를 선택하면, 디자인 패널의 Appearance에 변수 모드 아이콘(02)이 보입니다. ❷ 변수 모드 아이콘(02)을 클릭하면 fruitsmode가 나타납니다.

➕ 이때 이름을 변경하지 않으면, Collection 1으로 보입니다. 찾기 편하게 이름을 변경해놓는 것이 좋겠죠?

❸ fruitsmode를 선택하고, 이것은 원본 컴포넌트이기 때문에 첫 번째 모드인 ❹ 오렌지로 처리하겠습니다.

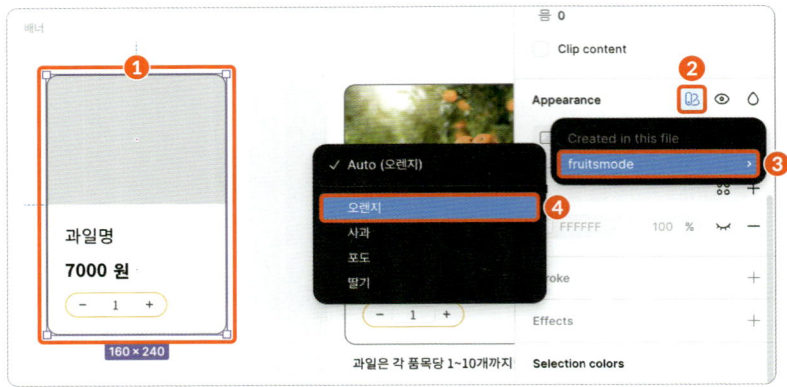

그림 13.298 price 변수가 지정된 화면

그러면 그림 13.299와 같이 레이어 패널에도 모드가 작성되어 나타납니다. 원본 컴포넌트에 오렌지라고 작성했기 때문에 인스턴스에도 모두 오렌지가 들어갑니다.

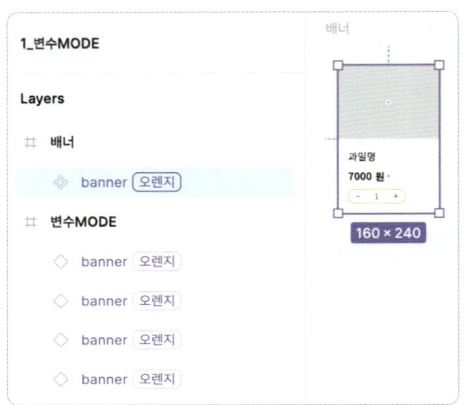

그림 13.299 레이어도 적용된 변수 모드 화면

06 인스턴스의 모드 변경하기_
왼쪽부터 보이는 첫 번째 인스턴스는 오렌지이기 때문에 변경하지 않습니다. ❶두 번째 인스턴스를 선택한 후, ❷fruitsmode 옆의 '오렌지'를 클릭하고, '사과'로 변경합니다.

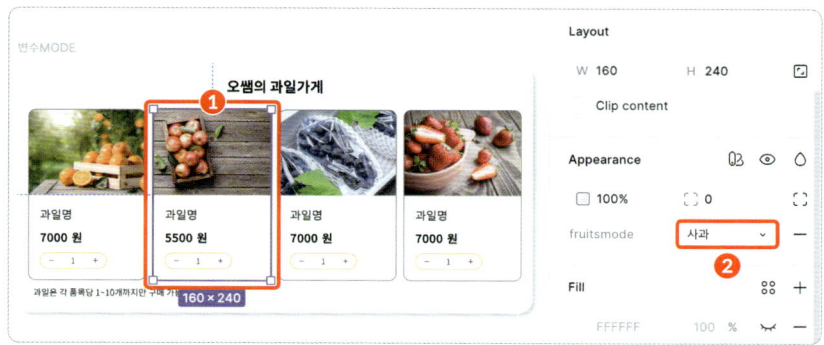

그림 13.300 사과 인스턴스의 모드를 변경하는 화면

❶세 번째 인스턴스를 선택한 후, ❷fruitsmode 옆의 오렌지를 클릭한 후 포도로 변경합니다. 같은 방식으로 네 번째 인스턴스를 선택한 후, fruitsmode 옆의 오렌지를 클릭한 후 딸기로 변경합니다.

그림 13.301 포도 인스턴스의 모드를 변경하는 화면

그러면 그림 13.302와 같이 모든 금액이 각각의 모드에 맞게 변경된 것을 확인할 수 있습니다.

그림 13.302 모드를 모두 적용한 화면

CHAPTER 13 변수 프로토타입 **475**

07 count 변수 모드 처리_ 빈 공간을 클릭한 후, ❶디자인 패널에서 Variables의 편집 아이콘( )을 클릭합니다. 그러면 변수 창이 나타나는데, ❷[Create variable]을 누르고 [Number]를 선택합니다.

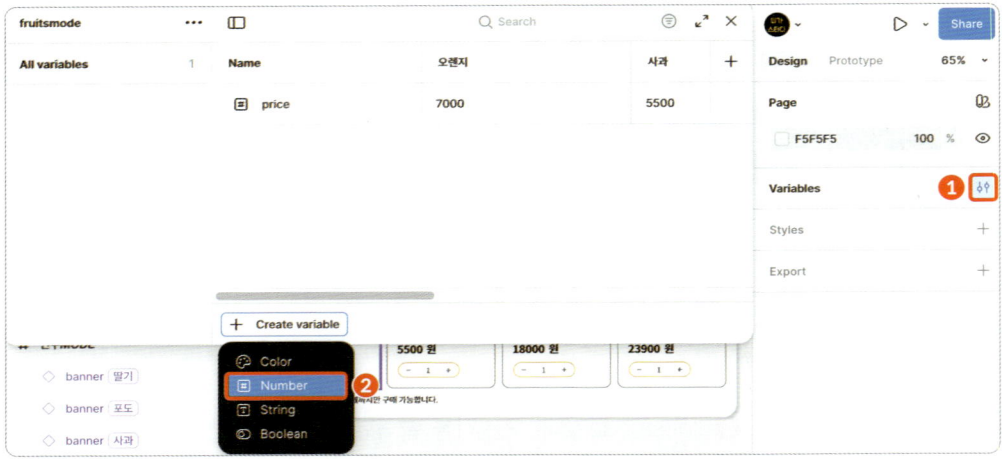

그림 13.303 변수를 등록하는 화면

이름은 count로 지정하고, 모든 수치는 1로 입력합니다. 보통 쇼핑몰에서 구매 개수는 1개를 기본값으로 하기 때문입니다.

그림 13.304 변수를 등록한 화면

08 name 변수 모드 처리_ 변수를 추가하기 위해 [Create variable]을 클릭하고 [String]을 선택합니다.

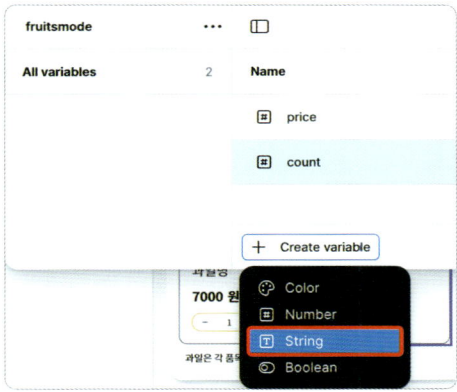

그림 13.305 변수를 추가하는 화면

이번에는 이름을 'name'으로 설정하고, 값은 오렌지 1KG, 사과 1KG, 포도 1BOX, 딸기 1BOX로 처리했습니다.

그림 13.306 변수가 추가된 화면

09 원본 컴포넌트에 변수 지정하기_ ❶'과일명'을 선택하고, ❷디자인 패널 상단에서 변수 아이콘(◎)을 클릭합니다. ❸Libraries 창이 나타나면, 그중에서 [name] 변수를 선택합니다. ❹수량인 '1'을 선택하고, ❺디자인 패널 상단에서 변수 아이콘(◎)을 클릭합니다. ❻Libraries 창이 나타나면, 그중에서 [count] 변수를 선택합니다.

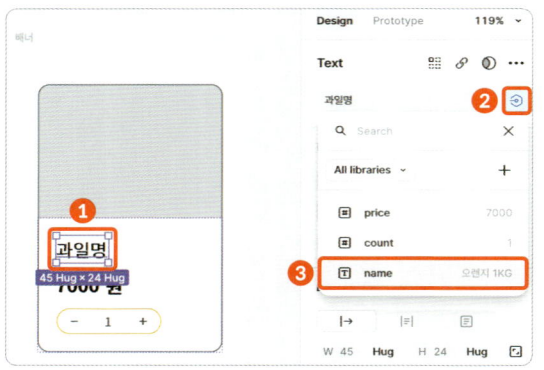
그림 13.307 name 변수 지정하는 화면

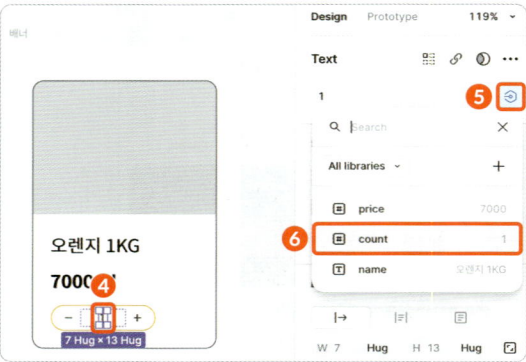
그림 13.308 count 변수 지정하는 화면

원본 컴포넌트에 변수를 지정하면, 인스턴스도 적용이 되기 때문에 변수MODE 프레임에 이름과 수치가 모두 적용됩니다.

그림 13.309 모든 변수가 지정된 화면

10 fixedprice 변수 등록하기_
price 변수는 변수MODE 프레임에서 증가 버튼이나 감소 버튼을 누르면 금액이 변경되어야 합니다. 그래서 고정 가격을 변수로 등록해야 합니다. 증가 버튼이나 감소 버튼을 누르면 고정 가격 × 수량으로 계산되어야 하기 때문에 새롭게 변수를 추가해야 합니다.

빈 공간을 클릭한 후, ❶디자인 패널에서 Variables의 편집 아이콘( )을 클릭합니다. ❷변수 창이 나타나면, [Create variable]을 클릭하고 [Number]를 선택합니다.

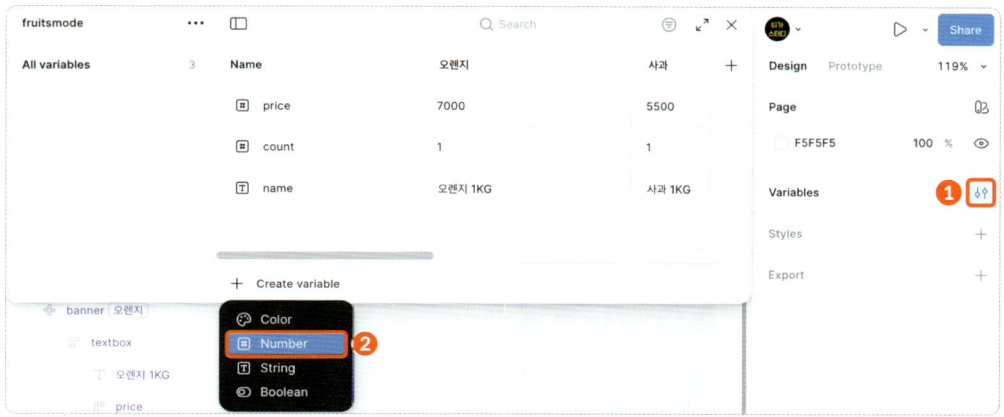

그림 13.310 변수를 등록하는 화면

변수의 이름은 'fixedprice'라고 지정하고, 값은 왼쪽부터 7000, 5500, 18000, 23900으로 작성합니다.

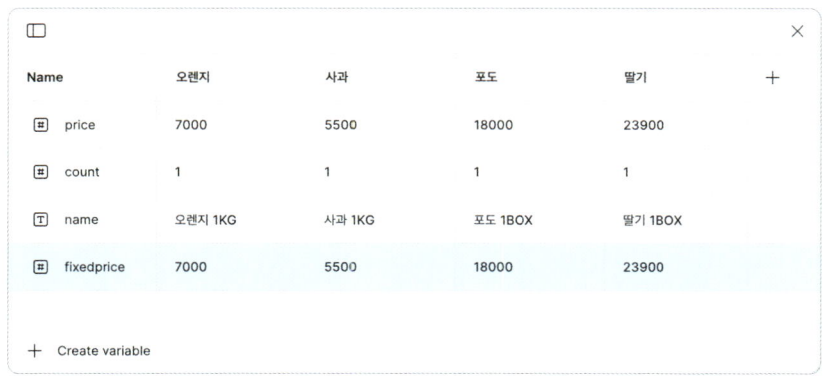

그림 13.311 변수를 등록한 화면

11 증가 버튼에 count 변수 조건 설정_ ❶원본 컴포넌트의 증가 버튼을 클릭한 이후에 Prototype 패널로 이동합니다. 모든 인스턴스에 동일한 명령을 주기 위해서입니다. ❷Interactions에서 추가 아이콘(+)을 클릭해서 인터랙션을 하나 만듭니다. ❸[Click] 이벤트를 클릭하여 인터랙션 창을 활성화합니다. Action에는 원래 None으로 되어 있는데, ❹[None]을 클릭해서 [Conditional]을 선택합니다.

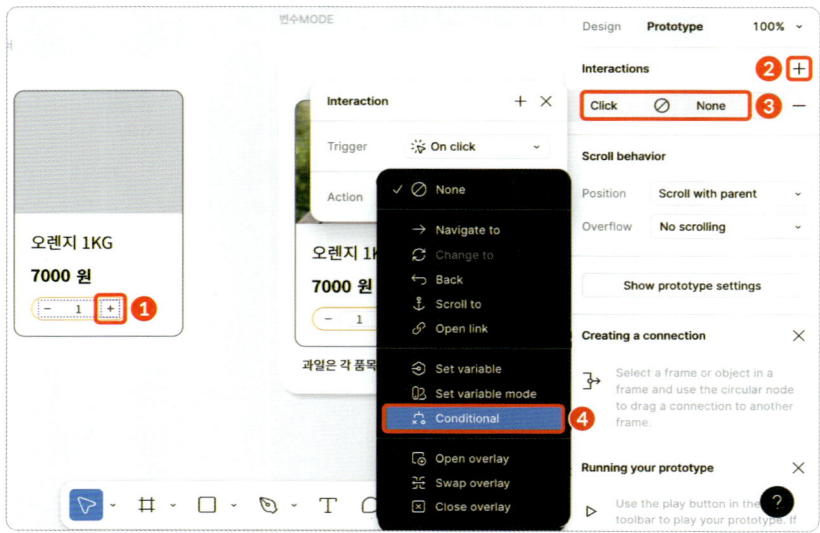

그림 13.312 증가 버튼에 인터랙션을 추가하는 화면

인터랙션 창이 나타나면서, `if` 관련 창도 같이 뜹니다. `if` 옆에 조건식을 `count < 10`으로 작성합니다. 상품을 1~10개까지만 구입하도록 처리하기 때문입니다.

+ 이때 count는 작성하는 것이 아니라 아래 나타나는 변수 중 선택하면 됩니다.

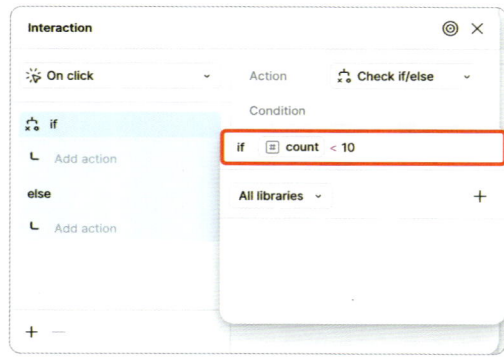

그림 13.313 조건식을 작성하는 화면

12 증가 버튼에 count 변수 명령 설정_
조건이 맞을 때의 명령이므로 [Add action]을 클릭합니다. 메뉴에서 [Set variable]을 선택하고, 변경할 변수는 [count]로 선택합니다. to 옆의 입력 상자에 count + 1을 작성하고 Enter 키를 누릅니다.

✚ count는 작성하지 않고 선택하면 됩니다.

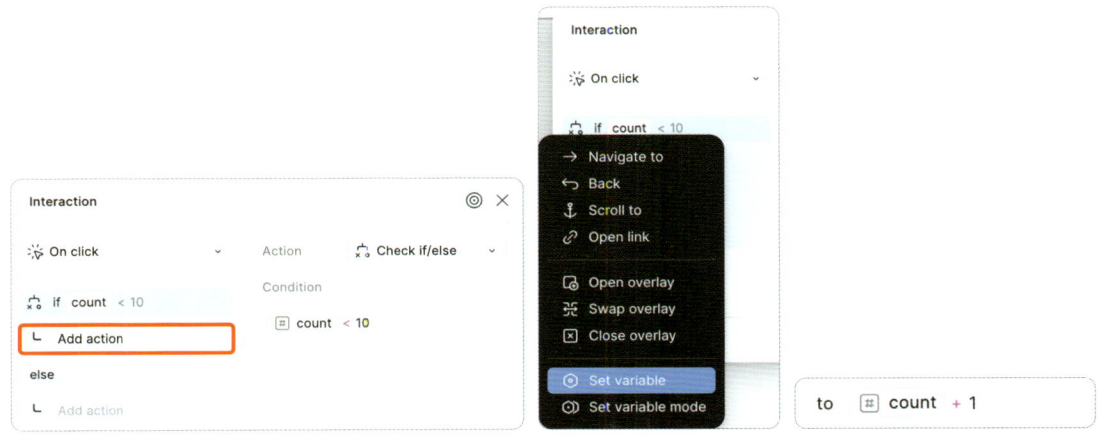

그림 13.314 Add action을 클릭하는 화면

13 증가 버튼에 price 변수 명령 설정_
이번에는 조건을 추가하는 것이 아니기 때문에 ❶기존 상태인 Set 부분이 선택되어 있어야 합니다. 일부러 바꾸지 않는 이상 Set 부분이 선택되어 있을 것입니다. count < 10보다 작을 때 명령을 추가하는 것입니다. ❷좌측 하단에 있는 추가 아이콘(+)을 클릭합니다.

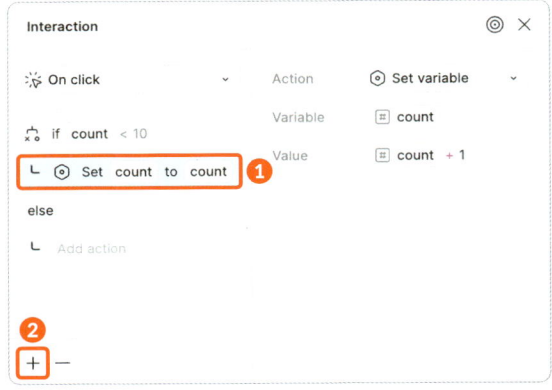

그림 13.315 명령을 추가하는 화면

CHAPTER 13 변수 프로토타입 **481**

컴포넌트 가격 부분에 설정해둔 변수는 price이므로, [price]를 선택합니다. fixedprice * count라고 to 옆의 입력 상자에 작성하고 Enter 키를 누릅니다.

✚ 변수는 작성하는 것이 아니라 아래 나오는 것을 선택하면 됩니다.

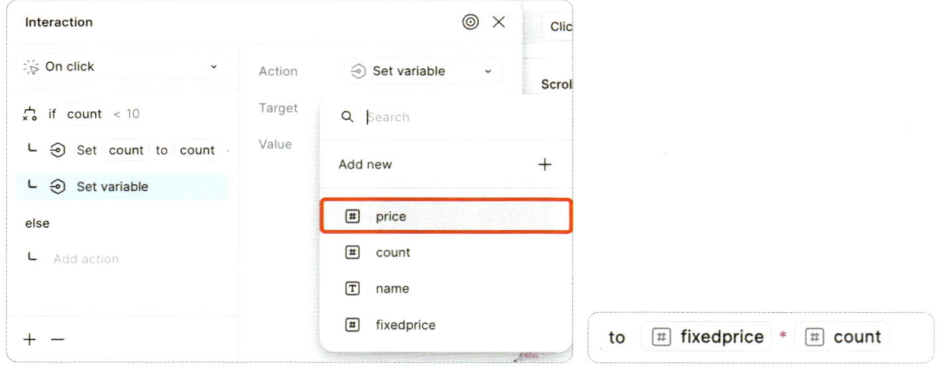

그림 13.316 변수를 선택하는 화면

14 감소 버튼에 count 변수 조건 설정_ ❶감소 버튼을 클릭한 후, ❷Interactions에서 추가 아이콘(➕)을 클릭해서 인터랙션을 하나 만듭니다. ❸[Click] 이벤트를 클릭해서 인터랙션 창을 활성화합니다. Action은 원래 None으로 되어 있는데, [None]을 클릭하고 ❹[Conditional]을 선택합니다.

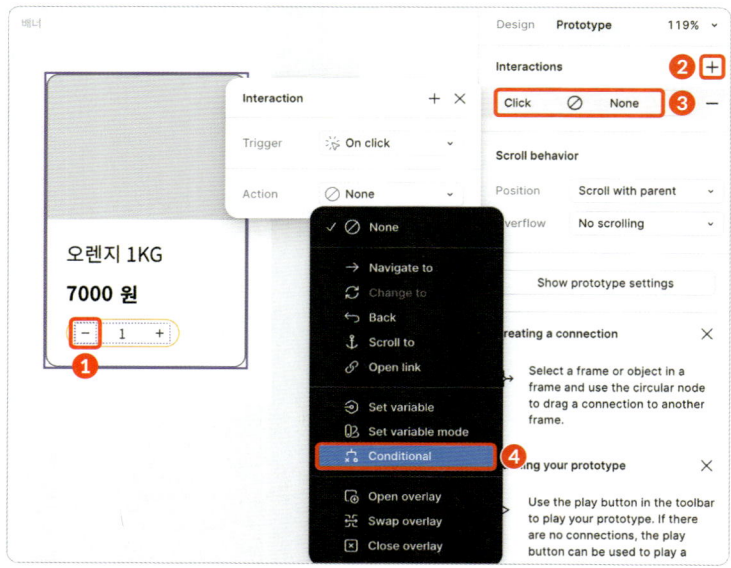

그림 13.317 감소 버튼에 인터랙션을 지정하는 화면

조건식에 count > 1로 작성하고 Enter 키를 누릅니다.

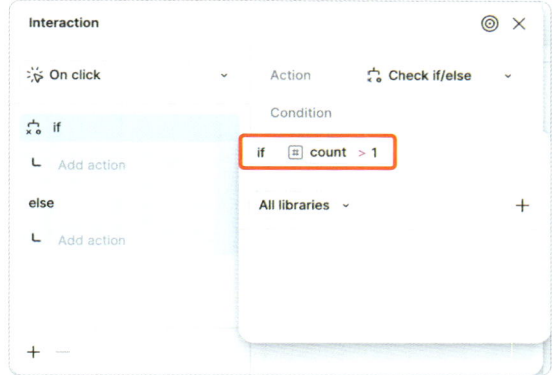

그림 13.318 조건식을 작성한 화면

15 감소 버튼에 count 변수 명령 설정_ ❶if 아래 [Add action]을 클릭합니다. ❷메뉴에서 [Set variable]을 선택합니다. Variables 창에서 변수는 [count]를 선택하고, ❸to 옆의 입력 상자에 count - 1 을 작성하고 Enter 키를 누릅니다.

✚ count는 작성하지 말고 선택하면 됩니다.

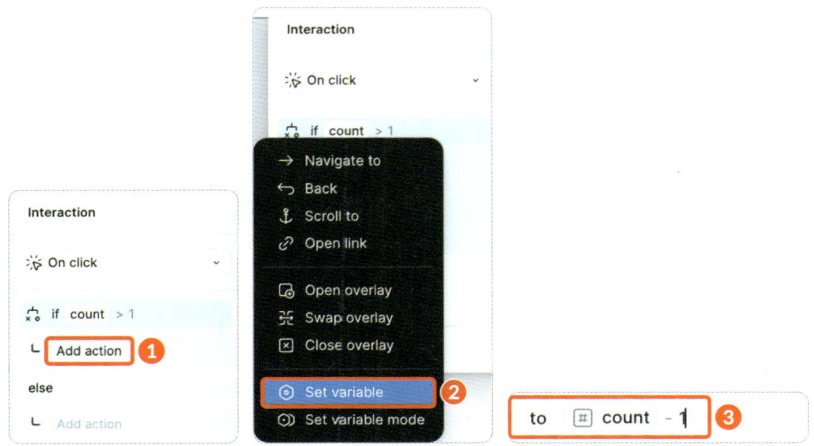

그림 13.319 Add action을 클릭하는 화면

CHAPTER 13 변수 프로토타입 **483**

16 감소 버튼에 price 변수 명령 설정_
이번에도 조건을 추가하는 것이 아니기 때문에 ❶기존 상태인 Set 부분이 선택되어 있어야 합니다. 일부러 바꾸지 않는 이상 선택되어 있을 것입니다. `count > 1`보다 작을 때 명령을 추가하는 것입니다. ❷좌측 하단에 있는 추가 아이콘(+)을 클릭합니다.

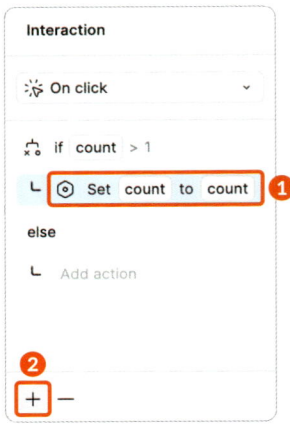

그림 13.320 명령을 추가하는 화면

메뉴에서 [Set variable]을 선택한 후 변수는 [price]를 클릭합니다. `fixedprice * count`라고 `to` 옆의 입력 상자에 작성하고 Enter 키를 누릅니다.

➕ 변수는 작성하는 것이 아니라 아래 나오는 것을 선택하면 됩니다.

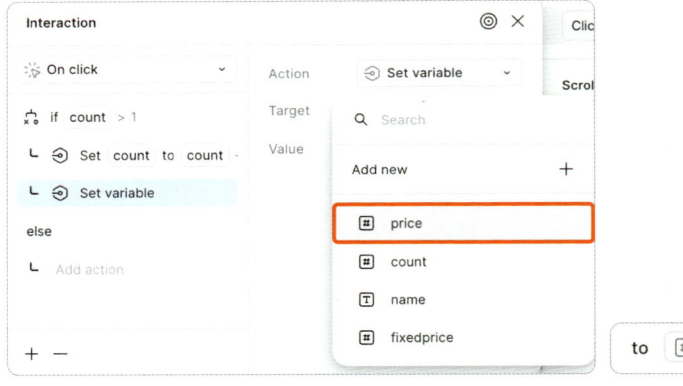

그림 13.321 변수를 선택하는 화면

17 프로토타입 실행_ 변수MODE 프레임을 선택하고, 프로토타입 실행은 [Preview]로 진행하겠습니다.

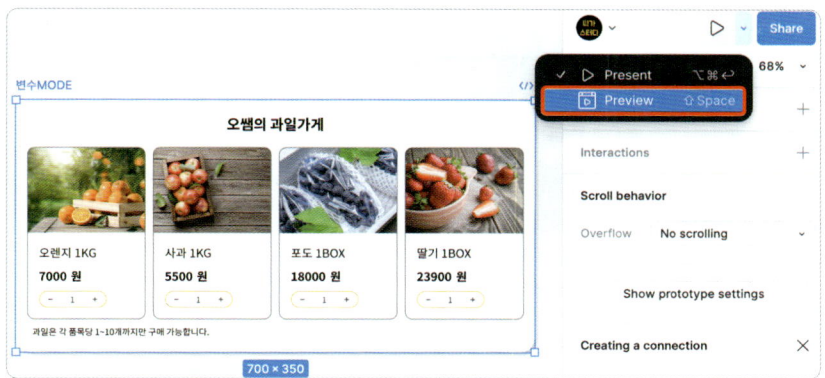

그림 13.322 프로토타입을 실행하는 화면

그러면 새 창으로 프로토타입이 나타나는 것을 확인할 수 있습니다.

그림 13.323 프로토타입을 실행한 화면

18 프로토타입 구현_ 오렌지 배너의 증가 버튼을 클릭하면 가격과 수량이 증가하는 것을 확인할 수 있습니다. 다른 과일의 배너는 변하지 않습니다.

그림 13.324 오렌지의 증가 버튼을 누른 화면

사과 배너의 증가 버튼을 클릭하면 사과의 가격과 수량이 증가합니다. 증가 버튼을 계속 눌렀을 때 10을 초과한 수량으로는 처리가 되지 않습니다. 감소 버튼을 계속 눌렀을 때도 1 미만으로는 수량이 처리되지 않습니다. 다른 배너들의 증가 버튼과 감소 버튼으로도 테스트해보길 바랍니다.

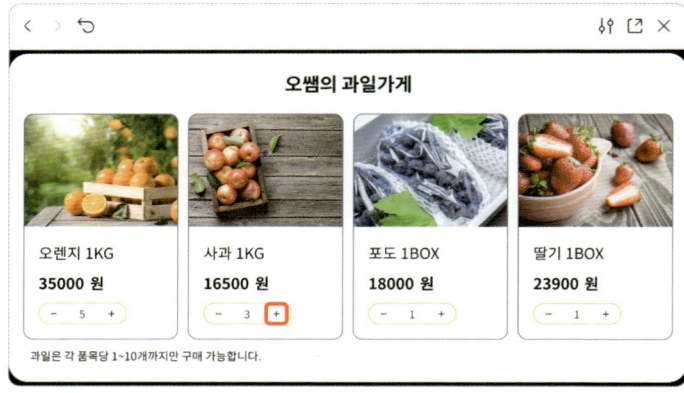

그림 13.325 사과의 증가 버튼을 누른 화면

변수 모드를 이용한 다크 모드 처리

그림 13.326은 네이버 웹사이트의 라이트 모드와 다크 모드 디자인입니다. 웹 앱을 제작할 때 사용자의 눈을 보호하기 위해 라이트 모드light mode와 다크 모드dark mode로 나눠서 디자인하고 구현합니다. 보통은 라이트 모드를 먼저 디자인한 다음에 복제해서 다크 모드에 맞게 변경을 했었습니다. 하지만 피그마가 변수 모드를 선보이면서 라이트 모드와 다크 모드를 한 번에 변경할 수 있는 기능을 제시했습니다. 이번 예제에서는 변수 모드를 통해 라이트 모드와 다크 모드를 어떤 방식으로 쉽게 처리하는지 살펴보겠습니다.

그림 13.326 네이버 라이트 모드 화면과 다크 모드 화면

01 팀 파일로 이동하기_ 예제 파일 폴더에서 13장 폴더의 13_다크모드_소스.fig 파일을 import를 통해 불러옵니다. 파일에서 마우스 오른쪽을 누르면 나오는 메뉴에서 [Move file]을 클릭합니다.

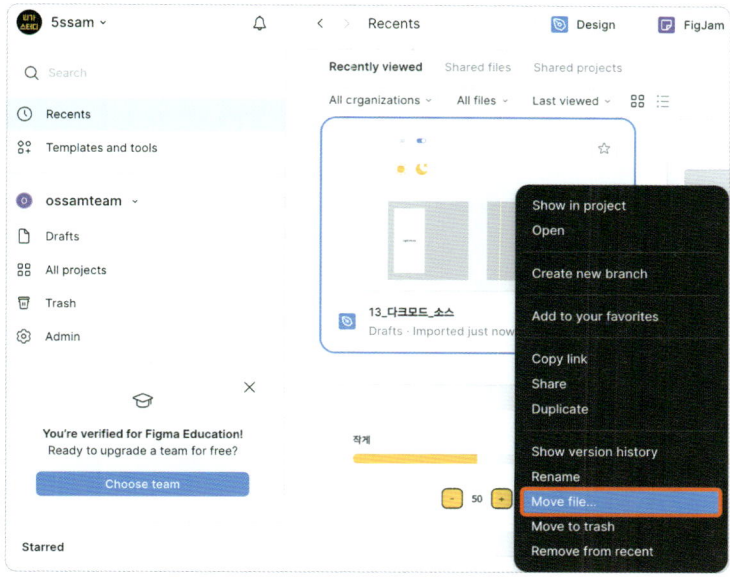

그림 13.327 팀 파일로 이동하는 화면 1

❶여러분의 Professional 계정을 선택한 후에 ❷[Move] 버튼을 클릭합니다.

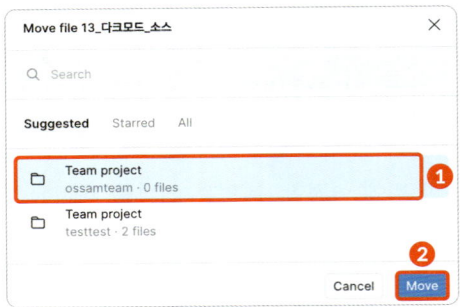

그림 13.328 팀 파일로 이동하는 화면 2

02 예제 파일 확인하기_ 13_다크모드_소스.fig 파일을 열어보면 페이지가 하나만 있습니다. MODE처리 페이지는 2개의 프레임과 2개의 섹션으로 나뉩니다. button variant와 shape variant 프레임은 베리언트를 만들 프레임입니다. light design과 dark design 섹션은 프레임을 감싸는 상위 개념이라고 보면 됩니다. light design 섹션에만 app-intro라는 프레임을 갖고 있습니다. app-intro 프레임이 light design 섹션에 위치하면 라이트 모드로, dark design 섹션에 위치하면 다크 모드로 바뀌게 처리할 예정입니다.

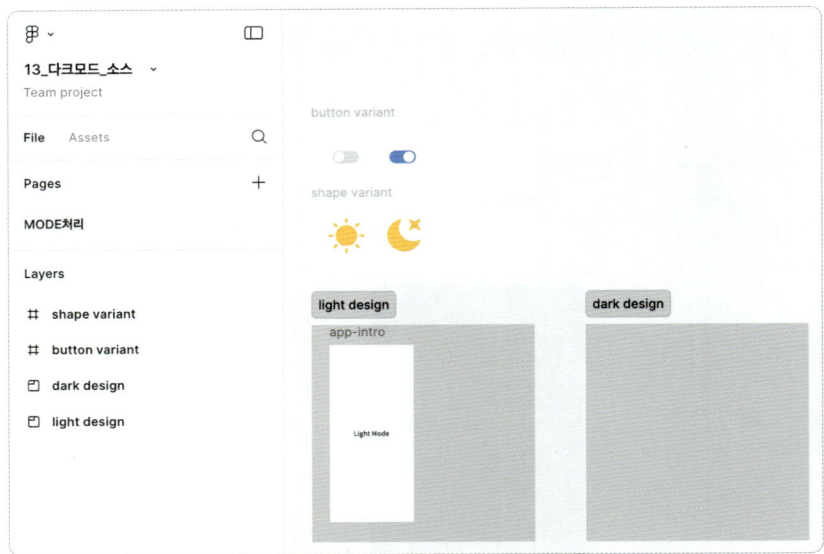

그림 13.329 소스 확인하는 화면

03 변수 컬렉션명 변경_
모드로 사용하는 변수는 컬렉션명을 변경해야 모드를 더 쉽게 찾을 수 있습니다. 따라서 컬렉션 명칭을 변경하도록 하겠습니다. 빈 공간을 클릭한 후 ❶디자인 패널에서 Variables의 편집 아이콘(🎚)을 클릭합니다. 그럼 변수 창이 뜨는데, ❷더 보기 아이콘(⋯)을 클릭한 후 나오는 메뉴 중 ❸[Rename]을 선택합니다.

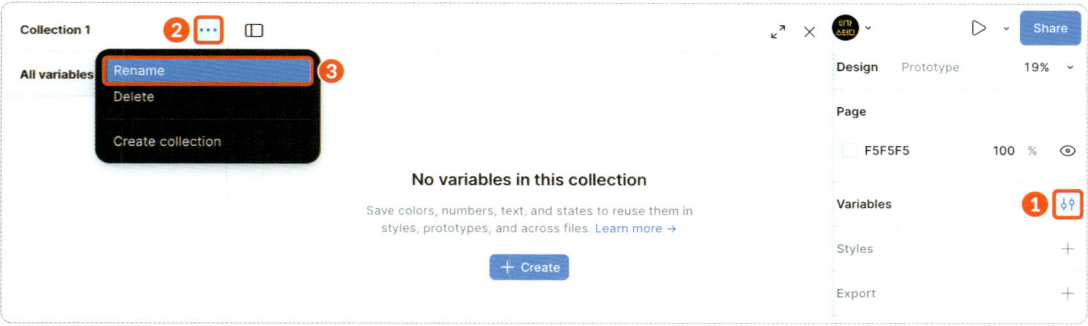

그림 13.330 컬렉션명을 변경하는 화면 1

Collection1을 colormode로 변경하고 Enter 키를 누릅니다.

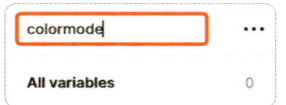

그림 13.331 컬렉션명을 변경하는 화면 2

04 변수 추가_
❶[Create]를 누른 다음에, bg는 배경색 관련 변수이므로 ❷[Color]를 선택합니다.

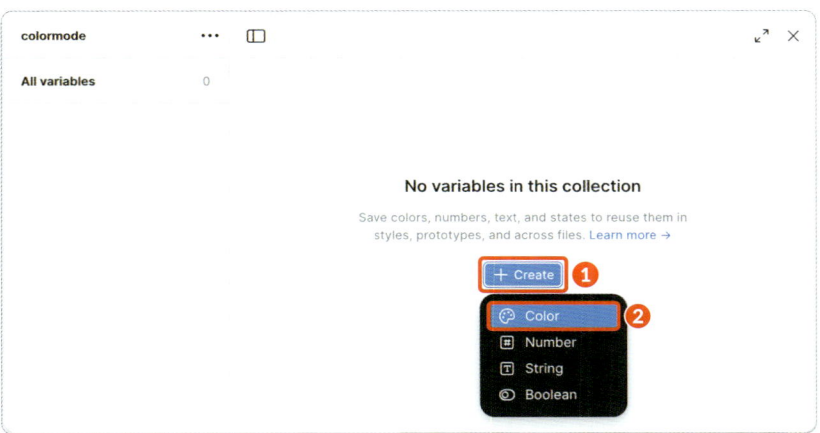

그림 13.332 변수를 추가하는 화면

CHAPTER 13 변수 프로토타입 **489**

변수의 이름은 bg로 하기 위해 [Value] 부분을 더블 클릭해서 변경합니다. LightMode로 변경한 후 값은 FFFFFF로 흰색으로 처리하겠습니다. 추가 아이콘(+)을 클릭해서 DarkMode로 변경한 후 값은 000000으로 검정색으로 처리합니다. 변수를 한 개 더 추가하기 위해 [Create]를 클릭합니다. 역시 색상을 처리할 것이므로 [Color]를 선택합니다. 추가되는 색상은 글자색이므로 titlefont라고 이름을 줍니다. LightMode의 색은 000000으로, DarkMode의 색은 FFFFFF로 줍니다.

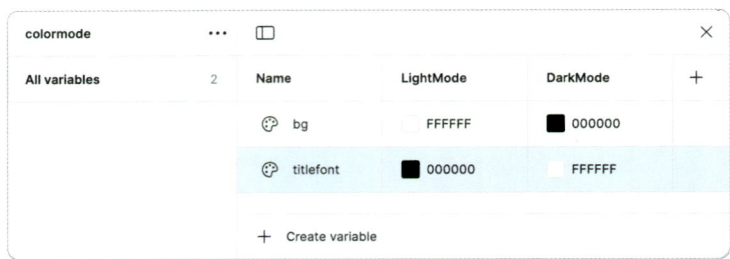

그림 13.333 변수를 추가한 화면

05 콘텐츠에 변수 적용_ ❶app-intro 프레임 전체를 잡은 상태에서 ❷디자인 패널의 스타일 아이콘(⋮⋮)을 클릭합니다. Libraries 창이 나타나는데, 그중에서 ❸[bg] 변수를 선택합니다.

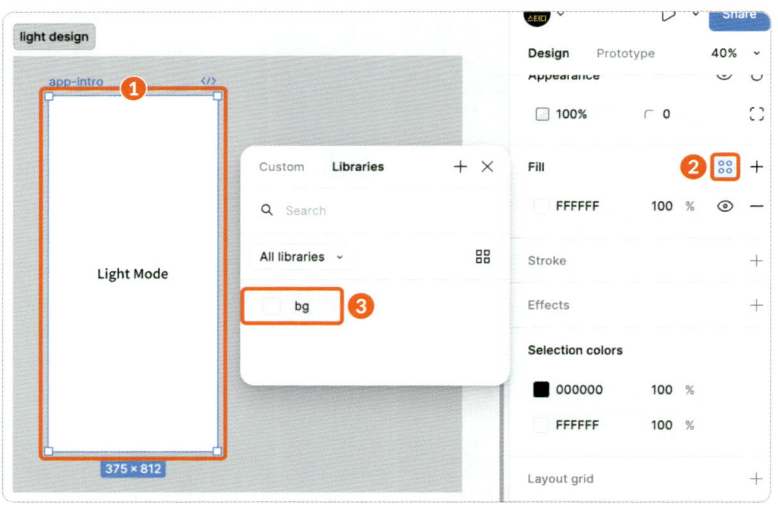

그림 13.334 bg 변수를 적용하는 화면

app-intro 프레임의 ❶ 'Light Mode'라는 글자를 잡은 상태에서 ❷ 디자인 패널의 스타일 아이콘(▦)을 클릭합니다. Libraries 창이 나타나면, 그중에서 ❸ [titlefont] 변수를 선택합니다.

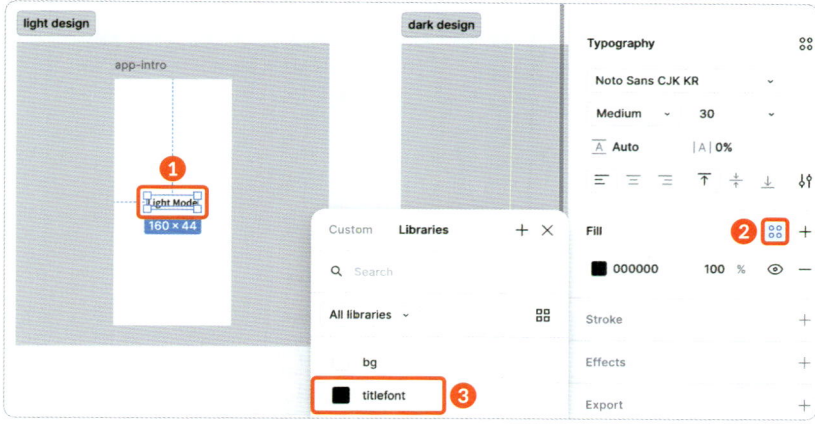

그림 13.335 bg 변수를 적용하는 화면

06 light design 섹션에 모드 처리_ ❶light design 섹션을 선택한 후에, ❷디자인 패널의 Appearance 에서 변수 아이콘(▩)을 클릭합니다. 변경한 컬렉션명인 ❸[colormode]를 선택하고, ❹[LightMode]를 클릭합니다. 레이어 패널에 가서 보면 light design 섹션에 LightMode가 적용되어 있는 것을 확인할 수 있습니다.

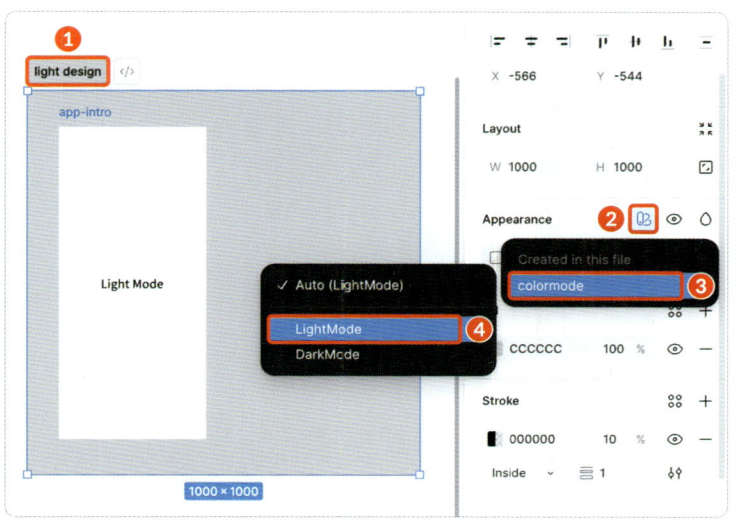

그림 13.336 모드를 적용하는 화면   그림 13.337 모드가 적용된 화면

❶dark design 섹션을 선택한 후에, ❷디자인 패널의 Appearance에서 변수 아이콘( )을 클릭합니다. 변경한 컬렉션명인 ❸[colormode]를 선택하고, ❹[DarkMode]를 클릭합니다. 레이어 패널에 보면 dark design 섹션에 DarkMode가 적용되어 있는 것을 확인할 수 있습니다.

✚ 2025년 9월부터 app-intro 프레임을 dark design 섹션으로 이동하지 않으면 모드가 적용되지 않으므로 이동하고 진행해주세요.

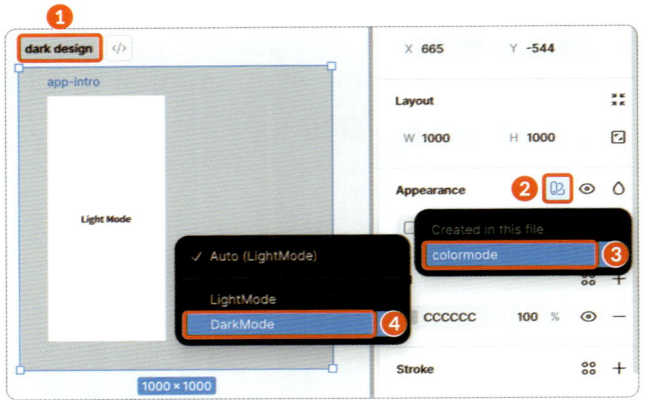 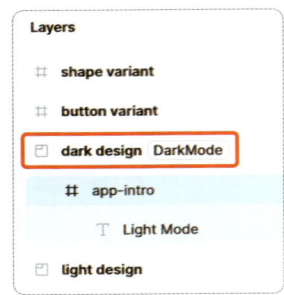

그림 13.338 모드를 적용하는 화면　　　　　　　　　　그림 13.339 모드가 적용된 화면

07 프레임을 dark design 섹션으로 이동_ app-intro 프레임을 dark design 섹션으로 이동하면 색상들이 반전되는 것을 확인할 수 있습니다. 하지만 글자가 여전히 Light Mode로 되어 있으니 변경해보겠습니다.

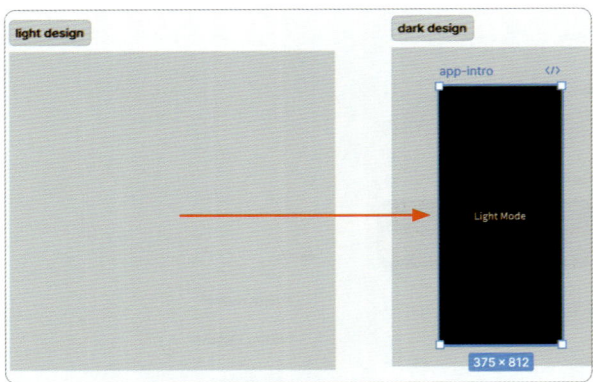

그림 13.340 프레임을 이동한 화면

08 title 변수 추가_ 빈 공간을 클릭한 후 디자인 패널에서 ①Variables의 편집 아이콘( )을 클릭합니다. 그러면 변수 창이 나타나는데, ②[Create variable]을 클릭하고 ③[String]을 선택합니다.

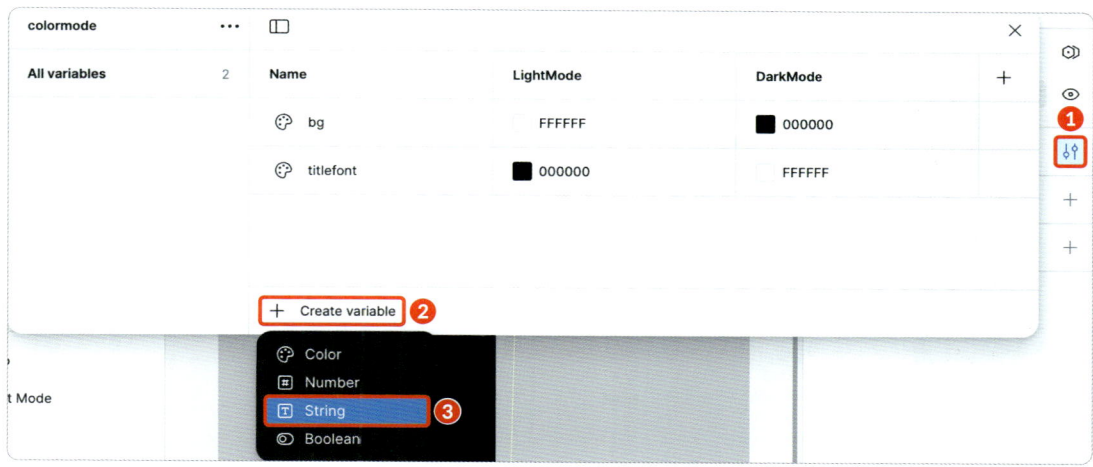

그림 13.341 변수를 추가하는 화면

변수 이름은 title로 하고, 값은 각각 'Light Mode'와 'Dark Mode'로 지정합니다.

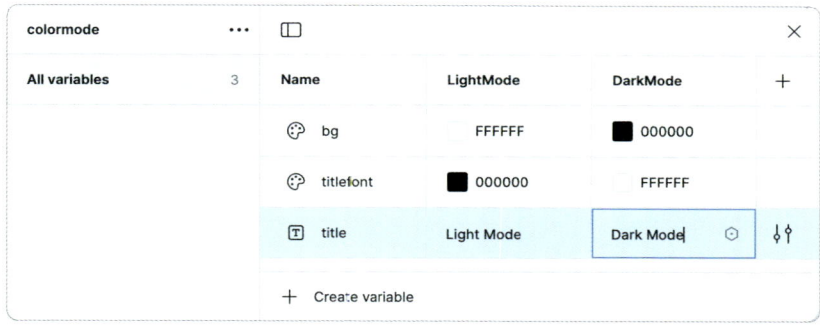

그림 13.342 변수를 추가한 화면

09 글자에 변수 지정_ ❶Light Mode를 선택하고, ❷디자인 패널의 상단에서 변수 아이콘(⊙)을 클릭합니다. 그러면 Libraries 창이 나타나는데, ❸[title] 변수를 선택합니다.

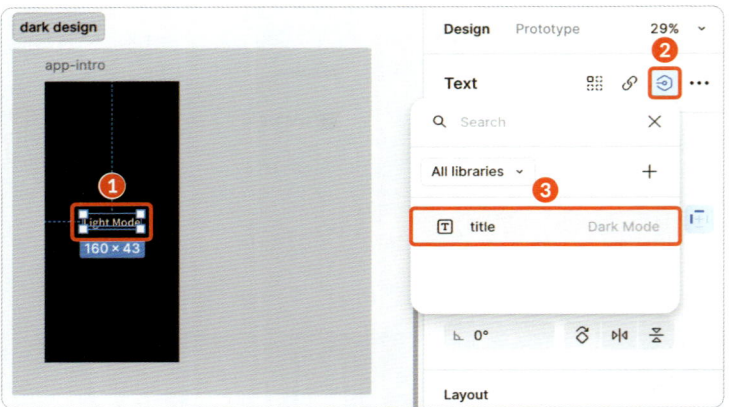

그림 13.343 변수를 지정하는 화면

그러면 글자가 Dark Mode로 변경된 것을 확인할 수 있습니다. 그림 13.344처럼 프레임을 다시 light design 섹션으로 이동하면 색과 글자까지 다시 변경되는 것을 확인할 수 있습니다.

 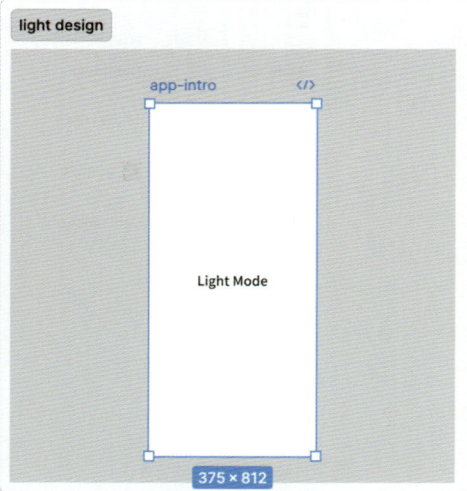

그림 13.344 dark design과 light design 변경 화면

10 버튼 베리언트 처리_ button variant 프레임을 보면 버튼 2개를 컴포넌트로 만들었습니다. 베리언트를 만들 때 컴포넌트 이름은 컴포넌트명/상태명으로 되어 있어야 합니다. 이때 상태명을 true와 false로 지정해야 Boolean 변수로 처리할 수 있습니다. 레이어를 확인해보면 btn/true와 btn/false로 미리 지정해두었습니다.

그림 13.345 프레임을 확인하는 화면

❶ 컴포넌트 2개를 모두 선택한 후에, ❷ 디자인 패널의 [Combine as variants] 버튼을 클릭합니다. 'Property 1'이라고 되어 있는 부분을 'state'로 변경합니다.

그림 13.346 베리언트로 처리하는 화면   그림 13.347 Property 1을 변경한 화면

11 도형 베리언트 처리_ shape variant 프레임의 레이어를 확인해보면 shape/true와 shape/false로 미리 지정해두었습니다. 컴포넌트를 2개를 모두 잡은 후, 디자인 패널의 [Combine as variants] 버튼을 클릭합니다. 역시 'Property 1'이라고 되어 있는 부분을 'state'로 변경합니다.

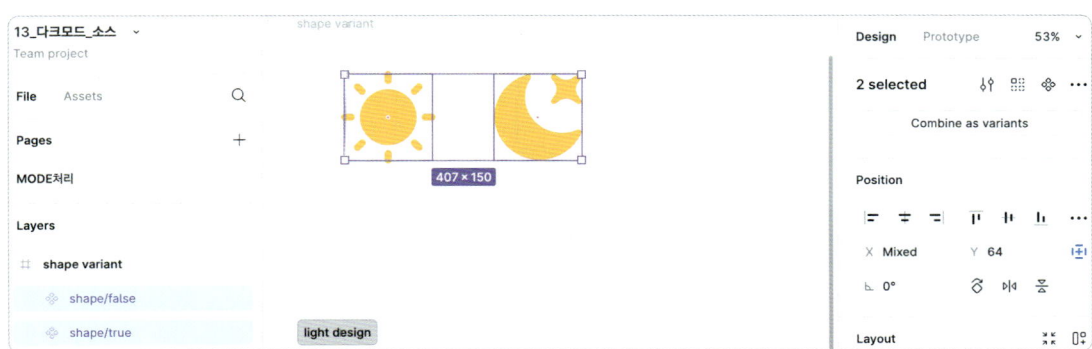

그림 13.348 도형을 베리언트로 등록하는 화면

CHAPTER 13 변수 프로토타입 **495**

12 Boolean 변수 지정_ 빈 공간을 클릭한 후 디자인 패널에서 ❶Variables의 편집 아이콘( )을 클릭합니다. 그러면 변수 창이 나타나는데, ❷[Create variable]을 클릭해서 ❸[Boolean]을 선택합니다.

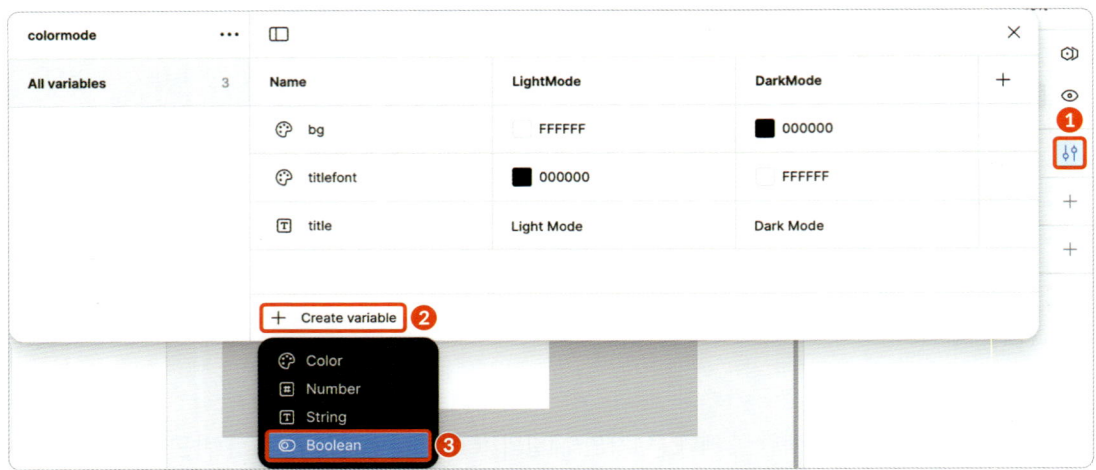

그림 13.349 변수를 등록하는 화면

변수 이름은 btn으로 컴포넌트 이름과 같게 처리해야 합니다. 값은 스위치 버튼으로 되어 있는데 LightMode는 False로 처리하고, DarkMode는 True로 처리합니다. 변수를 하나 더 추가해서 shape이라고 이름을 작성하고 값을 동일하게 처리합니다. 결과가 2개로 처리되는 경우 Boolean 변수를 사용하면 편리합니다.

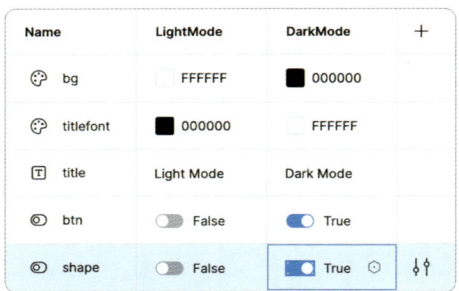

그림 13.350 변수를 등록한 화면

13 **프레임에 인스턴스 배치_** 인스턴스를 프레임으로 가져오기 위해 ❶Assets 패널을 클릭합니다. 그런 다음에 ❷Created in this file을 더블 클릭합니다. 인스턴스를 끌어당겨 btn은 글자 아래로, shape는 글자 위로 배치합니다.

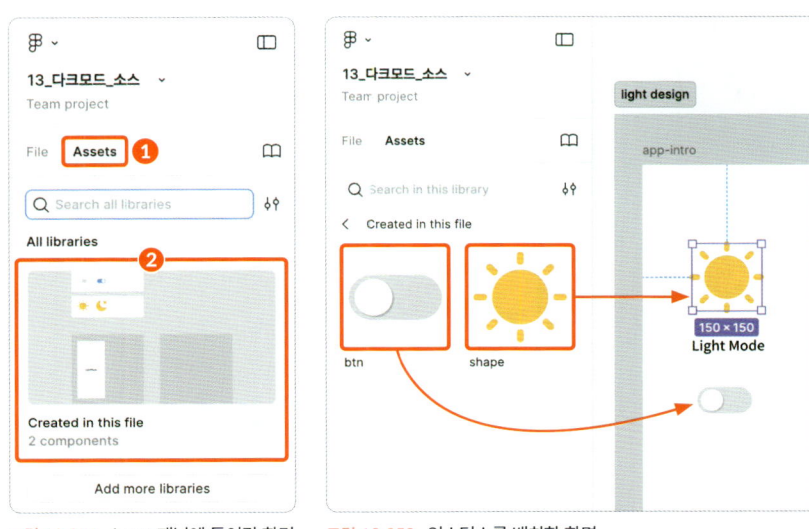

그림 13.351 Asset 패널에 들어간 화면   그림 13.352 인스턴스를 배치한 화면

14 **인스턴스에 변수 지정_** ❶Btn 인스턴스를 선택하고, ❷디자인 패널에서 변수 아이콘(◉)을 클릭합니다. 그러면 Libraries 창이 나타나는데, ❸btn 변수를 선택합니다.

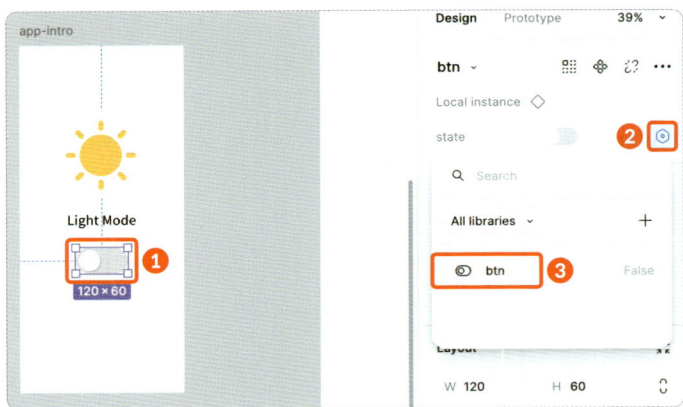

그림 13.353 btn 변수를 지정하는 화면

❶Shape 인스턴스를 선택하고, ❷디자인 패널에서 변수 아이콘(⊙)을 클릭합니다. 그러면 Libraries 창이 나타나는데, ❸shape 변수를 선택합니다.

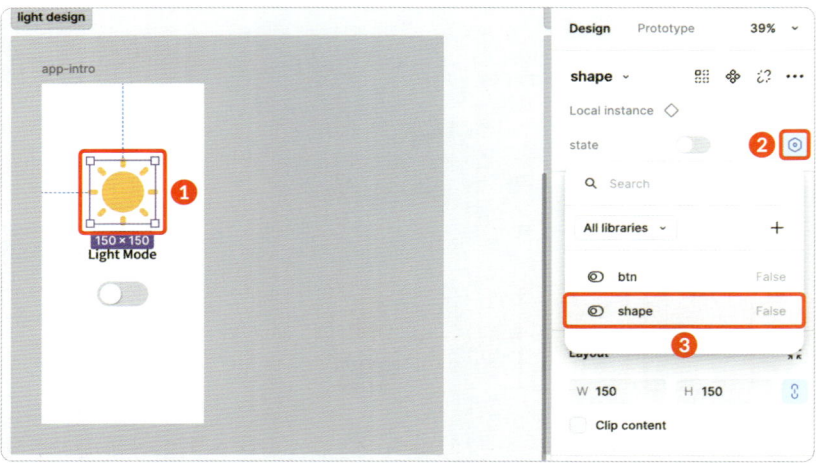

그림 13.354 shape 변수를 지정하는 화면

15 section별 디자인 확인_ light design 섹션에만 있는 app-intro 프레임을 dark design 섹션에도 복제합니다. 그러면 다크 모드로 아이콘, 글자, 색상 모두 변경되는 것을 확인할 수 있습니다.

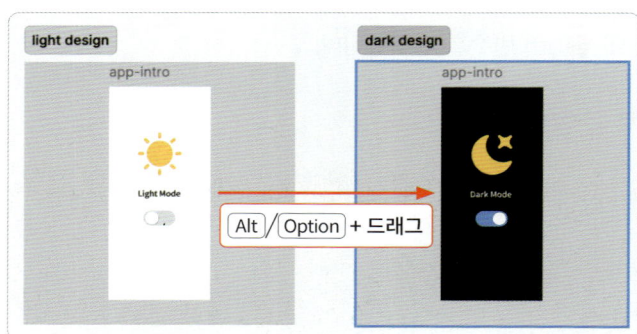

그림 13.355 dark design에도 프레임을 복제한 화면

16 버튼에 인터랙션 지정_ ❶Prototype 패널로 이동한 다음, light design 섹션의 btn을 선택합니다. ❷그러면 핫스팟이 나오는데 그것을 끌어당겨, dark design의 app-intro 프레임으로 연결합니다.

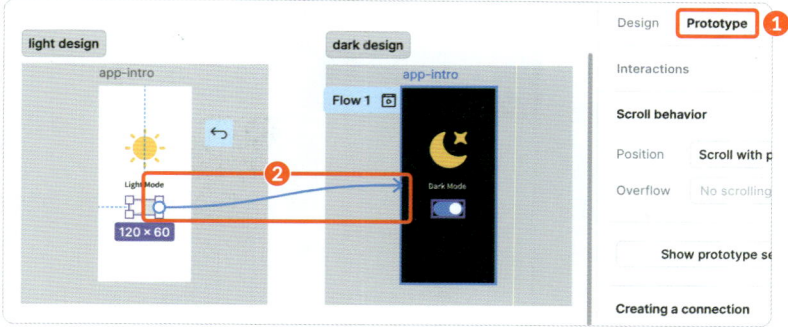

그림 13.356 light design의 버튼에 인터랙션을 지정하는 화면 1

그럼 인터랙션 창이 뜨는데, Trigger와 Action은 그대로 설정합니다. Animation이 Instant인 경우에는 Smart animate를 줘서 자연스러운 시간차를 주겠습니다. Duration은 300ms로 0.3초의 변화 시간을 주겠습니다.

dark design 섹션의 btn을 선택한 후 핫스팟을 끌어당겨, light design의 app-intro 프레임으로 연결합니다. 인터랙션은 그대로 지정하면 됩니다.

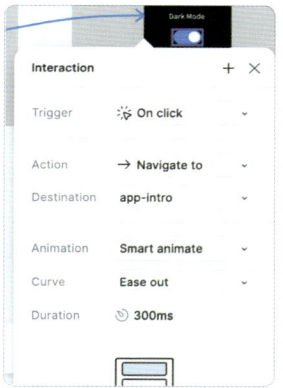

그림 13.357 light design의 버튼에 인터랙션 지정하는 화면 2

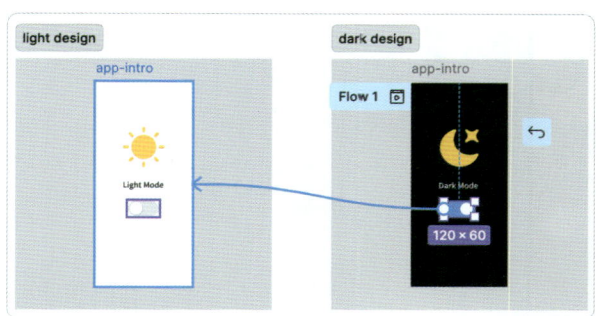

그림 13.358 dark design의 버튼에 인터랙션을 지정하는 화면

17 프로토타입 실행 및 구현_ ❶light design 섹션의 app-intro 프레임을 선택하고, ❷프로토타입 실행은 [Preview]로 진행하겠습니다.

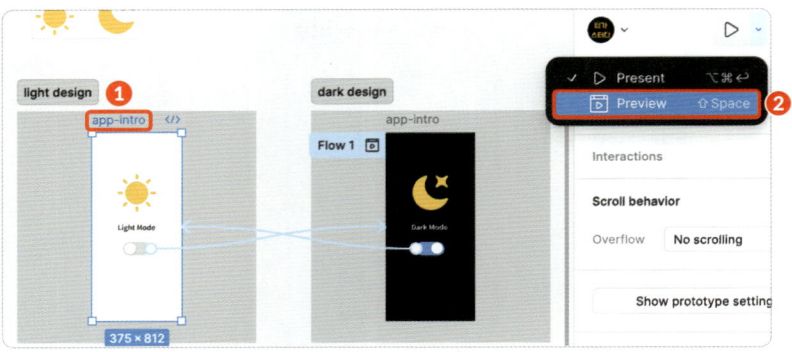

그림 13.359 프로토타입을 실행하는 화면

프레임에 기기 설정이 되어 있으면 Preview로 처리해도, 그림 13.360처럼 기기에 들어간 미리 보기를 지원합니다. 이때 버튼을 클릭하면 그림 13.360의 오른쪽 그림처럼 다크 모드로 시간차를 두고 자연스럽게 변경됩니다. 다시 버튼을 클릭하면 라이트 모드로 변경됩니다.

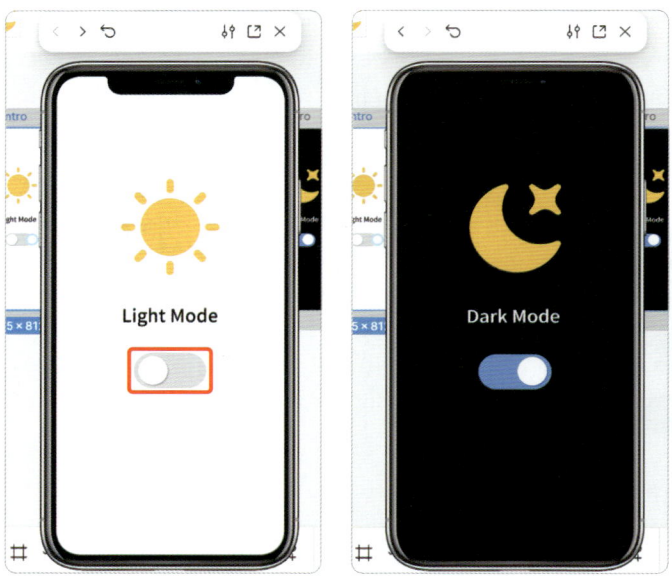

그림 13.360 프로토타입이 구현된 화면(좌)과 Dark Mode로 변경된 화면(우)

변수를 사용하면 위와 같은 라이트 모드와 다크 모드도 쉽게 변경할 수 있습니다. 이 책에서는 간단한 예제로 작업했지만, 이를 활용해서 웹 앱 디자인을 다양한 모드로 작업해보세요.

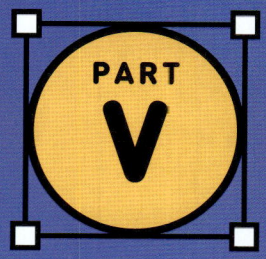

반응형 웹 제작

1부~4부까지 피그마의 많은 기능을 살펴봤습니다. 이런 기능들을 이용해서 5부에서는 반응형 웹을 제작해보겠습니다. 기획의 기초적인 내용부터 디자인 및 프로토타입 구현까지 모두 제작해볼 것입니다. 반응형 웹은 데스크톱, 태블릿, 모바일의 기기장치를 인식해서 반응하는 웹을 의미합니다. 디자이너가 데스크톱, 태블릿, 모바일 디자인을 전부 제작할 때 시간을 줄이는 방법과 개발자와 쉽게 소통할 수 있도록 프로토타입까지 구현해보겠습니다. 5부에서는 여행사를 주제로 '유로바이크투어'라는 반응형 웹 프로젝트를 제작해볼 것입니다.

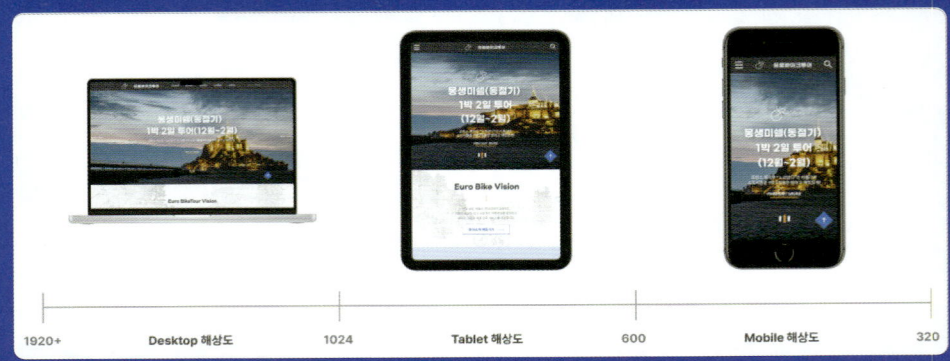

그림 14.0 반응형 웹으로 제작한 유로바이크투어

CHAPTER

기획서 제작

- 프레젠테이션 틀 제작
- 하이퍼링크 기능 활용
- 정보 설계와 작업 흐름도를 위한 AutoFlow 플러그인
- 스타일 가이드
- 표 제작
- 와이어프레임 제작

기존의 기획서는 보통 프레젠테이션 프로그램을 사용하여 작성했습니다. 대표적인 프로그램이 MS 사의 파워포인트였죠. 그러다 보니 디자이너는 디자인을 하다가 궁금한 점이 생기면 파일을 찾아 파워포인트를 다시 실행해야 했습니다. 프로그램 저작권 문제가 있다면 해당 기획서 파일을 PDF로 만들어서 봐야 했습니다. 개발자들은 디자이너가 넘긴 파일만 보기 때문에 내용이 부족하면 기획서를 다시 열어야 했습니다. 개발자들 중 일부는 디자이너에게 본인이 기획서까지 봐야 하는지 반문하면서 까칠하게 굴기도 했습니다. 웹 앱 제작 시 많은 파일이 생기기 때문에 파일을 찾는 데 시간이 많이 걸리긴 합니다만, 같은 파일에 있다면 찾는 시간과 의사소통 시간을 많이 줄일 수 있습니다. 피그마는 가벼운 프로그램이라 기획과 디자인을 같은 파일에 두더라도 쉽게 확인이 가능합니다. 같은 파일에 기획 내용이 있으면 팀원들끼리 의사소통이 더 잘된다고 생각하기 때문에 피그마로 기획서를 쓰는 것이 좋다고 생각합니다.

2024년 6월에 피그마가 Figma Slides라는 프레젠테이션 프로그램을 개발했지만, 아직 베타 버전입니다. 14장에서는 피그마를 사용하여 프레젠테이션 관련 파일을 제작하고 어떤 내용이 기획서에 담기는지 살펴보겠습니다.

LESSON 01 | 프레젠테이션 틀 제작

그림 14.1은 유로바이크투어 반응형 웹 프로젝트를 완성한 파일입니다. 한 파일에 모든 것을 한 번에 제작해둔 것을 확인할 수 있습니다. 전체 파일을 먼저 확인해보고 싶다면 예제 파일 폴더에서 14장 폴더 안의 유로바이크투어-반응형 웹프로젝트-완성.fig를 피그마로 불러오면 됩니다. 1_프로젝트기본정보 페이지를 보면 프레젠테이션 형식으로 프레임을 제작해둔 것을 확인할 수있습니다.

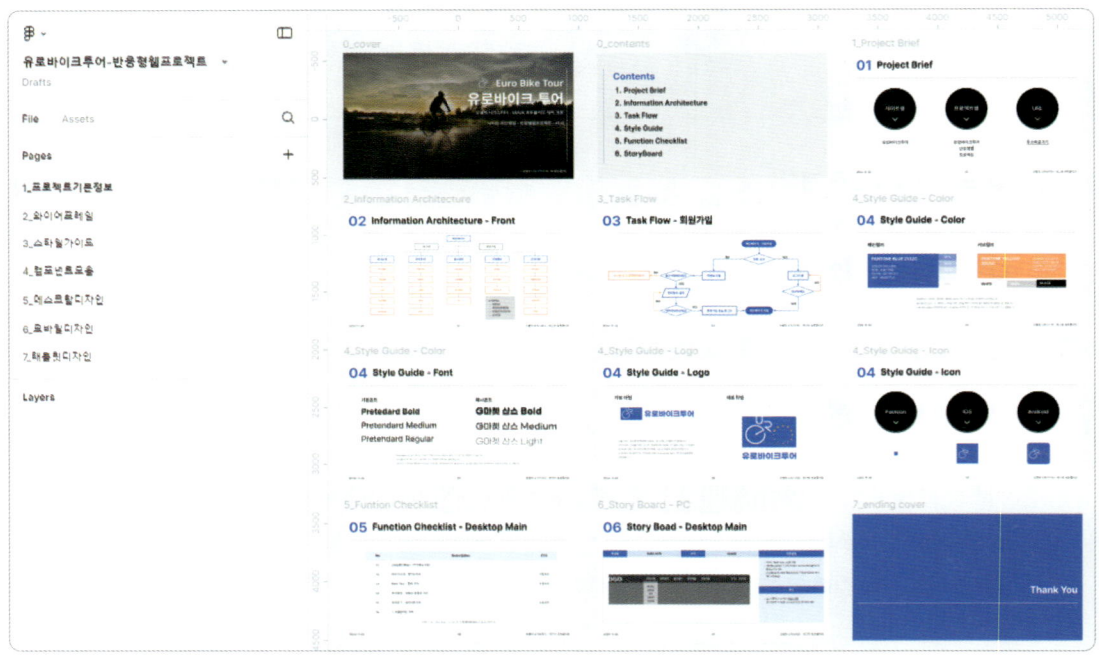

그림 14.1 프로젝트 기본 정보 화면

프레임 사이즈 선정

기획서를 제작할 때 프레임 크기는 1920×1080으로 하겠습니다. 직접 작성해도 되지만, ❶프레임 툴을 누른 후 Presentation에서 ❷Slide 16:9를 선택해도 됩니다.

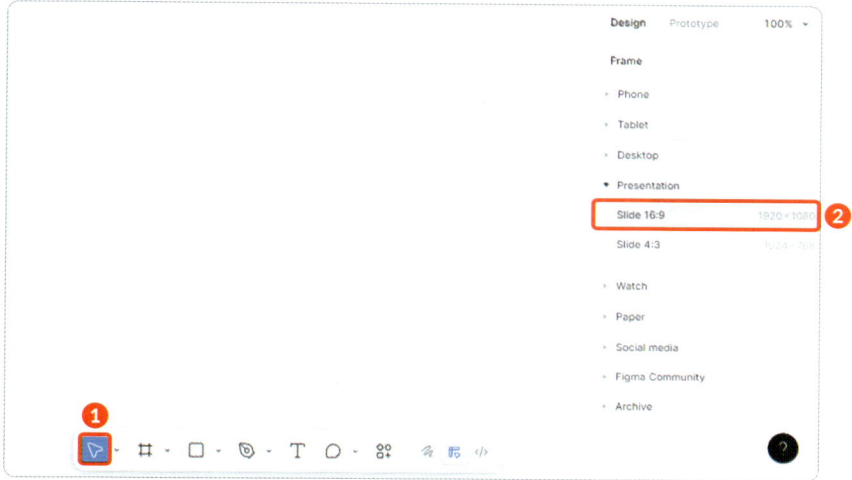

그림 14.2 프레임 사이즈를 선택하는 화면

공통 구역 컴포넌트로 제작

표지, 목차, 마무리 페이지를 제외한 나머지 슬라이드들은 공통 구역이 있습니다. 상단의 제목 부분과 하단의 꼬리말 부분입니다. 제가 제공한 기획서는 12장의 프레임으로 되어 있지만 실제로는 수백 페이지로 구성되어 있습니다. 상단과 하단을 고치려면 수백 번의 작업을 해야 할 수도 있습니다. 따라서 파워포인트 프로그램도 슬라이드 마스터라는 기능을 이용해서 관리를 합니다. 피그마에서는 컴포넌트 기능을 지원하므로 첫 번째에 해당하는 프레임에서 상단과 하단을 프레임으로 묶어보겠습니다.

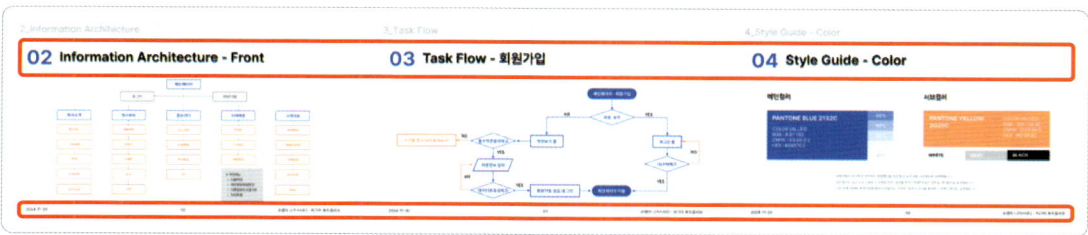

그림 14.3 기획서의 공통 구역 화면

01 예제 파일 확인하기_ 예제 파일 폴더에서 14장 폴더의 1_프레젠테이션틀제작_소스.fig 파일을 피그마로 불러옵니다. 프레임 중 1_Project Brief 프레임을 보면 2개의 오토레이아웃 요소가 있습니다.

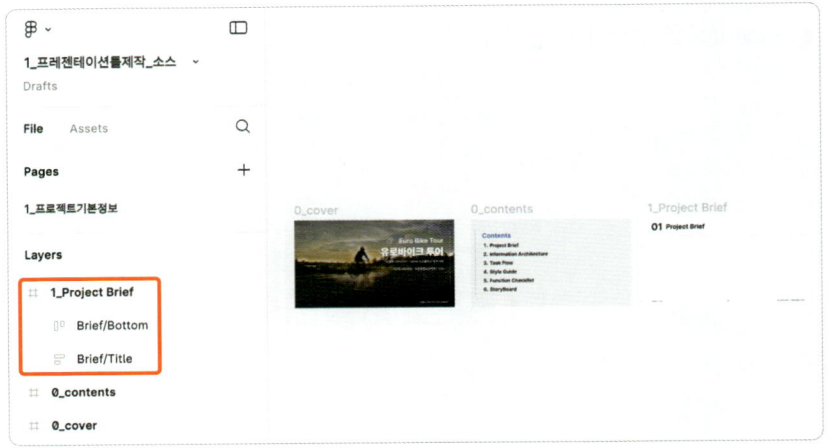

그림 14.4 기획서의 공통 구역 화면

02 컴포넌트로 변경_ ❶ 상단의 Brief/Title 레이어를 선택하고, ❷ 컴포넌트 아이콘(⊕)을 클릭해서 컴포넌트로 등록합니다.

그림 14.5 상단을 컴포넌트로 등록하는 화면

마찬가지로 Brief/Bottom 레이어를 선택하고 컴포넌트로 등록합니다.

그림 14.6 둘 다 컴포넌트로 등록한 레이어 화면

03 프레임 복제 후 글자 변경하기_ 1_Project Brief 프레임을 아래에 3개 더 복제했습니다. 원래는 한 개씩 복제하면서 내용을 채워나가면 되지만, 한 번에 변경되는 것을 확인하기 위해 3개 더 복제했습니다. 그림 14.7에 보이는 것과 같이 Brief/Title의 숫자와 글자를 변경해주세요. Brief/Bottom의 가운데 숫자 부분에 1씩 증가시켜서 변경합니다.

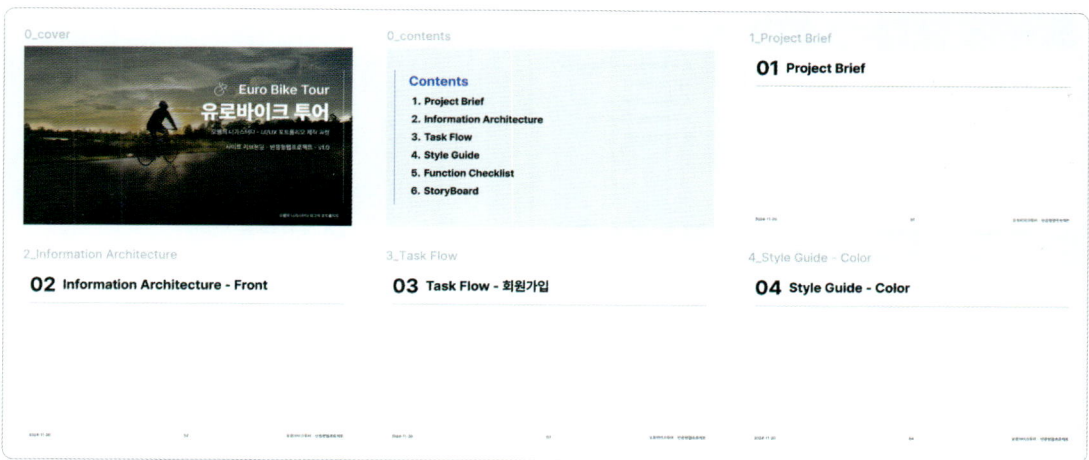

그림 14.7 프레임을 복제한 화면

04 상단 숫자의 색상 변경하기_ 1_Project Brief 프레임에서 ❶ 숫자 01만 선택한 다음, ❷ 색상을 0957C3으로 변경합니다.

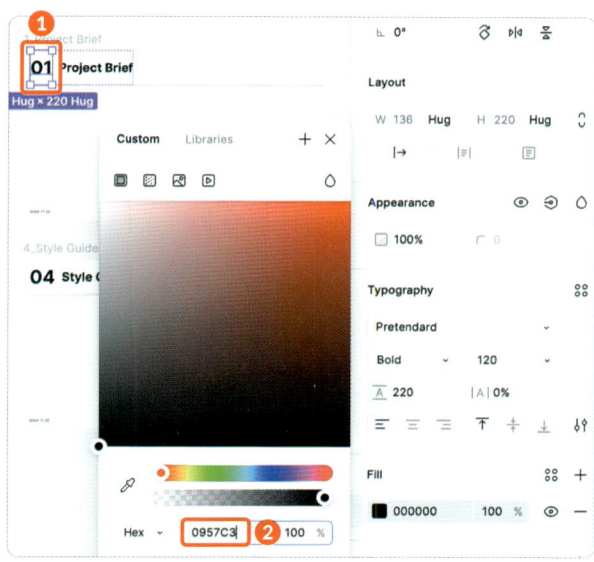

그림 14.8 원본 컴포넌트의 색상을 변경하는 화면

다른 인스턴스들의 색상도 변경된 것을 확인할 수 있습니다. 하단의 날짜를 변경해도 한 번에 변경됩니다. 수정사항이 발생할 수 있는 부분과 여러 개로 이루어져 수정을 할지도 모르는 것은 모두 컴포넌트로 등록하는 것이 좋습니다.

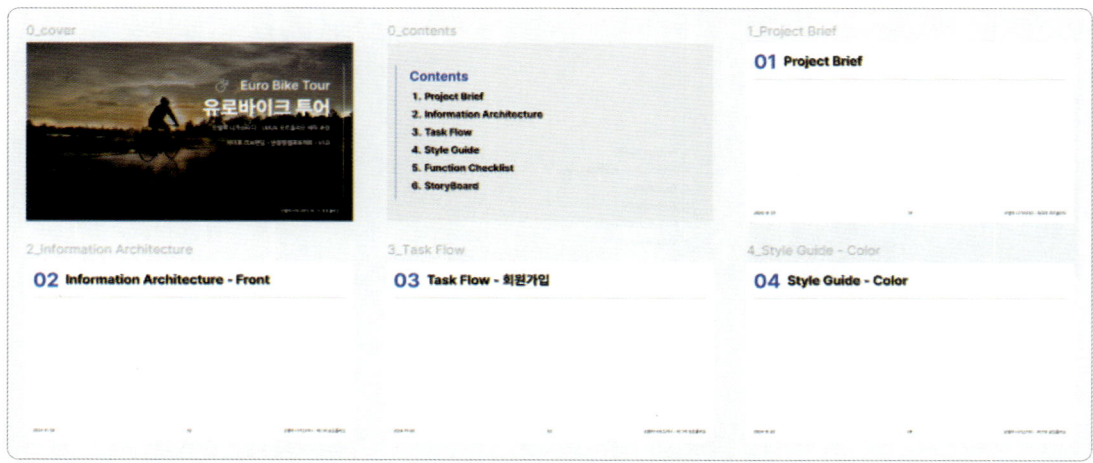

그림 14.9 인스턴스가 변경된 화면

LESSON 02 | 하이퍼링크 기능 활용

기획서를 쓸 때는 사이트의 링크를 걸어줘야 하는 경우가 많습니다. 기존 사이트를 리뉴얼renewal하는 경우에 기존 사이트의 경로를 연결해줘야 할 수도 있고, 참고reference 사이트를 디자이너나 개발자에게 알려줘야 할 수도 있습니다. 피그마는 글자에 링크를 걸 수도 있고, 요소에 프로토타입을 통해 링크를 걸 수도 있습니다. 두 가지 기능을 모두 살펴보겠습니다.

예제 파일 불러오기

예제 파일 폴더에서 14장 폴더의 2_하이퍼링크기능활용_소스.fig 파일을 피그마로 불러옵니다. 프레임 중 1_Project Brief 프레임에서 하이퍼링크 기능을 살펴보겠습니다. 실제 기획서의 Project Brief 부분에는 사이트 정보뿐만 아니라 프로젝트 목표, 사용자 분석, 경쟁사 분석 등 많은 정보가 담겨 있을 수 있습니다. 하지만 이 책에서는 하이퍼링크를 사용하기 위한 사이트 정보만 살펴보겠습니다.

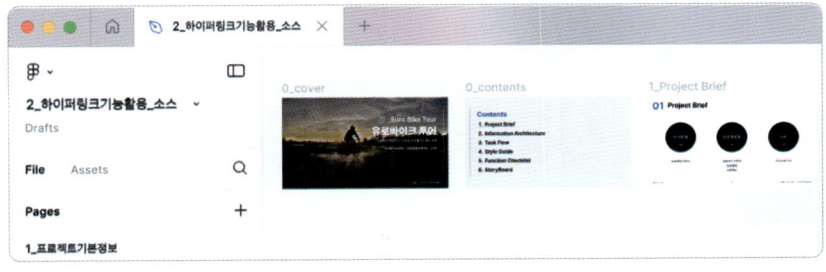

그림 14.10 예제 파일을 불러온 화면

글자에 하이퍼링크 적용하기

우선 글자에 하이퍼링크를 적용해보겠습니다.

01 글자에 하이퍼링크 적용_ ❶ 주소바로가기라는 글자를 선택한 후, ❷ 디자인 패널에서 하이퍼링크 아이콘( )을 클릭합니다.

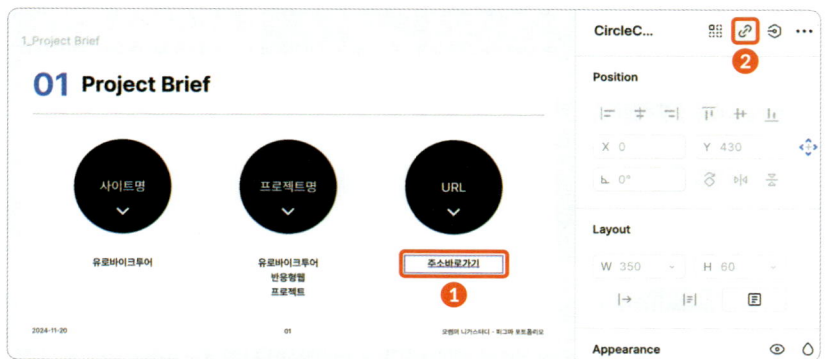

그림 14.11 글자에 하이퍼링크를 적용하는 화면

02 URL 작성하기_ 그럼 URL을 작성하라는 툴팁이 뜨는데, 현재는 없는 사이트를 제작하는 중이라 http://jpub.kr/로 작성해보겠습니다.

그림 14.12 URL을 작성하는 화면

03 글자를 클릭하기_ 링크가 걸린 글자에는 밑줄이 들어갑니다.

그림 14.13 링크가 적용된 화면

> TIP 링트 걸린 텍스트의 밑줄 제거하기
- 링크를 걸면 밑줄이 자동으로 들어갑니다.
- Typography의 편집 아이콘()을 눌러 변경합니다.

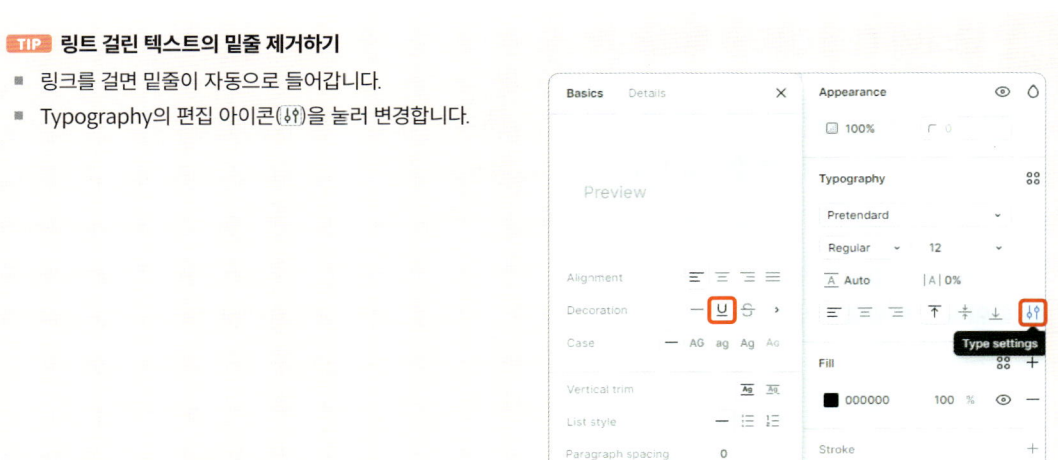

그림 14.14 글자 밑줄 제거하는 화면

04 주소 수정하기_ '주소바로가기'에 마우스를 올리면 툴팁이 다시 뜨는데, 이때 [Edit]를 클릭하면 수정할 수 있습니다.

그림 14.15 URL을 변경하는 화면

요소에 하이퍼링크 적용하기

글자가 아닌 요소나 그룹 형태인 요소를 잡고, 하이퍼링크를 적용하려면 적용되지 않습니다. 이때는 프로토타입으로 적용해줘야 합니다. 대신 파일에서 클릭하면 적용되지 않고, 프로토타입을 실행해야 가능합니다.

01 인스턴스 선택하기_ 이번에는 글자가 아닌 인스턴스를 전체 선택해보겠습니다. 디자인 패널을 봐도 하이퍼링크 아이콘(🔗)이 보이지 않고, 더 보기 아이콘(⋯)을 클릭해도 보이지 않습니다.

✚ 2024년 현재는 글자 외에 하이퍼링크를 지원하지 않습니다.

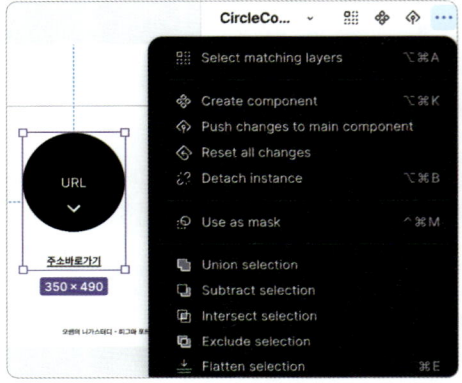

그림 14.16 하이퍼링크를 확인하는 화면

02 인스턴스 선택하기_ ❶인스턴스를 선택한 후, ❷Prototype 패널로 이동합니다. ❸Interaction 옆의 추가 아이콘(＋)을 클릭해서 인터랙션을 추가하겠습니다.

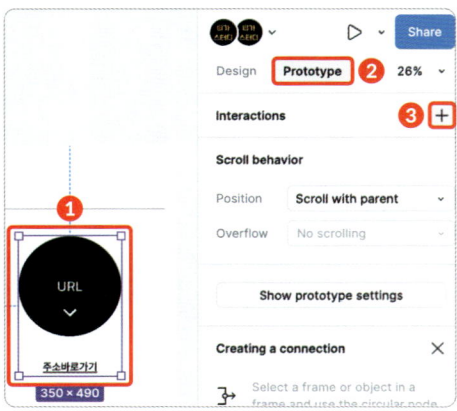

그림 14.17 인터랙션을 추가하는 화면

03 Action 변경하기_ Action에는 원래 None으로 되어 있는데, 클릭해서 [Open link]로 변경합니다.

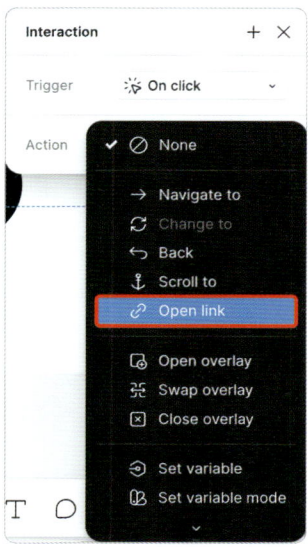

그림 14.18 액션을 변경하는 화면

04 Link 추가하기_ Open link로 바꾸고 나면 아래 Link를 입력하는 곳이 나타나는데, http://jpub.kr/로 작성하겠습니다.

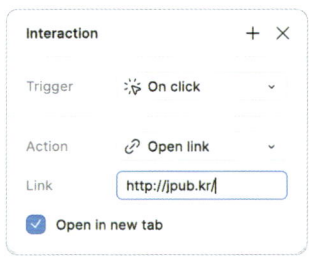

그림 14.19 Link를 추가하는 화면

05 프로토타입 실행_ 1_Project Brief 프레임을 선택하고 프로토타입을 실행합니다. 일반적인 디자인 상태에서는 하이퍼링크가 실행되지 않고, 프로토타입인 경우에만 실행됩니다. 실행 후 마지막의 인스턴스를 클릭합니다.

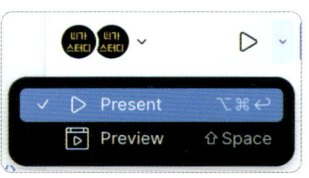

그림 14.20 프로토타입 실행하는 화면

06 브라우저 처리_ 이번에는 브라우저에 바로 사이트가 나오지 않습니다. 피그마에서 사이트를 연결한다는 문구가 뜨면 이때 주소를 클릭해야 사이트로 이동됩니다. 제가 봐도 불편한 부분이어서 한 번에 연결되었으면 하는 바람입니다. 그래도 기획자가 글자로만 주소를 작성하는 것보다 훨씬 이해가 빠르기 때문에 사이트 연결 시에 사용하길 바랍니다.

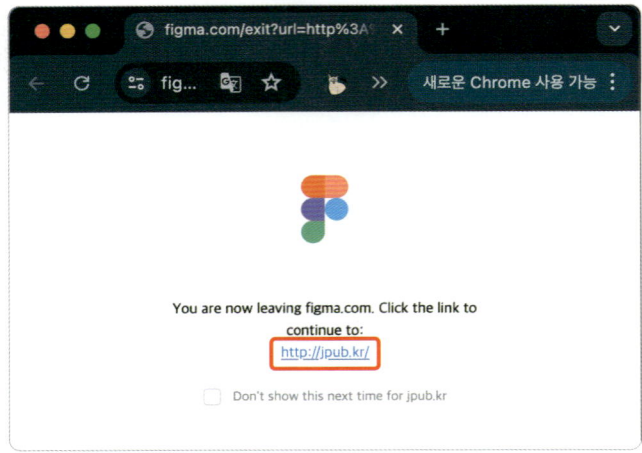

그림 14.21 실행된 브라우저 화면

LESSON 03 | 정보 설계와 작업 흐름도를 위한 Autoflow 플러그인

정보 설계information architecture[1]는 모델의 정보 개념을 활용하여 복합 시스템으로 표현하는 것을 말합니다. 이 용어는 많은 시스템, 웹 개발, 건축 계획 등에 사용되는 용어입니다. 웹 개발에서는 쉽게 사이트맵 개념으로 보면 됩니다. 수많은 정보를 쉽게 확인할 수 있게 페이지별로 구분하는 설계를 의미합니다. 작업 흐름도task flow는 사이트에서 사용자가 작업하는 단일 작업을 의미합니다. 로그인하는 과정, 회원가입하는 과정으로 생각하면 이해가 빠릅니다. 이때 정보 설계와 작업 흐름도는 모두 흐름이라는 것이 존재합니다. 시작하는 시점과 도착하는 시점이 존재하기 때문에 도식화시켜서 표현합니다. 이때 흐름, 즉 방향을 의미하는 선을 제작할 때 도와주는 Autoflow라는 플러그인을 살펴보겠습니다. 이 책은 피그마 책이므로 정보 설계와 작업 흐름도를 작성하는 법을 거론하는 것보다는 피그마의 기술만 살펴보겠습니다. 자세한 설계법에 대해서는 기획 엔지니어링을 좀 더 공부하는 것을 추천드립니다.

정보 설계 연결선 처리

그림 14.22는 유로바이크투어의 프런트엔드 부분의 정보 설계입니다.

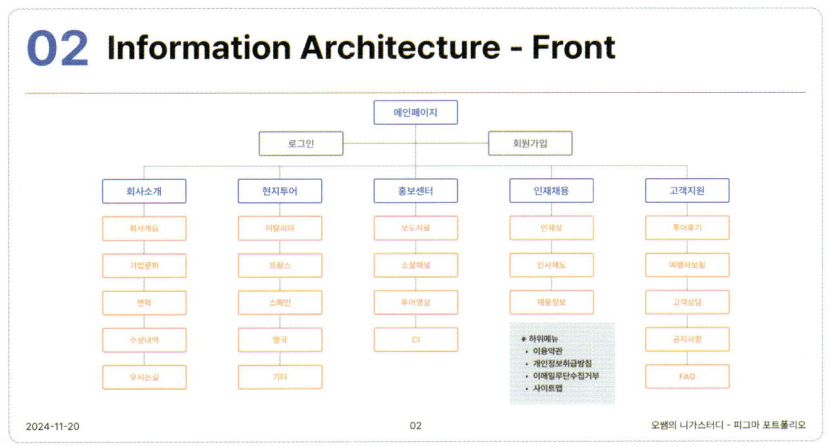

그림 14.22 정보 설계 완성 화면

---

1 https://ko.wikipedia.org/wiki/정보_아키텍처

화면에 보이는 프런트엔드 부분에 추가적으로, 보이지 않는 백엔드 부분까지 실무에서는 설계해야 합니다. 정보 설계는 웹 앱의 규모에 따라 개수의 차이가 많습니다. 유로바이크투어 프로젝트는 피그마 습득을 위한 프로젝트이므로 간단하게 프런트엔드 부분만 보도록 하겠습니다. 보통 사이트의 정보 설계는 첫 페이지인 메인 페이지가 있습니다. 거기에 메인 메뉴와 서브 메뉴로 2depth로 구분이 됩니다. 물론 사이트 규모에 따라 3depth로도 나눌 수 있습니다. 그림 14.22에서는 파란색으로 작성된 부분이 메인 메뉴고, 주황색으로 된 부분이 서브 메뉴입니다. 이 요소들은 조직도처럼 선을 연결해주는 것이 보통입니다. 이 책에서는 요소 사이의 선을 쉽게 작성하는 플러그인을 제시하고 사용법을 알아보겠습니다.

01 예제 파일 확인하기_ 예제 파일 폴더에서 14장 폴더의 3_정보 설계_소스.fig 파일을 피그마로 불러옵니다. 프레임 중 2_Information Architecture 프레임에 정보 설계가 있습니다. 프레임 내부에 연결선은 모두 제거가 된 상태입니다.

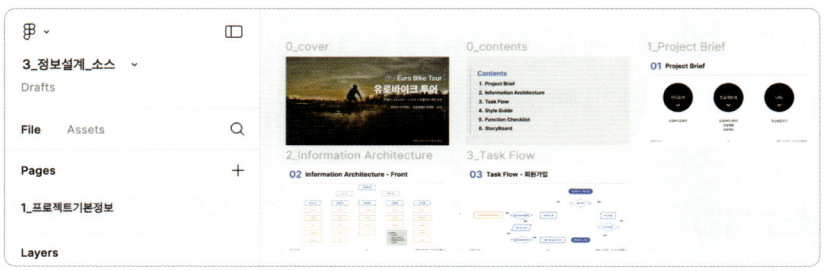

그림 14.23 소스를 확인하는 화면

02 Autoflow 플러그인 열기_ ❶Action 툴을 먼저 누른 후, ❷Plugins & widgets를 클릭하고, ❸검색창에 'auto'를 입력합니다. 그림 하단에 Autoflow라는 플러그인이 보이는데, ❹이것을 클릭합니다.

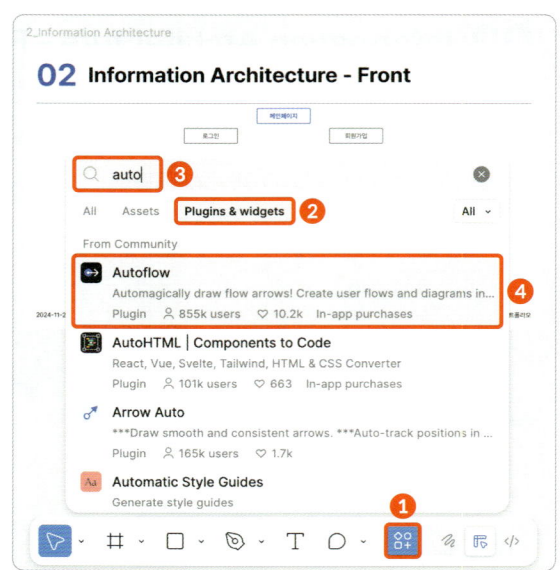

그림 14.24 Autoflow를 불러오는 화면

Autoflow를 실행하겠냐는 창이 한 번 더 나타나면, 창 하단의 [Run] 버튼을 클릭합니다.

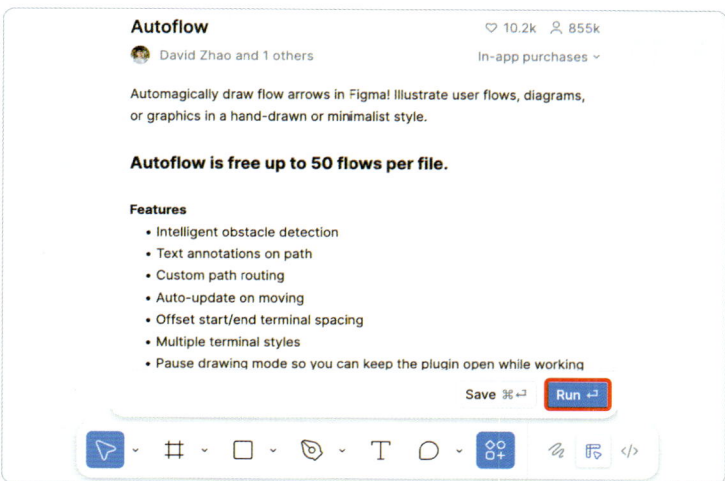

그림 14.25 Autoflow를 실행하는 화면

그러면 그림 14.26과 같이 Autoflow 플러그인이 뜬 것을 확인할 수 있습니다.

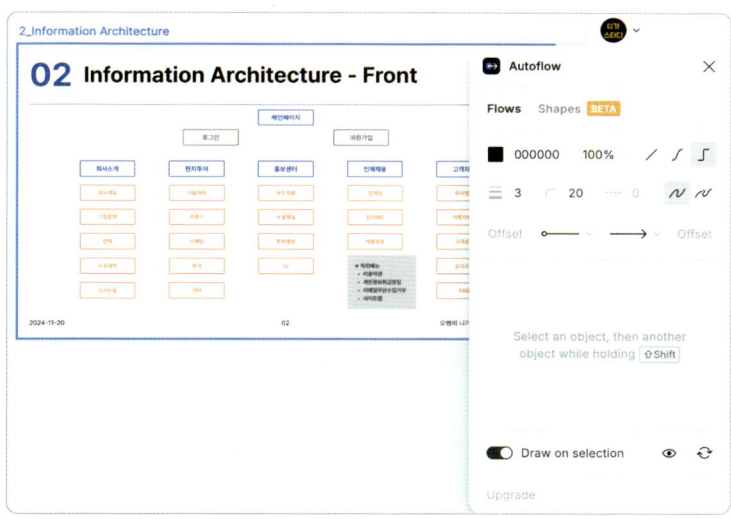

그림 14.26 Autoflow가 실행된 화면

03 요소에 연결선 적용하기_ 메인페이지 버튼을을 클릭한 다음에 바로 아래 있는 홍보센터 버튼은 Shift 키를 누르고 클릭합니다. 그러면 연결선이 바로 적용되는 것을 확인할 수 있습니다. 시작 요소는 그냥 클릭하고, 종료 요소에서는 Shift 키를 누르고 클릭하면 됩니다.

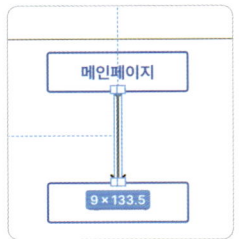

그림 14.27 요소들을 연결하는 화면

04 연결선 스타일 지정_ 연결선 끝 모양은 Offset에서 변경이 가능합니다. ❶단순 연결이므로 둘 다 None으로 처리하겠습니다. ❷굵기도 3에서 1로 변경해보겠습니다.

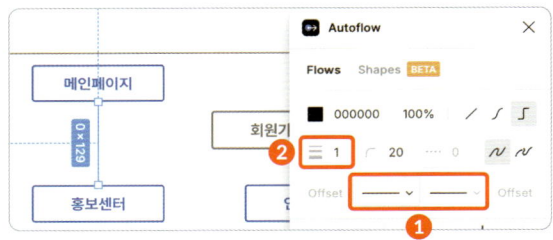

그림 14.28 연결선의 스타일을 변경하는 화면

05 요소에 꺾은선 적용하기_ Autoflow 플러그인이 켜져 있는 상태에서 메인 페이지를 그냥 클릭합니다. 그다음에 Shift 키를 누르고 로그인을 클릭합니다. 그럼 수직/수평으로 이루어져 있지 않아서 꺾은선이 나옵니다.

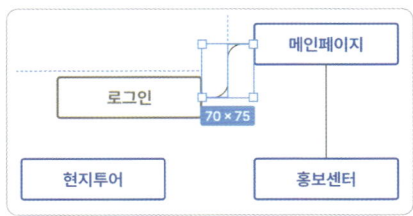

그림 14.29 요소들을 연결하는 화면

06 요소에 꺾은선 적용하기_
이번에는 연결선의 위치를 변경해보겠습니다. 그림 14.30의 ❶을 보면 왼쪽에 표시되어 있는 것을 아래쪽을 클릭해 이동합니다. 그러면 연결선의 위치가 이동됩니다. ❷모서리 둥글기도 5에서 0으로 변경하겠습니다. 이런 방식으로 모든 요소를 연결합니다. 선이 맞지 않는 경우는 크기 조절이나 위치 조절을 통해 이동할 수 있습니다. 그림 14.22을 보고 여러분들이 직접 정보 설계 요소들을 연결해보세요.

그림 14.30 연결선의 스타일을 변경하는 화면

작업 흐름도 연결선 처리

그림 14.31은 유로바이크투어 회원 가입 부분의 작업 흐름도입니다. 로그인, 게시물 작성 등 많은 부분의 작업 흐름도가 있습니다. 이 책에서는 예시로 회원 가입의 흐름도만 처리했습니다. 정보 설계와는 달리 연결선만 작성하는 것이 아닌, 흐름 표시를 통한 화살표를 그려야 합니다. 따라서 연결선마다 방향이 있으니 주의해서 만들어야 합니다.

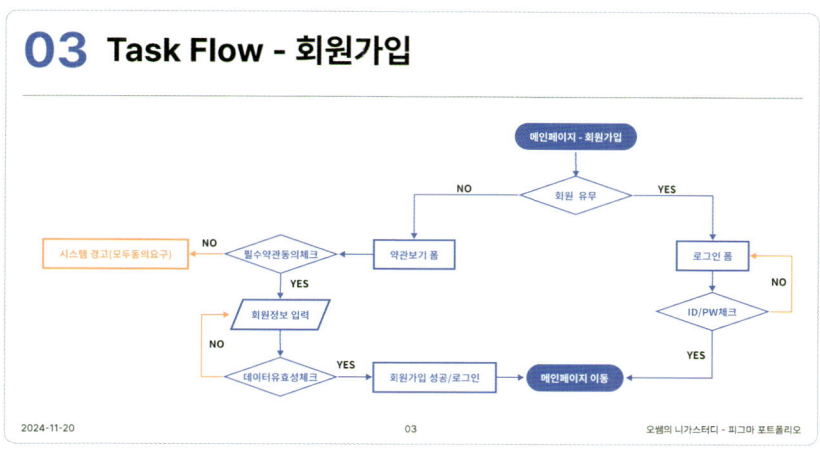

그림 14.31 연결선의 스타일을 변경하는 화면

01 수직선 연결하기_ 예제 파일은 정보 설계와 같고, Autoflow 플러그인을 열면 됩니다. 3_Task Flow 프레임에서 작업해보겠습니다. ❶메인페이지 – 회원가입 버튼을 클릭하고, Shift 키를 누른 상태에서 회원 유무 버튼을 클릭합니다. 그럼 연결선이 생깁니다. ❷선색을 0957C3으로 변경하고, ❸굵기는 3으로 변경합니다. ❹이번에는 끝 선의 기호를 화살표 모양으로 변경합니다.

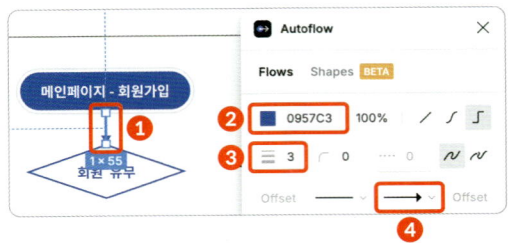

그림 14.32 수직선을 연결하는 화면

02 꺾은선 연결하기_ ❶회원 유무 버튼을 클릭한 상태에서 Shift 키를 누르고 약관보기 폼을 누릅니다. ❷연결되는 선의 위치가 다르므로 왼쪽 도형의 연결선을 위쪽으로 변경하고, 오른쪽 도형의 연결선은 왼쪽으로 변경합니다. 그럼 그림 14.31과 같은 꺾은선으로 변경되는 것을 확인할 수 있습니다.

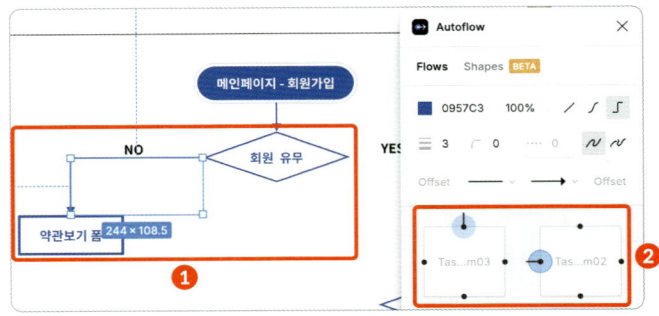

그림 14.33 꺾은선을 연결하는 화면

이런 방식으로 모든 요소를 연결합니다. 선이 맞지 않는 경우는 크기 조절이나 위치 조절을 통해 이동할 수 있습니다. 그림 14.31을 보고 여러분들이 직접 작업 흐름도의 요소들을 연결해보세요.

LESSON 04 | 스타일 가이드

기획자가 프로젝트 기획서에 작성하는 스타일 가이드는 4장에서 배운 스타일 등록과는 다릅니다. 스타일 등록은 기획자가 제시해준 스타일 가이드를 보고 디자이너가 만드는 것입니다. 기획자가 제공하는 스타일 가이드는 클라이언트가 제공했던 제안요청서request for proposal, RFP[2]나 회의를 통해 받아온 자료를 통해 작성합니다. 기획자가 작성한 내용은 디자이너가 보고 스타일 등록할 때 참고하면 됩니다.

예제 파일 불러오기

예제 파일 폴더에서 14장 폴더의 4_스타일가이드_소스.fig 파일을 피그마로 불러옵니다. 스타일 가이드 내용은 미리 들어가 있습니다. 이번에는 작업을 하는 것이 아닌 어떤 내용이 담겨야 하는지 설명하겠습니다.

그림 14.34 예제 파일을 불러온 화면

---

2 https://ko.wikipedia.org/wiki/제안요청서

색상 가이드

색상은 주조색main color과 보조색sub color으로 나눕니다. 색상은 회사마다 제시해주는 가이드라인이 있습니다. 삼성하면 파란색이 떠오르죠? 색상은 해당 기업의 정체성입니다. 삼성은 과거에 맨체스터 유나이티드에 박지성 선수가 있었지만, 첼시를 후원했습니다. 맨체스터 유나이티드는 유니폼에 빨간색을 사용하지만, 첼시는 파란색을 사용했기 때문입니다. 그만큼 기업들은 정체성을 중요하게 생각하기 때문에 제시해준 색상만 사용해서 디자인해야 합니다. 하지만 디자이너가 그 기업 색상의 헥스 코드 번호까지 알 수는 없기 때문에 기획자가 기획서에 작성해주면 됩니다. 보통 메인 컬러는 투명도를 낮춘 색상까지 작성을 합니다. 무채색gray scale은 지정해주는 회사도 있고, 그렇지 않은 회사도 있으므로 무채색 여부도 작성해주는 것이 좋습니다.

그림 14.35 색상 가이드 화면

폰트 가이드

폰트는 제시하는 회사도 있고, 제시하지 않는 회사도 있습니다. 하지만 현재 트렌드는 기업들이 자신만의 폰트를 갖고 있는 것이 트렌드입니다. 삼성도, 현대도, 그림 14.36에 보이는 G마켓도 해당 기업만의 폰트를 만들어서 사용하고 있습니다. 해당 기업에서 폰트를 제시하는 경우에는 기획자가 기획서에 작성하면 됩니다. 보통 기본 폰트와 배너 폰트로 나뉘는데, 기업 폰트는 배너 폰트로 쓰고, 기본 폰트는 기본적인 고딕체를 쓰는 경우도 많습니다. 이건 프로젝트 진행 시 회의를 통해 지정하고 시작해야 합니다. 그림 14.36에는 나와 있지 않지만, 국문 폰트와 영문 폰트를 나눠서 작업하는 사이트도 많습니다.

그림 14.36 폰트 가이드 화면

그림 14.37과 그림 14.38는 GDWEB[3] 사이트에서 2023년에 출시된 웹사이트가 사용한 폰트를 제가 모두 확인해 통계를 낸 결과입니다. 이런 통계를 내주는 사이트가 없다 보니 수작업으로 일일이 작업한 것이라 오차가 있을 수 있습니다. 한글 폰트는 Pretendard가 가장 인기가 좋습니다. 디자이너들은 깔끔한 고딕체를 기본 폰트로 많이 사용하고 있습니다. 배너 폰트는 사이트마다 다 다르며 기본 폰트인 Pretendard를 사용하는 경우도 있습니다. 기업 폰트가 기본적인 고딕체가 아니라면 Pretendard를 쓰는 것을 권장합니다. 영문 폰트는 과거에는 Roboto를 많이 사용했는데 최근 트렌드는 Poppins와 Montserrat입니다. 영문을 다양하게 많이 사용하지만 찾기 어려운 경우는 Poppins를 쓰면 트렌드에 맞게 쓰는 것입니다. 기획자가 디자이너는 아니더라도, 이런 디자인의 기본적인 사항을 알고 있다면 기획할 때 편리할 것입니다.

그림 14.37 2023년 출시된 사이트의 한글 폰트 통계 화면

---

[3] 최신 등록된 사이트를 모아 놓는 웹사이트 - https://www.gdweb.co.kr/main/

그림 14.38 2023년 출시된 사이트의 영문 폰트 통계 화면

이 책에서 다루는 유로바이크투어의 배너 폰트는 Gmarket Sans입니다. 폰트 다운로드 페이지인 Download에 가면 그림 14.39와 같은 화면을 찾을 수 있습니다. 이때 파일의 확장자가 TTF와 OTF로 나뉘어 있는데, OTF를 다운로드할 것을 권장합니다. 운영체제가 Windows인 경우에는 TTF와 OTF를 모두 설치할 수 있으나, 운영체제가 Mac인 경우에는 OTF만 설치해야 합니다. 하지만 파일명이 다르면 파일을 이동 시에 다른 운영체제에서 글꼴을 못받아들이는 문제가 생길 수 있습니다.

그림 14.39 Gmarket Sans 다운로드 페이지(https://corp.gmarket.com/fonts/)

그림 14.40을 보면 파일명이 다른 것을 확인할 수 있습니다. Windows에서 TTF용 폰트를 사용한 후 Mac을 사용하는 디자이너에게 넘기면 글꼴을 찾을 수 없어 매번 수정해야 하는 불편함이 생길 수 있습니다.

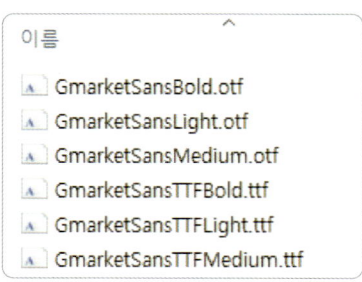

그림 14.40 Gmarket Sans 파일명이 다른 화면

그림 14.41은 Window에서 Gmarket Sans를 TTF용으로 설치한 경우에, Mac에서 확인한 결과입니다. 디자인 패널의 Typography에 가보면 글꼴 앞에 노란색으로 경고 처리한 A? 를 확인할 수 있습니다. 또한 없는 글꼴로 되어 있는 글자를 수정하려면 수정이 되지 않고, 경고창이 계속 뜨는 것을 확인할 수 있습니다. 따라서 글꼴이 같은 이름으로 들어가도록 설치해야 합니다.

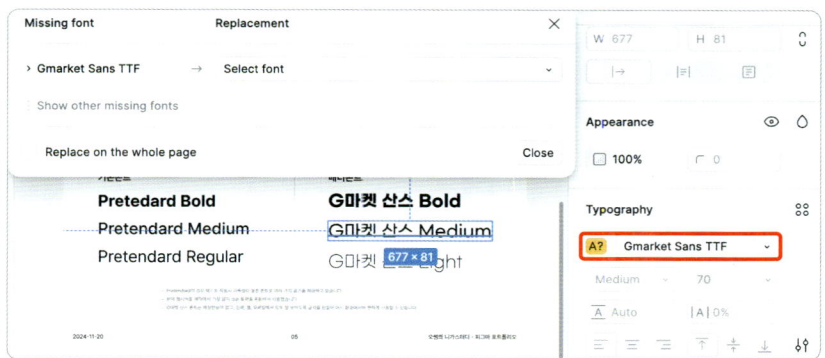

그림 14.41 Gmarket Sans 파일명이 다를 때 에러가 뜨는 화면

이 책에서는 프로젝트 진행 시 Pretendard와 Gmarket Sans를 사용하므로 OTF 파일로 설치하길 바랍니다.

로고 가이드

로고는 색상과 함께 해당 기업의 정체성을 보여주는 중요한 요소입니다. 그래서 디자인할 때 로고 사용법을 해당 기업이 제시한 대로 해야 합니다. 그림 14.42에서는 여백만 설정했지만 실제로는 더 다양한 규정이 있습니다.

그림 14.42 로고 가이드 화면

그림 14.43은 쏘카 브랜드 가이드 사이트에 있는 로고 가이드입니다. 그림은 일부만 표시한 것으로 다양한 규정을 제시하고 있습니다. 로고 규정에는 여백, 색상, 파트너십 규정 등 많은 것이 들어갑니다. 이런 모든 사항을 디자이너가 알고 있지 못하므로 기획자가 디자이너에게 제시하여 디자인 작업 시 실수가 없도록 해야 합니다.

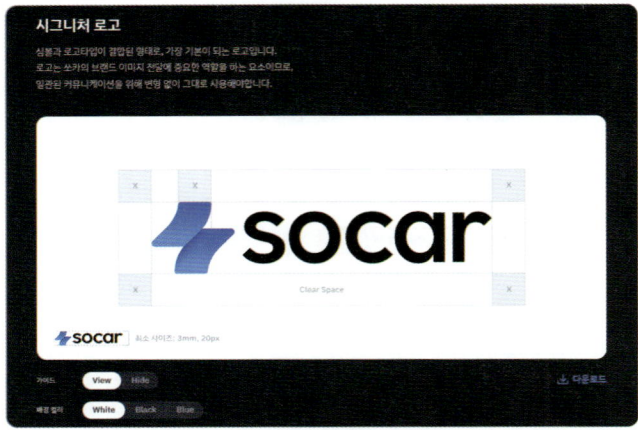

그림 14.43 쏘카 로고 가이드 화면 - https://design.socar.kr/brandlogo

아이콘 가이드

파비콘favicon[4]은 데스크톱에서 타이틀 옆에 들어가는 작은 아이콘을 의미합니다. 그림 14.45처럼 브라우저의 타이틀 부분 옆에 위치합니다.

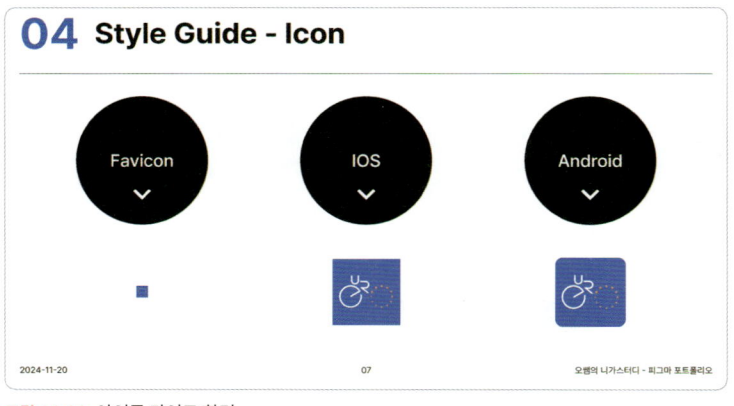

그림 14.44 아이콘 가이드 화면

그림 14.45 네이버 파비콘 화면

4　https://ko.wikipedia.org/wiki/파비콘

크롬에서 구글 첫 페이지에 들어가면 자주 들어간 사이트들이 목록으로 되어 있습니다. 이때도 파비콘이 들어가 있습니다. 타이틀 옆에는 16×16 크기로 들어가지만 구글 첫 페이지까지 고려한다면 32×32 크기로 제작해야 합니다.

그림 14.46 크롬에서의 구글 첫 페이지 화면

아이콘은 안드로이드와 iOS 크기가 다르므로 각각 작업해야 합니다. 애플리케이션이 아닌 웹사이트도 모바일에서 보는 경우 아이콘을 대시보드(스마트폰 바탕화면)에 추가할 수 있기 때문입니다.

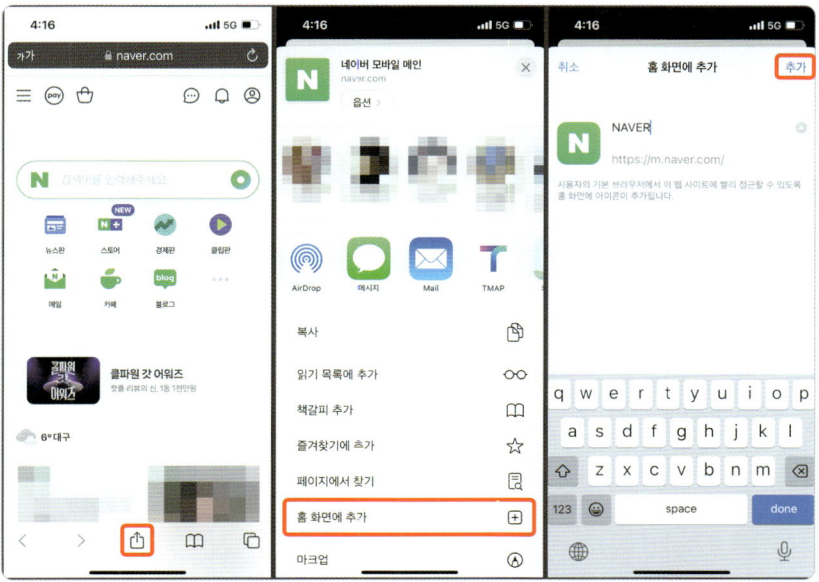

그림 14.47 아이폰 웹페이지 아이콘 홈 화면 추가 화면

애플리케이션은 기기마다 아이콘 사이즈가 달라서 다 따로 만들어서 개발자에게 넘겨야 합니다. 하지만 웹사이트는 대표적인 사이즈로 만들어서 각각 한 개씩 제작합니다. 2024년 현재 안드로이드는 192×192 크기로 제작하며, iOS는 180×180 크기로 제작합니다. 하지만 이 사이즈는 기기 환경이 바뀌면 다르게 제작해야 할 수도 있다는 점을 안내드립니다. iOS도 모서리 둥글기를 주면 좋지만 어떻게 주더라도 잘 맞지 않아서 사각형으로 올리면 iOS가 알아서 잘라주기 때문에 사각형에 꽉 차게 제작하면 됩니다. HTML과 CSS로 구현 시 들어가야 하는 요소이므로 클라이언트로부터 받아서 넘겨야 합니다.

LESSON 05 표 제작

기획서를 작성할 때는 데이터를 한눈에 일괄적으로 보기 위해 표 작성을 많이 합니다. 하지만 피그마는 아쉽게도 표 요소가 없습니다. 따라서 표를 직접 만들어 사용하는 2가지 방법이 있는데, 첫 번째는 플러그인을 사용하는 방법이고, 드 번째는 오토레이아웃을 통해 직접 만드는 것입니다. 예제를 통해서 2가지 경우를 모두 확인해보겠습니다.

플러그인을 이용한 표 제작

테이블을 제작해주는 플러그인은 가장 많이 사용하는 Table Creator를 사용하겠습니다.

01 예제 파일 불러오기_ 예제 파일 폴더에서 14장 폴더의 5_표제작_소스.fig 파일을 피그마로 불러옵니다.

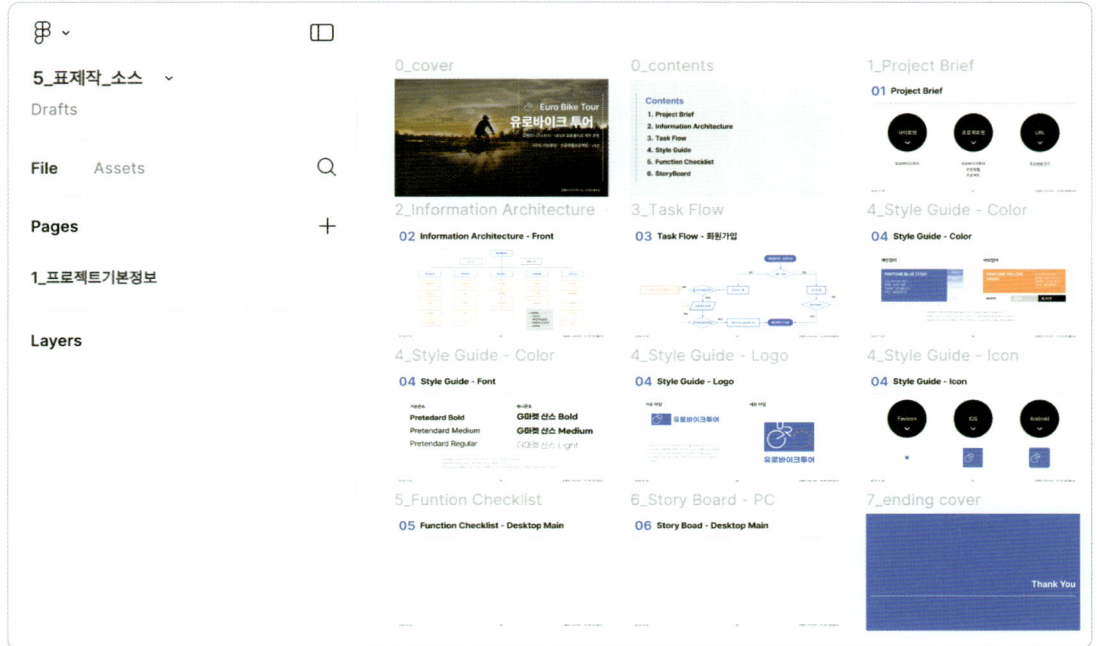

그림 14.48 예제 파일을 불러온 화면

02 플러그인 열기_ ❶리소스 툴을 누른 후, ❷Plugins & widgets 탭을 클릭합니다. ❸검색창에 'table creator'라고 검색하면 아래에 목록이 나타나는데, ❹[Table Creator]를 클릭합니다. Table Creator를 처음 사용하는 경우에는 새로운 창이 뜨면서 [Run] 버튼을 누르면 됩니다. 2번 이상 사용했다면 그림 14.50처럼 나오는데, [Create Table]을 선택하면 됩니다.

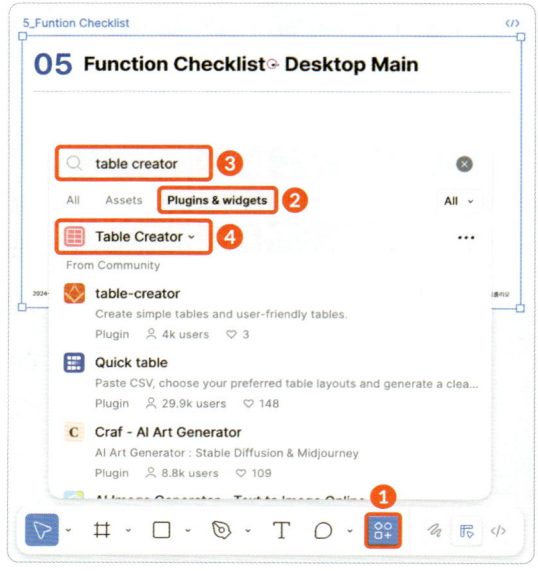

그림 14.49 플러그인을 불러오는 화면

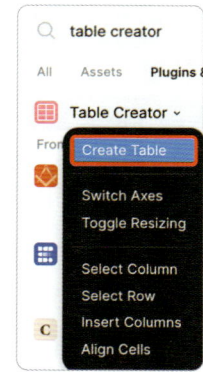

그림 14.50 Create Table을 선택하는 화면

Table Creator 창이 뜨면 [New Template] 버튼을 눌러 새로운 표를 만듭니다. Table Creator를 처음 사용하면 다른 화면이 뜨는데, 계속 [Next] 버튼을 누르다보면 그림 14.51과 같은 화면이 나옵니다.

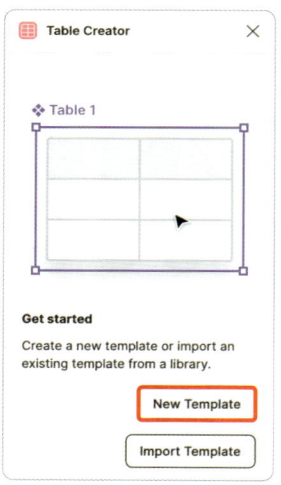

그림 14.51 New Template를 여는 화면

03 **테이블 생성하기_** ❶[New Template] 버튼을 누르면 Table Creator 페이지가 자동으로 생성됩니다. 페이지에 테이블의 컴포넌트가 생성되고, 창에서는 테이블의 세부 설정을 할 수 있습니다. C는 컬럼의 개수, R은 줄 수를 지정하면 됩니다. ❷C에는 3, R에는 2, W에는 1600이라고 입력한 후 ❸[Create Table] 버튼을 클릭합니다.

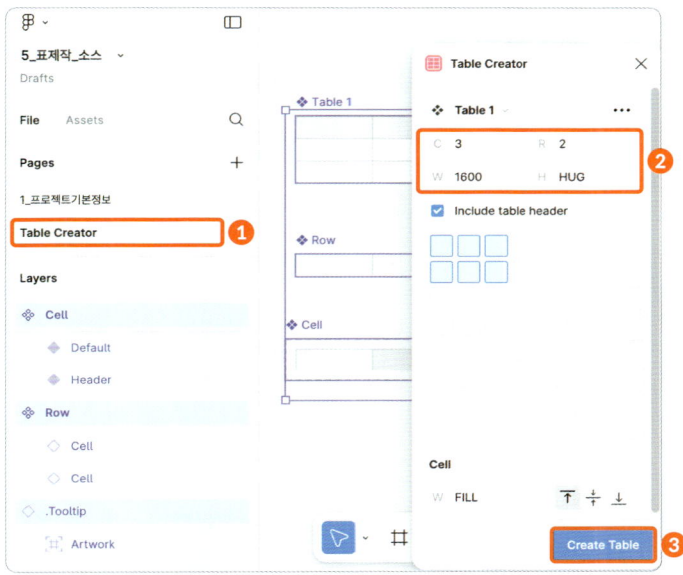

그림 14.52 테이블을 제작하는 화면

04 **테이블 이동하기_** 그러면 새로운 태이블이 Table Creator 페이지에 Table 1로 생성됩니다. Table 1을 잘라냅니다.

그림 14.53 테이블을 잘라내는 화면

CHAPTER 14 기획서 제작 **531**

1_프로젝트기본정보 페이지로 이동해서 5_Funtion Checklist 프레임에 Table 1을 붙여줍니다.

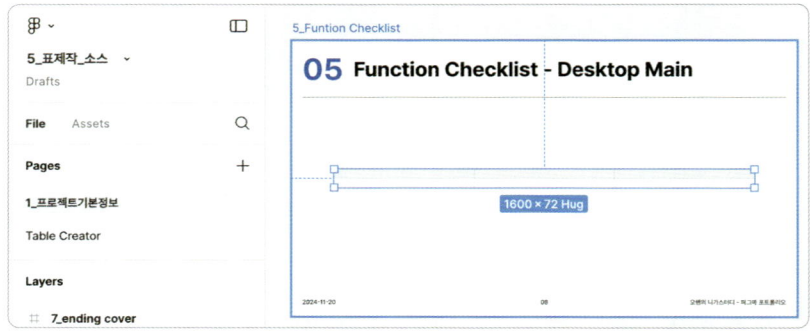

그림 14.54 테이블을 붙이는 화면

05 제목 컴포넌트 수정하기_ ❶Table Creator 페이지로 가서 ❷Cell 컴포넌트에서 Header를 선택합니다. 일반 셀은 Default로, 제목 셀은 Header로 베리언트로 처리되어 있습니다. ❸Header의 색상을 0957C3으로 변경하고 투명도를 10%로 설정합니다.

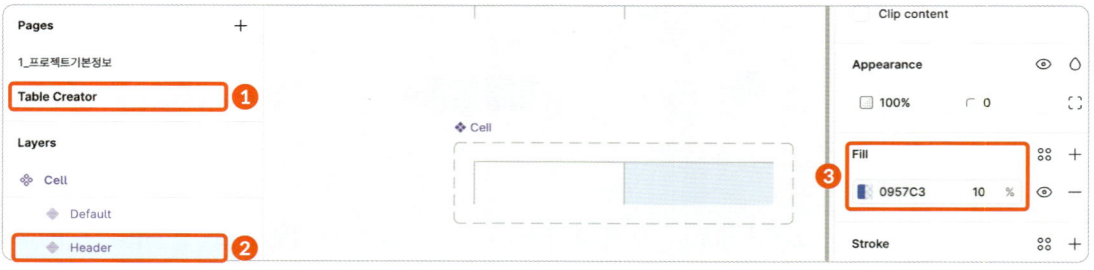

그림 14.55 Header를 변경하는 화면

06 셀의 글자 설정 변경하기_ ❶Default와 Header 내부의 글자 레이어만 선택합니다. ❷디자인 패널의 Typography에서 글꼴을 Pretendard로 바꾸고, 글자 크기를 24로 변경하겠습니다.

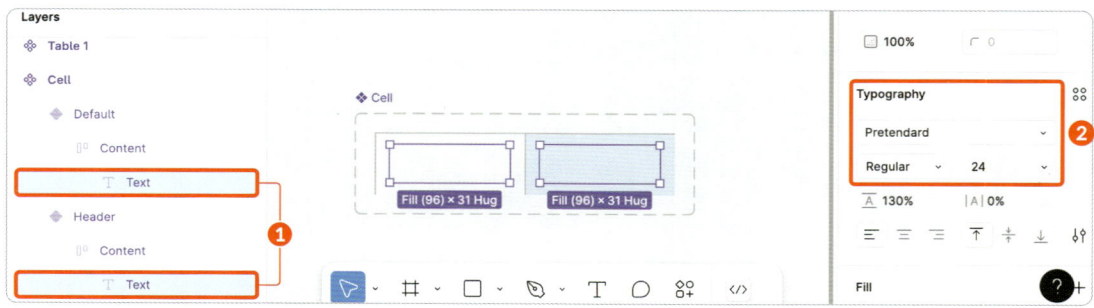

그림 14.56 셀의 글자 설정을 변경하는 화면

이번에는 Header의 Text만 선택한 상태에서 Bold로 변경합니다. 보통 제목은 글자를 굵게 하기 때문입니다. 글자 가로 정렬도 가운데로 처리합니다.

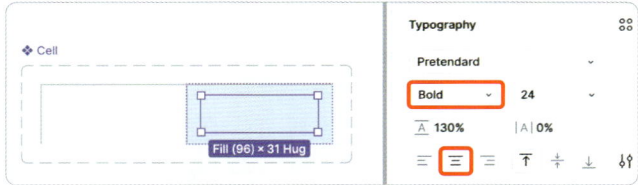

그림 14.57 셀의 글자 설정을 변경하는 화면

07 컴포넌트 내부 정렬하기_ ❶글자 레이어를 감싼 Content 부분의 정렬이 좌측 상단으로 되어 있으므로 ❷가운데로 변경하겠습니다. 이는 플러그인을 썼을 때 불편한 부분 중 하나입니다.

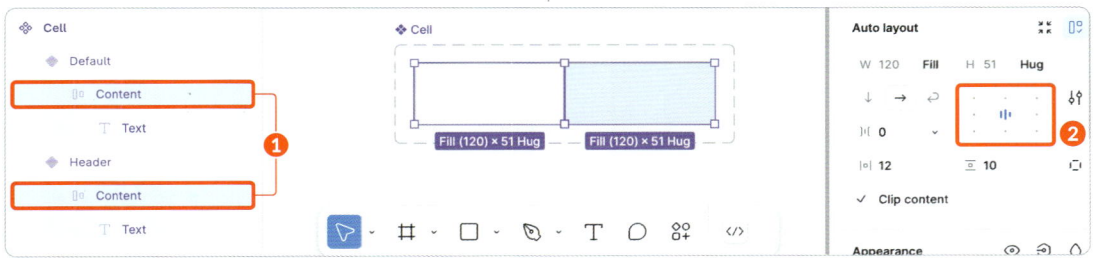

그림 14.58 정렬을 변경하는 화면 1

❶상위 요소인 Default와 Header도 선택해서 ❷가운데 정렬로 변경합니다.

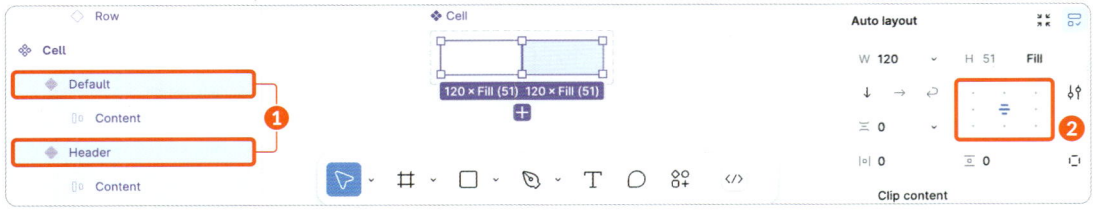

그림 14.59 정렬을 변경하는 화면 2

08 테이블 높이 변경_ ❶1_프로젝트기본정보 페이지에서 ❷Row 레이어를 둘 다 선택하고, ❸높이를 모두 80으로 지정합니다.

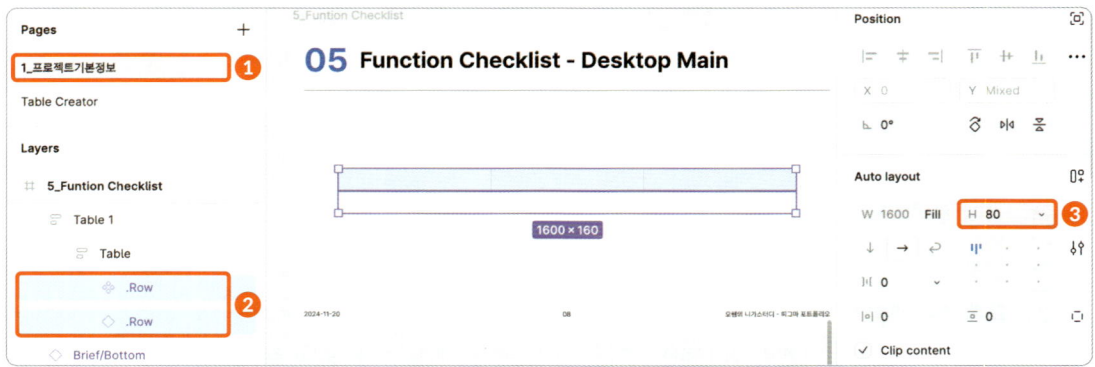

그림 14.60 테이블 행의 높이를 변경하는 화면

❶Table 1을 선택하면 높이가 지정되어 있는데, 행이 많이 나올 수 있으므로 ❷Hug Content로 변경하겠습니다.

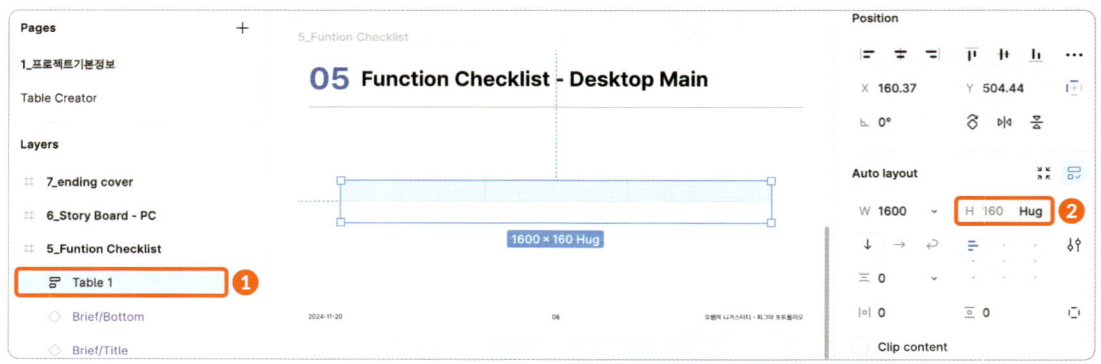

그림 14.61 테이블의 높이를 변경하는 화면

09 폭 줄이기_ ❶제목 행의 첫 번째 셀을 선택하고, ❷가로 폭인 W를 210으로 합니다. 컴포넌트로 되어 있어서 아래 셀의 폭도 자동으로 변경됩니다.

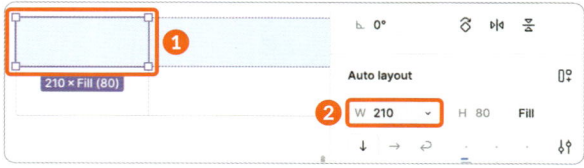

그림 14.62 열의 폭을 줄이는 화면 1

이번에는 ❶마지막 셀을 선택하고, ❷W를 210으로 줄여줍니다. 역시 아래 셀의 폭도 자동으로 변경됩니다. 가운데 셀은 Fill Container로 되어 있기 때문에 자동으로 늘어나는 것을 확인할 수 있습니다.

그림 14.63 열의 폭을 줄이는 화면 2

10 일반 행 복사하기_ 두 번째 줄에 있는 일반 행을 선택하고, 행동 반복 단축키인 Ctrl / Command + D 를 누릅니다. 행동 반복 단축키는 요소의 이전 행동이 없는 경우에는 같은 자리에 복제가 됩니다. 하지만 테이블이 오토레이아웃으로 묶여 있기 때문에 자동으로 아래로 내려갑니다. 이 책에서는 7개의 일반 행으로 복제했습니다.

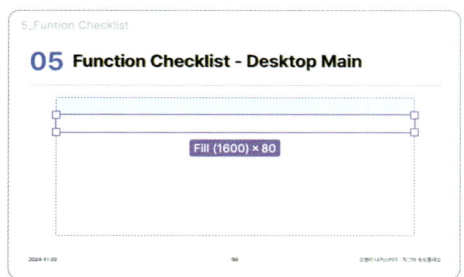

그림 14.64 일반 행을 복사하는 화면

11 글자 작성하기_ 셀에서 Text를 더블 클릭해서 글자를 작성하면 글자가 들어갑니다. 그림 14.65에서는 몇 개만 작성했는데 모든 셀에 글자를 작성할 수 있습니다. Table Creator를 이용하면 직접 만든 것이 아니기 때문에 구성이 어떻게 되어 있는지 확인 후 변경해서 사용해야 합니다. 셀 병합 기능이 현재는 없기 때문에 셀을 병합해야 하는 경우에는 직접 제작해야 합니다.

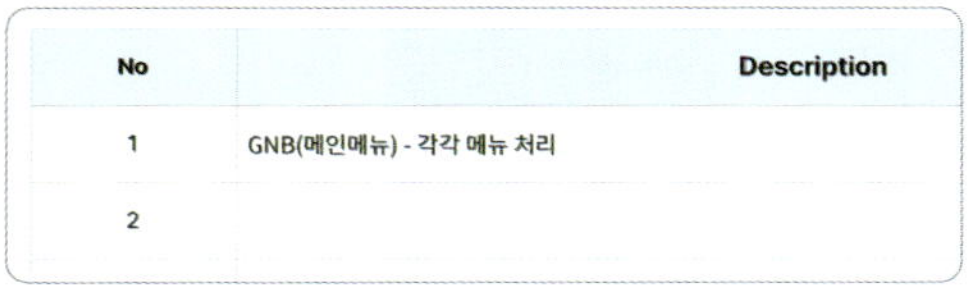

그림 14.65 글자를 작성하는 화면

스토리보드 제작을 위한 표 제작

스토리보드[5]는 화면의 상세 설명을 세부적으로 작성해주는 것을 말합니다. 일반적으로 웹 앱의 전체 화면을 작성하는 것은 와이어프레임이라고 합니다. 다음 절에서 와이어프레임 제작법을 상세히 배워볼 예정입니다. 하지만 와이어프레임만 보면 이해가 되지 않는 부분이 있습니다.

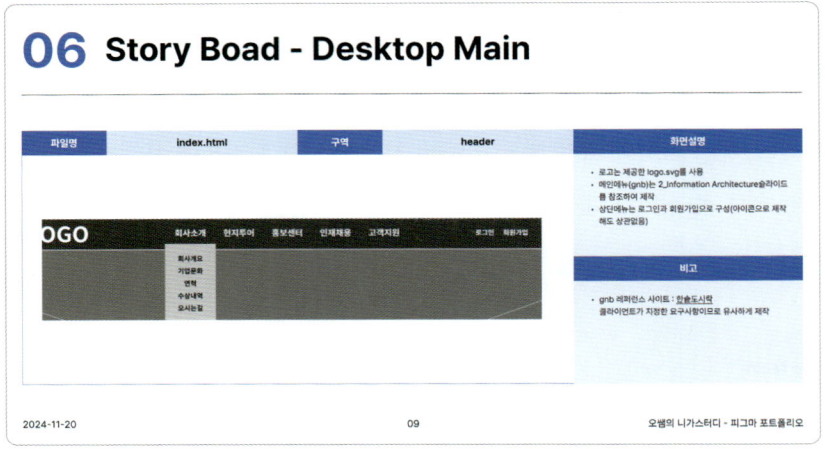

그림 14.66 스토리보드 예시 화면

그림 14.67은 데스크톱의 와이어프레임 일부 화면입니다. 상단인 헤더에는 로고, 메인 메뉴, 상단 메뉴를 작성하라고 도식화한 것입니다. 그림 아래쪽을 보면 메인 이미지를 슬라이더로 3장을 제작하라고 도식화한 것을 확인할 수 있습니다.

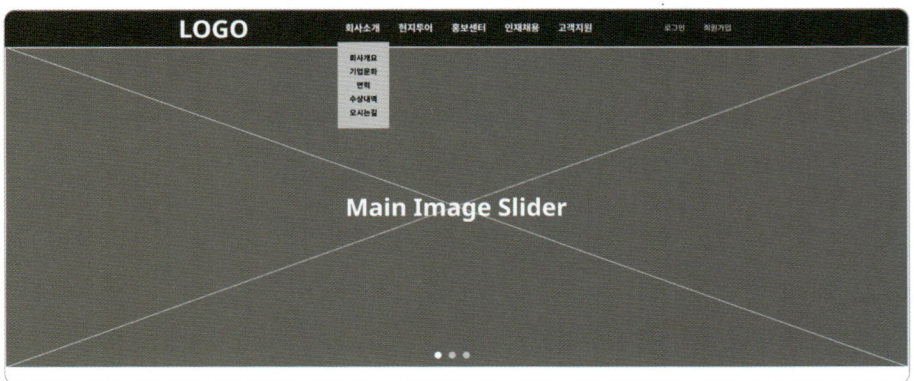

그림 14.67 데스크톱 와이어프레임 일부 화면

---

5   https://ko.wikipedia.org/wiki/스토리보드

기획자가 작성한 와이어프레임을 보고 디자이너가 웹 앱을 디자인을 하는 것이므로, 이번 예시에서는 디자이너가 메인 이미지 부분을 보고, 3장으로 디자인해야 한다는 것을 알 수 있습니다. 하지만 어떤 주제로 디자인을 해야 할지는 아직 모릅니다. 그래서 스토리보드로 기획자가 화면에 대한 상세 설명을 해야 하는 것입니다.

스토리보드는 모든 페이지를 제작하다 보니 매우 많은 슬라이드가 생성됩니다. 프로젝트 기본 정보에 작성하는 것보다는 페이지를 따로 구성하는 것이 좋습니다. 이 책에서는 예시만 보여주기 때문에 프로젝트 기본 정보에 같이 제작해두었습니다. 그림 14.65를 보면 표처럼 구성되어 있지만 병합되어 보이는 부분이 있습니다. 그래서 틀을 작성해서 컴포넌트로 만들고, 수정이 필요한 부분은 제작하면 변경해서 사용합니다.

01 예제 파일 불러오기_ 예제 파일 폴더에서 14장 폴더의 6_스토리보드_소스.fig 파일을 피그마로 불러옵니다. 페이지를 살펴보면 프레임이 하나 있고, 컴포넌트로 표를 구성해놓았습니다. Brief_StoryBoard라는 컴포넌트를 만들어놓았는데, 스토리보드 양식은 보이는 것과 크게 다르지 않습니다. Brief_StoryBoard를 기획서로 복사해서 스타일만 변경해서 사용하면 됩니다.

그림 14.68 예제 파일을 불러온 화면

02 구성 확인하기_ 레이어 패널을 확인해보면 title0x로 구성되어 있는 부분은 제목 행입니다. 글자가 다르다면 변경하면 됩니다. description0x로 되어 있는 부분이 내용을 작성할 부분입니다. 파일명은 디자인이 구성되는 파일명을 작성하는데, 메인 페이지면 index.html로 많이 작성합니다. 서브 페이지의 경우에는 각각 파일명.html으로 작성하면 됩니다.

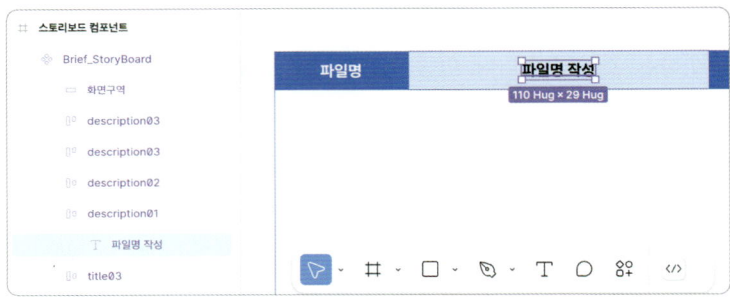

그림 14.69 파일명 구성 화면

이는 구역이 있는 것은 해당 파일을 한 번에 설명할 수 없으므로 일부 구역별로 설명하기 때문입니다. 메인 페이지로 보면 크게 헤더, 메인, 푸터, 공지사항, 뉴스 등 많은 구역으로 나눌 수 있습니다. 헤더 구역에 하단 설명은 헤더로 작성하면 됩니다.

그림 14.70 구역 구성 화면

레이어 패널의 상단에 있는 부분은 화면 구역인데, 사각형으로 처리해두었습니다. 이 부분은 많은 내용이 들어갈 수 있기 때문에 위에 요소들을 올려 표시하면 됩니다. 와이어프레임의 일부분을 잘라서 붙이는 경우가 대부분이지만, 그림만 붙이면 이해가 어려울 수 있으므로 화면 설명 부분에 세부적인 설명을 작성합니다. 글자를 작성하는 부분에는 목록 기호를 처리해두었으니 Enter 키를 누르면 새로운 목록이 생성됩니다. 줄이 길어지는 경우에는 Shift + Enter 키를 누르면 목록 없이 이어지도록 작성할 수 있습니다. 화면 설명이 많은 경우에는 비고 부분을 줄이고 화면 설명 부분을 늘리면 됩니다.

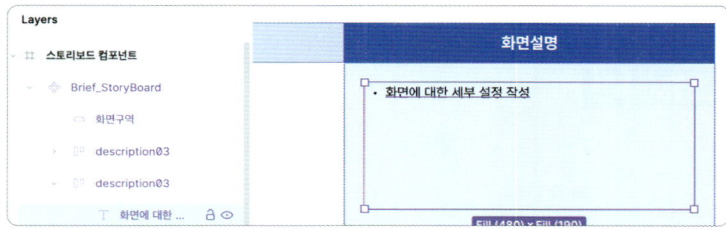

그림 14.71 화면 설명 구성 화면

비고 부분은 화면 설명 외에 추가적으로 디자이너에게 전달할 사항을 작성합니다. 꼭 사용해야 하는 이미지나 아이콘이 있다면 파일의 위치를 작성할 수 있습니다. 화면 설명이 이해가 안 될 경우를 대비해서 참고 사이트도 많이 작성합니다.

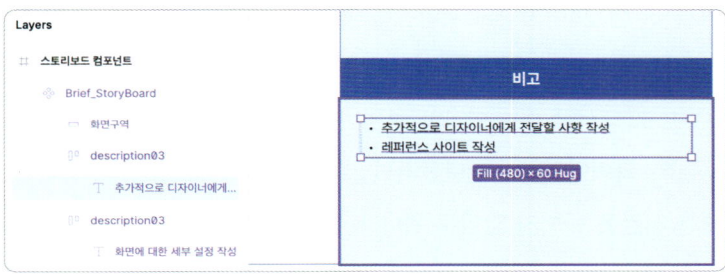

그림 14.72 비고 구성 화면

03 스타일 변경하기_ 스타일은 컴포넌트 전체를 잡으면 디자인 패널에 Selection colors라고 나옵니다. 해당 프로젝트의 메인 컬러나 서브 컬러로 변경해서 사용하거나, 무채색으로 변경해서 사용하면 됩니다. 대부분의 스토리보드는 제가 제공한 것과 유사하기 때문에 그대로 사용하면 됩니다. 하지만 프로젝트에 따라 더 추가해야 할 부분이 있다면 제작을 따로 해야 합니다. 오토레이아웃에 대한 습득이 잘 되어 있다면, 여러분이 원하는 형태로 스토리보드를 잘 만들 수 있을 것입니다.

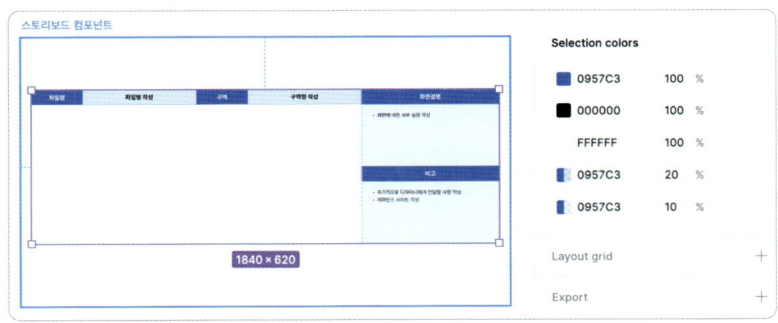

그림 14.73 스타일을 변경하는 화면

LESSON 06 | 와이어프레임 제작

와이어프레임wireframe은 웹 앱 프로젝트 진행 시 디자인을 하기 전에 웹 앱의 인터페이스UI를 단순한 선과 도형으로 도식화한 것을 말합니다. 단순하게 표현하기 때문에 상세한 설명을 스토리보드에 따로 작성해야 합니다. 와이어프레임을 만드는 많은 프로그램이 있습니다.

대표적으로는 카카오에서 운영하는 오븐Oven이라는 프로그램이 있고, 외국 사이트에서는 발사믹 목업 Balsamiq Mockup[6]이 있습니다. 하지만 오븐은 2024년 9월에 서비스를 종료했고, 발사믹 목업은 유료 프로그램입니다. 무료 프로그램이나 새로 나온 것이 있다고 할지라도, 피그마 외의 프로그램에서 사용하는 것은 불편합니다. 기획서도 파워포인트로 작성할 수도 있지만, 파일이 다른 곳에 있으면 찾는 시간이 들기 때문에 피그마에서 작성한다고 했죠? 와이어프레임도 마찬가지입니다. 다른 프로그램을 사용하는 것보다 한 파일에 작성하면 파일을 찾는 시간을 들이지 않아도 됩니다.

피그마에는 와이어프레임을 쉽게 작성할 수 있는 많은 플러그인이 있습니다. 하지만 저는 좋은 플러그인을 발견하지 못했습니다. 그래서 직접 만들어놓은 와이어프레임 구성 요소를 제공하고자 합니다. 따라서 이번 절에서는 와이어프레임에 사용하면 좋은 플러그인 소개와 제가 만든 와이어프레임 구성 요소를 살펴보겠습니다.

---

[6] https://balsamiq.com/

Wireframe Generator

Wireframe Generator는 웹 앱의 전체 페이지를 한 번에 와이어프레임으로 표시합니다. 간편하지만, 보통 웹 앱은 단순하지 않기 때문에 변형을 많이 해야 한다는 단점이 있습니다.

01 플러그인 열기_ 액션 툴에서 Wireframe Generator를 검색하고 열어줍니다.

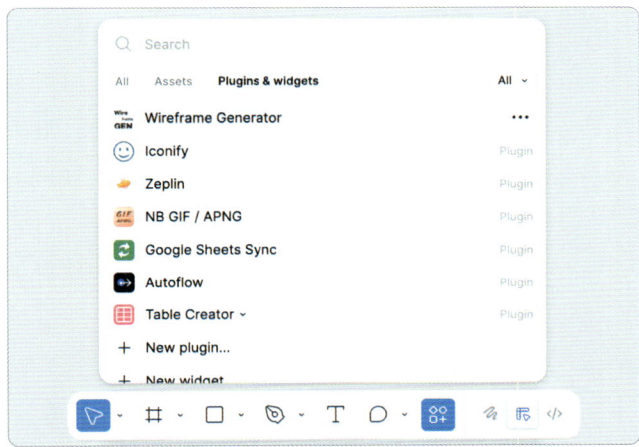

그림 14.74 플러그인을 여는 화면

02 필요한 구성 요소 체크하기_ 필요한 구성 요소를 체크해주면 됩니다. 그림 14.75에 회색으로 되어 있는 버튼들을 누르고 [Generate] 버튼을 누르겠습니다.

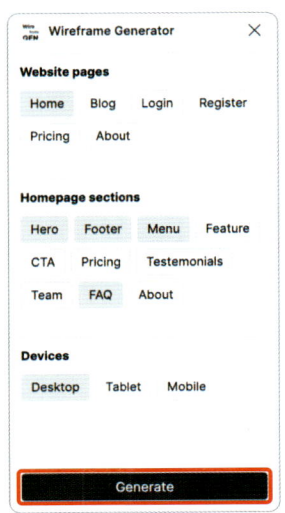

그림 14.75 구성 요소를 체크하는 화면

03 와이어프레임 확인하기_ 그러면 페이지에 그림 14.76과 같은 와이어프레임이 바로 나타납니다. 틀이 다 짜여 있어서 편리하지만 원하는 스타일과 다른 경우 내부 요소들을 확인해서 변경해야 한다는 단점이 있습니다.

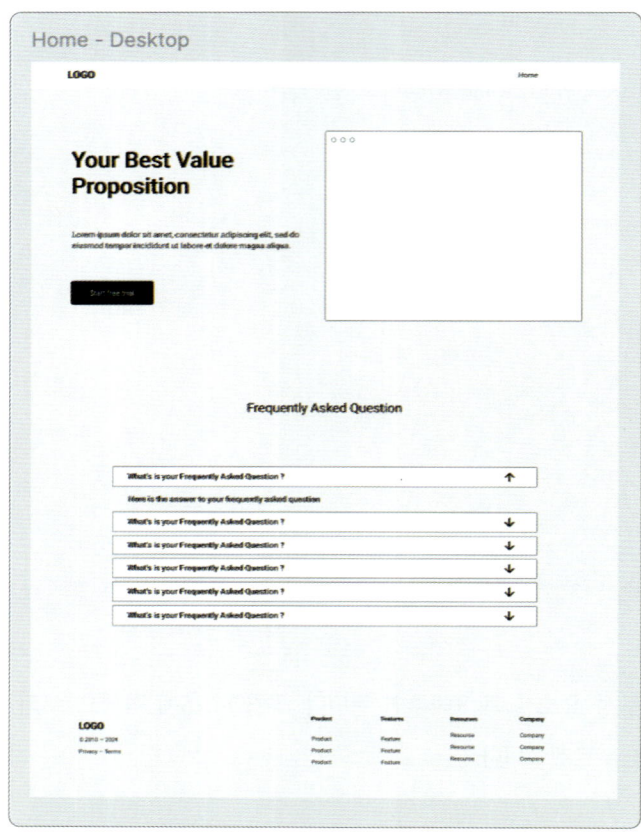

그림 14.76 와이어프레임 화면

 Forms

이번에 소개할 플러그인은 Forms라는 플러그인입니다. 폼 양식인 인풋 필드, 체크박스, 버튼 등을 쉽게 제작합니다. 와이어프레임 말고 실제 디자인에서도 사용할 수 있습니다.

01 플러그인 열기_ 액션 툴에서 'Forms'를 검색하고 열어줍니다.

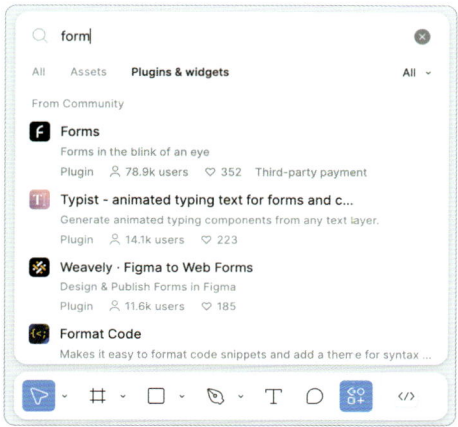

그림 14.77 플러그인을 여는 화면

02 구성 요소 선택하기_ 폼 관련 요소 중 원하는 요소를 선택한 후 꾹 눌러서 왼쪽으로 드래그하면 됩니다. 이번에는 ❶Checkbox를 꾹 눌러서 끌어주고 ❷[Style it!] 버튼을 클릭합니다.

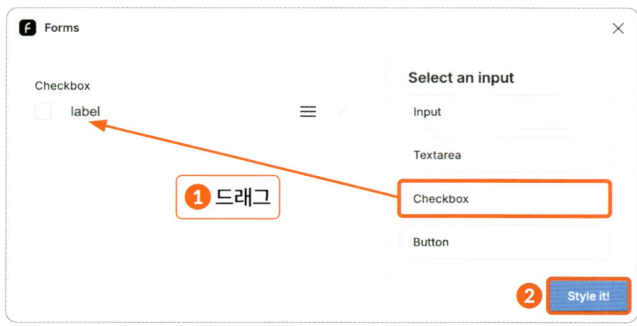

그림 14.78 구성 요소를 선택하는 화면

03 스타일 변경하기_ Label 여부, 글자, 테두리, 배경색 모두 변경 가능하지만, 기능만 보기 위해 [Add to page] 버튼을 누르겠습니다.

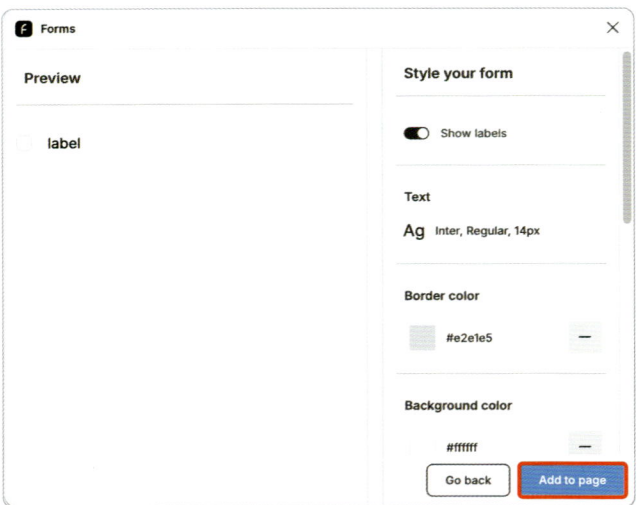

그림 14.79 스타일을 지정하는 화면

04 컴포넌트 확인하기_ 그럼 OB Forms/label이라는 베리언트로 이루어진 체크박스가 나옵니다. 폼 요소의 기본 상태, 체크된 상태, 비활성 상태 등 다양한 요소를 지원합니다. 와이어프레임과 실제 디자인할 때 사용해도 됩니다.

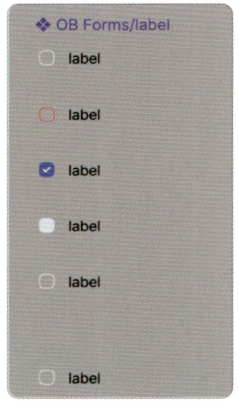

그림 14.80 컴포넌트를 확인하는 화면

Handy Components

Handy Components는 여러 가지 구성 요소를 바로 가져다 쓸 수 있게 해주는 플러그인입니다. 일반적인 웹 앱을 디자인할 때는 스타일이 맞지 않아 가져다 쓰기 어려우나, 와이어프레임으로는 가져다 쓸 수 있으므로 소개합니다. 일부 컴포넌트는 유료로 제공되는 점을 안내드립니다.

01 플러그인 열기_ 액션 툴에서 'Handy Components'를 검색하고 열어줍니다.

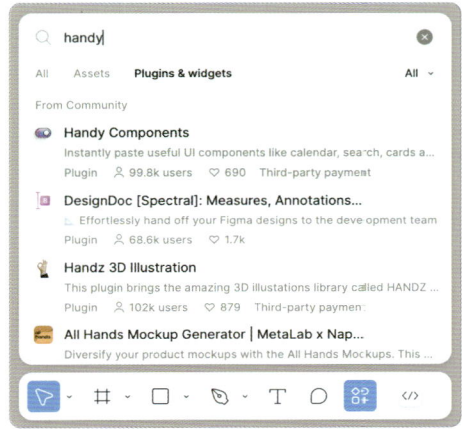

그림 14.81 플러그인을 여는 화면

02 달력 가져오기_ 여러 가지 컴포넌트 중 달력을 불러오겠습니다. 달력을 클릭하면 바로 생성되는 것을 확인할 수 있습니다. 달력 같은 경우에는 직접 제작하기 어려우므로 이것으로 사용하면 편리합니다.

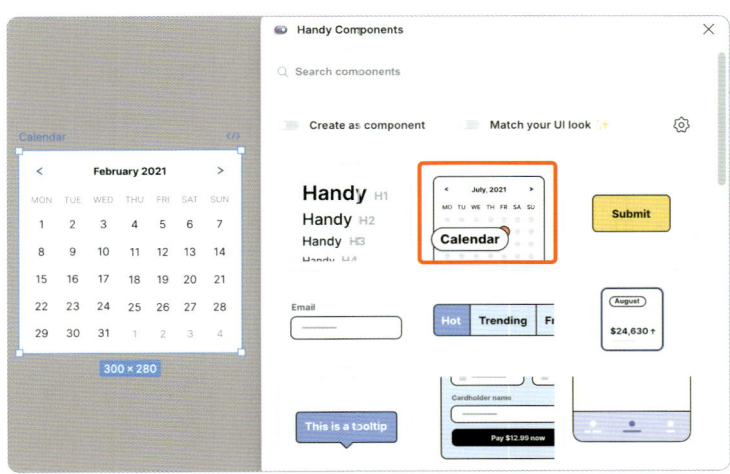

그림 14.82 달력을 불러오는 화면

제공 와이어프레임 사용하기

플러그인을 사용해도 불편한 점이 많아 제가 직접 와이어프레임용 구성 요소를 제작해보았습니다. 제공한 와이어프레임용 구성 요소를 사용해서 와이어프레임을 제작해보겠습니다.

01 예제 파일 불러오기_ 예제 파일 폴더에서 14장 폴더의 7_와이어프레임_소스.fig 파일을 피그마로 불러옵니다. 2_와이어프레임 페이지에 가면 2개의 프레임으로 구성되어 있습니다.

그림 14.83 예제 파일을 불러온 화면

02 와이어프레임 구성 요소 확인하기_ Wireframe-UI Kit 프레임을 확인해보면 그림 14.84와 같습니다. 각각의 요소는 컴포넌트 혹은 베리언트로 등록되어 Assets 패널에서 찾아서 적용하면 됩니다. 프레임을 다른 파일에 복제해도 원본 컴포넌트를 유지하니 다른 프로젝트에도 사용할 수 있습니다. 와이어프레임에 이미지를 넣는 경우에는 사각형만 그리지 않고, X로 된 대각선을 추가해야 합니다. 이미지만 넣는 경우도 있지만 썸네일 형태도 있어서 따로 제작을 해두었습니다. 점선으로 묶여 있는 부분은 베리언트로 이루어져 변경하기 쉽게 설정했습니다. 폼 관련 요소들은 베리언트로 만들어 상태가 다른 경우에도 표시할 수 있도록 처리했습니다.

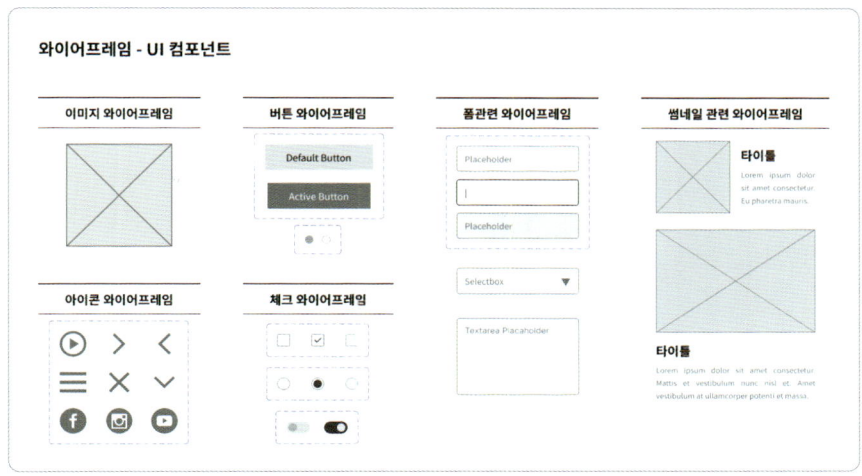

그림 14.84 Wireframe-UI Kit 프레임 화면

03 메인 이미지 표시하기_ ❶Assets 탭을 선택한 다음 ❷[Created in this file]을 클릭합니다. 페이지로 구분되는데, 2_와이어프레임 페이지를 클릭합니다. Kit_Image를 꾹 눌러서 PC와이어프레임 프레임으로 끌고갑니다.

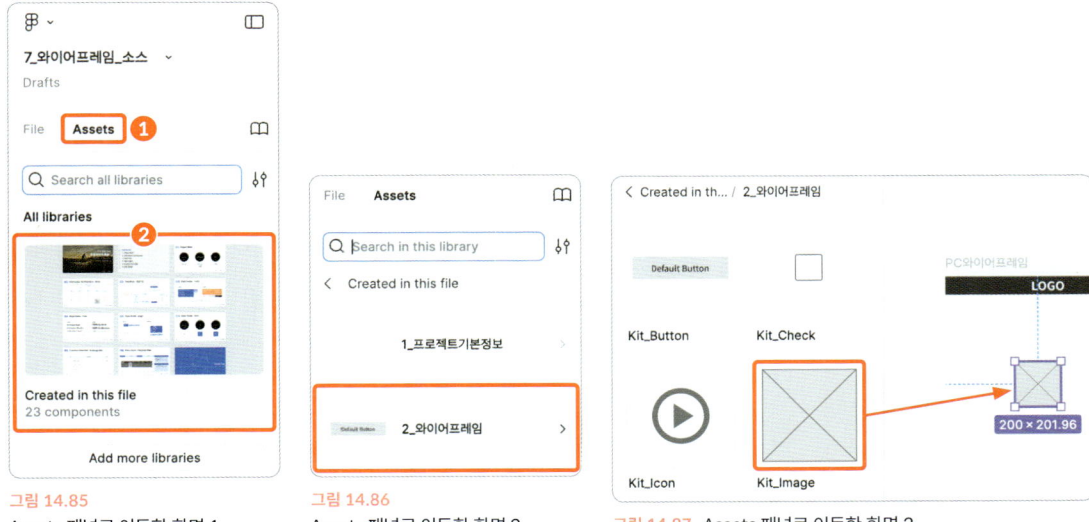

그림 14.85
Assets 패널로 이동한 화면 1

그림 14.86
Assets 패널로 이동한 화면 2

그림 14.87 Assets 패널로 이동한 화면 3

Kit_Image의 크기를 1920×700으로 변경하겠습니다.

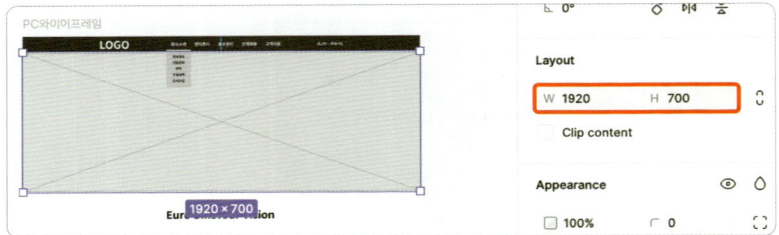

그림 14.88 크기를 변경하는 화면

이미지 와이어프레임만 처리하면 어떤 구역인지 알기 어렵기 때문에 글자를 작성합니다. Main Image Slider라고 작성하겠습니다.

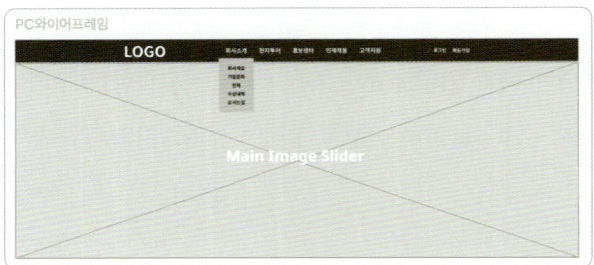

그림 14.89 크기를 변경하는 화면

04 페이지네이션 표시하기_

페이지네이션은 구성 요소를 한 화면에 보여주기 어려울 때 슬라이드나 페이지로 변환해야 할 경우, 몇 번째를 보여주는지 표시해주는 아이콘 혹은 숫자를 의미합니다. 메인 이미지의 경우에는 일정 시간이 지나면 슬라이더로 여러 이미지를 보여줍니다. 그래서 메인 이미지를 몇 개의 주제로 제작해야 하는지 기획자가 디자이너에게 알려주는 역할을 합니다. Assets 패널에서 Kit_Page를 PC와이어프레임 프레임으로 꾹 눌러 가져갑니다.

그림 14.90 Kit_page를 가져오는 화면

Kit_Page가 3개가 되도록 복제합니다.

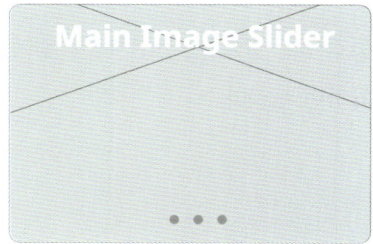

그림 14.91 3개로 복제하는 화면

❶첫 번째 요소를 선택하고, ❷디자인 패널에서 default 상태를 active로 변경합니다. 그러면 첫 번째 요소만 색상이 달라지는 것을 확인할 수 있습니다. 모든 요소는 색상 변경이 가능하니 구분이 잘 안 되는 경우에는 다른 색으로 변경하면 됩니다. 그리고 요소 관리를 위해 그룹 설정하는 것을 권장합니다.

그림 14.92 첫 번째 요소를 변경하는 화면

05 아이콘 가져오기_ PC와이어프레임 프레임의 하단으로 내려보면 Tour Movie라는 파트가 있습니다. 원래 사각형 도형만 있는데 Assets 패널에서 Kit_Icon을 끌어다 놓습니다.

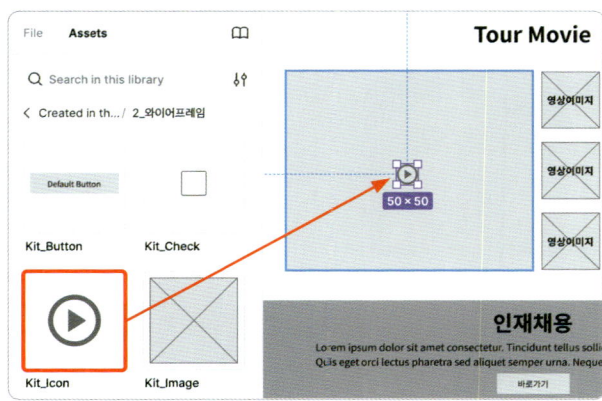

그림 14.93 아이콘을 불러오는 화면

아이콘의 크기는 원래 50×50으로 되어 있는데, ❶100×100으로 변경하겠습니다. Local Instance을 보면 베리언트로 되어 있기 때문에 다양한 아이콘으로 바꿀 수 있습니다. ❷[play]를 클릭해봅니다. 그러면 미리 등록한 아이콘들의 목록이 나타납니다. 일단 사이트에 공통적으로 필요한 아이콘들을 넣어 놨습니다. 그러므로 여러분이 더 필요하다고 생각하는 Kit_Icon에 추가하면 됩니다.

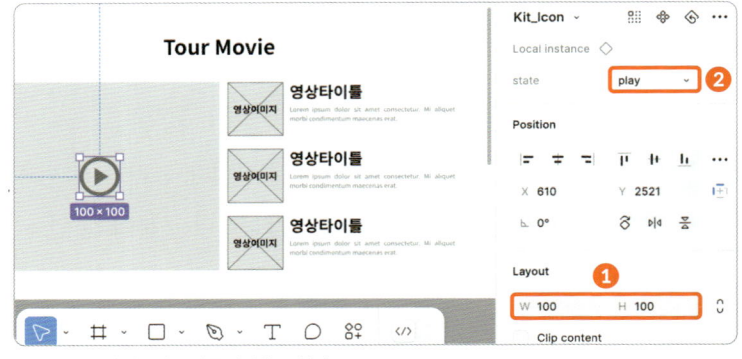 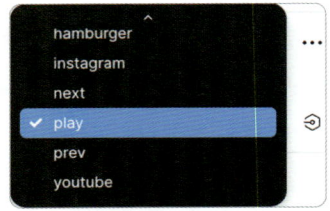

그림 14.94 아이콘의 크기를 변경하는 화면   그림 14.95 베리언트 드롭다운 메뉴 화면

06 폼 요소 중 select 가져오기_ PC와이어프레임 프레임의 하단의 고객상담 구역으로 이동합니다. Assets 패널에서 Kit_SelectBox를 국가 옆으로 끌고 옵니다.

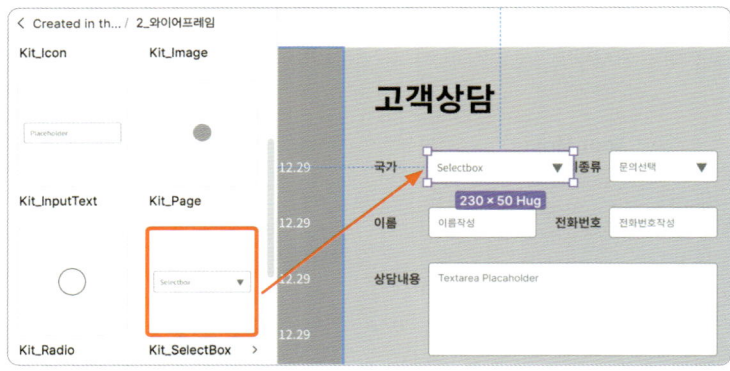

그림 14.96 select를 가져오는 화면

select의 글자를 ❶국가선택으로 변경하고, ❷W를 170으로 줄여줍니다.

그림 14.97 select 크기를 변경하는 화면

07 폼 요소 중 checkbox 가져오기_ Assets 패널에서 Kit_Check를 개인정보 글자 옆으로 끌고 옵니다.

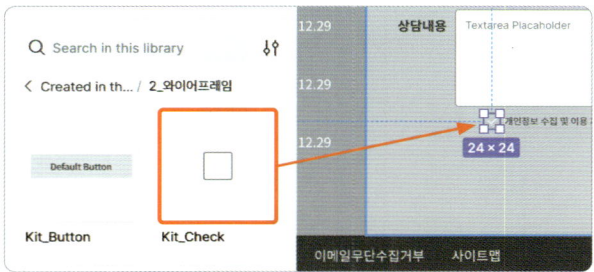

그림 14.98 checkbox를 가져오는 화면

Kit_Check는 베리언트로 만들었기 때문에 여러 상태로 되어 있습니다. 그중에서 checked로 변경해보겠습니다.

그림 14.99 checkbox 상태를 변경하는 화면

08 버튼 요소 가져오기_ Assets 패널에서 Kit_Button을 개인정보 글자 아래로 끌고 옵니다. 버튼의 글자를 문의하기로 바꾸겠습니다. 와이어프레임은 이 정도만 예시로 살펴보겠습니다. 예제 파일의 15장 폴더에서 7_와이어프레임_완성.fig 파일을 확인해보고 직접 모두 만들어보길 권장합니다.

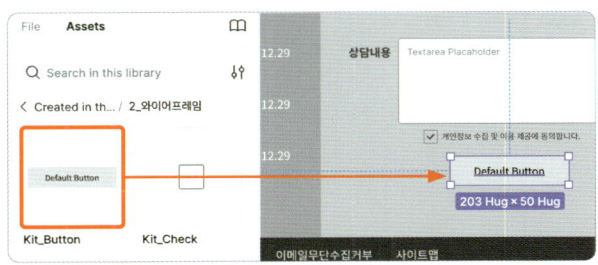 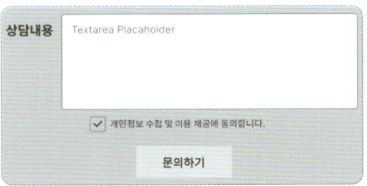

그림 14.100 버튼을 가져오는 화면   그림 14.101 버튼의 글자를 변경하는 화면

CHAPTER 14 기획서 제작

그림 14.102는 7_와이어프레임_완성.fig 파일의 2_와이어프레임 페이지입니다. 예제 파일에서 이미지로도 따로 제공하니 기획을 공부하는 분들은 연습해보길 바랍니다.

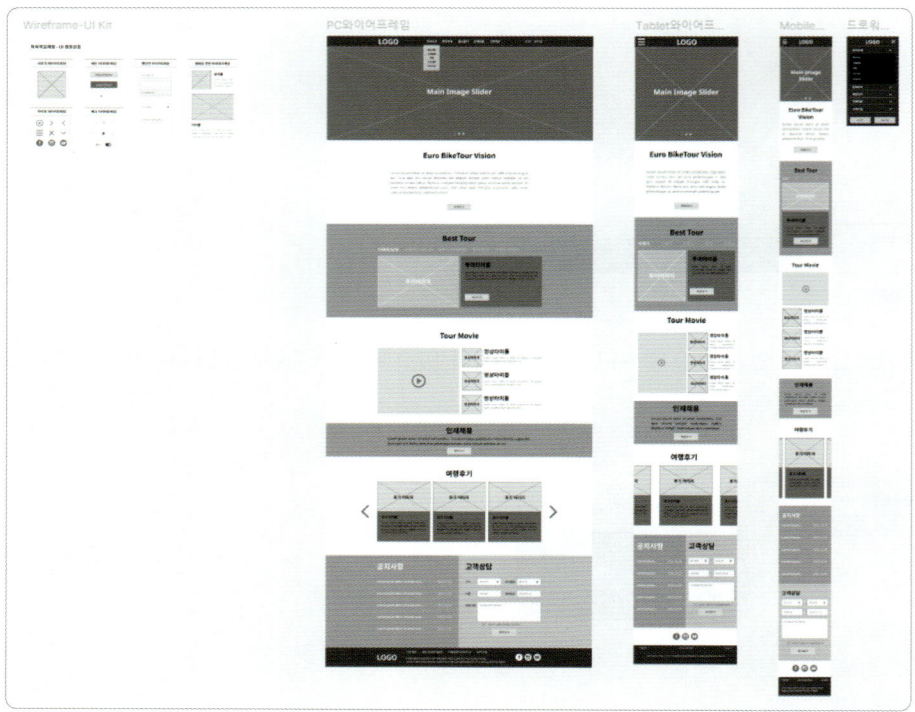

그림 14.102 7_와이어프레임_완성.fig 화면

CHAPTER

디자인 구현

- 스타일 가이드 제작
- 반응형 웹을 위한 컨스트레인츠
- 데스크톱 프로토타입 제작
- 모바일 프로토타입 제작
- 핸드오프 전 체크할 사항

기획서를 바탕으로 반응형 웹 시안 디자인을 구현해보겠습니다. 디자이너는 기획자에게 기획서를 넘겨받은 후 디자인을 합니다. 기획자의 의도를 잘 파악하고 개발자가 실제 웹사이트를 구현할 때 이해하기 쉽게 제작을 해야 합니다. 또한 디자인은 일관적이어야 하기 때문에 스타일 가이드를 작성하는 것이 편리합니다. 15장에서는 일관적인 스타일로 개발자가 이해하기 쉬운 반응형 웹 디자인을 구현해보겠습니다.

LESSON 01 | 스타일 가이드 제작

1_프로젝트기본정보 페이지에 기획자가 제시해준 스타일 가이드가 있습니다. 하지만 기획자는 기본적인 정보만 제시한 것이고, 디자이너가 실제 디자인에 적용할 스타일을 따로 제작해야 합니다. 4장에서 피그마 스타일 등록을 배웠습니다. 그에 맞게 스타일 등록을 하면 됩니다. 스타일 가이드는 꼭 제작할 필요는 없지만, 대부분의 회사들을 브랜드 스타일 가이드를 따로 사이트로 제작할 정도로 중요하게 생각합니다. 그래서 제작하는 연습을 해보는 것도 많은 공부가 될 것입니다. 그림 15.1은 스타일 가이드가 완성된 화면입니다. 색상, 글자, 그리드와 관련된 스타일 가이드를 제작해보겠습니다. 전체 파일을 먼저 확인해보고 싶다면 예제 파일 폴더에서 15장 폴더 안의 유로바이크투어-반응형 웹프로젝트-완성.fig를 피그마로 불러오면 됩니다.

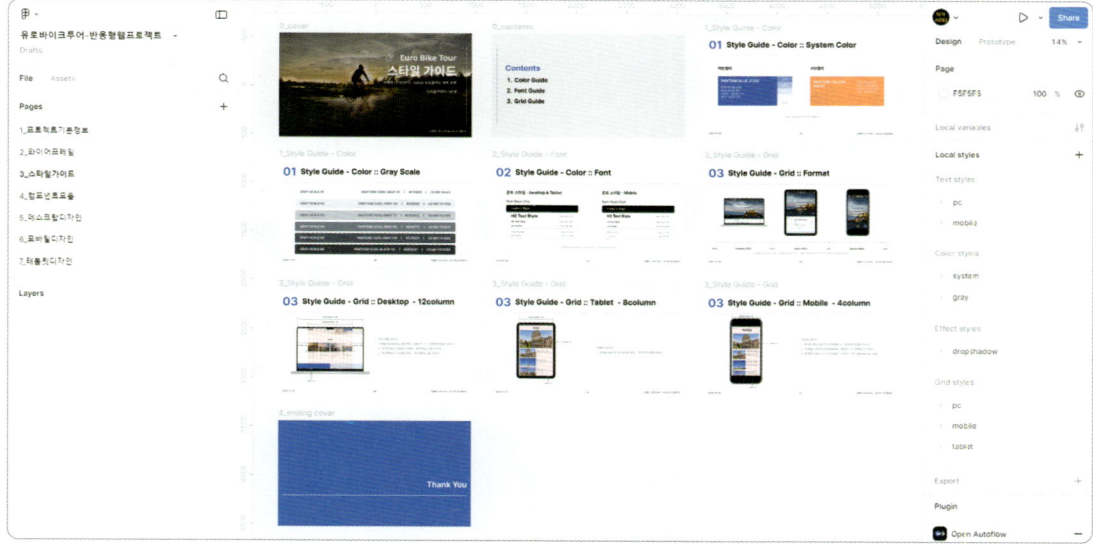

그림 15.1 스타일 가이드가 완성된 화면

색상 스타일 등록

스타일은 크게 시스템 색상과 회색 색상을 분리해서 등록하겠습니다. 시스템 색상은 전체적인 디자인에 많이 쓰는 주조색과 보조색입니다. 주조색은 보통 MainColor 혹은 PrimaryColor라고 부릅니다. 보조색은 보통 SubColor 혹은 SecondaryColor라고 부릅니다. 이 책에서는 메인 컬러와 서브 컬러로 표시하겠습니다. 회색은 명도에 따라 색상을 분리해서 사용해야기 때문에 6단계로 나눠서 색을 구분하겠습니다. 회색의 단계는 프로젝트에서 사용하는 회색을 명도별로 나눠서 처리하면 됩니다.

01 예제 파일 확인하기_ 예제 파일 폴더에서 15장 폴더의 15_스타일가이드_소스.fig 파일을 피그마로 불러옵니다. ❶3_스타일가이드 페이지에서 1_Style Guide - Color 프레임 중 Sysem Color를 찾습니다. 그중 메인 컬러가 있는 ❷bg01을 선택합니다.

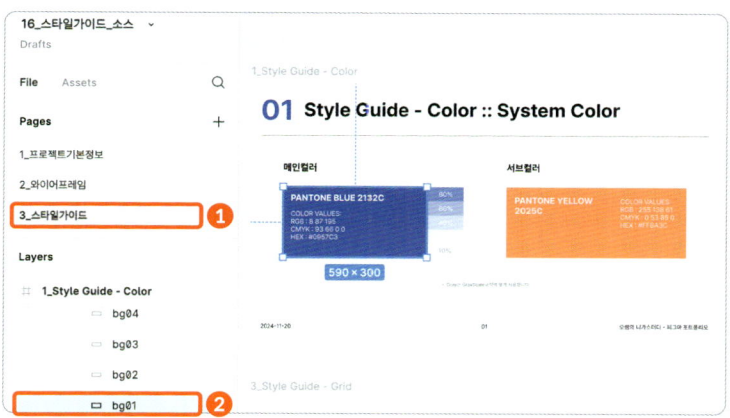

그림 15.2 예제 파일을 불러온 화면

02 메인 컬러 스타일 등록_ ❶Fill 부분의 아이콘(⋮⋮)을 클릭하고, ❷Libraries 창에서 추가 아이콘 (⊕)을 클릭합니다. ❸스타일 이름은 'system/main'으로 작성합니다. 4장에서 스타일 등록은 배웠기 때문에 상세한 설명은 하지 않겠습니다. 설명에는 메인 컬러라고 쓰고 ❹[Create style] 버튼을 클릭합니다.

메인 컬러의 경우에는 투명도를 조절한 색상도 사용합니다. 메인 컬러를 등록했기 때문에 Appearance를 통해서 투명도를 낮춰도 됩니다. 하지만 Appearance에서 줄이면 자손들의 투명도도 조절되는 경우가 있으므로 스타일로 등록하겠습니다. 80%, 60%, 40%, 20%, 10%까지 모두 등록해주세요.

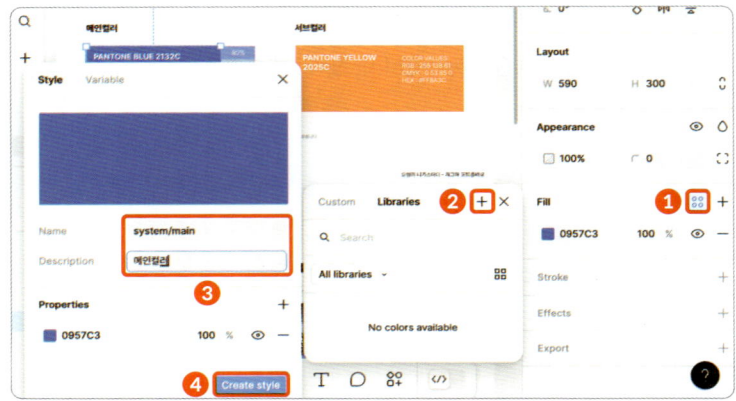

그림 15.3 메인 컬러 스타일을 등록하는 화면   그림 15.4 투명도 색상을 등록하는 화면

03 서브 컬러 스타일 등록_ 서브 컬러를 지정해 놓은 bg를 선택한 후 'system/sub'으로 등록합니다.

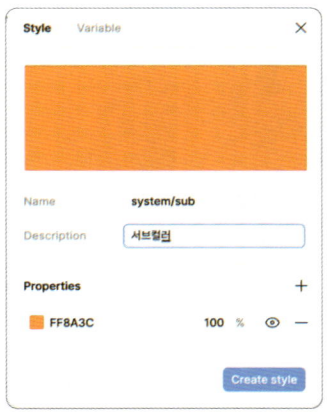

그림 15.5 서브 컬러를 등록하는 화면

04 등록된 system 색상 확인하기_ 빈 공간을 누르면 Local styles를 확인할 수 있는데, 그림 15.6처럼 등록하면 됩니다.

➕ 'Local styles'는 2025년 5월 'Style'로 변경되었습니다.

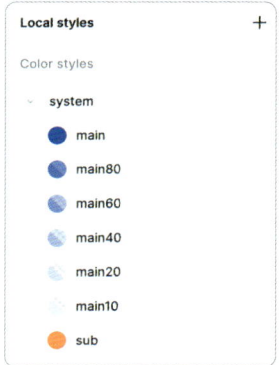

그림 15.6 등록된 system 관련 색상 스타일 화면

05 Gray Scale 관련 프레임 확인하기_ 1_Style Guide – Color 프레임 중 Gray Scale을 찾아서 첫 번째 색상 박스를 선택합니다.

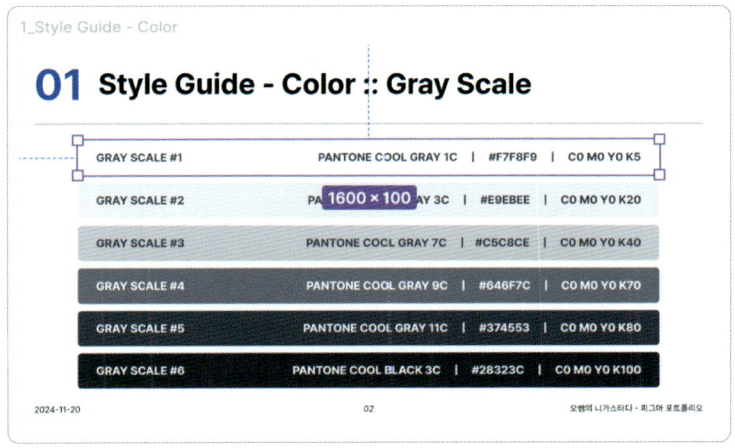

그림 15.7 Gray Scale 관련 프레임 화면

06 첫 번째 회색 스타일 등록하기_ 첫 번째 회색의 스타일 이름은 'gray/#1'로 등록하고, 설명은 '회색1'로 하겠습니다. 나머지 회색들도 모두 이런 방식으로 등록합니다.

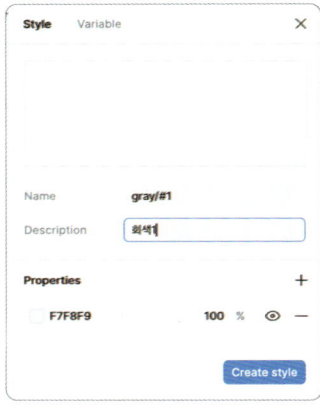

그림 15.8 스타일을 등록하는 화면

07 gray에 등록된 스타일 확인하기_ 빈 공간을 눌러 봤을 때, 그림 15.9와 같이 등록되어 있어야 합니다.

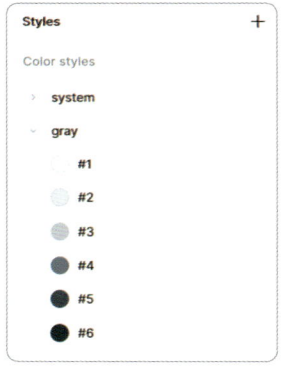

그림 15.9 등록된 gray 관련 색상 스타일 화면

글자 스타일 등록

글자 스타일은 2가지 형태로 나눠서 그룹을 묶겠습니다. 데스크톱과 태블릿은 같은 크기로 처리하고, 모바일은 조금 더 작게 처리하겠습니다. 프로젝트에 따라서 데스크톱과 태블릿도 크기를 다르게 작업할 수도 있습니다.

01 예제 파일 확인하기_ 2_Style Guide – Font 프레임을 보면 그림 15.10과 같습니다.

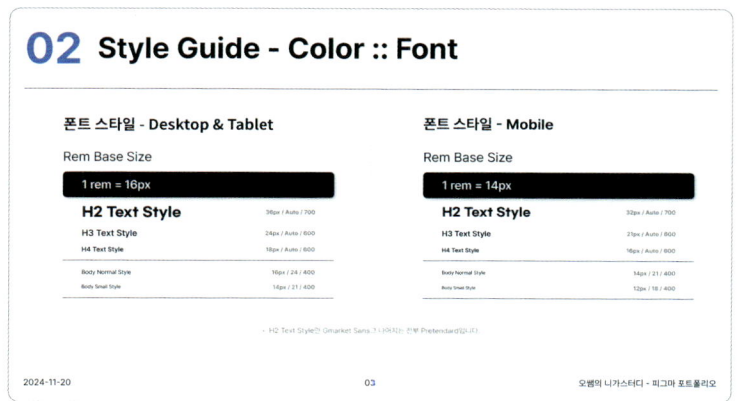

그림 15.10 글자 관련 프레임 화면

rem은 CSS에서 크기를 작성할 때 쓰는 단위입니다. root em을 줄인 것으로 기본이 되는 크기로부터 배수 처리를 합니다. 1rem은 1배, 2rem은 2배입니다. 데스크톱과 모바일은 화면 크기가 다르기 때문에 같은 글자 크기로 처리하면 모바일에서 너무 클 수 있습니다. 그래서 모바일에서는 데스크톱에서 작성했던 글자 크기보다 모두 작게 처리를 합니다.

하지만 모든 글자 관련 요소의 크기를 일일이 확인해서 데스크톱과 모바일을 따로 작성한다는 것은 힘든 일입니다. 따라서 실무에서는 rem 단위를 사용해서 기본 글자 크기를 데스크톱과 모바일에 지정 후 글자 요소의 크기는 rem 단위로 한 번만 처리합니다.

> **TIP** CSS rem 단위 이해하기
> - 오쌤의 니가스터디 – CSS 관련 영상을 제공합니다.
> - https://youtu.be/gQqkSZvDtbM

> **TIP** 피그마 Dev Mode에서의 rem 단위 보기
> 디자이너가 px 단위로 디자인한 것을 피그마가 rem 단위로 변경합니다.

그림 15.11 피그마 Dev Mode에서 rem 단위로 변경하는 화면

하지만 rem을 모르는 디자이너가 맞춰서 디자인해주지 않으면 따로 작성해야 하다 보니 개발자들과 협업이 힘들 수 있습니다. 디자이너도 rem 단위에 대해 이해하고 디자인 작업을 해야 합니다. 데스크톱의 기본 글자는 16px로 처리합니다. 그래야 rem으로 처리할 때 계산이 쉽기 때문입니다. 그림 15.10은 rem 단위에 맞춰 글자 크기를 모두 계산한 것입니다. 등록할 때는 px 단위로 등록합니다.

CSS에서 제목을 작성하는 태그는 h1 태그부터 h6 태그까지입니다. h1이 가장 큰 제목 태그이고, h6이 가장 작은 제목 태그입니다. 제목에 우선순위를 둔다고 생각하면 됩니다. 하지만 사이트의 가장 큰 제목은 로고입니다. 그래서 h1 태그에 로고를 담는데, 대부분 로고는 이미지로 처리합니다. 따라서 실제로 가장 큰 제목은 h2 태그라고 보면 됩니다. 유로바이크투어 프로젝트에서는 h2~h4까지 3개의 제목 스타일을 사용하겠습니다. 본문은 일반적인 본문과 조금 더 작게 작성하는 본문, 이렇게 2가지로 나눴습니다.

02 데스크톱 글자 스타일 지정하기_ ❶Typograph 부분의 아이콘(⋮⋮)을 클릭하고, ❷Text styles 창에서 추가 아이콘(+)을 클릭합니다. ❸스타일의 이름은 'pc/h2'로 하고, 설명은 '제목스타일-h2'로 처리하고, ❹[Create style] 버튼을 클릭하겠습니다.

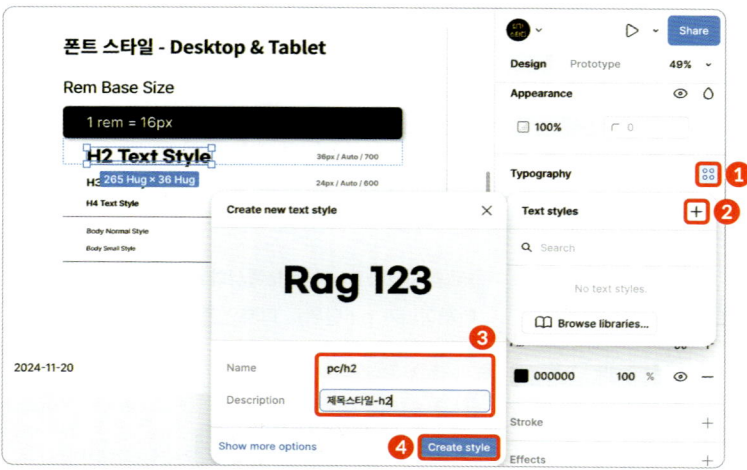

그림 15.12 데스크톱 h2 스타일을 등록하는 화면

나머지 글자를 잡고 그림 15.13과 같이 글자 스타일을 등록합니다.

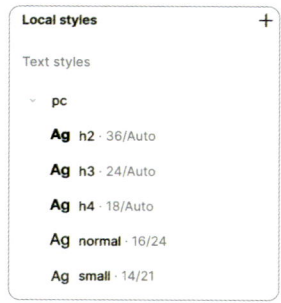

그림 15.13 데스크톱의 모든 글자 스타일을 등록한 화면

03 모바일 글자 스타일 지정하기_ 스타일의 이름은 'mobile/h2'로 하고, 설명은 '제목스타일-h2'로 하겠습니다. 나머지 글자를 잡고 그림 15.15와 같이 글자 스타일을 등록합니다.

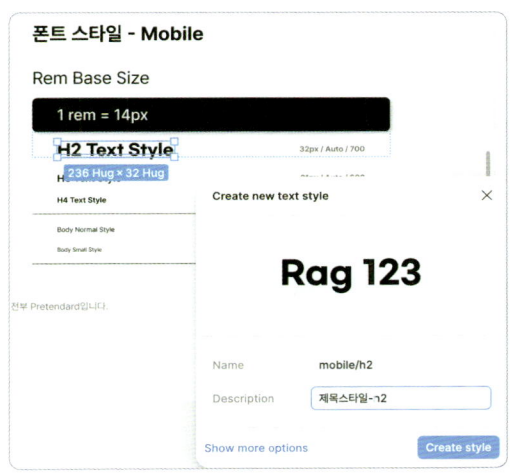

그림 15.14 모바일 h2 스타일을 등록하는 화면

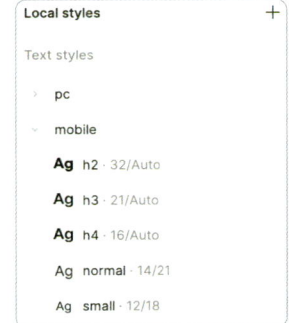

그림 15.15 모바일의 모든 글자 스타일을 등록한 화면

그리드 스타일 등록

그림 15.16은 데스크톱, 태블릿, 모바일 해상도를 표시한 프레임입니다.

그림 15.16 기기별 해상도를 나타낸 화면

반응형 웹이란 기기 화면 크기에 맞춰 자동으로 화면이 변하는 웹을 말합니다. 하지만 모든 기기의 사이즈가 제각각이기 때문에, 프로젝트를 진행할 때는 미리 기준 해상도를 지정하고 진행해야 합니다.

이때 디자인 변경이 발생하는 가로 폭의 기준점을 브레이크포인트breakpoint[1]라고 합니다. 원래 브레이크포인트는 소프트웨어 개발에서 프로그램 실행을 의도적으로 잠시 또는 완전히 멈추게 하는 지점을 뜻합니다. 그러나 웹에서의 브레이크포인트는 디자인이 바뀌는 가로 폭의 중단점이라고 이해하면 됩니다.

브레이크포인트에는 자주 쓰이는 수치가 있긴 하지만, 모니터·태블릿·스마트폰이 계속 새롭게 출시되므로 시대에 따라 달라질 수 있습니다. 따라서 현재 가장 많이 사용되는 해상도를 알 수 있는 statcounter 사이트[2]를 활용하는 것을 추천합니다. 여기에서 최신 기기 점유율과 해상도를 확인한 뒤 브레이크포인트를 설정하면 좋습니다.

예를 들어 유로바이크투어 프로젝트에서는 데스크톱은 데스크톱 최저 해상도 1024×768부터 다양한 모니터 해상도를 지원하기 위해 1024~1920+ 범위로 지정했습니다. 2025년 현재 데스크톱 최적 해상도는 1920×1080입니다. 영상 디자인 업계에서는 4K(2560)까지 제작하지만, 웹에서는 여전히 1920 해상도가 많이 쓰입니다. 태블릿은 가장 작은 601×962부터 데스크톱보다 작은 해상도 범위로 지정하여 601~1023으로 설정했습니다. 모바일은 iPhone SE 사이즈인 320×568부터 태블릿보다 작은 범위로 지정하여 320~600로 설정했습니다.

다만 태블릿의 경우 실제로는 1280 가로 폭을 지원하기도 하며, 모바일은 폴더폰처럼 가로 폭이 280 정도인 경우도 있습니다. 결국 어떤 해상도까지 지원할지는 기획자, 디자이너, 개발자가 협의해서 결정한 뒤 프로젝트를 진행하는 것이 가장 좋습니다.

01 데스크톱 그리드 확인하기_ 현재 데스크톱 디자인은 가장 많이 사용하는 해상도인 1920×1080을 기준으로 디자인을 많이 합니다. 화면을 100% 꽉 채워 디자인하기도 하지만, 4K(2560) 해상도를 고려하면 전체 사이즈가 너무 커집니다. 그래서 배경색, 배경 이미지, 선은 화면 폭 100%로 꽉 차게 디자인하되, 나머지 콘텐츠는 고정된 콘텐츠 폭을 설정하고 가로 중앙 정렬로 배치하는 방식이 일반적입니다.

유로바이크투어에서는 Device Width는 1920, Contents Width는 1180으로 지정했습니다. 컬럼은 2, 3, 4컬럼 구조를 모두 활용할 수 있도록 공배수 12의 12컬럼 시스템을 적용했습니다. 만약 3컬럼과 5컬럼을 조합한다면 15컬럼 시스템을 사용할 수도 있습니다.

✚ 컬럼은 한 행에 들어가는 콘텐츠 개수라고 이해하면 됩니다.

---

[1] https://ko.wikipedia.org/wiki/브레이크포인트
[2] https://gs.statcounter.com/screen-resolution-stats

그림 15.17 유로바이크투어 데스크톱 컬럼 시스템 화면

디자인이 독특한 경우 컬럼 시스템을 쓰지 않기도 하지만, 숙련된 디자이너가 아니라면 추천하지 않습니다. 거터는 20px로 설정했으며, Contents Width가 더 크면 거터 폭을 더 넓게 잡는 것이 좋습니다. 콘텐츠가 클수록 여백도 여유 있게 두는 편이 안정적입니다. 마진은 auto로 설정하여, 가로 폭 1024~1920+ 범위에서 어떤 해상도에서도 가운데 정렬되도록 했습니다.

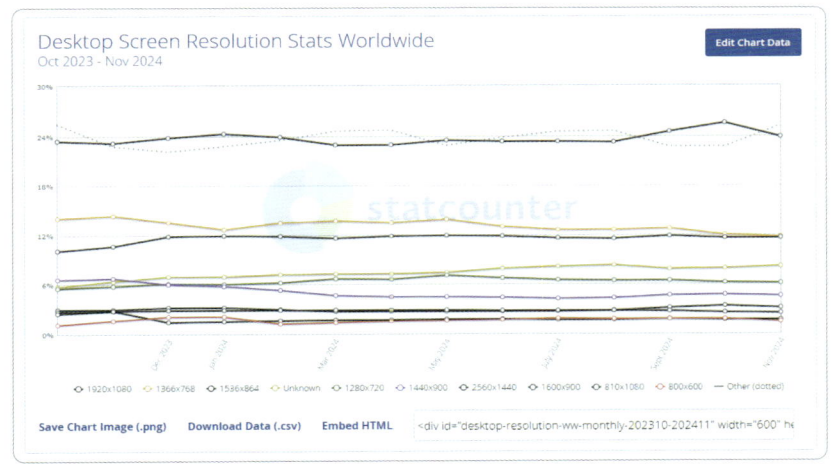

그림 15.18 statcounter에서 확인한 데스크톱 스크린 해상도[3]

---

[3] https://gs.statcounter.com/screen-resolution-stats/desktop/worldwide

과거 포토샵으로 디자인했을 때는 최적 해상도인 1920×1080을 기준으로 데스크톱용 웹 디자인을 했습니다. 하지만 피그마는 프레임에 1920×1080을 데스크톱 기본 사이즈로 지원하지 않습니다. 그림 15.19에서도 이를 확인할 수 있습니다.

그림 15.19 피그마 데스크톱 프레임 화면

이는 곧 1920×1080을 기준으로 디자인하면 프로토타입 실행 시 기기 지원이 되지 않아 보기 불편해진다는 뜻입니다. 따라서 유로바이크투어에서는 프로토타입 사이즈, 최적 사이즈, 최소 사이즈를 모두 고려해 디자인할 예정입니다.

1024와 1920은 폭 차이가 크기 때문에, 1024를 최소 사이즈로 잡고 1920 디자인을 축소하면 구현 시 문제가 많아집니다. 실무에서는 이런 이유로 데스크톱 최소 사이즈를 콘텐츠 폭에 맞추고, 그 이하 폭은 태블릿으로 처리하는 경우가 많습니다.

하지만 이번 프로젝트에서는 폭 차이가 큰 경우를 확인하기 위해 최소 사이즈를 1024로 지정했습니다. 데스크톱 디자인은 기본적으로 프로토타입 사이즈 1728×1117로 제작하고, 이후 이를 복사해서 수정하는 방식이 가장 효율적입니다. 결론적으로, 데스크톱 그리드 시스템은 프로토타입 사이즈, 최적 사이즈, 최소 사이즈, 이렇게 세 가지 사이즈를 모두 제작하여 디자인의 균형을 맞추는 것이 좋습니다.

02 1728 가로 폭의 12컬럼 그리드 만들기_ ❶프레임 툴을 누르고, ❷MacBook Pro 16을 선택합니다.

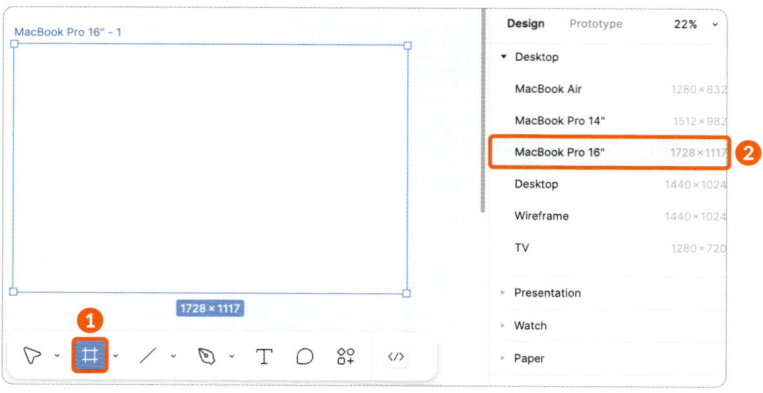

그림 15.20 MacBook Pro 16 프레임을 불러오는 화면

❶Layout grid에서 추가 아이콘(+)을 클릭한 후, ❷그리드 아이콘(田)을 누릅니다. ❸Grid는 Columns로 변경합니다.

✚ 'Layout grid'는 2025년 7월 'Layout guide'로 업데이트되었습니다. 자세한 내용은 4장을 참고하세요.

12컬럼으로 하기 위해, ❹Count는 '12', Gutter는 '20'으로 입력하겠습니다. Margin은 전체 1728에서 콘텐츠 사이즈인 1180을 뺀 후, 여백은 양쪽에 2로 나눠줍니다.

✚ (1728 − 1180) / 2의 수식을 통해 나온 Margin은 274입니다.

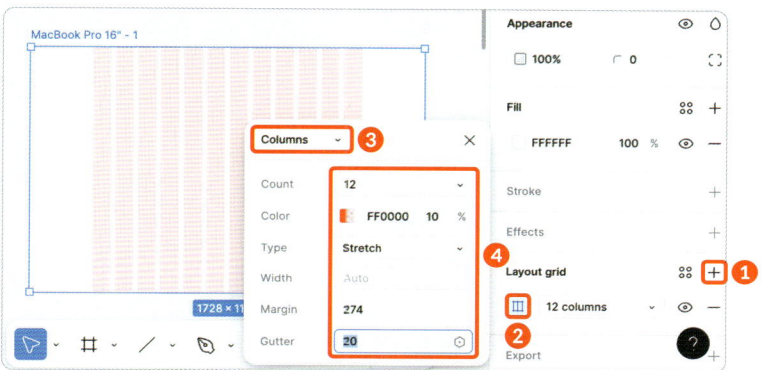

그림 15.21 그리드를 추가하는 화면

추가 아이콘(+)을 눌러 2~6 columns를 그림 15.22처럼 만듭니다. 세부 설정에서는 count 수치만 변경하면 됩니다. 나머지 columns의 눈 아이콘(◉)은 전부 끄고, 12 columns의 눈만 활성화합니다.

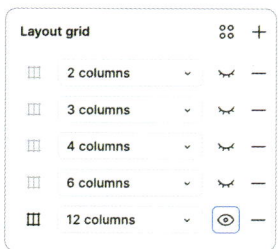

그림 15.22 다른 컬럼 그리드를 추가하는 화면

❶Layout grid에서 스타일 아이콘( )을 클릭합니다. 그러면 Grid Styles 창이 나타나는데 ❷추가 아이콘(+)을 클릭합니다. Create new grid style 창이 뜨면 ❸이름을 'pc/mac-12col'이라고 작성한 후 ❹[Create style] 버튼을 클릭합니다. 스타일을 등록한 다음에 프레임을 삭제해도 Local Style에 등록되기 때문에 프레임을 삭제합니다.

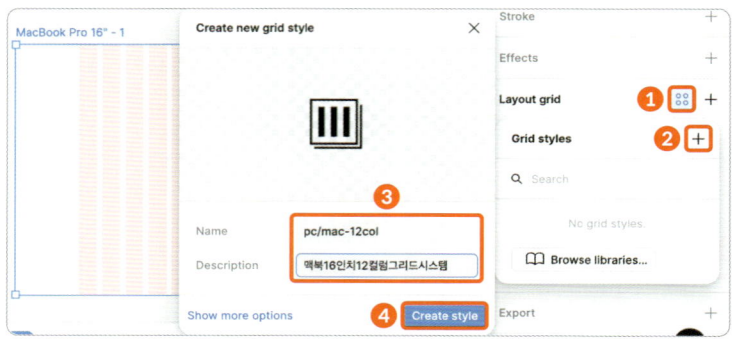

그림 15.23 그리드 스타일을 등록하는 화면

03 **1920 가로 폭의 12컬럼 그리드 만들기_** 프레임 툴을 누르고 Presentation에서 Slide 16:9를 클릭합니다. 데스크톱에서 꺼낸 것이 아니기 때문에, 프레임 사이즈를 1920×1080으로 처리해도 됩니다.

그림 15.24 1920 프레임 만드는 화면

MacBook Pro 16 사이즈에 만들던 그리드와 크게 차이는 없습니다. 대신 Margin만 달라지는데, (1920 - 1180) / 2의 수식을 통해 나온 Margin은 370이기 때문입니다. 마찬가지로 2, 3, 4, 6 columns도 추가한 후 12 columns의 눈 아이콘( )만 활성화합니다.

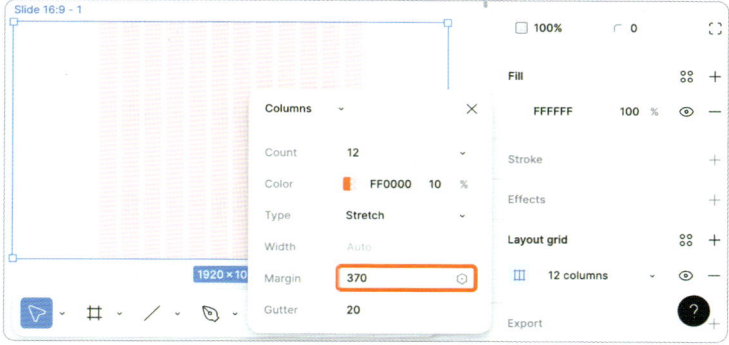

그림 15.25 그리드를 추가하는 화면

스타일 등록할 때 이름은 'pc/1920-12col'로 처리하고, 'pc'라는 그룹으로 묶겠습니다. 이번에도 프레임은 그냥 삭제하면 됩니다.

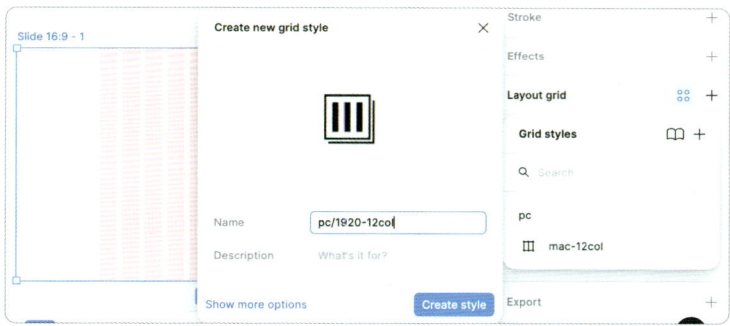

그림 15.26 스타일을 등록하는 화면

04 1024 가로 폭의 12컬럼 그리드 만들기_ 프레임 툴을 눌러 이번에는 그냥 드래그합니다. 그 이후에 사이즈를 1024×768로 처리합니다.

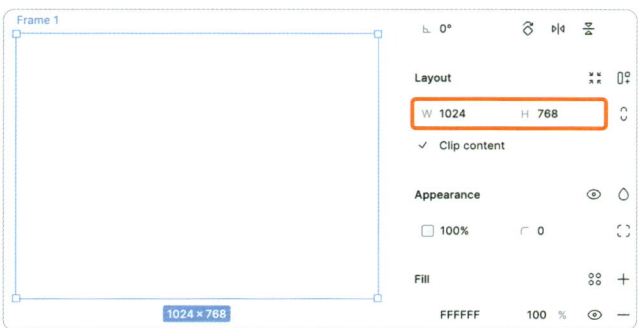

그림 15.27 프레임을 만드는 화면

이번 Margin은 16으로 처리하겠습니다. 콘텐츠 사이즈보다 작아서 100%로 화면에 꽉 채우면 되지만 콘텐츠가 좌우에 붙으면 보기 좋지 않습니다. 그러므로 16으로 처리하겠습니다. 마찬가지로 2, 3, 4, 6 columns도 추가한 후 12 columns의 눈 아이콘(◉)만 활성화합니다.

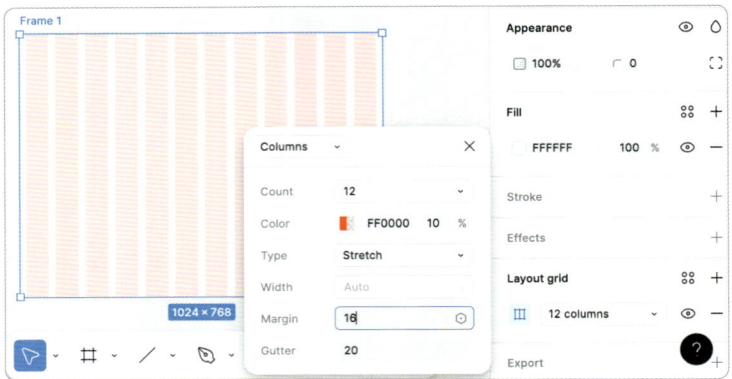

그림 15.28 그리드를 만드는 화면

스타일 등록할 때 이름은 pc/1024-12col로 처리하겠습니다. 이번에도 프레임은 그냥 삭제하면 됩니다.

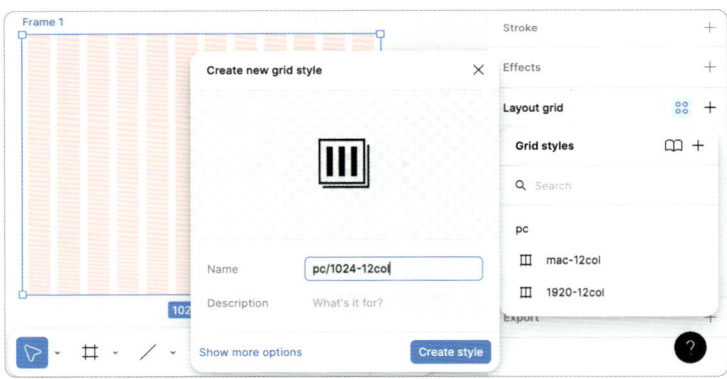

그림 15.29 그리드를 등록하는 화면

빈 공간을 눌러 Styles을 확인하면 pc라는 그룹에 3개의 그리드 스타일이 등록된 것을 확인할 수 있습니다.

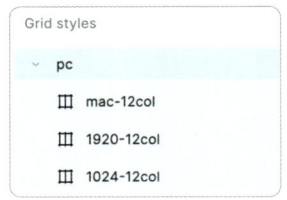

그림 15.30 Styles 확인 화면

05 태블릿 그리드 확인하기

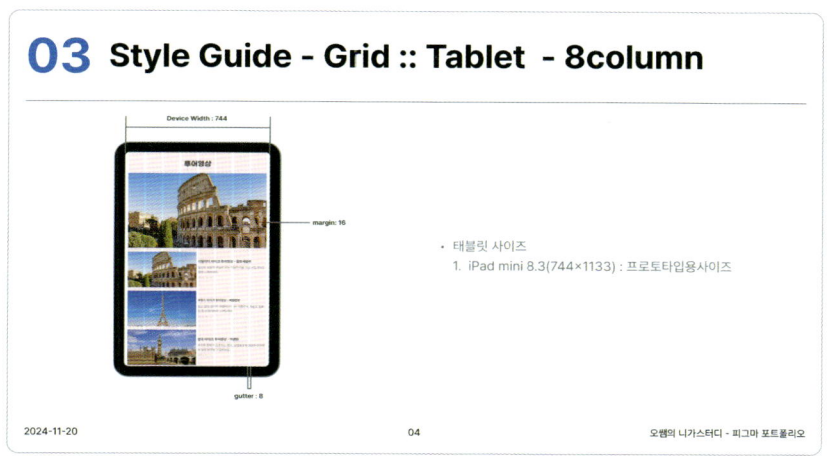

그림 15.31 유로바이크투어 태블릿 컬럼 시스템 화면

그림 15.32를 보면 2024년 12월 기준, 가장 많이 사용하는 태블릿 해상도는 768×1024입니다. 하지만 역시 피그마가 768×1024를 프레임 사이즈로 지원하지 않기 때문에 크기 차이가 많이 없는 iPad mini 8.3으로 진행하겠습니다. 프로토타입을 실행할 때는 iPad mini를 지원해서 768×1024로 해도 되지만, 그래도 유로바이크투어는 프레임 사이즈를 지원하는 iPad mini 8.3으로 진행하겠습니다. 태블릿의 최소 사이즈는 600이고, 최대 사이즈는 1023으로 잡았습니다. 디자인에서 차이가 크지 않아 가운데 사이즈인 iPad mini 8.3으로만 디자인하겠습니다. 태블릿은 보통 8컬럼 시스템을 사용합니다. 유로바이크투어도 8컬럼으로 제작하겠습니다.

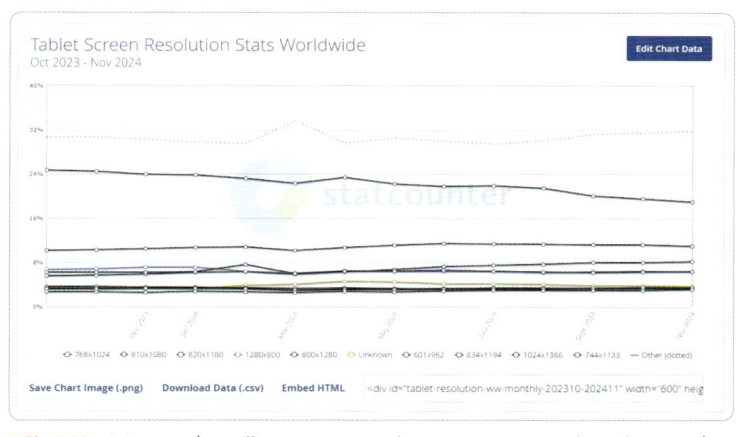

그림 15.32 statcounter(https://gs.statcounter.com/screen-resolution-stats/tablet/worldwide)

그림 15.33 피그마 태블릿 프레임 사이즈 화면

06 iPad mini 8.3의 8컬럼 그리드 만들기_ ❶ 프레임 툴을 눌러, ❷ Tablet에서 iPad mini 8.3을 클릭합니다.

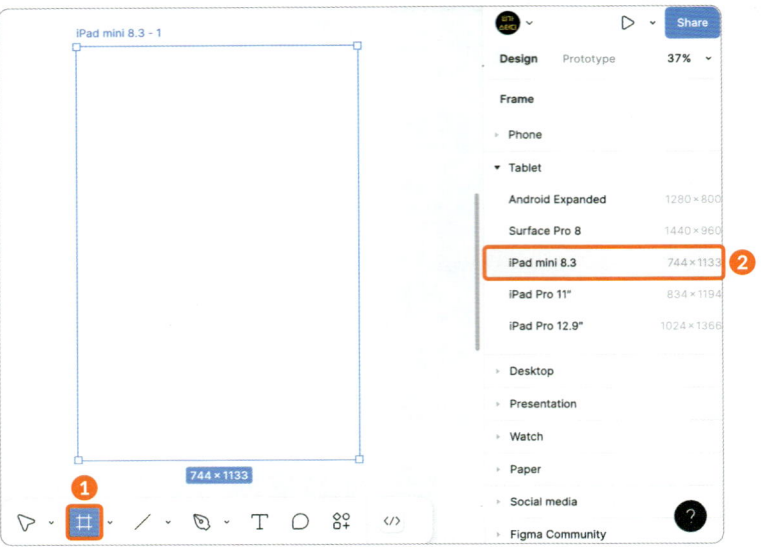

그림 15.34 태블릿 프레임을 만드는 화면

태블릿은 8컬럼 시스템으로 진행할 것이므로 Columns의 Count는 8입니다. 태블릿과 모바일은 8의 배수로 제작해야 하므로 Margin은 16으로 설정했고, Gutter는 8로 지정했습니다. 다른 기기 사이즈도 Margin이 동일하기 때문에 데스크톱처럼 여러 개로 만들 필요가 없습니다. 데스크톱은 콘텐츠 사이즈가 지정되어 Margin이 auto로 기기마다 달라야 하기 때문입니다. 태블릿과 모바일은 콘텐츠가 100%인 상태에서 Margin과 Gutter를 동일하게 주기 때문에 여러 개로 제작하지 않습니다.

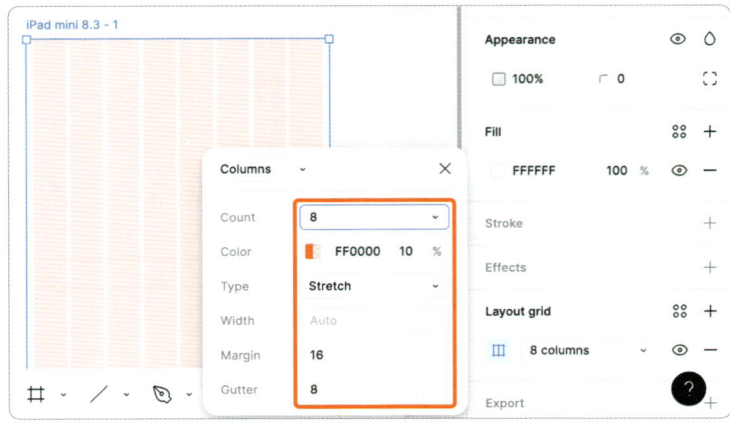

그림 15.35 그리드를 만드는 화면

태블릿에서 많이 사용하는 2, 3, 4 columns를 추가해준 후 8 columns의 눈 아이콘(◉)만 활성화합니다.

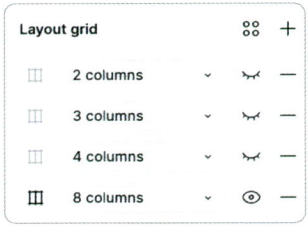

그림 15.36 그리드를 추가하는 화면

스타일을 등록할 때 이름은 tablet/m16-g8로 처리하겠습니다. 한 개만 만들 것이지만 그룹으로 묶겠습니다. 이번에도 프레임은 그냥 삭제하면 됩니다.

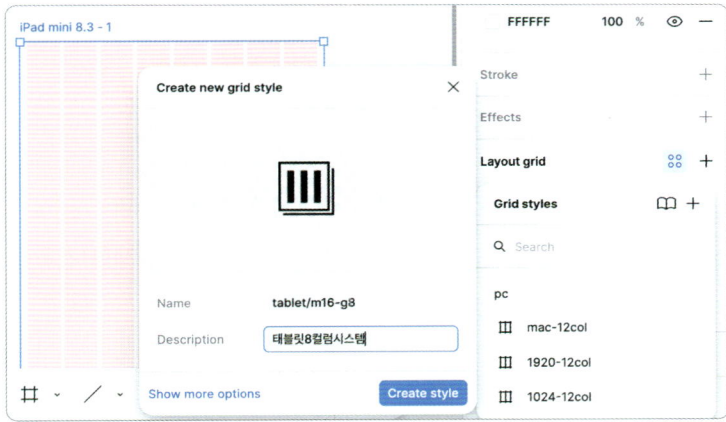

그림 15.37 그리드를 등록하는 화면

빈 공간을 눌러 Styles을 확인하면 잘 등록되어 있는 것을 확인할 수 있습니다.

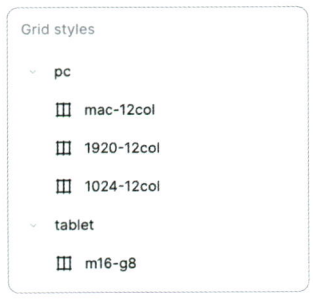

그림 15.38 Styles 확인 화면

07 모바일 그리드 확인하기_ 모바일의 경우에는 S, M, L 세 가지 사이즈로 나누어 고려해야 합니다. 삼성 갤럭시 + 계열과 아이폰의 Pro Max 계열은 일반 스마트폰보다 화면이 크고, iPhone SE는 그보다 훨씬 작습니다.

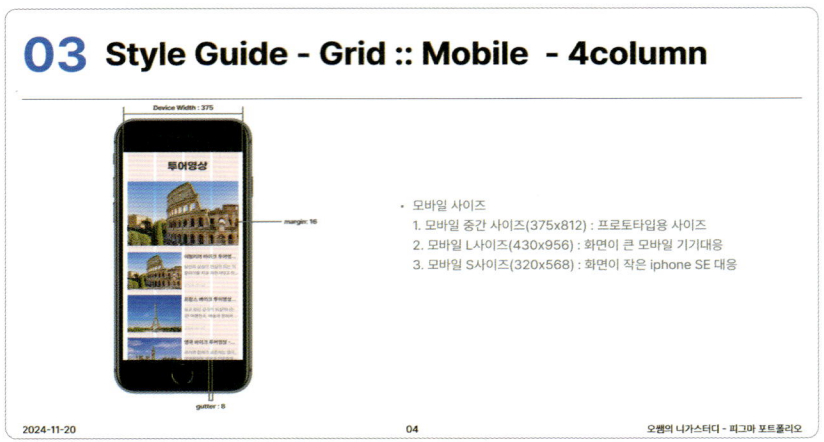

그림 15.39 유로바이크투어 모바일 컬럼 시스템 화면

사실 화면이 클 경우에는 콘텐츠 폭을 넓히면 되기 때문에 큰 문제는 없습니다. 그러나 스마트폰은 기본적으로 화면이 작기 때문에, iPhone SE처럼 더 작은 기기에서는 디자인 문제가 자주 발생합니다. 글자나 이미지를 더 줄이면 가독성이 떨어지고 시각적으로 불편해지기 때문입니다.

따라서 이러한 경우를 대비해, 작은 화면에서도 어떻게 디자인할지 구현하고 개발자에게 제시해야 합니다. 이번 프로젝트에서는 모바일 디자인을 S, M, L 세 가지 사이즈 모두에 대응하도록 제작하겠습니다. 모바일은 일반적으로 4컬럼 시스템을 많이 사용합니다. 모바일 L 사이즈에서는 5컬럼을 사용하는 경우도 있지만, 반응형 웹은 다양한 기기 환경을 모두 고려해야 하므로 4컬럼으로 통일하겠습니다.

또한 Margin과 Gutter가 모든 기기에서 동일하게 적용되므로, 그리드 등록은 한 번만 하면 됩니다.

08 iPhone13 mini의 4컬럼 그리드 만들기_ ❶프레임 툴을 눌러, ❷Phone에서 iPhone 13 mini를 클릭합니다.

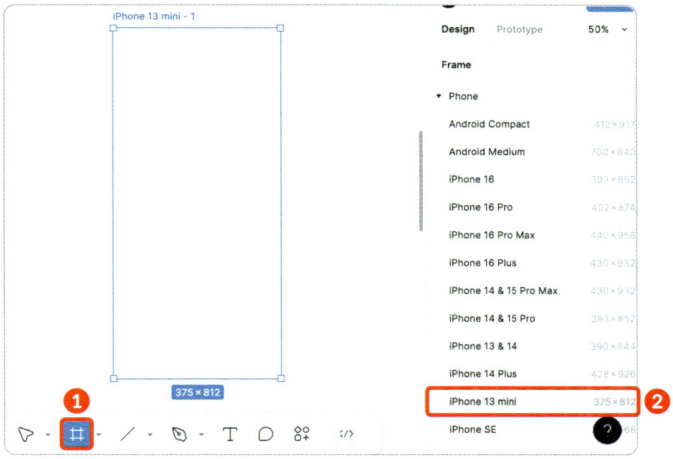

그림 15.40 모바일 프레임을 만드는 화면

모바일은 4컬럼 시스템으로 진행할 것이므로 Columns의 Count는 8입니다. Margin은 16으로 설정했고, Gutter는 8로 지정했습니다. 현재 태블릿과 같은 수치로 설정했는데, 태블릿은 화면이 더 커서 Margin은 32, Gutter를 16으로 하는 경우도 있습니다. 이런 것은 프로젝트에 맞게 디자이너가 선택해야 할 부분입니다. 모바일에서 많이 사용하는 2, 3 columns를 추가한 후 4 columns의 눈 아이콘(◉)만 활성화합니다.

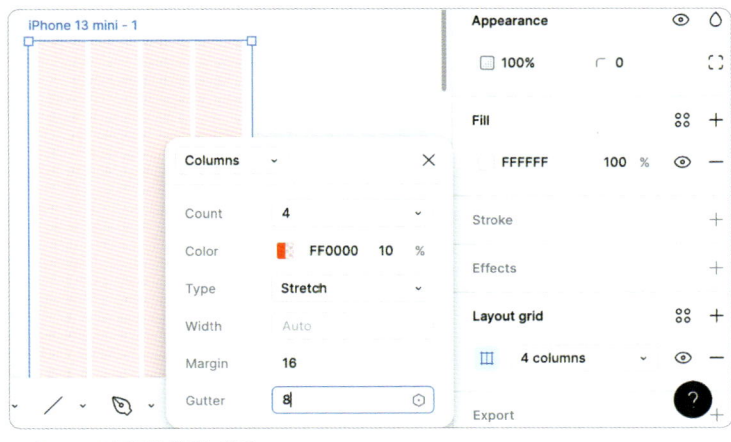

그림 15.41 그리드를 만드는 화면

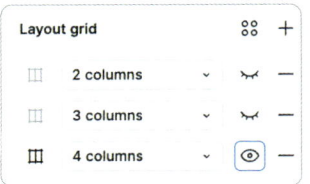

그림 15.42 그리드를 추가하는 화면

스타일을 등록할 때 이름은 mobile/m16-g8로 처리하겠습니다. 한 개만 만들 것이지만 그룹으로 묶겠습니다. 이번에도 프레임은 그냥 삭제하면 됩니다. 빈 공간을 눌러 Styles을 확인하면 잘 등록되어 있는 것을 확인할 수 있습니다. 이렇게 데스크톱, 태블릿, 모바일에 대한 그리드를 등록했으면 디자인 제작을 시작하면 됩니다.

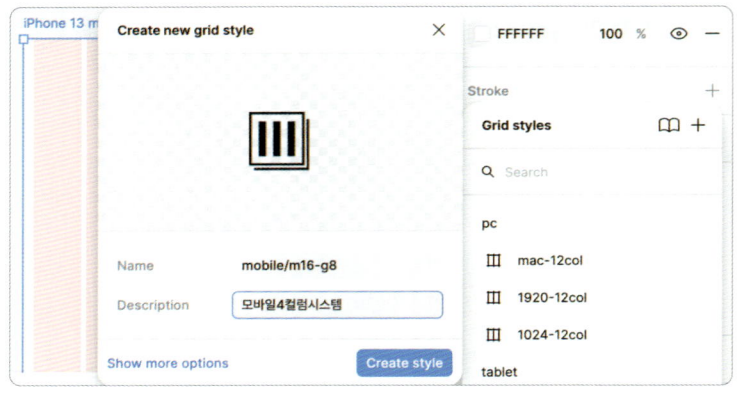

그림 15.43 그리드를 등록하는 화면

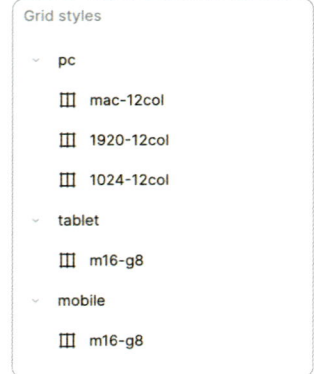

그림 15.44 Styles 확인 화면

LESSON 02

반응형 웹을 위한 컨스트레인츠

반응형 웹은 모든 기기 화면의 가로 폭에 맞춰 디자인이 변경되는 웹을 말합니다. 따라서 모든 화면 크기에서 디자인이 변화하는 과정에 대응해야 합니다. 만약 디자이너가 데스크톱, 태블릿, 모바일을 각각 단일 사이즈로만 디자인한다면, 화면 크기가 변할 때 콘텐츠가 잘리거나 불필요한 여백이 과도하게 생길 수 있습니다. 이 경우 개발자가 스스로 모든 상황을 파악해 구현하기는 어렵습니다. 그래서 디자이너는 문제가 발생하는 지점을 미리 파악하고 이에 맞춰 대응해야 합니다. 하지만 모든 화면 크기를 일일이 디자인하는 것은 시간과 비용이 많이 듭니다. 이러한 상황에서 유용하게 활용할 수 있는 기능이 바로 피그마의 컨스트레인츠constraints[4]입니다. 이번 절에서는 헤더와 푸터 콘텐츠를 예시로, 컨스트레인츠 기능을 어떻게 활용할 수 있는지 알아보겠습니다.

헤더 영역의 컨스트레인츠

01 예제 파일 확인하기_ 예제 파일 폴더에서 15장 폴더의 15_컨스트레인츠_소스.fig 파일을 피그마로 불러옵니다. 4_PC디자인 페이지에 PC메인디자인(1728) 프레임을 확인해보겠습니다. 프레임은 1728×1117 크기의 프로토타입 사이즈로 되어 있습니다.

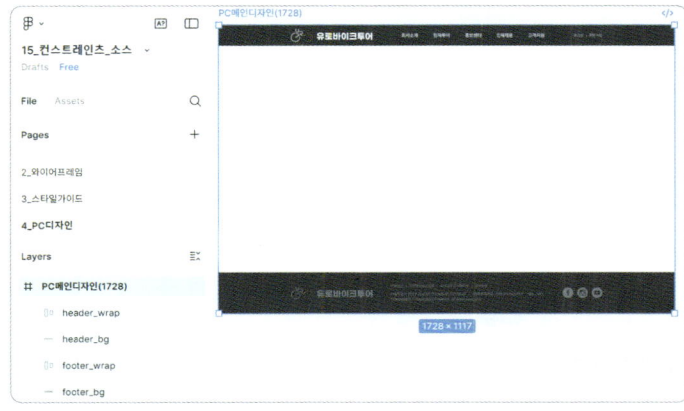

그림 15.45 예제 파일을 불러온 화면

---

[4] https://help.figma.com/hc/en-us/articles/360039957734-Apply-constraints-to-define-how-layers-resize

02 header_wrap의 최소/최대 사이즈 지정_ header_wrap은 로고, 메인 메뉴, 상단 메뉴로 되어 있습니다. 오토레이아웃으로 묶여 있고, 가로 폭을 변경하더라도 로고와 상단 메뉴가 양쪽 끝에 붙도록 Auto로 처리되어 있습니다. 레이어 패널에서 header_wrap을 선택한 후 W 크기 부분을 클릭합니다.

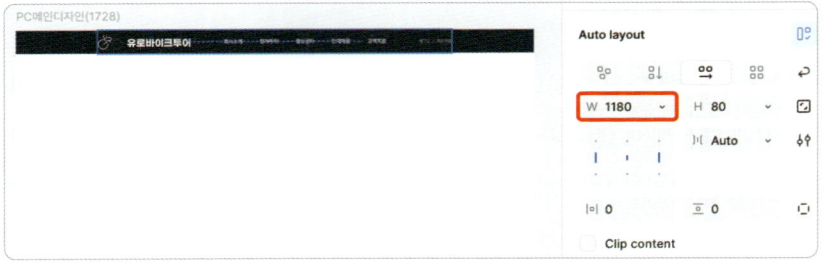

그림 15.46 header_wrap을 선택한 화면

나오는 드롭다운 메뉴에서 Add max width와 Add min width를 눌러 최소/최대 크기를 지정합니다. 최대 크기는 콘텐츠 사이즈인 1180으로 설정했고, 최소 크기는 최소 해상도인 1024로 작성합니다.

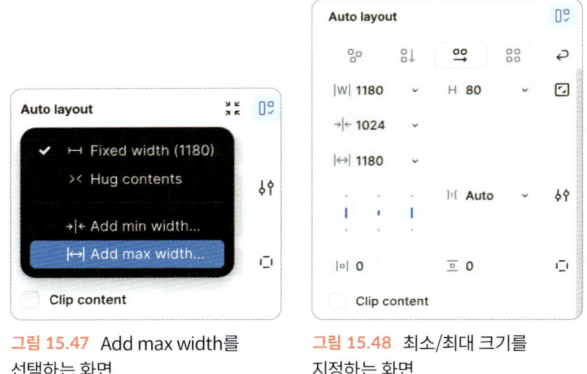

그림 15.47 Add max width를 선택하는 화면

그림 15.48 최소/최대 크기를 지정하는 화면

03 header 컴포넌트 처리_ 레이어 패널에서 header_wrap과 header_bg를 둘 다 선택한 후, 컴포넌트로 만듭니다. 헤더 영역과 푸터 영역은 메인 페이지뿐만 아니라 다른 페이지에서도 사용하므로, 컴포넌트로 만들어서 다른 페이지에 인스턴스로 처리해야 합니다. 그래야 디자인이 변경될 때 모두 변경 처리가 가능합니다. 컴포넌트 이름은 header로 변경합니다.

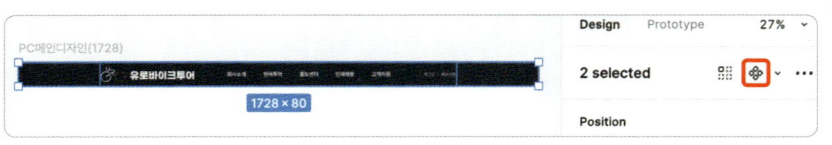

그림 15.49 컴포넌트로 처리하는 화면

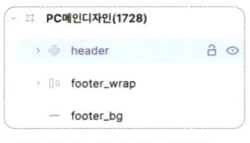

그림 15.50 컴포넌트 이름을 변경한 화면

04 컨스트레인츠 설정_ header에는 배경이 있기 때문에, 가로 폭이 달라지더라도 100%로 꽉 차야 하므로, 컨스트레인츠의 가로 값을 Scale로 변경합니다.

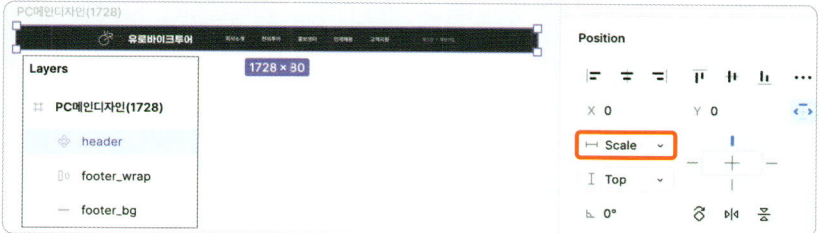

그림 15.51 header의 컨스트레인츠를 지정하는 화면

header_wrap만 선택하고 가로는 Center, 세로는 Top으로 설정합니다. 콘텐츠들은 프레임 크기가 변경되더라도 무조건 가운데로 와야 하기 때문입니다.

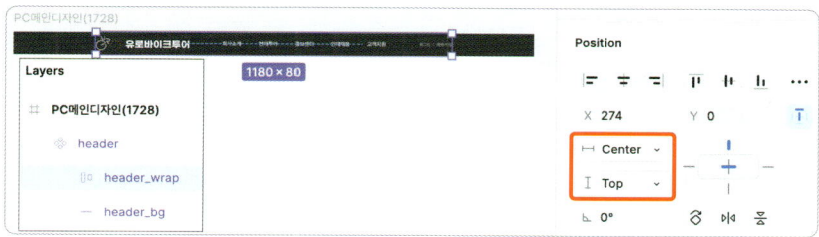

그림 15.52 header_wrap의 컨스트레인츠를 지정하는 화면

header_bg를 선택하고 둘 다 Scale로 처리합니다. 배경은 header 영역이 변경되더라도 꽉 차야 하기 때문입니다.

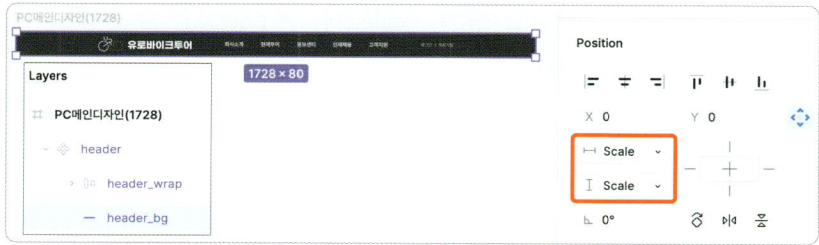

그림 15.53 header_bg의 컨스트레인츠를 지정하는 화면

푸터 영역의 컨스트레인츠

01 footer_wrap의 최대/최소 크기 지정_ footer_wrap을 선택하고 W를 클릭합니다. header_wrap과 같이 Add max width를 누르고 수치는 1180으로 처리합니다. 다시 클릭해서 Add min width는 1024로 설정합니다.

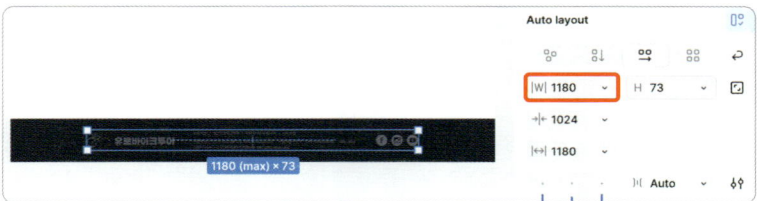

그림 15.54 footer_wrap을 선택하는 화면

02 footer 컴포넌트 처리_ footer_wrap과 footer_bg를 모두 선택하고 컴포넌트로 처리합니다. 컴포넌트의 이름은 footer로 변경합니다.

 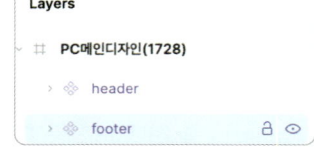

그림 15.55 컴포넌트로 처리하는 화면   그림 15.56 레이어 이름을 변경하는 화면

03 컨스트레인츠 설정_ footer 컴포넌트를 선택하고 가로는 Scale, 세로는 Bottom으로 설정합니다. 가로는 배경색이 있어 100%로 꽉 차게 처리해야 하기 때문입니다. 이번에는 세로는 아래로 맞추는데, 이는 헤더와 푸터 영역 사이에는 많은 콘텐츠들이 들어올 것이므로 프레임의 세로 높이를 늘리더라도 항상 아래에 와야 하기 때문입니다.

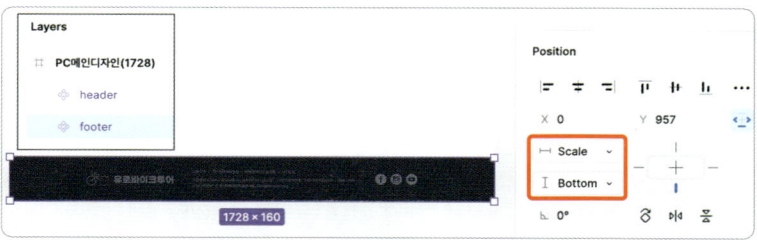

그림 15.57 footer의 컨스트레인츠를 지정하는 화면

footer_wrap은 정가운데로 오도록 둘 다 Center로 처리합니다.

그림 15.58 footer_wrap의 컨스트레인츠를 지정하는 화면

footer_bg는 둘 다 Scale로 해서, footer 컴포넌트의 영역이 변경되더라도 꽉 차게 처리합니다.

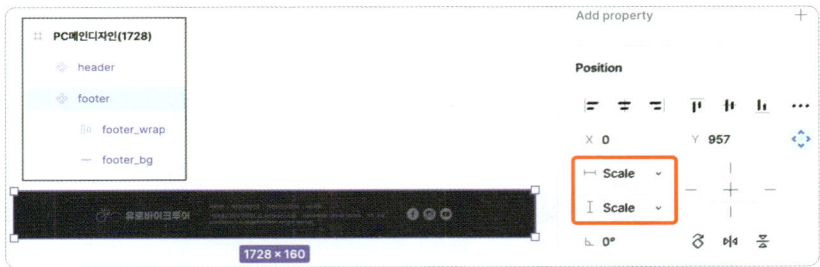

그림 15.59 footer_bg의 컨스트레인츠를 지정하는 화면

04 프레임 높이를 변경하는 화면_ 프레임을 선택하고 아래로 당겨 크기를 변경해봅니다. 그럼 푸터 영역은 항상 아래 붙어 있는 것이 확인됩니다. 디자인할 때 푸터 영역을 먼저 작업할 수도 있기 때문에 컨스트레인츠를 Bottom으로 맞춥니다.

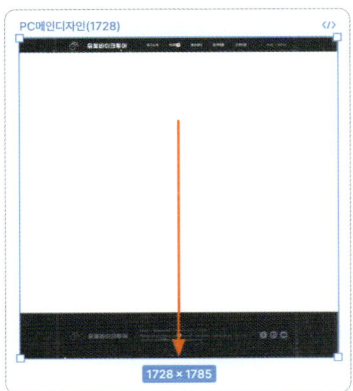

그림 15.60 프레임 높이를 변경하는 화면

사이즈별로 처리하기

01 1920 프레임 처리_ PC메인디자인(1728) 프레임을 선택해서 Alt / option 을 누르고 드래그하면 복제가 됩니다. 프레임 이름은 PC메인디자인(1920)으로 변경합니다.

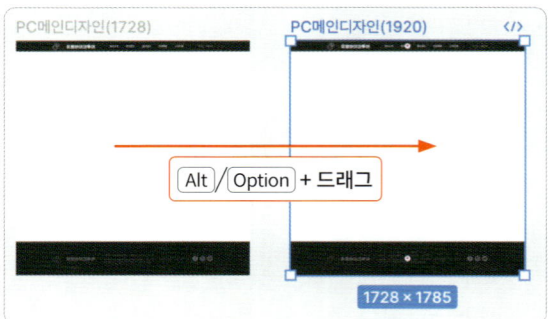

그림 15.61 프레임을 복제하는 화면

가로 폭을 1920으로 변경합니다. 그럼 컨스트레인츠가 되어 있기 때문에 배경들은 자동으로 늘어나고, 콘텐츠들은 가운데 있어 디자인에 문제가 없는 것이 확인됩니다. 1920보다 더 크기를 늘려도 문제가 생기지 않습니다.

그림 15.62 프레임 폭을 변경한 화면

02 1024 프레임 처리_ ❶PC메인디자인(1920) 프레임을 옆으로 복제한 후, ❷가로 폭을 1024로 바꿉니다. 이때는 콘텐츠가 잘리는 문제가 생깁니다. 따라서 최저 해상도인 1024에 대응한 디자인을 개발자에게 제공해야 합니다.

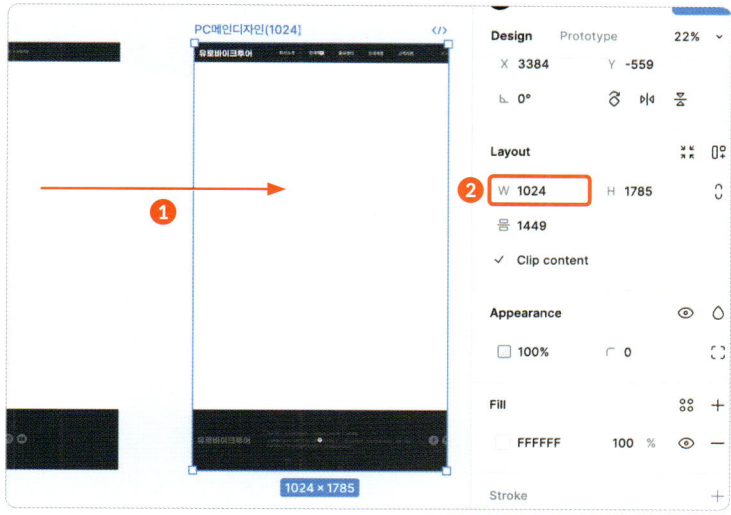

그림 15.63 프레임 폭을 변경한 화면

03 header_wrap 가로 폭 변경하기_ header_wrap를 선택하고 W를 눌러 크기를 변경하려고 하면 변경이 되지 않습니다. header의 인스턴스이기 때문입니다.

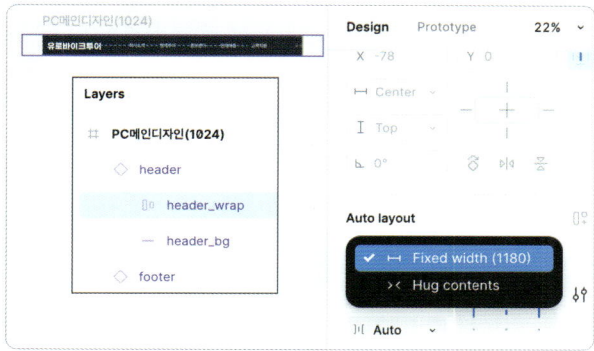

그림 15.64 가로 폭의 변경을 시도하는 화면

header에서 마우스 오른쪽을 누른 후 [Detach instance]를 선택해서 인스턴스를 깨줍니다.

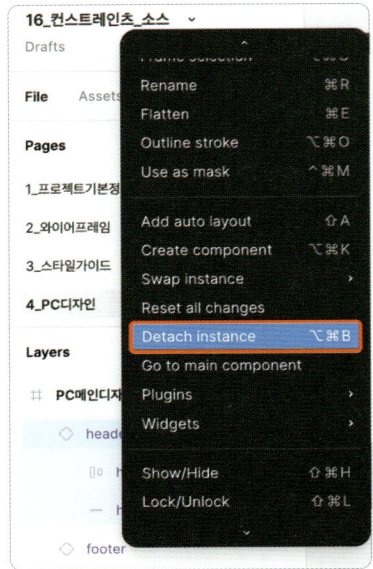

그림 15.65 Detach instance를 처리하는 화면

❶header_wrap만 선택한 다음에, ❷가로 폭은 1024로 변경합니다. 이때 위치가 맞지 않아도 가운데로 옮겨줍니다. ❸그러면 콘텐츠가 양옆으로 너무 붙기 때문에 좌우 패딩도 16으로 주겠습니다. 이때 메인 메뉴의 간격이 너무 넓다고 판단되면 줄여도 됩니다. 이것은 디자이너가 선택할 부분입니다. 이 책에서는 그냥 두고, 좌우 여백만 처리하겠습니다.

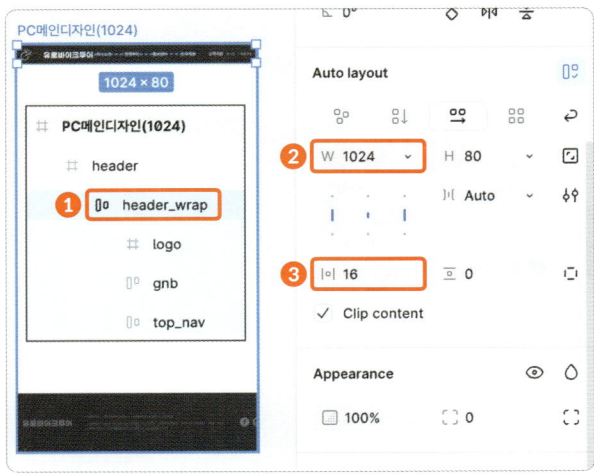

그림 15.66 header_wrap을 처리하는 화면

04 footer_wrap 가로 폭 변경하기_ footer도 인스턴스라 footer_wrap의 크기가 변경되지 않기 때문에 [Detach instance]로 깨줍니다.

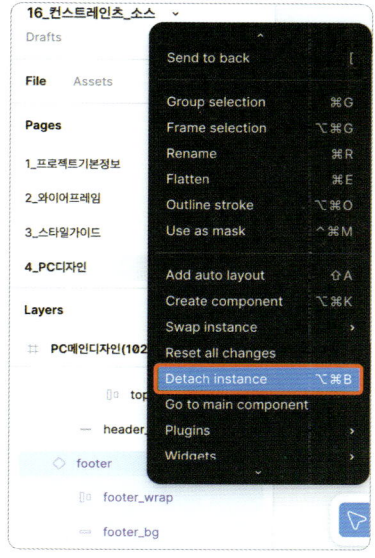

그림 15.67 Detach instance를 처리하는 화면

footer_wrap만 선택한 다음에, 가로 폭은 1024로 변경하고, 좌우 패딩도 16을 줍니다. 그리고 가운데 위치하지 않으니 가운데로 옮겨줍니다. 그럼 가운데 글자가 길어서 로고와 SNS 아이콘이 겹치는 것을 확인할 수 있습니다.

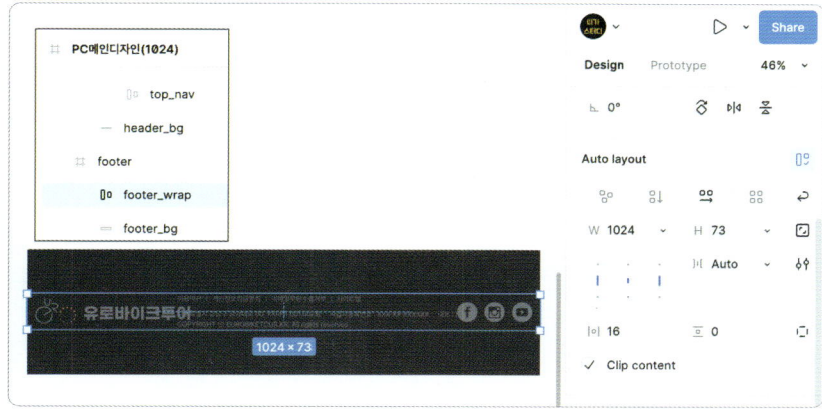

그림 15.68 footer_wrap을 처리하는 화면

로고를 줄이거나 SNS 간격을 줄여도 되지만, 이 예제에서는 글자에 Enter 키를 눌러 공간을 만들어보 겠습니다. 사업자등록번호 앞에서 Enter 키를 눌러서 그림 15.69처럼 변경하겠습니다. 이렇듯 가로 폭을 1024로 바꾸면 디자인이 많이 변경되기 때문에 디자이너가 대응한 후 개발자에게 넘겨야 합니다.

그림 15.69 글자에 Enter 키를 누른 화면

그림 15.70은 데스크톱을 기기별로 전체 디자인한 모습입니다. 그림에서 보이는 것과 같이 모두 따로 제작하려면 너무 어렵겠죠? 그래서 가로 폭이 1728인 프로토타입 크기로 제작한 후 컨스트레인츠로 작업을 합니다. 프로토타입 크기를 복사 후 1920과 1024 크기로 변경한 후 수정 작업을 하면 됩니다.

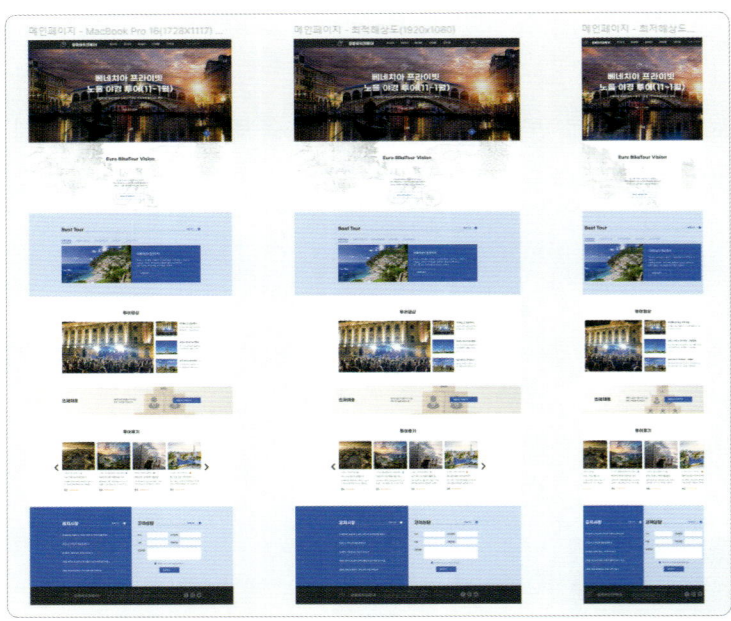

그림 15.70 데스크톱 기기별 전체 디자인 화면

제가 제작해보니 디자인을 완성한 다음에 컨스트레인츠를 맞추는 것보다 한 행간씩 작업 후 맞추는 것이 시간이 적게 들었습니다. 여러분이 제작하는 디자인도 이런 방식으로 컨스트레인츠 작업을 하면 시간을 많이 줄일 수 있을 것입니다.

LESSON 03 | 데스크톱 프로토타입

데스크톱의 프로토타입은 메인 메뉴, 메인 이미지, 탭 바, 영상 재생, 슬라이드, 이렇게 5가지를 구현해보겠습니다.

메인 메뉴 제작

메인 메뉴는 헤더 영역에 있는 네비게이션입니다. 실무에서는 글로벌 네비게이션 바global navigation bar라는 말을 줄여 GNB라고 부르기도 합니다. 메인 메뉴는 보통 계층 구조로 되어 있기 때문에 대부분 메인 메뉴와 서브 메뉴로 구성되어 있습니다. 유로바이크투어에서는 한 메인 메뉴에 마우스를 올리면 해당되는 서브 메뉴만 보이는 각각의 메뉴 형태를 제작해보겠습니다.

01 예제 파일 확인하기_ 예제 파일 폴더에서 15장 폴더의 15_데스크톱프로토타입_소스.fig 파일을 피그마로 불러옵니다. 5_데스크톱디자인 페이지를 보면 프로토타입을 적용할 부분만 빈 공간으로 있는 것을 확인할 수 있습니다.

그림 15.71 예제 파일을 불러온 화면

4_컴포넌트모음 페이지를 클릭합니다. 그럼 이미 만들어져 있는 많은 컴포넌트가 있는 것을 확인할 수 있습니다.

그림 15.72 4_컴포넌트모음 페이지에 들어간 화면

컴포넌트 중에서 2_데스크톱GNB 프레임을 찾아서 확대합니다. 프레임에는 서브 메뉴 variants가 미리 만들어져 있습니다. 마우스를 올리지 않은 기본 상태는 회색으로 글자를 처리했고, 마우스를 올렸을 때의 상태는 메인 컬러로 글자색을 설정하고 프로토타입도 지정해두었습니다.

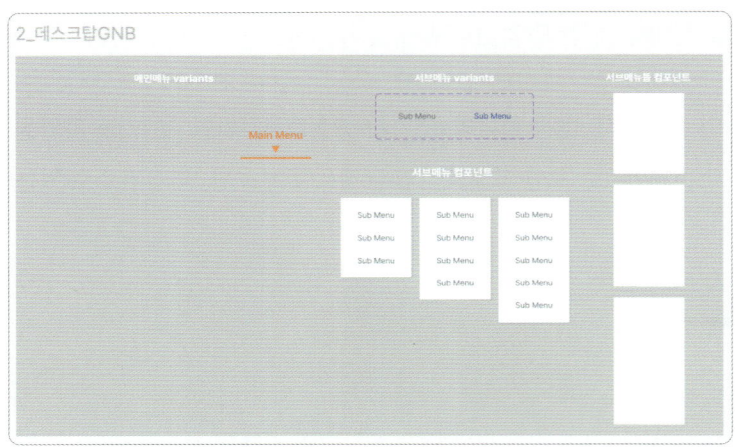

그림 15.73 2_데스크톱GNB를 확대한 화면

서브 메뉴 컴포넌트는 서브 메뉴의 모음입니다. 1_프로젝트기본정보 페이지의 2_Information Architecture 프레임을 보면 서브 메뉴가 3개, 4개, 5개로 구성되어 있는 것을 확인할 수 있습니다. 한 개만 예시로 만들어서 인스턴스에서 변경하면 프로토타입 실행 시 오류가 있습니다. 그래서 각각을 sub3, sub4, sub5라는 컴포넌트로 지정해두었습니다.

서브 메뉴 틀 컴포넌트는 서브 메뉴가 안 보이더라도 마우스를 올릴 영역을 지정해야 해서 사각형으로 영역만 처리한 후 box3, box4, box5라는 컴포넌트로 처리했습니다.

02 메인 메뉴 variants에 인스턴스 복제하기_ sub3과 box3을 복제해서 Main Menu 아래에 가져다 놓습니다.

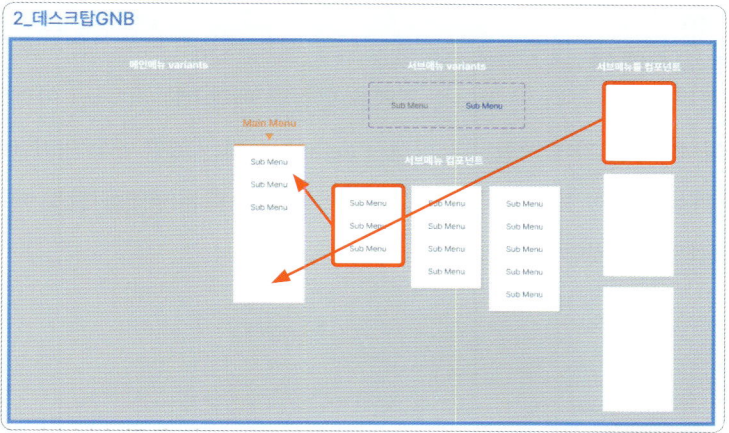

그림 15.74 인스턴스를 복제한 화면

03 오토레이아웃 처리하기_ ❶ 레이어 패널에서 main, sub3, box3을 선택해서 오토레이아웃으로 묶어줍니다. 그리고 레이어 이름은 'mainmenu/hover2'로 변경합니다. ❷ H는 자동으로 Hug Contents 처리가 되는데, 혹시 안 되어 있다면 변경해서 자손의 높이만큼 인식하도록 처리합니다. 그리고 ❸ 마진은 0으로 처리해서 요소 간의 간격은 없애도록 하겠습니다.

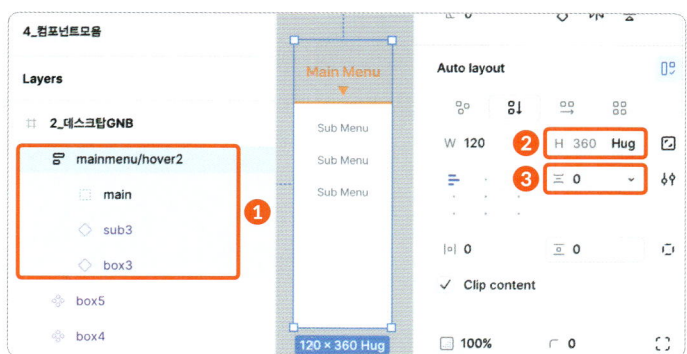

그림 15.75 오토레이아웃으로 묶은 화면

오토레이아웃 요소를 2개 더 복제합니다. 왼쪽 요소의 이름은 mainmenu/default로 변경하고, 가운데 요소의 이름은 mainmenu/hover1로 변경합니다. 원래 상태는 마우스를 올리지 않은 default 상태와 마우스를 올린 hover 상태로 나뉘는데, 메인 메뉴는 3가지 상태로 나눈 이유가 있습니다. mainmenu/default 상태에서 아래 서브 메뉴 영역이 없으면 마우스를 올려서 나타난 서브 메뉴로 마우스를 이동하면 다시 사라지기 때문입니다. 그렇다고 처음부터 안 보이는 영역을 만들면 메인 메뉴가 아닌 아래 공간에 마우스를 올려도 메뉴가 나타나는 에러가 발생합니다. 그래서 default 상태는 메인 메뉴 영역만 있는 상태로 만들고, hover1은 메인 메뉴만 있어 보이지만 아래에 안 보이는 서브 메뉴 영역을 만들 예정입니다. hover2는 마우스를 올린 상태가 될 것입니다.

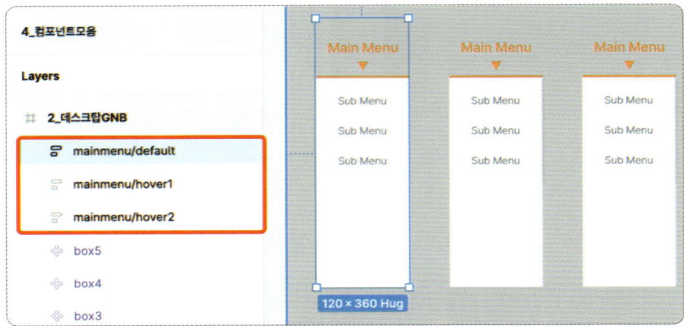

그림 15.76 오토레이아웃을 3개로 복제한 화면

04 mainmenu/default 수정하기_ ①mainmenu/default의 sub3과 box3을 동시에 잡습니다. ②높이인 H를 0으로 처리하면, 자손인 글자가 보일 수 있습니다. 그래서 ③Clip content를 체크해서 영역을 넘어간 자손인 글자를 안 보이게 처리합니다. 확실하게 안 보이게 처리하기 위해 Appearance의 투명도도 0%로 처리합니다.

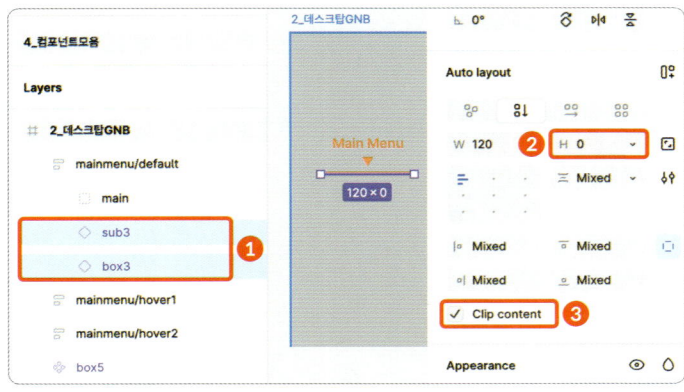

그림 15.77 sub3과 box3을 변경하는 화면

❶Main Menu 글자만 선택한 후, ❷sub로 되어 있는 스타일을 깨고, 흰색인 FFFFFF로 변경합니다.

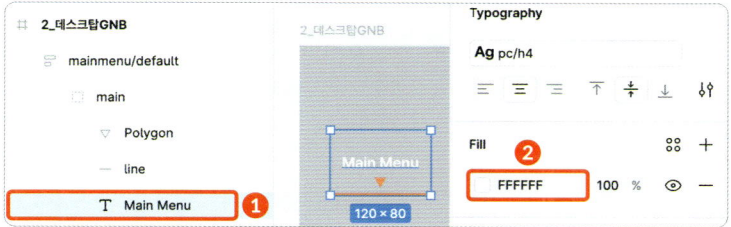

그림 15.78 글자를 흰색으로 변경하는 화면

❶삼각형인 Polygon을 선택하고, 안 보이도록 ❷Appearance에서 투명도를 0%로 처리합니다.

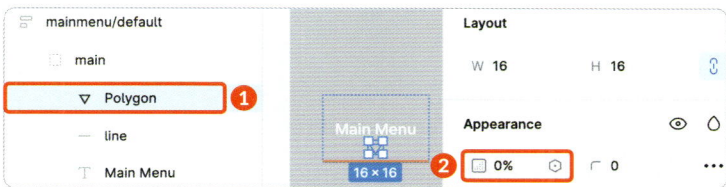

그림 15.79 삼각형을 안 보이게 처리하는 화면

아래 선인 line은 default 상태에서는 안 보이다가 마우스를 올리면 가운데서 좌우로 길어지게 처리할 예정입니다. 그래서 ❶레이어 패널에서 line을 선택하고, ❷가로 폭인 W를 2로 변경합니다. ❸위치를 main 영역의 가로 가운데로 옮겨준 후, ❹투명도를 0%로 처리하겠습니다.

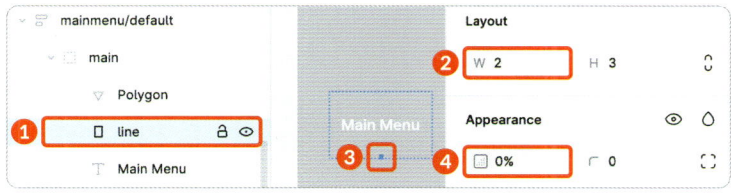

그림 15.80 선을 처리하는 화면

05 mainmenu/hover1 수정하기_ mainmenu/hover1의 main은 mainmenu/default와 똑같이 변경합니다. 그리고 나서 ❶sub3을 선택해서, ❷H를 0으로 변경하고, ❸Clip content를 체크합니다. 완전히 안 보이게 처리하기 위해 Appearance에서 투명도를 0%로 처리합니다.

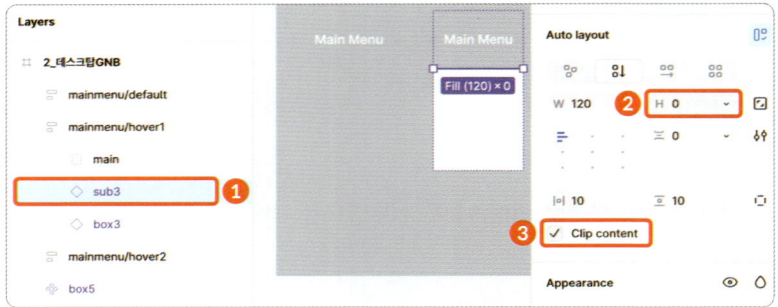

그림 15.81 sub3을 변경하는 화면

mainmenu/hover1은 마우스를 올렸을 때 서브 메뉴 공간을 두기 위한 컴포넌트입니다. 그래서 ❶box3의 영역은 바꾸지 않고, ❷Appearance에서 투명도만 0%로 처리해서 공간을 차지하게 설정합니다.

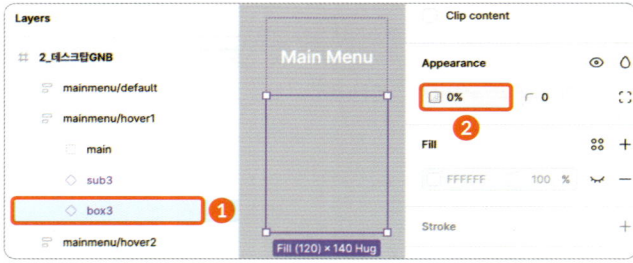

그림 15.82 box3을 변경하는 화면

06 mainmenu/hover2 수정하기_ mainmenu/hover2에서는 box3만 지우면 됩니다.

그림 15.83 mainnemu/hover2를 변경하는 화면

07 오토레이아웃을 컴포넌트로 변경_ 베리언트는 컴포넌트의 조합이기 때문에 오토레이아웃 요소를 한 개씩 선택해서 컴포넌트로 만듭니다.

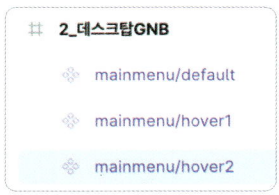

그림 15.84 컴포넌트로 변경한 화면

08 베리언트로 처리_ ①3개의 컴포넌트를 전부 선택하고, ②[Combine as variants] 버튼을 클릭합니다. 원래 Property 1이라고 나오는데, 'state'로 변경하겠습니다.

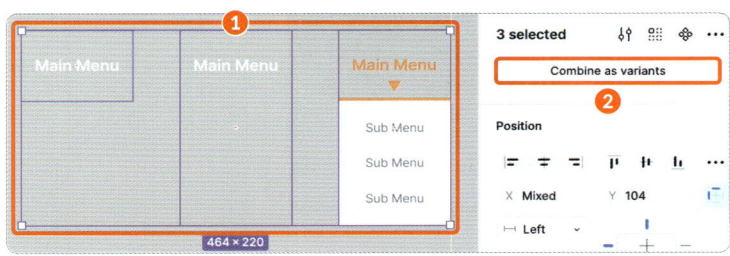

그림 15.85 베리언트로 처리하는 화면

그림 15.86 state로 변경한 화면

09 mainmenu를 header_wrap에 처리_ ①5_데스크톱디자인 페이지로 이동해서 mainmenu를 적용할 ②header_wrap을 선택합니다. 베리언트는 Assets 패널에서 가져와야 하기 때문에 ③Assets 패널로 이동해서 ④[Created in this file]을 클릭합니다.

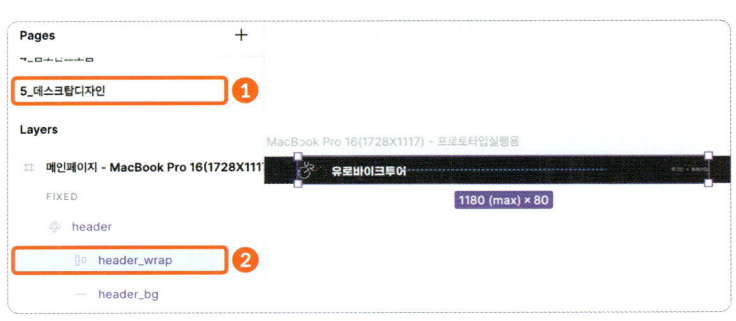
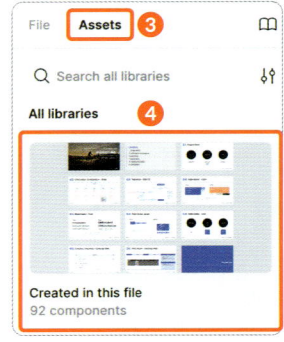

그림 15.87 header_wrap을 선택하는 화면

그림 15.88 Assets 패널로 이동하는 화면

페이지별로 그룹이 나뉘어 있는데, 4_컴포넌트모음 페이지를 클릭합니다. 페이지에 컴포넌트가 매우 많아 찾기가 어렵습니다. 페이지만으로 컴포넌트를 정리해서 보는 것이 어려우므로 ❶편집 아이콘(⑪)을 클릭해서 ❷[Show subfolders]를 선택합니다. 그럼 프레임이나 섹션별로도 그룹 설정을 합니다. 그래도 컴포넌트명을 검색해서 찾는 경우도 많으니 검색해서 찾아도 됩니다.

✚ 'Local assets'은 2025년 5월 'Created in this file'로 변경되었습니다.

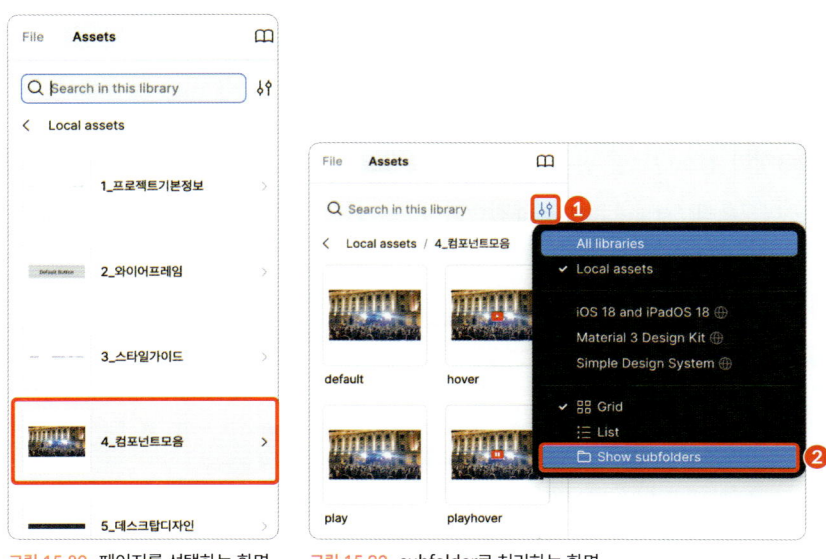

그림 15.89 페이지를 선택하는 화면   그림 15.90 subfolder로 처리하는 화면

그럼 프레임별로 그룹이 처리되는데 그중 2_데스크톱GNB 프레임을 클릭합니다. mainmenu를 꾹 눌러서 로고 옆으로 당겨주면 알아서 가운데로 잘 들어갑니다.

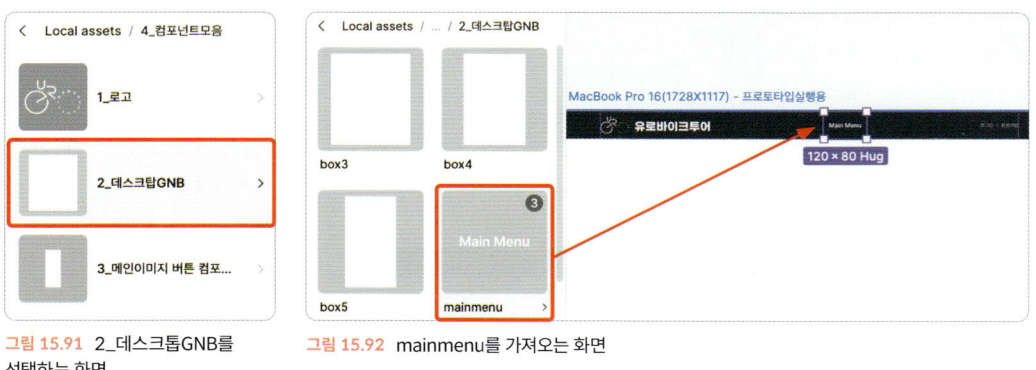

그림 15.91 2_데스크톱GNB를 선택하는 화면   그림 15.92 mainmenu를 가져오는 화면

10   mainmenu 5개로 처리_

mainmenu는 5개이므로 행 복사 단축키(Ctrl / Command + D)를 사용해서 5개로 복제합니다. 그럼 logo, mainmenu, top_nav가 형제 요소이므로 모두 같은 간격으로 들어가게 됩니다.

그림 15.93 mainmenu를 5개로 복제한 화면

Mainmenu 간의 간격을 없애기 위해 오토레이아웃으로 묶습니다. ❶이름은 'gnb'로 변경하고, ❷마진 값을 0으로 처리하겠습니다. 그러면 mainmenu들의 간격이 줄어드는 것을 확인할 수 있습니다.

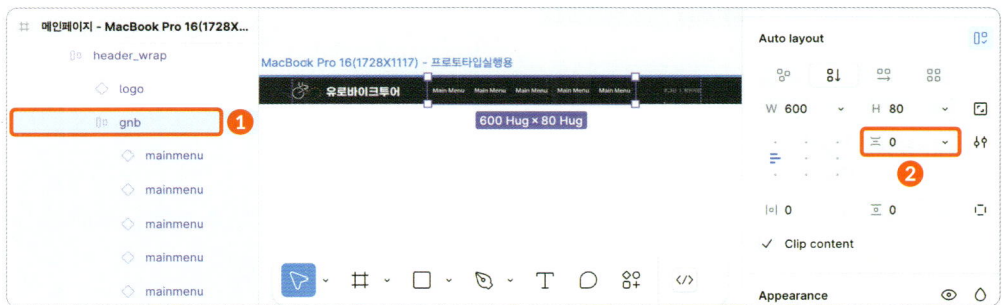

그림 15.94 mainmenu를 오토레이아웃으로 묶은 화면

인스턴스에서 글자 레이어만 잘 선택해서 그림 15.95와 같이 글자를 변경합니다. 이건 정보 설계를 보고 잘 수정하면 됩니다. 이래서 기획서와 디자인이 같은 파일에 있으면 작업 시간을 줄일 수 있다고 이야기한 것입니다. 글자 변경이 어려운 경우에는 디자인 패널에 가면 수정할 수 있는 입력창이 있으니 활용하면 됩니다.

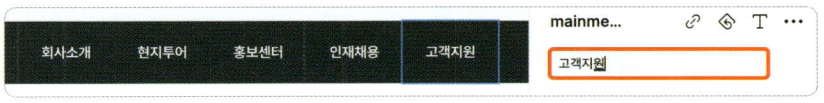

그림 15.95 mainmenu의 글자를 변경하는 화면

11 베리언트 확인_ 베리언트를 확인하기 위해 ❶회사소개의 mainmenu를 선택합니다. 그러면 베리언트로 만들었기 때문에 디자인 패널에 state가 있습니다. ❷왼쪽에 제작했던 default 상태로 되어 있는데 클릭합니다. 그럼 드롭다운 메뉴가 나오는데, 나오는 상태 중에서 [hover1]을 선택합니다.

✚ 이때 글자 레이어가 잡히지 않도록 레이어 패널에서 mainmenu를 선택했는지 확인바랍니다.

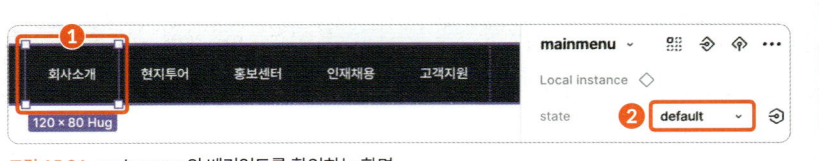 

그림 15.96 mainmenu의 베리언트를 확인하는 화면   그림 15.96-1

공간이 커지면서 hover1의 회사소개 글자가 안 보이는 문제점이 발견됩니다.

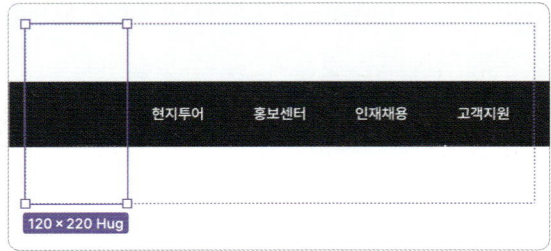

그림 15.97 hover1이 안 보이는 화면

이유는 gnb의 높이가 Hug Contents로 되어 있어서 공간이 넓어졌기 때문입니다. 거기에 오토레이아웃 정렬도 가운데로 되어 있다 보니 회사소개 글자가 위로 올라가 있습니다.

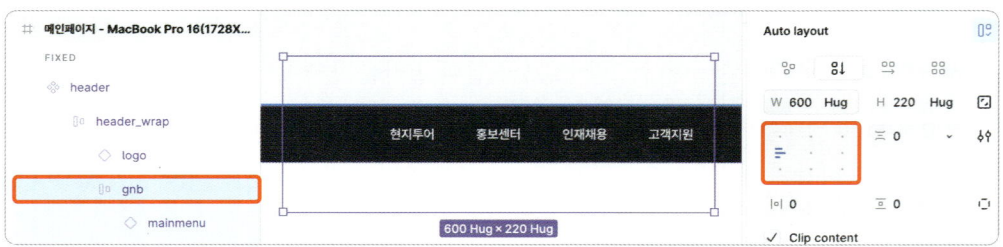

그림 15.98 gnb를 확인하는 화면

그래서 높이인 H는 80으로 변경하고, 정렬을 중앙 상단으로 변경합니다. 그럼 글자들이 다시 원래대로 돌아오는 것을 확인할 수 있습니다.

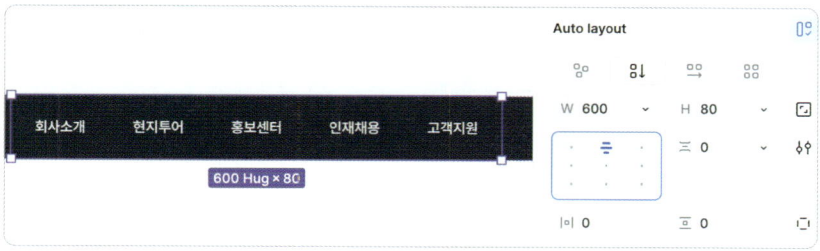

그림 15.99 gnb의 오토레이아웃을 수정한 화면

12 베리언트 수정_ 회사소개의 mainmenu를 선택하고 state를 다시 default로 돌려놓습니다.

그림 15.100 default 상태로 다시 돌린 화면

default 상태에서 글자를 변경하면 나머지 상태들도 글자가 모두 변경됩니다. 이처럼 인스턴스들도 default 상태에서 변경하면 나머지 상태에서도 변경됩니다. 회사소개의 서브 메뉴는 5개이므로 레이어 패널에서 ❶sub3을 선택해서 ❷sub5로 변경합니다.

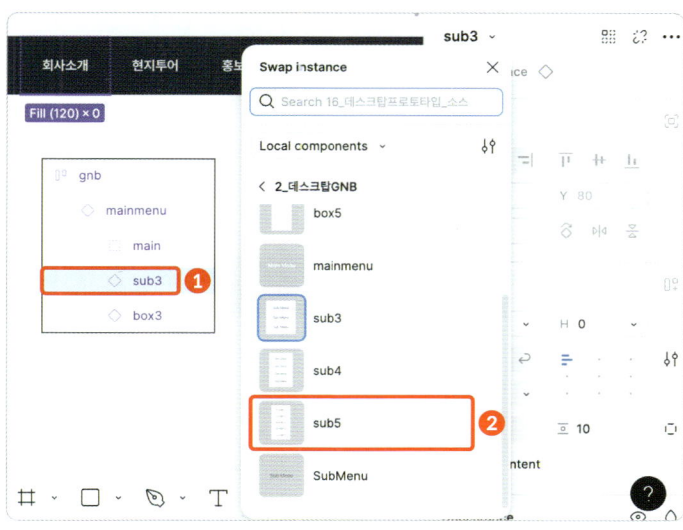

그림 15.101 sub3을 sub5로 변경하는 화면

마찬가지로 레이어 패널에서 ❶box3을 선택해서 ❷box5로 변경합니다. 회사소개뿐만 아니라 나머지 mainmenu들도 정보 설계에서의 서브 메뉴 개수에 맞게 모두 변경하면 됩니다.

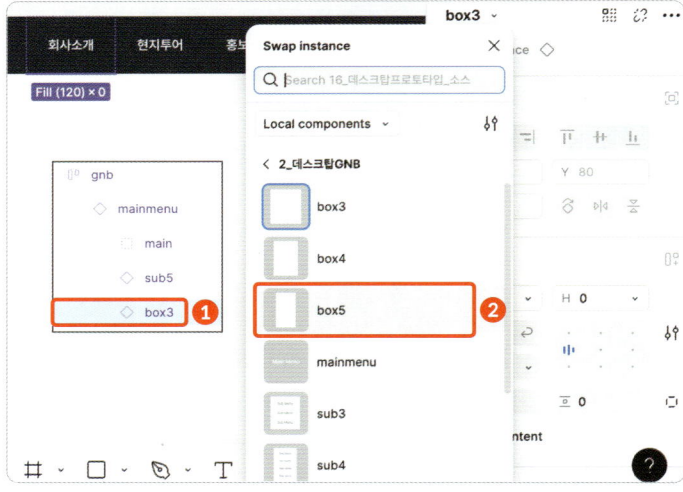

그림 15.102 box3을 box5로 변경하는 화면

회사소개인 mainmenu의 state를 hover1로 변경하면, 서브 메뉴 5개 크기의 범위만큼 높이가 처리된 것을 확인할 수 있습니다. hover2로 state를 변경하면 Sub Menu가 5개인 것을 확인할 수 있습니다.

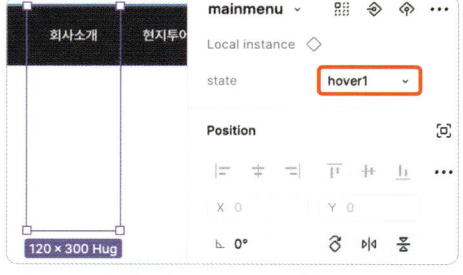

그림 15.103 회사소개를 hover1로 변경한 화면

그림 15.104 회사소개를 hover2로 변경한 화면

그럼 모든 mainmenu의 state를 hover2로 변경합니다. 정보 설계를 확인해서 글자를 모두 변경해주면 됩니다.

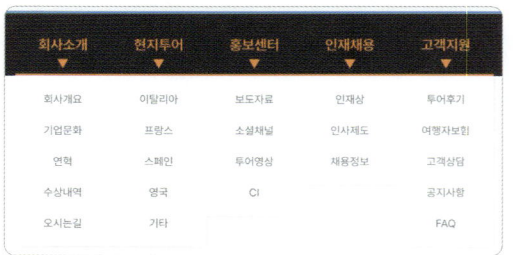

그림 15.105 서브 메뉴 글자를 모두 변경한 화면

처음에는 서브 메뉴가 보이면 안 되기 때문에 모든 mainmenu의 state를 [default]로 돌려놓습니다.

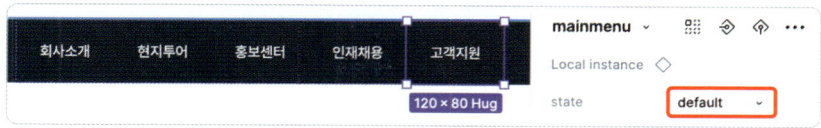

그림 15.106 default 상태로 변경한 화면

13 인터랙션 지정하기_ 모든 mainmenu에 인터랙션을 줘야하기 때문에 원본인 ❶4_컴포넌트모음 페이지로 이동합니다. ❷Prototype 패널로 들어간 후에 ❸default 상태에서 핫스팟을 끌어 hover1로 당겨줍니다. 이번에 ❹Trigger는 [While hovering]으로 마우스를 올렸을 때만 실행합니다. ❺Animation도 Instant가 아닌 [Smart animate]로 변경하고, Duration은 '200ms'로 설정하겠습니다.

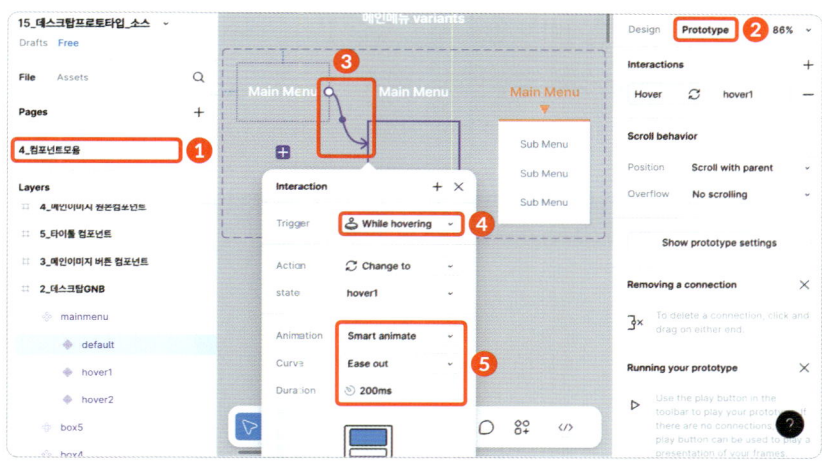

그림 15.107 인터랙션을 지정하는 화면 1

❶hover1에서 hover2로 핫스팟을 당겨줍니다. 이번에도 ❷Trigger는 [While hovering], Animation은 [Smart animate]로 변경하겠습니다. ❸Duration은 '300ms'로 설정하겠습니다.

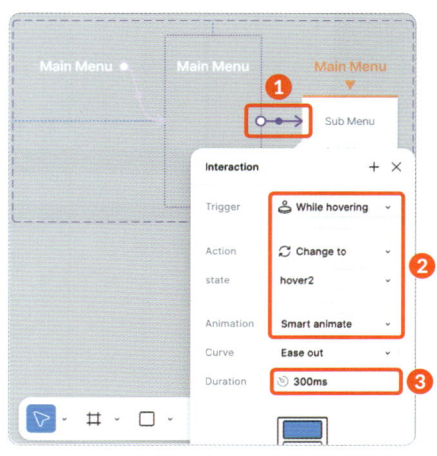

그림 15.108 인터랙션을 지정하는 화면 2

14 프로토타입 실행과 구현_ ❶5_데스트탑디자인 페이지로 돌아와서, ❷프로토타입을 실행하는 실행 아이콘(▷)을 클릭합니다.

그림 15.109 프로토타입을 실행하는 화면

프로토타입의 기기 세팅은 맞춰놨기 때문에 MacBook Pro 16인치로 뜹니다. 회사소개에 마우스를 올리면 자연스럽게 서브 메뉴가 뜨는 것을 알 수 있습니다. 서브 메뉴에 마우스를 올려도 글자색이 변경되는 것도 확인할 수 있습니다. 원하는 것처럼 움직이지 않을 수도 있습니다. 그래서 디자이너는 코멘트 툴로 레퍼런스 사이트를 개발자에게 제시하는 것이 좋습니다. 그래도 이 정도만이라도 프로토타입을 제작해서 클라이언트에게 넘기면 이해도 빠르고 굉장히 만족할 것으로 보입니다.

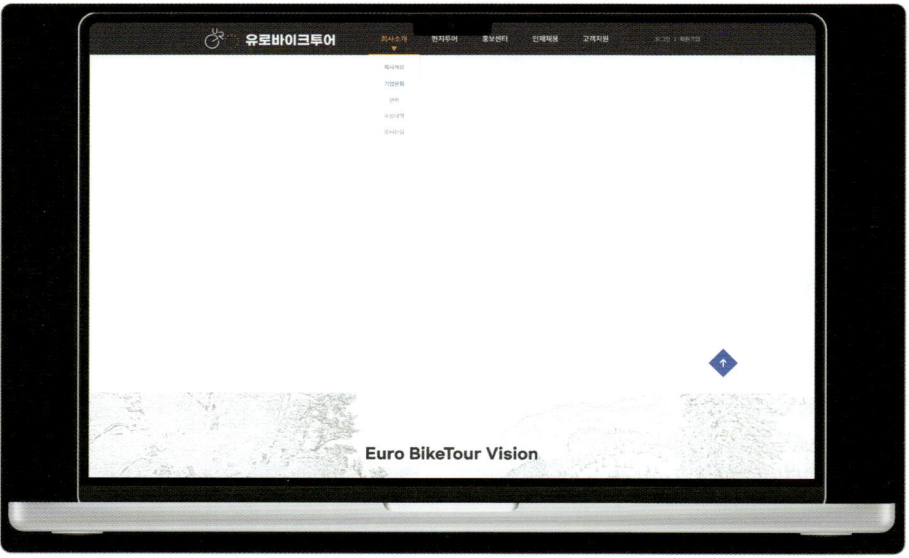

그림 15.110 프로토타입이 구현된 화면

메인 이미지 제작

12장의 3절에서 이미지 슬라이드 프로토타입을 제작해보았습니다. 하지만 프레임에 직접 제작을 했기 때문에 디자인 프레임으로 갖고 오기에는 적합하지 않습니다. 그래서 이번에는 컴포넌트 모음 부분에서 원본을 만들고, 디자인 프레임으로 어떻게 갖고 오는지 살펴보겠습니다. 12장의 3절에서는 슬라이드용 프로토타입을 만들었다면, 이번에는 페이드용 프로토타입으로 제작해보겠습니다.

01 예제 파일 확인하기_ 소스는 이전 메인 메뉴를 제작한 것에서 이어서 작업하면 됩니다. 아니면 예제 파일의 15장 폴더에서 15_데스크톱프로토타입_소스_메인메뉴완성.fig 파일을 피그마로 불러옵니다. 4_컴포넌트모음 페이지에는 4_메인이미지 원본컴포넌트 프레임이 있습니다. 원본 컴포넌트를 따로 제작해둔 이유는 스타일이 변경될 때 슬라이드 3장을 각각 교체하지 않기 위해서입니다.

그림 15.111 원본 컴포넌트를 확인하는 화면

그림 15.112에 보이는 컴포넌트는 4_메인이미지 원본컴포넌트 프레임을 그대로 복제해서 이미지와 글자들을 변경해놓은 후 프레임 자체를 컴포넌트로 등록한 것입니다.

그림 15.112 메인 이미지 슬라이드별 컴포넌트 화면

3_메인이미지 버튼 컴포넌트 프레임에 있는 버튼들은 12장의 3절에서 다 해본 내용이라 미리 제작해서 제공했습니다.

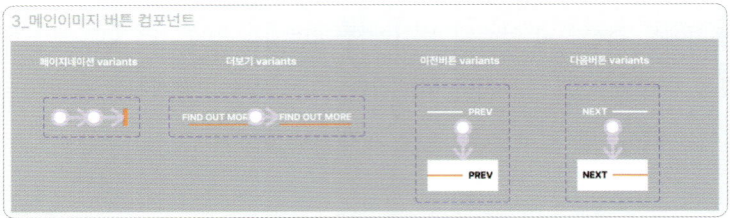

그림 15.113 메인 이미지 버튼 컴포넌트 화면

02 베리언트로 처리_ ❶3개의 컴포넌트를 모두 선택하고, ❷[Combine as variants] 버튼을 클릭합니다.

그림 15.114 베리언트로 처리하는 화면

원래 Property 1이라고 나오는데, state로 변경하겠습니다.

그림 15.115 state로 변경한 화면

03 인터랙션 처리_ ❶Prototype 패널로 이동한 다음, ❷01컴포넌트에서 02컴포넌트로 핫스팟을 당겨줍니다. ❸Trigger는 시간의 흐름 뒤 자동으로 변경되도록 [After delay]를 선택하고, Delay는 '5000ms'로 처리합니다. Animation은 [Smart animate]로 처리한 다음, Duration을 '600ms'로 처리하겠습니다.

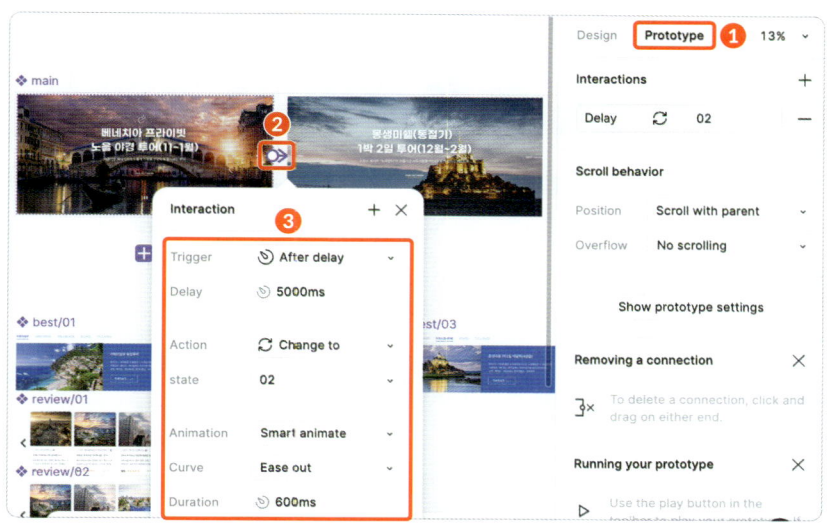

그림 15.116 After delay를 적용하는 화면

마찬가지로 02컴포넌트에서 03컴포넌트도 핫스팟으로 연결하고 같은 인터랙션을 처리합니다. 마지막으로 03컴포넌트에서 01컴포넌트로도 핫스팟을 연결하고 같은 인터랙션을 처리합니다.

이전/다음 버튼들의 인터랙션을 설정합니다. 다음 버튼들은 버튼을 선택한 후 번호의 컴포넌트에 연결하고 Trigger를 On click합니다. Animation은 나오는 대로 그대로 작업해주면 됩니다. 이전 버튼들은 버튼을 선택한 후 이전 번호의 컴포넌트에 핫스팟을 연결하고 인터랙션은 같게 처리합니다.

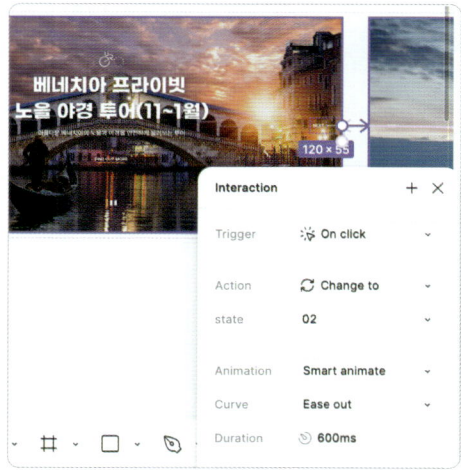

그림 15.117 next 버튼 인터랙션 화면

각각 컴포넌트의 default 상태의 페이지네이션 버튼을 선택하고 인터랙션을 설정합니다. 왼쪽 첫 번째 버튼이 default 상태인 흰색이면 01컴포넌트에 핫스팟을 연결합니다. 가운데 버튼이 default 상태면 02 컴포넌트에 핫스팟을 연결합니다. 마지막 오른쪽 버튼이 default 상태면 03컴포넌트에 핫스팟을 연결합니다. 인터랙션은 나오는 것을 그대로 사용하면 됩니다. 인터랙션의 흐름은 12장 3절의 이미지 슬라이드 프로토타입과 같습니다. 다른 점은 12장의 3절에서는 Animation에 Push를 썼다면 현재는 Smart animate를 썼다는 것입니다.

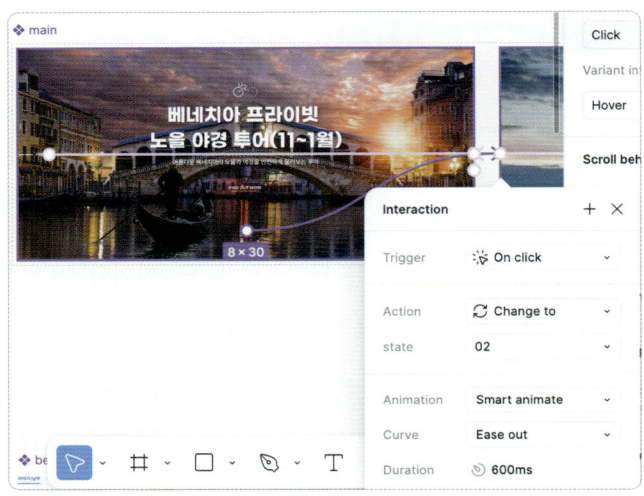

그림 15.118 페이지네이션 인터랙션 화면

프로토타입의 전체적인 흐름은 그림 15.119와 같아야 합니다.

그림 15.119 main의 프로토타입 흐름 화면

04 Assets에서 베리언트 가져오기_ 5_데스크톱디자인 페이지로 이동해서 ❶Assets 패널로 갑니다. Created in this file에서 4_컴포넌트모음으로 들어가면 가장 상단에 main이 보입니다. ❷main을 꾹 눌러서 프레임으로 끌고 갑니다.

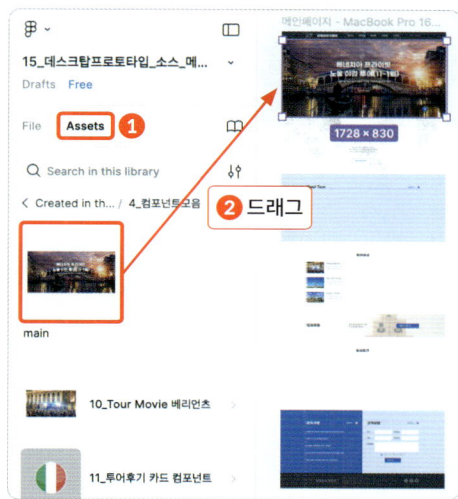

그림 15.120 main을 디자인 프레임으로 끌고간 화면

위치는 header 아래로 맞춰주면 되는데, 디자인 파널에서 Position 부분의 X는 0, Y는 80으로 설정하면 정확합니다.

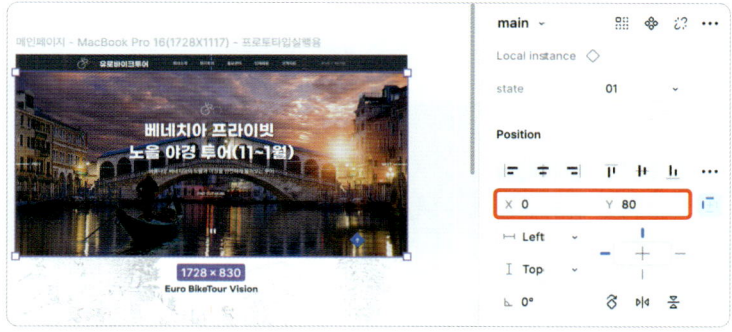

그림 15.121 main 위치를 맞춘 화면

state를 변경하면 02와 03 슬라이드를 확인할 수 있습니다. 프로토타입 구현이 안 되어 있더라도 개발자가 디자인을 보고 구현해야 하기 때문에 베리언트로 이렇게 제작해야 합니다.

그림 15.122 state를 변경한 화면

05 프로토타입 실행과 구현_ 프레임을 선택하고 프로토타입을 실행하는 실행 아이콘(▷)을 클릭합니다.

그림 15.123 프로토타입을 실행하는 화면

그럼 메인 이미지가 자동으로 변경되는 것을 확인할 수 있습니다. 버튼들을 눌러도 해당 슬라이드로 변경되는 것을 확인할 수 있습니다. 역시 움직임은 원하는 것과 똑같지 않을 수는 있습니다. 따라서 디자이너는 코멘트 툴로 레퍼런스 사이트를 개발자에게 제시해주는 것이 좋습니다.

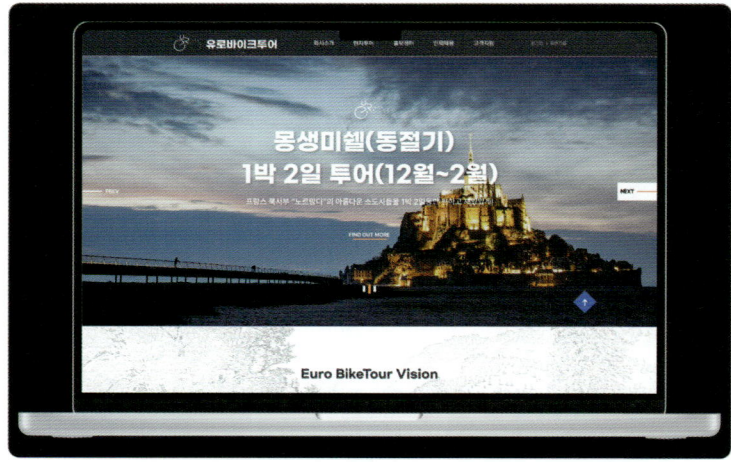

그림 15.124 프로토타입이 구현된 화면

06 컨스트레인츠 처리_ 한 행간의 콘텐츠를 모두 제작하면 컨스트레인츠를 확인해봐야 한다고 했습니다. 프레임의 가로 폭을 1920으로 처리하면 다른 부분들을 컨스트레인츠 작업이 잘 되어 늘어나는데, main만 그대로인 것을 확인할 수 있습니다.

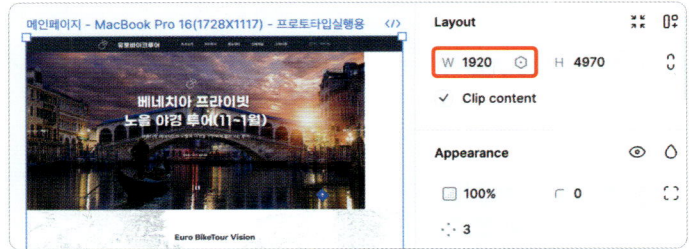

그림 15.125 프레임 크기를 변경한 화면

프레임의 가로 폭을 1728로 돌려놓은 상태에서, 컨스트레인츠의 가로를 Scale로 변경합니다. 그럼 다시 1920으로 프레임 가로 폭을 늘려도 잘 늘어나는 것을 확인할 수 있습니다. 물론 이건 디자인 프레임에서만 작업하는 것이 아니라 원본 컴포넌트에서도 컨스트레인츠 작업을 잘 해서 가져와야 합니다. 중요한 것은 한 행간 콘텐츠 작업을 완료하면 컨스트레인츠를 확인해야 한다는 것입니다.

그림 15.126 컨스트레인츠를 변경하는 화면

탭 바 제작

01 예제 파일 확인하기_ 소스는 이전 메인 이미지 제작한 것에서 이어서 작업하면 됩니다. 아니면 예제 파일 폴더에서 15장 폴더의 15_데스크톱프로토타입_소스_메인이미지완성.fig 파일을 피그마로 불러옵니다. 4_컴포넌트모음 페이지에 보면 best/01~best/05까지 베리언트로 처리할 컴포넌트들을 확인할 수 있습니다.

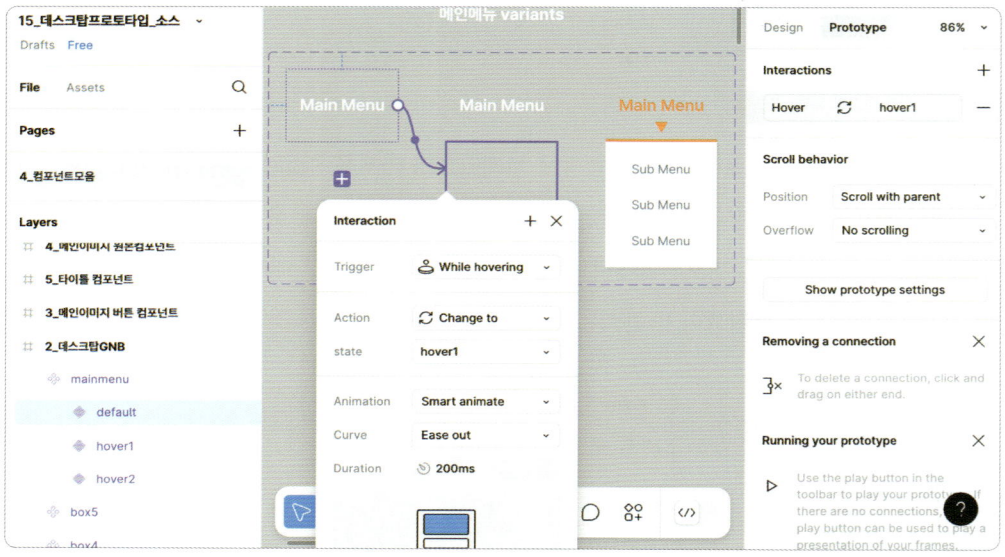

그림 15.127 컴포넌트를 확인하는 화면

8_Best Tour콘텐츠컴포넌트 프레임에 보면 탭 바의 내용과 관련된 원본 컴포넌트가 있습니다. 상단이 데스크톱용 원본 컴포넌트이고, 아래는 wrap 기능을 이용해서 태블릿과 모바일에서 사용할 원본 컴포넌트입니다.

그림 15.128 원본 컴포넌트를 확인하는 화면

7_탭 버튼 Varaints 프레임은 탭 버튼의 기본 상태와 활성화된 상태를 처리해두었습니다. 이렇게 하면 디자인 작업이 편리합니다.

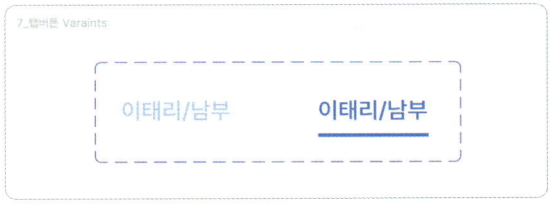

그림 15.129 탭 버튼 베리언트 화면

베리언트로 처리할 컴포넌트들은 프레임을 컴포넌트로 변경한 것입니다. 프레임은 1180×395로 일단 콘텐츠 사이즈로 가로 크기를 맞춰놨습니다. 그리고 Best Tour 행간 뒤에 배경색이 있어서 프레임 색 부분에 투명도를 0%로 처리했습니다. 탭 버튼은 5개로 처리해서 활성화할 부분만 state를 active로 처리해놨습니다. best/01 프레임을 4개로 복제해서 best/01~best/05로 프레임명을 수정한 것입니다. 그러고 나서 탭 버튼의 state를 콘텐츠에 맞게 변경하고, 이미지와 텍스트를 교체합니다. 각각의 프레임은 베리언트 처리를 위해 컴포넌트로 변경했습니다. 이 책에서는 소스를 제공했지만 여러분이 직접 제작해 보면 더 공부가 될 것입니다.

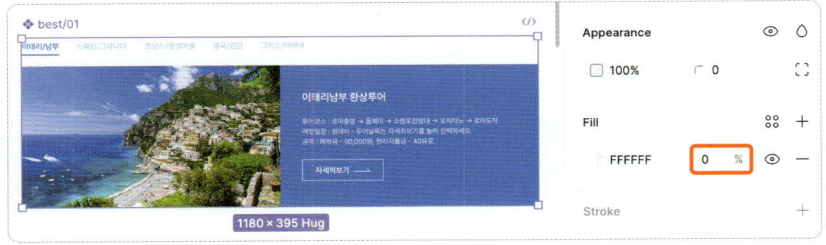

그림 15.130 컴포넌트 프레임 화면

02 베리언트로 처리_

❶ 5개의 컴포넌트를 모두 선택하고, ❷ [Combine as variants] 버튼을 클릭합니다. 원래 Property 1이라고 나오는데, 'state'로 변경하겠습니다.

그림 15.131 베리언트로 처리하는 화면

그림 15.132 state로 변경한 화면

03 인터랙션 처리_

그림 15.133은 01컴포넌트의 예시입니다. 01~05까지 모든 컴포넌트에서 작업해야 합니다. ❶Prototype을 선택하고, ❷탭 버튼 중 비활성 상태인 default로 되어 있는 것을 선택해서 해당 컴포넌트로 핫스팟을 끌어줍니다. ❸인터랙션은 그림 15.133처럼 나오기 때문에 그대로 작업하면 됩니다. 탭 바는 Animation 없이 즉시 실행되면 됩니다. 탭 버튼에서 이태리/남부 버튼은 01컴포넌트로 연결하고, 스페인/그라나다는 02컴포넌트로 연결합니다. 프랑스/몽생미셸은 03, 영국/런던은 04, 그리스/아테네는 05컴포넌트로 연결합니다.

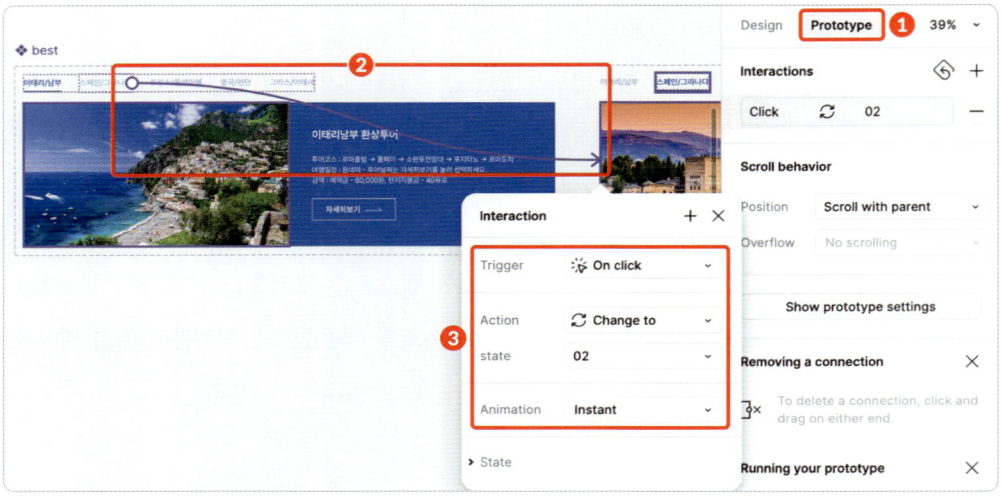

그림 15.133 인터랙션을 처리하는 화면

그림 15.134는 모든 비활성 버튼에 인터랙션이 연결된 화면입니다. 연결선 때문에 버튼 선택이 잘 안 되는 경우에는 확대해서 선택하거나, 레이어 패널을 이용해서 선택하면 됩니다.

그림 15.134 인터랙션이 모두 연결된 화면

04 Assets에서 베리언트 가져오기_ 5_데스크톱디자인 페이지로 와서 ❶Assets 패널로 이동합니다. Created in this file에서 4_컴포넌트모음으로 들어가면 가장 상단에 best가 보입니다. ❷best를 꾹 눌러서 프레임으로 끌고 갑니다.

그림 15.135 best를 디자인 프레임으로 가져오는 화면

❶레이어 패널에서는 best 그룹 안에 들어가게 처리합니다. ❷가로는 가운데에 맞추고, 세로는 h2title02인 제목 아래에 맞추면 됩니다. h2title02에서 준 패딩이 있어 맞추면 빨간색의 스마트 가이드가 뜨는 것을 확인할 수 있습니다.

그림 15.136 best 위치를 정리하는 화면

05 프로토타입 실행과 구현_ 프레임을 선택하고 프로토타입을 실행하는 실행 아이콘(▷)을 클릭합니다.

그림 15.137 프로토타입을 실행하는 화면

프로토타입에서 스크롤을 내려보면 Best Tour 탭 바가 있는 것을 확인할 수 있습니다. 이때 탭 버튼을 클릭하면 해당 콘텐츠로 변경되는 것을 확인할 수 있습니다. 사진의 용량이 크면 좀 늦게 뜹니다. 탭 버튼을 눌러보고 오류가 있다면 원본 베리언트에서 프로토타입을 수정하면 됩니다. header와 scroll 버튼은 Fixed돼서 따라다니는 것을 확인할 수 있습니다. 12장의 5절에서 공부한 적이 있어 미리 적용시켜놨습니다. 여러분이 개별적으로 디자인할 때는 신경 써서 적용하길 바랍니다.

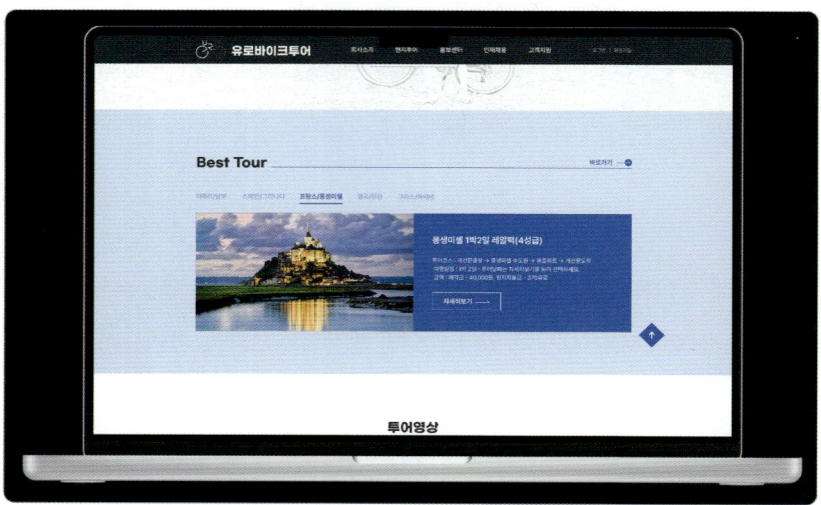

그림 15.138 프로토타입이 구현된 화면

06 컨스트레인츠 처리_

한 행간 콘텐츠를 모두 제작하면 컨스트레인츠를 확인해봐야 한다고 했습니다. 프레임의 가로 폭을 1920으로 처리하면 다른 부분들을 컨스트레인츠 작업이 잘 되어 늘어나는데, 탭 바로 작업한 부분만 위치가 변경되지 않는 것을 확인할 수 있습니다.

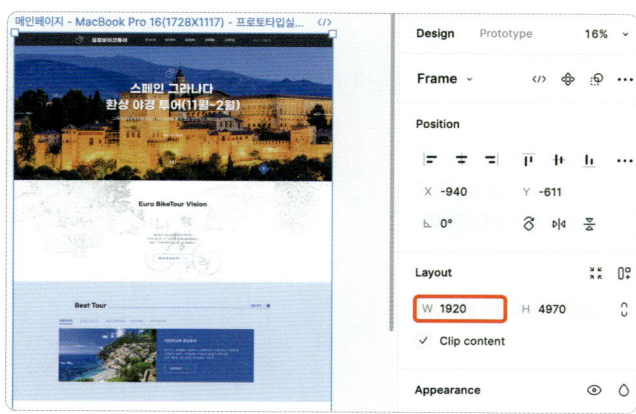

그림 15.139 프레임 크기를 변경한 화면

프레임의 가로 폭을 1728로 돌려놓은 상태에서, 컨스트레인츠의 가로를 center로 변경합니다. 그럼 다시 1920으로 프레임의 가로 폭을 늘려보면, 가운데 잘 위치하는 것을 확인할 수 있습니다. 1024로 줄였을 때는 여백이나 크기 등을 좀 더 바꿔야 합니다.

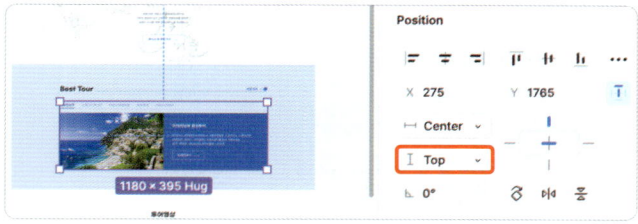

그림 15.140 컨스트레인츠를 변경하는 화면

이 책에서는 1024에서 변경되는 내용은 작업하지 않겠습니다. 예제 파일 폴더에서 15장 폴더 안의 유로바이크투어-반응형웹프로젝트-완성.fig를 보면 어떻게 작업했는지 확인할 수 있습니다.

영상 재생

영상 재생을 위한 프로토타입은 어렵지 않지만 영상이 프로토타입에서 실행된다는 것을 살펴보기 위해 한 번 구현해보겠습니다.

01 예제 파일 확인하기_ 예제 파일은 앞의 메인 이미지 제작에 이어서 작업하거나 예제 파일 폴더에서 15장 폴더의 15_데스크톱프로토타입_소스_탭 바완성.fig 파일을 피그마로 불러옵니다. 4_컴포넌트모음 페이지의 10_Tour Movie 베리언트 프레임에 가면 4개의 컴포넌트를 확인할 수 있습니다.

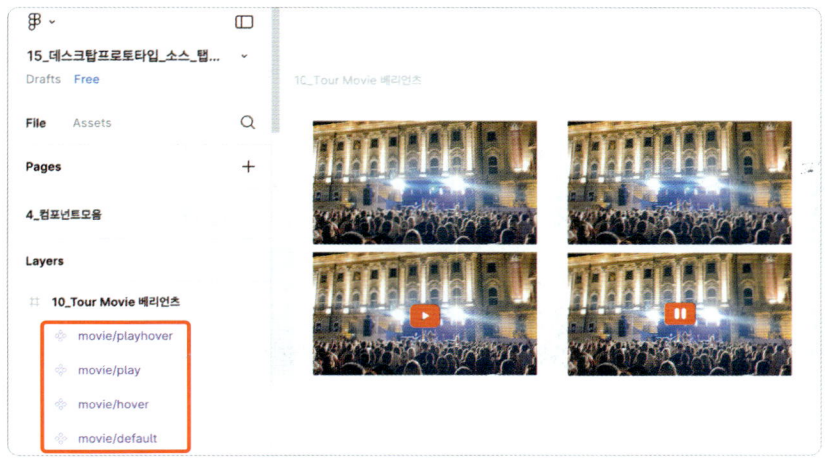

그림 15.141 컴포넌트를 확인하는 화면

movie/default는 멈춰 있는 이미지인 기본 상태입니다. movie/hover는 재생 버튼을 추가했는데, movie/default에서 마우스를 올리면 변경될 컴포넌트입니다. 둘 다 내부의 사각형에 이미지를 처리한 상태입니다.

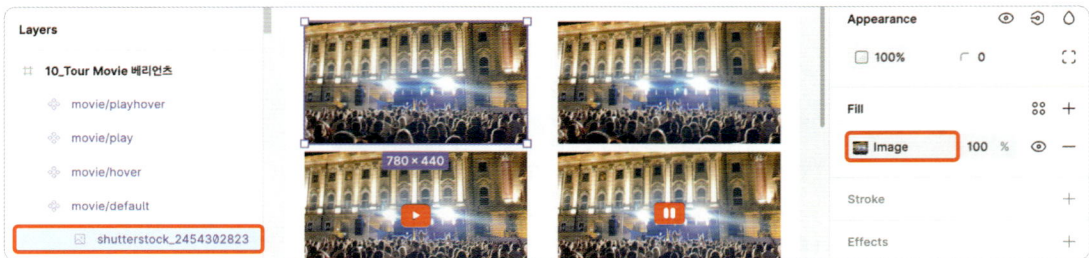

그림 15.142 movie/default를 확인하는 화면

movie/play는 재생 버튼을 클릭했을 때 보이는 컴포넌트입니다. movie/playhover는 movie/play 상태에서 마우스를 올리면 일시정지 버튼이 보이게 처리하는 컴포넌트입니다. 둘 다 내부의 사각형에 영상을 처리한 상태입니다.

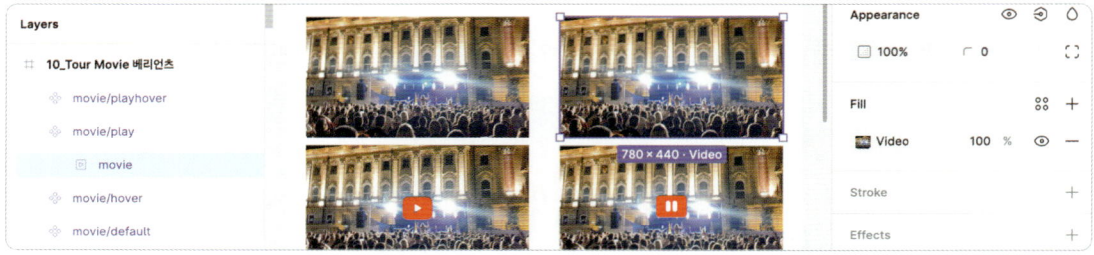

그림 15.143 movie/play를 확인하는 화면

> **TIP** Mac에서 영상 재생이 안 되는 경우
> - 영상의 용량이 너무 크면 실행 시간이 오래 걸려 재생이 안 되는 것처럼 보입니다.
> - 다른 OS에서 작업한 경우 영상이 재생이 안 될 수 있습니다.
> - 책 예제가 실행되지 않는 경우 예제 파일의 15장 폴더에서 movie.mp4를 다시 처리해주세요.
> - 영상을 편집할 경우 Professional 계정으로 업그레이드하라고 나오는데, Education 계정으로 처리해도 가능합니다.
>   파일을 그냥 Education 팀 계정으로 옮겨서 사용해주세요.
> - 그래도 영상이 실행이 안 되는 경우에는 제공한 movie.gif를 처리해주세요.

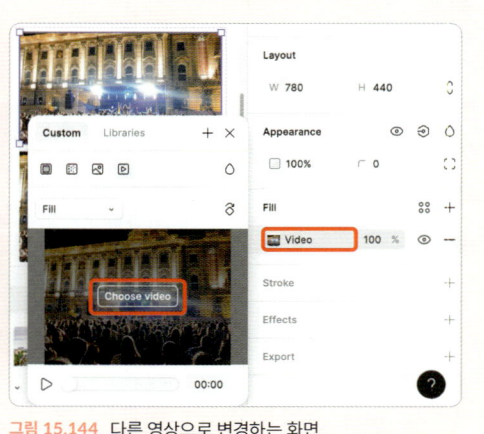

그림 15.144 다른 영상으로 변경하는 화면

02 베리언트로 처리_ ❶4개의 컴포넌트를 모두 선택하고, ❷[Combine as variants] 버튼을 클릭합니다. 원래 Property 1이라고 나오는데, state로 변경하겠습니다.

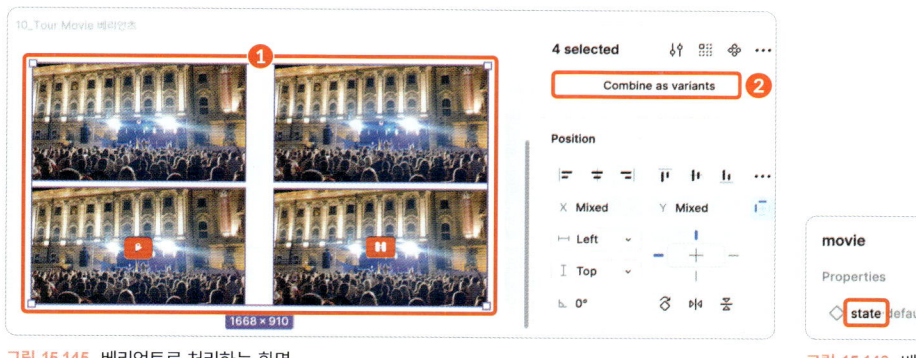

그림 15.145 베리언트로 처리하는 화면

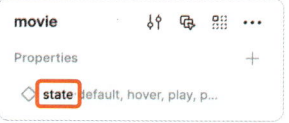

그림 15.146 베리언트로 처리하는 화면

03 인터랙션 처리_ ❶Prototype 패널로 간 다음, ❷default에서 hover로 핫스팟을 당겨줍니다.
➕ 그림 15.147에서 보면 좌측 상단에서 아래로 당기면 됩니다.

이때는 마우스를 올렸을 때만 실행되어야 하므로 ❸Trigger를 [While hovering]으로 변경합니다. 나머지는 인터랙션을 그대로 둡니다.

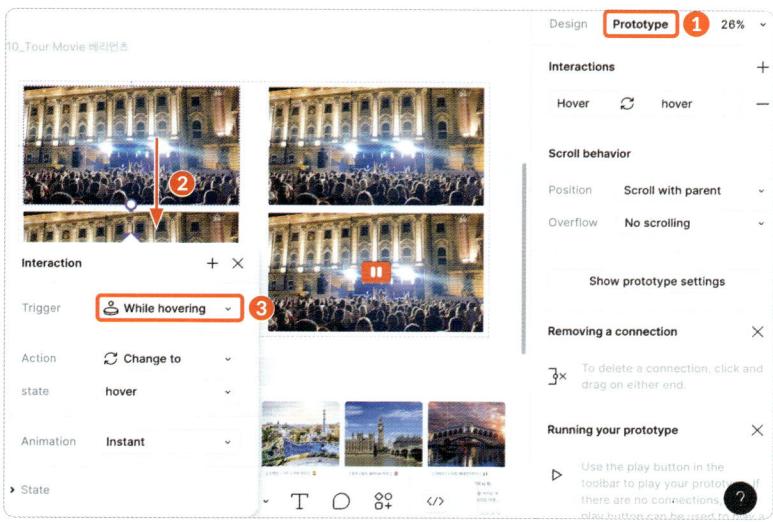

그림 15.147 인터랙션을 처리하는 화면 1

이번에는 hover의 실행 버튼에서 play로 핫스팟을 당겨줍니다. 버튼을 클릭했을 때 영상이 실행되면 됩니다. ❶play에서 playhover로 핫스팟을 당겨줍니다. ❷Trigger를 [While hovering]으로 변경하여, 마우스를 올렸을 때만 일시정지 버튼이 보이게 처리합니다.

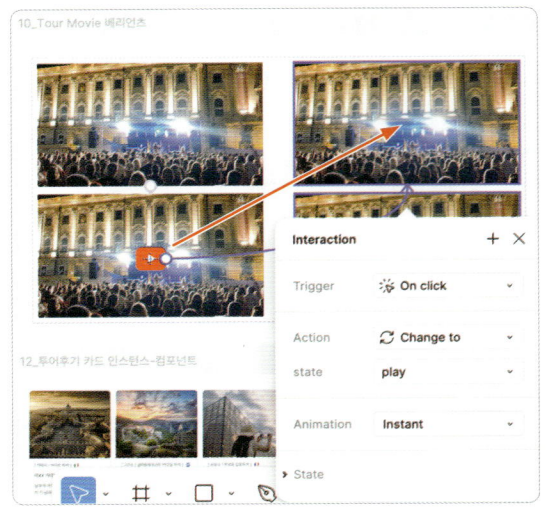

그림 15.148 인터랙션을 처리하는 화면 2

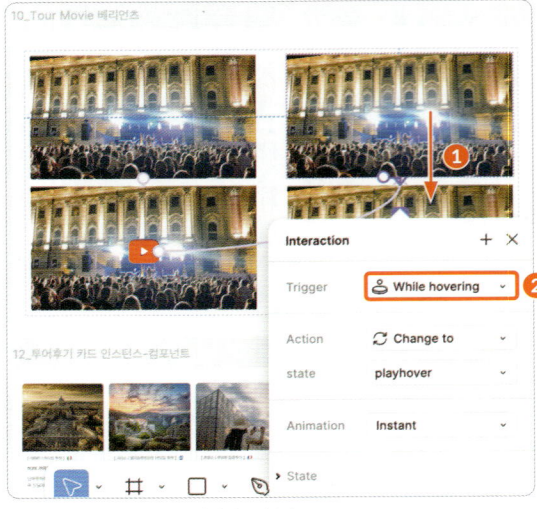

그림 15.149 인터랙션을 처리하는 화면 3

❶playhover의 일시정지 버튼에서 default로 핫스팟을 당겨줍니다. ❷Trigger를 [On click]으로 변경하여, 버튼을 클릭하면 영상 재생을 멈추게 처리합니다. 그림 15.151은 모든 인터랙션이 연결된 모습입니다. 이번 프로토타입은 어렵지는 않으나, 진행하는 이유는 영상이 프로토타입에서 재생된다는 것을 보려는 예제이기 때문입니다.

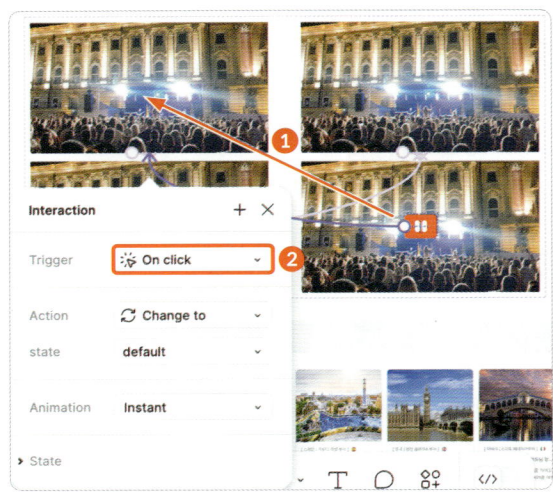

그림 15.150 인터랙션을 처리하는 화면 4

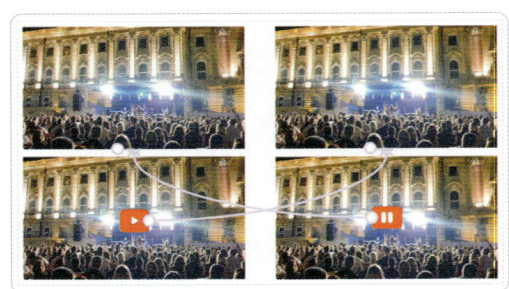

그림 15.151 모든 인터랙션이 연결된 화면

04 **Assets에서 베리언트 가져오기_** 5_데스크톱디자인 페이지로 와서 ❶Assets 패널로 갑니다. 이번에는 프레임 내부에 베리언트를 만들었기 때문에 Created in this file/4_컴포넌트모음에 바로 보이지 않습니다. ❷10_Tour Movie 베리언트 프레임을 클릭합니다.

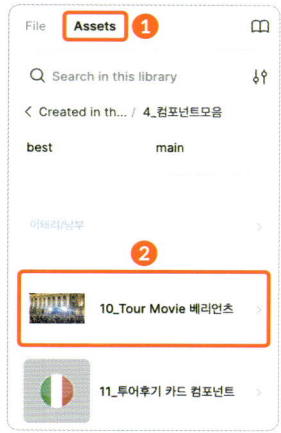

그림 15.152 베리언트를 찾는 화면

movie를 디자인 프레임의 투어 영상 아래로 끌어옵니다. 아래는 오토레이아웃으로 되어 있어서 위치만 잘 맞추면 자동으로 들어가게 됩니다.

레이어 패널을 확인했을 때 혹시 오토레이아웃인 movie_wrap에 들어와 있지 않다면 이동합니다. movie_wrap 안에 또 movie_wrap이 있는데 썸네일 관련 오토레이아웃입니다. 그 위에 올려 movie가 왼쪽에 위치하도록 지정합니다. 이번에는 movie 오토레이아웃 자체에 정렬과 컨스트레인츠를 모두 작업해놓았으므로 프레임의 가로 폭을 1920으로 처리해도 문제가 생기지 않습니다.

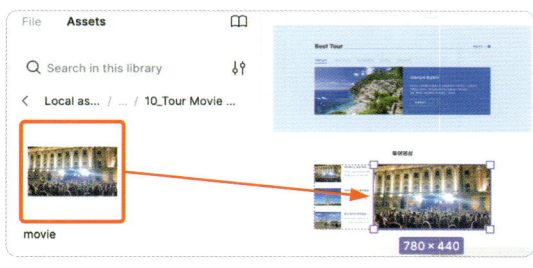

그림 15.153 디자인 프레임으로 가져오는 화면

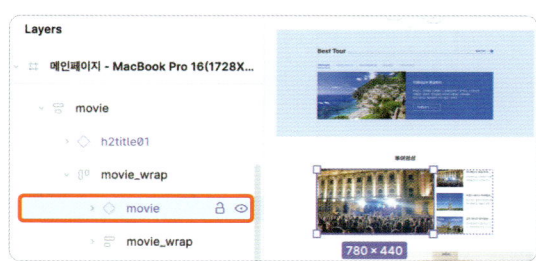

그림 15.154 위치를 조정하는 화면

05 프로토타입 실행과 구현_ 프레임을 선택하고 프로토타입을 실행하는 실행 아이콘(▷)을 클릭합니다.

그림 15.155 프로토타입을 실행하는 화면

스크롤 바를 아래로 내려 투어 영상 부분으로 내려옵니다. 마우스를 올리면 실행 버튼이 뜨는데 이때 버튼을 클릭하면 영상이 실행됩니다. 영상도 고해상도 이미지처럼 조금 늦게 뜰 수 있습니다. 하지만 계속 영상이 실행되지 않으면 원본 컴포넌트에서 영상을 다시 가져온 후 프로토타입을 확인하면 됩니다. 이렇게 실제 영상이 실행되는 것까지 피그마는 프로토타입으로 구현합니다.

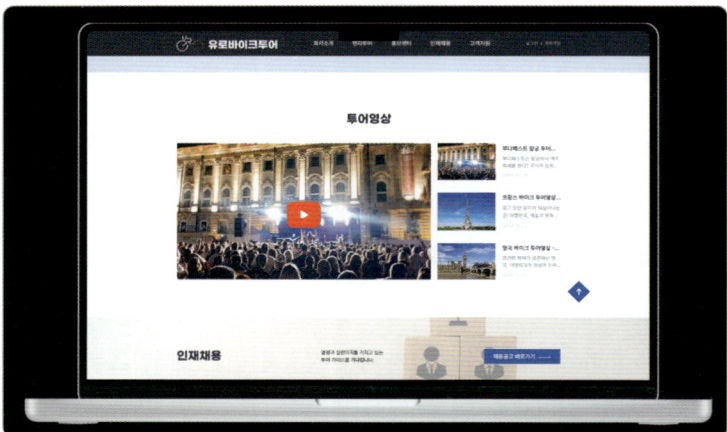

그림 15.156 프로토타입이 구현된 화면

슬라이드 제작

이번에 제작하는 이미지 슬라이드는 12장 3절에 봤던 메인 이미지 형태가 아닙니다. 여러 장의 슬라이드가 한 화면에 보이는 형태입니다.

01 예제 파일 확인하기_ 이번 실습은 이전 메인 이미지를 제작한 것에서 이어서 작업하면 됩니다. 아니면 예제 파일 폴더에서 15장 폴더의 15_데스크톱프로토타입_소스_영상재생완성.fig 파일을 피그마로 불러옵니다. 4_컴포넌트모음 페이지에 보면 review/01~review/06까지 슬라이드가 제작되어 있는 것을 확인할 수 있습니다. 베리언트로 처리하기 위해 프레임을 모두 컴포넌트로 등록해두었습니다.

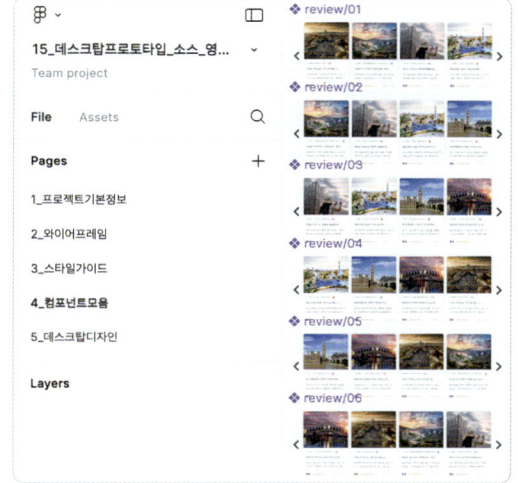

그림 15.157 예제 파일을 불러온 화면

11_투어후기 카드 컴포넌트 프레임에 가보면 카드 원본 컴포넌트를 제작해두었습니다. 디자인이 변경될 때 한 번에 변경하기 위해서입니다. 이전 버튼과 다음 버튼도 베리언트를 통해 프로토타입을 설정했습니다. 마우스를 올리기 전에는 회색이었다가 마우스를 올리면 메인 컬러로 변경되도록 처리했습니다.

그림 15.158 투어후기 카드 컴포넌트 화면

11_투어후기 카드 컴포넌트 프레임에서 review_card를 복제해서 12_투어후기 카드 인스턴스-컴포넌트 프레임으로 가져왔습니다. 6개로 복제를 한 후 사진과 텍스트를 변경했습니다. 그리고 한 개씩 다시 컴포넌트로 등록하면 슬라이드에서 쉽게 인스턴스로 변경할 수 있습니다. 이름은 review_card01~review_card06으로 처리했습니다.

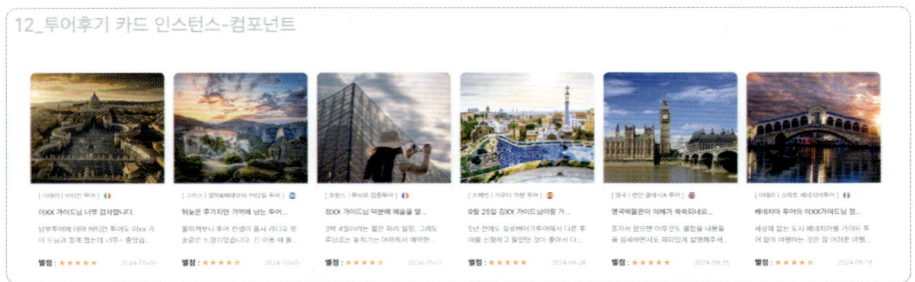

그림 15.159 투어후기 카드 인스턴스-컴포넌트 화면

review/01은 실제 슬라이드로 처리될 프레임입니다. 내부에 review_card를 잡고 디자인 패널의 인스턴스명을 잡으면 변경이 가능합니다. 그래서 review_card01~review_card06을 컴포넌트로 등록해두면 인스턴스에서 쉽게 변경할 수 있습니다.

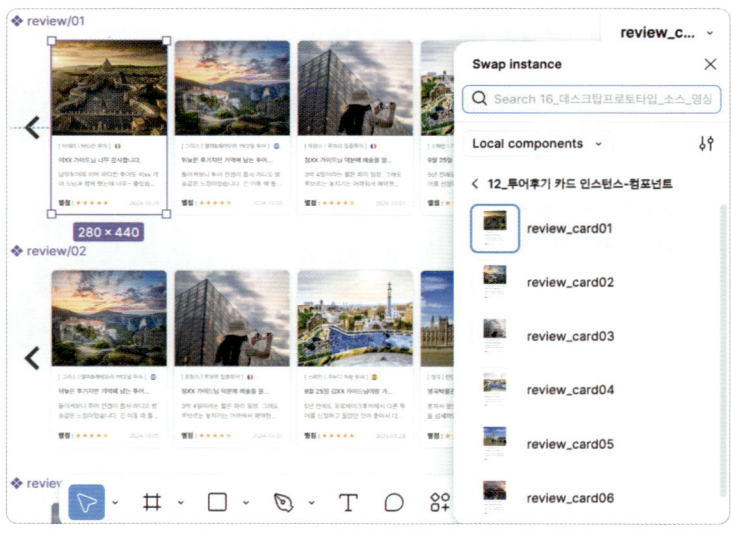

그림 15.160 review/01에서 인스턴스를 변경하는 화면

콘텐츠 사이즈는 1180이지만 review의 프레임은 1380으로 제작했습니다. review_card의 4개 폭과 여백이 1180으로 처리되고, 이전/다음 버튼이 올 영역을 만들어주기 위해서입니다. 프레임의 배경색은 0%로 처리해서 디자인 프레임에 색상이 있는 경우를 대비했습니다.

그림 15.161 review/01을 확인하는 화면

02 베리언트로 처리_
6개의 컴포넌트를 모두 선택하고, [Combine as variants] 버튼을 클릭합니다. 그리고 Property 1이라고 나오는 부분을, state로 변경하겠습니다.

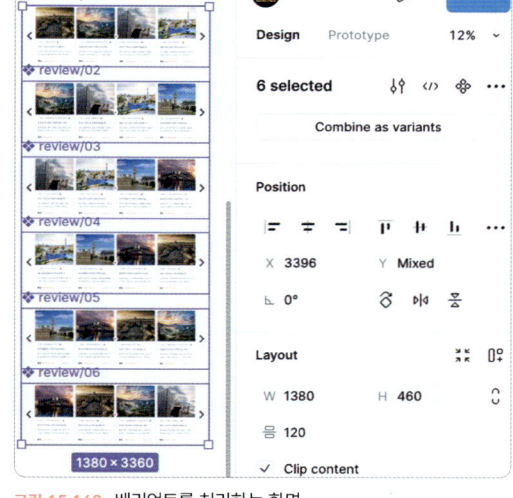

그림 15.162 베리언트를 처리하는 화면

03 인터랙션 처리_
Prototype 패널에 가서 인터랙션을 처리합니다. ❶ 다음 버튼을 선택하고 핫스팟을 당겨서, 다음 번호의 컴포넌트로 연결합니다. 01컴포넌트에서 시작했으면, 02컴포넌트로 연결하면 됩니다. 마지막 06컴포넌트의 다음 버튼은 01컴포넌트를 연결합니다. ❷ Trigger는 자동으로 On Click으로 나옵니다. Animation을 Smart animate로 변경하고 Duration을 300ms로 처리하겠습니다.

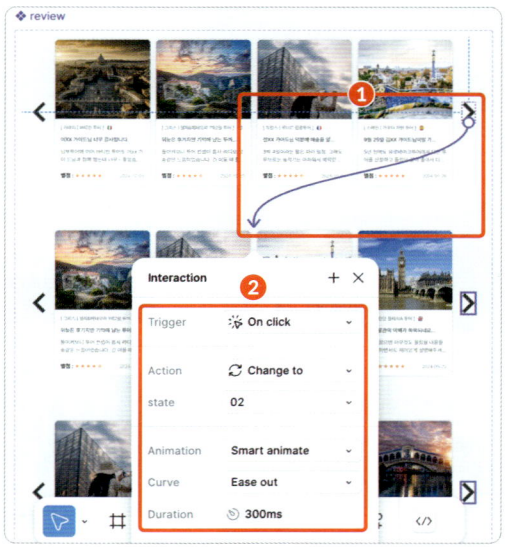

그림 15.163 다음 버튼의 인터랙션을 처리하는 화면

CHAPTER 15 디자인 구현 619

❶ 이전 버튼을 선택하고 핫스팟을 당겨서, 이전 번호의 컴포넌트로 연결합니다. 02컴포넌트에서 시작했으면, 01컴포넌트로 연결하면 됩니다. 처음인 01컴포넌트의 이전 버튼은 06컴포넌트를 연결합니다.

❷ 인터랙션은 그대로 나올 테니 수정하지 않아도 됩니다. 그림 15.165는 모든 인터랙션이 연결된 모습입니다. 버튼을 컴포넌트에 연결하면 됩니다.

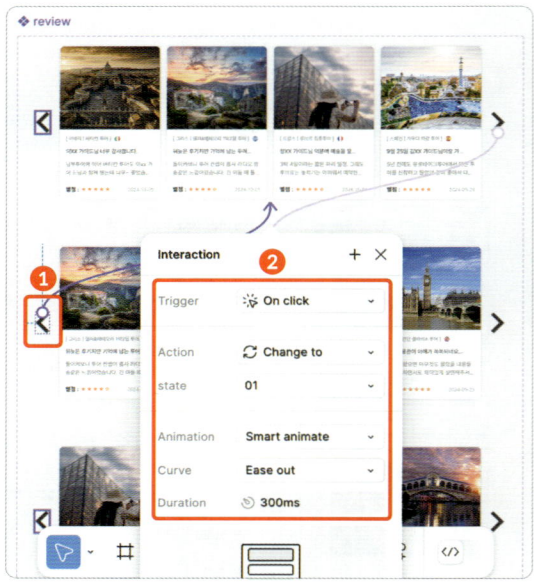
그림 15.164 이전 버튼의 인터랙션 처리하는 화면

그림 15.165 모든 인터랙션이 연결된 화면

04 Assets에서 베리언트 가져오기_ 5_데스크톱디자인 페이지로 이동해서 Assets 패널로 갑니다. Local asset에서 4_컴포넌트모음으로 들어가면 상단 부분에 review가 보입니다. review를 꾹 눌러서 프레임으로 끌고 갑니다.

그림 15.166 베리언트를 디자인 프레임으로 가져오는 화면

보통은 review 오토레이아웃으로 잘 들어가지만, 안 들어가 있는 경우에는 레이어 패널에서 위치를 이동해서 자손으로 처리되게 합니다. 이번에는 review 오토레이아웃 자체에 정렬과 컨스트레인츠를 모두 작업해놓았으므로 프레임의 가로 폭을 1920으로 처리해도 문제가 생기지 않습니다.

그림 15.167 위치를 지정하는 화면

05 프로토타입 실행과 구현_ 프레임을 선택하고 프로토타입을 실행하는 실행 아이콘(▶)을 클릭합니다. 스크롤 바를 아래로 내려 투어 후기 부분으로 내려옵니다. 자동 실행은 처리해놓지 않았기 때문에 이전/다음 버튼을 눌러 슬라이드를 이동해봅니다. 버튼들은 마우스를 올리면 메인 컬러로 바뀌는 것을 확인할 수 있습니다. 움직임은 원하는 것과 똑같지 않을 수도 있으므로, 디자이너는 코멘트 툴로 레퍼런스 사이트를 개발자에게 제시하는 것이 좋습니다.

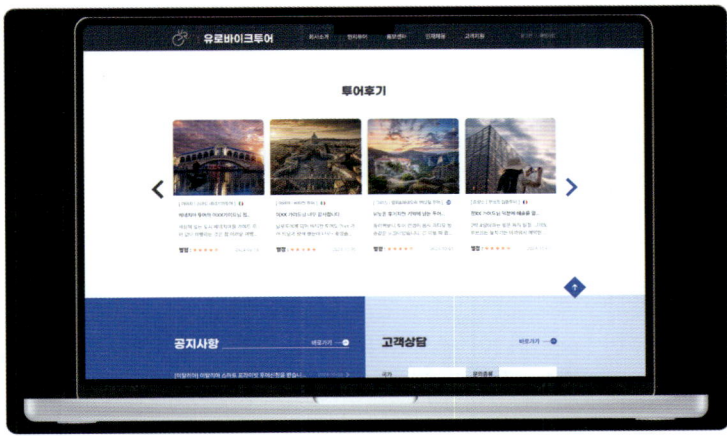

그림 15.168 프로토타입을 구현한 화면

06 섹션으로 데스크톱 컴포넌트 묶기_ 섹션section은 프레임의 상위 요소로 여러 프레임을 묶을 때 사용하는 요소입니다. 2023년에 새롭게 선보였던 요소로, 프레임이 너무 많은 경우에 묶거나, 변수 모드와 함께 사용됩니다. 13장 4절에서 변수 모드를 볼 때 사용한 적이 있습니다.

지금까지 작업한 4_컴포넌트모음 페이지의 컴포넌트는 모두 데스크톱 컴포넌트입니다. 지금까지 작업한 내용도 많은데, 태블릿과 모바일을 디자인하거나 서브 페이지까지 디자인하면 매우 많은 내용이 나옵니다. 그래서 섹션으로 묶으면 Assets 패널에서 찾을 때 더 편리합니다.

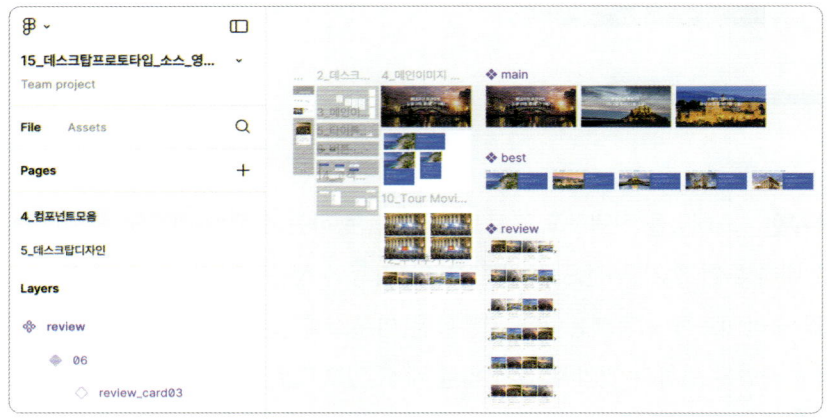

그림 15.169 프로토타입을 구현한 화면

프레임 툴에서 섹션 툴을 찾아 클릭합니다.

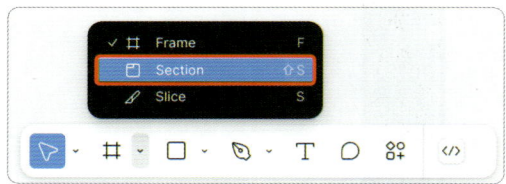

그림 15.170 섹션 툴을 선택하는 화면

보이는 모든 컴포넌트를 감싸서 드래그해주면 Section 1이 생성됩니다. 더블 클릭해서 이름을 데스크톱 컴포넌트로 변경합니다. 원래는 흰색으로 되어 있는데, 프레임도 흰색이 있어서 666666으로 Fill을 변경했습니다.

그림 15.171 섹션 툴로 모든 컴포넌트를 감싼 화면

Assets 패널에서 가서 확인해보면 4_컴포넌트모음 페이지 다음으로 데스크톱컴포넌트 섹션이 한 번 더 그룹화된 것을 확인할 수 있습니다.

그림 15.172 Assets 패널에 섹션으로 그룹화된 화면

LESSON 04 | 모바일 프로토타입

모바일의 프로토타입은 메인 이미지, 캐러셀, 드로어, 이렇게 3가지를 구현해보겠습니다.

메인 이미지 제작

메인 이미지는 데스크톱에서도 제작했지만, Trigger가 달라지기 때문에 모바일도 해보겠습니다. 모바일은 마우스를 사용하는 것이 아니기 때문에 손으로 터치해서 이벤트가 발생합니다. 터치한 후 드래그를 하기 때문에 On drag라는 Trigger를 사용합니다.

01 예제 파일 확인하기_ 예제 파일 폴더에서 15장 폴더의 15_모바일프로토타입_소스.fig 파일을 피그마로 불러옵니다. 6_모바일디자인 페이지를 보면 프로토타입을 적용할 부분만 빈 공간으로 있는 것을 확인할 수 있습니다.

4_컴포넌트모음 페이지에 가보면 섹션을 2가지로 처리해두었습니다. 이번에는 모바일 컴포넌트 모음이라는 섹션도 따로 처리해두었습니다. 그래야 Assets 패널에서 쉽게 찾을 수 있기 때문입니다.

그림 15.173 소스를 불러온 화면

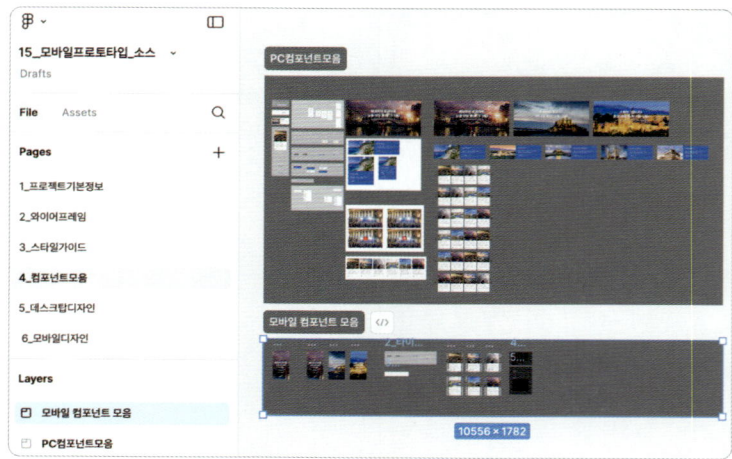

그림 15.174 4_컴포넌트모음 페이지 화면

1_메인이미지 원본컴포넌트 프레임은 모바일 메인 이미지의 원본 컴포넌트를 담은 프레임입니다. 모바일 메인 이미지는 전체 크기가 달라지고, 글자 크기가 바뀌기 때문에 따로 컴포넌트를 처리했습니다. m_main/01~m_main/03은 1_메인이미지 원본컴포넌트 프레임을 복제해서 이미지와 글자를 변경한 후 프레임을 컴포넌트로 처리했습니다. 컴포넌트로 되어 있어야 베리언트로 묶을 수 있기 때문입니다.

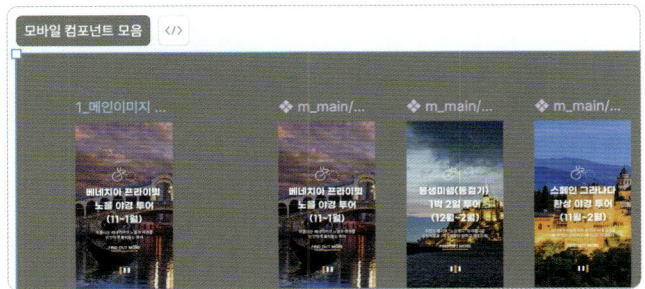

그림 15.175 메인 이미지 관련 컴포넌트 화면

02 베리언트로 처리_ ❶3개의 컴포넌트를 모두 선택하고, ❷[Combine as variants] 버튼을 클릭합니다. 그리고 Property 1이라고 나오는 부분을 state로 변경하겠습니다.

그림 15.176 베리언트로 묶는 화면

03 인터랙션 처리_ 모바일도 자동 실행은 처리해야 합니다. ❶Prototype 패널로 이동한 다음, ❷01컴포넌트에서 02컴포넌트로 핫스팟을 당겨줍니다. ❸Trigger는 시간이 흐른 뒤 자동으로 변경되도록 [After delay]를 선택하고, Delay는 '5000ms'로 처리합니다. Animation은 [Smart animate]로 처리한 다음, Duration을 '600ms'로 처리하겠습니다.

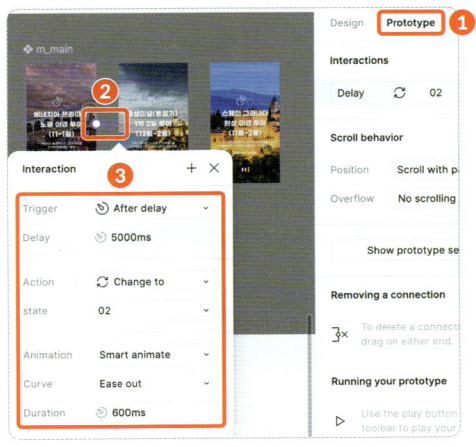

그림 15.177 자동 실행 처리하는 인터랙션 화면

마찬가지로 02컴포넌트에서 03컴포넌트도 핫스팟으로 연결하고 같은 인터랙션을 처리합니다. 마지막으로 03컴포넌트에서 01컴포넌트로도 핫스팟을 연결하고 같은 인터랙션을 처리합니다.

드래그는 2가지 방향이 있습니다. 오른쪽에서 왼쪽으로 드래그하는 것과 왼쪽에서 오른쪽으로 드래그하는 것입니다. 그림 15.178은 오른쪽에서 왼쪽으로 드래그하는 것이기 때문에 ❶01에서 02컴포넌트로 핫스팟을 드래그합니다. 그리고 ❷Trigger를 [On drag]로 하고, 나머지 인터랙션은 기존 것을 그대로 사용합니다.

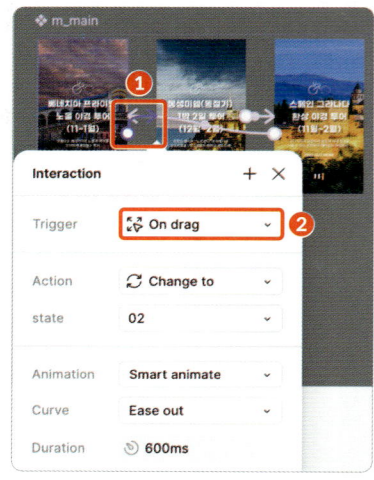

그림 15.178 On drag 처리하는 화면

그다음에는 01에서 03컴포넌트로 핫스팟을 드래그합니다. 역시 Trigger는 On drag로 합니다. 처음에 오른쪽부터 연결했기 때문에 다음 컴포넌트들도 오른쪽 것부터 합니다. 02에서 03컴포넌트로 먼저 연결 후 02에서 01컴포넌트로 연결합니다. 03에서 01컴포넌트로 먼저 연결 후 03에서 02컴포넌트로 연결하면 됩니다.

그래서 01컴포넌트를 선택하면 그림 15.179처럼 3개의 인터랙션이 연결되어 있어야 합니다.

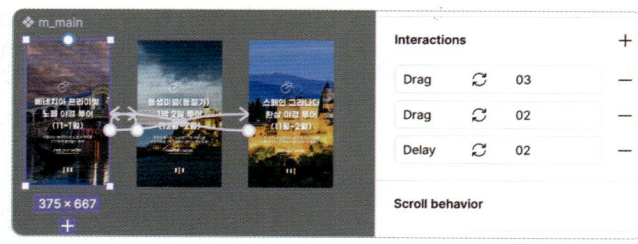

그림 15.179 01컴포넌트 인터랙션 화면

02컴포넌트를 선택하면 역시 그림 15.180처럼 3개의 인터랙션이 연결되어 있어야 합니다.

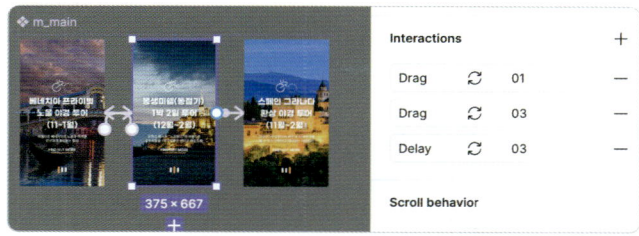

그림 15.180 02컴포넌트 인터랙션 화면

마지막으로 03컴포넌트를 선택하면 역시 그림 15.181처럼 3개의 인터랙션이 연결되어 있어야 합니다.

그림 15.181 03컴포넌트 인터랙션 화면

04 Assets에서 베리언트 가져오기_ 6_모바일디자인 페이지로 와서 ❶Assets 패널로 갑니다. 그러고 나서 Ctreated in this file로 들어가 4_컴포넌트모음 페이지로 들어갑니다. 섹션으로 묶었기 때문에 역시 나뉘어져 있는데 ❷모바일 컴포넌트 모음 섹션을 클릭합니다.

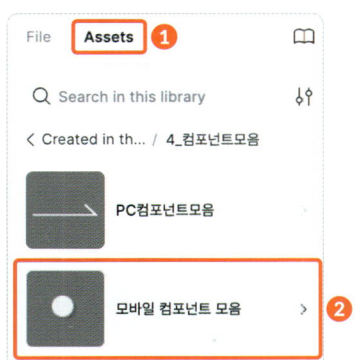

그림 15.182 Assets 패널을 탐색하는 화면

m_main은 원본 컴포넌트와 베리언트 2가지로 되어 있습니다. 마우스를 올렸을 때 3이라는 숫자가 뜨는 것을 디자인 프레임으로 끌고 갑니다. m_main의 위치는 X를 0, Y도 0으로 처리합니다. 일부러 header 높이만큼의 여백이 들어가게 디자인했기 때문에 좌측 상단에 맞추면 됩니다.

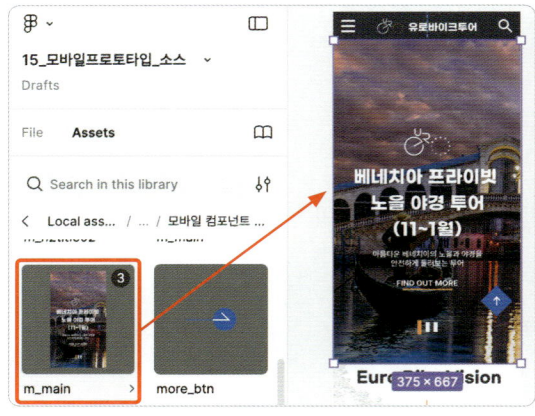

그림 15.183 베리언트를 디자인 프레임으로 가져오는 화면

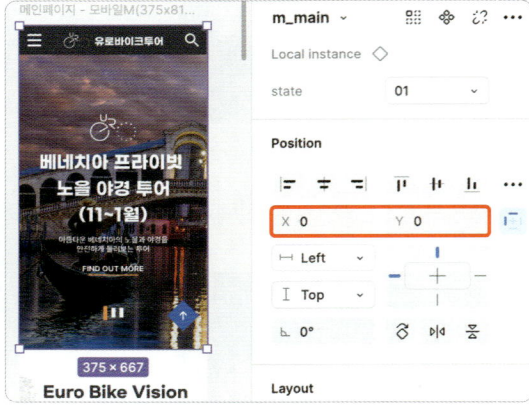

그림 15.184 위치를 맞추는 화면

05 컨스트레인츠 처리_ 모바일도 사이즈가 다르기 때문에 컨스트레인츠 작업을 해야 합니다. 프레임을 선택하고 W를 모바일 L 사이즈인 440으로 넓히면 역시 메인 이미지 부분만 잘리는 것을 확인할 수 있습니다.

프레임의 가로 폭은 다시 375로 돌립니다. m_main만 선택해서 컨스트레인츠의 가로를 Scale로 변경합니다. 그러면 프레임의 가로 폭을 늘리더라도 자동으로 늘어나는 것을 확인할 수 있습니다.

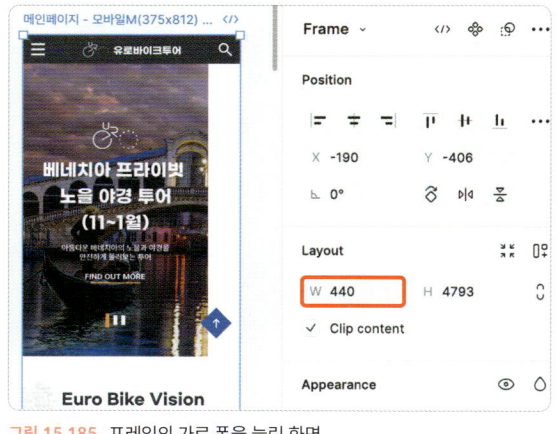

그림 15.185 프레임의 가로 폭을 늘린 화면

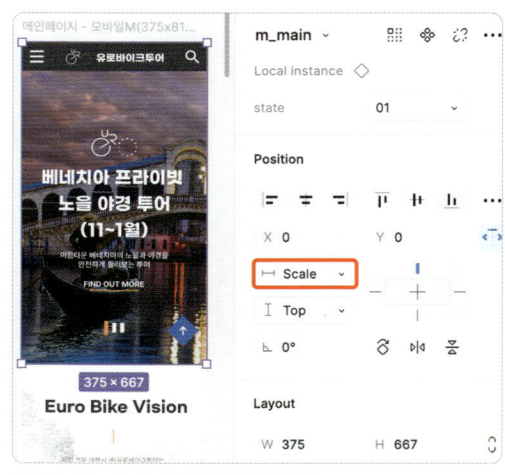

그림 15.186 컨스트레인츠를 변경한 화면

06 **프로토타입 실행과 구현_** 프레임을 선택하고 프로토타입을 실행하는 실행 아이콘(▷)을 클릭합니다. 그럼 자동 실행이 잘 되고, 드래그 시 이미지가 변환되는 것을 확인할 수 있습니다. 움직임은 원하는 것과 조금 다를 수 있으므로, 디자이너는 코멘트 툴로 레퍼런스 사이트를 개발자에게 제시해주는 것이 좋습니다.

그림 15.187 프로토타입을 구현한 화면

캐러셀 제작

캐러셀Carousel 디자인은 이미지 슬라이더와 같은 개념으로 부르는 용어만 다릅니다. 이에 대해서는 12장 3절에서 이미 설명한 적이 있습니다. 모바일에서는 버튼 대신 드래그로 동작하므로, 이번에는 On drag를 통해 캐러셀을 제작해보겠습니다.

01 예제 파일 확인하기_ 예제 파일은 이전 메인 이미지를 제작한 것에서 이어서 작업하면 됩니다. 아니면 예제 파일 폴더에서 15장 폴더의 15_모바일프로토타입_소스_메인이미지완성.fig 파일을 피그마로 불러옵니다. 4_컴포넌트모음 페이지를 보면 m_review/01~m_review/06까지 슬라이드가 제작되어 있는 것을 확인할 수 있습니다. 베리언트로 처리하기 위해 프레임을 모두 컴포넌트로 등록해두었습니다.

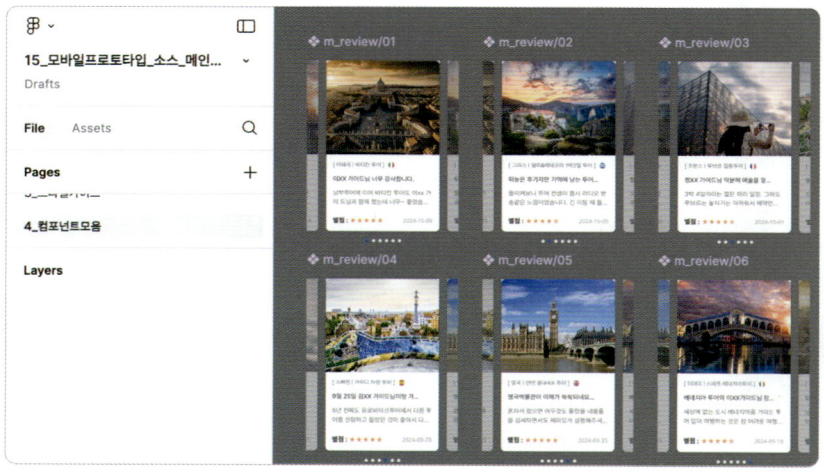

그림 15.188 예제 파일을 확인하는 화면

3_투어 후기 페이지네이션 프레임에는 버튼이 있습니다. 데스크톱은 이전/다음 버튼을 사용했지만 모바일은 화면이 좁기 때문에 이전/다음 버튼을 제거했습니다. 다만 몇 번째 이미지가 보이는지 보여주기 위해 페이지네이션에 사용할 버튼을 제작했습니다. 기본적인 default 상태와 활성화된 active 상태로 베리언트로 만들었습니다.

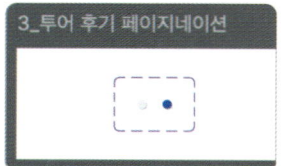

그림 15.189 3_투어 후기 페이지네이션 화면

m_review/01은 모바일 프로토타입의 가로 폭에 맞춰 375로 제작했습니다. review_card는 데스크톱에서 사용했던 컴포넌트를 그대로 가져와서 사용했습니다. 하단에는 페이지네이션을 통해 몇 번째 슬라이드가 보이는지를 표시해두었습니다.

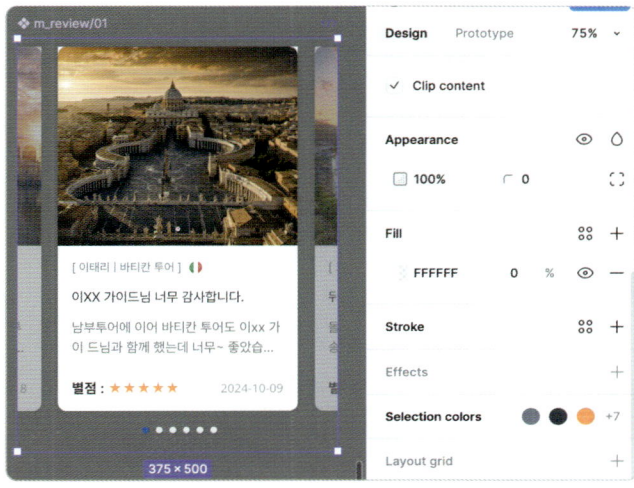

그림 15.190 m_review/01 컴포넌트 화면

좌우에 있는 review_card는 투명도를 50%로 처리해서 실제 보이는 review_card를 더 잘 보이게 처리했습니다. 보이지는 않지만 m_review/01의 경우, 가운데는 review_card01입니다. 오른쪽은 review_card02, 왼쪽은 review_card06으로 순서대로 처리해야 합니다.

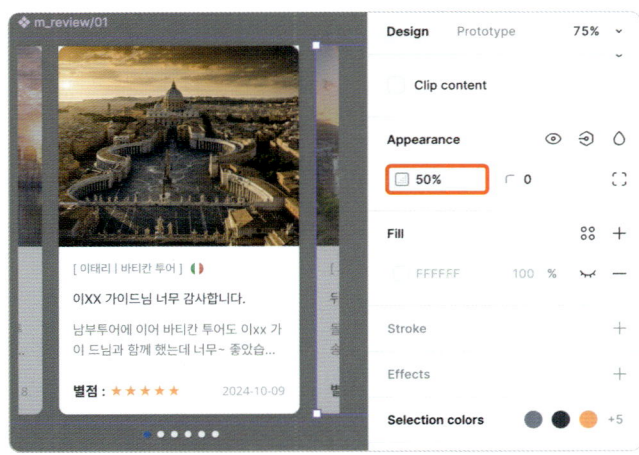

그림 15.191 m_review/01의 좌우 컴포넌트 투명도 처리 화면

02 베리언트로 처리_ 6개의 컴포넌트를 모두 선택하고, [Combine as variants] 버튼을 클릭합니다. 그리고 Property 1이라고 나오는 부분을, state로 변경하겠습니다.

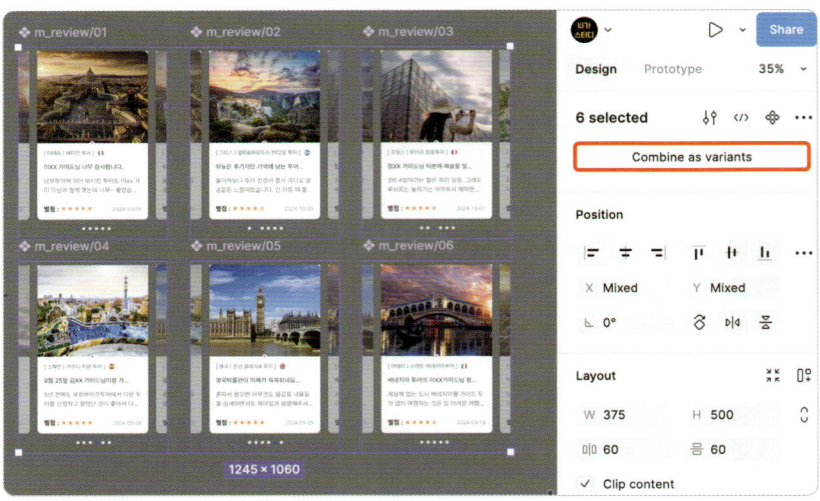

그림 15.192 베리언트로 묶는 화면

03 인터랙션 처리_ ❶ 01컴포넌트의 가운데 review_card를 선택하고, 핫스팟을 당겨 02컴포넌트로 연결합니다. 여기서 중요한 내용은 01컴포넌트 전체를 잡는 것이 아니라, 가운데 review_card를 선택하는 것입니다. 여기서 작업을 잘하지 않으면 드래그 처리가 잘 안 될 수도 있습니다. ❷ Trigger를 [On drag]로 하고, Animation은 [Smart animate]로 처리한 다음, Duration을 '300ms'로 처리하겠습니다.

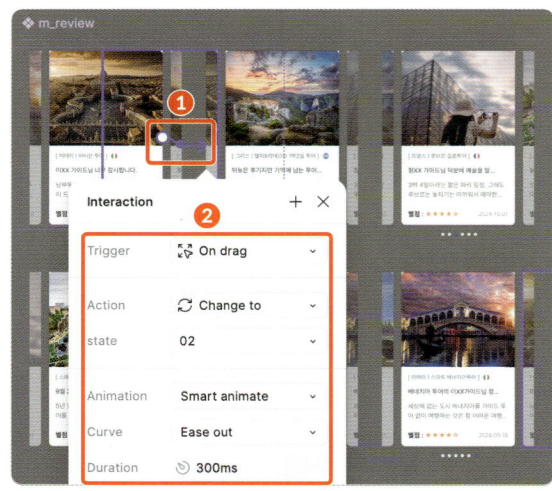

그림 15.193 프로토타입을 처리하는 화면 1

드래그는 오른쪽에서 왼쪽으로 드래그하는 것과 왼쪽에서 오른쪽으로 드래그하는 것이 있습니다. 오른쪽에서 왼쪽으로 드래그하는 것은 그림 15.193에서 작업했고, 그림 15.194는 왼쪽에서 오른쪽으로 드래그했을 때 작업입니다.

❶ 01컴포넌트의 가운데 review_card를 선택하고, 핫스팟을 당겨 06컴포넌트로 연결합니다. 그리고 ❷ Trigger를 [On drag]로 처리하고, 나머지 인터랙션은 그대로 사용하면 됩니다. 이런 방식으로 02~06컴포넌트도 모두 인터랙션을 처리합니다.

그림 15.195은 모든 인터랙션이 연결된 모습입니다. 모든 컴포넌트의 가운데 review_card에서 이전/다음 번호의 컴포넌트에 연결해주고, 06컴포넌트는 01과 05컴포넌트를 연결하면 됩니다.

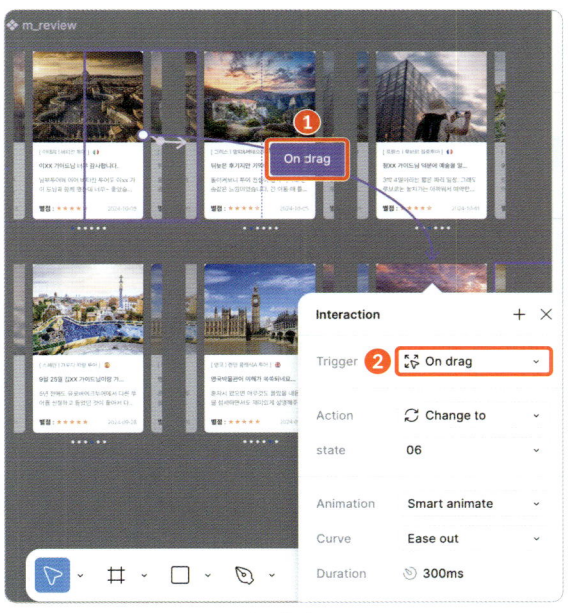

그림 15.194 프로토타입을 처리하는 화면 2

그림 15.195 모든 인터랙션이 연결된 화면

04 **Assets에서 베리언트 가져오기_** 6_모바일디자인 페이지로 와서 Assets 패널로 갑니다. m_review를 꾹 눌러서 프레임으로 끌고 갑니다. review가 오토레이아웃이라 들어가 있을 수도 있습니다. 그렇지 않다면 m_review를 review의 자손으로 이동시켜주면 됩니다.

그림 15.196 베리언트를 디자인 프레임으로 가져오는 화면

그림 15.197 레이어 패널에서 위치를 변경하는 화면

05 **컨스트레인츠 처리_** 프레임을 선택해서 가로 폭을 440으로 넓혀보겠습니다. 그럼 m_review 부분이 잘린 상태에서 가운데로 오는 것을 확인할 수 있습니다. 프레임의 가로 폭을 다시 375로 돌린 다음, m_review만 선택한 상태에서 W를 눌러 [Fill container]로 변경합니다.

그림 15.198 프레임의 가로 폭을 넓힌 화면   그림 15.199 Fill container로 변경하는 화면

프레임의 가로 폭을 다시 440으로 변경하면 m_review도 같이 늘어나서 양쪽의 review_card들도 더 많이 보이는 것을 확인할 수 있습니다.

그림 15.200 프레임 가로 폭을 변경한 화면

06 **프로토타입 실행과 구현_** 프레임을 선택하고 프로토타입을 실행하는 실행 아이콘(▷)을 클릭합니다. 드래그 시 이미지가 변환되는 것을 확인할 수 있습니다. 왼쪽과 오른쪽 모두 드래그해보면 잘 변경되는 것이 보입니다. 움직임은 원하는 것과 똑같지 않을 수는 있습니다. 따라서 디자이너는 코멘트 툴로 레퍼런스 사이트를 개발자에게 제시하는 것이 좋습니다.

그림 15.201 프로토타입을 구현한 화면

CHAPTER 15 디자인 구현

드로어 제작

드로어에는 역시 메인 메뉴가 있습니다. 보통 모바일 화면은 좁기 때문에 메인 메뉴를 숨겼다가 햄버거 버튼을 클릭하면 나오게 처리합니다. 이번에는 드로어에 메인 메뉴를 처리하고 오버레이 프로토타입도 같이 처리해보겠습니다.

01 예제 파일 확인하기_ 이 파일은 이전 메인 이미지를 제작한 것에서 이어서 작업하면 됩니다. 아니면 예제 파일 폴더에서 15장 폴더의 15_모바일프로토타입_소스_드로어완성.fig 파일을 피그마로 불러옵니다. 4_컴포넌트모음 페이지에 보면 4_드로어 하위메뉴 컴포넌트 프레임이 있습니다. 정보 설계를 보면 서브 메뉴가 3, 4, 5개로 이루어져 있기 때문에 sub3, sub4, sub5로 따로 제작해두었습니다. 5_드로어 메뉴 컴포넌트 프레임은 실제 베리언트로 묶을 컴포넌트로 구성되어 있습니다. menu/default는 기본 상태로 서브 메뉴가 보이지 않는 상태입니다. menu/active는 활성화되어 있는 상태로 서브 메뉴가 보이게 처리해두었습니다.

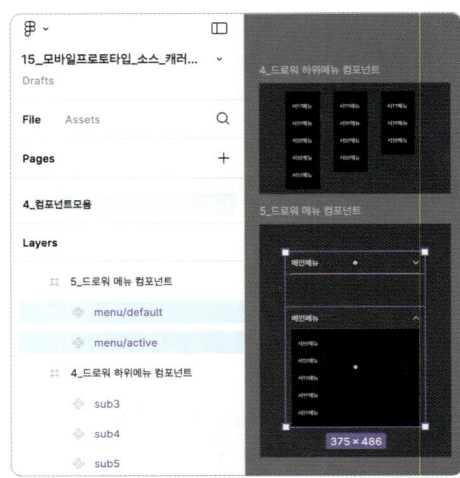

그림 15.202 예제 파일을을 확인하는 화면

02 베리언트로 처리_ 2개의 컴포넌트를 모두 선택하고, [Combine as variants] 버튼을 클릭합니다. 그리고 Property 1이라고 나오는 부분을, state로 변경하겠습니다.

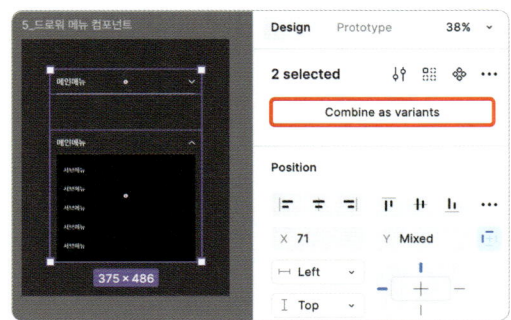

그림 15.203 베리언트로 묶는 화면

03 인터랙션 처리_

Prototype 패널에 가서 인터랙션을 처리합니다. ❶Default 컴포넌트에서 핫스팟을 당겨 active 컴포넌트로 연결합니다. ❷Trigger는 클릭했을 때이므로 [On click]이고, Animation은 [Smart animate]로 처리한 다음, Duration을 '300ms'로 처리하겠습니다.

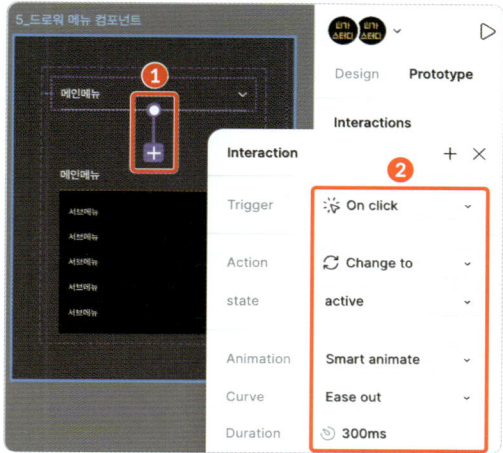

그림 15.204 인터랙션을 처리하는 화면 1

이번에는 ❶active 컴포넌트에서 main만 선택하고, 핫스팟을 당겨 default 컴포넌트로 연결합니다. ❷인터랙션은 그대로 사용하면 됩니다.

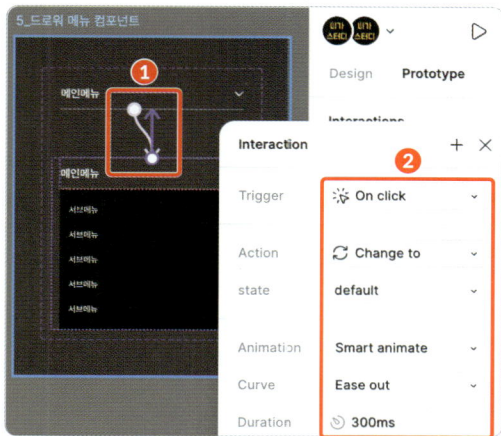

그림 15.205 인터랙션을 처리하는 화면 2

04 Assets에서 베리언트 가져오기_ 6_모바일디자인 페이지로 와서 Assets 패널로 갑니다. menu를 꾹 눌러서 drawer 프레임으로 끌고 갑니다. menu의 위치를 레이어 패널에서 menu_wrap 오토레이아 웃의 마지막 자손으로 이동 처리합니다.

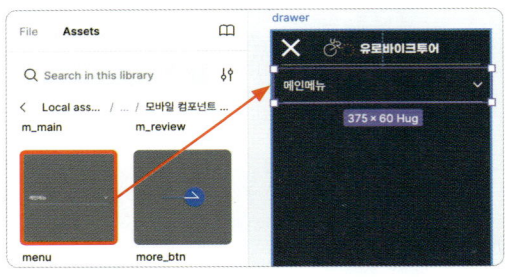

그림 15.206 베리언트를 디자인 프레임으로 가져오는 화면

그림 15.207 위치를 이동하는 화면

menu를 5개로 복제 처리합니다.

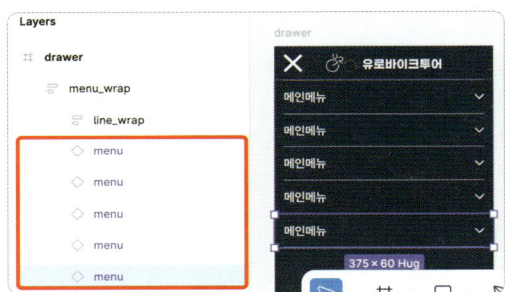

그림 15.208 위치를 이동하는 화면

05 베리언트 수정_ main의 글자 레이어를 선택해서 정보 설계의 메인 메뉴를 참고해서 글자를 변경 합니다. menu 중 회사소개로 바꾼 것을 선택해서, state를 [active]로 처리합니다. 그러고 나서 정보 설 계대로 서브 메뉴의 글자를 모두 변경합니다. menu 중 현지투어와 고객지원도 마찬가지로 서브 메뉴 의 글자를 변경합니다.

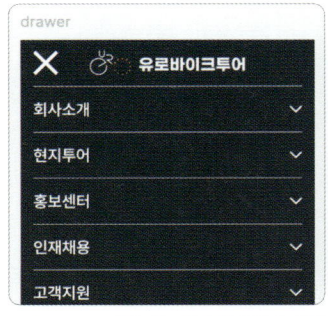

그림 15.209 메인 메뉴 글자를 변경한 화면

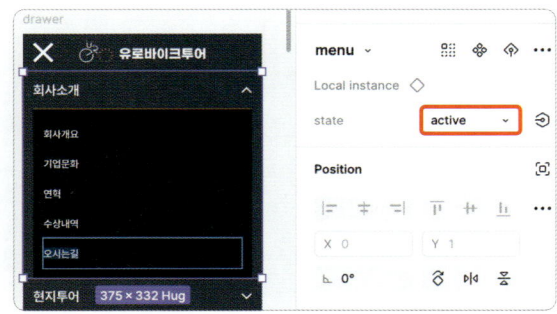

그림 15.210 active 상태로 변경한 화면

홍보센터는 state를 active로 변경하면 서브 메뉴가 5개로 나옵니다. 정보 설계를 보면 4개의 서브 메뉴로 구성되어 있기 때문에 ❶sub5를 클릭해서 ❷sub4로 변경합니다. 그러고 나서 정보 설계를 참조해서 서브 메뉴 글자를 변경합니다. 인재채용은 서브 메뉴가 3개이므로 sub3으로 교체한 후 글자를 변경합니다.

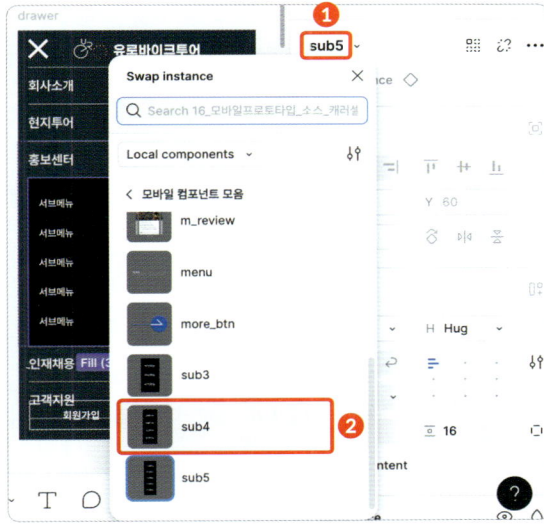

그림 15.211 sub5 인스턴스를 변경하는 화면

그림 15.212는 서브 메뉴 글자를 모두 변경한 화면입니다.

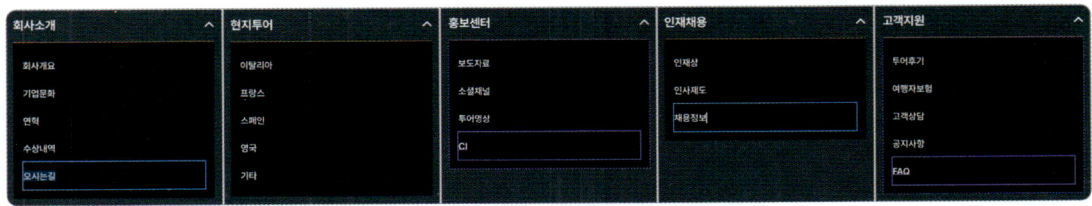

그림 15.212 서브 메뉴 글자를 모두 변경한 화면

현재 서브 메뉴가 활성화되면 하단의 버튼을 가리기 때문에 btn_wrap을 가장 상단으로 올려놓겠습니다.

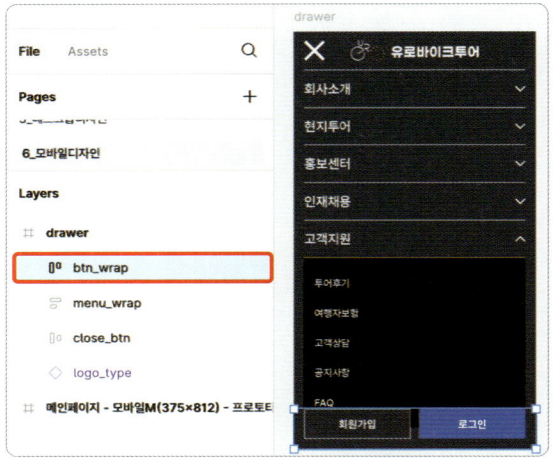

그림 15.213 btn_wrap의 위치를 변경한 화면

06 오버레이 프로토타입 처리_ Prototype 패널에 가서 인터랙션을 처리합니다. 메인페이지 프레임의 ❶ 햄버거 버튼을 선택하고 핫스팟을 당겨 drawer 프레임으로 연결합니다. ❷ 이때 Action은 [Open overlay]로 처리하고 Animation은 [Move in]으로 처리하겠습니다. 방향은 왼쪽에서 오른쪽으로 날아오는 것으로 변경하고, Duration은 '600ms'로 교체하겠습니다.

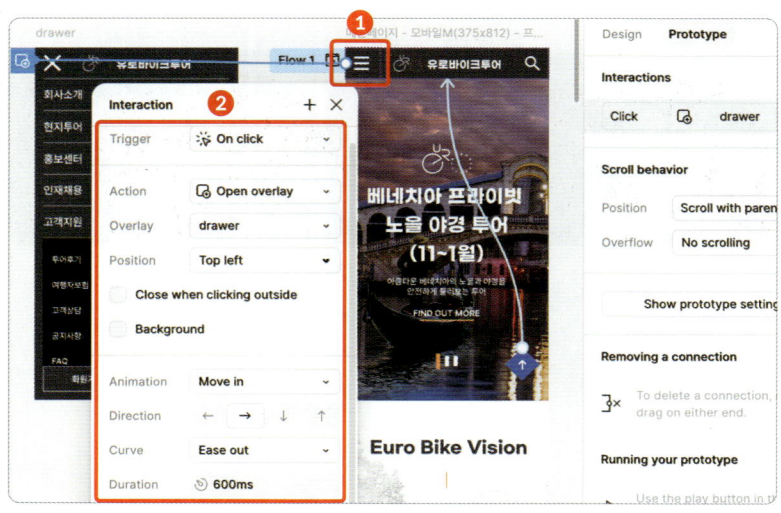

그림 15.214 Open overlay를 처리하는 화면

drawer 프레임의 ❶닫기 버튼을 선택하고, ❷Interactions 옆의 추가 아이콘(+)을 클릭합니다. 이번에는 목적 대상이 없고 스스로 닫히는 명령이기 때문입니다. ❸Action은 None으로 나오는데 클릭해서 [Close overlay]로 변경합니다.

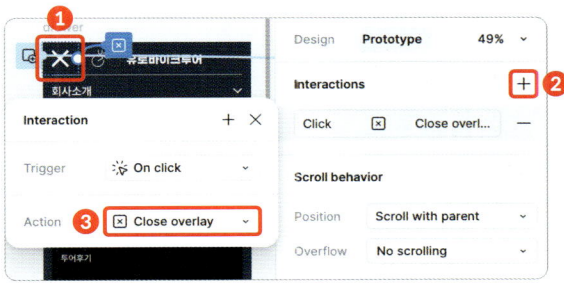

그림 15.215 Close overlay를 처리하는 화면

프로토타입 실행과 구현

프레임이 2개이기 때문에 ❶메인페이지 프레임을 정확하게 선택하고, ❷프로토타입을 실행하는 실행 아이콘(▷)을 클릭합니다.

그림 15.216 프로토타입을 실행하는 화면

그럼 그림 15.217처럼 프로토타입이 구현됩니다. 이때 햄버거 버튼을 클릭하면 drawer 프레임이 열리고, 회사소개인 메인 메뉴를 클릭하면 서브 메뉴가 보이는 것을 확인할 수 있습니다. 다시 회사소개를 누르면 서브 메뉴가 닫힙니다. 이렇게까지 작업하면 개발자가 더 쉽게 이해할 수 있습니다.

태블릿은 모바일과 프로토타입이 같기 때문에 따로 진행하지 않습니다. 완성 파일을 확인해보고 싶다면 예제 파일 폴더에서 15장 폴더 안의 유로바이크투어-반응형 웹프로젝트-완성.fig를 피그마로 불러오면 됩니다.

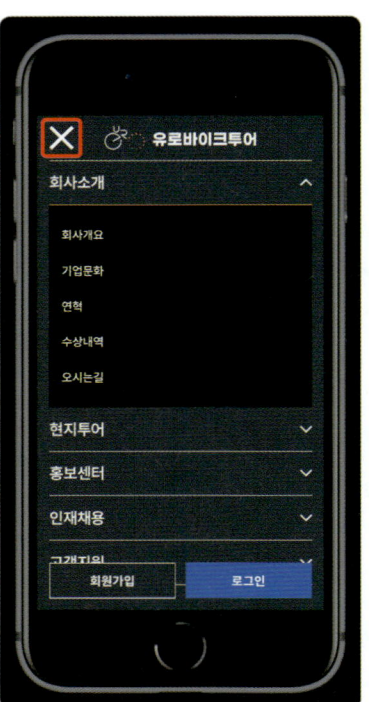

그림 15.217 프로토타입 구현 화면   그림 15.218 드로어를 오픈한 화면

피그마의 학습 능력을 키우려면 하나에서 열까지 모두 작업해보는 것을 추천합니다. 예제 파일 폴더의 15장 폴더 안에 source라는 폴더를 넣어두었습니다. 안에 보면 이미지들과 사용된 텍스트가 있는 엑셀 파일이 제공되어 있습니다. 이 소스들을 이용해서 전부 작업해보면 피그마 실력이 향상되는 것을 느낄 수 있을 겁니다.

LESSON 05 | 핸드오프 전 체크할 사항

실무에서 피그마나 포토샵으로 디자인된 작업물을 받아보면 정리가 잘 안 되어 있는 경우가 많은데, 이런 작업물은 개발자들이 볼 때 굉장히 불편합니다. 어떤 기업에서 디자인물을 보내서 검토해준 적이 있는데, 그때도 마찬가지로 디자인은 예뻤지만 작업물이 잘 정리가 되어 있지 않아 아쉬웠습니다. 그래서 저는 꼭 이 내용을 책에 담고 싶었습니다. 디자이너가 개발자에게 넘기기 전에 반드시 확인해야 할 체크 요소입니다. 그림 15.219로 한눈에 보기 좋게 정리를 해봤습니다.

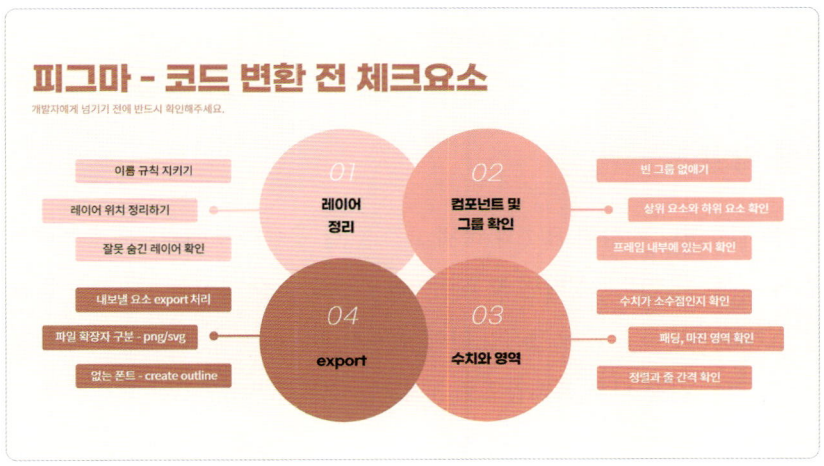

그림 15.219 프로토타입을 실행하는 화면

레이어 정리

디자이너가 가장 잘해야 하는 것은 레이어 정리입니다. 첫 번째로는 레이어 이름을 정리해야 합니다. 실무에서 받아보면 Rectangle 1, Vector 등 피그마가 원래 제공하는 이름을 그대로 둔 경우가 많습니다. 그림 콘텐츠에 대한 설명이 더 필요할 때 서로 의사소통하기가 어렵습니다. 그래서 일단 모든 레이어에는 이름을 잘 지정해줘야 합니다. 특히, 내보내기를 해야 하는 경우에는 이름이 한글로 되어 있거나, 의미를 알 수 없으면 이름을 매번 변경해야 해서 작업 시간이 오래 걸립니다. 이건 기획, 디자인, 개발 팀원들끼리 상의해서 '이름명명규칙서'를 만들어서 작업하면 편리합니다. 이름이 동일한 경우에도 뒤에

순번을 매겨서 처리해야 합니다. 이와 관련해서는 플러그인 중 Rename it이라는 플러그인을 추천드리니 사용법을 확인 후 사용해보길 바랍니다.

두 번째는 레이어 위치는 사람들이 보는 시점으로 좌측 상단으로 보이게 만드는 것이 좋습니다. 우선 전체 그룹은 상단부터 하단으로 흐르게 처리하고, 같은 행간의 그룹이면 좌측 먼저, 우측을 나중에 만드는 것이 좋습니다. 왜냐하면 보통 사람들이 오른손잡이기 때문에 시점 이동이 대부분 이런식으로 흐르기 때문입니다. 레이어 깊이상 상단으로 올라와야 하는 경우가 아니라면 좌측 상단의 흐름으로 맞춰줘야 합니다.

세 번째는 숨긴 레이어를 보이게 하거나, 불필요한 경우 삭제해야 합니다. 개발자가 눈까지 켜면서 작업하는 것은 힘든 일이 될 수 있습니다. 특히 여러 개의 디자인을 해본다고 테스트하고 숨겨놓은 것이 있다면 삭제하는 것이 좋습니다. 본인이 갖고 있고 싶다면 다른 파일로 저장 후 지우면 됩니다. 역시 이런 작업을 편리하게 해주는 플러그인인 Clean document를 추천합니다.

컴포넌트 및 그룹 확인

레이어와 마찬가지로 빈 그룹은 없애줍니다. 상위 요소와 하위 요소를 잘 구분하여 그룹화되게 처리해주세요. 컴포넌트 중 일부만 이미지로 내보내고 싶다면 그 레이어명은 반드시 잘 작성해주는 것이 좋습니다. 그리고 모든 디자인 요소가 디자인하고 있는 프레임 안에 있는지 확인해주세요. 특히, 벡터로 가져온 SVG나 플러그인을 사용한 것은 자꾸 다른 프레임으로 처리되는 경우가 많죠? 그런 요소들이 프레임 내부에 있는지 확인해주세요.

수치와 영역

개발자들은 보통 코딩할 때 소수점을 잘 쓰지 않습니다. 그리고 포토샵 같은 경우도 최소 픽셀이 1px이듯, 화면들도 마찬가지입니다. 소수점으로 되어 있는 것이 없는지 잘 찾아서 수정해주세요. 패딩과 마진 영역이 오토레이아웃으로 잘 되어 있는지 확인해주세요. 잘 해놓으면 Dev Mode에서 코드로 보여주기 때문에 개발자가 코딩하는 시간을 많이 줄일 수 있습니다. 정렬도 어떻게 줬냐에 따라 코딩에 반영됩니다. 그래서 정확한 선택이 필요합니다. 줄 간격은 포토샵과 다르게 코딩에 맞춰진 줄 간격이므로, 꼭 지정해주면 코딩하는 개발자에게 매우 도움이 됩니다.

내보내기

내보낼 이미지나 벡터 요소를 미리 'Export' 해놓으면, 단축키인 Ctrl/Command + Shift + E 를 통해서 이미지를 한 번에 내보낼 수 있습니다. 그리고 제플린으로 넘길 시에도 유용하게 사용할 수 있습니다. 파일 확장자를 잘 구분해야 합니다. 벡터로 만들지 않았는데 SVG로 내보내면 안 됩니다. 이미지 확장자도 PNG와 JPG를 잘 구분해서 내보내야 합니다. JPG는 투명한 이미지를 지원하지 않습니다. 구글 웹 폰트나 서버 폰트를 사용하는 것이 아닌 폰트는 개발자가 구현할 수 없습니다. 그런 글자는 'Create Outline'을 누르면 벡터가 됩니다. 이것을 SVG 파일로 내보내면 됩니다. 물론 저작권은 잘 확인해서 사용해야 합니다.

진솔한 서평을 올려주세요!

이 책 또는 이미 읽은 제이펍의 책이 있다면, 장단점을 잘 보여주는 솔직한 서평을 올려주세요.
매월 최대 5건의 우수 서평을 선별하여 원하는 제이펍 도서를 1권씩 드립니다!

- **서평 이벤트 참여 방법**
  1. 제이펍 책을 읽고 자신의 블로그나 SNS, 각 인터넷 서점 리뷰란에 서평을 올린다.
  2. 서평이 작성된 URL과 함께 **review@jpub.kr**로 메일을 보내 응모한다.

- **서평 당선자 발표**
  매월 첫째 주 제이펍 홈페이지(**www.jpub.kr**)에 공지하고, 해당 당선자에게는 메일로 연락을 드립니다.
  단, 서평단에 선정되어 작성한 서평은 응모 대상에서 제외합니다.

독자 여러분의 응원과 채찍질을 받아 더 나은 책을 만들 수 있도록 도와주시기를 바랍니다.